普通高校"十二五"规划教材
工商管理系列

# 商务谈判
## ——理论、实务与技巧

冯光明　冯靖雯　余　峰　编著

清华大学出版社
北　京

## 内 容 简 介

本书系统深入地阐述了商务谈判的概述，商务谈判的理论，商务谈判的素质要求，商务谈判的文化礼仪，商务谈判的过程，商务谈判的签约，商务谈判的思维，商务谈判的语言，商务谈判僵局处理，商务谈判风险防范，国际商务谈判等内容。并且每章精选了若干思考题和案例，以便读者复习巩固所学。

本书结构清晰，语言通俗流畅，例证真实生动，理论联系实际，适合作为普通高等院校经济与管理类及相关专业本科教材，同时兼顾成人高等院校、高等专科院校经济与管理类及相关专业本科类专业学生有选择地使用本书，本书也可作为商务人士学习参考书和企业培训用书。

**图书在版编目（CIP）数据**

商务谈判：理论、实务与技巧/冯光明，冯靖雯，余峰编著. —北京：清华大学出版社，2015（2020.7重印）
（普通高校"十二五"规划教材·工商管理系列）
ISBN 978-7-302-38541-7

Ⅰ. ①商…　Ⅱ. ①冯… ②冯… ③余…　Ⅲ. ①商务谈判—高等学校—教材　Ⅳ. ①F715.4

中国版本图书馆 CIP 数据核字（2014）第 273573 号

责任编辑：陆浥晨
封面设计：汉风唐韵
责任校对：宋玉莲
责任印制：杨　艳

出版发行：清华大学出版社
　　　　　网　　　址：http：//www. tup. com. cn，http：//www. wqbook. com
　　　　　地　　　址：北京清华大学学研大厦 A 座　　　　邮　　编：100084
　　　　　社 总 机：010-62770175　　　　　　　　　　邮　　购：010-62786544
　　　　　投稿与读者服务：010-62776969，c-service@tup. tsinghua. edu. cn
　　　　　质 量 反 馈：010-62772015，zhiliang@tup. tsinghua. edu. cn
印　刷　者：北京富博印刷有限公司
装　订　者：北京市密云县京文制本装订厂
经　　销：全国新华书店
开　　本：185mm×230mm　　　印　　张：30.5　　　字　　数：628 千字
版　　次：2015 年 1 月第 1 版　　　　　　　　印　　次：2020 年 7 月第 5 次印刷
定　　价：58.00元

产品编号：057383-02

# 前　言

　　世界上的每个人都免不了谈判。上至国家最高领导间的有关军事、商贸、领土战争大事，下至平民百姓的柴米油盐酱醋茶等小事，无不涉及谈判的活动和行为。可以说，谈判遍布人类活动的每一个地方，是现实生活中无处不在的社会现象。当今世界，无论是在政治、经济、军事、外交领域，还是在社会生活方面，谈判都发挥着重要的作用，成为人与人之间、家庭与家庭之间、机构与机构之间、国家与国家之间沟通、合作和协调相互关系必不可少的工具。

　　随着市场经济的深入发展，各种层次、各种类型、各种规模的商务谈判与日俱增，商务谈判已经渗透到商务活动的每个角落。商务谈判是国家和企业必不可少的经济交往活动，商务谈判的成败，不仅关系企业的生存与发展，而且还关系国家经济的发展。

　　商务谈判既是一门科学，更是一门艺术。它是结合政治性、技术性、艺术性为一体的综合性很强的应用型学科，其涉及的理论知识极其广泛，融合了市场营销、国际贸易、法律、语言、心理、艺术、演讲、公共关系、投资、财务、金融、会计、政治、经济、文化等多门学科。商场如战场，谈判桌上风云变幻，波澜起伏，这不仅要求谈判者有胆识、能说会道，而且还需要有知识、智慧、经验、技巧和艺术。要想在市场中抢占先机，争取利益，你就必须在全面掌握基本理论的基础上，深刻领会这门学科的操作技巧，才能在竞争激烈的现代商战中取得胜利。

　　为了满足普通高等院校教学和商务谈判人员实践的需要，从"实际、实用、实效"的宗旨出发，特编纂了此书，全书共分为：商务谈判概述、商务谈判理论、商务谈判素质要求、商务谈判的文化礼仪、商务谈判准备、商务谈判过程、商务谈判签约、商务谈判思维、商务谈判语言、商务谈判僵局的处理、商务谈判中的风险防范和国际商务谈判十二章。

　　本书强调理论与实际相结合的强化训练学习方式，结构编排合理、新颖，并采用当前国际上流行的结构形式，每章设有格言、学习目标和重点、关键词、案例导入、趣味阅读、阅读拓展、本章小节、思考题、实务题、案例分析、讨论题，内容丰富，案例生动，既适合于自学，又适合于教师根据教学要求灵活组织教学。

　　本书在写作的过程中，参考和引用了国内外众多学者的研究成果，他们的观点和独到的思维方法给了我们许多启迪，谨致以诚挚谢意！本书的写作得到了清华大学出版社领导及编辑的帮助与支持，谨此表示衷心感谢！

　　本书虽以普通高等院校经济与管理类及相关专业学生为主要对象，但同时也兼顾了成人高等院校和高等专科院校的经济与管理类及相关专业学生、商务谈判工作者以及对商务谈判有兴趣的人士，也可以作为专业人士参考书和企业培训用书。最后，特别鸣谢选读、选购本书的各位读者，以本书为纽带，我们有了沟通和交流，热切期盼着本书能给您一些真正的帮助。由于时间紧迫和水平有限，书中难免有不妥和疏漏之处，恳请各位专家、学者和广大读者批评指正。

冯光明

2014.8

# 目 录

# 第一章

# 商务谈判概述

全世界赚钱速度最快的方式就是谈判。

——罗杰·道森

## 【学习目标与重点】

1. 商务谈判的概念与特点。
2. 商务谈判的类型与形式。
3. 商务谈判的原则与作用。
4. 商务谈判的内容与模式。

## 【关键词】

1. 谈判(negotiation,bargain,discussing)
2. 商务谈判(commercial negotiation)
3. 协议书(agreement)
4. 互惠互利(reciprocity and mutual benefit)
5. 双赢(win-win)

## 案 例 导 入

有一位法国人,他拥有一片农场,里边种满了西瓜。有很多人都想订购他的西瓜,不过每次都被拒绝了。这天,来了一位客人,一位约 12 岁的小男孩。他也向农场主订购西瓜,毫无疑问,同样被拒绝了。但是,小男孩并没有因此而放弃,而是紧跟在农场主后面,农场主走到哪儿,他就跟到哪儿。小男孩跟在农场主后面,给农场主讲他自己的故事,讲了一个多钟头。农场主一直没有搭话,等小男孩讲完自己的故事后农场主说:"说够了吧,喏,那边有个大西瓜给你好了,一个法郎。""但是,我只有 10 分钱。"小男孩犯愁地说。"10 分钱?"那个农场主听了,于是指着瓜田里另一个西瓜说:"那么你把那个较小的绿色的瓜拿走吧。"小男孩说："好的，不过请先生先别摘下来，我弟弟两个星期后会来取货。你知道，我只管采购，我弟弟负责运输和送货，我们各有各的责任。"

资料来源：姜百臣. 商务谈判[M]. 北京：中国人民大学出版社，2010.

# 第一节　商务谈判的概念与特点

## 一、谈判的概念

人们无时无刻不在谈判，正如世界谈判大师赫伯·寇恩所说："人生就是一大张谈判桌，不管喜不喜欢，你已经置身其中了。"夫妻通过谈判决定去哪个国家旅游；朋友通过谈判决定去哪里吃饭；孩子们通过谈判决定看哪个电视节目；律师通过谈判争取仲裁还是法律诉讼；警察通过和挟持人质的恐怖分子谈判解救受害人；企业通过谈判决定采购哪种原料、销售哪种产品；国家通过谈判解决边境领土争端的重大问题；美国与俄罗斯通过谈判就销毁叙利亚化学武器达成框架协议等。谈判不仅是技术高超的国家外交官员、企业销售员和工会组织者所进行的活动，而且它几乎是每个人每天都要经历的事情。有时人们谈判是为了重要的事情，而有时则是为了一些微不足道的小事。不论是个人谈判还是外交谈判或是企业谈判，谈判的组成和过程都大致相同。

---

**【趣味阅读】**

有史书记载，诸葛亮在出山以前，曾经见过刘备一次。那时候刘备正在招募天下名士，但是诸葛亮并没有得到重用。他当时建议刘备把北方逃过来的难民集中起来，重新编制，让他们成为军人，并同时维持原来农民的身份，这样，需要他们的时候，就能够成为他可以运用的力量。但刘备并未听从诸葛亮的建议。

直到六七年后，才有了后来大家所熟悉的"三顾茅庐"，诸葛亮才得到刘备的重用。那么，当年诸葛亮为什么没有能够引起刘备的注意呢？原因很简单，就是因为他的谈判力不够，没能为自己争取到机会。

**【启示】**

谈判就是与人打交道的学问，是对人性的研究。这也是谈判的本质与核心。

---

那么，究竟什么是"谈判"？关于"谈判"的概念，谈判各个角度的观点不同，解释不同，可以说是众说纷纭，至今没有一个一致的说法。我们先看看辞学与不同专家学者对谈判的几个定义。

"谈判"，《现代汉语词典》解释为：有关方面对有待解决的重大问题进行会谈。其实，谈判也有狭义和广义之分。狭义的谈判，即指为解决较为重大的问题，在正式专门场合下进行的会谈；而广义的谈判，则包括各种形式的"交涉"、"洽谈"、"协商"等。作为探讨谈判实践内在规律的谈判理论，主要以建立在广义谈判基础之上的狭义谈判为研究对象。

谈判，实际上包含"谈"和"判"两个紧密联系的环节。谈是"彼此的对话；讲论"；就是当事人明确阐述自己的意愿和所要追求的目标，充分发表关于各方应当承担和享有的责权利的看法；判则为："分辨和评定"，就是当事各方努力寻求关于各项权利和义务的共同一致的意见，以期通过相应的协议正式予以确定。因此，谈是判的前提和基础，判是谈的结果和目的。

"谈判"，法语解释为："Art，action de mener a bonne fin les grandes affaires，les affaires publipues"，即使大的生意和公共事务获得良好结果的行动和艺术。（《小拉鲁斯词典》(*Petit Larousse*)，巴黎，法国拉鲁斯出版公司，1960。）

"谈判"，英语解释为："An act or the action of negociating"，即谈判的行为和过程；对 negotiaton 的解释是："to talk with another person or group in order to settle a question or disagreement；try to come to an agreement"，即为了解决一个问题或分歧，并试图达成一个协议，而与某人或集体进行谈话的行为或过程。此定义虽然泛泛，但却给出了谈判的核心：达成一个协议。

美国谈判学会主席杰勒德·I. 尼尔伦伯格(Gerard I. Nierenberg)1968 年在其所著的《谈判的艺术》(*The Art of Negotiating*)中写道："谈判的定义最为简单，而涉及的范围却最为广泛，每一个要求满足的愿望和每一项寻求满足的需要，至少都是诱发人们展开谈判过程的潜因。只要人们为了改变相互关系而交换观点，只要人们为了取得一致而磋商协议，他们就是在进行谈判。"

英国谈判学家 P. D. V. 马什(P. D. V. Marsh)1972 年在《合同谈判手册》(*Contract Negotiation Handbook*)一书中对谈判所下的定义是："所谓谈判是指有关各方为了自身的目的，在一项涉及各方利益的事务中进行磋商，并通过调整各自提出的条件，最终达成一项各方较为满意的协议这样一个不断协调的过程。"

法国谈判学家克里斯托夫·杜邦(Christophe Dupont)全面研究了欧美许多谈判专家的著述后在其所著的《谈判的行为、理论与应用》(*Lanegociation Conduite，Theorie，Applications*)中给谈判下了这样的定义：谈判是使两个或数个角色处于面对面位置上的一项活动。各角色因持分歧而相互对立，但他们彼此又互为依存。他们选择谋求达成协议的实际态度，以便终止分歧，并在他们之间（即使是暂时性的）创造、维持、发展某种关系。

美国著名谈判咨询顾问 C. 威恩·巴罗(C. Wayne Barlow)和格莱恩·P. 艾森(Glenn P. Eisen)在他们合著的《谈判技巧》一书中指出："谈判是一种双方致力于说服对方接受其要求时所运用的一种交换意见的技能。其最终目的就是要达成一项对双方都有利的协议。"

中国台湾的刘必荣博士认为："谈判不是打仗，它只是解决冲突、维持关系或建立合作构架的一种方式，是一种技巧，也是一种思考方式。"

国内学者认为："谈判是当事人为满足各自需要和维护各自利益而进行的协商过程。"

上述国内外专家、学者按照各自的理解就谈判的形式、意义与观点对谈判下了定义，既有共识之处，也有各自的高见，却无一致的定义。

综合上述定义，本书对谈判下的定义是：谈判是指参与各方在一定的环境条件下，为了满足各自的需要，通过协商而争取达成一致的行为过程。

对谈判的这一定义，可以从以下几个方面来理解和把握。

**1. 谈判是建立在人们需要的基础上**

杰勒德·I.尼尔伦伯格指出：当人们想交换意见、改变关系或寻求同意时，人们开始谈判。这里，交换意见、改变关系、寻求同意都是人们的需要。需要包括的具体内容极为广泛，如物质的需要、精神的需要、低级的需要和高级的需要。需要推动人们进行谈判，需要越强烈，谈判的动因就越明确。但谈判又是两方以上的行为，只有各方的需要能够通过对方的行为满足时，才会产生谈判。所以，无论什么样的谈判，都是建立在需要的基础上的。而且，需要越强烈，谈判的要求越迫切。

**2. 谈判是两方以上的参与者之间的交际活动**

要谈判，就要有谈判对象，只有一方则无法进行谈判活动。比如，企业采购员与推销员的一对一谈判，联合国的多边谈判，都说明谈判至少要有两方以上的参与者。既然有两方以上的人员参加，这种活动就是一种交际活动，就需要运用交际手段、交际策略实现交易的目的。可以说，至少有两个或两个以上的参与者是进行谈判的先决条件。

**3. 谈判是寻求建立或改善人们的社会关系**

人们的一切活动都是以一定的社会关系为背景的。就商品交换活动来讲，从形式上看是买方与卖方的商品交换行为，但实质上是人与人之间的关系，是商品的所有者和货币持有者之间的关系。买卖行为之所以能发生，取决于买方与卖方新的关系的建立。谈判的目的是要获得某种利益，要实现追求的利益，就需要建立新的社会关系或改善原有的社会关系，而这种关系的建立和巩固需要谈判来实现。

**4. 谈判是一种协调行为的过程**

由于参与谈判各方的利益、思维及行为方式不尽相同，存在一定程度的冲突和差异，因而谈判的过程实际上就是寻找共同点的过程，是一种协调行为的过程。谈判的整个过程就是解决问题、协调矛盾，不可能一蹴而就，总需要一个过程，这个过程往往不止一次，而是随着新问题、新矛盾的出现而不断重复，意味着社会关系需要不断协调。

**5. 谈判具有约束性**

谈判具有约束性，表现在谈判内容和结果受外部环境条件的制约。政治、法律、经济、社会文化、时间与地点等环境条件对谈判的影响很大。所以,谈判人员不仅要掌握谈判的基础理论知识、谈判的材料与技巧,而且,还要掌握国家政策、法律、经济与社会文化等方面的知识,这样才能控制复杂的谈判局势,实现谈判目标。

---

**【趣味阅读】**

　　某一家庭有两个男孩,有一天兄弟俩为吃一块蛋糕而争吵起来,谁都想多吃一点,甚至独吞,而不愿意平分,为此闹得不可开交。他们的父亲向他们建议:由一个孩子先来切蛋糕,他愿意怎么切就怎么切,另一个孩子则可以先挑自己想要的那一块,也就是说,一个孩子可以拥有操刀切的权利,另一个孩子则拥有优先挑选的权利。两个孩子都觉得这个建议挺公正,就接受了,结果,兄弟俩高兴地分完蛋糕。这样,既满足了双方的需要,又维护了双方的关系,同时又毫不费事地解决了矛盾,所以谈判的效率很高。

**【启示】**

　　在许多情况下,双方的利益既是对立的,也是统一的。谈判也是这样,如果双方把斗争的焦点由自己要击败对方转向双方共同追求双赢,那么最后双方都能获得好处。

---

## 二、商务的概念

　　按照《辞海》的解释,商务应理解为商业活动,即贸易或交易,指商品的买卖行为。

　　按照《现代汉语词典》的解释,商务是指商业上的事务。比如,商务往来。

　　按照《英国朗曼现代英语字典》的解释,commerce 意为"the buying and selling of goods,between different countries",即在不同国家间采购和销售货物。而对 trade 的解释为:"The business of buying,selling or exchanging goods,within a country or between countries",即在国内或国家间采购、销售或交换货物的交易。

　　按照法国《小拉鲁斯词典》的解释,commerce 为:"Achat et vente de marchandises,dentees ou despeces",即商品、食品、货币的买卖。

　　从上述词典的定义来看,意思趋同,即国内或国家间货物或商品的买卖行为称为商务。

## 三、商务谈判的概念、特点及构成要素

### (一)商务谈判的概念

　　商务谈判是指一切有形与无形资产的交换或买卖事宜。按照国际惯例的划分,商务可以分为以下四种。

（1）直接的商品交易活动，如批发、零售商业。

（2）直接为商品交易服务的活动，如运输、仓储、加工整理等。

（3）间接为商品交易服务的活动，如金融、保险、信托、租赁等。

（4）具体服务性质的活动，如饭店、商品信息、咨询、广告等服务。

所以，商务谈判是指买卖双方为了促成交易而进行的活动，或是为了解决买卖双方的争端，并取得各自的经济利益的一种方法和手段。

商务谈判是在商品经济条件下产生和发展起来的，它已经成为现代社会经济生活必不可少的组成部分。可以说，没有商务谈判，经济活动便无法进行。小到生活中的讨价还价，大到企业法人之间的合作、国家与国家之间的经济技术交流，都离不开商务谈判。

商务谈判的目标是最终达成协议。谈判各方具体的目标往往是不同的，甚至是对立的，但它们都统一于商品谈判活动的目标，只有最终达成了协议，谈判各方的目标才能实现。

## （二）商务谈判的特点

### 1. 谈判必须要有两方或多方参与

谈判是当事人为了满足自己的要求而与其他对手展开的一种"博弈"行为。如果当事人自己可以满足自己的要求，他也就不需要再进行谈判了。所以说，谈判是己方与对方或多方之间进行的交流过程。

### 2. 商务谈判以经济利益为目的

人们之所以要进行各种谈判，是因为希望一定的目标和利益得到实现。而商务谈判的目的则十分明确，就是获得经济利益。虽然在商务谈判的过程中谈判双方受到社会文化、经济体制、政治法律、人的价值观念、思维方式等多种因素的影响，但他们考虑的却是如何在多种非经济因素影响下取得更多的经济利益。

---

**【趣味阅读】**

某外商和中国企业洽谈合资事宜，当他谈起当地环境时，认为当地饮水质量差、空气污染严重，中方人员认为这些无关痛痒，也就随意附和。谁知到了议论外方派驻中国的人员的待遇时，外方提出，为了他们驻外人员的健康，饮用水必须从国外进口，费用应该由合资企业承担。到这时，中方人员才明白，表面上与经济利益无关的议题，其实也是和经济利益密切相关的。

**【启示】**

经济利益是商务谈判的永恒主题。商务谈判的一切都是为了实现经济利益，但商务谈判的具体行为未必是经济利益的直接体现。

### 3．商务谈判以价格谈判为核心

商务谈判所涉及的项目和因素众多，谈判者的需求和利益表现在许多方面，但价格是所有商务谈判的核心内容，在商务谈判中占据着重要地位。因为双方经过谈判达成的利益划分，可直接通过价格表现出来。谈判各方在其他条件，诸如质量、数量、付款方式、付款时间等利益要素上得与失，拥有的多与少，在很多情况下都可以折算为一定的价格，并通过价格的升降而得到体现和予以补偿。

### 4．商务谈判是一种"博弈"行为

商务谈判是当事人为了满足自己的要求而与其他对手展开的一种"博弈"行为。商务谈判的结果是双方围绕目的依靠势力和谈判技巧进行的结果。商务谈判的过程是谈判者选择和使用策略的过程，是谈判各方的信息、对对手的分析和策略的选择、谈判技巧、谈判人员个人素质等综合因素共同博弈的过程。谈判双方需在谈判中做出让步，并控制己方的进攻，从而确保各自所得的利益。离开有效的谈判技巧，双方是难以顺利在利益上达成平衡的。谈判技巧的发挥靠的是谈判人员的经验、智慧、勇气与能力；谈判技巧的发挥受谈判双方实力的影响，谈判实力不仅指经济实力，还包括时间、空间、经验和心理等方面的因素。实力强的一方往往在谈判中居于有利地位，可以把握谈判的主动权，以较少的代价换取较多的利益，而实力弱的一方则常常被迫做出较大的让步。

### 5．商务谈判的双方互惠与不均等性

商务谈判是为了实现谈判各方的目的，满足各方的利益。如果谈判的结果只是对一方有利，那么另一方也不会与之谈判了，只有谈判结果对双方都有利，谈判才能进行。所以说，谈判是自愿互惠的，但不一定是均等的，因为谈判结果受双方各自的谈判实力与谈判技巧影响，可能出现一方需求满足的程度高一些，另一方可能差一些。

### 6．商务谈判是科学与艺术的有机结合

谈判的科学性是指在谈判过程中，具有某些操作过程中的规范和要点、系统的思维过程和工作步骤以及完整的计划、策略和实施方案。整个谈判过程，涉及语言学、逻辑学、哲学、经济学、传播学、管理学、心理学、法学、市场营销学、公共关系学和人际关系学等广泛的学科基础理论知识。谈判也是一门艺术性的技术，谈判者应该掌握其基础技术。谈判者必须掌握必要的谈判技术，进行谈判技术方面的训练，熟练掌握谈判中的技巧，在实际谈判中进行创造性的探索，应根据不同对象和不同环境使用不同的技巧。有时按照主观的思维进行处理，出现同样的内容、环境与条件，可能产生意想不到的效果。所以，商务谈判要将科学与艺术有机结合。在涉及对谈判双方实力的认定、对谈判环境的分析、对谈判方针政策的制定以及交易条件的确定等问题时，更多地考虑其科学性的一面；而在具体的谈判策略、技术的选择运用上，则应较多地思考其艺术性的一面。"科学"能帮助我们在谈判中把握正确的决策方向，而"艺术"则能使我们把事情做得更加圆满。

### （三）商务谈判的构成要素

商务谈判的构成要素是指构成商务谈判活动的必要因素。它是从静态结构上对谈判行为的剖析。换言之，没有这些要素，谈判就无从进行。

#### 1. 商务谈判的主体

商务谈判的主体从组织的角度来说是由台前主体和台后主体构成。台前主体是实际参加谈判的人，包括主谈人、谈判组长、参谈人。在商务谈判活动中，台前谈判主体是主要因素，起着至关重要的作用，商务谈判活动的成效在很大程度上取决于主体的主观能动性和创造性。台后主体是在商务谈判中有权参加谈判并承担谈判后果的单位负责人、谈判工作的辅助人员、社会组织及其他能够在谈判和履约中享有权利、承担义务的各种实体。

#### 2. 商务谈判的客体

商务谈判的客体是指谈判的议题。所谓议题，是指谈判的具体内容或交易条件，在资金方面，如价格和付款方式等；在技术合作方面，主要是技术标准方面的问题；在商品方面，如商品的品质数量、仓储、装运、保险和检验等。总之，涉及交易双方利益的一切问题，都可以成为谈判的议题。议题是谈判的起因，内容和目的决定着当事各方参与谈判的人员组成及策略，所以，它是谈判活动的核心。没有议题，谈判显然无从开始且无法进行。另外，在一定的社会环境条件下，谈判的事项受诸如法律、政策、道德等内容的制约。因此，谈判的内容是否符合有关规定，是谈判成功与否的关键所在。

#### 3. 商务谈判的环境

商务谈判的环境是指谈判所处的客观条件。任何谈判都不可能孤立地进行，而必然处在一定的客观条件之下并受其制约。因此，谈判环境对谈判发生、发展、结局均有重要的影响，是谈判不可忽视的要件。商务谈判的环境主要包括三个方面的因素：政治、经济与文化。

政治环境是指本国政局的稳定状态及政策的要求，以及交易方所在国之间的外交状态，包括社会制度、政治信仰、体制政策、政局动态、国家关系等。经济环境是指商务谈判当事人与议题的所处的宏观与微观经济环境条件。宏观经济因素主要是指交易货币的汇率变化、交易人所在国通货膨胀、股市涨跌、经济发展快慢等。微观经济因素主要是指物的所处的市场状态和谈判当事人所在企业的经营状态，如市场模式、供求关系、生产销售、资本运作等。文化因素是指以价值观为核心的组织意识形态，包括价值观念、民族宗教、风俗习惯、教育程度、行为规范、思维方式等。

#### 4. 商务谈判的目标

商务谈判是人们的一种目标很明确的行为。概括地讲，商务谈判的直接目标就是最终达成协议。谈判双方各自的具体目标往往是不同的，甚至是对立的，但都统一于商务谈判活动的目标,只有商务谈判的直接目标实现了,最终达成了协议,谈判各方的目标才能实现。没有目标的谈判,就不能构成真正的谈判活动,而只能是闲谈。

# 第二节 商务谈判的类型与形式

## 一、商务谈判的类型

商务谈判客观上存在不同的类型,认识谈判的不同类型,有助于我们更好地掌握商务谈判的内容和特点,更好地参与谈判和采取有效的谈判策略。可以说,对谈判类型的正确把握,是谈判成功的起点。

### (一)按参加谈判的人数规模划分

按参加谈判的人数规模划分,商务谈判可以分为单人谈判和小组谈判。

#### 1. 单人谈判

单人谈判是指谈判双方都只有一个人参加,一对一地进行协商谈判。这种谈判方式一般用于项目比较小的商务谈判中。虽然出席谈判的各方只有一个人,但这不意味着谈判者不需要做准备。相反,由于谈判双方只能各自为战,得不到助手的及时帮助,所以,在安排参加这种类型谈判的人员时,一定要选择有主见,决断力、判断力强,善于单兵作战的人。性格脆弱、优柔寡断的人是不能胜任的。单人谈判虽然是一种比较困难的谈判类型,但也有优点,其优势在于以下几方面。

(1)谈判规模小,所以在谈判活动的准备、地点、时间的安排上,可以灵活变通。

(2)谈判的方式可以灵活选择,气氛也比较和谐随便,特别是当双方谈判者比较熟悉、了解时,谈判就更为融洽。

(3)由于谈判双方人员都是组织的全权代表,有权处理谈判中的一切问题,从而避免了无法决策的保留局面。

(4)谈判双方便于沟通,也有利于封锁信息和保密。

#### 2. 小组谈判

小组谈判也称团队谈判,是指谈判各方派两名或两名以上的代表参加的商务谈判。小组谈判是一种常见的谈判类型。小组谈判一般用于较大的谈判项目,情况比较复杂,各方有几个人同时参加谈判,各人之间有分工、有协作,取长补短,各尽所能,是一种效率比较高的谈判方式。小组谈判的优势在于以下几方面。

(1)可以集思广益,寻找更多更好的对策方案。

(2)可以运用各种战略战术,发挥团队优势。

(3)小组分工负责,取长补短,各尽所能。

（4）可以分散谈判对手的注意力，使之不将矛头全部对准一个人，从而可以大大减轻个人的压力。

### （二）按谈判进行的地点划分

按谈判进行的地点划分，可分为主场谈判、客场谈判和第三地谈判。

#### 1. 主场谈判

主场谈判又叫主座谈判，是指谈判一方在自己所在地以东道主身份组织的谈判。主场谈判包括自己所居住的国家、城市或办公所在地。

主场谈判在自己熟悉的环境中进行谈判，会给主方带来许多方便。

1）主场谈判的优点

（1）主场谈判方在心理上有安全感和优越感，易于树立自信心。

（2）可随时检索各种资料并予以充分利用，客方则无此便利。

（3）利用室内布置、座位安排乃至食宿款待等创造某种谈判气氛给对方施加影响。

（4）谈判出现意外情况可随时向领导请示。

2）主场谈判的缺点

（1）当谈判进入白热化阶段时，对方为了摆脱没有把握的决策压力，会借口资料不全而扬长而去。

（2）远离工作地的种种不便，成为对方中止谈判的体面借口。

（3）要支付较大的谈判成本，且容易被对方了解虚实。

#### 2. 客场谈判

客场谈判也叫客座谈判，是指在谈判对手所在地进行的谈判。客场谈判时，客居他乡的谈判人员会受到各种条件的限制，也需要克服种种困难。

1）客场谈判的优点

（1）谈判人员可全心全意参加谈判，不受或少受本企业事务干扰。

（2）使对手无法借口无权决定或资料不全而故意拖延时间。

（3）因谈判小组在外谈判无法经常向领导汇报从而有更多灵活性，且能以授权有限为由，采取拖延战术，使自己由被动变为主动。

（4）可减少烦琐的接待工作。

2）客场谈判的缺点

（1）由于谈判人员身处异地他乡，会有拘束感，会形成一些客观上的劣势，诸如谈判期限、谈判授权、信息交流以及可能的语言障碍。

（2）由于主办方过分的款待及娱乐活动会使谈判者失去斗志，所以谈判者要保持头脑冷静，与对方保持一定的距离，时刻记住自己的使命。

### 3．第三地谈判

第三地谈判是指在谈判双方所在地以外的其他地方进行的谈判。当存在双方冲突性大、政治关系微妙等原因时，在主场、客场谈判都不适宜的情况下，可选择中立地点进行谈判。

1）第三地谈判的优点

（1）双方能够平等地进行谈判。这种谈判对任何参加谈判方都没有"主"、"客"之分，享有同等的谈判气氛，这样也就避免了其中的某一方处于客场的不利地位。

（2）内容达成某种默契或协议。在第三地由于气氛冷静，不受干扰，双方都比较注意自己的声望、礼节，通常能心情平和地对待问题。

2）第三地谈判的缺点

第三地谈判的缺点主要是不利于双方实地考察和了解对方的状况等。

### （三）按沟通手段划分

按沟通手段划分，可分为面对面谈判、电话谈判、函电谈判和网上谈判。

### 1．面对面谈判

面对面谈判是指谈判双方直接地、面对面地就谈判内容进行沟通、磋商和洽谈。一般地讲，凡是正规的谈判、重要的谈判、高规格的谈判，都以面对面的谈判方式进行。

1）面对面谈判的优点

（1）谈判具有较大的灵活性。谈判不仅是语言的直接交流，而且各方均能直接观察对方的仪表、手势、表情和态度，甚至利用私下接触，进一步了解谈判对手的需要、动机、策略，以及主谈人的个性等，能够及时、灵活地调整谈判计划和谈判策略。

（2）谈判的方式比较规范。商务谈判各方在谈判桌前就坐，就形成了正规谈判的气氛，使每个参加谈判的人产生一种开始正式谈判的心境，很快进入谈判角色。

（3）谈判的内容比较深入细致。面对面谈判便于各方就某些关键问题或难点进行反复沟通，就谈判协议的具体条款进行反复磋商、洽谈，从而使谈判目标更容易达成。

（4）有利于建立长久的贸易伙伴关系。面对面的沟通容易产生感情，特别是在谈判工作之余谈论热门话题或文娱活动，可以加深了解，培养友谊，从而建立一种比较长久的贸易合作伙伴关系。

2）面对面谈判的缺点

（1）容易被对方了解己方的谈判意图。对方可以从己方谈判人员的举手投足、语言态度，甚至面部表情来推测己方所选定的最终目标以及追求最终目标的坚定性。

（2）决策时间短。通常在谈判期限内做出成交与否的决定，没有充分的考虑时间，也难以充分利用谈判后台人员的智慧，因而要求谈判人员有较高的决策水平。

（3）费用高。谈判各方都要支付一定的差旅费或礼节性的招待费等，从而增加了商务谈判的成本。可以说,在所有的谈判方式中,面对面谈判方式费用最高。

### 2．电话谈判

电话谈判是指借助电话通信进行沟通信息、协商,寻找达成交易的一种谈判类型。

1）电话谈判的优点

使用电话进行谈判的主要优势是快速、方便、联系广泛。

2）电话谈判的缺点

（1）易被拒绝,有风险。电话谈判,双方互相看不见,"不"字更容易出口,而且,由于无法验证对方的各类文件,有被骗的风险。

（2）某些事项容易被遗漏和删除,出现失误。多数情况下,电话方式谈判是一次性叙谈,往往是在毫无准备的状态下仓促面对某一话题,甚至进行某一项决策,谈判者有意无意地将某些事项遗漏或删除是在所难免的,因此容易出现失误。

### 3．函电谈判

函电谈判是指通过邮政电传、传真等途径进行磋商,寻求达成交易的书面谈判类型。

1）函电谈判的优点

（1）方便、准确,有利于谈判决策。利用现代化通信手段沟通,能够做到方便、及时、快速,而且来往的电传、信函都是书面形式,做到了白纸黑字,准确无误,并且有比较充裕的时间思考,从而有利于慎重决策。

（2）省时、低成本。函电谈判方式可以使谈判人员无须四处奔波,一来省时,二来省去了差旅费等。

2）函电谈判的缺点

（1）函电谈判用书面文字沟通,有可能出现词不达意的情况,使谈判对方耗时揣摩。如果因此造成谈判双方各有不同的解释,就会引起争议和纠纷。

（2）谈判双方代表不见面,就无法通过观察对方的话态、表情、情绪以及习惯动作等来判断对方的心理活动,从而难以运用语言与非语言技巧,讨论问题往往不够深入、细致。

### 4．网上谈判

网上谈判是指借助互联网进行协商、对话的一种特殊的书面谈判。网上谈判为买卖双方的沟通提供了丰富的信息和低廉的沟通成本,因而有强大的吸引力。

1）网上谈判的优点

（1）加强了信息沟通,有利于慎重决策。网上谈判具有谈判快速、联系广泛、可以备查的特点,可以使企业、客户掌握他们需要的最新信息,又能使谈判双方有时间进行充分的分析,慎重决策。

（2）降低了成本。采用网上谈判方式,企业大大降低了人员开销、差旅费、招待费以及管理费等,降低了谈判成本。

2）网上谈判的缺点

（1）商务信息公开化，导致竞争对手的加入。

（2）互联网的故障病毒等会影响商务谈判的开展。

### （四）按谈判的态度与方法划分

按谈判的态度与方法划分，可分为软式谈判、硬式谈判和原则式谈判。

#### 1．软式谈判

软式谈判也称让步型谈判或关系型谈判。这种谈判，把对方当作朋友，以达成相互满意的协议从而为进一步扩大合作打下良好的基础为目的，强调的不是要占上风，而是相互信任、让步，建立并维持良好的关系。

软式谈判的一般做法是：信任对方，提出建议，做出让步，达成协议，维系关系。软式谈判是一种关系型谈判。如果当事各方都能以和为贵，以宽容、理解的心态处事，互谅互让，友好协商，那么，这种谈判将是一种高效率、低成本的谈判。同时，通过这种谈判相互之间关系会得到进一步加强。然而，由于价值观念和利益驱动等原因，有时这只是一种善良的愿望、相对理想化的境界。现实谈判中的各方，即使是在理性的前提下，也会在谋求合作的同时追求己方利益的最大化。在有长期友好关系的互信合作伙伴之间，或者在合作高于局部近期利益，今天的"失"是为了明天的"得"的情况下，关系型谈判的运用是有意义的。

#### 2．硬式谈判

硬式谈判也称立场型谈判。这种谈判，谈判者往往认为己方具有足够的实力，因此在谈判中提出自己的条件，强调己方的谈判立场。谈判者认为，谈判是一场意志力的竞赛，只有按照己方的立场达成的协议才是谈判的胜利。采用硬式谈判，常常是互不信任、互相指责，谈判也往往易陷入僵局、旷日持久，无法达成协议。而且，这种谈判即使达成某些妥协，也会由于某方的让步而履约消极，甚至想方设法撕毁协议、予以反击，从而陷入新一轮的对峙。只有在谈判难以进行下去时，才会采用硬式谈判，迫使双方不得已做出让步，采用这种谈判很难达成理想的协议，最后导致相互关系的完全破裂。

因为硬式谈判的谈判参加者把谈判看做意志力的竞赛和搏斗，认为立场越强硬者，收获也就越多，所以他们把注意力集中于如何维护自己的立场而否定对方的立场上，从而忽视了寻找能兼顾双方利益的解决办法；他们的目的不是要达成协议，而是要获取坚守本方立场的胜利。硬式谈判有明显的局限性，一般应用于以下两种情况。

（1）一次性交往，这种谈判必须是"一锤子买卖"，也就是为取得一次胜利而拿未来的合作做赌注。

（2）双方实力相差悬殊，在这种情况下，一方处于绝对优势。

### 3．原则式谈判

原则式谈判,也是价值型谈判,又称实质利益谈判,最早由美国哈佛大学谈判研究中心提出,故又称"哈佛谈判术"。这种方式吸取了软式谈判和硬式谈判之所长而避其所短,强调公正原则和公平价值,主要有以下特征。

(1) 把人和事分开。谈判中对人温和、对事强硬,强调把人与事分开。

(2) 坚持公正原则。主张按照客观公正性的原则和公平价值来达成协议,而不是简单地依靠具体问题讨价还价。当双方的利益发生冲突时,坚持按原则处理。

(3) 谈判中开诚布公而不施诡计,追求利益而不失风度。

(4) 谋求共同的利益,放弃立场。努力寻找共同点,争取共同满意的谈判结果。

原则式谈判是一种既理性又富有人情味的谈判。这种谈判与现代谈判强调的实现互惠合作的宗旨相符,日益受到推崇。运用原则式谈判的要求:第一,当事各方从大局着眼,相互尊重,平等协商;第二,处理问题坚持公正的客观标准,提出相互受益的谈判方案,以诚相待,采取建设性态度,立足于解决问题;第三,求同存异,互谅互让,争取双赢。

### (五) 按商务交易的地位划分

按商务交易的地位划分,可分为买方谈判、卖方谈判和代理谈判。

### 1．买方谈判

买方谈判是指以购买者的身份参与谈判。显然,这种买方地位不以谈判地点而论。买方谈判的特征主要表现在以下几方面。

(1) 重视搜集有关信息,"货比三家"。

(2) 极力压价,"掏钱难"。买方是掏钱者,一般不会"一口价"随便成交。即使是重购,买方也总要以种种理由追求更优惠的价格。

(3) 度势压人,"买主是上帝"。买方地位的谈判方往往会有"有求于我"的优越感,甚者盛气凌人。

### 2．卖方谈判

卖方谈判是指以供应商的身份参加的谈判。同样,卖方地位也不以谈判地点为转移。卖方谈判的主要特征如下。

(1) 主动出击。卖方即供应商,为了自身的生存和发展,其谈判态度自然积极,谈判中的各种表现也体现出主动精神。

(2) 虚实相映。谈判中卖方的表现往往是态度诚恳、交易心切与软中带硬、待价而沽同在,亦真亦假、若明若暗兼有。当己方为卖方时,应注意运用此特征争取好的卖价。而当他方为卖方时,也应注意识别哪里是虚、哪里是实。

(3) "打"、"停"结合。卖方谈判常常表现出时而紧锣密鼓,似急于求成;时而鸣金收兵,需观察动静。其目的都是为了克服来自买方的压力和加强卖方的地位。

### 3．代理谈判

代理谈判是指受当事方委托参与的谈判。代理又分为全权代理和只有谈判权而无签约权代理两种。代理谈判的主要特征如下。

（1）谈判人权限观念强，一般都谨慎和准确地在授权范围之内行事。

（2）由于不是交易的所有者，谈判人员的谈判地位超脱、客观。

（3）由于受人之托，为表现其能力和取得佣金，谈判人员的态度比较积极、热情、主动。

## （六）按谈判所属部门划分

按谈判所属部门划分，可分为官方谈判、民间谈判和半官半民谈判。

### 1．官方谈判

官方谈判是指国际组织之间、国家之间、各级政府及其职能部门之间进行的谈判。官方谈判的主要特征是：谈判人员职务级别高、实力强；谈判节奏快、信息处理及时；注意保密、注重礼貌。

### 2．民间谈判

民间谈判是指民间组织之间直接进行的谈判。民间谈判的主要特征是：相互平等、机动灵活、重视私交、计较得失。

### 3．半官半民谈判

半官半民谈判是指谈判议题涉及官方和民间两方面的利益，或者指官方人员和民间人员共同参加的谈判、受官方委托以民间名义组织的谈判等。半官半民谈判兼有官方谈判和民间谈判的特点，一般表现为：谈判需要兼顾官方和民间的双重意图及利益，制约因素多；解决谈判中各类问题时，回旋余地大。

## （七）按谈判目标划分

按谈判目标划分，可分为意向书谈判、协议书谈判、合同书谈判、准合同谈判和索赔谈判。

### 1．意向书谈判

意向书是一种简单的意向声明，也有人称备忘或谅解备忘录，主要说明签字各方的某种愿望，或某个带先决条件的、可能的承诺。它对签字人并不构成一种合同义务，但有备忘的作用。意向书谈判的特点，一般是：谈判可发生在谈判初期、中期或后期，针对交易总体的、原则的或个别问题，是一种比较灵活的谈判。

### 2．协议书谈判

协议书谈判是指谈判各方对特定时刻双方立场的系统概括的文件，有时也称为原则协定和框架协定。协议书谈判的特点，一般表现为：由于文件描述的仍是双方原则意向，即使是一致的意向,也因其缺乏合同要件而无约束力,只能作为一种过渡性的工作文件。当然,比起意向书来,其内容更丰富,表述双方的态度与立场更深入、更具体,表示双方共同点也多了,但本质上两者仍同属一类。

### 3．合同谈判

合同谈判是指为实现某项交易并使之达成契约的谈判。所谓合同,即应具有最基本的要件,包括商品特性、价格、交货期。在谈判中谈判双方如果就标的、质量、数量、费用、期限、付款方式等几个要件达成协议,并以法律形式规定下来,那么就是合同谈判。合同谈判的特点,一般为:由于这种契约与法律的刚性使谈判者在谈判中会直奔目标,对该目标据理力争,为达到目标手法多变。

### 4．准合同谈判

准合同谈判是指带有先决条件的合同,先决条件是指决定合同要件成立的条件。如许可证落实问题、外汇筹集、待律师审查或者待最终正式文本的打印、正式签字等。准合同谈判的特点,一般为:准合同的格式、内容与合同完全相同,全面反映交易双方的意愿,也具备了合同成立的所有要件;因为双方同意的保留而使交易双方谈判结果停在"准"水平上的原因既有原则问题,如许可证、外汇、法规要求的程序需要完成等;也有非原则问题,如打字、印刷装订、审检等;准合同在先决条件丧失时自动失效。

### 5．索赔谈判

索赔谈判是指在合同义务不能或未能完全履行时,合同当事双方所进行的谈判。在众多的合同履行中,违约或部分违约的事件屡见不鲜,因此,形成了一种特定的商业性谈判,人们把它称为索赔谈判。无论是数量、质量、期限、支付还是生产、运输、索赔等的谈判,均有以下特点:重合同,重证据,注意时效,注重关系。

## （八）按纵向谈判与横向谈判划分

按纵向谈判与横向谈判划分,可分为纵向谈判与横向谈判。

### 1．纵向谈判

纵向谈判是指在确定谈判的主要问题之后,逐个讨论每一个问题和条款,讨论一个问题,解决一个问题,一直到谈判结束。例如,一项产品交易谈判,双方确定出价格、质量、运输、保险、索赔等几项内容后,开始就价格进行磋商,只有价格谈妥之后,才依次讨论其他问题。

纵向谈判方式的优点如下。

（1）程序明确,把复杂问题简单化。

（2）每次只谈一个问题,讨论详尽,解决彻底。

（3）避免多头牵制、议而不决的弊病。

（4）适用于原则式谈判。

纵向谈判方式的不足之处在于以下几点。

（1）议程确定过于死板，不利于双方的沟通与交流。

（2）讨论问题时难以相互通融，当某一问题陷于僵局后，不利于其他问题的解决。

（3）不能充分发挥谈判人员的想象力和创造力，不能灵活、变通地处理谈判中的问题。

**2．横向谈判**

横向谈判是指在确定谈判所涉及的主要问题后，开始逐个讨论优先确定的问题，在某一问题上出现矛盾和分歧时，就把这一问题放在后面，先讨论其他问题。如此周而复始地讨论下去，直到所有问题都谈妥为止。例如，在资金借贷谈判中，谈判内容要涉及金额、利息率、贷款期限、担保、还款以及宽限期等问题，如果双方在贷款期限上不能达成一致意见，就可以把这一问题放在后面，继续讨论担保、还款等问题。当其他问题解决之后，再回过头来讨论这个问题。

横向谈判方式的优点如下。

（1）议程灵活，方法多样。

（2）多项议题同时讨论，有利于寻找变通的解决办法。

（3）有利于更好地发挥谈判人员的创造力、想象力，更好地运用谈判策略和谈判技巧。

横向谈判方式的不足之处在于以下几点。

（1）加剧双方的讨价还价，容易促使谈判双方做出对等让步。

（2）容易使谈判人员纠缠在枝节问题上，而忽略了主要问题。

### （九）按谈判参与方的国域界限划分

按谈判参与方的国域界限划分，可分为国内商务谈判与国际商务谈判。

**1．国内商务谈判**

国内商务谈判是指国内各种经济组织以及个人之间所进行的商务谈判。它包括国内的商品购销谈判、商品运输谈判、仓储保管谈判、联营谈判、经营承包谈判、借款谈判和财产保险谈判等。国内商务谈判的双方都处于相同的文化背景中，这就避免了由于文化背景的差异可能对谈判所产生的影响。由于双方的语言相同，观念一致，所以双方谈判的主要问题在于怎样调整双方的不同利益，寻找更多的共同点。这就需要谈判人员充分利用谈判的策略与技巧，更好地发挥谈判人员的积极性和主动性。

**2．国际商务谈判**

国际商务谈判是指一国政府以及各种经济组织与外国政府以及各种经济组织之间所进行的商务谈判。国际商务谈判包括国际产品贸易谈判、易货贸易谈判、补偿贸易谈判、各种加工和装配贸易谈判、现汇贸易谈判、技术贸易谈判、合资经营谈判、租赁业务谈判和劳务合作谈判等。不论从谈判形式，还是从谈判内容来讲，国际商务谈判远比国内商务谈判复杂得多。这是由于谈判人员来自不同的国家,其语言、信仰、生活习惯、价值观念、行为规范、道德标准乃至谈判心理等方面都存在着极大的差别,而这些方面都是影响谈判进行的重要因素。

## 二、商务谈判的形式

商务谈判的形式,是指为交换谈判内容所采取的方式。谈判的形式一般分为口头谈判、书面谈判和网络谈判。

### (一)口头谈判

口头谈判,是指交易双方面对面地进行语言谈判,或者通过电话进行谈判。这种形式在企业实际工作中表现为派出推销员或采购员主动登门谈判,邀请客户到本企业谈判或者在第三地谈判等。

口头谈判的优势表现在:在口头谈判中,双方面对面地洽谈交易,有利于谈判各方当面提出条件和意见,也便于谈判者察言观色,掌握心理,施展谈判技巧。同时,无论谈判者是在推销滞销商品,还是采购紧俏商品时,双方都有说服对方的余地。

口头谈判的劣势表现在:时效性强,决策风险大。口头谈判一般要在谈判期限内做出成交与否的决定,没有充分的考虑时间,因而要求谈判人员具有较高的决策水平,一旦决策失误,就可能给自己造成经济损失或者失去成交的良好时机。口头谈判一般要支付往返差旅费和礼节性招待费,费用开支较大。因此,它适用于首次交易谈判、同城或相近地区的商务谈判、长期谈判、大宗交易谈判或者贵重商品的谈判。

近几年来,随着商品经济的发展,市场日益活跃,出现了形式多样、内容各异的交易会。这种形式一般规模较大、隆重、轰轰烈烈,同时,由于参加交易会的单位很多,便于沟通情况,有利于企业选择。因此,谈判成交额较大。正因为这种形式有其优势,所以交易会谈判被广大企业认为是一种较好的口头谈判形式。

### (二)书面谈判

书面谈判,是指买卖双方利用信函、电报、电传等通信工具所进行的谈判。它要求由卖方或买方以信函、电报等载体,将交易要求和条件通知对方,一般应规定对方答复的有效期限。

书面谈判方式的优势表现在:可以使双方对问题有比较充足的考虑时间。在谈判过程中有时间同自己的助手、企业领导及决策机构进行讨论和分析,有益于慎重决策。书面谈判一般不需要谈判者四处奔走,可以坐镇企业,向国内外许多单位发出信函、电报,并对不同客户的回电进行分析比较,从中选出对自己最有利的交易对象。由于具体的谈判人员互不见面,他们互相代表的是本企业,双方都可不考虑谈判人员的身份,把主要的精力集中在交易条件的洽谈上,从而避免因谈判者的级别、身份不对等而影响谈判的开展和交易的达成。此外,由于书面谈判只涉及通信费用,没有差旅费和招待费,因而谈判费用开支较少。

当然,书面谈判也有不足之处。第一,书面谈判多采用信函、电报等方式,文字要求精练,如果词不达意,则容易造成双方理解差异,引起争议和纠纷;第二,由于双方的代表不见面,因而无法通过观察对方的语态、表情、情绪以及习惯动作等来判断对方的心理活动,从而难以运用肢体语言技巧达到沟通意见的效果;第三,书面谈判所使用的信函、电报需要邮电、交通部门的传递,如果这些部门发生故障,则会影响双方的联系,甚至丧失交易的时机。鉴于书面谈判有其局限性,所以它多适用于双方经常有交易活动的谈判,以及跨地区、跨国界的谈判。

为了发挥书面谈判的作用,使对方了解自己的交易要求,作为卖方,可以把事先印好的具有一定格式的表单寄给客户,表单上比较详细地反映卖方商品的名称、规格、价格、装运等条件,使客户对卖方的交易意图有一个全面、清楚的了解,避免因文字表达不周而引起的误解。同时,谈判双方都要认真、迅速、妥善处理回函和来函,能达成的交易要迅速通知对方,不要贻误时机,即使不能达成的交易也要委婉地答复,搞好与客户的关系,"生意不成人情在"。书面谈判最忌讳的是函件处理不及时,也忌讳有求于人时丧失企业的品格,而人求于我时冷眼相待,这不仅关心到企业购销活动的持续开展,而且也关系到企业的经营作风和商业信誉。

### (三)网络谈判

网络谈判是指谈判双方依靠各种网络服务和技术,通过互联网所进行的谈判。在人类历史上,谈判作为一项人类的基本活动并没有因科学技术的进步和发展而受到太多的影响,如今互联网彻底改变了人类的生活方式,互联网的影响是史无前例的。同样,互联网对谈判的影响也是深远的,虽然面对面的互动仍然是最主要的谈判形式,尤其是高层的谈判,但是互联网可以提供更多切实可行的谈判方式,并且可以发挥它的优势。比如,当双方因情绪化因素而无法达到预期的结果时,或双方进入谈判的某个阶段,需要将注意力集中在合同文本上时,互联网显得更为有效。

在交易过程中,交易双方会运用各种交易方式来交换商品或服务,较为常用的方式包括固定价格销售、谈判协商、拍卖以及封闭式招标等,所有这些方式如今都已经出现在了互联网上。实践证明,基于互联网的谈判大大减少了某些交易的成本和时间,同时,利用互联网及其搜索功能更容易找到交易对象,相应降低了开发成本和机会成本。

随着互联网技术的不断进步,从电子邮件、文件处理到先进的网络会议、网络电话、网上视听系统等,这些使得基于互联网的交易飞速增长。但网络身份认证、网络安全、网络条例法规等方面还不健全,要真正成为主要的谈判工具,可能还需要一定的时间,尤其是涉及网络合同谈判及其争端问题的解决。基于网络的谈判技术需要不断开发和完善,包括网络虚拟会议、虚拟眼球、语言辨别技术、电脑的个性化信息处理技术等,使网络谈判真正人性化,使谈判进程更加顺利。

综上所述,各种谈判形式都各有利弊,应根据交易的需要和各种谈判形式的特点加以正确选择。在实际工作中,不要把三种谈判形式截然分开,可以把它们结合起来,取其所长,避其所短,在一般情况下适用书面谈判的交易,在特殊情况下也可以改用口头谈判或网络谈判,既要正确选择又要灵活运用。

值得注意的是,只要是通过谈判达成交易,无论采取哪种谈判形式,都必须签订书面合同。交易谈判的内容烦琐而复杂,每项内容都关系到双方的经济利益,将谈判的结果用书面合同反映出来,就会加强签约双方的责任心,促使双方按照合同办事。一旦出现问题,发生纠纷,也有据可查,便于公平合理地处理问题,签订书面合同对口头谈判和网络谈判的作用显而易见,因为"口说无凭",要"立据为证"。同样,书面谈判的成交也要以合同为证,虽然在书面谈判的过程中也采用什么形式,但这只是反映谈判过程的情况,而不能表明成交的确立。

# 第三节　商务谈判的原则与作用

## 一、商务谈判的原则

商务谈判的原则,是指商务谈判各方应当遵循的指导思想和基本准则。商务谈判的原则,是商务谈判内在的、必然的行为规范,是商务谈判的实践总结和制胜规律。因此,认识和把握商务谈判的原则,有助于维护谈判各方的权益、提高谈判的成功率和指导谈判策略的运用。

商务谈判的原则包含丰富的内容,其基本原则如下。

### (一)合作双赢原则

商务谈判的合作原则,是指谈判双方在换位思考的基础上互相配合进行谈判,力争达成双赢的谈判协议。参与谈判的各方究竟是合作者,还是竞争者?这是历来谈判学家在理论上争论的焦点,也是众多的实际谈判者在谈判中确定立场的出发点。我们认为,不论是何种类型的谈判,谈判的双方或多方都是合作者,而非竞争者,更不是敌对者。首先,谈判是为了满足需要,建立和改善关系,是一个协调行为的过程,这就要求参与谈判的双方进行合作和配合。如果没有双方的提议。谅解与让步,就不会达成最终的协议,双方的需要都不能得到满足,合作关系也无法建立。其次,如果把谈判纯粹看成是一场比赛,或一场战斗,不是你赢就是我输,那么,双方都会站在各自的立场上,把对方看成对手、敌人,并千方百计地想压倒对方、击败对方,以达到自己单方面的目的。结果,达到目的的一方成了赢家,趾高气扬,做出重大牺牲或让步的一方成了输家,屈辱不堪。双方虽然签订了协议,但并没有融洽双方的关系,更没有达到双方都满意的目的,因而这一协议缺乏牢固性,自认为失败的一方会千方百计寻找各种理由、机会,延缓协议的履行,挽回自己的损失。其结果可能是两败俱伤。

因此,在商务谈判中最重要的是明确双方不是对手、敌对者,而是朋友、合作的对象。理想的谈判过程不能简单地看成是利益争夺的过程,而是一个双方互相沟通、交流,寻求发展的过程。美国谈判专家费雪·尤瑞明指出:"每位谈判者都有两种利益:实质的利益和关系的利益。"合作共识、互惠互利,会使谈判双方既得到实质的利益,又能获得关系的利益。只有在这一指导思想下,谈判者才能从客观、冷静的态度出发,寻找双方合作的共同途径,消除达成协议的各种障碍,并能认真履约。

要坚持合作原则,主要应从以下方面着手。

第一,从满足双方的实际利益出发,发展长期的合作关系,创造更多的合作机会。谈判都是互惠互利的,如果双方都能够充分认识这一点,就能极大地增加合作的可能性。

第二,坚持诚挚与坦率的态度,这是做人的根本,也是谈判活动的准则。中国有句古话,"精诚所至,金石为开"。任何交易活动,不论是哪一方缺乏诚意,都很难取得理想的合作效果。

第三,坚持实事求是。这是指谈判各方在提出自己的要求、条件时要尽可能符合客观实际,要充分估量己方条件的切实可行性,同时坚持公平合理的原则去评价对方的要求、立场。

坚持合作互利的原则,并不排斥谈判策略与技巧的运用。合作是解决问题的态度,而策略和技巧则是解决问题的方法和手段,两者是不矛盾的。

---

**【趣味阅读】**

戴安在一个俱乐部做经理,他计划为俱乐部建一个舞厅。他找到一个承包商,而这个人正想进入建筑行业。承包商愿意为他廉价提供一个优质的舞厅,作为开张优惠,同时承包商要求在舞厅建成后戴安能允许别的客户参观,以宣传工程质量,为自己招揽生意。戴安答应了,但他又进一步要求承包商承担装饰工程。承包商开始很不乐意。戴安告诉承包商,舞厅美观有利于宣扬工程质量。后来,承包商不仅答应再加装饰而且不惜工本地大加装饰。最终戴安以优惠的价钱得到一个装修非常不错的新舞厅,而承包商也获得几笔新的生意。这笔交易在双方都满意和互惠的情况下成功了。

**【启示】**

谈判就是力争达成合作互利,实现"双赢"。

## （二）互利互惠原则

互利互惠原则是指谈判双方都要从协议的执行中获得相应的利益。成功的谈判就是要在谈判结束后,各自的需求都有所满足。因为,商务谈判不是竞技比赛,不能一方胜利、一方失败,一方盈利、一方亏本,因为,谈判如果只有利于一方,不利方就会退出谈判,这样自然导致谈判破裂,谈判的胜利方也就不复存在。同时,谈判中所耗费的劳动也就成为无效劳动,谈判各方也就都只能是失败者。可见,互惠互利是商务谈判的目标。坚持互惠互利,就要重视双方的合作,没有合作,互惠互利就不能实现。谈判各方只有在追求自身利益的同时,也尊重对方的利益追求,立足于互补合作,才能互谅互让,才能实现各自的利益目标,获得谈判的成功。正是从这一原则出发,著名的美国谈判学学者尼尔伦伯格(Gerard Nierenberg)把谈判称为"合作的利己主义"。

> **【趣味阅读】**
>
> 两个人争一个橘子,最后协商的结果是把橘子一分为二,第一个人吃掉了分给他的一半,扔掉了皮;第二个人则扔掉了橘子,留下了皮做药。
>
> **【启示】**
>
> 人们在同一事物上可能有不同的利益,在利益的选择上有多种途径。

## （三）求同存异原则

求同存异原则是指谈判中面对利益分歧,从大局着眼,努力寻求共同利益。贯彻求同存异原则,要求谈判各方首先要立足于共同利益,要把谈判对象当作合作伙伴,而不仅仅视为谈判对手;同时,要承认利益分歧,正是由于需求的差异和利益的不同,才可能产生需求的互补和利益的契合,才会形成共同利益。贯彻求同存异原则,要求在商务谈判中善于从大局出发,要着眼于自身发展的整体利益和长远利益的大局,着眼于长期合作的大局;同时,要善于运用灵活机动的谈判策略,通过妥协寻求协调利益冲突的解决办法,构建和增进共同利益;要善于求同存异,不仅应当求大同存小异,也可以为了求大同而存大异。可以说,求同存异原则是商务谈判成功的关键。善于求同,历来是谈判高手具有智慧的表现。

> **【趣味阅读】**
>
> 两个人在图书馆里发生了争执,一个要开窗户,一个要关窗户。他们双方互不让步、争执不下。这时,工作人员走过来,她问其中的一个人为什么要开窗户,回答是"呼

吸一些新鲜空气"。问另一个人为什么要关窗户,回答是"不让纸被吹乱了"。她想了想,走了过去关上了窗户,同时把旁边的另一扇窗子打开了,结果问题解决了,既可以有新鲜空气进来,又不会吹乱了纸。双方都得到了满意的结果。

**【启示】**

要正确对待谈判各方在需求和利益上的分歧,探求各方的共同利益,在利益分歧中寻求相互补充的契合利益,达成能满足各方需要的协议。

### (四) 客观标准原则

客观标准原则是指在谈判中双方因坚持不同的标准而产生分歧时,而坚持运用独立于各方意志外的合乎情理和切实可行的标准来达成协议。这些客观标准既可能是一些惯例、通则,也可能是职业标准、道德标准、科学标准等。

无论把谈判看成双方的合作,还是双方的较量,双方利益冲突和分歧都是客观存在、无法避免的。买方希望价格低一点,而卖方希望价格高一些;贷方希望高利率,借方希望低利率。从这种观点出发,一方希望得到对自己有利的结果,另一方也持同样的观点。这些分歧在谈判中时时刻刻存在着,谈判双方的任务就是清除和调和彼此的分歧,达成协议。

清除和调和彼此的分歧有多种方法,一般是通过双方的让步或妥协来实现的。而这种让步或妥协是基于双方的意愿,即愿意接受什么,不愿意接受什么。所以常常会出现一方做出让步以换取另一方对等的让步。这样,调和与消除双方的分歧就变得十分困难,付出的代价也是巨大的,更谈不上创造性地解决问题。

坚持客观标准能够很好地克服建立在双方意愿基础上的让步所产生的弊病,有利于谈判者达成一个明智而公正的协议。但客观标准也是多种多样的。如果双方无法确定哪个标准是最合适的,那么比较好的做法是找一个双方认为公正的、权威的第三方,请他建议一个解决争端的标准,这样,问题会得到比较圆满的解决。

在谈判中坚持客观标准有助于双方和睦相处,冷静而又客观地分析问题,有利于谈判者达成一个明智而公正的协议。由于协议的达成是依据客观标准,双方都感到自己利益没有受到损害,因而会积极有效地履行合同。

**【趣味阅读】**

王平要建一所住房,便与某工程队签订了承建合同。合同中对价格和材料都规定得很明确,但是却没有明确规定地基的深度。动工后便出现了分歧,工程队认为地基有1米深就足够了,而王平则认为住房的地基一般需要2米左右。

工程队负责人说："我们记得，采用较浅的地基当初是你自己同意的。"

王平说："可能当时我说过类似的话，1米深的地基也许就够了。但我要求地基一定要稳固，否则，时间长了整个房子就有可能变形。"

工程队负责人说："我们认为1米深的地基就保证质量没有问题，我们在其他地方建房大多数的地基是1米深，有的还不到1米。"

王平说："地基的深度，取决于地层的坚固程度，不同地区的地层结构是不一样的。当地的城市建设规划部门在这方面有明确的规定标准；当地其他房子的地基都是2米深。你们认为我们应该以什么作为标准来解决问题？"

工程队的负责人心情愉快地同意了王平的意见。

在事先没有明确地基深度的情况下，如果王平不是坚持客观标准，而是与对方进行讨价还价，折中地解决问题，那可能就不会取得理想的结果。

**【启示】**

在谈判中可能出现双方因坚持不同的标准而产生分歧的情况，这时需要努力寻求沟通的客观基础，寻找科学、合理的客观标准。

## （五）诚实信用原则

诚实信用原则是指在谈判中双方都要诚实且守信。所谓诚实，就是在任何谈判中言行与内心思想都要一致，即实事求是。所谓守信，就是能够履行与人约定的事情而取得的信任，即言必信，行必果。谈判言而无信，绝对不行，出尔反尔，朝令夕改，势必失信于人，破坏双方的合作，谈判必将失败。"诚招天下客"，诚实和守信给人以安全感，使人愿意同你洽谈生意，还有利于消除顾虑，促进成交。为此，商务谈判中谈判人员要坚持诚实信用原则，以信誉为本，实事求是，言行一致，取信于人。同时，在谈判中也要注意不轻易许诺，一旦承诺或达成协议，就必须严格履行。

**【趣味阅读】**

上海华实制鞋厂与日本一家株式会社做成了一笔布鞋生意。因日方预测失误，加上海上运期长，布鞋运到日本后，错过了销售的黄金季节，大量积压。日方提出退货，按惯例这显然是行不通的。但中方却原则上同意了。此事一传开，中方有关部门及一些国际上的朋友立即哗然，认为这是自找麻烦，因为那是价值260万日元的大笔生意！但华实制鞋厂还是坚持接受退货。后来，中方在出口替代的一批货时，不但保质、保量，而且迅速发货，使日方大赚了一笔。当然，中方也相应获利不少，而且名声大振，信誉大增。此事在日本见报后，马上就有几家大公司来人来函要求与华实制鞋厂合作。

华实制鞋厂不但没有赔钱,反而由此身价百倍,产品供不应求,而日方的这家株式会社,经过这次风波后愈发感到华实是个忠实的合作伙伴,提出愿当中方在日销售的总代理,华实的产品全部包销,一订就是10年合同,而且还积极向中方提供国际市场的有关信息,两家企业的竞争伙伴关系更加稳定。

**【启示】**

谈判要以诚信为本。诚信是职业道德,也是谈判双方交往的感情基础。讲求诚信能给人以安全感,使人愿意与其洽谈生意。诚信还有利于消除疑虑,促进成交,进而建立较长期的商务关系。

---

**【趣味阅读】**

我国北方航空公司向英国飞机制造厂订购一批新型直升机。在飞机交付使用一段时间后,陆续发生发动机机械故障,虽然不断维修,但最终该批飞机还是全部无法飞行。飞机发生故障后,中方曾专门派遣一名女工程师到英方工厂作为联络员,负责飞机维修的具体事宜。该工程师在与英方的不断交涉过程中,渐渐发现了一个秘密:原来英方出售给我方的飞机并非最新机型,英方在谈判中刻意隐瞒了实情。

该批飞机的发动机普遍存在缺陷,会导致发动机故障,而新型号则做了改进,但英方并未出售给我方新型号。显然,英方是想通过这项贸易清理库存,获取不当利润。当该工程师直接向英方点破该问题后,英方态度急转直下,断然中止了与中方的合作。最后,中方经过艰苦的努力,通过法律向英方索赔成功。但既成事实还是不可避免地给中方造成了重大损失。显然,英国公司这种不讲信用和欺骗的行为只能是一锤子买卖,中方根本不可能再与之合作。

**【启示】**

商务谈判要坚持信守承诺。如果谈判人员在谈判中不讲信用,出尔反尔,言而无信,甚至有欺诈行为,那么要与对方长期合作是不可能的。

---

### (六) 遵守法律原则

遵守法律原则是指在商务谈判及合同签订的过程中,必须遵守国家的法律、法规和政策。与法律、政策有抵触的商务谈判,即使出于谈判双方自愿并且协议一致,也是无效的,是不允许的。

任何商务谈判都是在一定的法律环境下进行的,法律规范制约着协议的内容。依法认真严肃地履行协议,关系到未来谈判机会的得失,也决定着既定合作项目能否继续进行下去。因此,坚持遵守法律原则,是商务谈判公正、合理、健康进行的保证,也是合同执行的保证。只有在商务谈判中遵守法律原则,谈判形成的协议(合同)才具有法律效力,受法律保护。

商务谈判的遵守法律原则,具体体现在以下三个方面:一是谈判主体合法,即谈判参与各方组织及其谈判人员具有合法的资格。二是谈判议题合法,即谈判所要磋商的交易项目具有合法性。对于法律不允许的行为,如买卖毒品、贩卖人口、走私货物等,其谈判显然违法。三是谈判手段合法,即应通过公正、公开、公平的手段达到谈判目的,而不能采用某些不正当的,如行贿受贿、暴力威胁等手段来达到谈判的目的。总之,只有在商务谈判中遵守法律原则,谈判及其协议才具有法律效力,当事各方的权益才能受到法律的保护。显然遵守法律原则是商务谈判的根本。

## 二、商务谈判的作用

商务谈判是完成交易、获取利益、实现目标的重要环节,是贯穿于商务活动的全过程,无论是国内经济项目合作,还是国外经济项目合作,都离不开谈判。可以说,商务谈判在现代经济社会中扮演着越来越重要的角色。其作用具体体现在以下六个方面。

### (一)有利于促进商品经济的发展

谈判并不是今天才出现的,但只有在商品经济发展到一定阶段时,谈判才能在社会生活中发挥巨大的作用。这是由于商品经济崇尚等价交换,排斥一切特权干预,只有通过买卖双方的平等协商谈判,才能在互利的基础上达到双赢的结局,进一步促进商品经济的发展。

实践证明,商品经济越发达,谈判的应用就越广泛,谈判的形式就越多样化、复杂化。同时,谈判广泛运用于社会生产、生活的各个领域,又进一步促进了社会的繁荣和经济的发展。它更好地实现了人们在平等互利基础上的联系,改善了相互关系,提高了交易的成功率。今天,谈判已经成为商品经济社会中不可缺少的组成部分,成为各种组织和公众解决彼此之间矛盾、争议和调整人际关系的重要手段。

### (二)有利于加强企业之间的经济联系

商务谈判大多是在企业之间、企业与其他部门之间进行的。每个企业要与其他部门或单位进行协商,才能完成生产经营活动。事实上,经济越发展,分工越细,专业化程度越高,企业间的联系与合作就越紧密,就越是需要各种有效的沟通手段。同时,企业具有独立的法人资格,企业之间的交往与联系也必须在自愿互利的基础上实行等价交换、公平交易。因此,谈判理所当然地成为企业间经济联系的桥梁和纽带,成为经济活动中企业之间以及企业与其他各种经济实体之间联系的主要媒介。企业通过谈判获得生产要素,销售产品;通过谈判磋商解决企业之间生产经营过程中所涉及的问题。所以说,谈判加强了企业之间的联系,促进了经济的发展。

### （三）有利于企业获取市场信息

市场信息是反映市场发展和变化的消息、情报、资料等。商务谈判是获取市场信息的重要途径。谈判双方在谈判前通过对对方的资信、经营等一般状况的调查了解,在谈判中通过各自观点陈述了解对方的交易需要,这些活动本身就反映了市场的供求状况,同时,谈判中相互磋商,常常使当事各方得到有益的启示,从中获得许多有价值的信息,从而提高经营决策的科学性,使企业在市场竞争中立于不败之地。

---

**【趣味阅读】**

在美国东北部有个叫哈奈特的先生,拥有一家公司。由于市场变化和公司经营的问题,公司业绩一落千丈,濒临破产。这时,和他有业务往来的那家银行除了急于收回到期债务外,不愿再向他提供贷款了。

为了取得贷款,哈奈特让财务部门整理所有与银行往来的账目、记录等,千方百计搜寻银行的过错。最后,他根据整理结果拟出一份抗议案,内容包括:银行办事能力差,办手续时间过长,致使公司购买一项产品的计划被耽误,从而蒙受了重大损失;在领款时,作为银行的老客户居然也要在柜台前排长队,而最严重的抗议事项是,由于该银行职员的疏忽,使得一笔本应该汇入哈奈特公司账户的款项,竟存入了另一家公司的账户。另外还有几条“罪状”也同时以严肃的口吻列入了抗议案中,一并送往银行,要求银行解释。

银行对此措手不及,先由一位部门经理打电话道歉。接电话时,财务部门非常冷淡的态度使得银行更感紧张,以为哈奈特公司已从其他银行取得了贷款。信誉至关重要,因此银行担心这事会使自己的信誉受到破坏。银行经理亲自主动与哈奈特取得联系。出乎意料的是,哈奈特先生在电话中闭口不提抗议的事,反而以轻松的语气问道:“两年以上的私人贷款,如何计算利息?”经理大感吃惊,大松了一口气。于是便把利息的计算方法告诉对方。

“这样的利息是不是现在市面上最优惠的?”

“当然!”

这时,哈奈特先生才进一步说明他想通过最优惠的方式从该银行获得一笔贷款,并表达了希望与这家银行加强往来的愿望。结果经理满足了他的要求。

**【启示】**

成功的谈判必定是建立在信息的基础上的。在谈判之前,谈判者首先应该准备好有利于自身的信息。

### （四）有利于企业树立形象

企业形象，就是企业在社会公众脑海中的印象。良好形象的塑造可以通过日常和专门的公共关系策划活动来进行，同时也有赖于通过谈判达到目标。商务谈判者往往代表企业的文化和精神，体现企业的可信度。商务谈判者的着装、举止、谈吐、语言直接影响对方对本企业的联想和记忆。在商务谈判中，谈判者提出来的问题是否有理有节、顾全大局，能否讲究效率和信誉，都是关系到双方能否真诚合作、长期合作的关键。若一个商务谈判者在这些方面均能表现出较高的素质，那么不仅能促成双方达成一致协议，而且能树立良好的企业形象。

### （五）有利于企业实现经济目标

在市场竞争条件下，企业的营销工作受各种主客观条件的制约。企业产品的畅销，除了商品要适销对路、质量过硬、价格合理、包装美观等外，在很大程度上还有赖于业务人员搞好商务谈判工作。商务谈判是达成商品交换关系的前奏，每一笔交易的价格、数量和其他交易条件都要通过谈判来确定。如果谈判不成功，产品销售困难，就会造成商品积压，资金短缺，经济效益下降，企业的经济目标无法实现，久而久之，企业就会面临破产的危险。

【趣味阅读】

中国某钢铁基地要引进十几亿美元的先进设备，委托中技公司的专家代理谈判。经过艰苦的谈判，技术和贸易上的问题都较好地解决了，但中方人员还是不松懈。当时这笔交易，我方要使用外方 70% 的贷款，利率是 7%，是当时最低的。但谈判结束后，到还贷还有两年时间，这两年里，利率是否会下调呢？经过认真研究，我方决定利用国际惯例，追加一条附加条款，就是：如果我国财政允许，在还款期限前，我方一次性还清全部贷款，不算利息，没有其他附加条件。

又经过一番较量，外方同意我方要求。

到 2011 年还款前，国际市场的利率果然下调。我方趁机借了一笔 5.4% 的贷款，还掉即将到期的利率 7% 的贷款。

由于谈判人员认真负责，用自己的经验和能力，就为国家节省了一大笔资金。

【启示】

谈判肩负着企业兴亡的重任。谈判人员既是内行专家，又要对谈判的项目负责任，不能让企业在谈判中吃亏、受骗，给国家、集体、个人造成巨大的经济损失。

### （六）有利于企业提高管理水平

商务谈判是市场经济环境下企业管理活动的一部分及其职能之一,科学地进行谈判可以提高企业的管理水平。企业管理活动是对企业经营过程进行计划、组织、领导、控制,其中经营计划除了接受国家宏观计划粗线条的指导之外,与其他经济组织之间发生联系保证计划的执行,都是通过先谈判后签订合同达到的。通过谈判还可以发现和借鉴对方业务管理上的先进经验,分析寻找本企业管理中存在的问题,从而制定有效措施予以纠正。谈判除了协调行为以外,还是实力的对比,具体表现为业务活动上的竞争,管理上的较量。有竞争、有较量就能给自己的业务管理活动以启发和提高,也是学习和借鉴对方经验的好机会。

# 第四节　商务谈判的内容与程序

## 一、商务谈判的内容

商务谈判的内容是指与产品交易有关的各项交易条件。为了有效地进行谈判,买卖双方在制订商务谈判计划时,必须把有关的内容纳入谈判的议题之中。在谈判内容上出现疏漏,势必影响合同的履行,从而给企业带来不可估量的损失。因此,谈判人员在谈判之前应熟悉地掌握谈判的内容。商务谈判的类型不同,其谈判的内容各有差异。

### （一）商品贸易谈判的内容

商品贸易谈判的内容以商品为中心,主要包括商品的品质、商品的数量、商品的包装、商品的运输、保险、商品检验、商品价格、贷款结算支付方式及索赔、仲裁和不可抗力等条款。

#### 1. 商品的品质

商品的品质是指商品的内在质量和外观形态。它往往是交易双方最关心的问题,也是洽谈的主要问题。商品的品质取决于商品本身的自然属性,其内在质量具体表现在商品的化学成分、生物学特征及其物理、机械性能等方面;其外在形态具体表现为商品的造型、结构、色泽、味觉等技术指标或特征,这些特征有多种多样的表示方法,常用的表示方法有样品表示法、规格表示法、等级表示法、标准表示法和牌名或商标表示法。

（1）样品表示法。样品指的是最初设计加工出来或者从一批商品中抽取出来的能够代表贸易商品品种的少量实物。样品可由买卖的任何一方提出,只要双方确认,卖方就应该供应与样品一致的商品,买方也就应该接收与样品一致的商品。为了避免纠纷,一般样品要一式三份,由买卖双方各持一份,另一份送给合同规定的商品检验机构或其他公证机构保存,以备买卖双方发生争议时作为核对品质之用。

（2）规格表示法。商品规格是反映商品的成分、含量、纯度、大小、长度、粗细等品质的技术指标。由于各种商品的品质特征不同，所以规格也有差异。如果交易双方用规格表示商品的品质，并作为谈判条件，就叫作"凭规格买卖"。一般来说，凭规格买卖是比较准确的，在日常的商品交易活动中，大多采用这种方法。

（3）等级表示法。商品等级是对同类商品质量差异的分类，是表示商品品质的方法之一。这种表示法以规格表示法为基础，同类商品由于厂家不同，有不同的规格，所以同一数码、文字、符号表示的等级的品质内涵不尽相同。买卖双方对商品品质的磋商，可以借助已经制定的商品等级来表示。

（4）标准表示法。商品品质标准，是指经政府职能部门等有关团体统一制定并公布的规格或等级。不同的标准反映了商品品质的不同特征和差异。商品贸易中常见的有国际上各国公认的通用标准即国际标准，我国有国家技术监督局制定的国家标准和国家有关部门制定的部颁标准。此外，还有供需双方洽商的协议标准。明确商品品质标准，以表达供需双方对商品品质提出的要求和认可。

（5）牌名或商标表示法。牌名是商品的名称，商标是商品的标记。有些商品由于品质上优质、稳定，知名度和美誉度都很高，在用户中享有盛名，为广大用户所熟悉和赞誉，在谈判中只要说明牌名或商标，双方就能明确商品品质情况。但在磋商时要注意同一牌名或商标的商品是否来自不同的厂家，以及这些商品是否由于某些原因造成了损坏或变质，更要注意假冒商标的商品。

在实际交易中，上述表示商品品质的方法可以结合在一起运用。比如，有的交易既使用牌名，又使用规格；有的交易既使用规格，又参考样品。除此之外，还应注意以下五点。

第一，商品品质表示的多种方法共同使用时，应避免其出现相悖和不清，有时条款中应标明以哪种方法为基准，哪种方法为补充。

第二，当交易的商品品质容易引起变动时，应尽量收集其引起变动的原因，防患于未然。对于允许供货方交付的商品品质可以高于或低于品质条款的幅度，也就是品质公差，可以采用同行业所公认的品质公差，也可以在磋商中议定极限，即上下差异范围。

第三，商品品质标准会随着科技的发展而发生变化。磋商中应注意商品品质标准的最新规定，条款应明确双方认定的交易商品的品质标准是以何种、何国（地区）、何时、何种版本中的规定为依据，避免日后发生误解和争议。

第四，商品品质的其他主要指标，如商品寿命、可靠性、安全性、经济性等条款的磋商，都应力求明确，便于检测操作认定。

第五，商品品质条款的磋商应与商品价格条款紧密相连，互相制约。

**2. 商品的数量**

商品交易的数量是商务谈判的主要内容。成交商品数量的多少，不仅关系到卖方的销售计划和买方的采购计划能否完成，而且与商品的价格有关。同一货币支付后所购买的商品数量越多,说明这种商品越便宜,因此,商品交易的数量直接影响到交易双方的经济利益。

确定买卖商品的数量,首先要根据商品的性质,明确所采用的计量单位。商品的计量单位,表示重量单位的有吨、公斤、磅等;表示个数单位的有件、双、套、打等;表示面积单位的有平方米、平方英尺;表示体积单位的有立方米、立方英尺。在国际贸易中,由于各国采用的度量衡制度不同,同一计量单位所代表的数量也各不相同,因而要掌握各种度量衡之间的换算关系,在谈判中明确规定使用哪一种度量衡制度,以免造成误会和争议。

在贸易谈判实践中,容易引起争议的是商品重量。因为商品重量不仅会受到自然界的影响而发生变化,而且许多商品本身就有包装与重量的问题。如果交易双方在谈判时没有明确重量的计算方法,在交货时就会因重量问题而发生纠纷。

常用的重量计算方法有两种:一是按毛重计算,二是按净重计算。毛重是商品和包装物的总重量,净重是商品本身的重量。由于净重不包括包装物的重量,所以按净重计算就必须是毛重减去包装物的重量。

### 3. 商品的包装

在商品交易中,除了散装货与裸体货外,绝大多数商品都需要包装。包装具有宣传商品、保护商品、便于储运、方便消费的作用。近年来,随着我国市场竞争日趋激烈,各厂商为了提高自己的竞争能力,扩大销路,已改变了过去传统的"一等产品、三级包装"的包装观念。市场上商品包装装潢不仅变化快,而且档次越来越高。由此看来,包装也是商品交易的重要内容。作为商务谈判者,为了使双方满意,必须精通包装材料、包装形式、装潢设计、运装标志等问题。

为了合理选择商品包装和避免包装问题引起的纠纷,贸易双方在磋商商品包装条款时应注意以下几点。

(1) 根据交易商品本身的特征明确其包装的种类、材料、规格、成本、技术和方法。商品经营包装有内销、出口、特种商品包装;商品流通包装有运输包装(外包装)、销售包装(内包装);按包装内含商品数量多少划分,有单个包装、集合包装;按包装使用范围划分,有专用包装、通用包装;按包装材料划分,有纸制、塑料、金属、木制、玻璃、陶瓷、纤维、复合材料、其他材料包装等。这些不同的包装还有体积、容积、尺寸、重量的区别,这些都影响着商品贸易。

(2) 根据谈判对方或用户对同类商品在包装种类、材料、规格、装潢上的不同要求和特殊要求及不同时期的变化趋势进行磋商并认定。

### 4. 商品的运输

在商品交易中,卖方向买方收取货款是以交付货物为条件的。所以,运输方式、运输费用以及装运、交货的时间、地点依然是商务谈判的重要内容。

(1) 运输方式。商品的运输方式是指将商品转移到目的地所采用的方法和形式。以运输工具进行划分,运输方式有公路运输、水路运输、铁路运输、航空运输和管道运输等。以营运方式来划分,可分为自运、托运和联运等。目前,在国内贸易中主要采用铁路运输、公路运输、水路运输和自运、托运等。对外贸易中主要采用海运、航运、托运和租运等。在商贸活动中,如何使商品能够多快好省地到达目的地,关键在于选择合理的运输方式。选择合理的运输方式,应考虑以下因素:一是要根据商品的特点、运货量大小、自然条件、装卸地点等方面的具体情况;二是要根据各种运输方式的特点,通过综合分析加以选择。

(2)运输费用。运输费用的计算标准有:按货物重量计算、按货物体积计算、按货物件数计算、按商品价格计算等。另外,费用还会因为运输中的特殊原因增加其他附加费。谈判中双方对货物的重量、体积、件数、商品的贵重情况进行全盘考虑,合理规划,在可能的条件下改变商品的包装、缩小体积,科学堆放,选用合理的计算标准,论证并确定附加费用变动的合理性,明确双方交货条件,划清各自承担的费用范围和界限。

(3)装运时间、地点和交货时间、地点。这些不仅直接影响买方能否按时收到货物,满足需求或投放市场,回收资金,还会因交货时空的变动引起价格的波动和可能造成经济效益的差异。谈判中应根据运输条件、市场需求、运输距离、运输工具、码头、车站、港口、机场等设施,以及货物的自然属性、气候条件进行综合分析,明确装运、交货的地点及其具体截止日期。

### 5. 保险

保险是投保人交纳的保险费集中组成保险基金用来补偿因意外事故或自然灾害所造成的经济损失,或对个人因死亡伤残给予物质保障的一种方法。我们这里所指的保险主要指货物保险。货物保险的主要内容有:贸易双方的保险责任、具体明确办理保险手续和支付保险费用的承担者。

我国商品贸易没有明文规定保险责任该由谁来承担,只有通过谈判,双方协商解决。但在国际贸易中,商品价格条款中的价格术语确定后,也就明确了双方的保险责任。如将离岸价格作为商品价格,商品装船交货前的保险责任在卖方,之后的保险责任由买方承担。如果是到岸价格,则到岸前的保险责任在卖方,到岸的保险责任在买方。当保险业务出现后,为获取保险费用收入,出口时应尽量采用到岸价格,进口时尽量采用离岸价格,使国内的保险公司通过承担风险而获取保险收入。对同类商品,各国在保险的险别、投保方式、投保金额的通用做法,或对商品保险方面的特殊要求和规定,谈判双方必须加以明确。对世界各国主要保险公司在投保手续与方式、承保范围、保险单证的种类、保险费率、保险费用的支付方式、保险的责任和范围、保险赔偿的原则与手续等方面的有关规定加以考虑筛选,最后加以确定。对保险业务用语上的差异和名词概念的不同解释,要给予注意,以避免争议。

### 6. 商品检验

商品检验是指对交易商品的品种、质量、数量、包装等项目按照合同规定的标准进行检查或鉴定。通过检验,由有关检验部门出具证明,作为买卖双方交接货物、支付货款或处理索赔的依据。商品检验主要包括:商品检验权、检验机构、检验内容、检验证书、检验时间、检验地点、检验方法和检验标准。

### 7. 商品价格

商品价格是商务谈判中最重要的内容,它的高低直接影响着贸易双方的经济利益。商品价格是否合理是决定商务谈判成败的重要条件。

商品的价格是根据不同的定价依据、定价目标、定价方法和定价策略来制定的,商品价格的构成一般受商品成本、商品质量、成交数量、供求关系、竞争条件、运输方式和价格政策等多种因素的影响。只有深入了解市场情况,掌握实情,切实注意上述因素的变动情况,才能取得谈判成功。

价格是价值的货币表现。熟悉成本核算,就可以抓住价格的高低,确定对方利润的多少,从而针对性地讨价还价。

按质论价是价格谈判中常用的方法。谈判人员应该在商品品质的基础上,货比三家,确定合理的价格。

商品数量的多少是讨价还价的一个筹码。目前,大多数买卖双方均有批量定价。一般来说,商品数量越多,价格越低;数量越少,价格越高。

商品的价格还受市场供求状况的影响。当商品供过于求时,价格就下跌;反之,商品价格就会上涨。谈判中应根据商品在市场上的需求状况进行分析。另外,谈判人员还要考虑该商品的市场生命周期、市场定位、市场购买力等因素,判断市场供求变化趋势和签约后可能发生的价格变动,来确定商品交易价格,并要确定对价格发生变动的处理办法。一般来说,在合同规定的交货期内交货,不论价格如何变动,仍按合同定价执行。如果逾期交货,交货时市价上涨,按合同价执行;市价下跌,按下跌时的市价执行。总之,因价格变动造成的损失应由有过失的一方承担,以督促合同的按期履行。

竞争者的经营策略也会直接影响商品交易的价格。企业在市场竞争中,有时为了取得货源,商品价格就会高一点;有时为了抢占市场,提高市场占有率,价格就会低一些。谈判人员在价格谈判时,一定要密切关注市场竞争状况。

各国在不同时期有关价格方面的政策、法令、作价原则,也会影响交易双方有关价格的谈判。买卖双方在谈判时应遵守国家的价格政策、法令,并依照政策、法令来确定价格形式、价格变动幅度和利润率的高低。

在国际商务谈判中,谈判双方还应该明确规定使用何种货币和货币单位。一般来讲,出口贸易时争取采用"硬通货",进口贸易时则力求使用"软货币"或在结算期不会升值的货币。总之,要注意所采用货币的安全性及币值的稳定性、可兑换性。

另外,在国际商务谈判中,谈判人员还应尽量了解各国及国际组织对与价格有关问题的不同解释或规定,并在合同中加以明确,选定对己方有利的价格条件。

### 8. 货款结算支付方式

在商品贸易中,货款的结算与支付是一个重要问题,直接关系到交易双方的利益,影响双方的生存与发展。在商务谈判中应注意货款结算支付的方式、期限、地点等。

国内贸易货款结算方式分为现金结算和转账结算。现金结算,即一手交货,一手交钱,直接以现金支付货款的结算方式。转账结算是通过银行在双方账户上划拨的非现金结算。非现金结算的付款有两种方式:一种是先货后款,包括异地托收承付、异地委托收款、同城收款;另一种是先款后付,包括汇款、限额结算、信用证、支票结算等。根据国家规定,各单位之间的商品交易,除按照现金管理办法外,都必须通过银行办理转账结算。这种规定的目的是节约现金使用,有利于货币流通,加强经济核算,加速商品流通和加快资金周转。

转账结算可分为异地结算和同城结算。前者的主要方式有托收承付、信用证、汇兑等,后者的主要方式有支票、付款委托书、限额结算等。

### 9. 索赔、仲裁和不可抗力

在商品交易中,买卖双方常常会因彼此的权利和义务引起争议,并由此引起索赔、仲裁等情况的发生。为了使争议得到顺利的处理,买卖双方在洽谈交易中,对由争议提出的索赔和解决争议的仲裁方式,事先应进行充分商谈,并做出明确的规定。此外,对不可抗力及其对合同履行的影响结果等,也要做出规定。

(1)索赔。索赔是指一方认为对方未能全部或部分履行合同规定的责任时,向对方提出索取赔偿的要求。引起索赔的原因除了买卖一方违约外,还有由于合同条款规定不明确,一方对合同某些条款的理解与另一方不一致而认为对方违约。一般来讲,买卖双方在洽谈索赔问题时应洽谈索赔依据、索赔期限和索赔金额的确定等内容。

索赔依据是指提出索赔必须具备的证据和出示证据的检测机构。索赔方所提供的违约证据必须与品质、检验等条款相吻合,且出证机关要符合合同的规定,否则,都要遭到对方的拒赔。

索赔期限是指索赔一方提出索赔的有效期限。索赔期限的长短,应根据交易商品的特点合理商定。

索赔金额包括违约金和赔偿金。对于违约金,只要确认是违约,违约方就得向对方支付,违约金带有惩罚的性质。赔偿金则带有补偿性。如果违约金不够弥补违约金给对方造成的损失时,应当用赔偿金补足。

(2)仲裁。仲裁是指双方当事人在谈判中磋商约定,在本合同履行过程中发生争议,经协商或调解不成时,自愿把争议交给双方约定的第三者(仲裁机构)进行裁决的行为。在仲裁谈判时应洽谈的内容有仲裁地点、仲裁机构、仲裁程序规则和裁决的效力等内容。

(3)不可抗力。不可抗力,又称为人力不可抗力。通常是指合同签订后,不是由于当事人的疏忽过失,而是由于当事人所不可预见,也无法事先采取预防措施的事故,如地震、水灾、旱灾等自然原因或战争、政府封锁、禁运、罢工等社会原因造成的不能履行或不能如期履行合同的全部或部分。在这种情况下,遭受事故的一方可以据此免除履行合同的责任或推迟履行合同,另一方也无权要求其履行合同或索赔。洽谈不可抗力的内容主要包括不可抗力事故的范围、事故出现后果和发生事故后的补救方法、手续、出具证明的机构和通知对方的期限。

### (二)技术贸易谈判的基本内容

#### 1. 技术贸易的种类

技术商品是指那些通过在生产中的应用,能为应用者创造物质财富的具有独创性的用来交换的技术成果。技术贸易的种类主要有专利、专有技术、技术服务、工程服务、商标、专营权等。

#### 2. 技术贸易谈判的基本内容

技术贸易谈判包括技术服务、发明专利、工程服务、专有技术、商标和专营权的谈判。技术的引进和转让,是同一过程的两个方面。有引进技术的接受方,就有供给技术的许可方。引进和转让的过程,是双方谈判的过程。技术贸易谈判一般包括以下基本内容。

(1)技术类别、名称和规格。技术类别、名称和规格即技术的标的。技术贸易谈判的最基本内容是磋商具有技术的供给方能提供哪些技术,引进技术的接受方想买进哪些技术。

(2)技术经济要求。因为技术贸易转让的技术或研究成果有些是无形的,难以保留样品作为今后的验收标准,所以,谈判双方应对其技术经济参数采取慎重和负责的态度。技术转让方应如实地介绍情况,技术受让方应认真地调查核实。然后,把各种技术经济要求和指标详细地写在合同条款中。

(3)技术的转让期限。虽然科技协作的完成期限事先往往很难准确地预见,但规定一个较宽的期限还是很有必要的。

(4)技术商品交换的形式。这是双方权利和义务的重要内容,也是谈判不可避免的问题。技术商品交换的形式有两种:一种是所有权的转移,买方付清技术商品的全部价值并可转卖,卖者无权再出售或使用此技术。这种形式较少使用。另一种是不发生所有权的转移,买方只获得技术商品的使用权。

(5)技术贸易的计价、支付方式。技术商品的价格是技术贸易谈判中的关键问题。转让方为了更多地获取利润,报价总是偏高。引进方不会轻易地接受报价,往往通过反复谈判,进行价格对比分析,找出报价中的不合理成分,将报价压下来。价格对比一般是比较参加竞争的厂商在同等条件下的价格水平或相近技术商品的价格水平。价格水平的比较主要看两个方面,即商务条件和技术条件。商务条件主要是对技术贸易的计价方式、支付条件、使用货币和索赔等项进行比较。技术条件主要是对技术商品供货范围的大小、技术水平高低、技术服务的多少等项进行比较。

（6）责任和义务。技术贸易谈判技术转让方的主要义务是：按照合同规定的时间和进度，进行科学研究或试制工作，在限期内完成科研成果或样品，并将经过鉴定合格的科研成果报告、试制的样品及全部技术资料、鉴定证明等情报交付委托方验收。积极协助和指导技术受让方掌握技术成果，达到协议规定的技术经济指标，以收到预期的经济效益。

技术受让方的主要义务是：按协议规定的时间和要求，及时提供协作项目所必需的基础资料，拨付科研、试制经费，按照合同规定的协作方式提供科研、试制条件，并按接收技术成果支付酬金。

技术转让方如完全未履行义务，应向技术受让方退还全部委托费或转让费，并承担违约金。如部分履行义务，应根据情况退还部分委托费或转让费，并承担违约金。延期完成协议的，除应承担因延期而增加的各种费用外，还应偿付违约金。所提供的技术服务，因质量缺陷给对方造成经济损失的，应负责赔偿。如由此引起重大事故，造成严重后果的，还应追究主要负责人的行政责任和刑事责任。

技术受让方不履行义务的，已拨付的委托费或转让费不得追回。同时，还应承担违约金。未按协议规定的时间和条件进行协议配合的，除应允许顺延完成外，还应承担违约金。如果给对方造成损失的，还应赔偿损失。因提供的基础资料或其他协作条件本身的问题造成技术服务质量不符合协议规定的，后果自负。

### （三）劳务合作谈判的基本内容

劳务合作谈判的基本内容是围绕着某一具体劳动力供给方所能提供的劳动者的情况和需求方所能提供劳动者的有关生产环境条件和报酬、保障等实质性的条款。其基本内容有：劳动力供求的层次、数量、素质、职业和工种、劳动地点（国别、地区、场所）、劳动时间和劳动条件以及劳动报酬、工资福利和劳动保险等。

#### 1. 层次

层次是指劳动者由于学历、知识、技能、经验的差别，职业要求的差异，形成许多具体不同的水平级别。如科技人员、技术工人、勤杂工、家政服务员等。

#### 2. 数量

劳动力是指人的劳动能力，通过劳动者人数来表现。

#### 3. 素质

素质是指劳动者智力、体力的总和。目前，只能从劳动者年龄、文化程度、技术水平上加以具体表现。劳动者的体力主要从年龄上来测定。我国规定的劳动力年龄是男 16～60 岁，女 16～55 岁。体力随着年龄的增大而衰退。在劳动市场磋商时，一般对劳动者的体力采用目测认定其强壮还是弱小。文化程度是劳动者受教育的情况，作为表现智力的指标，分为博士、硕士、本科、专科（含职高）、高中（含中专）、初中（含技校）、小学。技术水平是劳动者社会劳动技能熟练程度和水准高低的体现,具体分为专业技术人员(高、中、低级职称)、技术工作(1～8 级工)、其他非专业技术干部或普通工人。

### 4. 职业和工种

根据国民经济行业分类,我国现有行业划分为 20 个大类。职业工种在各行各业中有许多不同的分类,如农民、教师、医生、工人等。机器制造业工人又分为铸工、锻工、车工、铣工、磨工、钳工等。职业、工种按劳动者层次、素质双向选择,特别是对高空、水下、井下和容易产生职业病的职业,工种的选择性更大。

### 5. 劳动地点、劳动时间和劳动条件

劳动地点对某一具体劳动力需求方来说一般是固定的,只有少数是流动的。劳动者主要考虑离家远近、交通状况,结合劳动时间、劳动条件和劳动报酬来选择工作。

### 6. 劳动报酬、工资福利和劳动保险

劳动报酬、工资福利和劳动保险,是双方磋商的核心问题。它是发展劳务市场,推动劳动力在不同工作、地区、单位间转移的重要动力。

除此之外,劳务合作谈判应依据劳动法规规范,制定谈判内容与条件。

## 二、商务谈判的程序

在长期商务谈判实践的基础上,谈判人员将谈判的程序逐步确定下来,并以此作为工作的规范和要求。商务谈判的基本程序一般包括准备、开局、正式谈判和签约四个阶段。

### (一) 准备阶段

简而言之,商务谈判前的准备工作就是要做到知己知彼,心中有数。一场谈判能否达到预期的目的,获得圆满的结果,不仅取决于谈判中有关策略、战术和技巧的灵活运用和充分发挥,还有赖于谈判前充分细致的准备工作。后者是前者的基础,尤其是在缺乏谈判经验的情况下,准备工作就显得更为重要。在与经验丰富的对手谈判时,就更要重视谈判前的准备工作,以充分、细致、周到的准备来弥补经验和技巧上的不足。

---

**【趣味阅读】**

公元 1074 年,宋辽发生了边境争端。双方派代表在代州边界土黄平谈判。但由于辽方一再地设置障碍,致使谈判不欢而散。第二年,辽方派使臣肖禧到宋朝的京城,声称:"不解决问题,誓不返辽。"宋朝经常与肖禧通宵达旦地进行谈判,但都因辽方的无理纠缠,谈判始终毫无进展。

宋神宗为此忧心忡忡,他既不想与辽军交战,又不愿意割让领土求和,最后决定派遣沈括与辽使谈判。

沈括早年对宋、辽边界做过仔细的研究,这次接到出使辽国的命令后,又查阅了档案,并向有关官员进行了解,弄清辽方两次所提边界前后不一,其中有争议的黄嵬山,与第一次所提地域相差 30 里。他于是连夜写好奏章,上呈神宗。神宗看了奏章,向群臣说:"以往主持谈判的大臣不究本末,贻误国事。沈括精神如是,朕无忧矣。"神宗还按沈括提供的资料,亲自绘制了一张地图。

第二天,沈括携带地图和文书资料到馆舍拜会辽使肖禧。沈括说:"下官受皇上委派,奉陪阁下,贵国有何要求,请向我提出。"肖禧以十分傲慢的口气说:"宋朝违背条约,侵犯我大辽边界。我们早有照会,要求重定边界。大辽皇帝派我来东京,此事不解决,我无法回朝复命。"

沈括听了面带微笑:"本人对边界情况略知一二,贵国在照会中所提有争议地界,较原协议向前推进了 30 里。不知阁下这次来东京,是为解决边界争议,还是索取领土的呢?"

肖禧毫无思想准备,故作镇静道:"大辽只要求按原协议重定边界,对宋朝绝无领土要求。"

沈括从袖中取出地图,从口袋拿出文书资料,说:"阁下声称并无领土要求,实属辽国大度。此图乃御笔亲绘,请阁下过目。""贵国所提黄嵬山为分水岭的问题,文书中有记载,请阁下过目。"

肖禧看过地图,只见山川河流无不详细,文书中明文记载:"黄嵬山以大山脚为界。"一时无言以对,只好委婉地说:"既然如此,我只好及早回国向大辽皇帝报告。"

**【启示】**

商务谈判要做到知己知彼,才能取得理想的效果。

谈判准备工作的内容主要包括以下五个部分。

### 1. 对谈判环境因素的分析

谈判往往涉及政治、经济、社会文化、法律等各个方面的因素,这些因素对谈判的成败有很大影响,必须对这些因素进行认真分析,才能制订出相应的谈判计划。

### 2. 信息的收集

在商务谈判中,谈判人员对谈判信息的收集、分析和利用的能力,对整个谈判活动有着极大的影响。在谈判信息方面占据优势的一方往往会把握谈判的主动权。因此,经验丰富的谈判大师们都极其重视对各种谈判信息的运用,他们都具有敏锐地洞察细微事物的能力,并十分注意捕捉对方思想过程和行为方式的各种信息。

### 3. 目标和对象的选择

由于整个谈判活动都是同谈判对象围绕谈判的主题和目标来进行的,因此,任何谈判方案的制订都必须首先确定谈判的对象和目标,既要明确与谁谈判,又要明确通过这次谈判想获得什么。

### 4．谈判方案的制订

在我们了解了谈判环境、谈判对手和自身的情况之后,在正式进行激烈的谈判交锋以前,我们还需要制订出一个周密又明确的谈判计划,即制订一个谈判方案。谈判方案是指在谈判开始以前对谈判目标、谈判议程、谈判策略预先要做的安排。谈判方案是指谈判人员行动的纲领,它在整个谈判过程中起着非常重要的作用。

### 5．模拟谈判

模拟谈判能使谈判人员获得实际经验,随时修正谈判中可能出现的错误,提高谈判能力。

谈判前的准备是否充分是决定商务谈判成败得失的关键。准备工作充分,谈判中就能处于主动地位,谈判就能顺利,效果也好;否则,仓促上阵,往往使自己陷入被动地位,难以取得好的谈判效果。

### （二）开局阶段

开局阶段,主要是指谈判双方见面后,在进入具体交易内容商谈之前,相互介绍、寒暄以及就谈判内容以外的话题进行交谈的那段时间和经过。开局阶段所占用的时间较短,谈论的内容也与整个谈判主题关系不大或根本无关,但这个阶段却很重要,因为它为整个谈判过程确定了基调。

谈判的内容、形式、地点不同,其谈判气氛也各不相同,有的谈判气氛十分热烈、积极、友好,双方都抱着互谅互让的态度参加谈判,通过共同努力去签订一个双方都满意的协议,使双方的需要都能得到满足;有的谈判气氛却很冷淡、对立、紧张,双方均抱着寸土不让、寸利必争的态度参加谈判,针锋相对,毫不相让,使谈判变成了没有硝烟的战争。有的谈判简洁明快,节奏紧凑,速战速决;有的谈判咬文嚼字,慢条斯理,旷日持久。不过,更多的谈判气氛则介于上述两个极端之间:热中有冷,快中有慢,对立当中存在友好,严肃当中不无轻快。一般来说,通过谈判气氛,我们可以初步感受到对方谈判人员谈判的气质、个性和对本次谈判的态度以及准备的方针。

在开局阶段,究竟营造何种谈判气氛为宜,要根据准备采取的谈判方针和谈判策略来决定,也要视谈判对手是陌生的新人还是熟识的老朋友加以区别。也就是说,谈判气氛的选择和营造应该因人而异,服务于谈判的目的、方针和策略。

### （三）正式谈判阶段

正式谈判阶段,又称实质性谈判阶段,是指从开局阶段结束以后,到最终签订协议或谈判失败为止,双方就交易的内容和条件进行谈判的时间和过程。它是整个谈判过程的主体。正式谈判阶段一般要经历询盘、发盘、还盘、接受四个环节。从法律的角度来看，每一个环节之间都有着本质的区别。询盘和还盘不是必须经过的程序，买卖双方完全可以依据实际情况，不经过询盘而直接发盘，或不经过还盘而直接接受，但发盘和接受则是谈判获得成功和签订合同必不可少的两道程序。商务谈判人员只有熟悉掌握每道程序的中心问题和重点问题及其相互衔接关系，精通有关法律规定或惯例，才能在谈判时发挥自如，运用得当，控制整个谈判进程，直到获得成功。

### 1. 询盘

询盘是指在商品交易洽谈中，由买卖双方中的一方向另一方就某项商品的交易内容和条件发出询问（一般多由买方向卖方发出询问），以便为下一步彼此间进行详细而周密的洽谈奠定基础。询盘可以口头表示，也可以书面表示；可以询问价格，也可以询问其他一项或几项交易条件。由于询盘纯属试探性接触，询盘的一方对能否达成协议不负有任何责任，因而它既没有约束性，也没有固定格式。

### 2. 发盘

继询盘之后，通常要由被询盘的一方进行发盘。发盘又称为发价，它是由交易的一方向另一方以书面或口头形式提出交易条件，并表示愿意按照有关条件进行磋商，达成协议，签订合同。在大多数情况下，发盘是由卖方发出。有时也可以由买方主动发出，这种由买方主动做出的发盘，国际上称为买方发盘或递盘。

发盘是交易洽谈中至关重要的一环。若发盘人发出实盘后，受盘人无条件地表示接受，交易即告达成。协议亦即成为一项对买卖双方均具法律约束力的契约。

### 3. 还盘

还盘是指受盘人不同意发盘的交易条件而提出的修改或增加条件的表示。

### 4. 接受

接受是买方或卖方无条件同意对方在发盘中提出的交易条件，并愿按这些条件与对方达成交易、订立合同的一种肯定表示。一方的发盘经另一方接受，交易即告达成，合同即告成立，双方就应分别履行其所承担的合同义务。一般以"接受"、"同意"和"确认"等术语表示接受。作为一项有效的接受，应具备相应的条件。

## （四）签约阶段

谈判双方经多次反复洽谈，就合同的各项重要条款达成协议以后，为了明确各方的权利和义务，通常要以文字形式签订书面合同。书面合同是确定双方权利和义务的重要依据，因此，合同内容必须与双方谈妥的事项及其要求完全一致，特别是主要的交易条件都要订得明确和肯定。拟订合同时所涉及的概念不应有歧义，前后的叙述不能自相矛盾或出现疏漏和差错。

# 第五节　商务谈判的评价标准与模式

## 一、商务谈判的评价标准

谈判是人们有意识有目的的交易活动,因而确立若干个谈判得失的评估标准是非常重要的,评估标准可以指导谈判者的实际谈判工作,并对自己的谈判结果进行评价。

现实生活中,虽然不少人常常耳闻或目睹谈判,有的还可能亲自参与谈判,但问及他们如何成功地进行谈判,答案往往各有千秋。有的认为:在谈判中本方获得的利益的多少是评价谈判的标准,获得的利益越多表示谈判越成功;有的则认为:在谈判中本方气势越高,对方气势越低,谈判越成功。其实这些看法都是片面的,有时甚至是有害的。

美国著名谈判学家杰勒德·I.尼尔伦伯格认为,谈判不是一场棋赛,不要求决出胜负,也不是一场战争,要将对方消灭或置于死地。恰恰相反,谈判是一项互利的合作事业。我们主张,谈判中的合作是互惠互利的前提,只有合作才能谈及互利。因此,从谈判是一项互惠的合作事业和谈判要实行合作的利己主义观点出发,评估谈判得失可用以下三个标准。

### 1. 谈判者自身需要是否因谈判而得到基本满足

我们知道满足自身需要是谈判者所要追求的基本目标,因此,谈判是否取得积极成果,取决于谈判者自身需要在多大程度上得到了满足。谈判者的一切举动都要围绕满足自身需要这个中心。很少有人在对方获得很多,而自己获得很少,自身需要没有得到满足的情况下,认为这场谈判是成功的或理想的。除非他有意识地让对方多得一点,另有他谋。

### 2. 谈判是否富有效率

谈判效率是指谈判者通过谈判所取得的收益与所付出的成本之间的对比关系。谈判成本包括三个部分:第一部分是为了达成协议所做出的所有让步之和,其数值等于该次谈判的预期谈判收益与实际谈判收益的差值。第二部分是为洽谈而耗费的各种资源之和,其数值等于为进行该次谈判所付出的人力、物力、财力和时间的经济折算值之和。第三部分是机会成本。如果谈判所费成本很低,而收益却很大,则本次谈判是成功的、高效率的。反之,如果谈判所费成本很高,而收益却很小,则本次谈判是失败的、低效率的。

在有些谈判中,由于各方利益冲突相当激烈,或是谈判者的失误,使谈判花费过多的时间、精力与费用,虽然最后勉强达成协议,但是由于所花代价超过了谈判取得的成果,这种谈判显然是低效率和不明智的。因此,作为一个合格的谈判者必须具有效率观念,在谈判中进行必要的权衡。

### 3. 谈判之后与对方的关系是否良好

众所周知,人的需要是发展变化的,因此当谈判者为满足现实需要而同他人进行谈判时，就应该考虑到眼前与长远的关系。除非你确认以后与该对手再没有可能进行任何一种交易，否则，谈判者就不能忽视与对方建立长期合作关系的必要。为此，在谈判中要维护良好的人际关系，避免过分贪图眼前利益而在谈判中断送了未来合作的前程。

总之，所谓成功的谈判是指在与对方维护良好人际关系的前提下，以富有效率的方式来实现谈判目的以满足自身的需要。

由于需要、效率、人际关系三者实现途径上的差异，使它们很难同时得以充分实现。面对这一事实，谈判者在不同的谈判场合需要在三者之间进行适当的取舍及不同程度的调控，以便三者能够起到协同作用。

## 二、商务谈判的基本模式

所有的谈判人员都想在谈判中获得成功。那么，怎样才能获得谈判的成功呢？PRAM 谈判模式提供了一条可供借鉴的成功之路。

### （一）PRAM 谈判模式的构成

#### 1. 制订谈判计划（plan）

制订谈判计划时，首先要明确己方的谈判目标，其次要设法去理解和弄清楚对方的谈判目标。在确定了两者的目标之后，应该将两者加以比较，找出在本次谈判中双方利益一致的地方。对于双方利益的共同点，应该在随后的正式谈判中首先提出来，并由双方加以确认。这种做法能够保持双方对谈判的兴趣和争取成功的信心。同时也为后面解决利益不一致的问题打下了良好的基础。对于双方利益不一致的问题，则要通过双方发挥思维创造力和开发能力，根据"成功的谈判应该使双方的利益需要得到满足"的原则，积极寻找使双方都满意的办法来加以解决。

#### 2. 建立关系（relationship）

在正式谈判之前，要建立起与谈判对方的良好关系。这种关系不是那种一面之交的关系，而应该是一种有意识形成的、能使谈判双方的当事人在协商过程中都能够感受到的舒畅、开放、融洽的关系。换言之，就是要建立一种彼此都希望对方处于良好协商环境之中的关系。

要建立这样一种关系是因为在一般情况下，人们是不愿意与自己不了解、不信任的人签订合同的。在与一个从未谋面也没有听说过的人做交易时，人们从不敢麻痹大意，在行动之前就层层设防，在谈话中也尽量做到不轻易许诺；反之，如果双方都已相互了解，建立了一定程度的信任关系，那么，谈判的难度就大大降低，而成功的可能性也就大大提高。因此，可以说，谈判双方之间的相互信赖是谈判成功的基础。

如何建立谈判双方的信任关系，增强彼此的信赖感呢？经验证明，做到以下三点至关重要。

（1）要坚持使对方相信自己的信念。对事业与个人的关心、周到的礼仪、工作上的勤勉都能使对方信任自己。

（2）要表现出自己的诚意。与不熟悉的人进行谈判时，向对方表示自己的诚意是非常重要的。为了表明自己的诚意，可向对方介绍一些在过去的交易中，自己与他人真诚相待的例子。

（3）通过行动最终使对方信任自己。为了使对方信任自己，要做到有约必行、信守诺言。必须时刻牢记，不论自己与对方之间的信赖感有多强，只要有一次失约，彼此之间的信任感就会崩溃，而信任感一旦崩溃是难以修复的。

由此，我们可以得到这样一个结论：如果我们还没有与对方建立足够的信任关系，就不应匆忙进入实质性事务协商的正题。勉强去做是难以达到预期效果的，甚至会将事情搞糟。就好比男女青年谈恋爱，如果双方没有经过充分接触和了解，没有建立起相互信任、倾慕的关系，一方在初次见面时就提出结婚，必然会把对方吓跑。如果慢慢发展，是有可能喜结良缘的。

**3. 达成使双方都能接受的协议（agreement）**

在谈判双方建立了充分信任的关系之后，即可进行实质性的事务谈判。在这里，首先应该核实对方的谈判目标；其次，对彼此意见一致的问题加以确认，而对彼此意见不一致的问题则通过充分地交换意见，寻求有利于双方的利益需要和双方都能够接受的方案来解决。

对谈判人员来讲，应该清楚地认识到，达成满意的协议并不是协商谈判的终极目标。谈判的终极目标应该是使协议的内容能得到圆满的贯彻执行。因为，写下来的协议无论对己方多么有利，如果对方感到自己在协议中处于不利地位，那么他就很少或者根本没有履行协议条款的动机。如果对方不遵守协议，那么，协议也就变成一钱不值的东西了。虽然我们可以依法向对方提起诉讼，但是解决问题却可能需要花相当长的时间，并且为此要投入大量的精力。此外，在提起诉讼的期间内，希望对方办到的事情依然得不到实现，因此，虽然己方最后可以胜诉并得到赔偿，但是同样付出了沉重的代价。

**4. 协议的履行与关系维持（maintainance）**

在谈判当中，人们最容易犯的错误是：一旦达成了令自己满意的协议就认为万事大吉，会鼓掌欢呼谈判的结束，以为对方会立刻毫不动摇地履行他的义务和责任，这实在是一个错误。因为，履行职责的不是协议而是人，协议书不管规定得多么严格，它本身并不能保证得到实施。因此，强调协议书是重要的，但维持协议书，确保其得到贯彻实施更加重要。

为了促进对方履行协议，必须认真做好两件工作。

（1）对对方遵守协议约定的行为给予适当、良好的情感反应。经验告诉我们，对一个人的成绩给予良好的反应是最能够鼓舞其干劲的。因此，在对方努力信守协议时，给予其及时肯定的赞扬和感谢,其信守协议的精神就会保持下去。

情感反应的形式是多种多样的,可以是亲自拜访致以问候和表示关系,也可以通过写信、打电话来表示。

(2)当你要求别人信守协议时,自己首先要信守协议。通过努力,确保了协议能认真履行,对一项具体交易来讲,可以画上一个圆满的句号。但对于一个具有长远战略眼光的谈判人员来讲,则还有一项重要的工作要做,这就是维持与对方的关系。在现实的社会生活中,人们都有这样的切身体验:与某人的关系如果不加以维持的话,就会渐渐地淡化、疏远,甚至恶化。而一旦疏远了或者恶化了,要想使之恢复到原先的状态和水平,则需要花费很多的时间和精力,有时甚至不可能重现过去的关系。这就好比汽车,保养它要比修理它省时、省力得多。

因此,从为以后继续进行交易往来的目的考虑,对于在本次交易协商中发展的与对方的关系,应想方设法予以保持和维护,避免以后与对方进行交易时再花费力气重新培养与对方的关系。

维持与对方关系的基本做法是:保持与对方的接触和联络,主要是个人之间的接触。

## (二)PRAM 谈判模式的运转

PRAM 谈判模式的四个部分,实际上也就是进行谈判的四个步骤。依次经过这四个步骤,也就完成了某一具体交易的谈判过程。如图 1-1 所示。

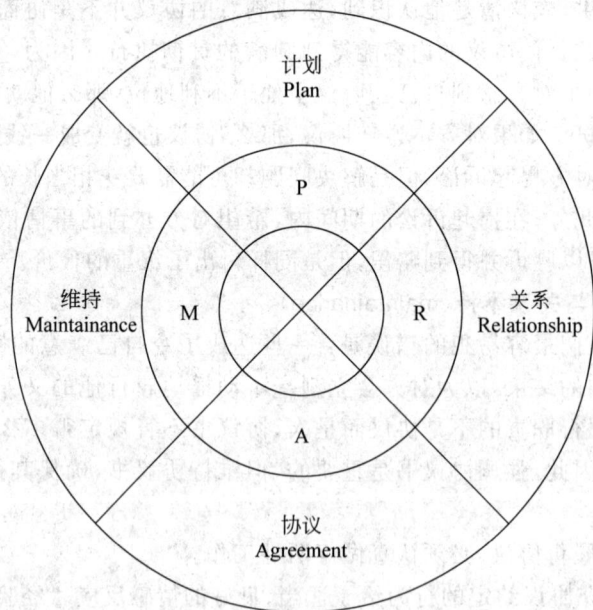

图 1-1　PRAM 谈判模式

　　一般的谈判人员习惯把谈判看作一个独立的、互不联系的、个别的过程,把与对方的初次会面作为开始,而把达成协议后的握手作为结束。而 PRAM 谈判模式则不同,它把谈判看作是一个连续不断的过程,因此,本次交易的成功将会导致今后交易的不断成功。

　　PRAM 谈判模式给我们提供了一条通向谈判成功的道路,如果谈判双方都能认清这条道路并坚持走下去,那么必然能够到达成功的彼岸。

## 阅读拓展

### 商务谈判易犯的错误

　　我们要了解在商务谈判活动的实践中常常容易犯的错误,以便提高警惕,树立正确的谈判理念,避免和根除谈判错误。

#### 1. 遇压力而丧失斗志

　　这种错误的表现形式为:谈判时遇到强手、挫折、难题、意外等,谈判人员为谈判的前景过分担忧,对解决眼前的困难缺乏信心,误认为顺从对方是解决问题的好办法,或认为努力争取是毫无意义的,因而不寻找任何解决问题的方法和手段,等于放弃了可以争取的利益。

　　造成这种错误的原因是:一方面是谈判人员缺乏认真负责的精神,缺乏顽强进取的意志;另一方面是谈判人员对谈判的各种信息掌握不够,谈判条件不够充分,以致缺乏信心,不能沉着应战。

#### 2. 得小利忘乎所以

　　这种错误的表现形式为:在谈判中取得一些无关大局的利益。或对方故意让一些小利,就高兴得忘记了整个目标,忘记了对谈判对手的戒备,以为一切问题都解决了。从而被对方所利用,犯下种种错误,丢掉了谈判的大利。

　　造成这种错误的原因是:缺乏谈判经验,贪小利,不善于控制内心冲动,不明白自己的谈判目标,不善于分析对方的谈判策略,缺乏应有的警惕。

#### 3. 为情面而葬送利益

　　这种错误的表现形式为:因为和对方的私人关系不错,因为对方看得起自己,因为自己没有犯错、认错的记录,所以需要据理力争时,不敢或不愿力争,需要承认错误收回承诺时,情愿放弃利益而没有勇气承认错误。

　　造成这种错误的原因是:不能正确看待利益和关系,分不清个人情面和谈判利益的轻重,或错误理解维护谈判关系的方法。

### 4. 图私欲而内讧不止

这种错误的表现形式为：在谈判桌上，谈判一方的人员互相公然唱反调，暴露了自己内部不团结、意见分歧的秘密，从而被对方运用某些手段，趁机得利。

造成这种错误的原因是：谈判人员的品德素质有问题，谈判班子的人员搭配不当，内部分工不妥，或内部个人的需要没有协调好，内部的意见分歧没有得到解决和有效的控制。

### 5. 不冷静而轻举妄动

这种错误的表现形式为：在没有考虑清楚之前，就轻易做出决策，或放弃既定目标，或死守立场，或接受对手的要求，或反对对手的建议。结果使自己陷入被动，付出更大代价。

造成这种错误的原因是：谈判人员缺乏训练和经验，心理素质不符合谈判要求，自控能力差，也有可能是谈判前的准备不充分。

### 6. 畏强手而任其摆布

这种错误的表现形式为：面对谈判高手，心存胆怯，不敢坚持己见，以为对方的方案、立场、建议总比自己高明，所以总是以对方提出的东西为准。

造成这种错误的原因是：谈判观不正确。有自卑心理，缺乏自信。谈判准备不充分，对工作不负责。

### 7. 无目标而随心所欲

这种错误的表现形式为：谈判人员的立场缺乏可行性，要求不是过高，就是过低，以致失去本来可以合作的良机，或者奉送了谈判利益。

造成这种错误的原因是：没有做好谈判前的信息工作、计划工作，可能是因为忙谈判的缘故；谈判人员比较自以为是，在谈判时的目标定位，只是根据临时的主观愿望、主观情感。

### 8. 不知足而鸡飞蛋打

这种错误的表现形式为：在谈判中占有优势，或掌握了对手的弱点，或认为对手软弱可欺，便提出苛刻的要求，以为对手必然屈服。结果由于贪心，引起对方的反抗，造成谈判破裂，失去了本可以得利的良机。

造成这种错误的原因是：谈判的指导思想不正确，太贪心，不了解谈判对手的性格、心理及市场的有关情况。

### 9. 爱表现而信口失密

这种错误的表现形式为：在和对手谈判时，为了满足自己的表现欲，什么话都敢说，结果把不能让对手知道的信息都透露给了对手，或者为对手掌握己方的秘密提供了线索，从而造成谈判的被动或失利。

造成这种错误的原因是：谈判人员的表现欲过强，而又不知话语的轻重，缺乏严格的谈判训练。

谈判的错误远不止这九种,在此只是强调了解谈判错误的重要性,使大家懂得由于主观、客观的种种原因,一不小心就会犯谈判错误,就有可能损害谈判利益。希望学生带着这个问题学习谈判的有关知识!

资料来源：林逸仙,等.商务谈判[M].上海：上海财经大学出版社,2004.

# 【本 章 小 结】

1. 谈判是指参与各方在一定的环境条件下,为了满足各自的需要,通过协商而争取达成一致的行为过程。

2. 商务谈判是指买卖双方为了促成交易而进行的活动,或是为了解决买卖双方的争端,并取得各自的经济利益的一种方法和手段。其特点有:谈判必须要有两方或多方参与、商务谈判以经济利益为目的、商务谈判以价格谈判为核心、商务谈判是一种"博弈"行为、商务谈判的双方互惠与不均等性、商务谈判是科学与艺术的有机结合。

3. 商务谈判的要素是指构成商务谈判活动的必要因素。包括:商务谈判的主体、商务谈判的客体、商务谈判的环境、商务谈判的目标。

4. 商务谈判按照不同的要求可以划分为不同的类型:①单人谈判和小组谈判;②主场谈判、客场谈判和第三地谈判;③面对面谈判、电话谈判、函电谈判和网上谈判;④软式谈判、硬式谈判和原则式谈判;⑤买方谈判、卖方谈判、代理谈判;⑥官方谈判、民间谈判、半官半民谈判;⑦意向书谈判、协议书谈判、合同书谈判、准合同谈判、索赔谈判;⑧纵向谈判与横向谈判;⑨国内商务谈判与国际商务谈判。

5. 商务谈判的形式是指为交换谈判内容所采取的方式。谈判的形式一般分为口头谈判、书面谈判和网络谈判。

6. 商务谈判的原则是指商务谈判各方应当遵循的指导思想和基本准则。其基本原则有:①合作双赢原则;②互利互惠原则;③求同存异原则;④客观标准原则;⑤诚实信用原则;⑥遵守法律原则。

7. 商务谈判的作用具体体现在六个方面:①有利于促进商品经济的发展;②有利于加强企业之间的经济联系;③有利于企业获取市场信息;④有利于企业树立形象;⑤有利于企业实现经济目标;⑥有利于企业提高管理水平。

8. 商务谈判的内容是指与产品交易有关的各项交易条件。其谈判的内容:①商品贸易谈判的内容;②技术贸易谈判的基本内容;③劳务合作谈判的基本内容。

9. 商务谈判的基本程序一般包括准备、开局、正式谈判和签约四个阶段。

10. 商务谈判的评价标准有:①谈判者自身需要是否因谈判而得到基本满足;②谈判是否富有效率;③谈判之后与对方的关系是否良好。

11. 商务谈判的基本模式：PRAM 谈判模式提供了一条可供借鉴的成功之路。①PRAM 谈判模式的构成；②PRAM 谈判模式的运转。

## 【思 考 题】

1. 如何理解商务谈判的概念？
2. 商务谈判有哪些特点？
3. 商务谈判由哪些要素构成？
4. 商务谈判的类型有哪些？
5. 商务谈判具有哪些基本原则？
6. 试述商务谈判的内容。
7. 商务谈判基本程序有哪几个阶段？
8. 试述商务谈判成功的评价标准。

## 【实 务 题】

从商务谈判应遵循的原则的角度,举例说明你在某次购物时谈判成功或失败的体会。

## 【案例分析 1-1】

### 一次购物谈判

国庆节放假,王平陪母亲到购物中心买衣服。购物中心衣服花色、品种、款式很多,但适合中老年妇女穿的却很少。经过挑选,王平母亲看中一件品牌上衣,标价 456 元,现价 9 折 410 元。试穿后,还觉得满意,于是,王平问售货员:"价格能否再优惠一点?"售货员说:"这种品牌衣服平时是不打折的,现在是国庆节放假期间打 9 折,很优惠了。"王平说:"380 元可以吗? 行,我们就买一件。"售货员道:"这个价格还真没有卖过,不过,我看你们很想买这款上衣,我去请示一下主任,你们等一会儿好吗?"片刻,售货员回来,说:"最低 390 元,行,就卖给你们一件。"王平和母亲表示同意,买了这件上衣。

**【讨论题】**

1. 王平与购物中心售货员进行的是什么谈判?
2. 该案例中,谈判的构成要素有哪些?

# 【案例分析1-2】

## 采购员的一次失误

华夏电机厂需要购进一批电工器材,此器材属首次采购。采购员小刘经网上调研,得知凯利电器批发商城的销售价格最低,为每箱660元,且电器质量可靠,即上门谈判。谈判中小刘了解到凯利电器批发商城此器材系从上海某生产厂家进货,进价为每箱600元,尽管谈判中凯利电器批发商城将每箱销售价格由660元降为650元,后又降至645元,但小刘坚持以略高于凯利电器批发商城进货价的605元采购,最终凯利电器批发商城断然拒绝,交易未成。

**【讨论题】**

1. 凯利电器批发商城为什么断然拒绝交易?
2. 采购员小刘此次谈判失误在何处? 你认为应如何使该谈判成功?

# 【案例分析1-3】

## 刘鹏与李娜娜之间的协议

某电影制片人刘鹏与女演员李娜娜签订了一份一年付给她100万元人民币的合同。12个月后,李娜娜要求刘鹏按照合同支付她100万元。刘鹏声明,他现在没有现金,但有许多不动产。女明星李娜娜不听他的辩解,坚持只要她的钱。结果原先亲密的合作关系成了互相敌对的对立关系,双方都通过律师进行交涉,一时间谣传纷纷。

最后,两个人都意识到这样争下去没有益处。李娜娜对刘鹏说,你我是不同的人,有不同的奋斗目标,如果我们这样争下去,恐怕获胜的只有律师,让我们看看,能不能在相互信任的气氛下分享信息和需要呢? 于是,他们以合作者关系出现,纠纷得到了创造性的解决。合同改为刘鹏每年付李娜娜5万元人民币,20年付清,结果刘鹏解决了资金周转的困难,并获得了本金的利息,而李娜娜所得税逐年分散缴纳,有了20年的可靠收入,她也不用担心自己的财务收入问题了。

**【讨论题】**

刘鹏与李娜娜通过什么样的谈判原则解决了彼此间的问题?

# 第二章

# 商务谈判理论

狡诈者轻鄙学问，愚鲁者羡慕学问，聪明者则运用学问。

——培根

## 【学习目标与重点】

1. 需求层次理论。
2. 谈判博弈理论。
3. 谈判公平理论。
4. 谈判控制理论。
5. 谈判实力理论。
6. 谈判结构理论。
7. 谈判技巧理论。

## 【关键词】

1. 需求层次理论(hierarchy of needs)
2. 博弈论(game theory)
3. 公平理论(equity theory)
4. 控制论(control theory)
5. 技巧理论(technical theory)

## 案例导入

　　贾先生想为他的女朋友买一枚戒指。他已经攒了大约 800 元钱,并且每星期还继续攒钱。一天,在东方明珠珠宝店,他一下子被一枚标价 1 200 元的戒指吸引住了。他认为这就是他想送给女朋友的礼物。但他买不起! 该店老板说,你可以数星期后来买,但不能保证那时戒指是否已被人买走。贾先生很沮丧。他偶然进入另一家珠宝店,那里有一枚与前一家店的那枚看起来很相似其实完全一样的戒指,每一枚标价 800 元。他想买,但仍惦记着东方明珠的那枚 1 200 元的戒指。数星期后,东方明珠珠宝店的那一枚戒指仍未售出,还降价 20%,减为 960 元。但贾先生的钱仍然不够。他把情况向老板讲了。老板很乐意帮助他,再向他提供 10% 的特别优惠现金折扣,现付 864 元。贾先生当即付款,怀着喜悦的心情离开了。

资料来源:姜百臣.商务谈判[M].北京:中国人民大学出版社,2010.

# 第一节　需求层次理论

## 一、马斯洛的需求层次理论

### (一)需求层次理论的核心观点

需求层次理论是研究人的需求结构的一种理论,由美国心理学家亚伯拉罕·H.马斯洛教授首创。他在 1943 年出版的《人类动机理论》一书中提出了需求层次论。这种理论的构成根据三个基本假设:第一,人是有需要的动物,人要生存,他的需求能够影响他的行为。需求取决于他已经得到了什么,还缺少些什么,只有尚未满足的需求能够影响行为。换言之,已经得到满足的需求不再起激励作用,只有未满足的需求能够影响行为。第二,人的需求按重要性和层次性排成一定的次序,从基本的(如食物和住房)到复杂的(如自我实现)。第三,当人的某一级的需求得到最低限度满足后,才会追求高一级的需求,如此逐级上升,成为推动继续努力的内在动力。一般来说,需求强度与需求层次高低成反比例变化,即需求层次越低,需求强度越大;反之,需求层次越高,则需求强度越小。

马斯洛将人的需求按由低级到高级的顺序分成五个层次,如图 2-1 所示。

#### 1. 生理需求

生理需求(physiological needs)是指人类对维持生存和延续生命的基本的物质需求,如对衣、食、住、行和其他生理机能的需求。这类需求的级别最低,人们在转向较高层次的需求之前,总是尽力满足这类需求。一个人在饥饿时不会对其他任何事物感兴趣,他的主要动力是寻找食物。即使在今天,还有许多人不能满足这些基本的生理需求。

#### 2. 安全需求

安全需求(safety needs)是指在生理及心理方面免受伤害,获得保护、照顾等安全感的需求。如要求人身的健康,安全、有序的环境,稳定的职业和有保障的生活等。安全需求包括对人身安全、生活稳定以及免遭痛苦、威胁或疾病等的需求。和生理需求一样,在安全需求没有得到满足之前,人们唯一关心的就是这种需求。对许多人而言,安全需求表现为安全而稳定以及有医疗保险、失业保险和退休福利等。

```
          自我实现的需求
          (自我发展和实现)

          尊重需求
          (自重、承认、地位)

          社交需求
          (归属意识、友谊、爱情)

          安全需求
          (人身安全、健康保护、财产安全)

          生理需求
          (衣、食、住、行)
```

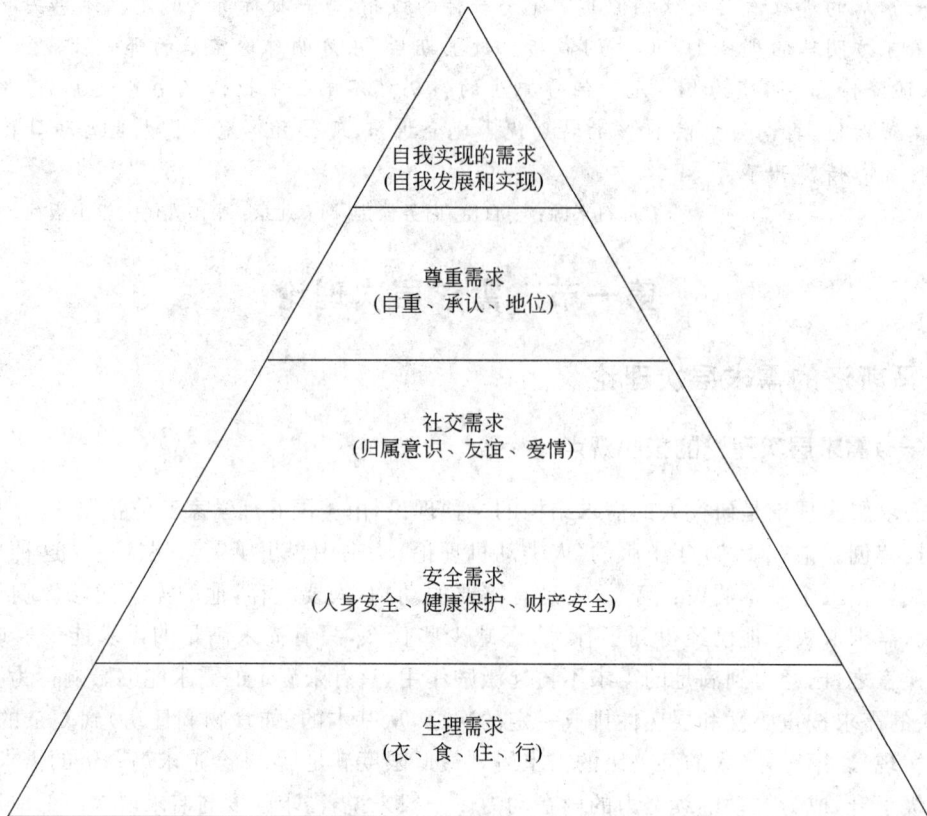

图 2-1  马斯洛需求层次结构

### 3. 社交需求

社交需求(social intercourse needs),也称归属和爱的需求,是指希望给予或接受他人的友谊、关怀和爱护,得到某些群体的承认、接纳和重视。如乐于结交朋友,交流情感,表达和接受爱情,融入某些社会团体并参加它们的活动等。当生理需求和安全需求得到满足后,社交需求就会突现出来,进而产生激励作用。当社交需求成为主要的激励源时,工作被人们视为寻找和建立温馨、和谐人际关系的机会,能够提供同事间社交往来机会的职业会受到重视。

### 4. 尊重需求

尊重需求(esteem needs)是指希望获得荣誉、受到尊重和尊敬、博得好评、得到一定的社会地位的需求。尊重的需求是与个人的荣誉感紧密联系在一起的,它涉及独立、自信、自由、地位、名誉、被人尊重等多方面的内容。有尊重需求的人希望别人按照他们的实际形象来接受他们,并认为他们有能力,能胜任工作,他们关心的是成就、名声、地位和晋升机会,这是由于别人认识到他们的才能而得到的。当他们得到这些时,不仅赢得了人们的尊重,同时就其内心因对自己价值的满足而充满自信,不能满足这类需求,就会使他们感到沮丧,如果别人给予的荣誉不是根据其真才实学,而是徒有虚名,也会对他们的心理构成威胁。

【趣味阅读】

　　王科代表公司去澳大利亚购买一座铁矿,矿主开价3 600万美元,而王科还价到2 500万美元,显然,双方的报价差别较大,必须加以调和才能达成协议。但矿主态度十分强硬,拒不让价。当王科的还价上升到3 000万美元时,矿主仍不妥协,这使王科感到奇怪。按理说,这个还价比较客观合理,接近双方折中的价格水平。那么矿主为什么仍不肯接受呢?为了找出原因,他邀请矿主共进晚餐,矿主的几句话道出了他不让价的原委。原来他兄弟有一座类似的铁矿卖了3 500万美元,还有一些附加利益。王科明白了矿主卖矿山需要的心理特点,这就是对尊重的需要。这是根本的问题,而自己却完全忽略了。随后,王科开始调查矿主的那位兄弟从卖矿上得到多少附加利益。经过协商,王科和对方达成了一个令双方都满意的协议。买方所付出的价格并没超出公司的预算,而卖方则觉得他的出售条件要比他兄弟好得多。

【启示】

　　在谈判活动中,了解对方的需要,满足对方的自尊,是最根本的问题。

### 5. 自我实现的需求

　　自我实现的需求(self actualization)是指希望充分发挥自己的潜能、实现自己的理想和抱负的需求。自我实现是人类最高级的需求,它涉及求知、审美、创造、成就等内容。自我实现需求的目的是自我实现,或是发挥潜能。达到自我实现境界的人接受自己也接受他人,解决问题能力增强,自觉性提高,善于独立处事,要求不受打扰地独处。要满足这种尽量发挥自己才能的需求,他应该已在某个时刻部分地满足了其他的需求。当然自我实现的人可能过分关注这种最高层次的需求的满足,以至于自觉或不自觉地放弃满足较低层次的需求。

　　马斯洛所提出的这五个层次的需求,是按照从低级到高级的顺序来排列的,也就是说,只有在低级需求得到满足以后才会产生高一级的需求,即所谓"衣食足而知荣辱"。但绝不等于产生了高一级的需求,低级需求就不存在了。一般情况下,高层次需求是与低层次需求并存的,只不过在并存的状况下,低层次需求所产生的动力和强度以及影响力会有所下降。在需求层次理论基础上,马斯洛又提出了相互性原则理论:如果对方对我们表示出尊重、喜欢与亲密,那么他也会得到我们的尊重、喜欢与亲密;反之,他也必将会受到我们的敌视。在相互尊重、喜欢与亲密的心理基础上,对话者常常不会那么固执己见,而容易改变立场和态度。

### (二)需求层次理论在商务谈判中的应用

需求层次理论不仅揭示了商务谈判对人类生存发展的必然性和必要性,同时也是人们在商务谈判中获胜的理论依据。

(1)必须较好地满足谈判者的生理需求。谈判当事人的生理需求并不是进行谈判的直接动力和原因,但却直接关系着谈判成功与否。对谈判者而言,如果最基本的生理需求都得不到很好的解决,他一边进行谈判一边还要考虑如何来解决中午的吃饭问题、晚上睡觉的地方,这个谈判结果是可想而知的,甚至就无法很好地按本意进行下去。

(2)尽可能地为商务谈判营造一个安全的氛围。安全既包括谈判者的人身、财产安全,更重要的是谈判内容本身的风险情况。谈判者人身、财产方面安全的保证,是使谈判者全身心投入谈判活动并积极促成谈判的必要保证。凡是局势动荡或战乱等不能较好保证人身、财产安全的地区,商务谈判往往无法顺利进行,这主要是因为在安全需求无法满足的情况下,对商务谈判的需求就不那么强烈和重要了。对一般的商务谈判而言,除了要满足谈判者对人身财产的安全外,更重要的是在谈判的具体经济项目上给谈判当事人以安全、稳定、可靠的感觉。这一点,对一些对安全需求比较敏感的谈判者而言,意味着谈判成功了一半。

(3)在商务谈判中注重关系的建立和维护。在进行商务谈判的过程中,与谈判者建立互相信任、依赖的长期稳定和谐的关系,可以使谈判双方联合起来,共同处理分歧,为把冲突和对立转化为满意结果打下良好的基础。

(4)在谈判时要使用谦和的语言和态度,注意满足谈判对手尊重和自尊的需求,促使谈判圆满成功。

(5)对于谈判者的最高要求,在不影响满足自己需求的同时,也应尽可能地使之得到满足。

总之,在谈判的这个过程中,都要注意谈判者各个层次的需求,并尽可能地从低层次到高层次对这些需求给予满足。当然,这是要在满足自己需求的前提之下进行的。只有这样,才能使谈判不至于陷入僵局并得以顺利进行,为最终的胜利创造良好的环境和条件。

---

**【趣味阅读】**

在第二次世界大战快要结束的时候,一个美国人跟着盟军进入了奥地利,他的名字叫罗恩斯坦。罗是一个有点头脑的穷人,他知道这种地方往往潜藏着白手起家的机遇,于是他断然闯入了局势还不明朗的是非之地。他在奥地利某一城市看到一则广告,大意是:鉴于罗蒙诺家族的玻璃器皿厂为纳粹生产军需品,根据《雅尔塔协议》,盟军占领当局有权没收其财产。

罗恩斯坦看了暗喜：发财的机会终于来了！

罗恩斯坦了解了罗蒙诺家族及工厂的背景后，马上登门拜访，声称能挽救对方家族的命运。他对对方家族首领说："只有我能使你们的财产免于没收，但你们得答应我一个条件，即把你们所有的产品交由我独家代理，我收取10％的佣金，这比你们一无所有要好得多，请你们三思。"对方对罗恩斯坦的嚣张和贫穷很反感，不愿和罗恩斯坦合作。

但罗蒙诺家族在想尽办法后，仍不能摆脱危机，只好抱着"死马当活马医"的心态和罗恩斯坦这个一无所有的人签订了一份协议。结果，罗恩斯坦以一个美国公民的身份向占领当局宣布，他在战前就是罗蒙诺家族企业的合伙人。根据《雅尔塔协议》，如果被没收的财产涉及美、英、苏等国公民的利益，财产可免于被没收。

数年后，玻璃器皿代理商罗恩斯坦成了腰缠万贯的富翁。因为奥地利的玻璃器皿是世界闻名的畅销商品。

**【启示】**

俗话说："只要需要，垃圾可以变黄金。"如果你懂得谈判对手的需要，你就是谈判的高手。

## 二、奥尔德弗的 ERG 理论

### （一）奥尔德弗的 ERG 理论的核心观点

马斯洛的需求理论有一定的合理因素，他在一定程度上指出了人的需求变化的一般规律，以及需求结构中各种需求之间的关系，可用于分析消费需求及其行为的发展趋势。但是，需求理论也有某些不足之处。比如，消费者需求的严格层次性就受到很多质疑。美国另一位心理学家奥尔德弗的 ERG 理论对此进行了补充。

奥尔德弗(C. P. Aldenrfer)于 1969 年在《人类需求新理论的经验测试》一文中修正了马斯洛的论点，认为人的需求不是分为五种，而是分为三种：①生存的需求(existence)，包括心理与安全的需求；②相互关系和谐的需求(relatedness)，包括有意义的社会人际关系；③成长的需求(growth)，包括人类潜能的发展、自尊和自我实现。

奥尔德弗需求论简称为 ERG 需求理论，与马斯洛需求层次论相比，这两种理论的不同点是：奥尔德弗经过大量调查证明，人类需求不完全是天生的。需求层次理论建立在"满足→上升"的基础上，ERG 理论不仅体现"满足→上升"的理论，而且还提到"挫折→倒退"这一方面。"挫折→倒退"说明，较高的需求得不到满足时，人们就会把欲望放在较低的需求上。ERG 理论认为，需求次序并不一定如此严格，而是可以越级的，有时还可以同时有一个以上的需求。

奥尔德弗同时提出了三个概念。

（1）需求满足。在同一层次的需求中，当某个需求只得到少量的满足时，一般会产生更强烈的需求，希望得到更多的满足。由此推论，此时消费者行为不会指向更高层次的需求，而是停留在原来的层次，从量和质两方面发展。

（2）需求加强。较低层次的需求满足得越充分，对高层次的需求越强烈，此时消费者的欲望将指向高一层次的需求。

（3）需求受挫。较高层次的需求满足得越少，越会导致较低层次需求的急剧膨胀和突出起来。换言之，消费者会以更多的支出投入到这一较低层次的需求当中。

奥尔德弗指出了这样一个事实：需求的变化不仅基于"满足→前进"，而且完全可能"受挫→倒退"。它有助于我们科学地认识需求对消费者行为的影响。

### （二）ERG 理论在商务谈判中的应用

奥尔德弗的 ERG 理论的指导意义在于：它不仅要求重视商务谈判者的需求，而且提供了分析谈判者需求的具体方法。谈判者可以根据上述理论在谈判实践中注意以下几点。

（1）在实施商务谈判活动之前要分析、确定商务谈判者的需求等级状况。需求状况是决定其谈判行为的首要因素。

（2）应抓住并设法满足商务谈判者的主导需求。谈判者要注意准确分析对方的主导需求是什么，抓住了对方的主要需求，也就抓住了对方的弱点和要害。奥尔德弗告诉我们，不仅存在需求"满足→前进"规律，而且存在"挫折→倒退"规律。如果谈判者的主导需求没有得到满足，就很难达成进一步的一致；反之，如果主导需求得到满足，细枝末节的需求就迎刃而解了。

（3）商务谈判者高等级的需求。随着社会的进步和经济的发展，人们低层次的需求满足之后，高层次的需求成为消费热点。谈判者在确定谈判策略时，应注意开发对方的高层次需求，在适当的时机向对方抛出，有时能达到意想不到的效果。比如，有时候，只要引导得当，消费者往往都会购买超出自己预算的物品。原因就在于，人们有一种向高层次需求迈进的欲望。

## 三、尼尔伦伯格的主体需要理论

### （一）尼尔伦伯格的主体需要理论核心观点

谈判活动的主体是人，无论谈判的客体是什么，都必须通过人来进行。如果谈判者只注意到谈判内容的重要性，而忽视了对于参与谈判的人的研究，就很难全面把握谈判的主动权。尼尔伦伯格将需要层次理论及相互性原则总结并应用到谈判领域，提出了谈判主体需要理论。

　　谈判主体需要理论认为,谈判各方都希望从谈判中得到某些东西;否则各方会彼此对另一方的要求充耳不闻,熟视无睹,各方当然不会再有必要进行谈判了。所以,谈判者在谈判前、谈判中,甚至谈判后都必须关注、发现与谈判各方相联系的需要;谈判者对对方的各种需求必须加以重视并充分利用;时刻关注选择不同的方法去顺势、改变或对抗的动机。

　　根据马斯洛的需求层次理论,结合谈判的特殊性,尼尔伦伯格将谈判分为三个层次:个人与个人之间的谈判、大的组织之间的谈判、国家与国家之间的谈判。在任何一种非个人的谈判中,都有两种需求同时起作用:一种是组织(或国家)的需要,另一种是谈判者个人的需要。

　　由于自居作用(心理学术语,指个人以某个自以为理想的对象(个人、群体)自居,以此掩饰自身弱点的一种自我防御机制),在某些情况下,个人将会在一定程度上失去作为自然人的特征,而在精神上成为某一组织或群体的一部分,这时,组织或群体的需要在表面上将会显得高于个人的需要。谈判主体需要理论强调,当自居作用出现时,并不意味着个人的需要不再起作用,而应努力通过一定的方式和方法,去发现、诱导个人的需要,进而影响其立场、观点和看法,使谈判朝有利于实现己方目的的方向发展。

　　尼尔伦伯格强调,依照人的需要层次的高低,谈判者能抓住的需要越低,在谈判中获得成功的可能性就越大。尼尔伦伯格认为,就大多数人类行为而言,这个顺序是成立的。但是,这种需求层次顺序决非一成不变。尼尔伦伯格提请人们注意的是:在不同的物质生活条件下,人们的抱负水准可能存在反差。在物质生活条件好的人看来,追求高层次的需要对他只是最基本的东西,例如,一位学者愿意以牺牲身体健康为代价换取事业成功所带来的精神上的满足。然而,在物质生活条件较差的情况下,一个人也可能因其价值观和抱负水准的作用,视安全为其最高需要而"安居乐业"、"知足常乐"。

　　谈判主体需要理论得出了下面三点结论。

　　(1) 依照人的需要层次的高低,谈判者抓住的需要越低,在谈判中获得成功的可能性就越大。

　　(2) 针对每一个谈判主体而言,满足基本需要并非一定要以生理需要、安全需要等为起点。否则,就等于否认了人的受教育程度、价值观念、抱负水准等对人的需要层次在调节上的能动作用。

　　(3) 谈判中,要关注对方"自我实现的需要"——人们渴望使自己成为一个与自己能力或愿望相称(而不是与社会要求相称)的人。所以,一定要将谈判的组织和谈判的个人区分开来。

### (二)谈判中需要的发现

　　需要是谈判活动的动力和目的,但它绝不是纯粹的、单一的。为了进一步影响谈判进行和最后结果的各种需要,我们可以将它划分为以下两类。

一类是谈判具体需要。这类需要是产生谈判的直接原因和谈判所要达到的第一目的。它们相对比较具体,可以协商调整的幅度比较小。比如,某企业实行信息化管理,需要购进 50 台电脑,该企业对 50 台电脑的需要就是促成谈判的直接原因,买回 50 台电脑是谈判的目的。这个需要是谈判必须满足或应基本得到满足的,否则,谈判本身也就不存在了。

另一类是谈判者的需要。谈判者的需要并不是谈判的动力和目的,但它却直接影响着谈判的进行和结果。谈判者是谈判活动的当事人和直接操作者,他的需要虽然不是谈判的目的,但却通过当事人的行为活动的影响决定着谈判的成功与否。这里的需要主要是指谈判者生理、安全、社交、自尊和自我实现的需要。在具体的谈判活动中,表现最强烈、影响最大的主要是交际的需要——社交的需要、权力的需要(即自尊的需要)和成就的需要(即自我实现的需要)。

在商务谈判中,通过以下四种方法和渠道,全面了解对方多方位、多层次的潜在需要,并想方设法给予满足。

(1) 在谈判的准备阶段要尽可能多地收集谈判对手的有关资料,诸如谈判对手的财力状况、性格特点、社会关系、目前状况等。这些是在谈判中发现需要、了解需要、满足需要的基础,也是谈判成功的条件。

(2) 在谈判过程中要多提一些问题,在对方讲话时要注意分析其中的内在含义,借此了解发现对方的潜在需要和真正需要。

(3) 谈判过程中要善于察言观色,通过对方的形体语言发现需要。

(4) 对于一些在谈判过程中无法了解到,但对谈判又非常重要的需要,可以采取私下了解的形式或其他的渠道获得。

---

**【趣味阅读】**

曾经有一个名不见经传的商人,凭借对对方需要的了解击败了许多远比他强大得多、看上去占尽优势的竞争对手而获得了谈判的成功。

这个商人叫图拉德,在 20 世纪 60 年代中期,他只是一家玻璃制造公司的老板。但是,作为自学成才的石油工程师,他希望能做石油生意。一天,他从一个朋友那里得知,阿根廷即将在市场上购买 2 000 万美元的丁烷气体,他就去那里看看是否能谈成这份合同。

当他到达阿根廷时,在石油界既没有老关系,也没有经验可言,只能仗着一股勇气硬闯。而当时他的竞争对手是非常强大的英国石油公司和壳牌石油公司。

但是,在进行了一番摸底以后,他发现了一件事:阿根廷的牛肉供应过剩,正想不顾一切地卖掉牛肉。单凭知道这一事实，他就已经获得了竞争的第一个优势。于是，他告诉阿根廷政府："如果你们向我买 2 000 万美元的丁烷气体，我一定向你们购买 2 000 万美元的牛肉。"他以买牛肉为条件，争取到了阿根廷政府的合同。

图拉德随即飞往西班牙，那里有一家重要的造船厂因缺少订货而濒于关闭，它是西班牙政府所面临的一个政治上棘手而又特别敏感的问题。他又告诉西班牙人："如果你们向我购买 2 000 万美元的牛肉，我就在你们造船厂订购一艘造价 2 000 万美元的超级油轮。"西班牙人不胜欢喜，通过他们的大使传话给阿根廷，将图拉德的 2 000 万美元牛肉直接运到西班牙。图拉德的最后一站是美国费城的太阳石油公司。他对他们说："如果你们租用我正在西班牙建造的价值 2 000 万美元的超级油轮，我将向你们购买 2 000 万美元的丁烷气体。"太阳石油公司同意了。就这样，一个玻璃制造商成功地做成了 2 000 万美元的石油交易，而他的竞争对手只能自叹不如。

**【启示】**

在商务谈判这种充满竞争性的活动中，谁能更全面、更准确、更清楚地了解谈判对方的需求，谁就可能在竞争和谈判中获得胜利。

### （三）尼尔伦伯格主体需要理论的应用

尼尔伦伯格在分析了谈判者需要的层次后，提出了需要理论的六种不同的适用方法和三个谈判层次（国家间、组织间、个人间）。

**1. 谈判者顺从对方的需要**

谈判者从对方需要出发去说服对方，对方在接受说服的同时，也满足了说服者的需要。比如，警察劝说自杀者不要自杀，要珍惜生命，这是顺从了对方生理的需要。自杀者接受劝说，放弃了自杀的念头，同时也满足了警察挽救生命的任务。

**2. 谈判者使对方服从其自身的需要**

这是指谈判者掌握满足对方某种需要的条件，而且具有垄断性，而对方的这种需要又往往是难以割舍的。于是谈判者利用自己的这种优势，向对方提出苛刻的要求，迫使对方为了自己的需要，而不得不接受要求。例如，为了使囚犯不闹事，看守和囚犯谈判，他们威胁囚犯说：如果不听话，就把他们关进"小黑屋"，只准他们吃面包和水。如果老实，可以享受更好的食物和放风的自由。囚犯听了答应老实服刑。因为囚犯不得不服从生存的基本需要。

**3. 谈判者同时服从对方和自己的需要**

谈判者服从对方需要的同时，也是在服从自己的需要，也就是说，双方的需要是共同的。比如，在"冷战"时期，苏联、美国两个超级大国为了自身的安全，举行核武器谈判，签订了一些条约，在一定程度上限制了核武器的发展，这既是为了别人的安全，也是为了自己的安全。

### 4. 谈判者违背自己的需要

谈判是为了满足某种需要而进行的,但当谈判陷入僵局,前途渺茫时,一方要终止谈判,也就是违背自己原先的需要。法国在加入欧共体后,与德国就开放农副产品市场进行谈判,谈了四年没有进展。法国向德国表示:如德国再不愿打开市场大门,法国将退出欧共体。结果,德国迫于压力,愿意改变立场。法国加入欧共体,是为了满足归属的需要,它要退出这一组织,是违背初衷的。

### 5. 谈判者损害对方的需要

谈判者在满足自己需要的同时,往往也会损害对方某一方面的需要。举个例子,一条船在下沉,有个女人(谈判者 A)想搭上救生艇,但被一个男人(谈判者 B)抢了先。为了求生,她拿出一项公认的社交规则当作她的"谈判"策略。她说,海上救生的规矩是"妇女和儿童优先"。她认为,这就可以使那个男子把位子让给她,否则对方将难免使自己的品质蒙羞。可是,如果那男子把位子让给她,她就损害了对方最基本的需要——求生的需要。

### 6. 谈判者同时损害对方和自己的需要

谈判者在坚持自己立场的时候,往往不让对方如愿以偿,但自己想要的也得不到;当谈判陷入僵局的时候,威胁要退出谈判,这样也是既损人也不利己;合作到一半,发生违约事件,不能解决时,提出要停止合作,也属于这种情况。

尼尔伦伯格认为,对谈判者来说,运用第一种方法时较容易控制局面,运用第六种方法时最难控制。在对需要进行分类及提出不同适用方法的基础上,结合谈判的层次,尼尔伦伯格还提出了运用谈判需要理论的 126 种可能的谈判策略,并以大量的实例说明每一种策略。

谈判的需要理论尚处于初级发展阶段,但这个理论所揭示的某些基本原理,无疑对包括商务谈判在内的所有谈判,乃至人类生活中所有问题的处理,都有重要的指导意义。谈判是很复杂的交际活动。它的复杂性,一方面来自复杂的谈判环境,一方面来自谈判的需要。而人的需要又是很复杂的内心活动,所有包括需要理论本身,以及在谈判中如何认识需要、满足需要等问题,都是值得进一步探索和研究的课题。

## 第二节 博 弈 论

### 一、博弈论的概念及简介

#### (一)博弈论的基本概念

博弈理论简称"博弈论"(game theory),博弈论是研究决策主体的行为在直接相互作用时,人们如何进行决策以及这种决策如何达到均衡的问题。简单地说,就是二人在平等的对局中各自利用对方的策略变换自己的对策达到取胜的目的。博弈,根据不同的基准有多种不同的分类,其中主要的一种分类法就是按当事人之间是否有一个约束的协议进行划分,可分为合作博弈和非合作博弈。合作博弈是指参与者从自己的利益出发与其他参与者谈判达成协议或形成联盟,其结果对联盟双方均有利。非合作博弈是指参与者在行动选择时无法达成约束性的协议。

### (二)博弈论的简介

博弈论起源于 2000 多年前,在古代文献中有大量记载博弈的案例故事,虽然不是研究意义上的真正的博弈理论,但当中也或多或少地渗透了一些相关思想。我国古代的《孙子兵法》不仅是一部军事著作,还是一部博弈论专著。博弈论最初主要研究象棋、桥牌、赌博中的胜负问题,人们对博弈局势的把握只停留在经验上。博弈论在 20 世纪初正式发展成一门学科。1928 年,冯·诺伊曼证明了博弈论的基本原理,标志着博弈论正式诞生。1940 年,冯·诺伊曼和摩根斯坦利合著的《博弈论与经济行为》将两人博弈推广到 N 人博弈结构并将博弈论系统应用于经济领域,奠定了博弈的基础和理论体系,标志着现代博弈理论的形成。随后,1950—1951 年,纳什利用不动点定理证明了均衡点的存在,为博弈论的一般化奠定了坚实的基础。20 世纪 50 年代以来,通过纳什、海萨尼、泽尔腾等人的努力,博弈论终于成熟,进入了应用阶段。

## 二、博弈论的基本模型

人们在社会生活中,各种战略和获得的结果可以通过数学矩阵来表现,其中最简单的典型例子就是"囚徒困境"。"囚徒困境"是一种非合作性的博弈状况。

囚徒困境是美国数学家阿尔伯特·W.塔克 1950 年任斯坦福大学客座教授时,在一次讲演中举的一个形象的例子。他运用两个囚犯的故事对博弈论做了生动而贴切的描述,进而成为经典案例。它描述的情形大致如下:甲、乙两人在大楼里放了一把火,准备等大火燃起来时偷东西,但当他们离开时,被警察发现并因偷窃罪被捕。警方怀疑火可能是他们放的,但没有证据。于是警方分开囚禁两人(使他们不能交流),并分别进行审讯,告诉他们相同的内容:"你有两个选择,坦白或不坦白。如果你坦白火是你放的,而你同伴没有坦白,你就可以从轻处理只判 1 年,而你的同伴将被判 15 年;同样你不坦白,而你的同伴坦白的话,你的同伴被判 1 年,你会被判 15 年;但你坦白而对方也坦白的话那么两人都被判 10 年;如果两人都不坦白,那么你们将被囚禁 3 年。"在这种情形下,坦白和不坦白就变成了囚犯的选择。我们用表 2-1 来展示囚犯的对策。

很显然,对囚犯来说,最好的结果是都不坦白,只监禁 3 年,这样会使利益最大化。但由于双方不能交流,无法建立合作协议,于是对于任何一个囚徒来说,自己坦白就能够得到最大的收益,只有 1 年监禁,这是个人利益最大化的最佳选择。所以,最终两个人都会选择坦白。我们把两人都不坦白的结果称为双赢,而把两人都坦白的结果称为双输。

表 2-1　囚犯的对策

| 囚犯甲<br>囚犯乙 | 坦　　白 | 不　坦　白 |
|---|---|---|
| 坦白 | 甲、乙都判 10 年 | 甲判 15 年,乙判 1 年 |
| 不坦白 | 甲判 1 年,乙判 15 年 | 甲、乙都判 3 年 |

在商务谈判中,同样存在囚徒困境。从上述例子可以看出,只有合作才能实现整体利益的最大化。所以,在谈判中,只有考虑双方利益的最大化,才能避免囚徒困境,使谈判达成双赢。同样,在谈判中仅考虑自己利益的最大化,而不考虑双方利益,就会使双方陷入非合作博弈的囚徒困境,结果是双输。

## 三、博弈论在谈判中的运用

通过前面的分析,我们可以在博弈论的基础上建立商务谈判合作的一般模式。例如,假设谈判双方为甲和乙,乙是化妆品批发商,想从制造商甲那里批发一批化妆品,这批化妆品对甲来说是 50 000 元的利益,而乙则认为这批化妆品市场价格为 70 000 元。所以交易时,甲要价 50 000 元以上,乙只愿意付 70 000 元以内的价格,双方之间的差额使谈判有了成功的可能性。假如双方通过自愿谈判,最后交易价格在 58 000 元,双方就都获得了谈判带来的剩余,甲为 8 000 元,乙为 12 000 元。但如果谈判破裂,则双方都不会获得这个剩余。

可见,在谈判中,只有双方合作且谈判成功,才能使谈判双方获得由谈判带来的剩余利益。由此,我们可以得到在博弈论基础上的谈判程序如下。

### (一)建立风险值

建立风险值是指打算合作的各方对所要进行的交易内容的评估确定。在谈判中,它不仅指商品价格,例如,要购买某一商品,估计可能的价格是多少?最理想的价格是多少?最后的交易价格是多少?总共需要多少资金?还包括非价格条件,如产品质量、技术水平、资金风险、社会风险等。风险值的确定是很复杂的,由于许多合作项目的风险值的确定本身就是一个庞大的系统工程,收益也是长远的,短期内难以确定;风险值的确定还取决于谈判的双方是竞争者还是合作者,前者双方的利益是对抗的,后者双方的利益是一致的,显然后者的风险比较容易确定。而对风险值的合理确定是双方是否存在可谈判的基础。在上例中,甲对化妆品 50 000 元的估值和乙对化妆品 70 000 元的估值就是他们各自确定的交易风险值。由于卖方估值低于买方,所以存在交易的可能性,也就有谈判空间。

但如果两人进行了不合理的估值,甲估值是 70 000 元,乙的估值是 50 000 元,卖方估值高于买方,就不能交易,也无法谈判。

### （二）确立合作剩余

风险值确定后,会形成双方合作剩余,但是,如何对合作剩余进行分配却是最关键的问题,双方的讨价还价、斗智斗勇就是为了确定双方的剩余。关于剩余的分配,从来没有统一的标准,一般取决于双方实力的对比和谈判策略与技巧的运用。实际上,对于许多谈判项目来讲,合作的剩余是多少也是一个难以确定的未知数,因为合作剩余还应该包括一些附加利益。例如,我国江苏仪征化纤工程上马,实行对外招标,德方公司中标标的是 1 亿多美元。但是,正是因为他们在世界上最大的化纤基地中标,才得以连续在全世界 15 次中标,为企业带来了巨大的国际声望和经济效益。

确定合作剩余的一个最根本的问题就是如何分配参加博弈各方的利益,人们的社会经济活动除了获得利益等正效用外,也会得到损失等负效用。在许多情况下,一方收益的增加必定是另一方收益的减少,但不论怎样分配,不影响总的结果的改变,这种情况在博弈中被称为“零和博弈”。它的特点是各方利益是相互对立的,为了在博弈中占据上风,多得利益,都不想让对方了解自己解决问题的思路,猜出所选择的对策,所以,其博弈结果总是不确定的。根据上例分析,如果确定 20 000 元为合作剩余,但这 20 000 元怎样分配,却是不确定的。

现代谈判观念认为:谈判不是将一块蛋糕拿来后,商量怎么分,而是要想法把蛋糕做大,让每一方都能多分。这一点已被博弈论所证明,即变和博弈。变和博弈研究的是进行不同策略的组合,使博弈各方的得益之和增大。这就意味着参与谈判(博弈)各方之间存在相互配合,即在各自的利益驱动下自觉、独立采取的合作态度和行为。大家共同合作,将利益扩大,使每一方都多得,结果是皆大欢喜。

### （三）达成分享剩余的协议

谈判是一种不确定性的行为,即使谈判是可能的,你也无法保证谈判会成功。如果谈判不能坚持下去,各方就不能进行有效的合作,也就无法创造新的价值,实现更大的利益。阻止谈判顺利进行和各方有效合作的最大障碍,就是谈判各方难以在如何分割和分享价值问题上达成一致协议,即我们通常所说的确定成交价格。当然,这里的“成交价格”含义较广,包括以价格为主的一切交易条件。实际上,诸多的谈判,人们对双方合作的剩余是多少也很难确定。就公平理论来讲,有许多分配方法。如果他们都认识到达成协议对他们彼此都有益的话,双方的谅解与合作是完全可能的。达成协议,是谈判各方分享合作剩余的保证,也是维系各方合作的纽带。

**【趣味阅读】**

20世纪60年代,能源作为一种战略资源,其开发和利用越来越受到各国的重视。占地球总面积达70%的海洋不仅是联系世界各大陆的重要通道,而且是一个存储着丰富的生物、矿产资源的宝藏。对海底资源的开发利用是当时国际上十分重视的问题。

早在1969年,马耳他在联合国大会上就提议,宣布国际海底区域及其资源为人类共同继承的财产,资源的开发应受到国际的监督与控制。1970年联合国大会通过了马耳他的提议,发布了《关于和平利用国家管辖范围外的海床洋底及其底土的原则宣言》,成立了国际海底管理局,颁布了对海底资源的合理利用及公平开发制度。

20世纪70年代,在美国召开了国际海底资源开发会议,在会上,美国国务卿基辛格建议,由联合国的附属机构国际海底管理局作为甲方,与作为乙方的私有或国有企业"平行开发"海底矿藏。由于许多发展中国家担心最好的采矿地会被一些工业发达的国家捷足先登,因此会议上与会各方各持己见,争论不休,一场气氛和谐的会议演变成了剑拔弩张、局势紧张的谈判。在各方相持不下的时候,基辛格提出了一种分割-挑选方法,即每一个预定矿址的申请者首先要探明一块足够大的区域,这块区域所蕴藏的资源可供两家公司开采,而后,由这家采矿公司(主要来自发达国家)将所探明的场地一分为二,而国际海底管理局有权优先从中挑选一块。这种分割-挑选方法使各国之间的矛盾迎刃而解,发达国家得到了利益,发展中国家也得到了好处。

**【启示】**

谈判都是围绕一个目标进行的,只有在有明确目标的情况下,才能保证谈判的良好运作,达到谈判之前所预定的目标。

# 第三节 公平理论

## 一、公平理论的基本内涵

公平理论也称交换理论与社会比较理论,是美国心理学家亚当斯(J. Stacey Adams)在其1965年发表的《社会交换中的不公平》一书中提出的。公平理论是主要研究个人将自己做出的贡献和所得报酬之间进行比较,从而对激励产生影响的一种理论。公平理论的基本观点是:人们对于自己工作所得的报酬,不仅关心其绝对量,更重要的是考虑相对数量,他们会将自己的付出和所得报酬进行横向、纵向比较,从而得出自己是否获得公平的感觉。亚当斯根据人们认知公平的基本要素,确立了这些要素间的函数关系,从而归纳出衡量人们分配公平感的公式,即

$$O_P/I_P = O_r/I_r$$

式中：$O$——结果，即分配中的所获，包括物质的、精神的或当事者认为值得计较的任何
　　　　事物；

　　　$I$——投入，即人们所付出的贡献，也包括精神的、物质的和相关的任何要素；

　　　$P$——感受公正或不公正的当事者；

　　　$r$——比较中的参照对象，这可以是具体的他人或群体的平均状态，也可以是当事
　　　　者自身过去经历过的或未来所设想的状态。

由于公平理论的建立主要是从人们认知的心理感觉出发的，因此我们可以这样理解，当亚当斯公式两侧相等时，人们就会感到公平、公正。这说明人们在对待分配是否公平时，并不是比较所获得结果绝对量的多少，而是比较所获与付出的比值。

当公式两侧不相等时，人们则会产生分配的不公平感。如 $O_P/I_P < O_r/I_r$，人们会觉得吃了亏；反之，如果 $O_P/I_P > O_r/I_r$，人们占了便宜，也会产生另外一种不公平感，即歉疚感，但多数人此时会心安理得。

由于主观上的比较估量极易调整，因此，歉疚感也非常容易消除，这样不公平感便主要是指由前者而产生的吃亏感。

## 二、人们对不公平感的消除

当人们感觉到吃了亏而产生不公平感的时候，就会心存不满或产生怨恨，进而影响整个情绪与行为，后果是极其消极的。为了恢复公平感，就需要消除产生不公平的根源，一般采取以下几种调整措施。

第一，从实际上扩大自己的所得 $O$，或增大对方的贡献 $I$，以及减少自己的付出 $I$，或减少对方的所得 $O$。但实际上，除 $I$ 外，其他三种情况自我不能控制，所以，恢复公平的主要方式是减少自己的付出 $I$。例如，一个积极工作的职工，如果在领取报酬时，没有拿到他期望的较多的奖金，而是和其他人一样，那么，他就会产生不公平感，他既不能左右老板给他增加工资，又不能影响别人的工作干劲，但他能够使自己消极怠工，敷衍了事。

由于不公平感主要是人们的自我认识形成的，因此，人们的调整也很大程度上取决于认知水平。比较常见的有自我安慰、理喻、角色转换等。

第二，改变参照对象，以避开不公平。改变参照对象，可以很快消除人们的不公平感。有句老话，叫作"比上不足比下有余"，就是指改变参照对象后人们的心理状态。例如，有的大学毕业生当与他同届毕业有成就的同学相比时，就会产生不公平感，抱怨自己机遇不好，上帝不公平，感叹自己怀才不遇。但如果他改变了对比对象，与没考上大学的同学比，他又会感到自己很幸运，生活、工作也都不错，不满意感也会随即消失。

第三，退出比较，以恢复平衡。人们调整不公平感心态的方式，还有一种比较常见的，就是退出比较，以求平衡。在现实生活中，人们不公平感的产生多是在参照物的比较下形成

的，所以消除不公平感的最简单办法就是退出比较，当比照物消失后，不公平感也随之消失。

综上所述，人们不公平感的形成，在很大程度上是人们的一种心理感觉，而且参照物十分重要，要消除不公平感也应从这些方面入手。

谈判活动具有极大的不确定性，谈判双方在接触过程中，会从各方面对双方谈判人员的心理产生微妙的影响，诸如，谈判中的一方只做出了很小的让步，但在签订协议时，让步的一方可能还觉得不公平，而有的时候，一方做出了很大牺牲，但他却觉得很平衡。怎样消除谈判一方的不公平感，防止由此带来的消极作用，是十分重要的。一个高明的谈判者必须谙熟各种谈判技巧，及时觉察谈判对手心理的微妙变化，使谈判各方处于有助于达成协议的积极的心理状态。

---

**【趣味阅读】**

古罗马时代最具有智慧的代表是所罗门王。

一天，有两个妓女携带一个婴儿向他告状，互相指控对方睡着了压死了自己的孩子，然后偷偷抱走对方的孩子；因为她俩同住一屋，所以会发生这种事。

所罗门王看这俩人都声泪俱下，一副母子情深的模样，他就对她俩说："既然你们都坚持婴儿是自己的，那还不简单，将这婴儿劈成两半，一人一半，那就公平了！"一个妓女马上大声赞同，另一个妓女却立刻认错，说："我错了，我因为孩子死了，所以才把她的孩子偷抱过来，求您不要将这孩子劈成两半，我不要孩子了！"

所罗门王立刻对大表赞同的妓女说："你为何说谎？这孩子明明不是你的。若是你的孩子，你忍心将他劈成两半吗？"

**【启示】**

真正的公平要靠智慧及理性判断而得。

---

## 三、"公平"的判断标准

在实际生活中，人们往往会采取各种措施来消除不公平感。那么，关于公平有没有一个判定标准呢？或者说，人们根据什么来确定分配是否公平呢？在西方文化中，人们对公正的研究主要考虑两个方面：一是把什么样的因素投入对公正的"运算"，二是采取什么样的分配方式。对谈判中的"公正"问题的研讨及评判标准，可以用对策论的专家们经常讨论的一个例子，就是在两位谈判当事人之间——穷人和富人之间如何"公正"地分享200美元。

方案一：以心理承受的公平为标准，按150:50的比例分配，富人拿多的一份。因为在心理上，50美元对穷人来说是个大数目，穷人失去50美元相当于富人失去150美元。这种以心理承受为标准的划分也有一定的道理。例如，一些社会团体的赈灾救助活动，经常是按人们收入的多少进行募捐。

方案二：以实际需要的补偿原则为标准。按上述分配比例，如果穷人拿多的一份，这对于双方的实际需要来说是合理的，即对弱者实行补偿原则。例如，世界上的国家可以分为穷国和富国，或者是发达国家和不发达国家，许多谈判就是免除穷国欠富国的债务。联合国的一些机构、组织对一些不发达国家和地区的援助、投资等也属此类。

方案三：以平均分配为标准，即 100∶100，穷人与富人各得 200 美元的一半。这种分配表面看也很公正，但由于富人的税率比穷人高，富人拿到这 100 美元后，缴税后的剩余要比穷人少，所以，有人也指责这种分配不公平。但在现实中，这种方法简便易行，是最为常见的分配方法，也是其他演变分配的基础，诸如子女继承遗产，企业或社会发放的救济金等。

方案四：以实际所得平等为标准，按 142∶58 的比率分配，富人在拿到 142 美元之后需纳税 84 美元，最后实际所得 58 美元，与穷人不够纳税的 58 美元正好相等。这种分配方式经常用于企业给职工的工资较低，但通过较高的福利待遇找齐的做法来实现。

从以上四种分配方法可以看出，根据不同的标准进行分配，会导致不同的分配比例和结果，而且这些结果均被人们认为是公平的。显然，公平是有多重标准的。同样的分配，还可以用年龄大小、地位高低、饥饿程度、先后次序、资历深浅等为标准进行分配。关键在于参与分配的双方要对公平的标准事先达成共识，这样分配的结果才会被认为是公平的。

## 四、公平理论在谈判中的应用

公平理论的基本内涵对于理解并处理谈判活动中的各种问题有着重要的指导意义。

第一，在商务谈判中，必须找到一个双方都能接受的公平的标准。只有按此标准进行谈判，谈判结果对双方来讲才是可接受的、公平的；人们进行谈判就是要对合理的公平分配的标准达成共识和认可。谈判成功后，人们之所以会对所获得的利益感到公平，关键在于参与分配的双方事先找到了一个共同认可的利益分配标准。

第二，公平不是绝对的，在很大程度上受人们主观感受的影响。所以，我们在谈判中不应盲目地追求所谓的绝对公平，而是应该去寻找对双方都有利的感觉上的相对公平。有时谈判一方做出了很小的让步，但却觉得不公平；而有时一方做出了很大的牺牲，仍觉得很公平。这主要是由感觉上的相对公平感所造成的。

第三，心理因素的影响作用越来越重要。由于公平是主观的意识，是心理现象，因此在谈判时应当从心理方面着手，提升谈判对手的公平感，促成合作。比如谈判会场的布置、时间的安排尽量贴近对方的喜好；在谈判过程中，要使用礼貌策略，获得对方的好感等。公平始终贯穿于谈判过程，只有坚持公平原则，双方才有可能达成共识，最终达成谈判结果。

## 第四节　其他谈判理论

### 一、控制论

#### （一）控制论的概念

在 20 世纪中叶，美国科学家罗伯特·维纳创立了控制论。所谓控制论，就是运用某种手段，将被控对象的活动限制在一定范围之内，或使其按照某种特定的模式运作。控制论之所以在现代社会生活中产生了重要的影响，就在于它在众多领域应用中取得了巨大的成果。将控制论运用于谈判领域，使谈判者将谈判活动更加程序化，从而能够应用最佳模式产生最佳效果，从而达到理想的境界。

在控制论中，通常把未知的区域或系统称为"黑箱"，而把全知的系统和区域称为"白箱"，介于"黑箱"与"白箱"之间或部分称为"灰箱"。

#### （二）"黑箱"问题

一般来讲，社会生活中广泛存在着不能观测却是可以控制的"黑箱"问题。例如，当人们不知道究竟哪把钥匙可以开门时，通常总是把钥匙一一插入锁孔，看哪一把能打开门，而不必把门卸下来，查看其内部构造。在现实中还有许多事物，常以为不是"黑箱"，但实际上却是"黑箱"。

"黑箱"问题是未知的世界，也是人们要探知的世界。要解开"黑箱"之谜，不能打开"黑箱"，只能通过观察"黑箱"中"输入"、"输出"的变量，来寻找、发现规律性的东西，实现对"黑箱"的控制。例如，一位有经验的谈判专家替他的委托人与保险公司的业务员商谈理赔事宜。对于保险公司能赔多少，专家心里也没底，这就是通常所说的"黑箱"，于是，专家决定少说话，多观察，不露声色。保险公司的理赔员先说话："先生，这种情况按惯例，我们只能赔偿 100 美元，怎么样？"专家表情严肃，根本不说话。沉默了一会儿，理赔员又说："要不再加 100 美元如何？"专家又是沉默，良久后说："抱歉，无法接受。"理赔员继续说："好吧，那么就再加 100 美元。"专家还是不说话，继而摇摇头。理赔员显得有点慌了："那就 400 美元吧。"专家还是不说话，但明显是不满意的样子。理赔员只好又说："赔 500 美元怎么样？"就这样专家重复着他的沉默，理赔员不断加码他的赔款，最后的谈判结果是以保险公司赔偿 950 美元而告终，而他的委托人原本只希望要 300 美元。专家的高明之处，就是在于不断地探知"黑箱"中的未知数，知道何时不松口，紧紧抓住利益，也知道何时该停止，放弃利益，所以，他为雇主争取了最大的利益。

### （三）"白箱"问题

"白箱"问题属于已知问题，可以对输出和输入事先确定变数和相互关系，当我们对系统结构有了深刻的认识时，可以把这种关系以确切的形式表现出来。即"白箱网络"。运用"白箱网络"来分析谈判，就可以通过"白箱"规范已知的系统，将非常不确定的状况加以约束，更好地控制谈判。

### （四）"灰箱"问题

现实生活中的问题大部分都是"灰箱"问题，谈判活动也是如此。因为在我们的认识中，对于某个系统已经有了局部的了解，而对于其他方面则是未知的，这就需要我们充分运用已有的了解和知识，探求这个系统过去的历史，尝试用多种方法去掌握它的内部状态。例如，当我们就一项交易与对方讨价还价时，对方告诉你，让利 8% 就已经是他的极限了，那么，你是相信，还是拒绝呢？这就需要根据已知进行判断，破解他的"灰箱"。

## 二、谈判实力理论

美国著名谈判学家约翰·温克勒长期从事谈判技巧的研究，并在此基础上进行理论升级，他在《谈判艺术——追求结果》一书中提出了谈判实力理论。他认为：娴熟的谈判艺术是从谈判者所施展的谈判技巧中体现出来的；在大多数情况下，谈判技巧运用的根据和成功的基础是谈判实力；建立并加强自己的谈判实力的基础又在于对谈判的充分准备和对对方的充分了解；技巧的运用与实力的消长有极为密切的关系。通过恰当的语言和交往方式，在对手面前树立或加强关于己方的印象，探索彼此的力量，采取一切可能的措施增强己方的实力，这样就为谈判技巧更加主动、灵活地运用打下了基础。

温克勒的谈判实力理论可以概括为："充分准备→实力增强→灵活技巧"。这一理论在全世界有广泛影响，他的理论在近十年通过他数百次的亲自传授，已经被许多企业领导人掌握并卓有成效地用来指导谈判实践。

### （一）谈判实力理论的含义与特点

所谓谈判实力，是指谈判者在谈判中相对于谈判对手所拥有的综合性势能，不仅包括谈判者所拥有的客观实力（如企业经济实力、科技水平、独特性规程等），更包括谈判者与对方相比所拥有的心理势能（这是谈判策略和技巧的源头）。谈判实力强于对手，在谈判中就能占据优势和掌握主动，取得对己方更为有利的结果。此外，谈判实力与谈判权力虽有共同之处，但不是同一概念，谈判权力主要是指谈判者本身所具有的影响力。谈判实力具有以下特点：

### 1. 综合性

谈判实力来源于影响谈判结果的各种因素,不仅包括客观因素和主观因素,还包括外部因素和内部因素,它受到多种因素的影响和制约,绝不等同于经济实力和固有实力。

### 2. 相对性

谈判实力不是绝对力量,而是相对力量,它只有针对某一谈判对手、谈判环境和谈判事项时才有意义,它是经谈判各方对比后所形成的相对存在不受环境和事物制约的谈判实力。

### 3. 动态性

正因为谈判实力是一种相对力量,因此它是可变的,在此时实力可能强于对手,但在彼时实力又可能弱于对手;可能在此事上实力强,在另一件事上实力又弱。由于谈判者的谈判技巧和行为举止对谈判影响大,而这些因素是微妙变化的,因此谈判实力也是微妙变化的。这种微妙性和谈判实力的可变性,也决定了谈判更多的是一种心理战。

### 4. 隐蔽性

谈判实力一般不会轻易地暴露出来,它常常虚实结合,是策略的重要部分。因此,谈判者要懂得实力的展示方式和使用时机,而不可将底细轻易暴露给对方。

## (二)实力谈判的原则

实力谈判具有以下几项原则。

(1)不轻易给对方讨价还价的余地。如果遇到的某些问题大致是确定性的,就应该努力使自己处于一种没有必要进行谈判的地位,或至多在枝节问题上可以谈判,原则问题是不可以谈判的。谈判者决不要因想达成交易的冲动而背离这一原则。

(2)在没有充分准备的情况下应避免仓促谈判。在条件许可时应事先进行一些调查研究工作,努力了解对方现状如何? 利益何在? 问题是什么? 谁是对方做决策的人等。温克勒所强调的"充分准备",其范畴相当广泛,不仅指市场调查、对对手资料的收集与分析、对策的制定、本方谈判人员的组成及必要的培训与演练等,还包括在正式谈判之前已经与对手进行的接触。

(3)设法使对方主动靠近你,通过给予对方心理上更多的满足感来增强谈判的吸引力。这一原则在谈判中对各方都存在着若干约束条件,谈判出现僵局、谈判核心问题与枝节问题相互纠缠。既保持那种看似难以松动的地位,又采取某种微妙的措施使对方对你保持极大的兴趣,如对方"感觉"到他的成功,增强其自我满足感。对方的这种感觉越深,向己方靠近并做出行动的决定就越快。

(4)向对手展示自己的实力时不宜操之过急,应通过行动或采取暗示的方式。通过让对方感到内疚、有愧、有罪过、自觉实力不行等形式有时也可以在谈判之前通过第三方的影响,或舆论压力的形式加强自己的实力地位。对方约会时不守时、付账时款额不足、合作中曾出现过差错等都是谈判者可以利用的因素。

(5) 为对手制造竞争气氛,让对手彼此之间去竞争。

(6) 给自己的谈判目标留有适当余地(获取时,提出较高目标;付出时,提出较低目标。让步要稳,要在明处,要小步实施,大肆渲染,对等让步)。

(7) 注意信息的收集、分析与保密(不要轻易暴露自己已知的信息和正在承受的压力)。

(8) 谈判中要多听、多问、少说。

(9) 要与对方所期望的目标保持接触。

(10) 要让对方从一开始就习惯你的大目标。

### (三) 实力谈判对对手进行分析

实力谈判对对手进行分析,主要从以下方面着手。

(1) 个人情况分析,包括:年龄、家庭情况、背景、职业、爱好和兴趣,个人品质,对产品的态度、对组织的态度等。

(2) 组织特征分析,包括:公司类型、雇员情况、财政规模、生产线状况、服务对象、竞争地位、组织结构、价格政策、推销政策、分销方法、发展计划、对我方特定业务的要求、当前面临的问题等。

(3) 购买程序分析,包括:调查程序、决策程序、价值程序、产品分析、卖主分析、时机问题、所牵涉的人员等。

(4) 销售程序分析,包括:销售策略、市场策略、销售组织、定价方法、折扣方法、可以商谈的条款、关键人物、销售压力等。

### (四) 影响谈判实力的主要因素

影响谈判实力的主要因素有以下几项。

(1) 交易内容对对方的重要性。交易内容对一方越重要,说明该方的主动权就越差,因此谈判实力就越弱;反之,谈判实力就越强。

(2) 交易条件对双方的满足程度。交易条件对一方的满足程度越高,说明对其越有利,其让步或回旋余地越大,在谈判中就越主动,因此谈判实力就越弱。这就是"出价要高,还价要低"的道理所在。

(3) 竞争对手的强弱。谈判者面临的竞争对手越多,实力越弱,其承受力越大,谈判的主动权和影响力就越差,谈判实力就越弱;反之,谈判者对手越少,优势越明显,独特性越高,谈判实力就越强。

(4) 谈判者信誉的高低。谈判者的信誉包括资信状况、业绩记录、美誉度、口碑、社会影响等因素,信誉越高,谈判实力就越强。当然,经济实力不等于谈判实力,它只是形成谈判实力的基础因素和潜在条件。

（5）谈判者经济实力的大小。经济实力通常表现为谈判者的资金状况、规模、技术水平、经营状况、市场占有率等，经济实力越强，谈判者的承受力和影响力就越强，谈判实力自然越强。当然，经济实力不等于谈判实力，它只是形成谈判实力的基础因素和潜在条件。

（6）谈判时间耐力的强弱。时间是改变谈判实力对比的重要因素，谈判者对时间的耐心反映了需求的强度和迫切程度，时间耐力越强，谈判的承受力和主动性越强，谈判实力自然就越强。因此，谈判者在谈判中应有充分的时间余地和耐心。

---

**【趣味阅读】**

有一次，一个中国人跟一个美国人谈判，谈了半天也没有谈妥。于是，中国人就跟美国人讲："你跟我拼耐心啊，我是中国人，我们有五千年的悠久历史，我可以慢慢等啊。"其实，有的时候我们也没有时间，但是我们可以吃吃老祖宗的东西。

日本人和美国人谈判时，日本人讲得英文很差，有点无厘头，他就乱提要求。令美国人气愤的是，等谈判谈成了以后，日本人的英文忽然流利起来了，美国人从头到尾一直都假设日本人的英文不好，就像我们到处宣扬咱们有耐性一样，其实，有时候我们也没有什么耐心。但是谈判时，你要让对方相信你有的是时间。

**【启示】**

商务谈判，通常要注意两个问题：一个是时间，一个是金钱，比如投产的时间、单价。切记的是，就算你在乎的是时间，装也要装得你在乎的是金钱。

---

（7）谈判信息的掌握程度。在谈判中，谁具有信息优势，谁就具有主动权。对信息的掌握包括相关信息的多少、真伪、及时性等。对信息掌握的程度与谈判实力息息相关，二者成正比。

（8）谈判人员的素质和行为举止。谈判人员的基本素质、谈判能力、谈判技巧及为人处世等，对谈判实力也具有十分重要的影响，因为谈判是通过人来完成的。选择优秀的谈判人员，谈判人员的举止得体，是增加实力的重要途径。

## 三、谈判结构理论

英国谈判学家马什（P. D. V. Marsh）长期以来从事谈判策略以及谈判的数学与经济分析方法的研究，早在20世纪70年代初他便注意到谈判过程各阶段的特点及其对谈判结果的影响。他在1971年出版《合同谈判手册》（*Contract Negotiation Handbook*），在该书中马什指出：整个谈判是一个循序渐进的"过程"，他特别强调在这一过程中"调整各自提出条件"的重要性。谈判时交流的过程，其结果必然是走向某种程度的折中。马什的

"谈判结构理论"具有相当强的实际操作性。因而具有很好的指导意义。

### （一）谈判过程的六大阶段

#### 1. 计划准备阶段

准备是行动的基础,通过准备可以解决好两个问题:一是"知己知彼",二是"从头到尾"。谈判者对对方的情况和谈判过程的变化越了解,准备得越充分,谈判过程中占据主动的机会就会越大。马什建议,在谈判之前,应该制订一份比较周详的谈判计划,该计划应满足以下要求:一是体现己方的初始交易条件和在谈判过程中的变更;二是各阶段谈判策略的选择与调整,针对变化方面提供的后备方案。

在这种制订谈判计划的准备工作中,马什引入了美国学者戴明博士的 PDCA 循环法。P——Plan,有重点有步骤地制订实施计划;D——Do,依照事先计划进行"预演";C——Check,根据执行效果与事先计划比较,找出差异,发现问题;A——Action,总结,巩固已经取得的成就,典型化,加以推广。

谈判计划的准备步骤大致如下。

（1）确定谈判目标。

（2）对目标进行评估并规定实现这一目标的时限要求。

（3）确定开始提出己方交易条件的谈判策略。

（4）确定首次开价的水平以及整个交易条件的初始水平。

（5）在得到对方反应之后,重新评估己方交易条件的水平并确定是否需要加以调整或改变所采取的现行策略。

#### 2. 谈判开始阶段

谈判开始阶段是谈判计划准备阶段的一种自然过渡。谈判开始后,谈判者可以依照己方的谈判方案向对方提出交易条件,或根据己方的谈判方案对于对方的交易条件做出己方的反应。向对方提出交易条件的形式有三种:一是提出书面的交易条件,不准备再做口头补充;二是提出书面交易条件,并准备再做口头补充;三是提出口头交易条件。

#### 3. 谈判过渡阶段

谈判过渡阶段是一个对后续谈判过程至关重要的阶段。在此阶段主要应解决三个问题:一是对谈判开始阶段的成果及教训进行回顾、总结;二是对下一步谈判形势进行顶测并确定相应的对策;三是确定出终止谈判或继续谈判的原则。因此,这是承上启下的关键阶段。

#### 4. 实质性谈判阶段

实质性谈判阶段是整个谈判过程的关键阶段,在此阶段之前,各方的行动几乎都是姿态性的,并不是决定性的。只有进入到实质性谈判阶段以后,双方才正式以决定性的态度来调整各自的谈判策略和要求。在此阶段,谈判者主要做好五项工作:一是谈判者怎样重新评价对方让步的条件？二是时间在谈判的战略和战术上的作用如何？三是如何看待并应对、运用威胁？四是在什么情况下应当修正己方的谈判目标？五是本阶段的调整性行动对下一阶段的行动会产生怎样的影响，约束力多大？

**5. 交易明确阶段**

通过实质性谈判阶段，谈判者彼此之间进行深入交流，各方都会对各自的交易条件做出某些调整，一方或各方在原有交易条件的基础上做出一定的让步。最后，无论是否能够成交，我们都可以认为各方所表明的态度基本上代表了他们的真实想法。当出现：谈判者开始用承诺性的语言阐明自己的立场时；开始讨论具体成交的细节（交货期、售后服务、结算方式等）时；谈判者所提建议越来越具体、明确时；谈判者不再讨论交易破裂的后果时，谈判者可以认为这是交易明确阶段已经开始形成的信号。

**6. 谈判结束阶段**

在谈判者认为谈判即将结束并将达成交易之前，应当最后对谈判的全过程进行一次回顾总结，以便理清要解决的问题。对于已经解决的问题在谈判形成结果之后，应根据交易记录安排协议的起草与审定。

在整个谈判过程中，谈判者应围绕着这六个相互联系的阶段进行计划的制订与决策、谈判方案的选择与评估、终极目标及谈判目标的确定、谈判环境分析等。

在各阶段，谈判者应充分运用心理学、数理统计学与对策论的知识、方法，对谈判进行必要的数理分析；根据谈判计划与原则、策略的要求，通过一切可能的措施、技巧，实现谈判目标。

### （二）谈判计划周详

马什十分强调计划在谈判中的重要作用，有计划地从事谈判，有利于在谈判过程中对交易条件进行灵活有效的调整，有利于控制影响谈判的因素。有计划的谈判，并不是说要求谈判各方都要依照某一方的计划安排行事，而是强调谈判者对于即将参加的谈判从头至尾都应该有较为严密细致的准备，对可能的意外因素的影响如果没有应变的具体方案，至少也应该有应变的原则思想。这一系列工作主要包括下述内容。

**1. 对谈判环境因素进行分析**

任何谈判都是在一定的社会、政治、经济、文化和法律环境下进行的，这些环境因素随时都能以不同的方式和程度影响、制约谈判的过程和谈判的结果。大量事实表明：善于利用环境因素的谈判者，往往都是这些因素的受益者。

谈判者应该明确所有相关的环境因素。这些因素包括社会习俗、商业做法与惯例、文化、宗教的影响、法律环境、财政金融环境状况、基础环境状况、气候因素。

谈判者应善于从相关的环境因素中筛选出与该次谈判有重要关系的因素。这个筛选过程不是仅凭谈判者或主管部门领导人的主观臆断来判断的。要确认哪些因素有重要影响,应重点抓住两点:一是有足够的证据证明某些因素是影响谈判的重要环境因素;二是能有效地识别所有证据的真伪,不会因证据有误而导致错误判断。

### 2.制订谈判方案

谈判方案就是上级领导就该项谈判内容所拟订的一些标准和规定。谈判方案的具体形式多种多样,文字可长可短,并无严格的规定。只要谈判方案能够准确、全面地反映领导意图,能够提出可供谈判者把握的标准和灵活应变的原则,就不失为一个好的谈判方案。谈判方案越简单,文字表述越准确,方案执行的可行性就越大;反之,就容易出现失控局面。谈判方案主要包括五方面的内容:一是谈判目标,二是各主要交易条件可由谈判者接受的最低限度,三是规定谈判期限,四是确定谈判小组的负责人及其成员,五是明确联络通信方式及汇报制度。

### 3.制订谈判执行计划

谈判执行计划是谈判小组为了实施谈判方案所规定的内容而制订的具体执行措施。谈判执行计划由谈判小组负责人制订,并报上级领导批准。在制订谈判执行计划时,马什建议主要考虑四点:一是制定好在谈判开始阶段应采取的谈判策略;二是在谈判展开之后,根据对不同情况的估计,制定好具体对策;三是应慎重选择谈判地点;四是周密安排好与谈判有关的各种行政管理事务。

### 4.模拟谈判的安排

在谈判准备的后期,有必要为即将举行的谈判安排一次预演。模拟谈判可以暴露出己方在制订谈判方案和谈判执行计划方面的薄弱环节,同时也使己方的谈判人员能够获得一次临场的操练。模拟谈判主要采用小组剧、即兴讨论会和议事会的形式,以检验自己的计划在实施上的可行性。安排模拟谈判的目的在于发现和解决问题,找出准备工作的不足。

### 5.如何处理合同中的争议

在谈判合同产生之前,谈判者应该在谈判计划制订上对如何处理合同争议提出原则性的解决方法。这样做的好处在于:一是能有意识地在谈判中注意在某些条款、术语及专有名词上与对方进行沟通,以便消除交流障碍,促进交流;二是能够在出现合同争议后迅速寻求到最佳解决途径。对合同争议的原因分析后,可以选择四种不同的方法来处理:一是承认并接受目前的合同条件,认为对方的意见有其合理性;二是合同有效,但合同条款理解和解释不同,双方应该进一步协商;三是中止合同,退出谈判;四是认为故意违约有利,采取违约行为。

### (三)谈判人员的选择

谈判人员的选择,长期以来一直受到谈判各方的高度重视。这是因为它直接影响到己方与对方的关系,影响到己方人员之间的协同配合,影响到己方把握谈判机会的能力和谈判的最终结果。谈判人员的选择涉及两个问题:一是以什么样的标准来选择谈判者,二是如何确定团队规模。

### 1. 对谈判团队总体素质要求

对谈判团队总体素质要求有以下几点。

(1) 团队内的成员都具有良好的专业基础知识,专业结构配置合理,能够迅速解决谈判中可能出现的任何问题。

(2) 成员气质、性格互补,彼此之间关系融洽,能求同存异。

(3) 各成员在谈判中配合默契,通力合作,工作主动。

### 2. 按照团队的总体素质选择谈判人员

(1) 该人员具有该项目必备的专业知识和经验,接受过一定的谈判技巧训练。

(2) 该人员对项目的相关产品及服务比较熟悉,了解市场。

(3) 熟悉有关法律,对项目的谈判内容有一定了解。

(4) 具有较强的领悟能力,能够倾听对方意见,客观分析对方意图。

(5) 具有较好的语言表达能力和行为表达能力。

(6) 具有较好的决断能力,能够排除外界干扰而独立决策。

(7) 具有较强的心理分析能力,善于从对方的角度来看待事物。

(8) 身体健康,精力分配合理。

(9) 具有较强的人际吸引力和人格吸引力。

(10) 办事有主次,善于抓住重点。

(11) 善于与不同类型的人相处。

(12) 具有较强的自制力和自律性,有原则,无不良社会方式和倾向。

### 3. 谈判团队负责人的任命条件

谈判团队负责人的任命条件包括:一是具有较全面的专业知识;二是具备较高的组织管理能力;三是临场判断能力好,责任心强。

### 4. 谈判团队负责人的职责

谈判团队负责人的职责包括以下几项。

(1) 挑选谈判团队其他人员。

(2) 制订谈判计划。

(3) 对己方让步的时间、幅度、方式进行决策。

(4) 对交易条件的修改进行决策。

(5) 安排会议。

(6) 与谈判对手进行具体的交易磋商。

(7) 检查交易磋商记录。

(8) 向己方领导汇报。

（9）鼓励振奋团队士气。

（10）防止内部人员内讧。

（11）根据需要扮演特定的谈判角色。

### （四）运用姿态与环境的技巧

#### 1. 姿态类型

由于在谈判中扮演谈判角色的要求，谈判者在与对手打交道时总会表现出特定的姿态。这些姿态虽然多种多样，但不外乎两类：一类是积极姿态，旨在支持并强化对方那些有利于己方的行为；另一类是消极姿态，旨在阻止并对抗对方那些不利于己方的行为。

从形式上看，谈判者不论表现出的是积极姿态还是消极姿态，都有两种影响对方的形式可供选择：一是从开始谈判时就表现出己方的姿态，二是在谈判中表明己方的姿态。

#### 2. 在开始谈判时如何运用姿态

在开始谈判阶段，采取什么姿态，将取决于两种因素：一是谈判双方人员彼此熟悉的程度，二是上次谈判的结果及协议的执行情况。

#### 3. 在谈判过程中如何运用姿态

在谈判过程中，随着谈判的深入，谈判双方越来越现实和理智，谈判者表现姿态的形式也趋向于现实化和理智化。这些姿态包括以下几种。

（1）采取说服形式。

（2）提出一个双方均可以接受的理由，提供条件，促使对方转换立场。

（3）提出公平要求，使对方进行利弊权衡。

（4）引入其他竞争因素，改变对方对谈判破裂点的估计。

（5）干扰对方判断。

（6）将谈判的困难摆到桌面，促使对方提出解决困难的方案。

#### 4. 运用环境的技巧

马什将运用环境的技巧分为两类：为采取或保持主动而持攻势策略，为发动反击作为过渡性准备而持防御策略。这两类做法都与谈判者采取主动性的谈判手段有关。

为了形成有利的谈判环境，谈判者可以在具体谈判情景上运用带有主动进攻的策略，如：以开放式提问来试探对方的真实意图，以闭合式提问来确定对方在某个问题上的具体想法。

为了稳住现有局面，诱使对手犯错误，以寻求反击的机会，应采取过渡性的防御策略，例如以下几种策略。

（1）守口如瓶，佯作误解。

（2）不精确地回答问题。

（3）笼统阐述。

（4）回避问题。

（5）不完全回答。

（6）形式上肯定，事实上否定。

（7）提出反问题。

（8）增加己方砝码。

（9）战略休会。

（10）说老实话。

（11）消耗对方精力。

（12）对我有害，对你更有害。

# 四、谈判技巧理论

英国谈判学家比尔·斯科特是英国多家公司和政府机构的谈判顾问，并为世界很多国家培养了大量的谈判能手。他通过对大量商务谈判案例研究后出版了《贸易洽谈技巧》一书，在该书中，提出了一套独具特色的"谈判技巧理论"，即谋求一致的方针、皆大欢喜的方针、以战取胜的方针。

## （一）谋求一致的方针

在谋求一致的谈判方针下，谈判技巧的关键在于以下几点。

### 1. 建立良好的谈判气氛

斯科特指出，在研究采用什么方法去影响谈判气氛之前，首先必须确定建立怎样的谈判气氛。为建立谋求一致型谈判基础，就必须建立良好的谈判气氛。良好的谈判气氛具有诚挚、友好、合作、轻松、认真的特点。要建立这样的谈判气氛，需要用一定的时间，使双方在思想上和行动上协调一致。

### 2. 开始阶段的谈判技巧

斯科特指出，在开始阶段为谋求一致，谈判者应当努力把握好四个问题，即"4P"（purpose——目标，plan——计划，pace——进度，personalities——个人）问题。目标是指双方需要达成的共识、原则、总体目的或阶段性目的。计划是指谈判的议程安排表，其内容主要包括需要双方磋商的议题、原则、规程及时间安排。进度是指计划确定的双方会谈的速度预估值。个人是指谈判者对双方，尤其是对方的单个成员的姓名、职务、爱好、专业、个性以及在谈判中所起作用的熟悉程度。

### 3. 注意谈判方式对谈判者精力的影响

斯科特将各种谈判分为两类方式，即横向谈判和纵向谈判。在这两类谈判方式中，谈判双方交流的形式对谈判者的精力产生进一步的约束。所谓横向谈判方式，是指将若干个谈判议题同时铺开，同时磋商，同时取得某些结果，同时向前推进谈判的进程。所谓纵向谈判方式,是指将需要谈判的议题依照双方约定进行排序,先磋商某一个议题,待该议题有了磋商结果之后,再开始讨论第二个议题。

一般来说,当谈判者选定了横向谈判方式以后,他面临的最大问题是如何把握好他正在讨论的问题与其他议题之间的协调。他必须考虑,怎样利用此议题来推动彼议题的讨论,怎样将此议题的谈判结果转化为彼议题的谈判优势,怎样将彼议题的结果引入来推动此议题的讨论等。这对谈判者的综合协调能力及驾驭谈判方向的能力的确是一个考验。而谈判者选定了纵向谈判方式以后,他所面临的最大问题是如何确定并与对方协调所有谈判议题的讨论顺序。他必须考虑,先磋商什么问题,后磋商什么问题,才会对自己更为有利一些,这样的顺序安排如何才能获得对方的同意,以什么理由去说服对方等。采取纵向谈判方式,双方可能在某个议题上长时间争执不下,一旦形成这种局面,谈判便僵持不前,对整个谈判进程产生严重影响。因此,为了避免出现精力分散的情况,谈判者要选择好适合于特定谈判方式的交流形式。在谈判双方刚开始接触时,各自提出的谈判条件会存在许多差异,处理这些差异有两种交流形式:一是"以我为准",二是"各抒己见"。

**4."谋求一致"的策略**

谋求一致,首先表现为谈判者单方面的一种希望和一种构想,要使之变成谈判双方一致的行动,还需要谈判者小心地探索对方的真实想法并加以积极有效地引导。谈判者必须认识到,互惠互利靠有效沟通。谈判者应当善于分析造成交流障碍的原因,善于在谈判过程中运用沟通技巧。斯科特针对谈判过程中为谋求一致而应采取的谋略为:一是抓住陈述的关键;二是用专业的头脑倾听对方的解释;三是进行建设性引导;四是危险因素分析,重新审查谈判方针;五是对谈判议程进行作业控制;六是努力排除交流障碍。

谋求一致是谈判中的一种至善境界,它是在谈判双方取得共识的基础上形成的。然而,谋求一致有时又不得不表现为谈判某一方的一厢情愿或希望,它不能获得对方的有效呼应和共鸣,这时,谈判者就应当考虑采用另外的方式来谈判。

## (二)皆大欢喜的方针

斯科特指出,谈判者总是竭力争取为自己在谈判中谋得尽可能大的利益,为此谈判者可能会采用各种手段与技巧,但是,争取己方最大利益的目标与行为,绝不意味着要去损害别人的利益。损人而利己的任何手段与技巧都是不可取的。斯科特建议,较好的方式是使用在谋求己方最大可能利益的前提下给对方以适当满足的"皆大欢喜"谈判方针。

**1.实现"皆大欢喜"的谈判原则**

谈判过程以及谈判结果能不能使谈判各方感到公平,是"皆大欢喜"的谈判能否实现的关键。"公平"的标准是:要么谈判各方的需要都得到了平等的满足,要么是各方都感到不满足。为实现谈判的公平,谈判中应遵循的原则是:①利己不损人;②积极影响对方评价事物的方法,引导对方获得满足感;③明确己方利益;④通过摸底分析对方利益所在;⑤恰当确定谈判议程和己方让步方案。

**2. 把握好"报价"与"磋商"技巧**

斯科特指出,在以"皆大欢喜"的谈判方针进行谈判时,"报价"与"磋商"是两个"相当重要"的阶段,这两个阶段涉及许多细微的技巧问题。斯科特总结了许多报价技巧,这些技巧来源于他对谈判规律和公理的认识与研究。这些技巧包括:一是报价应当符合"公理";二是首次报价应当明确、坚定、没有保留、毫不犹豫;三是磋商的关键在于搞清楚对方的需求;四是遵从对等让步原则;五是将磋商的积极结果文字化。

**3. 灵活运用"皆大欢喜"的谈判策略**

(1)佯攻(声东击西)。

(2)"权力有限"。

(3)软硬角色搭配。

(4)因势利导,变否定为肯定。

(5)探询理由。

(6)建议休息。

(7)提出谈判时间限定。

(8)多方位假设。

(9)和盘托出。

(10)强调有限利益。

(11)"润滑剂"。

(12)"场外交易"。

### (三)以战取胜的方针

在实际谈判中,谈判者会遇到第三种谈判情况,即通过一切尖锐的冲突,以战胜对方来获取己方利益的情况。所谓"以战取胜",就是谈判的一方以牺牲对方的利益来取得己方的利益,其目的在于彻底打败对方。

**1."以战取胜"的危险性**

"以战取胜"的危险性有:第一,失去对方的友谊;第二,失去与对方将来开展更大业务往来的机会;第三,遭受对方顽强反击时,首先发起攻击的一方可能会一败涂地;第四,由于对方是被迫屈从,所以履行协议不积极。

**2."以战取胜"的运用时机**

斯科特极力主张应当尽量避免采取"以战取胜"的谈判方针来谈判,他警告说,一方胜利而另一方失败的谈判结局危害性太大,并称"只有外行的谈判人员才去冒这种风险"。从客观上看,只有两种情况可以采取"以战取胜"的谈判方针。

(1)一次性谈判。在这之后双方不会再相遇,因此谈判者不会担心长远的买卖关系。

（2）双方实力对比悬殊。一方实力远远超过另一方，占据市场垄断地位，并可以从彼此相互竞争的任何一个谈判对手那里找到合作者；而另一方只能屈从于对方，依附于对方。

**3. 如何判断对手有"以战取胜"的企图**

谈判者在与对手打交道时，可以通过对对手谈判的姿态、谈判的目的、谈判方针的判断分析，以确定对方是否有"以战取胜"的企图。有"以战取胜"企图的谈判者的信条是权利至上，为了完成任务，毫不顾忌所采取的手段对别人的影响。他把对方看成是"敌人"，他的目的就是自己取胜而让对方失败，他使用的方法是强有力的。在谈判中，他会通过各种谈判策略来加强自己的权利。他所用的方法有以下几种。

（1）寻觅各种获得利益的机会。

（2）在谈判进程中不断要求获取好处。

（3）每一次让步都深谋远虑。

（4）采取强权做法。

（5）以任务为中心，不考虑对方荣誉、自尊和感情。

**4. "以战取胜"的谈判特征**

谈判中，如果一方有"以战取胜"的企图，那么，他在谈判行为上就会表现出以下特征。

（1）千方百计制造冲突，巧妙地、令人难堪地将冲突的责任推给对方，使对方为了证明自己的合作姿态而不断地做出让步。

（2）没有时间和兴趣与对手进行平等友好的初始接触，甚至根本不想听取对方任何关于谈判意图的说明。

（3）"垂直"安排谈判议程。

（4）谈判态度强硬。

**5. "以战取胜"的常用策略**

"以战取胜"的常用策略有以下几种。

（1）刺探情报。

（2）坚持先获取，后给予。

（3）喜怒于形，富有情绪。

（4）走上层路线。

（5）扑克牌脸（面无表情）。

（6）在会议记录上做手脚。

（7）步步诱逼。

（8）采取讹诈。

（9）利用色相，进行欺诈。

（10）采取窃听手段了解对手内情。

### 6. 对付"以战取胜"的反策略

从总体上来讲,谈判者在对付"以战取胜"的谈判策略方面,基本的措施就是要从议程安排、制造气氛、控制节奏等方面加强对谈判全局的把握,要独立地参与谈判而不受对方人为干扰和安排的影响。

斯科特强调,对付采取"以战取胜"策略的谈判者的最有效的方法,就是要在他企图发起进攻之前就加以阻止。为此,在开始阶段就必须做到以下几点。

(1)尽量回避他开场时的提问。

(2)保持一个中立的、打破沉默的阶段。

(3)不被他的试探问题所牵引。

(4)不让他处于主导地位。

(5)不让他决定谈判初期的讨论内容、谈判时间和座位安排等。

## (四)技巧唯锻炼方能炉火纯青

谈判技巧高超的人,并不是技巧的表演专家,而是能够深刻理解谈判技巧作为一个有机体系的价值,他能够艺术地施展技巧而收到恰到好处的效果。

谈判者对谈判规律的认识是其正确运用谈判技巧的基础。谈判规律是"根",谈判技巧是"叶","根深"才能"叶茂"。谈判者不应当只是一个唯技巧主义者,他应当从谈判实践中去努力领悟技巧的实质与内涵,防止犯"依葫芦画瓢"的错误。

谈判者运用技巧的效果要受到许多非技巧因素的影响。主要有:谈判规模、谈判风格、人际关系、文化背景、战略决策、谈判心理状态等。斯科特经过大量的实践与研究,对谈判者如何把握好这些非技巧因素并使自己在谈判技巧的运用上高人一筹提出了许多独立的见解。

### 1. 谈判规模对谈判技巧运用的制约

谈判规模是依照谈判项目的多少、谈判内容的复杂程度和涉及谈判人员范围等来划分的。一般可划分为大型谈判、中型谈判和小型谈判。斯科特指出,如果没有特别的原因,应力求谈判规模趋于小型化,以有利于谈判者恰当运用谈判技巧并对谈判团队进行有力的协调和控制。斯科特的这个主张既来源于实践经验和总结,又是基于一般的管理原则的指导。

### 2. 不同的谈判作风对谈判技巧运用的制约

谈判作风就是指谈判者在特定文化观念、国家制度的习惯影响下,由个人的知识、气质及心理状态决定的谈判风格。斯科特注意到了文化背景对谈判作风形成以及对谈判技巧运用在宏观方面的影响。而在微观方面,他发现不同企业的不同工作方式也会形成与之相应的特别的谈判作风,这些谈判作风对谈判技巧运用的影响似乎更具体。斯科特将这些微观意义上的谈判作风分为四种:以任务为中心的谈判作风、以关系为中心的谈判作风、积极主动的谈判作风和循规蹈矩的谈判作风。

我们在选择运用谈判技巧时,应当十分清楚而深刻地意识到谈判者个人的谈判作风对谈判技巧运用的影响。谈判技巧本身无优劣、高下的绝对之分。当谈判技巧与运用这种技巧的谈判者个人的谈判作风和行为、与谈判小组的谈判作风和行为相吻合时,它便会产生积极作用。反之,如果谈判者奉行唯技巧主义,他必将会遭到技巧的愚弄,甚至弄巧成拙。

### 3. 战略决策对谈判技巧运用的要求

谈判者在制定战略决策时,首先要考虑六个方面的依据,即,今后与对方继续保持业务往来关系的可能性、对方的优势、我方的优势、该笔交易的重要性、谈判时间限制和己方人员的谈判能力。

谈判技巧在运用的时机、场合、对象的选择上,应当既达到实现阶段目的的具体要求,又符合实现战略目的的总体要求。谈判技巧之间的连接应当是有机的、自然的,越能做到这一点,战略决策实施的效果就越好。

### 4. 谈判心理对谈判技巧符合的影响

提高谈判者的心理素质,有助于提高谈判技巧的发挥并取得良好的谈判效果。一个人的需求层次越高,越能创造性地运用谈判技巧。技巧发挥的至善境界是让人意识不到你正在施展技巧。谈判者要将谈判的技巧融入自己的思维与言行之中,唯有锻炼方能成熟,直至炉火纯青。

## 阅读拓展

## 谈判理论的不同学派

谈判研究的理论始于 20 世纪 60 年代初期。此前,人们只对某些孤立的谈判进行了一些理论分析,其内容主要与外交事务有关,且大多数是描述性的,也涉及了若干经济在特定问题中的应用,如集体制定工资、双方规定垄断价格等。60 年代初期,一批谈判的重要著作问世,但它们分属于不同的门类,在有关政治、经济和文化方面的谈判中出现。

扎特曼在 1976 年将谈判理论做了以下划分。

(1) 历史描述学派。其特点是研究直接与谈判有关的事实。通过把这些事实按时间顺序过程进行客观的描述,发现和提炼谈判理论。这一学派的代表人物主要有扎特曼。

(2) 结构—动机学派。即按谈判议题的结构、动机或矛盾来做发现的学派。其代表人物有德鲁克曼等。

(3) 博弈论学派。该学派主要吸收了纳什的观点,借助于博弈理论进行模拟研究。其代表人物有拉波波特、巴特斯等。

(4) 有效行为学派。该学派的分析对象是谈判中双方或多方的坚定性和妥协利弊,从而得出什么是成功谈判的有效行为。该学派的代表人物有尼尔伦伯格。

（5）谈判过程学派。这一学派把谈判看做一系列的行为和挑战,在这些行动和挑战中,供求、让步、战略战术等构成了旨在缩小不同建议之间的各种解决办法。不像博弈论学派主张的那样,为了谋求明显的最佳解决办法。属于这一学派的有科丁斯、巴特斯、克里斯等。

（6）角色实验学派。即采用模拟法或实验室法来对谈判进行研究。其代表人物有韦斯、斯佩克特等。

近年来,谈判理论的研究已基本上按照学科方向,形成了真正的分支。通过学者的研究成果可以发现,对谈判理论的研究有四大倾向:一是借鉴心理学、社会学的方法;二是借鉴功利论的方法(主要强调确定谈判结果,而不是谈判本身);三是分析谈判过程的方法;四是分析谈判中有效因素的方法。

资料来源：方其.商务谈判（第 3 版）［M］.北京：中国人民大学出版社,2011.

# 【本 章 小 结】

1. 马斯洛、奥尔德弗和尼尔伦伯格的需求理论揭示了在进行商务谈判时,要发现对方的需要,不断创造对方的需要,通过需要的满足,为谈判建立信任、融洽的气氛,通过不断沟通,寻找双方的共同利益,并以此作为谈判成功的基础。

2. 博弈论表明,谈判的双方很多时候都会陷入"囚徒困境",合作才能取得最好的结局,斗争是为了取得博弈的优势。这为合作和双赢奠定了理论基础。

3. 公平理论对于理解商务谈判活动如何取得优势有着指导意义和启示找到一个双方都能接受的比较公平的结果,才能促使谈判成交。

4. "控制"就是运用某种手段将被控制对象的活动限制在一定的范围内,或按照某种特定的模式运转。在控制论中,通常把不知的区域或系统称为"黑箱",而把全知的区域或系统称为"白箱",介于两者之间的部分称为"灰箱"。将控制论运用于谈判领域,使谈判活动更加程序化,能够运用最佳模式,产生最佳效果,达到理想境界。

5. 实力是谈判策略和技巧的来源,谈判实力强于对手,就能在谈判中占据优势和掌握主动,得到更有利的结果。实力是相对的,你不可能在所有方面都具备超过对手的实力。如何发挥实力,还需要高超的谈判技巧。对于比较弱的一方,找到自己的相对实力优势,就能取得更多的成果。

6. 马什的"谈判结构理论"认为,谈判通常由六个阶段构成:谈判计划准备阶段、谈判开始阶段、谈判过渡阶段、实质性阶段、交易明确阶段、谈判结束阶段。整个谈判活动都是紧紧围绕这六个阶段展开的,并且每个阶段相互联系,各阶段的谈判内容不同、具体目标不同,需要制订相应的谈判方案和策略。

7. 技巧是谈判者在长期的实践中逐渐形成的以丰富实践经验为基础的本能或行为能力。斯科特通过研究提出了一套独具特色的"谈判技巧理论",即谋求一致的方针、皆大欢喜的方针、以战取胜的方针。他认为谈判技巧只有通过最大程度地与对手沟通,取得双方对问题的共识,才会发挥最大的效用。

# 【思 考 题】

1. 在商务谈判中如何运用需求层次理论?
2. 在博弈论基础上的谈判程序是什么?
3. 公平理论对于商务谈判具有什么启示?
4. 控制理论对于商务谈判具有哪些指导意义?
5. 影响谈判实力的主要因素有哪些?
6. 谈判结构理论分为哪几个阶段?
7. 谈判技巧理论具有哪些核心观点?

# 【案例分析 2-1】

## 依据标准　公平合理
### ——汤姆的讨价依据

汤姆的汽车意外地被一辆大卡车整个撞毁了,幸亏他的汽车保过全险。可是确切的赔偿金额却要由保险公司调查员鉴定后加以确定,于是双方有下面的对话。

调查员:"我们研究过你的案件,我们决定采用保险单的条款。这说明你可以得到3 000 元的赔偿。"

汤姆说:"我想知道你们是怎样算出来这个数字的?"

调查员:"我们依据这部车的现有价值。"

汤姆说:"我知道,但我不清楚你们是怎样算出这个数目的?你知道我现在要花多少钱才能买到同样的车子吗?"

调查员:"你想要多少钱?"

汤姆说:"我想得到按照保险单应该得到的钱,我找到类似的二手车,价钱是3 350 元,加上营业和货物税之后,大概是4 000 元。"

调查员:"4 000 元太贵了吧!"

汤姆说:"我们要求的不是某个数目,而是公平的赔偿。我认为应该得到足够买一部车的赔偿,你不认为这是公平的吗?"

调查员:"好,我们赔你3 500 元,这是我们可以付出的最高价格。公司的政策是如此规定的。"

汤姆说:"你们公司是怎样算出这个数字的?"

调查员:"你要知道 3 500 是你能够得到的最高数,你如果不想要,那我就爱莫能助了。"

汤姆说:"3 500 元可能是公道的,但是我不敢确定。我知道你的意见受公司政策的约束,可是你能客观地说出来我能得到这个数目的理由吗?我想最好我们还是诉诸法律,请你考虑好之后我们再谈,星期三上午 11 点我们可以见面谈判吗?"

调查员:"好的。我今天在报纸上看到一部 2009 年出厂的菲亚特汽车,卖主要价是 3 400 元。"

汤姆说:"噢! 上面有没有提到行车里数?"

调查员:"49 000 公里。为什么你问这件事?"

汤姆说:"因为我的车只跑了 25 000 公里,你认为我的车可以多值多少钱?"

调查员:"让我想想……150 元。"

汤姆说:"假设 3 400 元是合理的话,那么就是 3 550 元了。广告上面提到收音机没有?"

调查员:"没有"。

汤姆说:"你认为一部收音机值多少钱?"

调查员:"125 元。"

汤姆说:"冷气呢?"

……

两个半小时之后,汤姆拿到了 4 012 元的支票。

资料来源:贾蔚,等.现代商务谈判理论与实务[M].北京:中国经济出版社,2007.

【讨论题】

1. 本案例属于哪种谈判理论及类型?

2. 案例中汤姆采用了怎样的谈判态度和原则?

# 【案例分析 2-2】

## 老夫妻的后悔与忧虑

有一对老夫妻,为了买一只可心的钟花了三个月的时间到处观看挑选,终于看中了一只样式特别的古玩钟。但是,当他们看清钟的标价时,妻子却犹豫了。妻子低声说:"哎哟,标价是 750 美元,我们还是回去吧。我们事先说好了买钟的支出不能超过 500 美元,还记得吗?"丈夫说:"我记得。不过,我们已经挑选了这么久,应该试一试,也许可以便宜些。"

夫妻俩私下估计,认为 500 美元买到这只钟的可能性不大,但是,又不甘心轻易放过这个难得的机会,于是决定由丈夫出面去商谈。丈夫鼓足勇气上前,试探着对钟表售货员说："我发现你们有一只小钟要卖,我看清了上面的标价。标签上的许多尘土倒给它增添了古董的色调。"停顿了一下,他接着说道："哎,我喜欢这只钟,愿意出 250 美元。"

钟表售货员听到对方的报价后,连眼睛也没眨一下就毫不迟疑地说："给你,交钱吧!"

听到这出乎意料的答复,夫妻俩不但没有欣喜若狂,反而后悔起来。"我多傻,这钟可能本来就不值几个钱……或者里面的零件少了,肯定是有什么毛病,要不然为什么这么轻呢?"丈夫越想越懊恼。尽管心里不踏实,他们还是把钟买了回来。将钟摆在房间的中厅,看上去美极了,似乎走得也不错,但是,夫妻俩却总觉得不放心。他们退休以后,这种不放心的程度有增无减,常常思考为什么那个钟表售货员居然能以 250 美元的价格就把钟卖了;而且,往往每晚他们都要起来几次,为什么?只因为他们要断定自己有没有听到钟声。日夜不安的结果使他们的身体很快垮了下来,并且患了高血压。

资料来源:贾蔚,等.现代商务谈判理论与实务[M].北京:中国经济出版社,2007.

【讨论题】

1. 谈判的目的是为了满足需要,本案例就其本质而言,属于哪种理论?
2. 指出该理论的代表人物及代表作。

# 第三章

# 商务谈判素质要求

老练的谈判家能把坐在谈判桌对面的人一眼望穿，断定他将做什么行动和为什么行动。

——尼尔伦伯格

## 【学习目标与重点】

1. 商务谈判中的心理。
2. 商务谈判中的伦理。
3. 商务谈判中的人员素质要求。
4. 商务谈判人员的配备与管理。

## 【关键词】

1. 心理（mental；psychology）
2. 伦理（ethics；moral principles）
3. 素质（quality）
4. 管理（management）

## 案例导入

### 顺利成交后的烦恼

在某公司工作的张先生为购置一台笔记本电脑，近一个月走遍了全市各家电子商城，周日来到一家商店。推销员了解了张先生的意向和拟购价位后，便将该店的惠普M2666AP笔记本电脑详细地做了介绍。

张先生虽然使用电脑三年多，但对有关硬件知识了解得并不多，对推销员的介绍只是似懂非懂地点着头。最后，他询问价格。

推销员答道：您这个时候购买，正好赶上我们热卖三天的促销活动。这款电脑不仅可以让利 500 元,而且再送价值 400 元的大礼包,现价仅为 7499 元,这是最后一天了。张先生很喜欢这款电脑,感到价格也很优惠。心想:一个月来自己走了多家商城,这是最满意的了。于是,他沉思片刻后,立即决定购买。

张先生回到家很兴奋,然而,没过多久便陷入了患得患失的境地:是不是可以更便宜一些呢? 那台华硕 Z91517E—DR 笔记本电脑是不是更好呢? 我是不是糊里糊涂地被那个推销员骗了呢……

那位推销员送走了张先生后,当然为今天的顺利成交而高兴。可是,转而又想:刚才的卖价是不是太低了? 说不定价格再高一二百元也会成交的……

张先生和推销员都只想到自己一方可能得到的利益,为此,都在后悔不已。

资料来源:樊建廷,等.商务谈判[M].大连:东北财经大学出版社,2009.

# 第一节　商务谈判心理

## 一、商务谈判心理的内涵

心理是指人的头脑反映客观现实的过程,如感觉、知觉、思维、情绪等。一般来讲,当一个人面对壮丽的河山、秀美的景色、善良热情的人们时,他会产生喜爱愉悦的情感,进而会形成美好的记忆;而当他看到被污染的环境、恶劣的天气、战争的血腥暴行时,则会表现出厌恶、逃避的心理,并会留下不好的印象。这就是人的心理活动。

商务谈判心理是指谈判者围绕商务谈判活动而形成的各种心理现象及其心态反应。它不仅影响谈判当事人的行为活动,也直接关系到交易协议的达成和合同的履行,包括谈判前、谈判中和谈判签约以及合约履行的谈判双方当事人的心理活动与心态效应。了解谈判对手的心理状况,有益于接收正确的信息反馈;分析谈判对手的行为动机,有助于判断双方的主观意向,以便更恰当地运用谈判的基本策略与技巧,从而取得理想的谈判结果。

【趣味阅读】

一位谈判代表走进一家银行的经理办公室推销伪钞识别器。女经理正在埋头写一份东西,从其表情可以看出女经理情绪很糟;从烟灰缸中满满的烟头和桌子上的混乱程度,可以判定女经理一定忙了很久。这位谈判代表想了想,怎么才能使女经理放下手头上的活,高兴地接受我的推销呢? 经过观察,谈判代表发现女经理有一头乌黑发亮的长发。于是,谈判代表赞美道:"好漂亮的长发啊! 我做梦都想有这样一头长发,可惜我的头发又黄又少。"只见女经理疲惫的眼睛一亮,回答说:"没有以前好看了。太忙,瞧,乱糟糟的。"谈判代表马上递过去一把梳子,说:"我刚洗过的,梳一下头发更漂亮。您太累了,应当休息一下。"这时女经理才回过神来,问道:"你是……"谈判代表马上说明来意,女经理很有兴趣地听完介绍,很快决定买几台。

**【启示】**

识别对手的谈判心理以及更恰当地运用谈判的基本策略与技巧,是使谈判获得成功的重要推动力。

## 二、商务谈判者的心理素质

什么是一个成功的谈判者所需要具备的良好心理素质?历来就有众多的谈判研究人员和实践者对这一问题进行过孜孜不倦的探讨。然而由于心理因素在多大的程度及可能性上会影响到谈判的成功是一个难以数量化衡量的问题,因此,可能永远也无法获得一个一致认同的结论。本书根据以往谈判的研究总结和实践经验总结而一般性地探讨作为一个成功的谈判者所应具备的自信、乐观、诚意、耐心、变通和果断这样六个基本心理因素。

### 1. 自信

自信是成功的动力与源泉。谈判是一项艰难的工作,缺乏自信的人是很难战胜对手的,除非对手比你弱。谈判桌上各抒己见,常常互不相让,你若表现出充分的自信,就会给对方造成很大的精神压力,对方会觉得你是难以战胜的,因而往往在希望成交的前提下主动放弃一些努力。所以,在商务谈判中,不管遇到什么样的困难和压力,都要有坚持到底的决心和必胜的信心,就算有时想求和,也要不卑不亢。

因此,作为一名优秀的谈判者,必须具有良好的心态。良好的心理状态是取得谈判成功的重要心理因素。在谈判桌上只有具备积极的、必胜的信念,才能使谈判者的能力得到发挥、潜力得到释放。不过,自信的表露不可以给人以自傲、自负、难以接近的感觉,而是相反。越是在热情亲切、平易近人中体现出自信,越是有着不可抗拒的力量。这种力量会使他人更信任、更敬佩、更喜欢你,这在谈判中对己方是十分有利的。

### 2. 乐观

谈判往往是一场旷日持久的较量。谈判过程中充满了变数,常常是谈了几天几夜,可到最后关头却突然因为一个小小的问题而导致谈判的破裂。因此,就要求谈判者在谈判过程中不屈不挠,保持一种积极、乐观的态度。

**【趣味阅读】**

有两个人在沙漠中迷了路,走了几天几夜,弹尽粮绝,却仍找不到路。其中一个人搜遍了所有包裹,只搜到半瓶水,叹了口气道:"唉,我们只剩下半瓶水了。"然后,颓然倒下,再也没有爬起来。而另一个人却高兴地说:"哈,我们还有半瓶水!"然后继续前进,最后终于走出了沙漠。

【启示】

谈判桌上要不屈不挠,保持一种积极、乐观的态度。

**3.诚意**

谈判不仅是双方的竞争,也是双方之间的合作,而合作能否顺利进行、能否获得成功,还取决于双方合作的诚意。就是说,谈判需要诚意,诚意应贯穿于谈判的全过程。受诚意支配的谈判心理是保证实现谈判目标的必要条件。可以说,诚意是谈判的心理准备,只有在双方致力于诚意合作的基础上,才会尽力地考虑双方合作的可能性和必要性,才会合情合理地提出自己的要求和认真考虑对方的要求,才会合理地运用各种谈判策略与技巧。诚意能够使谈判人员的心理和行为处于相互信任、相互理解的最佳状态,进而达到有效合作。所以说,诚意是合作的基础。

诚意也是谈判的动力。希望通过洽谈来实现双方合作的谈判人员,会进行大量细致、周密的准备工作,拟订具体的谈判计划,收集大量的信息情报,全面分析谈判对手的个性特点,认真考虑谈判中可能出现的各种突发情况。诚意不仅能够保证谈判人员有良好的心理准备,而且也使谈判人员心理活动始终处于最佳状态,在诚意的前提下,是求大同、存小异,相互理解,互相让步,以求达到最佳的合作,取得最佳的谈判效果。

**4.耐心**

耐心和信心是一对孪生兄弟。信心要求自己有良好的必胜的心态,而耐心是让对方获得理解和信心,从而能够达成合作的一种必不可少的心态。在谈判中耐心表现为不急于取得谈判结果,能够很好地控制自己的情绪,掌握谈判的主动权。

有时候,耐心还是在心理上战胜谈判对手的一种行之有效的战术与谋略。失去了耐心,谈判者的信心也就坚持不了多久。要克服自己的缺点,增强自控能力,我们需要的是耐心。耐心能使谈判者认真地倾听对方讲话,冷静、客观地谈判,准确地分析形势,恰当地运用谈判策略与方法;耐心能使谈判者避免意气用事,融洽谈判气氛,缓和谈判僵局;耐心使谈判者正确区分人与问题,学会采取对人软、对事硬的态度;耐心也是对付脾气暴躁、性格鲁莽、咄咄逼人的谈判对手的有效方法,是实施以软制硬、以柔克刚的最为理想的策略方法。

此外,需要指出的是,耐心不同于拖延。在谈判中,人们常常运用拖延战术打乱对方的战术运用或借以实施己方的策略,这并不表明其具有耐心。耐心主要是指人的心理素质,从心理上战胜对方。在谈判中,谈判人员要始终保持耐心,这样才能应付各种艰难、复杂的谈判。

【趣味阅读】

美国前总统吉米·卡特是一个富有伦理、道德的正派人,他的最大的特点就是有惊人的耐心。科恩评论道,不论什么人同卡特在一起待上10分钟,就像服了镇静剂一样。正是由于他的坚忍不拔、毫不动摇,才使他成功地斡旋了埃及与意大利两国争端,达成了著名的《戴维营协议》。

埃及和意大利两国争端由来已久,积怨颇深,谁也不想妥协。卡特邀请他们坐下来进行谈判,精心考虑之后,地点确定在戴维营。尽管那里设施备齐、安全可靠,但却没有游玩之处,散步成了人们主要的消遣方式,此外,还有两辆供锻炼身体的自行车和三部电影放映机。所以,两国谈判代表团住了几天之后,都感到十分厌烦。

但是,每天早上8点钟,萨达特通常都会听到敲门声,接着就是那句熟悉的话语:"你好,我是卡特,再把那个乏味的题目讨论一下吧。"结果等到第十三天,他们谁都忍不住了,再也不想为谈判中的一些问题争论不休了,这就有了著名的《戴维营协议》。它的成功,一半归功于卡特总统的耐心与持久。

【启示】

在商务谈判中,耐心的力量是无穷的。

### 5. 变通

谈判既复杂又变幻莫测,这就需要谈判者具备良好的应变能力,善于与人相处,能够从复杂而多变的谈判活动中把握动向、随机应变。谈判者的变通能力还表现在一个谈判大师要能够从利益分歧的争论、障碍和僵局中创造性地提出变通的对双方都有利的解决问题的方案,从而破解障碍,达成双方的合作。

### 6. 果断

果断是指一个人善于适时地、坚决地完成某件事情和进行适时决策的能力特点。谈判中的果断是建立在信息准确可靠,于己方有利的基础之上。该断不断、不该断也断均有后患。成功的谈判者总是把果断作为自己的基石。

果断是一个优秀谈判者良好的心理素质、战略眼光、领导能力和专业知识等因素的综合反映。具有果断能力的谈判者,才能更好地动员各种内在和外在的力量,团结协作,夺取胜利。

【趣味阅读】

我国有家工厂获悉在国外市场豆浆因比牛奶更有营养而销路大增,马上联想到小磨会十分抢手。看准这一商机后,这家工厂立即着手研制小型电动磨浆机。半个月出样品,一个月鉴定合格后投入批量生产。与外商一洽谈,马上成为争相订购的热门货。

这一抢夺商机、迅速开拓国际市场的果断举措,使企业大获其利。

　　【启示】

　　果断是成功的谈判者的基石。

## 三、商务谈判心理禁忌

### 1. 禁忌信心不足

谈判就是竞争,如果信心不足,是很难取得成功的。即使达成了交易,也必将付出巨大的代价。在谈判中,八仙过海,各显神通,明比质量与价格,暗斗意志与智慧。谈判各方为了实现自己的目标,都充分运用各种谈判手段与技巧调整好自己的心理状态,试图从气势上压倒对手。如若信心不足,则无力支撑谈判的全过程,在对方的攻击下,很可能中途就败下阵来。信心十足是谈判人员从事谈判活动的必备心理要素。有了充足的信心,谈判者才能使自己的才能得到充分展示,潜能得到充分发挥。在必胜信心的支持下,谈判者能将自己的需求动机转变为需求行为,最终如愿以偿,实现目标。所以,无论如何,谈判人员一定不能表现出信心不足,即使谈判出现十分困难的情形,也要善于控制和掩饰自己的心理变化和外表言行。

### 2. 禁忌准备不足

俗话说:不打无准备之仗。一切尚未知己知彼、尚未准备充分的谈判都不能盲目地开始。在谈判正式开始之前,要想方设法发现对方的需要,弄清对方有哪些需要,对方想什么、谋求什么,在搜集与谈判相关的资料和信息的基础上,进行充分的分析研究,初步构想谈判的策略,把握谈判的重点。只有这样,才能做到知己知彼,百战不殆。因此,谈判人员一定要克服盲目介入,充分做好谈判之前的准备工作,避免一上谈判桌就陷入被动局面。要打有准备之仗,不打无准备之仗。

### 3. 禁忌热情过度

在谈判过程中,显得过分热情会暴露出你的弱点和愿望,会给人以有求于他的感觉,这样就削弱了自己的谈判力,提高了对手的地位,本来比较容易解决的问题可能就要付出更大的代价。对于一般人来说,自己喜欢而又无法得到的东西,会有一种强烈取得的意念,可能就会表现得很热情。但作为谈判者,却要考虑对手的反应,要用自己的一言一行来牵制对方,努力让谈判的局面朝着有利于自己的方向发展。

当己方实力强于对方时,要让对方表现出热情很高,让对方有求于你,强烈要求和你成交,从而维护自己的优势地位。当己方实力弱于对方时,要表现出热心但不过度,感兴趣但不强求,不卑不亢,处于泰然。这样反而使对方对自身产生怀疑,从而增加你的谈判力量。

当谈判出现分歧或陷入僵局时,冷处理比热处理更有效。比如提出一个竞争对手,对方的态度和条件马上就会发生变化。

### 4．禁忌掉以轻心

谈判始终是不可掉以轻心的。谈判获胜前不能掉以轻心，获胜后更不能掉以轻心，否则，要么功败垂成，要么成而树敌。在谈判中，谈判对手性情不同，各种情形复杂多变，难以预料。如谈判中一方设置陷阱；有的提出条件时含而不露，故意掩盖事情的真相。如果谈判者不能及时地发现问题，很容易被"糖衣炮弹"所迷惑，为合同的履行埋下祸根。一旦情况发生变化，对方以各种理由不执行协议，将导致前功尽弃。还有的是为一点小事纠缠不清，有的故意寻衅滋事，当这些事情发生时，应保持清醒的头脑，分析其原因所在，找出问题的症结。如果是对方蛮不讲理，肆意制造事端，应毫不客气，以牙还牙，不让对方得逞，以免被对方的气势压倒，使对方从中谋利。如果己方亦有责任，则应以礼相待，消除隔阂，加强沟通。

### 5．禁忌失去耐心

谈判是一种耐力的竞赛，没有耐力素质的人不宜进入谈判。在谈判过程中，一般含有某种危机，如：①对方非常固执。你说东，他谈西。你越想说服他，他就更加固执地抵抗。这种人很难退一步，合作起来很不愉快。②对方自信自满。自以为无所不能，认识事物带有片面性，只按自己的标准行事，往往听不进别人的意见。③对方想控制别人。对某事拘泥于形式，深信自己的所做所为是绝对正确的，怕自己深信的一切被别人修正，相反，想让别人也按他的意志行事。④对方不愿有所拘束。个性外向者居多，精力充沛，多半在外与众人接触，做起事来很有魄力。所以，耐心应该是谈判过程中不可忽视的制胜因素。

### 6．禁忌不能突破

在谈判中，谈判人员要禁忌出现被对方抛出的一大堆数字、先例、原则或规定所唬住，寻找不到突破口的谈判现象。要知道，在谈判中没有不使用数字、原则的谈判，也没有不能突破数字、原则的谈判。在谈判双方的"谈"与"判"中，情况瞬息万变，谈判人员要善于寻找突破口，能够从对方提出的各种专业性术语或数据中解脱出来，抓住问题的实质，击中对方的要害，取得谈判的重大突破和进展。

## 四、商务谈判中的心理挫折

### （一）心理挫折的含义

一个人做任何事情都不可能是一帆风顺的，总会遇到这样或者那样的问题和困难，这就是我们平常所说的挫折。所谓心理挫折，就是指在某个行动活动过程中，人们认为或感觉自己遇到难以克服的障碍和干预时，在心理上形成的一种挫折感，并由此而产生的焦虑、紧张、激动、愤怒等情绪心理状态。总的来说，心理挫折就是指活动过程中人们的一种心理感受，或者说是一种感觉，包括由这种感觉所引起的心态及情绪的变化。

心理挫折不同于我们一般所说的挫折。心理挫折是人们的一种主观感受，它的存在并不能说明在客观上就一定存在挫折或失败，也就是说心理挫折的存在并不一定意味着挫折的客观存在。反过来，客观挫折也不一定对每个人都会造成挫折感。由于每个人的心理素质、性格、知识结构、生长环境等都不相同，因此他们对同一事物活动的反应也就不同，有的人可能会由于困难引发较大的挫折感；而有的人则可能会对困难、障碍没有什么反应。同样的挫折感所产生的情绪变化也是不同的。比如，有的人在感到挫折后沮丧、退缩甚至一蹶不振；而有的人则恰恰相反，遇到困难反而更有信心，更加全力以赴。

### （二）心理挫折对商务谈判行为的影响

#### 1．言行过激

言行过激是谈判人员在受到挫折时最常见的一种表现。人们在感到挫折时，最容易产生也是最常见的反应莫过于生气、发泄愤怒的情绪等。在这种情况下，人们的言行就会超出其原有的正常范围，有时会说出一些极端的话，如："你买就买，不买就算了"、"我不卖给你了，你上别的地方买去"，或者做出过激的动作，如动手推拉，甚至打人等现象。而这种言行过激行为的出现，往往会激化本来就处在谈判困境中的谈判双方的矛盾，容易导致谈判双方矛盾的升级。

#### 2．畏惧退缩

畏惧退缩主要是由于在谈判中受到挫折后对自己失去信心，缺乏勇气造成的。此时人的敏感性和判断力都会下降，最终影响目标的实现。比如，一位刚毕业的律师与一位名律师打一场官司，这位刚毕业的律师很容易产生心理挫折，缺乏应有的自信，在对簿法庭时，无论是他的判断力还是思辨能力，甚至语言表达能力都会受到影响，这实际上也为对手的胜利提供了条件。

#### 3．盲目固执

盲目固执是指谈判者在受到心理挫折后，不愿意面对现实去认真思考、判断，而是非常顽固地坚持一种错误的思想或意见，盲目地重复这种行为的表现。具体表现为心胸狭窄、思路不开阔等。这种行为会直接影响谈判者对具体事物的判断、分析，最终导致谈判失败。

以上是几种较为常见和普遍的心理挫折的行为反应。此外，不安、冷漠等也是心理挫折的表现。人们在心理挫折时的情绪反应，都是一种非正常的状态，无论对谁来讲都是一种不适的困扰甚至是苦恼的折磨。但心理挫折对人的行为的影响也因人而异，并不是所有人在遭受心理挫折时都会对行为产生消极、反面的影响。相反，对于一些非常振奋、善于在逆境中存在的人来讲，心理挫折以及客观的活动挫折反而更能激发他的进取心，激励他不断前进，不断成功。这一点正是我们所追求的，也是谈判者应具备的心理素质。

### （三）商务谈判与心理挫折

#### 1. 商务谈判心理挫折产生的原因

在商务谈判中,谈判者会遇到各种各样的问题、困难和阻碍,由此引起谈判人员心理波动,产生挫折是不可避免的。在商务谈判中,比较容易造成或形成谈判人员心理挫折的因素,主要有以下几点。

（1）谈判者对谈判内容缺乏应有的了解,掌握的信息不够,制定的谈判目标不合理或者不可行,这种情况对谈判者容易造成心理挫折。比如,你非常喜欢一件衣服,于是暗自决定如果价钱不超过 500 元就买下,你请售货员帮你取下来,然后一边看衣服一边向售货员问价钱,"2 600 元。"售货员漫不经心地答道,此时对你来讲就会产生很大的心理挫折,从而失去谈判的信心和勇气,最终很不情愿地将衣服还给售货员。

（2）由于惯例、经验、典范对谈判者的影响,谈判者容易形成思维定势,将自己的思维和想法禁锢起来。对于出现的新情况、新问题仍然按照经验、惯例去解决,这样既影响谈判的结果,也容易产生心理挫折。比如,你是一家商店的营业员,你们这个商店为"不二价商店",即从不讨价还价。有一位顾客找到你提出打折,你不同意 ,顾客找出商品存在的缺点,如果你仍然不同意打折,谈判就很容易陷入僵局,甚至中断。

（3）谈判者自身的某些需要,特别是社会需要和自尊、自我实现需要没有得到很好的满足或受到伤害时,容易造成心理挫折。假设你是公司业务部门的负责人,为公司要新上马的某个项目进行论证,收集了大量的统计资料,做了充分的准备。在论证会上,当你满怀信心地讲完你的理由、论据之后,向大家征求意见时,你的一名下属站起来当众指出你的统计数字中存在的逻辑错误。在这种情况下,你的自尊受到了伤害,必然会产生诸如气愤、沮丧、懊悔等情绪反应。

这些只是在商务谈判中容易造成谈判者心理挫折的常见因素,除此之外,导致谈判者心理挫折的原因还有很多,有来自谈判过程的,还有一些是来自谈判者本身的,如谈判者的知识结构、自身能力等。

#### 2. 商务谈判心理挫折的防范

在商务谈判中 ,无论是什么原因引起的消费者的心理挫折,都会对谈判的圆满成功产生不利的影响。谈判是人与人之间斗智斗勇的一项交际活动,需要谈判者全力以赴,始终保持高度的敏感性和思辨能力。任何行为的心理挫折、情绪激动,都必然分散谈判人员的注意力,造成反应迟钝、判断能力下降,而这一切都会使谈判人员不能充分发挥个人潜能,从而无法取得令人满意的谈判结果。因此,要克服心理挫折对商务谈判的不利影响,就必须积极采取措施来预防和化解心理挫折的出现。一是要消除引起客观挫折的原因。商务谈判中谈判者的心理挫折是随着谈判过程中客观挫折的产生而产生的。因此,如果能减少引起谈判过程中客观挫折的影响因素,谈判者的心理挫折就可以相应地减少。二是提高谈判人员的心理素质。谈判中一个人受客观存在因素影响时会不会遭受挫折,与他对客观挫折的容忍力有关,容忍力较弱者比容忍力较强者容易感受到心理挫折。而人对挫折的容忍力又与人的意志品质、承受挫折的经历及个人对挫折的主观判断的影响有关。有着坚强意志的人能承受较大的挫折,有较多承受挫折的经历的人对挫折有较高的承受力。因此,为了预防心理挫折的产生,就要尽力提高谈判人员的意志,提高其对挫折的容忍力。具体的训练措施可以有意识地设置成功和失败的情境,通过心理适应和自我锻炼来增强意志能力。

**3. 商务谈判心理挫折的应对策略**

在商务谈判中,如果某种未能提前预防的心理挫折出现时,谈判者就必须采取积极的应对和化解策略,以保证谈判的顺利发展。

(1)勇敢面对挫折。进行一场商务谈判,往往要经过曲折的谈判过程,通过艰苦的努力才能到达成功的彼岸。商务谈判人员对于谈判中所遇到的困难甚至是失败要有充分的心理准备,以提高对挫折的承受力,并能在挫折的打击下从容应对变化的环境和情况,做好下一步的工作。

(2)摆脱挫折情境。相对于勇敢地面对挫折而言,这是一种被动地应对挫折的办法。当挫折出现后,商务谈判人员在无法面对挫折情境时,可以通过脱离挫折的环境情境、人际情境或转移注意力等方式来让情绪得到修补,使之能以新的精神状态迎接新的挑战。

(3)情绪宣泄。情绪宣泄是一种利用合适的途径、手段将挫折的消极情绪释放排泄出去的办法。其目的是把因挫折引起的一系列生理变化产生的能量发泄出去,消除紧张状态。情绪宣泄有助于维持人的身心健康,形成对挫折的积极适应,并获得应对挫折的适当办法和力量。

# 第二节　商务谈判伦理

## 一、商务谈判伦理观

谈判的本质是交际,是处理人与人之间关系的方式之一。有了关系就有了伦理。伦理是人际关系的规范、规则、模式、礼法。伦理属于风俗和道德范畴。现代汉语词典解释为:伦理是指人与人相处的各种道德准则。

商务谈判伦理是指调整从事商务谈判活动的人们相互关系的行为,为谈判者的行为提供标准和方向。商务谈判的伦理吸取了社会道德观的营养,形成了独具特色的伦理标准,有效推进并规范了商务谈判活动,对于商务谈判者来说,商务谈判的伦理观包含了两个层次的规范:职业道德观与社会地位道德观。

### （一）职业道德观

职业道德观是指作为谈判活动本身，谈判者应遵守的行为规范。这是商务谈判伦理观的最基础的内容。谈判的职业道德观，从其内涵看可以概括为三个字：礼、诚、信。

#### 1. 礼

礼是指礼貌待人，处事有修养、有分寸。其具体表现是多方面的。从举止言谈、接待仪式上，无不充满"礼"意，使对方感到受到尊重。礼貌不是演戏，更不是虚伪，礼貌是修养，是修身，是人品，是教育程度，是谈判人员必备的素养。而礼貌的灵魂是"度"，是接人待物的恰到好处，礼而无度如若无礼。在商务谈判中的赞美、拥抱、礼让、客气、热情、好客，都要恰到好处，度是谈判礼貌的灵魂。

#### 2. 诚

诚是指光明正大，诚心诚意。光明正大即不能怀着不可告人的目的，不能心怀鬼胎。这一点在各国及国际组织有关商业法律及守则中均有明确规定，并从动机和事实两方面对光明正大行为加以定义。诚心诚意即心意很真诚。在谈判运用的依据上，应是存在的事实，而不是虚构或者歪曲的事实。除目的与动机外，与之相联系的是态度，即诚意。谈判者在谈判进程中应坦诚地对待对手。

#### 3. 信

信是指谈判人言而有信。在曲折复杂的谈判中，在反复多变的辩论中，说话前后一致，出口有据。言必信，行必果，这是"信"的突出体现。信口开河，说了不算，下午推翻上午的话，明天改变今天的态度，对于个人来讲，是缺乏"信"的具体表现。老张推翻老王的话，上级否定主谈人的话，对于一方来讲，也是缺乏"信"的具体表现。谈判中，食言是一大忌。对于危害极大的食言，最好的挽救办法是"承认错误"。这种"承认错误"也是谈判技巧之一，要学会运用，但不可多用。倘若一场谈判出现了两次以上的"承认错误"，同样也会让对手对你失去信心，从而影响自己的谈判效力。

### （二）社会地位道德观

由于每一个谈判者都不是孤立的个人，或从属于某个社会阶层，或隶属于某个企业，或受委托于某个法人或自然人。这种从属、隶属、委托的关系，势必导致谈判者具有区别于职业道德观的社会地位道德观。这一道德观的核心是责任感与集团利益感。

#### 1. 责任感

责任感是指谈判者自觉地受命于某一项使命或义务的意识，一种约束谈判行为的意志力量。有的谈判者深感自己是某阶层的一员，因而时时以该阶层的要求为己任。例如，以党派、宗教、民族、国家的事业与兴衰为己任。那么在商务谈判中，判定伦理的标准即为这种对党派、宗教、民族、国家的事业与利益的责任感。

#### 2．集团利益感

集团利益感是指谈判者在谈判中所追求的利益归属于自己所属的团体，而绝非个人的私利。对国有企业的谈判者来说，这个团体利益的范围会更大。以团体利益为行为准则，会促使谈判者去争取更大的谈判效益，因为效益越大越好。

## 二、商务谈判伦理特征

不同的谈判人员在不同的谈判、不同的谈判阶段会呈现出千姿百态的伦理观，表现出不同的伦理特征，经常出现的有以下几种。

#### 1．敢争取

敢争取，即敢争取尽可能多的利己的收益。这是几乎所有富于进取性的谈判者的座右铭。实现"尽可能多的利己利益"，这是对自己的隶属部门负责，也是对自己个人名誉负责的伦理观念。例如，对既定目标，进取型的谈判者往往还要再加上几成利益作为最终目标；对既定的出让价格他还要大打折扣，这些都是进取型伦理的表现。

#### 2．敢努力

敢努力，即努力达成使双方满意的条件。这几乎是每个谈判者公开声明的目标，而实际上，这是一个艰难的过程，这是一个"由表里不一，到表里趋近，再到表里如一"的艰难曲折历程。因为每一个谈判者无不从争取尽可能利己的条件出发，去积极争取。其进取性越强，从这个阶段进入到使双方均满意的条件的路就越远、越艰难。因为每个谈判者在伦理上均以维护自己的利益为精神支柱，对于谈判中的法规，则视为小节而不拘。所以，敢努力达到使双方都满意的条件的谈判者必须具备既要战胜自己，还要战胜对手的观念与勇气。

#### 3．敢维护

敢维护，即以维护谈判伦理为目标，亦不失其进取性。谈判常常是双方尽了最大努力，谈判条件仍然无法达成一致的意见；或者谈判从一开始就可能无结果；或者交易的性质决定了谈判地位的不平等，谈判的条件几乎注定了不可能令人满意。在这种情况下谈判者以维护谈判的伦理为目标，亦不失其进取性。这种进取性在于谋求长远利益，谋求交往利益，谋求续谈利益，谋求社会影响利益，是追求一种无结果的结果，而且能收获一种伦理的完满感觉。这种谈判人员一般具有很高的自控修养。

#### 4．敢争吵

敢争吵，即敢于向对手陈述己方理由，敢于反驳对手的谬论，无论在什么场合都要牢记自己的谈判目标，盯死对方的无理之处，穷追不舍。商务谈判经常充满争吵是个不争的事实，敢争吵则反映了这种谈判氛围下的伦理特征。敢争吵在伦理评价上，是将争吵与争吵者加以区别。不能因条件无理、评论荒谬，就归咎于谈判者混账、不讲理，因为谈判并非一定由谈判者做主。这就是为什么会出现"谈判桌上是对手，谈判桌下是朋友"的原因。

### 5. 敢挤压

敢挤压,即谈判中采取进攻态势时,要得寸进尺;采取防守态势时,要步步为营。为达到此目的,谈判者们创造了相应的"盾"和"矛",用以进攻和防守。

(1)"盾"。讲祈语,祈求帮助,祈求救我一命,祈求高抬贵手。典型的有:"要下岗了"、"要杀头了"、"帮助我一下吧"等。讲苦相,就是用体态语言向对方暗示。典型的有:"垂头丧气"、"揉眼捶腰"、"鞠躬作揖"等。讲影子,就是虚拟障碍、虚拟不可克服的因素。典型的有:"贵方已有许诺在先(实则无可查询)"、"上司不允许(实则所允许的余地还未超)"、"我同情贵方的说法及要求,但我的计划、财务与法律部门的先生们不同意(实则别人根本未参与)"、"贵方的难处也是我的难处,或许你我均能找到更适合的交易对象(其实不存在更适合的交易对象,此话是一种威胁)"等。

(2)"矛"。除了"盾"外,谈判者们还创造了"矛"。强攻型的武器用于挤压。典型的有:讲边缘,即常说的边缘政策,属高压政策,比如,"这是我方最后的立场"、"只有今天可以谈,明天我就走了"等。讲信誉,即以形象压人,比如,"该交易量关系到双方的关系"、"该问题的解决有关贵方的信誉与市场形象"、"谈判结果关系到您的声誉与前程"等。讲法律,即以司法救助的手段施压,比如,"若达不成协议将运用法律手段,或仲裁或诉讼"、"我们的愿望是友好协商,但不排除诉讼法律"等。讲行政,即以对方的上级来施压,比如,"你做不了主,我将直接与你的上司或老板谈"、"你们的条件若得不到有关管理部门的批准,我们可以向他们汇报"等。讲外交,即由政府与政府来解决谈判中的分歧,比如,"该问题已涉及政策问题,只好请贵方向贵方政府报告,以便两国政府磋商"、"若该问题不能妥善解决,将有损两国的外交关系"等。

### 6. 敢回击

敢回击,即针对谈判对手的所做所为给予相应的回击。这与争吵不同,争吵表现为讲理,回击重在反应的方式、方法上,大有"你不仁我不义"的意思。

## 三、谈判伦理观与法律

### (一)中国的法律标准

自有交易以来,人们不断探求体现公正的行为规范。我国的经济合同法和涉外经济贸易合同规则都认为:合同的内容不得违反国家的法律和政策,不得违反社会公共利益和社会道德准则,如有违反,合同无效。无效的合同从其订立时起就没有法律约束力。在实务中,人们确立了订立经济合同应遵循的主要原则有以下几项。

### 1. 国家、集体财产不得侵犯的原则

这一原则适用于中国全民所有制和集体所有制企业的商业活动,因为公共财产受国家保护。在经济贸易合同谈判中以低价竞销、诋毁别人信誉、单方毁约或把自己的损失转

嫁给他人,都要受到限制以至制裁。

### 2. 具有独立能力和资格的原则

签约人必须具有独立法人资格和诉讼能力的要求。如谈判者是当事人或当事人的委托人,那么,谈判者必须事先意识到合同成交后签约的资格问题。如明知无能力与资格,却仍然越权或不负责任地谈判签约是不允许的。为了杜绝这种现象,在谈判开始前,往往可要求对方出具授权证书。即使到了签约时,若原授权证书上未明确可以签约的权利,仍可再要求授权签约证书,以解决能力和资格问题,从而保证谈判结果和合同的法律效力。

### 3. 遵循法律规范要求的原则

遵循法律规范要求的原则,即当事人的意思表示一定要符合法律、法令和政策规范。这是法律行为的重要特征。只有当事人的意志与法律规定相符时,法律才保证当事人的行为后果的有效性。否则,诸如订立假经济合同、倒卖假经济合同、利用经济合同买空卖空、转包渔利、非法转让、行贿受贿等,均与法律规定相悖,故不受法律保护。

### 4. 权利义务一律平等的原则

常言道:"没有无义务的权利,也没有无权利的义务。"这就是说,合同各方尽了义务,就能享受权利;享受了权利,也一定要尽义务,两者不可分割。这里又反映了权利和义务的平等性和一致性原则。谈判中,不允许依仗优势或优越地位强迫对方服从自己不合理的要求,也坚决反对以大欺小,搞不平等条约或霸王合同。

### 5. 贯彻等价有偿的原则

贯彻等价有偿的原则是坚持公平合理的另一侧面,是权利与义务平等的细化。它强调财产流转的原则,即在经济贸易活动中,如购销、承包工程、加工、租赁、借贷、运输、仓储、供电、保险等业务中,必须坚持权利与义务的对等,即所得与所支等价。因为不是无偿赠予、继承或国家调拨,作为经济合同的性质,就必然是有偿的,且应为等价有偿的。

### 6. 坚持正大光明、诚实的原则

法律规定采取欺诈的手法所签的合同无效。在交易中不允许坑蒙拐骗,不允许"挂羊头,卖狗肉"的名不副实的宣传和以此为前提的谈判交易手法。若因此造成损失,还应赔偿。

### (二)外国的法律标准

外国的商业法律形成较早,其伦理规范也比较早地纳入了法制范畴,故法律对商业活动的规范更具体明确,在其法律规定中也体现着伦理观念。

### 1. 法律规范

(1)成文法系。成文法系的国家的民法典中几乎都有这样的规定:凡是违反法律、违反公序良俗的合同无效。违法好理解,即违反某项法律禁止的交易,如禁止买卖的物品或未按法定手续进行等。而违反公序良俗的提法最早出现在1804年的《法国民法典》中。

该法典第 6 条规定："个人不得以特别约定违反有关公序良俗的法律。"有些学者在解释该条含义时，认为它指道德规范，也指强制性的法律。各国在合同法中则强调，意思表示必须真实（reality），且无瑕疵（insufficiency of will）。谈判中很强调这些交易中的伦理观，但也有一定余地。在《法国民法典》中第 110 条的规定中保留了"不触及本质的错误的可能性。"该条规定："错误仅在涉及合同标的物的本质时，始构成无效的原因。"

（2）习惯法系。以美国合同法为例，对于伦理观的典型表示是真实表达问题。并规定若干以下的论述，可以构成起诉（即超越谈判伦理界限而触及法律）欺诈的原因：①对重要事实的错误陈述；②被另一方信赖；③进行错误陈述时即已知道其虚假性；④怀有欺骗的意图；⑤给另一方造成损失。

（3）伊斯兰法系。伊斯兰法系基于对《古兰经》的解释形成，它包括宗教职责与义务，也包括法律制约人类行为的世俗方面。笼统地说，伊斯兰法系是一个为所有个人规定社会经济行为具体模式的全面体系。它包括诸如产权、经济决策、经济自由类型等问题。伊斯兰法系主张风险分摊、个人的权利和义务、产权及合同的神圣性。伊斯兰法系强调伦理、道德、社会与宗教以促进社会平等与公正。

### 2. 法律后果

法律对交易后果反映出的伦理问题做了不同的处理。其法律后果有纠错、无效、起诉。

（1）纠错。若非出自有意，当交易双方发现存在对事实的错误陈述时，可协商纠正错误陈述。主动的纠正错误可引导双方冷静友善地处理因错误陈述带来的麻烦，并积极寻求补救方法。

（2）无效。《法国民法典》规定：标的物本质被错误陈述；《德国民法典》规定：内容表示、传达的表示、对人或物的属性表示有错误时，可以撤销合同和宣布合同无效。

（3）起诉。英美法系的国家规定：不仅可以因欺诈而解除合同，还可以因侵权行为起诉、要求赔偿。由于虚假的陈述导致谈判另一方同意成交、与事实相悖、造成侵权（泛用第三者工业产权），即使合同无效，也仍会造成实际损失，引发损失索赔。处理顺利最好，否则多会对簿公堂。

## 第三节　商务谈判者的素质和能力

### 一、商务谈判者的素质

"素质"心理学上是指人的神经系统和感觉器官上的先天的特点。素质是人从事一切活动的基本条件。商务谈判人员的素质是由思想道德素质、业务素质、心理素质和身体素质四个方面构成的。商务谈判人员的素质既有先天与生俱来的，也有后天形成的，即通过自身的努力而获得的。但应当指出的是,商务谈判工作虽然要求谈判人员具有某些先天的禀赋和资质,但更重要的是在后天的学习和锻炼中积累经验,培养能力。

### (一)思想道德素质

#### 1.强烈的事业心

商务谈判工作不仅是一种职业,而且是一项事业,是具有一定目标、规模和系统的对社会发展有重要影响的事业。谈判人员通过恪守职业道德,塑造谈判人员形象,探索谈判规律,展示谈判艺术,创造谈判业绩来推动这一事业的发展,进而实现自身的价值。这就要求商务谈判人员要有强烈的事业心。

爱因斯坦说过:"只有'热爱',才是最好的老师。"凡是取得卓有成就的商务谈判人员,都十分热爱自己的工作,以至于达到入迷的程度。这种入迷是成功的前提,成功则是入迷的结果,而这种热爱、入迷的动力来源就是他们强烈的事业心。

事业心,就是要成就一项伟大事业的雄心。具有强烈事业心的人,把事业的成功看得比物质报酬的享受更为重要,事业成功所带来的振奋和喜悦胜于他所获得的物质报酬的享受。商务谈判人员的事业心主要表现在:要有献身于谈判事业的工作精神,不怕艰苦,任劳任怨,全心全意为客户服务,有取得事业成功的坚定信念。

强烈的事业心可以产生强大的动力,因为它来自于自我实现这种高级精神需要,在这种需要的推动下,商务谈判人员可以忍受各种艰难困苦,忘我地工作;强烈的事业心可以形成高度的责任感,这种责任感使商务谈判人员充分认识到自己所承担的职责和自己工作的价值,使商务谈判人员忠于本企业,忠于自己的客户,一心一意地把自己的精力投入到商务谈判工作中;强烈的事业心还可以激发荣誉感和成就感,只有把自己的行动与一种神圣的事业联系起来,才会享受到谈判成功的喜悦。

#### 2.忠于职守、遵纪守法

商务谈判者不论代表国有企业、集体企业、民营企业与国内其他单位或个人进行谈判,还是参加国际经贸谈判,都必须忠于职守,遵守党纪国法和职业道德,贯彻执行党和国家的方针政策。在当前市场经济条件下,谈判人员在国内外谈判中会遇到形形色色的对手,面临各种各样的诱惑、拉拢。所以谈判人员必须有良好的思想品质,灵敏的政治嗅觉,能自觉抵制各种腐败思想作风的侵蚀。而在国际商务谈判中,情况往往更复杂。只有奉公守法、道德高尚的人才能自觉遵守组织纪律,严格保守商业机密,维护国家和民族的利益和尊严;才能无私无畏、专心致志地施展才华,在各种复杂的情况下,为国家争取更大的利益。否则,经不起外界的诱惑,为个人获得蝇头小利而牺牲国家或民族的利益,最后自己也会落得身败名裂的下场。

#### 3.百折不挠、意志坚定

要在一场重要的商务谈判中取得预期的结果,无异于赢得一场战斗,需要耗费许多心血。商务谈判人员从接受任务开始,就要用心掌握自己和对方的情况,做好一切谈判准备;而在进行谈判过程中又会有风云变幻,出现种种预料不到的困难和障碍。谈判人员一定要有坚定的事业心和高度的责任感,发挥自己的智慧和能力,百折不挠地去克服一个又一个困难,尽心尽力地完成自己承担的任务。

**4. 谦虚谨慎、团结协作**

商务谈判需要掌握大量的情况和资料,运用多方面的知识和技能。一个人的知识和能力总是有限的,只有依靠谈判班子的每一个成员以及幕后顾问班子的协作和支持,才能把事情办好。所以无论个人的经验有多丰富,能力有多强,在过去的谈判中所起的作用如何重要,仍要虚怀若谷,懂得尊重别人,既尊重领导,又尊重左右和下属;既尊重己方人员,也要尊重对方成员。谦虚谨慎,宽厚仁爱,把自己真正置于组织之下、群众之中,认真听取各方面有利于实现谈判目标的各种意见和建议,把谈判组织中各类人员的积极性、主动性和创造性充分调动起来,就能够克服谈判中面临的各种困难,不断取得良好的谈判成绩。

**5. 诚实无欺、讲求信誉**

诚实无欺,是每一个企业经营的基本原则,也是每个谈判者应具备的道德风范,是树立国家和企业良好信誉的基本前提。企业与企业之间的关系,既是竞争的关系,又是相互协作、相互配合的关系,不择手段、尔虞我诈的种种做法在法制健全的市场经济中是绝对行不通的,是没有前途的。当然,商场如战场,诚实无欺不等于毫无心机,把自己的底数全盘托出,把谈判的主动权拱手让人。在商务谈判中,为使交易顺利达成,使用暗示、夸大、假动作、声东击西等策略和技巧还是必要的,但前提是无害人之心。不懂得运用谈判策略的所谓诚实,等于是发傻,“老实是无能的别名”。反过来说,如果只知道运用策略和技巧,抛弃了基本道德规范,则无异于欺诈。这样的人不可能使事业成功,最多也只是“一锤子买卖”,甚而使国家、集体和个人的信誉扫地。所以,谈判策略与技巧的运用还是要在坚持信誉的范围之内,一旦协议达成,必须保质、保量、按时履行协议条款,以信誉赢得顾客,赢得未来。

### (二) 业务素质

商务谈判工作不是一件轻松的工作,而是一项极富创造性与挑战性的工作,因而商务谈判人员除具备过硬的思想素质外,也要求其具有较高的业务素质,正因为此,国外把商务谈判人员称为“商务谈判工程师”。尽管高的业务素质并不一定意味着有好的商务谈判绩效,但具有较高业务素质的人获得商务谈判成功的可能性要更大。因此,高超的业务素质是良好商务谈判绩效的充分条件。

商务谈判人员的业务素质主要表现在对以下几个方面知识的掌握上。

**1. 企业方面的知识**

企业方面的知识主要包括企业创建的时期,发展的历程,经营指导思想,有关的规章制度、惯例,企业文化,谈判的战略与策略等。作为企业的一名商务谈判人员,有必要掌握企业创建与发展方面的背景材料,这样可以使你在与客户交谈时显得知识渊博,介绍自己的公司也得心应手,便于和外界特别是和老客户的交往。另外,商务谈判人员的头脑中时刻存储着企业发展壮大的背景知识,也有利于培养商务谈判人员自身对企业的一种自豪感与归属感,有利于在同客户接触时集中精力,尽心尽力地做好商务谈判工作,客户也乐意与熟悉本企业发展史的商务谈判人员做生意。

**2.产品方面的知识**

商务谈判人员应熟悉本企业产品的生产流程与方法。当你的客户因价格或发货时间向你提出难题时,你就能用所熟悉的产品生产流程和近期的企业概况向客户解释原因。

**3.市场营销方面的知识**

商务谈判人员应接受一定程度的教育,掌握必要的理论知识与实务技能,包括市场营销理论、企业管理学、商务谈判学、经济法、社交礼仪、管理沟通学等学科方面的知识,熟悉或了解有关市场方面的政策、法令和法规。

**4.客户方面的知识**

商务谈判人员还要懂得客户心理与购买行为方面的知识,因此应掌握商业心理学、公共关系学、人际关系学、行为科学和社会学等学科方面的内容,以便掌握客户心理与购买行为特征,并据此运用合适的商务谈判手段。

**5.竞争方面的知识**

企业要成功地实施商务谈判,还必须掌握同行业竞争状况的信息,包括整个行业的产品供求状况,本企业处于什么样的竞争地位,竞争品有哪些优点是本企业没有的,本企业产品有哪些优点是竞争品所无法比拟的,以及竞争品的价格、竞争品的商务谈判策略等。

**(三)心理素质**

谈判人员的基本任务就是说服谈判对手接受己方的谈判条件。在谈判过程中,谈判双方不可避免地存在着矛盾和冲突,因争论甚至是争吵导致破裂、无功而返的现象可能时常出现,谈判人员如果没有良好的心理素质,往往难以忍受挫折,无法胜任艰巨的谈判工作。所以,成功的商务谈判人员都比较注重培养良好的个人心理素质。

人是有感情的动物,我们做任何事情都带有一定的感情色彩。也就是说,行动和感情有着不可分割的关系。感情有很多种,但所有的根源都来自心灵。心对人而言是很重要的,人的行动全凭心意。因此,锻炼心志是提高心理素质的核心。所以,在商务谈判中要做到以下几点。

第一,要热爱商务谈判工作,把它看作一项富有挑战的事业去做,这样我们的内心就会充满自豪。

第二,要不断地给自己鼓气,给自己加油。法国哲学家卢梭说:"自信对于事业简直是奇迹,有了它,你的才智可以取之不尽、用之不竭。"

第三,要以平常的心对待挫折,要以不幸为师。商务谈判就是在和拒绝、否定、挫折、困难打交道,没有拒绝也就没有谈判。"失败→总结→前进,再失败→再总结→再前进……",这是从失败走向成功的唯一道路。

第四,商务谈判人员要努力凝视自我的心灵,并且多去理解他人心中的感受,凡事站在对方的角度去思考问题。有了对客户的真心和爱,那么商务谈判人员的一言一行,他的微笑、他的眼神都会把这种爱传递给客户,客户的心房就会向商务谈判人员敞开。

### (四)身体素质

商务谈判人员应精力充沛、行动灵活、头脑清醒,能轻松地进行日常工作。因为商务谈判工作比较辛苦,谈判人员为拜访客户要东奔西走,谈判任务艰巨,商务应酬往往占用很多休息时间,因此谈判人员往往得不到很好的休息。商务谈判工作兼有体力劳动和脑力劳动之苦,没有健康的身体,谈判人员是不能完成工作的。

谈判人员的素质是多方面的,除以上几个方面外,还包括良好的气质、广泛的兴趣、端庄的仪表、完美的个性、真诚和丰富的情感等。在具体的谈判工作实践中,谈判人员应努力加强自身修养,培养和提高个人素质,力争做一位合格的商务谈判人员。

## 二、商务谈判者的能力

具备了良好的素质只是具备了当一名好的商务谈判人员的基本条件,要想成为一名出类拔萃的商务谈判人员,还应具备一定的特殊能力。

### (一)出色的语言表达能力

商务谈判的沟通工作总是以一定的语言开始的,不管是形体语言、口头语言还是书面语言,都要求商务谈判人员能够通过语言准确地表达自己所主张的交易条件,同时也能使商务谈判对手清楚地理解和明白商务谈判标的物的方方面面。如果商务谈判人员语言贫乏、词不达意、前言不搭后语、逻辑性差、思路不清、笨嘴拙舌,一来会影响谈判的效率,二来也容易因沟通障碍而导致谈判的失败。

### (二)不断学习的能力

商务谈判的业务内容是多方面的,谈判活动的组织形式是不断变化的,一位优秀的商务谈判人员必须具有不断学习的能力,进而在事业上有长远的发展。谈判人员首先应努力掌握完成谈判工作所必需的各种知识和技巧;其次,要善于思考,对于自己在谈判工作中所遇到的问题,不仅要设法解决,还要加以分析和总结,不断积累经验,总结出谈判工作的一般规律。此外,还应善于学习同行的经验,从中获得有益的启示。

### （三）较强的社交能力

商务谈判过程实际上是一种信息沟通的过程，商务谈判人员必须善于与他人交往，有较强的沟通技巧，同时也能够维持和发展与顾客之间长期稳定的关系。实践证明，具备较强社交能力的商务谈判者总能很好地建立融洽的商务谈判氛围，驾驭整个商务谈判进程，促成商务谈判的成功。

在当今的关系谈判环境中，优秀的商务谈判人员最重要的一点就是要成为解决客户问题的能手和与客户拉关系的行家。他们能本能地理解到客户的需求，善于换位思考、有耐心、够周到、反应迅速、能听进话，十分真诚往往是优秀的商务谈判人员的基本特征。优秀的商务谈判人员待人随和、热情诚恳，能设身处地地从客户的角度出发，为客户解决实际问题，取得客户的信任、理解与支持。

商务谈判人员除具备商务谈判领域所必须掌握的丰富专业知识外，还要有广泛的兴趣爱好。优秀的商务谈判人员的头脑应该是一本"大百科全书"，商务谈判工作事实上也是对商务谈判人员社交能力的检测。当今的客户寻求的是业务伙伴，而不仅是打高尔夫的伙伴。一位著名的商务谈判人员说："优秀的商务谈判人员总是想到大事情，客户的业务将向何处发展，他们怎样才能帮上客户的忙。"

### （四）快捷的应变能力

当今世界，变化是唯一的，商务谈判人员应该逻辑缜密，思路清晰，适应能力强，反应速度快，面对困难与不利并不慌忙，善于处理这种被动的局面，能够变被动为主动。商务谈判人员虽然在与客户接触前，已经对其商务谈判对象做过一定程度的分析与研究，并进行了接洽前的准备，制订了商务谈判方案，但由于实际商务谈判时变数很多，无法提前把客户所有可能的反应全部列举出来，因此必然会出现一些意想不到的情况。对于这样突然的变化，商务谈判人员要理智地分析和处理，随机应变，并立即提出对策，这就是应变能力。世间不可能有一劳永逸的处理应变的方法，任何再好的方法也只是在一定条件、时间和地点下适用。

### （五）敏锐的洞察能力

商务谈判人员也应该是心理学的行家，应善于察言观色，具有洞察细微事物的慧眼。从客户的手势、反应、脸色、心境等表现，在头脑中快速形成印象并加以整理，迅速做出判断，哪些是潜在的买主，哪些绝对不可能成为买主，哪些客户有购买力。好的商务谈判人员应该具备洞察客户心理活动的能力，对多数人所忽略的细枝末节有较强的敏感性，并能针对顾客心理活动的各个阶段采取必要的刺激手段，转变客户看法，变潜在需求为现实需求，并力争扩大其需求。

### （六）高超的处理异议的能力

商务谈判人员必须具备必要的处理客户异议的能力。商务谈判时客户往往会对产品的质量、价格、式样等方面的问题提出种种异议，甚至故意挑剔。对于客户所提出的异议，商务谈判人员应区别对待，不能统统都认可或完全拒绝。如果客户的异议是合理的，同时也是商务谈判人员能够解决的，就应该设法为其解决；但有些客户本无心购买，只是为不买找借口，其所提出的异议就不能一味地迁就，为与这样的商务谈判对象达成一笔交易而进行马拉松式的交锋，可能需要很长时间，但同样的时间你可能已找到更多的客户，做成了更多的交易，从时间效应上看是得不偿失的。

总之，商务谈判人员应该是商务谈判活动的中心，善于掌握主动权，创造一种宜于商务谈判交谈的气氛，把握说话的时机和尺度，在与谈判对象有良好沟通的基础上激发其购买欲望，进而采取购买行动。

## 第四节　商务谈判人员的配备与管理

### 一、商务谈判人员的配备

商务谈判者本人不但要有良好的政治、心理、业务等方面的素质，而且要恰如其分地发挥各自优势，互相配合，以整体的力量征服谈判对手。谈判人员的配备直接关系到谈判的成功，是谈判谋略中技术性很强的学问。

#### （一）台前当事人

台前是指直接上谈判桌。台前当事人是指主持谈判及参与谈判的各方人员。在一般的商务谈判中，构成人员如下。

**1. 主谈人**

主谈人是谈判桌上的主要发言人，也是谈判的组织者。其作用是将预先准备好的谈判目标和策略在谈判桌上予以实现。其主要任务是以其敏捷的思维、伶俐的口齿，与对方辩论或说服对方接受自己的方案。主谈人应思维敏捷、深思熟虑、掌握谈判主动性、善于逻辑推理、具有较高专业水平、有帅才风度等。倘若主谈人能具备这些条件，将会达到最佳的谈判效果。此外，精明的主谈人会像杰出的演员一样，善于扮演好自己的角色，绝不会轻率越过界限干扰别人。

**2. 谈判组长**

谈判组长是谈判一方在台前的领导者，肩负交易一方对谈判目标实施的任务。在谈判桌上，谈判组长虽不是主要发言人，但有权发言，可以补充主谈人的论述，也可以独立回答或驳斥对方。在主谈人出现偏差时,可以做出严肃的否决,以维护谈判效果。当然,有经验的主谈人很少出现重大失误。

作为谈判组长,要深刻理解己方的谈判目标,熟悉标的的技术特征,对问题观察深刻而全面,组织能力强,工作方法灵活,实践经验丰富。

### 3．技术人员

谈判涉及比较复杂的问题时,需要有专门的技术人员参加。熟悉生产技术及产品性能、品种、规格、设计、工艺和技术发展动态的技术员、工程师或总工程师参加谈判,可负责对有关产品性能、技术质量标准、产品验收、技术服务等问题的谈判,也可与商务人员紧密配合,为价格决策做技术参谋。

### 4．商务人员

商务人员(或经济师)由熟悉市场行情、价格条件、交货和存在的风险并熟悉合同条款、交易惯例、支付方式与资金担保等方面的人员担任。

### 5．财务人员

财务人员由熟悉成本情况、支付方式及金融知识并具有较强的财务核算能力的财务会计人员担任。

### 6．法律人员

法律人员由律师或学习经济、法律专业知识的人员,或特聘的律师、企业法律顾问或熟悉有关法律规定的人员担任。法律人员主要负责合同文件、合同条款的法律解释和把关工作,其不但要熟悉国内的有关法律,而且要熟悉国际贸易惯例、国际市场规则和交易对手所在国家的有关法律规定。

### 7．翻译人员

在国际商务谈判中,对于正式场合或主谈人不便或不能直接用外语与对方商谈的场合,要配备高水平的翻译人员,以便主谈人集中构思和表达实质性问题。翻译人员不仅要有熟练的外语翻译和表达能力,还要懂得专业技术知识,善于与人紧密配合,工作积极,纪律性强。

### 8．记录人员

记录人员由熟悉计算机操作技术并能高水平地快速录入文字的人员担任。

## （二）幕后人员

谈判当事方的幕后人员,主要是指负责该项谈判业务的主管企业、公司或部门的领导,以及谈判组中不上谈判桌但要为谈判桌的人员准备资料的人员。

### 1．领导

领导的职责在于监督并指导谈判组的全体工作进展,直至完成预定的谈判目标。领导者的尽职是一场谈判成功的保证。谈判成败的命运在很大程度上掌握在主谈人和谈判组长的手中。至于谈判是否需要领导的密切关注,当然要看谈判标的的重要性。在需要领导指导谈判时,应掌握下述三个环节。

(1)提出谈判策略或技巧的建议。在谈判组诞生后,作为领导的第一件事,就是应明确分工;第二件事,要求其汇报谈判方案;第三件事,根据其汇报各种条件的要求,确定其谈判目标,同时给予必要的谈判谋略和技巧方面的建议。

(2)听取汇报。谈判展开后,作为领导可以主动提出汇报的要求:随时或者阶段性汇报。一般要求随时汇报,但是由于随时汇报相对耗费时间,所以实践中一般采取将阶段性汇报与急事急报两者结合起来。大中型谈判可以分为四个阶段汇报:第一阶段,技术谈判结束前。第二阶段,价格谈判中期,即双方均开始讨价还价后,并各自均有所让步之时。第三阶段,合同条文谈判的最后分歧妥协前。第四阶段,最后结束谈判分歧前,视谈判的具体情况可能有增减。

从实务看,这四个时机应抓紧汇报工作。坚持这四个阶段是因为以下几个原因。

一是技术条件上的争让,涉及谈判目标中的技术目标的实现,也涉及谈判方在所谈及技术水平上的长远规划,还与接踵而来的价格谈判有直接关系,技术水平下降或上升自然要反映在价格上。

二是在讨价还价的几个回合后,双方均有一个判断对方的价格立场、成交诚意、妥协的时机问题,这需要洞察力、经验、决心。谈判组不宜贸然行事,也需要领导拍板。

三是合同条文包括法律与经济以及程序上的规定,最后条件的妥协必然是谈判中最棘手的问题,领导应该予以圆满解决。

四是结束分歧意味着最后的妥协,如果妥协在预案之中还好说,但如果妥协在预案之外就难办了。这个成败的关键时刻,需要汇报研究整个谈判的内容及有关各方面情况,所以领导必须参加。

(3)适当干预。在谈判陷入僵持时,为解决困境,领导主动出面干预是必要的。干预方式可以是会见,也可以是便宴,还可以是某种让步。在谈判过程中,对方谈判负责人有可能要求会见领导,这就出现了被动干预的情况。对方为了达到某个目的而安排的"会见"、"宴请",一味回避是不太合适的。因为"拜会性"与"友谊性"的谈话与便宴是缓和双方关系、改善谈判气氛的一种举动,若回避不当就会给人以失礼的感觉,不一定对谈判有利。在被动干预中,首先要详细了解谈判态势;其次不要轻易表态,肯定或否定谈判桌上谈到的悬案,更不要碍于"面子"而中了对方的激将法,信口许诺。即使为了效果和面子需要许诺时,也应该在谈判组商榷之后。这里又涉及被动干预之前的主动准备的问题。在对外贸易谈判中应尽力避免"即兴干预",因为即兴干预有时会导致失礼、失体、失时。如接见次数过多,会使自己谈话的分量减轻。接见多了会"宠"坏对方,对自己的威严与对自己部下的地位均会产生不利影响。假若选择时机不当,在对方正处于无理或骄纵之时做"殷勤款待",反而会灭自己威风,长他人志气,对谈判结果只会有害无益。

### 2. 后援人员

大型经济贸易谈判或者复杂的谈判,还需要配备一定的后备力量,以便于收集、分析资料。他们必要时可直接参加谈判,也可在谈判出现问题时替换台前谈判人员。后援人员的作用很重要,尤其在大型的谈判中,涉及面宽,资料的翻译、查阅、分析需要人力、时间。准备得越充分,掌握的资料越多,谈判的成功率就越大,失误的机会就越小。后援人员犹如后方的"军工厂",为前方制造"武器和弹药",谈判成败有他们的功劳与责任,用好他们很重要。

(1)让后援人员了解全局,增强其参与感。让后援人员了解谈判总貌(而非细节)是必要的,他们有了更多的参与感,才会有更多的责任感。了解方式有:让其参加谈判桌下的情况通报会,让其负责人参加谈判等。

(2)收集资料的要求要有针对性。不要随意让后援人员搜集、整理资料,应根据谈判的实际需要,分轻重缓急提出资料单。因为时间紧,在人手有限的情况下,应有重点地使用力量。若完不成甲项,又改为乙项,会使他们对所交任务的严肃性失去认识,随之会产生懈怠。

(3)给予积极的评价和鼓励。在后援人员的资料被应用后,最好通报一下,使他们知道劳动取得了成果,更有干劲与责任心。在言谈之中,应注意重视后援人员的作用,不宜过分地归功于台前人员。

## 二、商务谈判班子配备的原则

商务谈判班子的配备需要遵循以下几项原则。

### 1. 需要原则

应该根据谈判内容的难易和复杂程度及工作量的大小来确定谈判班子的人员数量。一般性的谈判,一两个人就可以完成;而成套设备的交易和经济合作,还有投资规模大的合资谈判和开发性工程项目,则需要相应的技术、商务、法律等方面人员参加,必要时还可以分成若干个小组,分别就某一领域的问题进行专题谈判,以提高效率。

### 2. 结构原则

谈判班子的人员配备要考虑人员结构的合理与配备。就国际工程承包项目而言,谈判班子的人员配备要齐全一些,并可根据实际情况进行增减。

专业技术人员参加谈判是必要的,有助于解决专业性、技术性问题。但专业技术人员在参加谈判前,需要进行谈判知识的培训,以适应谈判工作的需要。

### 3. 精干原则

谈判班子的建立,对参加人员要精打细算,能少就少,一专多能者多兼任些工作。一些知识面广的专业人员有利于减少班子的人数和提高谈判的效率。出于经济效益的考虑,不要安排与谈判无关或多余的人员参加,因为这样做不仅会损害谈判班子形象,还会给对方留下管理效率低下的不良印象，甚至可能造成经济损失。

### 4．对应原则

一般而言，双方参加谈判人员的数量并不要求完全对等。但有时同国外大公司、大企业进行重要谈判，对方人才济济，并聘请了专业顾问参加，为了便于对口谈判，可根据对方人员的专业情况选派相应的人员参加谈判。另外，也要防止对方谈判人员精干，而我方谈判人员过多，造成易被对方各个击破或挑选突破口而造成谈判被动的情况。

## 三、商务谈判人员的管理

### 1．组织好谈判班子

挑选好谈判班子的各类组成人员和专业人员，对主谈人或谈判组长应给予足够的授权。

### 2．调整好领导与谈判人员之间的关系

下级服从上级，上级尊重下级的意见，最重要的是明确各自的职责范围，明确各自权力的划分，建立共同的奋斗目标。在实际谈判中，领导对谈判人员要给予充分的信任、理解、谅解、协调和支持；下级也要及时汇报情况。

### 3．调整好谈判人员之间的关系

谈判人员相互之间应该默契、信任、尊重，达到有效合作的目的，以保持工作效率。其措施有以下几项。

（1）明确共同的责任和职权。

（2）明确谈判人员的分工。

（3）整个谈判小组共同制订谈判方案，集思广益。

（4）明确相互的利益。

（5）共同检查谈判进展的状况，相互支持。

（6）小组负责人充分尊重小组人员的意见，把小组建成一个团结、友爱、共同奋斗的团队。

### 4．加强对单兵谈判人的检查和教育

加强对单兵谈判人的检查和教育主要从对人的检查、对客户的检查、对合同的审查、对谈判人员的教育等几个方面进行。

单兵谈判人拥有最大的决策权，但也容易产生差错，如笔误、概念上的错误。有时发现问题为时已晚，业务员就隐瞒起来，怕对自己不利而不报告，所以加强检查很有必要。在我国对外贸易迅猛发展的条件下，也给了国外投机商以机会。有的外商无本经营，对所签订的合同没有履约能力；有的实际上是骗子，以卑劣的手法行贿，拉业务员下水，所以对客户进行审查十分重要。对未经过资信调查的客户，不允许单兵谈判人与之谈判和签约。虽然单兵谈判人单独谈判签约，但其合同应由第三人审查。一般来讲，由财务部门审查其

价格条件,审查有无合同文本外有关价格的文件,如协议或者备忘录。有的单兵主谈人只报合同,似无漏洞,但当合同已经执行时,他可能又送来某个佣金或折扣的退回协议书或备忘录,要求退款给对方。储运部门应审查其运输条件是否符合现行实际运输条件。法律人员审查其合同是否违反了相关法律规定。只有通过各方面审查后方可让其签约执行。如果单兵主谈人签约前不报告,应予以批评;对失误者要认真检查,直至追究其应负的责任。在鼓励业务员大胆工作的同时,应教育他们珍惜自己的信誉和声誉,建立汇报检查的观念,使单兵谈判人养成自觉遵守纪律的习惯。若有反面典型,应向大家及时宣讲,达到处罚个别人、教育大多数人的作用。

## 四、谈判小组的禁忌

### 1. 谈判小组的规模太大与太小

每次谈判都应根据谈判标的的重要程度、交易的复杂程度和交易对手的谈判人员规模来确定己方谈判人员的规模。组织行为学的研究成果表明,确保高效率工作的团队规模应是 5 人、7 人或 9 人。这一成果对谈判小组的人员规模有重要的指导意义,应加以遵循。

### 2. 谈判负责人不理想

谈判负责人不理想,例如才能低于对方领导人、不能使整个小组有效地开展工作等,是贸易谈判的一大禁忌。什么样的人是理想的谈判小组组长呢? 绝对地说,应符合本书前面所列出的各项条件。相对地说,上谈判桌的谈判负责人的才能必须与对方的谈判小组组长的才能不相上下。如果我方领导人的才能低于对方,那么我方很快就会被对方制服而处于劣势和被动地位,从而不得不采取补救措施。

### 3. 谈判小组与幕后人员不能有效地合作

谈判小组与幕后人员应协助工作。谈判小组出发前,需要首先与留在公司的幕后人员进行充分的讨论。谈判小组需要明确知道他们与公司以及他们相互间在谈判中的职责范围,需要与领导和后援人员安排好联络工作。这样,虽然他们远在公司之外甚至远在国外谈判,但也能及时得到公司的信息支持和帮助。

## 阅 读 拓 展

### 美国谈判大师克洛斯:理想的商务谈判者应该具有的 12 种特质

(1) 有能力和对方商谈,并且赢得他们的信任。

(2) 愿意并且努力地做计划,能了解产品及一般的规则,同时还能找到其他可供选择的途径,勇于思索及复查所得到的资料。

（3）具有良好的商业判断力，能够洞悉问题的症结所在。

（4）有忍受冲突和面对暧昧字句的耐心。

（5）有组织去冒险、争取更好的目标的能力。

（6）有智慧和耐心等待事情真相的揭晓。

（7）认识对方及其公司里的人，并和他们交往，以助交易的进行。

（8）品格正直，并且能使交易双方都有好处。

（9）能够敞开胸怀，听取各方面的意见。

（10）商谈时具有洞悉对方的观察力，并且能够注意到可能影响双方的潜在因素。

（11）拥有丰富的学识、良好的计划及公司对他的信任。

（12）稳健。这个人必须能够克制自己，不轻易放弃，并且不急于讨别人的喜欢。

资料来源：贾蔚，栾秀云.现代商务谈判［M］.北京：中国经济出版社，2007.

# 【本章小结】

1. 商务谈判心理是指谈判者围绕商务谈判活动而形成的各种心理现象及其心态反应。作为一个成功的谈判者所应具备的自信、乐观、诚意、耐心、变通和果断这样六个基本心理因素。

2. 商务谈判心理禁忌：①禁忌信心不足；②禁忌准备不足；③禁忌热情过度；④禁忌掉以轻心；⑤禁忌失去耐心；⑥禁忌不能突破。

3. 所谓心理挫折，就是指在某个行动活动过程中，人们认为或感觉自己遇到难以克服的障碍和干预时，在心理上形成的一种挫折感，并由此而产生的焦虑、紧张、激动、愤怒等情绪心理状态。心理挫折对商务谈判行为的影响有：①言行过激；②畏惧退缩；③盲目固执。

4. 商务谈判与心理挫折。①商务谈判心理挫折产生的原因；②商务谈判心理挫折的防范；③商务谈判心理挫折的应对策略。

5. 商务谈判伦理是指调整从事商务谈判活动的人们相互关系的行为，为谈判者的行为提供标准和方向。商务谈判的伦理吸取了社会道德观的营养，形成了独具特色的伦理标准，有效推进并规范了商务谈判活动，对于商务谈判者来说，商务谈判的伦理观包含了两个层次的规范：职业道德观与社会地位道德观。

6. 商务谈判伦理特征有：①敢争取；②敢努力；③敢维护；④敢争吵；⑤敢挤压；⑥敢回击。

7. 谈判伦理观与法律：①中国的法律标准；②外国的法律标准。

8. "素质"在心理学上是指人的神经系统和感觉器官上的先天的特点。商务谈判人员的素质由思想道德素质、业务素质、心理素质和身体素质四个方面构成。

9. 商务谈判者的能力包括：①出色的语言表达能力；②不断学习的能力；③较强的社交能力；④快捷的应变能力；⑤敏锐的洞察能力；⑥高超的处理异议的能力。

10. 商务谈判人员配备。①台前当事人：包括主谈人、谈判组长、技术人员、商务人员、财务人员、法律人员、翻译人员和记录人员。②幕后人员：包括领导和后援人员。

11. 商务谈判班子配备的原则有：①需要原则；②结构原则；③精干原则；④对应原则。

12. 商务谈判人员的管理。①组织好谈判班子；②调整好领导与谈判人员之间的关系；③调整好谈判人员之间的关系；④加强对单兵谈判人的检查和教育。

13. 谈判小组的禁忌。包括：①谈判小组的规模太大与太小；②谈判负责人不理想；③谈判小组与幕后人员不能有效地合作。

## 【思 考 题】

1. 作为一个成功的谈判者应具备哪些心理因素？
2. 商务谈判心理禁忌包括哪些方面？
3. 心理挫折对商务谈判行为的影响有哪些？
4. 简述商务谈判与心理挫折。
5. 商务谈判伦理概念及特征是什么？
6. 商务谈判人员应具备哪些素质与能力？
7. 商务谈判的主谈人应具备哪些素质？
8. 简述商务谈判班子的组成原则。
9. 简述谈判人员的管理。
10. 商务谈判小组有哪些禁忌？

## 【案例分析】

### 中日索赔谈判

引子：我国从日本 S 汽车公司进口大批 FP-148 货车，使用时普遍发现严重的质量问题，蒙受了巨大的经济损失。为此，我国向日方提出索赔。

中日双方在北京举行谈判。首先是卡车质量的问题。日方深知，FP-148 汽车质量问题是无法回避的，他们采取避重就轻策略，说有的轮胎炸裂、挡风玻璃炸碎、电路有故障、铆钉震断，有的车架偶有裂纹等。果不出我方所料，日方所讲的每一句话，言词谨慎，都是经过反复研究推敲的。毕竟质量问题与索赔金额有必然的联系。我方代表用事实给予回击：贵公司的代表都到过现场亲自察看过，经商检和专家小组鉴定，铆钉并非震断，而是剪断的：车架出现的不仅仅是裂纹，而是裂缝、断裂！而车架断裂不能用"有的"或"偶有"，最好还是用比例数来表达，则更为科学准确。日方未料到我方对手是如此精明，连忙改口："请原谅，比例数字，未做准确统计。""贵公司对 FP-148 货车质量问题能否取得一致看法？""当然，我们考虑贵国实际情况不够。""不，在设计时就应该考虑到中国的实际情况，因为这批车是专门为中国生产的。至于我国道路情况，诸位先生都已实地察看过，我们有充分理由否定那种因中国道路不佳所致的说法。"

室内烟雾弥漫，谈判气氛趋于紧张。日方转而对这批车辆损坏程度提出异议："不至于损坏到如此程度吧？这对我们公司来说，是从未发生过，也是不可理解的。"我方拿出商检证书："这里有商检公证机关的公证结论，还有商检拍摄的录像，如果……""不，不，不！对商检公证机关的结论我们是相信的，无异议，我们是说贵国是否能做出适当的让步；否则，我们无法对公司交代。"

对 FP-148 货车损坏归属问题上取得了一致的意见。日方一位部长不得不承认，这属于设计和制作上的质量问题所致。初战告捷，但是我方代表深知更艰巨的较量还在后头。索赔金额的谈判才是根本性的。

我方一位代表，专长经济管理和统计，精通测算，在他的纸笺上，在大大小小的索赔项目旁，布满了密密麻麻的阿拉伯数字。这就是技术业务谈判，不能凭大概，只能依靠准确的计算。根据多年的经验，他不紧不慢地提出："贵公司对每辆车支付加工费是多少？这项总额又是多少？""每辆 10 万日元，计 58 400 万日元。"日方又反问："贵国报价是多少？""每辆 16 万元，此项共 95 000 万日元。"

久经沙场的日方主谈人淡然一笑，与助手耳语了一阵，神秘地瞥了一眼中方代表，问："贵国报价的依据是什么？"我方将车辆损坏的各部件，需要如何维修加工，花费多少工时，逐一报出单价。"我们提出这笔加工费不高。如果贵公司感到不合算，派员维修也可以。但这样一来，贵公司的耗费恐怕是这个数的好几倍。"日方对此测算叹服了："贵方能否再压一点？""为了表示我们的诚意，可以考虑，贵公司每辆出多少？"

"12 万日元。"

"13 万如何？"

"行。"

这项费用日方共支付 77 600 万日元。但中日双方争议最大的项目，是间接经济损失赔偿金，金额高达几十亿日元。日方在谈这项损失费时，也采取逐条报出。每报完一项，总要间断地停一下，环视一下中方代表的反应，仿佛给每一笔金额数目都要圈上不留有余地的句号。日方提出支付 30 亿日元。我方代表琢磨着每一笔报价的奥秘，把那些"大概"、"大约"、"预计"等含糊不清的字眼都挑了出来，指出里面埋下的伏笔。

在此之前，我方有关人员昼夜奋战，液晶体数码不停地在电子计算机的荧光屏上跳动着,显示出各种数字。在谈判桌上,我方报完每个项目和金额后,讲明这个数字测算的依据。在那些有理有据的数字上,打的都是惊叹号。最后,我方提出赔偿间接经济损失费70亿日元!日方代表听了这个数字后,惊得目瞪口呆,老半天说不出话来,连连说:"差额太大!"于是,进行无休止的报价、压价。

"贵国提的索赔额过高,若不压半,我们会被解雇的。我们是有妻儿老小的……"日方代表哀求着。

"贵公司生产如此低劣产品,给我国造成多么大的经济损失啊!"继而又安慰道:"我们不愿为难诸位代表。如果你们做不了主,请贵方决策人来与我们谈判。"

双方各不相让,只好暂时休会。即日,日方代表通过电话与公司决策人密谈了数小时。接着,谈判又开始了。先是一阵激烈鏖战,继而双方一语不发,室内显得很沉默。

我方代表打破僵局:"如果贵公司有谈判的诚意,彼此均可适当让步。"

"我公司愿付40亿日元,这是最高突破数了。"

"我们希望贵公司最低限度必须支付60亿日元。"

这一来,使谈判又出现了新的转机。但差额毕竟是20亿日元的距离啊!后来,双方几经周折,提出双方都能够接受的方案。日方愿意承担下列三项责任:一是确认出售到中国的全部FP-148型卡车为不合格品,同意全部退货,更换新车;二是新车必须重新设计试验,精工细作和制造优良,并请中方专家试验和考察;三是在新车未到之前,对旧车进行应急加固后继续使用,日方提供加固件和加固工具等。

一场罕见的特大索赔案终于公正地交涉成功了!

资料来源:龚荒.商务谈判与推销技巧[M].北京:清华大学出版社,2007.

【讨论题】

请对本案例中的中日双方谈判代表的素质与表现予以评价。

# 第四章

# 商务谈判的文化礼仪

"不学礼，无以立。"

——孔子

## 【学习目标与重点】

1. 礼仪的含义与作用。
2. 商务谈判应遵循的礼仪。
3. 商务谈判应遵循的礼节。
4. 商务谈判中的文化差异。

## 【关键词】

1. 礼仪(etiquette；rite；protocol)
2. 商务礼仪(business etiquette)
3. 礼节(courtesy)
4. 文化(culture)
5. 禁忌(taboo)

## 案例导入

### 尹经理与王经理谈判木炭交易

某年夏天，S市木炭公司经理尹女士到F市金属硅厂谈判其木炭的销售合同。S市木炭公司是生产木炭专业厂，想扩大市场范围，对这次谈判很重视。会面那天，尹经理脸上粉底打得较厚，使涂着腮红的脸尤显白嫩，戴着垂吊式的耳环、金项链，右手戴有两个指环、一个钻戒，穿着大黄衬衫。F市金属硅厂销售科的王经理和业务员小李接待了尹经理。王经理穿着布质夹克衫、劳动布的裤子，皮鞋不仅显旧，还蒙着车间的硅灰。他的胡茬发黑,使脸色更显苍老。

尹经理与王经理在会议室见面时,互相握手致意,王经理伸出大手握着尹经理白净的小手,马上就收回了,并抬手检查手上情况。原来尹女士右手的戒指、指环扎了王经理的手。看着王经理收回的手,尹经理眼中掠过一丝冷淡。小李眼前一亮,觉得尹经理与王经理的反差大了些。

双方就供货量及价格进行了谈判,F厂想独占S厂的木炭供应,以加强与别的金属硅厂的竞争力,而S厂提出了最低保证量及预先付款作为滚动资金的要求。王经理对最低订购量及预付款原则上表示同意,但在"量"上与尹经理分歧很大。尹经理为了不空手而回,提出暂不讨论独家供应问题,预付款也可放一放,等于双方各退一步,先谈眼下的供货合同问题。王经理问小李具体合同条件,发现小李在观察自己,不禁一阵脸红。但小李没提具体合同条件,只是将F工厂"一揽子交易条件"介绍了一遍。尹经理对此未做积极响应。于是小李提出,若谈判依单订货,可能要货比三家,愿先听S厂的报价,依价下单。尹经理一看事情复杂化了,心中直着急,加上天热,额头汗珠汇集成流,顺着脸颊淌下来,汗水将粉底冲出了一条沟,使原本白嫩的脸变得花了。

见状,王经理说道:"尹经理别着急。若贵方价格能灵活,我方可以先试订一批货,也让您回去有个交代。"尹经理说:"为了长远合作,我们可以在这笔交易上让步,但还请贵方多考虑我厂的要求。"双方就第一笔订单做成了交易,并同意就"一揽子交易条件"存在的分歧继续研究,择期再谈。

资料来源:贾蔚,等.商务谈判理论与实务[M].北京:中国经济出版社,2007.

# 第一节　礼　仪　概　述

## 一、礼仪的含义与特征

### (一)礼仪的含义

礼仪产生于原始宗教,是原始人类对大自然和神灵的崇拜形式。在当时的条件下,人们对自然界和自身的一些现象无法做出解释,就把它们看作是大自然的恩赐与惩罚,是神灵的意志,于是开始对自然及神灵产生了敬畏,以求赐福和精神上的安慰,或免除灾祸。为了表示对这种崇拜的虔诚,就创造出了各种方式和程序,随即形成了一整套的仪式和行为规范,这就是礼仪的起点。

什么是礼仪?按照《现代汉语词典》的定义,礼仪是指礼节和仪式。礼节是表示尊重、祝颂、哀悼之类的各种惯用形式。如握手、鞠躬、献哈达等。而仪式是指举行典礼、签约仪式等。可见,所谓礼仪,是指人们在社会交往中出于相互尊重而约定俗成的敬人、律己的行为准则。它既是文化、文明的外在表现形式,又是社会交往活动的重要内容,是人们交往过程中应该遵循的重要的生活规范和道德规范。

对上述定义，《辞海》也有类似的界定，对"礼"的解释："本谓敬甚"，引申为表示敬意的总称。如：敬礼、礼貌。"仪"为礼节、仪式。如：行仪如礼。含有"法度、准则"之意。《国语·周语下》："所以宣布哲人之令德，示民轨仪也。"在现代社会中，"仪"还包含有仪表、仪态等内容。

中国是四大文明古国之一，自古就以"礼仪之邦"著称于世，五千年的历史，形成了博大精深的灿烂文化，并有着完善的礼仪体系。据史籍记载，在我国夏、商时期，"礼"就存在，孔子曰："夏礼，吾能言之，杞不足征也；殷礼，吾能言之，宋不足征也。文献不足故也，足则吾能征之矣。"可见，夏商时期，"礼"不但存在，而且已经是一种社会规范和道德规范。《论语·为政》"齐之以礼"，对此，朱熹注："礼，谓制度品节也。"

由此可见，礼仪是指人类社会活动的行为规范，是人们在社交活动中应该遵守的行为规则。礼仪内含礼貌、礼节，在多数情况下，人们把礼仪、礼貌、礼节视为一体，混为使用。但从严格意义上讲，这三者既有联系，又有区别。

礼貌是指人们在相互交往过程中表示敬重和友好的规范行为。它体现了时代的风格与道德水准，侧重于表现人的品质与素养。

礼节是指人们在交往过程中相互表示致意、问候、祝愿的惯用形式。礼节是礼貌的具体表现方式，它与礼貌之间的相互关系是：没有礼节，就无所谓礼貌；有了礼貌，就必然伴有具体的礼节。

礼仪是指在人们交往过程中，以约定俗成的程序来表现的敬人、律己的行为规则。礼貌是礼仪的基础，礼节是礼仪的基本组成部分，礼仪实际上是由一系列具体的礼貌、礼节组成的表现敬人、律己的过程。

虽然这三者有些细微的区别，但三者之间的内在联系是主要的，其基本构成要素是相同的。即礼仪（包括礼貌、礼节）都是由主体、客体、媒体和环境四项基本要素所构成。

礼仪（包括礼貌、礼节）的主体，是指礼仪活动的操作者和实施者。它既可以是个人，也可以是组织，如企业或公司。

礼仪（包括礼貌、礼节）的客体，是指礼仪活动的受益者和指向者。它既可以是人，也可以是物；既可以是物质的，也可以是精神的；既可以是具体的，也可以是抽象的；既可以是有形的，也可以是无形的。

礼仪（包括礼貌、礼节）的媒体，是指礼仪活动所依托的媒体，由人体礼仪媒介、物体媒介、事体媒介等构成。在具体操作礼仪时，这些不同的礼仪媒体常常交叉配套使用。

礼仪（包括礼貌、礼节）的环境，是指礼仪活动特定的时空条件，可以分为礼仪的自然环境与礼仪的社会环境。礼仪的环境往往决定着礼仪的实施，不仅实施何种礼节或礼貌由其决定，而且具体的礼节和礼貌的实施方法也由其决定。

## （二）礼仪的特征

礼仪是一种随着社会发展而约定俗成的交往规范，其核心是敬人、律己，主要特征表现为规范性、差异性、继承性和发展性。

### 1. 礼仪的规范性

礼仪的规范性是对人们在社会交往实践中形成的一定礼仪关系的概括和反映，是人们在长期反复的生活实践中形成并通过某种风俗、习惯和传统的方式固定下来的，通过社会思想家、教育家集中概括出来，用于人们的社会交往中形成的行为准则。这种行为准则不断地支配或控制着人们的交往行为。如果遵循了这种规范，便是符合礼仪要求；如果违反了这种规范，便是失礼。所以规范性是礼仪的一个重要特征。比如，军人的军礼具有其严格的规范性。

### 2. 礼仪的差异性

礼仪作为一种行为准则或规范是约定俗成的，这是不同民族文化的共性。但是由于不同民族礼仪是根植于本民族文化土壤之中，因此每个民族礼仪又表现出一定的差异性。俗话说："十里不同风，百里不同俗。"这也说明了礼仪的丰富多彩，其差异性表现在因时、因地的差别。由于礼仪是人类在交际活动中形成、发展和完善起来的，因此，不同时代的礼仪规范也不一样，同一时代，不同场合、不同对象也有差别。比如，握手礼等礼貌行为，在不同的国家、不同的场合、不同的关系之间，握手的程度和意义也不一样。礼仪的差异性要求我们在社交活动中，要熟悉掌握各种礼仪规范，合理运用不同的礼仪规范来展示自己的风采，使自己保持良好的形象。

### 3. 礼仪的继承性

礼仪是一个国家、民族传统文化的重要组成部分。每一个民族的礼仪文化，都是在本民族固有传统文化的基础上，通过不断吸收其他民族礼仪文化而发展起来的。中国的礼仪文化从产生至今，经过了几千年的传承和发展，有些旧的封建礼教曾束缚了人们的思想和行为，已成为糟粕而被遗弃。对那些符合社会进步需要的、具有积极意义的传统礼仪，应进行吸收和发展，并继承下来。

### 4. 礼仪的发展性

礼仪是一种社会历史发展的产物，并具有明显的时代特色。一方面，它是在人们的交际活动中形成、发展和完善起来的；另一方面，随着社会的发展和历史的进步，众多社交活动出现了新特点和新问题，这又要求礼仪有所变化和进步，推陈出新，以适应新形势下的新要求。例如，使用名片的礼仪就是因为社会交往的日益频繁，为满足交往需要而产生的新事物和相应的礼仪规范。

## 二、礼仪的原则与作用

### （一）礼仪的原则

作为一种约定俗成的行为规范，礼仪有其自身的规律性。在学习、运用礼仪时，要掌握一些具有普遍性、共同性、指导性的礼仪规律，这就是礼仪的原则。礼仪的这些规律是指导如何处理人际关系的准则。掌握这些原则，将有助于我们更好地学习和运用礼仪。

#### 1. 尊重原则

尊重原则是礼仪的核心部分。尊敬他人是人际交往获得成功的重要保证。古人云："敬人者，人恒敬之。"就是说明了尊敬他人的人，才能赢得他人的尊重。人与人之间只有互相尊重，才会产生和谐的人际关系。

尊重除了指尊敬他人外，还包括自尊，一个人只有尊重自己，注意自身的修养，保持自己的人格和尊严，才能得到他人的尊重。把对交往对象的恭敬和尊重放在首位，切勿伤害对方的自尊心，不可伤害他人的尊严，更不可侮辱他人的人格。另外，要尊重老人、妇女和儿童，这是一种社会公德，也反映了一个国家的民族素质，因为一个城市的文明程度，首先从每个市民的一举一动中得到体现。对一个城市的印象，也来自于这个城市中所接触到的每一个人。

#### 2. 遵守原则

在人际交往中，必须自觉、自愿地遵守礼仪规范，注意自己的言行举止。遵时守信是国际交往中最起码的礼节，参加各种活动应该遵守规定的时间，说话要算数，许下的承诺一定要兑现。在正式约定中，务必严守不怠，这也是守信约定的原则。失约不守信用是一种很不礼貌的行为，如果实在是因为某种特殊原因不能遵守言行，应及时诚恳地通知对方，说明情况并向对方致以歉意。

#### 3. 自律原则

自律就是要克己、严谨，是指在没有他人的情况下，能自觉地按照礼仪规范约束自己的行为，这是礼仪的基础和出发点。待人接物最重要的就是要自我要求、自我约束、自我克制、表里如一，不能人前人后不一样，说一套做一套。古人云："己所不欲，勿施于人。"若是没有对自己的首先要求，只求律人，不求律己，不讲慎独与克己，遵守礼仪就无从谈起。人人从我做起，学礼、知礼、用礼，才能养成一种良好的语言和行为习惯。

#### 4. 适度原则

适度是要求我们在应用礼仪时，要注意把握分寸、合乎规范，运用礼仪要恰到好处。既要掌握普遍规律，又要针对具体情况，认真得体。要因时、因地、因事应用正确的礼仪方式和程度，做得不到位或做过了头，都不能正确地表达自己的敬人之意，反而成了没有礼貌的行为。例如，两女子在拥挤的大门口偶遇，也不管人流出入，互相寒暄之后，又十分忘形地亲了亲对方的面颊,寒暄继续:"好长时间没有见到你,你在哪儿上班?……"拥抱礼是欧美各国熟人、朋友之间表示亲密感情的一种礼节,多用于同性别之间。这两个女子此时此景的礼仪行为过度了,不仅挡了别人的路,其礼貌行为也适得其反。礼仪作为人际交往的规范,如何把握好尺度,只有靠平时的细心积累和总结。

### (二)礼仪的作用

在人际交往中,礼仪的作用是显而易见的,主要表现为以下几个方面。

#### 1. 有利于提高人们的自身修养

在人际交往中,礼仪是衡量一个人文明程度的准绳,它不仅反映一个人的交际能力,而且还反映着一个人的气质风度、道德修养和精神风貌。因此,在这个意义上,礼仪可以说就是教养。通过一个人对礼仪运用的程度,可以了解一个人教养的好坏、文明的程度和道德水平的高低。因此,学习和运用礼仪,有利于从仪表仪容、举止谈吐等方面更好地塑造个人形象,提高个人的修养。

#### 2. 有利于规范人们的行为

礼仪最基本的功能就是规范各行各业行为。在人际交往中,人们相互影响、相互作用、相互合作,如果不遵循一定的规范,双方就缺乏协作的基础。在众多的人们交往规范中,礼仪规范可以使人明白应该怎样做、不应该怎样做,哪些可以做、哪些不可以做,有利于确定自我形象,尊重他人,赢得友谊。

#### 3. 有利于改善人们的人际关系

在日常生活和工作中,礼仪能够调节人际关系,从一定意义上讲,礼仪是人际关系和谐发展的调节器。在现代生活中,人们的相互关系比较复杂,礼仪有利于使冲突各方保持冷静,缓和与避免不必要的矛盾与冲突。人们在交往时按礼仪规范去做,有利于加强人们之间的互相尊重,从而建立起友好合作的关系。

古人云:"世事洞明皆学问,人情练达即文章。"这句话其实就是讲人际交往的重要性。运用礼仪,除了可以使个人在交际活动中充满自信、胸有成竹外,还能够帮助人们规范彼此的交际行为,更好地向他人表达自己的尊重、友好与敬意,增进大家彼此之间的了解与信任。如果人们都能够自觉、主动地遵守礼仪规范,按照礼仪规范约束自己,就能建立相互尊重、彼此信任的关系,更好地取得交际的成功,造就和谐、完美的人际关系。

#### 4. 有利于提高整体形象

人是社会中的个体,个人的教养反映其素质,而素质又体现于生活中的每一个细节。一个人、一个集体、一个国家的礼仪水准如何,往往反映着这个人、这个集体、这个国家的文明程度和整体素质。随着社会发展,经济全球化使各行各业的竞争日趋激烈。企业能否在激烈的竞争中保持优势地位,不断地发展壮大,最重要的因素是如何树立和保持良好的企业形象。其中员工的素质是影响企业形象的主要因素,每一位员工的礼仪修养无疑会起着十分重要的作用,人们往往从某一个职工、某一件小事情上来衡量一个企业的可信度和管理水平。

# 第二节　商务谈判礼仪

## 一、商务礼仪概述

随着现代经济的发展和文明程度的提高,商务已成为世界上越来越重要的力量。商务活动与人们的生活密切相关,商业之间的竞争也日益激烈。

从现代商务发展的历史和趋势来看,成功的商业组织在激烈的市场竞争中要想站稳脚跟以及求得迅速发展,重要因素之一就是善于运用商务礼仪,以便在社会公众中树立良好的企业形象,从而赢得较好的美誉度以便更好地发展。

### (一)商务礼仪的含义和特征

商务礼仪是指商务人员在商务交往活动中,用以维护企业和个人形象,对交往对象表示尊重与友好的行为规范和准则。它是一般礼仪在商务活动中的运用和体现,并且比一般的人际交往礼仪的内容更丰富。与一般的人际交往礼仪相比,商务礼仪有着很强的规范性和可操作性。根据商务礼仪自身的特殊性,它具有以下一些基本特征。

#### 1. 依附性

商务礼仪是在商务活动中产生,并为商务工作服务的一种礼仪规范。离开了商务活动,商务礼仪就失去了其存在的基础和必要性。古代的商务活动形式较为简单,随着商品经济的不断发展,商务活动的竞争越来越激烈。从以产品为中心到以消费者为中心的各种售后服务,依附于商务活动的商务礼仪的要求也越来越高。

#### 2. 服务性

从商务活动的主客观关系上来看,商务工作者是主体,顾客是客体。离开了顾客,商务活动只能是纸上谈兵,所以商务工作者必须以顾客为中心,开展商务服务工作,使顾客的需求在良好的商务服务中尽可能地得到满足。"顾客就是上帝",如何服务于顾客、如何让顾客满意,这便是服务礼仪对商务人员在文明礼貌、举止等方面的体现。

#### 3. 差异性

商务活动是随着经济的发展而发展的,每一个时代的经济又受地域、政治、文化等多种因素的影响,因而形成了世界上不同国家、不同民族在商务礼仪上的诸多差别。也就是说,在不同的场合、不同的对象中,对礼仪有不同的要求。因而,了解和掌握商务礼仪,针对不同的对象提供相应的服务,有利于商务交往。

## （二）商务礼仪的作用

礼仪一直是我国传统文化的核心，古人云"礼义廉耻，国之四维"，将礼仪列为立国的精神要素之本。在商务活动中，遵守礼仪、应用礼仪有利于提高企业的服务水平和服务质量，树立良好的形象，提高信誉。商务礼仪的作用主要体现在以下几个方面。

### 1. 有利于塑造个人形象

在商务活动中讲究礼仪，可以充分展示商务人员良好的教养与优雅的风度。可以更好地向交往对象表示尊重、友好和诚意。讲究礼仪、遵守礼仪规范也能帮助人们修身养性，完善自我，不断提高个人的道德修养。

### 2. 有助于树立企业形象

商务人员是企业的代表，他们的个人形象代表着企业形象，代表地方和国家形象，良好的企业形象可以给组织带来无穷的社会效益。因此，从企业的角度而言，无论是领导还是员工，都应该有强烈的形象意识。企业可以通过规范周到的服务等方面来塑造企业整体形象，提高企业的信誉和竞争力。从礼仪角度而言，任何组织内的个人，都应重视商务礼仪的学习，自觉掌握商务礼仪的常识，塑造良好的组织形象。

### 3. 促进商务活动的顺利进行

有交往才有交换，在从事商务活动中，必定会与他人打交道，商务礼仪可以使自己显得有教养、懂礼节，以取得对方的信任。可以避免不必要的误会，使双方沟通更顺畅，以增进理解，加深友谊，在良好的气氛中达成交易。商务礼仪在商务活动中产生，又反过来服务于商务活动，促进了商务活动的发展。

## （三）商务礼仪的原则

商务礼仪也是一种道德修养，它属于道德规范中最基本的社会公德的范畴。如礼貌待客、举止文明、诚实守信等，既是商务礼仪规范，又是基本的道德要求。商务礼仪必须遵守以下原则。

### 1. 尊重原则

在商务活动的过程中，对对方要真诚、礼貌。尊重是礼仪的感情基础，离开了尊重，礼仪只能是矫揉造作、虚情假意。

在商务活动中应特别注意尊重对方的意愿和人格尊严。不管发生什么情况，都要保持高姿态，友好的态度有助于赢得对方的尊重与好感。顾客是企业的衣食父母，不可轻视和冒犯顾客的利益。只有从内心真正尊重顾客，才能从语言和行动上对顾客待之以礼，把顾客视为"上帝"，并为之提供热情周到的服务。

### 2. 遵守原则

商务礼仪是人们在长期的商务实践中总结出来的礼仪规范，反映了人们的共同利益和要求,每个商务人员都应当自觉遵守。在商务交往中,必须严格认真地遵守自己的所有承诺。说话务必要算数,许诺一定要兑现,约会必须如约而至。如果违背了礼仪规范,就可能影响商务活动的顺利进行,给对方造成不好的印象,也会给自己带来不必要的损失。

---

**【趣味阅读】**

　　巴西一家公司到美国去采购成套设备。巴西谈判小组成员因为上街购物耽误了时间,当他们到达谈判地点时,比预定时间晚了 45 分钟。美方代表对此极为不满,花了很长时间来指责巴西代表不遵守时间,没有信用。如果老这样下去的话,以后很多工作很难合作。浪费时间就是浪费资源、浪费金钱。巴西代表感到理亏,只好不停地向美方代表道歉。谈判开始以后美方似乎还对巴西代表来迟一事耿耿于怀,一时间弄得巴西代表手足无措,说话处处被动,无心与美方代表讨价还价,对美方提出的许多要求也没有静下心来认真考虑,匆匆忙忙就签订了合同。等到合同签订以后,巴西代表平静下来,头脑不再发热时才发现自己吃了大亏,上了美方的当,但已经晚了。

**【启示】**

　　这是一则将谈判礼仪变成谋略的很好的例子,值得谈判人员好好学习。

---

**3. 互利互让原则**

　　商务活动是一种互利活动,活动双方往往既是竞争对手,又是合作伙伴。这就要求双方都应本着互谅互让的态度处理一些商务纠纷和矛盾。相互尊重、各取所需、积极合作、平等互惠。离开了合作伙伴,商务活动就无法进行。因此,商务人员在商务活动中,必须争取利己利人的结果。不要将利益建立在有害于对手的基础上,既要讲竞争,又要讲合作,达到双赢的效果。

## 二、商务谈判迎送礼仪

　　迎来送往是常见的社交活动,也是商务谈判中的一项基本礼仪。在谈判中,对应邀前来参加谈判的,无论是官方人士、专业代表团,还是民间团体、友好人士,在他们抵离时,一般都要安排相应身份的人员前往迎送,重要客商或初次来的客商,要由专人迎接;一般的客商、常来的客商,不接也不为失礼。

### (一)确定迎送规格

　　迎送规格,应当依据前来谈判人员的身份和目的、己方与被迎送者之间的关系以及惯例决定。主要迎送人的身份和地位通常应与来者相差不多,以对口对等为宜。如果当事人因故不能出面,可适当变通,由职位相当人员或副职出面。当事人因故不出面,应从礼貌出发,向对方做出解释。

只有当对方与己方关系特别密切,或者己方出于某种特殊需要时,方可破格接待。除此之外,均宜按常规接待。

### (二)掌握抵达和离开的时间

迎候人员应当准确掌握对方的抵达时间,提前到达机场、车站或码头,以示对对方的尊重,绝不能让客人等候。客人经过长途跋涉到达目的地,如果一下飞机、轮船或火车,就看见有人在等候,一定会感到十分愉快。如果客人是第一次来这个地方,则能因此而获得安全感。如果迎候人员迟到了,对方会立即陷入失望和焦虑不安之中。不论事后怎样解释,都很难使对方改变对迎候人员失职的印象。

同样,送别人员也应事先了解对方离开的准确时间,提前到达来宾住宿的宾馆,陪同来宾一同前往机场、码头或车站,也可直接前往机场、码头或车站恭候来宾,与来宾道别。

在来宾临上飞机、轮船或火车之前,送行人员应按一定顺序同来宾一一握手告别。飞机起飞或轮船、火车开动之后,送行人员应向来宾挥手致意,直至飞机、轮船或火车在视野里消失,送行人员方可离去。

不到机场、码头或车站送行,或者客人抵达后才匆忙赶到迎接,对来宾都是失礼的。来宾一登上飞机、轮船或火车,送行人员立即离去,也是不妥当的,尽管只是几分钟的小事情,但有可能因小失大。

### (三)做好接待的准备工作

在得知来宾抵达日期后,应首先考虑到其住宿安排问题。对方尚未启程前,先问清楚对方是否已经自己联系好住宿,如未联系好,或者对方系初到此地,可为其预订宾馆房间,最好是等级较高、条件较好的宾馆。

客人到达后,通常只需稍加寒暄,即应陪客人前往宾馆,在去宾馆途中或在到达宾馆后简单介绍一下情况,征询一下对方意见,即可告辞。客人到达的当天,最好只谈第二天的安排,另外的日程安排可在以后详细讨论。

## 三、商务谈判的会见礼仪

会见是谈判过程中的一项重要活动。身份高的人会见身份低的人称为接见,身份低的人会见身份高的人称为拜会。接见与拜会在我国统称为会见。会见就其内容来说,分为礼节性的、政治性的和事务性的三种。在涉外商务谈判活动中,东道主应根据来访者的身份和访谈目的,安排相应的部门负责人与之进行礼节性会见。

### (一)会见前的准备工作

如果一方要求拜会另一方,应提前将自己的姓名、职务,以及要求会见什么人、为何会见通知对方。接到要求的一方应尽早予以答复，无故拖延、置之不理是不妥当的。因故不能会见，应向对方做出解释。

如果接到要求的一方同意对方的请求，可主动将会见的时间、地点、自己一方的参加人员通知对方。提出要求的一方也应提供自己一方的出席人员名单。双方人员的人数和身份应大体相当。礼节性的会见时间以半个小时为宜。

会见一般都在会客室或办公室进行，我国习惯安排在会客室。主人应在会见开始之前到达，以迎候客人。主人可以在宾馆或单位正门口迎候，也可以在会客室的门口迎候，也可以在会客室内等候，而由工作人员把客人引入会客室。工作人员领客人时，应走在前边。到楼梯或拐角处时，要回头告诉客人一下。宾主双方进入会客室后，工作人员应负责关好门，并退出现场。在会见过程中，不允许外人进进出出。

### （二）会见中宾主相见的礼仪

一般地，在会见开始前，东道主应先行到达洽谈地点，做好准备工作的查漏补缺，预备迎接客人的到来。主人在门口迎接客人时，应主动与客方成员握手。这就涉及一个握手礼仪的规范问题。握手是中国人最常见的一种见面礼，也是国际上通用的礼节，握手貌似简单，但这个小小的动作却关系着个人乃至公司的形象，影响到谈判的成功。

普通的握手方式是：双方各自伸出右手，手掌基本呈垂直状态，五指并拢，稍微握一下，时间不宜太长，也不宜过于短促，一般以三秒左右为宜。握手的力度要适当，动作过大或者过轻过重都显得不懂礼貌。更要切忌抓住他人的手来回摇晃。握手时双眼应平视对方，面带微笑，以此致意；目光旁顾会给人心不在焉、一心二用的感觉，显得缺乏对他人的起码尊重。在对方人员较多时，与每位来宾握手的时间应大体相当，否则易给人不同等对待、厚此薄彼的感觉。握手的顺序基本是礼宾次序，由身份、职位的高低来决定。

握手礼还应该避免以下几种不礼貌的行为：①握女性，尤其是年轻漂亮的女性之手时，如果时间过长、握得过紧，则有失态之嫌。②用左手与他人握手，这在有些民族是大忌，因为他们的左手一般用来做不洁之事。③在场人员较多时，注意不要发生交叉握手的情况。④握手寒暄，相互问候后，主人应请客人洽谈人员先行入座。双方一起入座是可以的，但主人自己抢先落座就极为无礼不恭了。入座后，除在场参与洽谈的人员外，其他服务人员均应退出洽谈场所；在洽谈中非洽谈参与者不得随意进进出出，以保持严肃和恰当的环境气氛。

### （三）会见时介绍的礼仪

在与来宾见面时，通常有两种介绍方式：一种是第三者做介绍，一种是自我介绍。自我介绍适用于人数多、分散活动而无人代为介绍的时候，自我介绍时应先将自己的姓名、职务告诉来宾。

介绍的顺序各国不大一致,我国习惯将年纪大的优先介绍;而西方国家是妇女优先,只有当对方是年纪很大的人时才例外,在公事场合一般是职位高者在先。介绍时,应先将来宾向我方人员介绍,随即将我方人员向对方介绍。

如对方是我方人员都熟悉的人,就只需将我方人员介绍给对方即可。介绍我方人员时,要把姓名、职务说清楚,介绍到具体人时应有礼貌地以手示意,不要用手指指,更不要用手拍别人。

介绍时对外宾通常可称"先生"、"女士"、"小姐";对国内客人通常可称"同志"、"先生"、"女士"、"小姐"。

### (四) 会见过程中应注意的其他问题

商务活动中的礼节性会见由其性质所决定,不可能时间很长,所以会见的双方应掌握分寸,言简意赅,多谈些轻松愉快、相互问候的话题,避免单方面的冗长的叙述,更不可有意挑起争论。

在会见中,如果人员较多,也可使用扩音器。主谈人交谈时,其他人员认真倾听,不得交头接耳,或翻看无关的材料。不允许打断他人的发言,或使用人身攻击的语言。在会见时可以预备茶水招待客人,夏季还可以准备饮料。

会见结束后,主人应将客人送至门口或车前,握手话别。目送客人乘车的车子远走之后,主人方可退回室内。

## 四、商务谈判洽谈礼仪

与一般的会见活动相比,洽谈活动具有时间长和内容多的特点,往往会涉及各方的实际利益,因而它是商务谈判活动的中心,涉及交易能否最后达成。任何成功的谈判,都是一定方式之下圆满的洽谈,而在圆满的洽谈活动中,遵守洽谈礼仪毫无疑问占有重要地位。当然,在洽谈活动中,遵守了洽谈礼仪未必能使谈判一举成功。但是,如果违背了洽谈礼仪,却必定会给谈判造成许多不必要的麻烦,甚至给达成协议造成威胁。因此,在洽谈活动中,除遵守会谈礼仪的一般原则外,还必须讲究和严格遵守洽谈活动中的礼仪。

### (一) 洽谈中座次安排的礼仪

座次安排是洽谈礼仪中一个非常重要的方面。尽管各国的风俗习惯有所不同,但仍存在一定的国际惯例,即一个多数人能够接受或理解的安排方式。座次安排的基本讲究是以右为尊,右高左低。在这里,高低指的是洽谈参与者身份、地位的高低。业务洽谈(特别是双边洽谈)多使用长方形的桌子。通常宾主相对而坐,各占一边。谈判桌一端对着入口时,以进入正面门的方向为准,来宾居右而坐,东道主居中相对而坐。双方的主谈人是洽谈中的主宾和主人、主宾和主人居中相对而坐,其余人员按照职务高低的礼宾顺序分坐左右。原则仍是以右为尊,但要加上一条原则——就近主谈人的位置。这样,主谈人右手第一人为第二位置,主谈人左手第一人为第三位置,右手第二人为第四位置,左手第二人为第五位置,依次类推。记录员一般位于来宾的后侧,翻译位于主谈人右侧。参与洽谈的人总数不宜是 13,可以用增加临时陪座的方法避免这个数字。多边洽谈一般采用圆桌的形式,有时为了强调对贵宾的尊重,己方人员有不坐满的习惯,即坐 2/3 即可,但需视情形而定。由于座次排列属于重要的礼节,来不得半点的马虎,为了避免因出错而失礼或导致尴尬的场面,在座次安排妥当后,在每个位置前可安放一个名签以便识别,让引座员加以指引也是得体和恰当的。

### (二)谈判中的语言礼仪

语言是人类进行信息交流的符号系统。从狭义上讲,语言是指由文字的形、音、义构成的人工符号系统,而广义的语言则包括一切起沟通作用的信息载体,不仅说话、写字甚至连距离、眼神、手势、表情、体态等都包括在内。谈判的语言能充分反映和体现一个人的能力、修养和素质。

#### 1. 谈判用语

谈判用语是指在洽谈中如何在恰当的时机选择适当的词语,表明自己的立场、观点、态度和意思。谈判中常见的用语有五种,即礼节性的交际语言、专业性的交易语言、弹性语言、幽默语言,以及劝诱性语言。

谈判语言的基本要求是清晰、明确,能充分、完整、快速、确切地表达己方的意见和意思。必须注意的是,由于礼仪的规范,洽谈中话语的字面含义同其实际表达的隐含意义并非完全一致。有时字面含义是简单无歧义的,但其后却蕴含了复杂微妙的意思。能透过对方话语的字面含义识破其心机,深入、准确地把握对方的意思从而做出相应的反应,是谈判人员应具备的一项重要素质。既能遵守礼仪,维护洽谈气氛,又能维护己方利益的谈判人员在谈判中是难能可贵的。谈判用语既要准确明白,又要文雅中听。粗暴无礼的话语,有伤他人自尊心的话语,埋怨、责骂、挖苦、自夸的话语都要尽量避免使用。用语是否能正确表达意思,表达的效果如何,表达是否充分和恰到好处,有没有引起曲解的可能,这些问题涉及多方面的素质和要求,难以做细致的分析,谈判人员须在实际操作中具体把握。

洽谈中用语的选择要视具体情况而定,要能准确表达意思。用语不要含糊难解,态度不要模棱两可,以避免对方做出错误理解,导致错误反应,引起洽谈的困难甚至破裂。出于策略需要的弹性语言要用得心中有数,不被误解。言语尽量文雅有礼,任何出言不逊、恶语伤人的行为都会引起对方的反感,无助于洽谈目标的实现。

#### 2. 语速、语调和音量

在选择好合适的词语以后,还需要将选择好的词语用适当的方式表达出来,即需考虑用什么样的语速、何种语调、多高的声音去进行洽谈。

语速和说话的节奏对意思的表达有较大影响。说话太快,一下子讲得很多而无停顿,会使对方难以明白你说话的主要意思,难以集中注意力去正确领会、把握你的实际表达。有时还会使对方误认为你在为完成某项工作而敷衍了事,于是他不再费神倾听,从而导致双方的语言交流不畅,难以沟通。在使用翻译的情况下,要注意照顾翻译的工作,不要长篇大论,只顾自己发挥。反之,说话太慢,节奏不当,吞吞吐吐,欲言又止,易被人认为不可信任或过于紧张。因此,洽谈中陈述意见时应尽量保持平稳、中速进行,在特殊情况下,适当改变一下语速,以期引起特别注意或加强表达效果。

说话时的语调、音量也对表达有一定影响。不同语调可以使同一句话表达出不同的含义,而音量则反映说话者一定的心理活动、感情色彩或某种暗含的意思。在洽谈中,一般问题的阐述应使用正常的语调,保持能让对方清晰听见而不引起反感的高低适中的音量。适当的时候,为了强调自己的立场、观点,尤其在针对有分歧的问题时,可调整语调和音量来增加话语的分量,加强表达的效果。一般地,升调表达的是一种惊讶、不可思议、难以接受或不满的感情和意思;降调则反映某种遗憾、无可奈何或失望灰心的心理活动。声音高低的起伏表明说话者的某种情绪波动。有时是有意识的表达需要,有时则是潜意识的自然流露,需对洽谈对手的话语敏锐把握,同时对自己的话语表达加强控制,不能出现音调、音量失控的情况,否则就不符合洽谈活动的本来目的,也有损自己的礼仪形象。

总之,语速、语调和音量要由具体情况决定,但一定要在人为控制中。谈话者不能失去内心的平衡,这样才可根据洽谈的气氛、洽谈的具体内容来正确运用商务洽谈的语言,达到预期的洽谈效果,实现预期的洽谈目标。

### 3．体态和手势

体态是一种身体语言。洽谈中,一些不经意的动作,可能透露出有关内心动态的有用信息。人在某种环境下,可以通过自觉的意识,在语言、语气等方面显示强硬和雄辩,表现得信心十足,决不后退。但因为内心不踏实,没有把握,便会下意识地借助一些动作来掩饰自己,平衡内心的紧张和冲突。比如,频繁地擦汗、抚摸下颌、敲击桌面等,都反映内心的紧张不安。有经验、训练有素的洽谈人员能自我控制,能最大限度地避免下意识的动作,在任何情况下都镇定自若,不慌不忙,显示出风雨不动、稳如泰山的姿态。

此外,自觉的体态运用也能微妙地、不知不觉地影响对方的心理。如抱着胳膊表示警觉和戒备;摸鼻梁,扶眼镜,同时闭目休整,表示正在集中精力思考某个问题,准备做出重大决策,有时也表示进退两难的境况在内心引起的紧张;握拳或紧握双手是信心不足,自我鼓劲的反映。还有一些下意识的动作反映焦虑和不知所措。以上这些体态能增加一个人的潜在影响力,表现出一定的人情味,也能表现出一种礼仪和风度,在洽谈活动中是不可或缺的增效剂。

手势是另一种重要的身体语言,在洽谈过程中有助于表现自己的情绪,更好地说明某个问题,从而增加说话的说服力和感染力。手势要自然大方,恰到好处。有意做出某种手势,易给人以虚假做作的感觉;手势如果过多过密,就会分散对方的注意力,甚至引起对方的厌烦心理;做手势时如果动作太大,或是将手伸到越过双方距离中界线的地方,会让对方感觉侵入了自己的身体空间,有故意挑衅之嫌。双手一般不要超过双肩以内的范围,否则会给人以手舞足蹈、轻浮乃至轻狂不实在的印象。当然,手势也不可太拘谨,生硬怯懦,缩手缩脚,既显得缺乏应有的自信,也难以引起他人对你的信赖感。手势要注意与说话的语速、音调以及音量密切配合,不能出现脱节的滑稽情况。做手势时应把握好手势的力度,给人以轻重合适、表达自然的感觉。

总之,体态和手势是较难把握的无声语言。如没有确切的把握,应尽量少用,以避免出错。一旦由于情绪激动而做出某种失礼的姿态和手势,应勇于承认错误,主动向对方致歉。总而言之,体态和手势也应视具体情况而定,以文雅含蓄为准,不可失控失态。

### 4. 距离和面部表情

人与人之间的空间距离与心理距离联系密切,空间距离的大小直接影响着洽谈双方心理上的距离。一般情况下,人们在交谈时,无论坐或站,都要保持一定的距离,避免直接相对,而在洽谈活动中,双方却是直接面对,没有什么回旋的余地。这使得在洽谈活动中,空间距离变得更为敏感。谈判中,较合适的双方距离应为 1~1.5 米,这个距离也是谈判桌的常规宽度。距离太远,双方交谈不方便,难以相互接近,有谈不到一起的感觉;距离太近,声息相通,表现出人为地过分亲近,使人觉得不自在,难以进行良好的交流。距离的变化可以传递某种信息,反映交谈者的不同心态。相互间移近可能表示交流良好,有兴趣,有好感,是一种友善认同愿望的自然流露,但也可能是攻击前的一种威胁姿态,是一场针锋相对的斗争的前兆,这与洽谈的气氛和双方的心理活动密切相关。相互间的距离变远,反映谈判的分歧正在加大,或双方都想冷静一下头脑,整理一下思路。一方加大距离表现了一种占优势的自我感觉,特别是伴随后仰动作时,就有点显示胜券在握了。如一方增加距离,另一方却想缩小距离,多半说明有一方想逃避,出现软弱心理。顺便提一下,双方距离无论远近,都是以中间线来划分势力范围的,中线两端为各自的身体空间,如一方侵入,是极具攻击性和无礼的举动。

面部表情是内心情感的重要体现。人的表情十分丰富,有极强的感染力,通过面部各个器官的动作,展示出内心多样的情绪和心理变化。洽谈活动中,有人嘴唇紧闭,唇角下垂,眼睛睁大紧盯对方,有时甚至从牙缝中挤出话来,这表明这个人是一个有攻击性的人,有一种不是你死就是我活的心态;有人满脸堆笑,目光不定,眉头不动,这反映了他内心游移不定;有人面带微笑,脸露真诚,眉目平和安定,虽无咄咄逼人的气势,但却反映了一种内在的力量,这种人可能是个有能力、难以对付的强手。在面部表情中,眼睛是最富表现力的。眼睛是心灵的窗户,洽谈人员必须正确地运用自己的目光。一般地,目光以看着对方脸部的上部三角部分,即双眼为底线,前额为上顶角的部位为宜,这样既能保证洽谈的进行，又不致因无礼而导致对方不快。视线接触对方脸部的时间正常情况下应占全部谈话时间的 30％～60％。超过或不足都有点失态。目光注视对方的正规做法是散点柔视，这样既显真诚，又不致使对方感到不自在。对视的时机要正确把握，一般视交谈内容而定，当强调某一问题时，或当对方注视你，发出交流信号时可对视。其他情况下要视对方脸部为一个整体，不要将目光集中于对方的某一部位。目光要柔和，瞪与盯是非常规的目光，须慎用。斜视是无礼的举动，不应使用。

需要注意的是，由于文化、背景的不同，对目光的运用各国有较大差异，这在进行涉外商务谈判时要格外小心。欧美国家的人大多数倾向于在谈话时双方对视，认为这样方显坦诚相待和相互信赖，他们认为只有心怀鬼胎、居心不良者才害怕看别人的眼睛。然而也有例外，如英国人一向以传统保守著称，他们在交谈时不喜欢打量对方，特别对两眼盯着对方看很反感，认为这使得别人紧张难堪，是不礼貌的行为。日本人交谈时一般看着对方的脖子。在地中海沿岸，人们的行为习惯不同于欧洲大陆其他地区，他们普遍认为目光呆滞无神是某种凶险的预兆，因而忌讳瞪眼直视，尤其是直而失态的相视，害怕由此带来不吉祥。总之，了解对方的习惯很重要，如一时仓促上场，应尽量以平静目光注视对方，显出坦诚与尊重，表明认真地倾听对方的意见，或认真回答对方的提问，阐述你的意见，减少表情、目光运用的复杂性，同时注意随时观察对方的心理活动，及时加以调整。

### （三）女性在洽谈中的礼仪

随着现代社会的发展，女性的社会地位得到空前提高，她们开始广泛参与各种各样的社会活动，在所谓谈判中出现女性已不是什么新鲜事了，而且商务谈判中女性的表现往往能对谈判结果起到意想不到的效果。因此，女性在商务谈判中尤其应注意树立合适的礼仪形象。

着装是女性在商务谈判中遇到的首要问题。女性在春秋季节应以西装和西装套裙为佳，尤其是在较为重要和正式的洽谈场合更应如此。在一般性的交谈中可穿着一般的毛衣套装，只要能充分体现女性的自信、自尊即可。女性洽谈人员夏季着装可以是长短袖衬衫配裙子或裤子，也可以是连衣裙或西装套裙等。女装要注意的是不可以露，不可以透，内衣不可以外现，长袖衫的下摆须掖进裙子或裤腰，穿裙装时吊袜带、袜口不能暴露在外。袜子的色彩不可太鲜艳，一般以肉色、黑色和浅色透明丝袜为宜。避免选择过于复杂或网眼状图案的袜子，袜口不能外现，袜子不允许有残破。

首饰佩戴和化妆是女性在商务谈判活动中遇到的另一个重要问题。得体的首饰、妆容可以给人以淡雅、端庄、大方的感觉，使人尊重之情油然而生；相反，过分妖艳、俗气的首饰和妆容则给人留下轻浮、不自重的印象，甚至引起对方的反感与轻视。首饰是一种无声的语言，它反映了一个人的教养和阅历。首饰的选择有三个原则。一是以少为佳，不戴亦可。二是同质同色，即佩戴一件以上的首饰，讲究质地要相同，色彩要一致。注意黑色首饰不能在洽谈活动中佩戴,通常使用的有五种色:红,代表热情与友好;蓝,代表和谐与宁静;黄,代表高贵与典雅;绿,代表青春与活力;白,代表纯洁与无邪。色彩要根据身份、年龄、个性慎重选择。三是要合乎惯例,戒指一般戴于左手,一般只戴一枚,绝不可超出两枚。涉外商务谈判中,左手小指不允许戴戒指。手镯与手链可以佩戴,一般戴一只,如果戴在右手,且为一只,说明自由未婚,若戴在左手,或左右都戴,则"名花有主"了。对于项链,在谈判中,尤其涉外时,线形链少戴,因为它是歌女这一特殊职业的标志。紧链是较为合适的一类项链。正式场合一般不宜佩戴耳环。在挂件的佩戴上,一般以心形、几何形和动物类为宜,须注意特殊的禁忌,注意图形文字的慎重,不要侵犯了对方的习俗禁忌。涉外商务洽谈中"十"字形的挂件是不允许的,西方人认为它是不祥之兆,是天主教异端教徒的标志,是修女、僧侣的职业标志。在正式场合化妆如果适度是对对方尊重的必要标志,西方人对此较为注重,认为化妆可称得上是女性的第二时装。在商务洽谈活动中,化妆不宜过浓,尤其不可使用浓香型化妆品。使用香水有一定的讲究。一般有四大部位:一是两手之腕的脉动部位;二是下巴以下;三是耳根以下;四是在长裙的裙摆之下挂一香水喷过的棉球,或挂在短裙的膝盖处。顺便提一下,商务谈判中女性裙装不宜高过膝盖。最后,商务谈判中女性切忌在众人面前化妆,这是没有教养、不懂礼仪的表现。

举止和谈吐是女性在商务谈判活动须注意的另一个方面。女性的站、坐、走姿有自身的规定性,不可等同于男子礼仪要求。女性坐下时应双腿并拢,端坐在椅边,坐下后注意整理一下衣着。行走时,头部要端正,不宜抬得过高,目光须平和,直视前方。行走时上身自然挺直,收腹,两手前后摆幅要小,两腿收拢,小步前行,走成一条直线,步态要求轻柔、自然、和谐,体现出文静、端庄、窈窕的女性美。站立时,双腿收拢,身子自然挺直,不能乱晃乱动。女性在业务洽谈中要注意语调的正确应用,应既有自尊自重的态度又不失女性的温柔,切忌用撒娇的语调,或用不庄重的语调进行洽谈。

### (四)谈判礼仪中的其他注意事项

#### 1. 尊重对方,谅解对方

在交谈活动中,只有尊重对方,理解对方,才能赢得与对方感情上的接近,从而获得对方的尊重和信任。因此,谈判人员在交谈之前,应当调查研究对方的心理状态,考虑和选择令对方容易接受的方法和态度;了解、分析对方讲话的语言习惯、文化程度、生活阅历等因素对谈判可能造成的种种影响,做好多手准备,有的放矢。千万不可信口开河,不分场合;更不可咄咄逼人,自诩师尊。

尊重对方,理解对方,还应包括发现对方失言或有语病时,不要立即加以纠正,更不要当场表示惊讶。如有必要做出某种表示,可于事后根据双方关系的亲疏程度妥善处理。例如,双方有较好的感情基础,在适当场合、适当时机,善意指出其不足,可博得对方由衷的感谢。若对方固执己见,骄傲自负,又确有必要指出其不足时,应当婉转地告诉对方:

"对您的意见,我还需要进一步考虑,等考虑较为成熟时咱们再谈好吗?"或是采用转移话题的方法,使谈判按计划程序继续进行下去,切忌批评,更不能当众揭短,冒犯对方尊严。交谈时应当意识到,说和听是相互的、平等的,双方发言时都要掌握各自所占用的时间,不能出现一方独霸的局面。特别是当对方发言时,一定要注意认真倾听,并适当跟讲话者交流目光,或用点头、微笑、手势等方式鼓励对方继续讲下去。如果对方是位健谈者,不管对方的话是否顺耳,也不要轻易打断对方的讲话,要让对方尽兴。即使对方的讲话已离题万里,却仍在滔滔不绝,也不要心不在焉,或做其他的事,或以同其他人交谈等方式表示不耐烦。否则,对方还可能会见怪于你,那样,你将因小不忍而失掉全局。每当遇到这种情况,谈判者应坚信,交谈的目的,并不是为了帮助对方改变平素存在的各种缺点,也不是为了帮助对方学会交谈,而是为了使对方最终按我方意向达成协议。

交谈时还应当注意,一旦自己出现失言或失态时,应当立即向对方道歉,说声"请原谅"、"对不起",一定不要自我辩解。实践证明,失言或失态者仅为自我觉察,对方尚未完全察觉或尚未做出反应时,应镇定自若,运用随机应变之术伺机将话题引开,或用补充说明做掩护,避免对方产生不满和反感。

### 2．及时肯定对方

在谈判过程中,当双方的观点出现类似或基本一致的情况时,谈判人员应当迅速抓住时机,用赞誉之词积极地肯定这些共同点。如有可能,还要想办法及时补充、发展双方一致的论点,引导、鼓励对方畅所欲言,将交谈推向高潮。赞同、肯定的语言在交谈中常常会产生异乎寻常的作用。从积极方面看,在交谈中,适时肯定另一方的观点之后,会使整个交谈气氛变得活跃、和谐起来,陌生的双方从众多差异中开始产生一致感,进而十分微妙地将心理距离拉近。在此基础上,本着求大同存小异、互惠互利的原则达成协议就比较容易。从消极方面看,有时交谈一方虽然注意了对对方观点的赞同和肯定,但其态度虚伪,多用谄媚之词讨好对方,就会引起对方的怀疑和警惕,也可能招致对方的怒火,从而使自己失去与对方对话的平等地位。因此,赞美要态度诚恳,肯定要恰如其分,既不可言过其实,又不可词不达意。

在对方赞同或肯定己方的意见和观点时,己方应以动作语言如点头、微笑等进行反馈交流。这种有来有往的双方交流,易于使双方谈判人员感情融通,从而为达成一致的协议奠定良好的基础。

### 3．态度和蔼,自然得体

交谈时要充满自信,态度和蔼,语言要得体,神情要自然。说话时手势不要过多过大,不要用手指指向别人,不要唾沫四溅。谈话距离要适当。

交谈的内容一般不要涉及不愉快的事情,不要径直询问对方的履历、收入、家庭、财产、衣饰价格等个人生活问题;不要谈论妇女的年龄、婚姻、体态等问题。对方不愿回答的问题就不要追问不止,不要讥讽他人,不要随便议论宗教,不要议论别国内政。争论问题要有节制,不可进行人身攻击。

## 五、商务谈判宴请礼仪

### (一) 宴请的形式

以宴请的形式款待宾客,是对外交往中的一项经常性的活动。这不是一般的吃喝,而是人际交往的一种重要形式。因此,礼仪在宴请中占据着十分重要的地位。目前,国际上宴请的方式主要有宴会、冷餐招待会、酒会、茶会和工作餐等几种。

#### 1. 宴会

宴会是较为隆重的正餐,可分别在中午和晚上举行,其中以晚宴最为隆重。宴会又分为三种:一是国宴,是为国家庆典或欢迎外国元首、政府首脑而进行的规格最高、最为隆重的宴会。宴会厅里要挂国旗,并由乐队演奏国歌和席间乐。二是正式宴会,除不挂国旗、不奏国歌和出席者不同外,其他方面均与国宴相似。它对于来宾与服务人员的服饰以及主座次、餐具、酒水和菜肴的道数,均有一定的要求。三是便宴,即非正式宴会。形式较为随便,不排座次,不做正式讲话,规格不高,菜肴的道数也不多。

#### 2. 冷餐招待会

冷餐招待会一般在招待人数较多时举行,规格有高有低,按主客的身份和招待的菜肴而定。冷餐招待会一般在较大场合举行,设餐台和酒台。参加者可坐可立,并可自由活动。菜肴以冷食为主,酒和菜均可自取,也可请服务员端送。

#### 3. 酒会

酒会是鸡尾酒会的简称。酒会通常以各种饮料为主招待客人,并备有少量小吃,可由服务员端送,也可将食品放在小桌和茶几上,由客人自取。酒会形式轻松随便,客人可自由活动和攀谈。酒会一般在中午和傍晚举行,时间较短。客人到场和退场的时间也无严格要求。

#### 4. 茶会

茶会是一种更为简便的招待方式,一般在客厅举行,主人请客人一边品茶或喝咖啡,一边交谈。

#### 5. 工作餐

工作餐是现代生活中一种经常采用的非正式宴请的形式。工作餐一般邀请客人的配偶以及其他与工作无关的人员参加。在进餐过程中,大家边吃边谈,不必过分拘束。

### (二) 赴宴礼仪

作为宴会举办单位,应当在宴会之前首先确定举办宴会的目的、名义、参加者以及时间、地点等一系列问题。考虑这些问题时,必须兼顾政治气候、文化传统、民族习惯等因素的影响。

　　正式宴请大都需要发出请柬,事先口头约定的也应补发。请柬要在宴请之前的1～2周发出,以便被邀请者答复是否出席。

　　赴宴者接到请柬以后,应看清宴会日期和时间,一般在宴会开始前15分钟到达即可。出席宴会前,最好稍做梳洗打扮,至少穿上一套符合时令的干净衣服。每个客人都应衣着整洁、容光焕发地赴宴,使整个宴会充满一种比较隆重的气氛,这会使主人感到高兴。最忌讳穿着工作服,带着倦容赴宴,因为这会使主人感到未受到尊重。

　　如果因事不能赴宴,必须提前通知对方,并表示感谢和惋惜。凡打算赴宴,一般不必回复;若请柬上注明"请回复",则无论赴宴与否都必须通知对方。

　　入席前,要了解清楚自己的桌次和席位。如有女宾,应先让女宾入座,席间也应适当照顾女宾,离席时请女宾先走。

　　参加宴会前应先准备好名片。被介绍给他人时,要用双方捧着名片相赠,切不要把名片随便丢到桌子上,让别人去捡。接别人的名片时,也应用双手接。接到后应认真看一下,有时可有意识地重复一下对方的姓名和职务,以示尊敬和仰慕,不要漫不经心地随手塞进口袋。

　　进餐前应当自由地与其他客人交谈,不要静静地坐着。交谈面可以宽一些,不要只找老相识,要多交新朋友。应注意宴会是交际场合,不是专谈工作的地方,如果只谈工作,主人会感到不快。

　　进餐时举止要文雅。服务员送上的第一道湿毛巾主要是用来擦手的(吃完饭后再用别的毛巾揩脸),有的人一上来就抹脸,甚至连脑袋也抹一遍,这是很不文雅的。喝汤不要嚼,不要发出声音,不要一面咀嚼食物一面说话。剔牙时,应用手遮口。咳嗽、吐痰应离开餐桌。喝茶或咖啡时,应将小茶匙放回茶碟上,千万不要用小匙来喝咖啡。喝茶或咖啡时右手拿杯把,左手端小碟。祝酒一般由主人和主宾先碰杯,再由主人和其他人一一碰杯。如果人多的话,也可同时举杯示意,不一定个个碰。注意在碰杯时尽量不要交叉碰杯。在主人或主宾致辞、祝酒时,应暂停进餐,停止交谈,注意倾听,不要借此机会抽烟。饮酒应控制在自己酒量的1/3以内,以免饮酒过量,失言失态,影响整个宴会气氛。对外宾敬酒要适度,不要劝酒。

　　宴会进行中,不能当众解开纽扣,脱下衣服。如主人请客人宽衣,男宾可脱下外衣挂在衣架或椅背上。宴会进行中,如因不慎发生异常情况,如餐具掉落地下或酒杯碰翻等,应沉着应付。可以轻轻向邻座或主人道声"对不起"。餐具掉落可请服务员再送一副。酒水打翻,溅到邻座身上,应表示歉意,协助擦干。如果对方是女士,则只要把餐巾或干净手帕递过去,请她自己擦干即可。宴请外宾时,可用公用餐具主动给外宾让菜,不能用自己的餐具让菜。如果外宾设宴回请,对方是主人,你不要主动让菜。自己不能吃或不爱吃的菜肴,不要拒绝,服务员分到盘内时,应表示"谢谢",不要吐舌头或做出其他令人难堪的表情。

如果有事要早退，应事先向主人说明，到时再告别，悄悄离去，不必惊动太多客人，以免使整个宴会的气氛受影响。宴会结束后，应向主人致谢，称赞宴会组织得好，菜肴丰盛精美。

此外，还要注意以下事项：在酒席上一般不要谈生意，因为宴会厅人声嘈杂，不是谈生意的场所。而且有些国家的客户认为在酒桌上谈生意是一种诱惑，属于拉拢行为，从而自讨无趣。酒席上的谈话不要涉及他人的隐私，对政治、宗教问题也要慎重，要了解一下在座人员的倾向，以免无意中得罪客人，影响业务活动。赴宴时，注意尊重主人的民族习惯，对不合口味的菜也要吃一些。在私下交往中，必须遵时守约，信用是商务交往中一个最可贵的品质，不守信将会使你在别人心目中的形象地位一落千丈，造成无法挽回的损失。

## 六、参观与馈赠礼品的礼仪

### （一）参观的礼仪

安排外宾的参观日程，应根据接待计划、外宾的特点和要求，有针对性地进行。对于外宾提出的合理要求，在条件允许的情况下，要尽可能予以满足，确实无法满足的，应做好解释。

参观日程一经确定后，应尽快通知参加接待的有关单位和部门加以落实。无特殊情况，不应随便改变日程安排，如确需改变日程，也要妥善安排，尽可能保证整个活动的顺利衔接。

接待单位一般应事先准备相应语种的中外对照的情况介绍。如果外宾所属国家地区所用语种不甚通用，或准备起来有一定难度，也可准备中英文对照的材料。介绍材料力求简明扼要，实事求是，体现本单位特点，而且对谈判要有实际意义。

接待单位要针对事先了解和掌握的外宾的情况、特点和要求，对可能提出的问题和需要注意的问题进行充分考虑，以便有针对性地进行准备。

对外宾不宜用"光临指导"、"检查工作"、"汇报"、"指示"等词语。陪同参观人员不宜过多，但应该有能够回答技术问题的人员。对可能涉及的技术问题，要求事先有充分准备，不要临时抱佛脚，以免出现应答失误，或者耽搁时间。

引导外宾参观的人，要走在人前方，如果为了表示尊重而让外宾走在前面的话，反而会使他感到不知如何是好。上下楼梯时，引导的人应该靠扶手走，而让外宾靠墙走。

有时，为了对具有一定身份的外宾表示欢迎，应该在被参观企业或其他适当地方，挂起参观客人国家的国旗和我国国旗。

在参观途中，如果碰巧到了午餐时间，不必特意从外面叫好菜来，也不必到外面的高级餐厅去接待,在企业或单位的内部餐厅用餐就可以了。招待过于豪华,有时反而会使外宾产生不良的印象。

应当注意,在接待外宾的过程中,要内外有别,注意保密。属保密的产品,不要引导外宾参观,没有把握的不要轻易表态,更不要随意允诺送给外宾产品、资料等。

### (二)馈赠礼品的礼仪

谈判人员在相互交往中馈赠礼品,一般除表示友好、进一步增进友谊和今后不断联络感情的愿望外,更主要的是表示对本次合作成功的祝贺和对再次合作能够顺利进行所做的促进。因此,选择适当时机,针对不同对象选择不同礼品馈赠成为一门敏感性、寓意性都很强的艺术。在赠送礼物时涉及价值、类型、包装、方式等方面的问题,礼物的价值应视洽谈内容及具体情况而定。一般而言,西方社会较为重视礼物的意义和感情价值,而不是值多少钱,所谓"礼轻情义重","礼轻意思到"。这里礼物是传递友谊和交流感情的一道桥梁,因而选择时要注重它的纪念价值、实用性和民族特点,无须太贵重,只要对方喜欢并接受就达到了送礼的目的。须知有时礼物过于贵重,效果却适得其反,让人觉得你别有用心。

馈赠礼品,要注意对方的习俗和文化修养。由于谈判人员所属国家、地区间有较大差异,文化背景各不相同,爱好和要求必然存在差别。例如,在阿拉伯国家,不能以酒作为馈赠礼品,不能给当事者的妻子送礼品;在英国,人们普遍讨厌有送礼人单位或公司标记的礼品;在法国,只有在办丧事时才使用菊花,所以,除去丧事场合外,一定不能送菊花等。

馈赠礼品,要照顾到外国朋友喜欢我国土特产的情况。据了解,外国友人喜欢的我国礼品包括景德蓝制品、玉佩、绣品、国画、书法、瓷器、紫砂茶具、竹制工艺品、汉字纸扇等。

馈赠礼品,要讲究数量。我国一向以双数为吉祥,而在日本却以奇数表示吉利。西方国家通常忌讳"13"这个数。因此,无论送水果还是其他数量较多的礼物时都应注意这一点。

馈赠礼品,须注意包装。包装是礼物的外套,不可马虎、草率,否则会影响到送礼的效果。日本人忌讳包装打上蝴蝶结,送礼时在门口要打开包装,而欧美人则喜欢亲自接受并拆开礼品包装。

馈赠礼品还要注意时机和场合。一般情况下,各国都有初交不送礼的习惯。此外,英国人多在晚餐或看完戏之后乘兴赠送。法国人喜欢下次重复时赠送礼品。我国以在离别前赠送纪念品较为自然。如果为了引起对方惊喜之情,也可于飞机即将起飞或火车即将开动之时赠送礼品,当然,这一般适用于特别熟悉的朋友之间。

应当注意,礼品往往有一定的暗示作用,必须小心谨慎,不要因赠送礼品造成误解。例如,我国一般忌讳送梨或钟,因为梨与"离"同音,钟与"终"同音,"送离"与"送终"都是不吉利的字眼。男性对一般关系的女子,不可送贴身内衣、腰带和化妆品,更不宜送项链、戒指等首饰物品,否则,极易引起误解。又如,亚、非、拉、中东地区的客商相对注重礼物的货币价值,在赠送礼品时就不可忽视所赠礼物的实际价值,以免被认为小气、吝啬,从而达不到赠送礼物的目的。

所谓礼尚往来，除馈赠礼品外，商务人员也会遇到接受礼品问题。对于他人赠送的礼品是否能接受要心中有数，因为如果你接受了一件礼物，就容易失去对某些事物的一些控制。在涉外商务洽谈中，接受礼物须符合国家和企业的有关规定、纪律。当所送礼物不能接受时，应说明情况并致谢；如符合规定的礼物，除中、日两国外一定要当面打开，并表示欣赏、真诚接受和道谢。受礼后还有还礼的问题。还礼可以是实物，一般为对方礼物价值的二分之一，也可以在适当时候提及，表示"不忘"和再次感谢对方。

# 第三节　商务谈判中的礼节

## 一、商务谈判的基本礼节

礼节是礼貌的具体体现，是人们在日常生活中，特别是交际场合，互相问候、致意、祝愿、慰问以及给予必要的协助与照料的惯用形式。

### （一）遵守时间，不得失约

参加谈判或其他商务活动，应按约定时间到达。过早到达，会使主人因没准备好而感到难堪；迟到，则是失礼，使主人长久等候，担心牵挂。万一因特殊原因迟到，应向主人表示歉意。如果因故不能赴约，要有礼貌地尽早通知主人，并以适当方式表示歉意。

### （二）尊重老人、妇女

在许多国家的社交场合，都奉行"老人优先"，"女士优先"的原则。如，上下楼梯或车船、飞机，进出电梯，均让老人和妇女先行；对同行的老人和妇女，男子应为其提拎较重的物品；进出大门，男子帮助老人和妇女开门、关门；同桌用餐，两旁若坐着老人和妇女，男子应主动照料，帮助他们入座就餐等。

### （三）尊重各国、各民族的风俗习惯

不同的国家、民族，由于不同的历史、文化、宗教等原因，各有特殊的宗教信仰、风俗习惯和礼节，应该受到理解和尊重。天主教徒忌讳"13"这个数字，尤其是"13日，星期五"，遇上这个日子，不举行宴请；印度、印度尼西亚、马里、阿拉伯国家等，不用左手与他人接触或用左手传递东西；使用筷子的国家，用餐时不可用一双筷子来回传递食物，也不能把筷子插在饭碗中间；保加利亚、尼泊尔等一些国家，摇头表示同意，点头表示不同意等。不了解或不尊重其他国家、民族的风俗习惯，不仅失礼，严重的还会影响双边关系，阻碍谈判达成协议，因此必须高度重视这一问题。

### （四）举止得体

在谈判活动或其他活动中，谈判人应做到坐有坐姿，行有行态，落落大方，端庄稳重，诚恳谦恭。站立时，应两腿自然分开，约相距一肩宽，双手相握放在两腿间，或两手背放身后，挺胸、抬头，目光平视对方，面带微笑，对所负谈判任务充满信心、兴趣和进取精神。坐时，应将双手放在桌上，挺腰近台，目光平视对方，面带微笑，神情贯注，从容不迫，缓急适度。如果是陪同宾客走入房间，应先请客人坐到各自的座位上，然后，自己轻步入席。如果谈判者因故迟到，应当疾步入门，眼睛搜寻主宾，边走边伸手给主宾致意，以表示迟到的歉意。

在谈判时，态度要诚恳、谦恭、热情。当对方在谈判中摆出虚假、傲慢、冷漠的态度时，不应持同样错误的态度，要分析原因，对症下药。总之，应不卑不亢，婉转指出对方表现出的失礼，奉劝其应以维护谈判的融洽气氛为主，不要因失礼而危及谈判的成功。

在公共场所，应保持安静，不要喧哗。在听演讲、观看演出等隆重场合，要保持肃静，不要交头接耳，窃窃私语，或者表现出不耐烦的情绪。

## 二、商务谈判会面礼节

### （一）问候

问候是指问好的意思。最简单的话语是"早上好"、"下午好"、"晚安"或"您好"。见面打招呼是人们最简便的礼节。中国、俄罗斯、德国语言中有"你"、"您"之分，后者表示尊敬。问候别人应面带微笑，态度和蔼。

### （二）介绍

谈判双方的认识首先是通过介绍来实现的。在比较正式的思维谈判场合中，通常有两种介绍方式：一种是自我介绍，另一种是第三者做介绍。介绍时要有礼貌地以手示意，而不要用手指点人。要讲清姓名、身份和单位。在商务谈判中，一般由双方主谈人或主要负责人互相介绍各自的组成人员；在双方主谈人或负责人互不相识或不太了解时，一般请中间人介绍双方团队的情况。

介绍的顺序是，先把年轻的介绍给年长的；先把职位、身份较低的介绍给职位、身份较高的；先把男性介绍给女性。在人多的场合，主人应一一认识所有的客人。在商务谈判中，谈判双方无论谁是主方，都应接见客方所有人员。另外，对于远道而至又是面谈的客人，介绍人应准确无误地把客人介绍给主人。如果作为客人又未被介绍人发现，最好能礼貌而又巧妙地找别人来向主人引见。被介绍人要面带微笑、点头，以做表示。

### （三）握手

谈判双方人员，见面和离别时一般都握手以示友好。握手的动作虽然平常简单，但通过这一动作，能起到增加双方亲近感的作用。握手要注意以下几个方面。

（1）握手的主动与被动。一般情况下，主动和对方握手表示友好、感谢和尊重。在别人前来拜访时，主人应先伸出手去握客人的手，以表示欢迎和感谢。主、客双方在别人介绍或引见时，一般是主方、身份较高或年龄较长的人先伸手，以此表示对客人、身份较低或年龄较低者的尊重。在异性谈判之间，男性一般不宜主动向女方伸手。多人同时握手应注意不能交叉，待别人握毕后再伸手。

（2）握手的时间长短。谈判双方握手的时间以 3～5 秒为宜。握手时间过长或过短均不合适。

（3）握手的力度与握手者的距离。握手时，一般应走到对方的前面，不能在与其交谈时漫不经心地侧面与对方握手。握手者的身体不宜靠得太近，但也不宜离得太远。握手力量要适度，过轻过重都不好。男性与女性握手，往往只握一下女性的手指即可。

（4）握手的面部表情与身体弯度。握手者的面部表情是配合握手行为的一种辅助动作，通常可以起到加深感情、加深印象的作用。握手时必须注视对方，切忌目光左顾右盼。握手时应身体微欠、面带笑容。

（5）其他。女士与人握手时应先脱去右手手套，但有地位者可以不必；男士则必须脱去手套才能握手。不要用左手与他人握手，尤其对方是阿拉伯人和印度人时更需注意。除非患有眼疾或眼部有缺陷，否则握手时不允许戴墨镜。握手时不要将另外一只手插在衣袋里或依旧拿着东西不放下，不要只递给对方一截冷冰冰的手指尖。不管在任何情况下，都不要拒绝与他人握手。

在交往中除了握手之外，其他见面礼也是常见的，比如，点头礼、脱帽礼、注目礼、鞠躬礼、合十礼、拥抱礼等。例如，东南亚一些佛教国家是双手合十致敬，日本是鞠躬行礼，美国只有被第三人介绍后才行握手礼，东欧一些国家的见面礼是相互拥抱等。

### （四）致意

当谈判双方或多方之间相距较远，一般可举右手打招呼并点头致意；有时与相识者侧身而过时，也应说声"你好"；与相识者在同一场合多次会面时，点头致意即可；对一面之交或不相识的人在谈判场合会面时均可点头或微笑致意；如果遇到身份高的熟人，一般不要径直去问候，而是在对方应酬活动告一段落后，再前去问候致意。

## 三、交谈中的礼节

交往活动离不开交谈，商务谈判的过程无疑是交谈的过程。在商务谈判中交谈并非只限于谈判桌前，交谈的话题也并非只限于和谈判相关的问题。交谈中要注意下面一些礼节事宜。

（1）交谈时表情要自然，态度要和气可亲，表达得体，谈话距离要适当，不要离对方太近或太远,不要拉拉扯扯、拍拍打打,不要唾沫星子四溅。

（2）交谈中的手势要适当。手势可以反映谈判者的情绪,可以表达大、小、强、弱、难、易、分、合、赞扬、批评、肯定、否定等意思。谈判中的手势要文明,幅度要合适,不要动作过大,更不要用手指指人或拿着笔、尺子等物指人。

（3）参加别人谈话时要先打招呼;别人在个别谈话时,不要凑近旁听;若有事须与某人交谈,要等别人谈完;有人主动与自己谈话时,应乐于交谈;第三人参与交谈时,应以握手、点头或微笑表示欢迎;发现有人欲和自己交谈时可主动向前询问;谈话中有急事需要处理或需要离开时,应先向对方打招呼,表示歉意。

（4）交谈现场超过三个人时,应不时地与在场的所有人交谈两句,不要只和一两个人讲话,而不理会其他人。所谈问题不宜让别人知道时,则应另外选择场合。

（5）交谈中,自己讲话时要给别人发表意见的机会,别人讲话时也应寻找机会适时地发表自己的看法;对方发言时,不应左顾右盼、心不在焉,不要老做看手表、伸懒腰、玩东西等不耐烦的动作。要善于聆听对方的谈话,不要轻易打断别人的发言。

（6）交谈时内容要恰当,一般不要涉及疾病、死亡等不愉快的事情;不谈荒诞离奇、耸人听闻、黄色淫秽等事情。

（7）交谈时,一般不询问女性的年龄、婚姻等状况;不直接询问对方的履历、工资收入、家庭财产、衣饰价格等私生活方面的问题;对方不愿回答的问题不要寻根问底;对方反感的问题应示歉意并立即转移话题;不对某人评头论足;不讥讽别人;也不要随便谈论宗教问题。

（8）男子一般不参与妇女圈的讨论,也不要与妇女无休止地交谈而引人反感侧目;与妇女交谈要谦让、谨慎,不随便开玩笑,争论问题要有节制。

（9）交谈中使用礼貌用语,如您好、请、谢谢、对不起、打搅了、再见等,并针对对方不同国别、民族、风俗习惯等,恰当使用礼貌语言。

（10）在社交场合中交谈,一般不过多纠缠,不高声辩论,不恶语伤人、出言不逊;即便有争吵,也不要斥责、讥讽、辱骂对方,最后还应握手道别。

## 四、参加宴请的礼节

### （一）应邀

接到宴请的口头或书面邀请,能否出席要尽早答复对方,以使对方妥善安排。

接受邀请后,不要随意改动,万一非改不可,尤其是主宾,应尽早向主人解释、道歉,甚至登门说明致歉。

应邀前,还要核实一下主人是谁,时间、地点是否有误,邀请几个人,服饰有无要求等。

### （二）掌握出席时间

出席宴请抵达时间的早晚和逗留时间的长短,在一定程度上反映对主人的尊重,迟到、早退、逗留时间过短被视为失礼或有意冷落。身份高者可略晚到达,一般客人宜略早到达。主宾退席后,其他客人再陆续告辞。出席宴请时间,各地通行的做法是准时,有的地方是晚1～2分钟到,我国是提前2～3分钟到,都视为正常。确定有事需提前退席,应向主人说明后悄悄地离去;也可事前打好招呼,到时自行离去。

### (三)入座

听从主人安排,了解自己的桌次和座位,不要随意乱坐。

### (四)进餐

(1)身体与餐桌之间要保持适当的距离,太远不易取得食物,太近则易使手肘过度弯曲而影响邻座。理想的坐姿是身体挺而不僵,仪态自然,既不呆板,也不轻浮。

(2)餐巾须等主人摊开使用时,客人才能将它摊开置于膝盖上。餐巾的主要作用是防止油污、汤水滴到衣服上,其次是用来轻擦嘴边油污。但不可用它擦脸、擦汗或除去口中之食物,也不可用它擦拭餐具。用餐完毕或用餐后离桌,应将餐巾放于座前桌上左边,不可胡乱扭成一团。

(3)中餐宴请外国客人时,既要摆碗筷,也要摆刀叉,以中餐西吃为宜。西餐刀叉的使用是右手持刀,左手持叉,将食物切成小块后用叉送入口中。吃西餐时,按刀叉顺序由外往里取用,每道菜吃完后,将刀叉并拢平放于盘内,以示吃完,或者摆成"八"字形或交叉形,刀口向内。

(4)送到你面前的食物多少都用一点,特别合口的食物请勿一次用得过多,不合口的食物也不要流露出厌恶的表情。

(5)吃西餐中的肉类时,要边切边吃,切一次吃一口;吃鸡、龙虾等食物时,经主人示意,可以用手撕开吃;吃面条之类的食物时,可用叉、筷卷起一口之量食之,不要吸食发声;吃带腥味的食品时,常备有柠檬,可用手将汁挤出滴在食品上,以去腥味;喝汤时,忌用口吹,或"嘶嘶"出声。

(6)进餐时应尽量避免打喷嚏;无法抑制时用手帕掩口,并避免对人。嘴内有食物时,切勿说话。

### (五)饮酒

宴席上少不了要饮酒,要了解祝酒的习惯。在主人和主宾致词、祝酒时,应暂停进餐,停止交谈,注意倾听,不得借此抽烟。主人或主宾到各桌敬酒,应起立举杯。碰杯时,主人和主宾先碰,人多可同时举杯示意,不一定碰杯。祝酒时,注意不要交叉碰杯。碰杯上,要目视对方致意。

宴会上相互敬酒表示友好,可以活跃气氛。但切忌喝酒过量,应控制在本人酒量的

1/3，以免失言、失态。不要劝酒，更不要灌酒。饮酒的艺术，在于慢慢品尝。在选用酒类时，以选用地方特色酒为好。选用葡萄酒要谨慎，葡萄酒种类品级多，外国人常以此衡量宴会规格。

### （六）宽衣

社交场合，无论天气如何炎热，都不能当众解开纽扣，脱下衣服。在小型便宴上，如主人请客人宽衣，男宾可脱下外衣搭在椅背上。

### （七）喝茶、喝咖啡

西式喝茶、喝咖啡，有时需用小茶匙加牛奶、白糖搅拌。正确的饮法是，搅拌后，把小茶匙放回小碟内，左手端着小碟，右手拿着杯子喝，不要用小茶匙把茶或咖啡送入口中。

### （八）吃水果

外国人吃水果的方法与我们不同，梨和苹果不要整个拿着咬，应先用水果刀切成四五瓣，再用刀去皮、核，刀口朝内，从外往里削，然后用手拿着吃；香蕉先剥皮，用刀切成小块吃；西瓜去皮切成块，用叉取食；橘子可剥皮了再吃。

### （九）水盂

在西式宴席上，在上鸡、龙虾、水果时，有时会递上一小水盂（铜盆、瓷碗或水晶玻璃缸），水上漂有玫瑰花瓣或柠檬片，这是供洗手用的，洗法是两手轮流沾湿指头，轻轻地洗，然后用餐巾或毛巾擦干。千万不要饮用。

### （十）纪念物品

除了主人准备送给来宾的纪念物品外，各种招待用品，包括糖果、水果、香烟等，都不要拿走，有时，外宾会请同席者在菜单上签名，然后作为纪念品带走。

### （十一）冷餐会、酒会取茶

招待员上茶和饮料时，不要抢着去取，待送至面前时再拿。周围的人未拿到第一份时，自己不要着急于去取第二份。不要围在菜桌旁，取完即离开，以便让别人去取。

### （十二）饮食习惯

面包一般应掰成小块送入口中，不要用手整个拿着咬。欧洲国家上盆面条是一道菜。不要在面上浇汁吃，主人可能会误会你嫌他做得不好吃。欧美国家多以鸡胸肉为贵，如照中国人习惯以鸡腿敬客人,反而失礼。主人通常劝客人再添点菜,你若有胃口,再添不算失礼,主人反会引以为荣。欧美人吃荷包蛋,先戳破未烧透的蛋黄,然后切成小块吃,盘里剩下的蛋黄,用小块面包蘸着吃。

## 五、出席文体活动的礼节

在紧张的谈判之余,也会安排一些文体活动,要决定是否应邀。接受邀请时,按规定入座,在观看节目时,要肃静,不要谈话,不要大声咳嗽或打哈欠,即席翻译要小声,最多大略译几句,在观看前先了解一下梗概,自己欣赏。场内禁止吸烟,不要吃零食。一般不要对节目表示不满或失望。节目结束,要报以掌声。另外,出席观看文艺演出,还要注意服饰。

## 六、进入外国人的办公室和住所的礼节

首先要事先约定,按时抵达。如无人迎接,先按门铃或敲门,经主人允许后方得入内。按铃时间也不要过长。因事情急,临时去外国人住处,应尽量避免在深夜打扰;在万不得已的情况下,要先致歉意,并说明原因,以取得谅解。谈话时间不宜过长,不要站在门口谈话。如主人未请你进屋谈,则可退到门外,在室外谈话。进入室内,如谈话时间短,则不必坐下,说完也不要再逗留;如谈话时间较长,则要在主人邀请之下方可入座。

拜访外国人,时间在上午 10 时或下午 4 时比较合适,西方习惯用小吃和饮料招待,客人不要拒绝,应品尝。如对食品实在不习惯,则不必勉强。

未经主人邀请或同意,不得要求参观主人的卧室或庭院,在主人陪同参观时,即使是熟人,也不要触动除书籍和花草之外的物品。

离别时,不论结果如何,都应表示感谢,这不仅是礼貌,而且能为今后再见面打下基础。

## 七、日常卫生

### (一)注意个人卫生

适时理发,经常梳理,胡须要刮净,指甲要修剪,鼻毛应剪短,头皮屑多要洗干净。内衣、外衣经常保持整洁,特别是衣领袖口要干净。皮鞋要上油擦亮,布鞋要刷洗干净。参加涉外活动要梳理打扮,要保持外貌整洁美观。

不要当着他人的面擤鼻涕、掏鼻孔、搓泥垢、挖眼屎、打哈欠、修指甲、剔牙齿、挖耳朵

等。咳嗽、打喷嚏时，应用手帕捂住口鼻，面向侧方，避免发出大声。

在参加活动前，不吃葱、蒜、韭菜等辛辣食品，必要时可含上一点茶叶，以消除刺激味道。

有病的人不要参加外事活动，如感冒，在我国不算什么大病，但西欧北美人士对感冒"很讨厌"。脸部、手、臂等外露皮肤有病的人也应避免参加，以免引起别人反感。有口臭的人应注意漱口除味。

### （二）保持环境卫生

要保持地毯、地板的清洁。抽烟要使用烟灰缸。个人的不洁物品，应丢入垃圾筒或放入自己的手帕或口袋中，不要随地乱丢。吐痰入盂，或吐在口纸、手帕中装入衣袋。雨、雪天应把雨具放在门外或前厅。

### （三）陈设布置应保持整洁

谈判室、客厅要通风，不要有异味。沙发套、网扣要勤洗换，灯、衣架、玻璃要擦拭，地板、地毯要定期清扫、吸尘，痰盂应放在僻静地方。

## 八、服饰

俗话说"人是衣裳，马是鞍"、"三分长相，七分打扮"。的确，服饰不仅可以美化我们的仪表，优化我们的气质，而且还能反映出我们的教养与文化。在现代生活的各个方面，人们之间、民族之间、国家之间的交往日益频繁，衣着打扮在交往中的作用也日益明显和重要。作为国际商务谈判者，必须熟悉着衣的基本礼节。

国际社交场合，服装大体分为两类：正式、隆重、严肃的场合多着深礼服；一般场合可着便服。目前，大多数国家在穿着方面均趋于简化，隆重场合穿着深色质料的西装即可。极少数国家规定，妇女在隆重场合禁止穿长裤和超短裙。我国没有礼服和便服之分，一般情况下，男子的礼服为上下同色同质的毛料西装，系领带，配黑皮鞋。女士根据不同季节和活动性质，可穿西装、民族服装、中式上装配长裙、旗袍、连衣裙等。旅途和郊游可着便装。

穿长袖衬衫要将前后摆塞在裤内，袖口不要卷起。穿短袖衫下摆不要塞在裤内。任何情况下都不应穿短裤参加涉外活动。

在家中或宾馆客房临时接待来访者，如来不及更衣，应请客人稍坐，立即穿上服装和鞋袜。不得赤脚或只穿内衣接待客人。

现在，穿西装、戴领带比较普遍。戴领带也有讲究。心理学家认为，这会给初次见面的人一个深刻的印象。在美国，系什么样的领带往往表示一种主张。

## 九、称呼

知礼的第一要素是正确、清楚地道出每个人的姓名和头衔。如果不清楚,可向有关人员了解。由于各国、各民族语言不同、风俗习惯各异、社会制度不一,因此在称呼上差别很大,如不注意,一不小心搞错,不仅会使对方不高兴,引起对方反感,而且会危及谈判的成功。

在对外交往中,对男子一般称先生。英国人不能单独称"先生",而应称"×先生"。美国人随便,容易亲近,很快就可直呼其名。对女士,一般称夫人、女士、小姐。不了解其婚姻情况的女子可称其女士。在日本,对妇女一般不称女士,而称"先生"。

美国、墨西哥、德国等国家没有称"阁下"的习惯。俄罗斯等国还可以称"公民"。

## 十、小费

世界上许多国家都有付小费的做法。小费实际上是对服务的一种额外酬劳。给不给、给多少,并无固定原则,主要是看服务的场所和服务质量。通常小费数目为用餐费用的 10%～15%,应指出的是,用餐付账与小费应分别处理,即向柜台会计付账,而小费留在餐桌上。在一些国家住旅店,每天或隔两天要付小费,放在桌上或床头,数目可视具体情况而定。

## 十一、舞会

在现代交际中,商务谈判人员应邀参加舞会的机会越来越多。舞会是一种较好的交际手段。常见的友谊舞,传统的华尔兹、探戈、快步舞,现代的迪斯科、牛仔舞,具有民族特色的伦巴、桑巴、恰恰舞等,都是从国外传入我国的。因此,舞会所涉及的礼仪不同程度地要遵循西方礼节的要求。通常所指的舞会是规模较大并有专人提供服务的社交活动。

### (一)舞会前的准备工作

在西方,参加舞会必须正式着装。男士通常为黑色西服,女士为袒胸长裙。在我国,虽然没有规定特殊的服饰,但必须穿整齐。女性可以化妆,佩戴发光的首饰。有专家根据舞会灯光的设计,建议舞会服饰最好选用绿、橙、黄、深红色调及中性色调,不宜采用紫罗兰、钢蓝或浅红色调。在饮食方面,参加舞会前忌食带刺激性气味的食物,如酒、葱、蒜等。如果已食,舞会前应清洁口腔,并含一点茶叶或口香糖消除异味。如果患有传染病,即使被邀请,也不应该到这种公共场合,以免把疾病传染给他人。

### (二)来宾向主人通报

由于参加舞会的人较多,主人不可能全都认识。这时,客人应主动向主人通报自己的姓名和身份。单身女宾或男宾应向主人通报自己的全名,而不能自称某小姐或某先生。

夫妇应一起通报。未婚伴侣、恋人或自带舞伴的来宾应一起通报,但应先报女方的全名,再报男方。有时主人没有在门口等候,或客人迟到,舞会已经开始,这时客人要注意一到达会场便找机会向主人打招呼。

### (三)邀舞

跳舞是从邀舞开始的。舞会中通常由男士邀舞。彬彬有礼的邀舞会让每位女士都十分乐意地接受。男士在邀女士共舞时,应先问她是否愿意跳这支曲子。在舞会中,男士可以邀请任何女性跳舞,但不能整个晚上只与一位女性跳。带女伴的男士要记得在第一支和最后一支邀请自己的女伴共舞。而在邀请有男士或长辈陪同的女士跳舞时,应先征得男士或长辈的同意,并在跳完舞后把女士送回原处,向其陪伴者点头致意。在舞会中,男宾要注意至少应邀请女主人跳一次舞。如果女主人还有女伴、女儿在场,在礼貌上也应一一共舞。

### (四)应邀

以礼貌的邀舞开始,还必须辅以礼貌的应邀才能达到一次愉快的共舞。女士在接受男士的邀舞时,如果愿意,应先说谢谢,也可以微笑起身走向舞池。当女士不想接受男士的邀舞时,可以选择一些委婉而礼貌的话加以推辞,如:"对不起,我现在不想跳"或"抱歉,我不喜欢这支曲子"等,以免伤了邀舞男士的体面和自尊。在刚拒绝了一位男士后,马上接受另一位男士的邀请是十分失礼的,除非你们事先有约定。成熟的女性对于在舞会中被人冷落、不受注意并不当一回事,但很多女性做不到这点。在这种情况下,她可以中途退出舞会或向同伴建议回家。她有权要求舞伴送她回家,舞伴不应拒绝。

### (五)愉快地共舞

在跳舞时男女应保持适当的距离。男士不要把女士搂得太紧,或老盯着对方的脸看,也不能低着头看自己的脚。正确的做法是目光越过对方的肩向后看。

男士个高腿长,在跳舞过程中要注意照顾女伴,舞步不要太大,以免女伴跟不上,或跳起来很吃力。一曲结束,男士和女士应互道谢谢,同时,男士还应将女士送回原处。

### (六)道别

舞会结束后或中途退场,应向主人辞行。辞行时应向主人表示舞会举办得很成功,自己或同伴玩得很愉快,并表示感谢。有时,还可以在一两天后寄上一封简短的感谢信表示感谢。除了向主人辞行外,还应向在舞会上结识的新朋友或以前认识的老朋友说一些客套话道别。

# 第四节　商务谈判中的文化差异

## 一、商务谈判中的文化差异

随着经济全球化时代的到来,国与国之间的经济贸易往来与日俱增,谈判已成为国家与国家之间商务活动的重要环节。商务谈判不仅是经济领域的交流与合作,也是文化之间的交流与沟通,而且文化因素的作用至关重要。

### (一)商务谈判与文化

文化是指人类在创造物质财富的过程中所积累的精神财富的总和。由于不同社会或国家的文化是在不同的物质基础上建立起来的,所以,处于不同文化环境下的人们由于受到地理位置、经济因素、政治因素、民族因素以及宗教因素等的影响,在语言、价值观、态度等方面有着较大的区别,这就是文化差异。文化直接制约着人们的行为和思维方式。人们尊重自己的文化,并接受文化中共同的价值观、道德规范以及风俗习惯。

来自不同国家或地区的谈判者有着不同的文化背景,谈判各方的价值观、思维方式、行为方式、交往模式、语言以及风俗习惯等各不相同,这些文化因素对商务谈判的成功与否都将产生直接的影响。

就商务谈判而言,如果参与双方来自不同文化的国家或地区,有着不同的价值观和思维方式,这场谈判将不会轻松。对文化差异缺乏了解、准备不足以及处理不当,都会增加商务谈判的难度,影响其顺利进行,甚至不欢而散。商务谈判是商务活动的重要组成部分,谈判双方就共同感兴趣的商业问题进行磋商以达成共识。来自不同文化背景的谈判者有着不同的交际方式、价值观和思维方式,这就意味着在商务谈判中了解各国、各地区不同文化,熟悉商业活动的文化差异是非常必要的。

---

**【趣味阅读】**

几个商人在一条船上开国际贸易洽谈会,突然船开始下沉。

"快去叫那些人穿上救生衣,跳下船去。"船长命令大副。

几分钟后,大副回来了。"那些家伙不肯跳。"他报告说。

于是,船长只得亲自出马。不一会儿,他回来告诉大副:"他们都跳下去了。"

"那么您用了什么方法呢?"大副忍不住问道。

"我告诉英国人跳水是有益于健康的运动,他就跳了。我告诉法国人那样做很时髦,告诉德国人那是命令,告诉意大利人那样做是被禁止的,告诉苏联人这是革命的……"

"你是怎么说服那帮美国人的呢？"

"这也容易，"船长说，"我就说已经帮他们上了保险了。"

**【启示】**

　　了解不同民族的礼仪和礼节，在一定意义上，就是在了解不同的文化元素。只有对文化进行深入理解，才能在所谓的谈判中做到有效沟通。

### （二）文化差异对商务谈判的影响

#### 1. 语言差异与非语言差异

1）语言差异

　　一个民族所使用的语言与该民族所拥有的文化之间存在着密切联系。在跨文化交流中，不同文化之间的差异对于谈判语言存在明显的制约。以美国和中国为例，美国是个典型的低语境语言（文化）国家，在这种文化中，大部分信息是用明确而具体的语言或文字传递的。因此，美方谈判者推崇明确、坦率、直接的交流方式，说话力求清楚，不模棱两可。他会直陈所想要的东西。另外，美国人对争辩情有独钟，语言具有对抗性，口气断然。这些都是具有开拓精神，"求胜欲望"强的欧洲移民后代的典型特征。而中国则属于高语境文化，在高度语境文化中非语言交流和间接的表达方式是传递和理解信息的重要因素，如用体态、眼神、外貌、音调、位置、距离、环境等非语言因素来进行沟通。要想理解话语的含意，领会字里行间的语言之意是必要的。并且中国人显得温和，不喜欢争辩，很少对抗，说话间接隐晦，而且常常使用沉默这一非语言行为，对某问题有看法，或者不同意某条款时，有时不直接说"No"，而用沉默来代替，以此表示礼貌和对对方的尊重。中国人在谈判桌上是很有耐性的，有所谓"东方的耐性"。中国人奉行"和气生财"的古训，把和谐看作实现价值的先决条件，谈判中尽量避免摩擦，用语礼貌含蓄，追求永久性的友谊和长久合作。因此，在商务谈判中，尤其是国际商务谈判中，事前了解不同民族和地区在语言表达方式上的不同特征对谈判的成败起着重要的影响作用。

**【趣味阅读】**

　　20 世纪 80 年代初期，联合国秘书长瓦尔德海姆飞抵伊朗谈判如何解决美伊人质危机。当抵达机场的时候，他发表了讲话，宣称："我来这里是以中间人的身份求某种妥协的。"伊朗国家广播电台、国家电视台迅速播放了他的讲话。然而在他的讲话播出不到一个小时，他的尚未正式开始的努力就遭到了严重挫败。他的讲话不仅使他在以后的谈判桌上不受欢迎，而且很快就使他的车受到了包围，又遭到了石头的袭击。究其原因，有两点：一是波斯语中的"妥协"这个词并不具有英语（accommodation）中"双方都可接受的折中之道"的正面意义,而只有"美德折损"、"人格折损"的负面意义;二是"中间人"这个词在波斯语中指"爱管闲事的人"。于是,误解便产生了。这种误解竟使这场美伊人质危机的谈判也陷入了"危机"。

**【启示】**

在不同的语言中,作为信息交流技巧的种种语言行为方式在使用上呈现一定的差异性,如果不了解这些差异,那么就很容易误解对方所传播的信息,从而影响商务谈判目标的实现。

### 2) 非语言差异

除了运用语言进行交流外,商务谈判中还广泛使用 非语言表达方式。谈判人员以更含蓄的非语言方式发出或接受大量的比语言信息更为重要的信息,而且所有这类信号或示意总是无意识地进行的。因此,当谈判者发出不同的非语言信号时,具有不同文化背景的谈判对手极易误解这些信号,而且谈判者还意识不到所发生的错误。这种不知不觉中所产生的个人摩擦如果得不到纠正,就会影响商业关系的正常展开。如中国人常用沉默或表示认可,或表示对某问题有看法,或表示不同意某条款,以此表示礼貌和尊重。而这对沉默持有消极看法的美国人来说,自然很难接受,他们把沉默看作拒绝。一般情况下,"笑"被看作高兴,而中国人有时会用"笑"表示无奈、不认可,这是美国人很难理解的。美国人在说"I don't know"的同时双手摊开、耸耸肩膀,表示"不知道"、"我无能为力"等;而同样表示上述含义时,中国人的习惯动作往往是摇头或摆手,有时中方谈判者喜欢做这一动作,却因不解其含义而步入了不伦不类的误区。中国人说"对不起"的同时会微微一笑表示歉意,美国人则可能误认为"笑"表示歉意是虚假的。由此可见,若没有敏锐的跨文化交流意识,在商务谈判中便会感到困惑,乃至产生误解。

### 2. 风俗习惯

在商务谈判中,通常一些正式或非正式的社交活动,如喝茶、喝咖啡、宴请等。这些活动受文化因素的影响很大,并制约着谈判的进行。如阿拉伯人在社交活动中常请对方喝咖啡。按他们的习惯,客人不喝咖啡是很失礼的行为,拒绝一杯咖啡会带来严重的麻烦。曾经有一位美国商人拒绝了沙特阿拉伯人请他喝咖啡的友好提议,这种拒绝在阿拉伯世界被认为是对邀请人的侮辱。结果这位美国商人因此而丧失了一次有利可图的商机。

德国人经常穿礼服,但无论穿什么,都不会把手放在口袋里,因为这样做会被认为是粗鲁的。德国人很守时,如对方谈判人员迟到,德国人就可能会很冷淡。另外,德国人不习惯与人连连握手,若你与他连连握手,他会觉得惶惶不安。

芬兰人在买卖做成之后,会举行一个长时间的宴会,请对方洗蒸汽浴。洗蒸汽浴是芬兰人一种重要的礼节,表示对客人的欢迎,对此是不能拒绝的,因为芬兰人经常在洗蒸汽浴中解决重要问题和增进友谊。

在澳大利亚,大部分交易活动是在小酒店里进行的。在进行谈判时,谈判人员要清楚那一顿饭该由谁付钱。在付钱问题上既不能忘记也不能过于积极。

在南美洲,不管当地气候怎样炎热,都以穿深色服装为宜。南美商人与人谈判时相距很近,表现得亲热,说话时把嘴凑到对方的耳边。有些南美国家的商人喜欢接受一些小礼品。而中东地区的商人好客,但在谈判时缺乏时间观念,同他们谈判不能计较时间长短,而应努力取得其信任,即要先建立起朋友关系,这样就容易达成交易。

在与法国人进行紧张谈判的过程中,与他们共进工作餐或游览名胜古迹,对缓和气氛、增进彼此的友谊大有裨益。但千万不能在餐桌上或在游玩时谈生意,因为这样会败坏他们的食欲,让他们觉得扫兴。法国人的习惯是在吃饭时称赞厨师的手艺。

在日本,很多交易都是在饭店、酒吧和艺伎馆里消磨几个小时后达成的。

北欧人和美国人谈生意时喜欢有一定的隐私。在英国或德国,秘书们会将新的来客挡在外面,以避免经理们在会谈中受到打扰。在西班牙、葡萄牙、南美一些国家,敞开办公室的现象可能会发生,但新来的客人也常常被请到外面等候。阿拉伯人也有"敞开门户"的习惯,客人任何时候来都欢迎。因而许多时候当一位阿拉伯商人与人会谈时,可能有新的客人进来,对此,习惯了谈话不被打扰的北欧或美国人很快就会感到窘迫,因为周围坐着几位前来拜访的新客人。

### 3．思维差异

商务谈判时,来自不同文化的谈判人员往往会遭遇思维方式上的冲突。以东方文化和英美文化为例,两者在思维方面的差异有以下几项。

(1) 东方文化偏好形象思维,英美文化偏好抽象思维。形象思维是指借助于形象反映生活,运用典型化和想象的方法,塑造艺术形象,表达人们的思想感情;抽象思维是指人在认识过程中借助于概念、判断、推理反映现实的思维方式。

(2) 东方文化偏好综合思维,英美文化偏好分析思维。综合思维是指在思想上将各个对象的各个部分联合为整体,将它的各种属性、联系等结合起来;分析思维是指在思想上将一个完整的对象分解成各个组成部分,或者将它们的各种属性、联系等区别开来。

(3) 东方人注重统一,英美人注重对立。如中国哲学虽不否认对立,但比较强调统一一方面,而西方人注重把一切事物分为两个对立的方面。

基于客观存在的思维差异,不同文化的谈判者呈现出决策上的差异,形成顺序决策方法和通盘决策方法间的冲突。当面临一项复杂的谈判任务时,采用顺序决策方法的西方文化,特别是英美人常常将大任务分解为一系列的小任务。将价格、交货、担保和服务合同等问题分次解决,每次解决一个问题,从头至尾都有让步和承诺,最后的协议就是一连串小协议的总和。然而采用通盘方法的东方文化则注重对所有的问题整体讨论,不存在明显的次序之分,通常要到谈判的最后,才会在所有的问题上做出让步和承诺,从而达成一揽子协议。

### 4. 价值观

商务谈判中价值观方面的差异远比其他方面的文化差异隐藏得深,因此也更难以克服。价值观差异对商务谈判行为的影响主要表现在因客观性、时间观念、竞争和平等观念的差异而引起的误解和厌恶。

1) 客观性

商务谈判中的客观性反映了行为人对"人和事物的区分程度"。西方人特别是美国人具有较强的"客观性",如"美国人根据冷酷的、铁一般的事实进行决策"、"美国人不徇私"、"重要的是经济和业绩,而不是人"及"公事公办"等话语就反映了美国人的客观性。因此,美国人在国际商务谈判时强调"把人和事区分开来",感兴趣的主要为实质性问题。相反,在世界其他地方,"把人和事区分开来"这一观点被看成是一派胡言。例如,在裙带关系十分重要的东方和拉丁美洲文化中,经济的发展往往是在家族控制的领域内实现的。因此,来自这些国家的谈判者不仅作为个人来参与谈判,而且谈判结果往往会影响到个人,个人品行和实质问题成了两个并非不相干的问题,而且实质上两者变得不可分开。

2) 时间观念

不同文化具有不同的时间观念。如北美文化的时间观念很强,对每个人来说时间就是金钱;而中东和拉丁美洲文化的时间观念则较弱,在他们看来,时间应当是被享用的。

爱德华·T.霍尔将时间的利用方式分为两类:单一时间利用方式和多种时间利用方式。单一时间利用方式强调"专时专用"和"速度"。北美人、瑞士人、德国人和斯堪的纳维亚人具有此类特点。单一时间利用方式就是线性地利用时间,仿佛时间是有形的一样。直率是单一时间利用方式这一文化的表现形式。

而多种时间利用方式则强调"一时多用"。中东和拉丁美洲文化具有此类特点。多种时间利用方式涉及关系的建立和对言外之意的揣摩。在多种时间利用方式下,人们有宽松的时刻表,淡薄的准时和迟到概念,意料之中的延期。这就需要有较深的私交和"静观事态发展"的耐性。

因此,在国际商务谈判中,当两个采用不同时间利用方式的经营者遇到一起时,就需要调整,以便建立起和谐的关系,并要学会适应多种时间利用方式的工作方式,这样可以避免由于"本地时间"与"当地时间"不一致所带来的不安和不满。

---

【趣味阅读】

日本一家著名的汽车公司在美国刚刚"登陆"时,急需找一家美国代理商来为其销售产品,以弥补他们不了解美国市场的缺陷,当日本汽车公司准备与美国的一家公司就此问题进行谈判时,日本公司的谈判代表路上塞车迟到了。美国公司的代表抓住这件事紧紧不放,想要以此为手段获取更多的优惠条件。日本公司的代表发现无路可退,于是站起来说："我们十分抱歉耽误了你的时间,但是这绝非我们的本意,我们对美国的交通状况了解不足,所以导致了这个不愉快的结果,我希望我们不要再为这个无所谓的问题耽误宝贵的时间了,如果因为这件事怀疑我们合作的诚意,那么,我们只好结束这次谈判。我认为,我们所提出的优惠代理条件是不会在美国找不到合作伙伴的。"日本代表的一席话说得美国代理商哑口无言,美国人也不想失去这次赚钱的机会,于是谈判顺利地进行下去。

**【启示】**

不同的文化背景表现出不同的时间观念。

3）竞争和平等观念

西方社会经历了争取平等自由权利的资产阶级革命,平等意识深入人心。在国际商务活动中,英美等国奉行平等主义价值观,坚持公平合理的原则,认为双方进行交易,无论哪一方都要有利可图。在情况的介绍方式上,西方人使用具体的方式,特别喜欢用数据说话。美国人虽然注重实际利益,但一般不漫天要价,报价和提出的条件比较客观。在买卖关系上,美国卖方往往将买方更多地视为地位平等的人,对利润的划分相对而言较日本人公平。许多美国经理认为,利润划分的公平性似乎比利润的多少更为重要。而东方人受等级观念的影响较深,表现在商业活动中的平等意识就不如美国人和其他西方人。如日本人,善于做大"蛋糕",但划分"蛋糕"的方式却不怎么公平。在日本,顾客被看作上帝,卖方往往会顺从买方的需要和欲望,因此,对利润的分配较为有利于买方。

**5. 人际关系**

成功的谈判要求始终保持畅通无阻的信息交流,然而不同的文化背景使国际商务谈判者之间的信息交流面临许多障碍和冲突。因此,国际商务谈判人员必须能够在谈判中和对手保持良好的人际关系,保证良好的沟通以便谈判顺利进行。对此,美国学者温克勒指出:"谈判过程是一种社会交往的过程,与所有其他社会事务一样,当事人在谈判过程中的行为举止、为人处世,对于谈判的成败至关重要,其意义不亚于一条高妙的谈判策略。"

法国人天性开朗,具有注重人情味的传统,因而很珍惜交往过程中的人际关系。对此有人说,在法国"人际关系是用信赖的链条牢牢地相互联结的"。另外,在与法国商人谈判时不能只想到谈生意,否则会被认为太枯燥无味。

在日本,人们的地位意识浓厚,等级观念很重,因而与日本商人谈判,弄清楚谈判人员的级别、社会地位是十分重要的。在德国,人们重视体面,注意形式,对有头衔的德国谈判者一定要称呼其头衔。澳大利亚商人参与谈判时,其谈判代表一般都是有决定权的,因而与澳大利亚商人谈判时,一定要让有决定权的人员参加,否则澳大利亚商人会感到不愉快,甚至中断谈判。

## 二、主要国家商务谈判礼仪与禁忌

由于世界各国有着不同的文化背景和民族差异,因而礼节和习俗也有着很大的区别,在商务交往中,必须了解各国的礼节特点及禁忌,才能便于我们更好地开展各种商务活动。

### (一)美国人的商务谈判礼仪与禁忌

与美国商人在一起时没必要多次握手与客套,他们大多性格外向,直爽热情,即使昨天还是与你未见过面的陌生人,今天一见面就会立刻显露出仿佛多年之交的老朋友般的亲热,直呼其名,甚至当天就可以做成一笔大生意。美国商人见面与离别时,都面带微笑地与在场的人们握手;彼此问候较随便,大多数场合下可直呼其名;对年长者和地位高的人,在正式场合下,则使用"先生"、"夫人"等称呼,对于婚姻状况不明的女性,不要冒失地称其为夫人。在比较熟识的女士之间或男女之间会亲吻或拥抱。美国商人习惯于保持一定的身体间距,交谈时,彼此站立间距约 0.9 米,每隔两三秒有视线接触,以表达兴趣、诚挚和真实的感觉。他们的时间观念很强,约会要事先预约,赴会要准时,但商贸谈判有时也会比预定时间推迟 10~15 分钟。美国商人喜欢谈论有关商业、旅行方面的内容及当今潮流和世界大事,喜欢谈政治,但不乐意听到他人对美国的批评,因此,对他们最好多听少讲。在美国,多数人随身带有名片,但是,他们的名片通常是在认为有必要以后再联系时才交换,因此,美国商人在接受别人的名片时往往并不回赠。不管是否有人在场,都不要与女士谈论有关她个人的问题,如婚姻状况等,如果她自己说了,也只能简单问几句。

一般性的款待通常在饭店举行,小费通常不包括在账单里,一般是消费额的 15%。进餐时,宾主可以谈论生意。餐巾一般放在膝上,左手经常放在腿上,他们认为把肘部放在餐桌上是不文雅的举动,当然不少美国商人也不介意。美国商人有着不同的文化背景,也反映在丰富的食品上,他们出于健康原因,进食大量蔬菜和水果;同时,牛肉、猪肉和鸡肉也是大众化肉食。快餐店的普及从另一个侧面反映出美国商人的食物偏好和紧张的生活节奏。

在美国人口中 30%信奉基督教,20%信奉天主教。美国的宗教节日主要是圣诞节、复活节和感恩节。在美国,一般每逢节日、生日、婚礼时都有送礼的习惯。前往美国人家做客,最好带上一点中国特产作为礼物,如中国的茶叶、剪纸等。男子不要随便送美国女士香水、衣物和化妆品,易引起误解和麻烦。美国人忌讳与穿着睡衣的人见面,这是严重失礼的。美国人在饮食上一般没有什么禁忌,不吃蒜及酸辣味,忌食各种动物内脏。美国人最忌讳数字"13"、"星期五",忌讳谈有关私人性质的问题,如年龄、婚姻和个人收入等。美国人送礼在法律上有详细的规定,不提倡人际间交往送厚礼。美国人忌讳用蝙蝠做图案的商品和包装,认为蝙蝠是西欧凶神的象征。美国人喜爱白色,此外还有蓝色和黄色。

由于黑色在美国主要用于丧葬活动,因此美国人对黑色比较忌讳。

### （二）加拿大人的商务谈判礼仪与禁忌

枫叶是加拿大的国花,因而加拿大被称为"枫叶之国",象征着友谊,枫树则被定为加拿大的国树。加拿大人主要是欧洲移民的后裔,以英国、法国血统者为多。加拿大人大部分信仰天主教、基督教。

加拿大是和美国相邻的一个大国,但在礼俗上与美国人存在着很多区别。见面或告别时要行握手礼,相互亲吻对手脸颊也是常见的礼节。除密友之外,一般不宜直接称呼小名,对法语是母语的加籍谈判者,要使用印有英、法文的名片。约会要事先预约并准时,款待一般在饭店或俱乐部进行。就餐时要穿着得体,男士着西服、系领带,女士则穿裙子。进餐时间可长达 2~3 小时。

加拿大谈判者比美国商人更显得有耐心和温和,加拿大商人的时间观念很强,所以要严格遵守合同的最后期限。与加拿大商人谈判要注重礼节,情绪上要克制,不要操之过急。

对英裔商人要有足够的耐心,从开始接触到价格确定这段时间,要不惜多费脑筋,认真地斟酌,多用实际利益和事实来加以引导,稳扎稳打,切不可过多地施加压力。

对法裔谈判者应力求慎重,在未弄清对方的意图与要求之前切不要贸然承诺。另外,不要被对方的催促牵着鼻子走,主要条款与次要条款都要一丝不苟,力求详细明了和准确,否则不予签约,以免引起日后的麻烦。合同条款详尽而冗长时,对法裔谈判者还需准备法文资料和将合同译成法文。加拿大公司的高层管理者对谈判影响较大,应将注意力集中在他们身上,以使谈判能尽快获得成功。

在加拿大,人们忌讳白色的百合花,认为它会给人们带来死亡的气氛,因而百合通常在葬礼上使用。加拿大人也忌讳"13"和"星期五"。

### （三）英国人的商务谈判礼仪与禁忌

英国的国花是玫瑰。英国人绝大多数信奉基督教,只有部分北爱尔兰地区居民信奉天主教。

英国人以传统、保守著称于世。英国商人比较严肃、庄重、不苟言笑,特别讲究礼仪和绅士风度。在与英国商人进行社交活动时,男士要穿深色的西服,女士则要穿着西式套裙或连衣裙。他们相信"外表决定一切",因此,尽量避免感情外露,他们庄重、含蓄、自谦而富有幽默感。不要把英国人笼统称呼为"英国人",而应该具体地称呼其为苏格兰人、英格兰人或爱尔兰人。

英国人见面或告别时要与男士握手;与女士交往,只有等她们先伸出手时再握手。与英国人交谈时,应注视着对方的面部,并不时与之交换眼神,要注意使用敬语,不要问对方私事。英国人在非工作时间一般不进行公事活动,若在就餐时谈及公事更令人反感。英国人时间观念极强,赴约也十分准时。不要随意拜访英国人家,若受到对方的邀请,则应欣然而往,但切不可早到,否则是失礼的行为。在所谓谈判中,英国人说话办事都喜欢讲传统、重程序,英国人能随机应变,能攻善守。

赠送礼品是普遍的交往礼节。所送礼品最好标有公司名称,以免留下贿赂对方之谦。如被邀请做私人访问,则应赠送鲜花或巧克力等合适的小礼品。要明显表示出对长者的礼貌。英国人喜欢谈论其丰富的文化遗产、动物等,足球、网球、板球和橄榄球是很受欢迎的体育运动。

菊花在任何欧洲国家都只用于万圣节和葬礼,一般不宜送人。白色的百合花在英国象征死亡,也不宜送人。英国人忌讳"13",送鲜花时,宜送单数,而忌送双数和 13 枝。英国人还忌讳交谈时两膝张得过宽和跷二郎腿,站着说话时也不可把手插在口袋里,同时不可以在大庭广众前耳语以及拍打肩膀。英国人最忌讳打喷嚏,他们一向将流感视为一种大病。英国人十分回避"厕所"这个词,一般都使用其他暗示的方法。

### (四) 德国人的商务谈判礼仪与禁忌

德国有"啤酒之国"的美称。在德国,有一半的居民信奉基督教,另有约 46% 的人信奉天主教。

德国商人重视礼节,在社交场合中,握手随处可见,会见与告别时,行握手礼应有力。与德国商人约会要事先预约,务必准时到场。德国谈判者的个人关系是很严肃的,因此不要和他们称兄道弟,最好称呼"先生"、"夫人"和"小姐"。他们极重视自己的头衔,当同他们一次次握手,一次次称呼其头衔时,他们必然格外高兴。穿戴也不可太随便,有可能的话,在所有场合都应穿西装。交谈时不要将双手插入口袋,也不要随便吐痰,他们认为这些是不礼貌的举止。如果德国商人坚持要做东道主,可以愉快地接受邀请。应邀去私人住宅用晚餐或宴会,应随带鲜花等礼物。德国人性格刚强,自信心强,他们强调交往中的个人才能。在他们看来,生意场上的成功凭个人本事,公司只不过是提供了个人施展才华的舞台而已。公司员工的敬业精神很强。为了取得更大的工作成绩,不惜牺牲自己部分休息、娱乐时间。德国人与人交往之初,常常显得拘谨和含蓄,他们需要时间熟悉对方。

谈判时,穿着要整洁,举止要得体,处事要克制,不要主动提出没有依据的观点。在谈判时切忌迟到,如果你在商务谈判中迟到,那么德国商人对你的不信任感就会溢于言表。德国人在称呼时,往往在对方姓氏之前冠以"先生"、"夫人"或"小姐"。对博士学位获得者和教授,则在其姓氏之前添加"博士"、"教授"。因此知道谈判对手的准确职衔很重要,并在会谈中重视以职衔相称。

谈判时语气一般比较严肃,不会用开玩笑的方式打破沉默。他们希望人际之间保持距离,直到谈判有结果为止。但年轻的德国商人则随和一些。比较小型的会议也能使气氛轻松一些。

德国商人素来享有讲究效率的良好声誉。他们工作作风果断,厌恶谈判对方支支吾吾、模棱两可和拖拉推诿,忌讳与他们闲聊。

德国人讲究节约,反对浪费,他们把浪费看成是"罪恶"。他们忌讳四人交叉握手。忌讳蔷薇、百合,他们认为核桃是不祥之物。德国人忌讳"13",忌送刀、剪和餐叉等,因为这些物品有"断交"之嫌。除宗教禁忌外,德国人对颜色禁忌较多,包括茶色、黑色、红色、深蓝色。

### (五) 法国人的商务谈判礼仪与禁忌

法国是世界闻名的"奶酪之国",百合花是法国的国花,首都巴黎有世界"花都"之美称。法国人大多数信奉天主教,少数信奉基督教和伊斯兰教。法国人民族自豪感很强,天性浪漫好动,喜欢交际。

法国人在商务交往中对形式很重视,约会要事先预约,赴约必须准时到场。与法国人见面时要握手,告辞时应向主人再以握手告别。女士一般不主动向男士伸手,因而男士要主动问候,但不要主动向上级人士伸手。熟悉的朋友可直呼其名,对年长者和地位高的人士要称呼他们的姓。一般则称呼"先生"、"夫人"、"小姐"等且不必再接姓氏。

到法国洽谈生意时,严禁过多地谈论个人私事,因为法国商人不喜欢谈论个人及家庭的隐私。交谈话题可涉及法国的艺术、建筑、食品和历史等。

商业款待多数在饭店举行,只有关系十分密切的朋友才邀请到家中做客。在餐桌上,除非东道主提及,一般避免讨论业务。法国商人讲究饮食礼节,就餐时保持双手(不是双肘)放在桌上,一定要赞赏精美的烹饪。法国饭店往往价格昂贵,要避免订菜单上最昂贵的菜肴,商业午餐一般有十几道菜,要避免饮食过量。吸烟要征得许可,避免在公共场合吸烟。当主要谈判结束后设宴时,双方谈判代表团负责人通常互相敬酒,共祝双方能够保持长期的良好合作关系。受到款待后,应在次日打电话或写便条表示谢意。

法国人初次见面一般不送礼,第二次见面时则必须送礼物,否则会被认为失礼。法国人视鲜艳色彩为高贵,视马为勇敢的象征,视孔雀为恶鸟,忌核桃。在法国忌用仙鹤图案。菊花、杜鹃花在法国一般只在葬礼上使用,其他场合一般不能使用。法国人认为黄色和红色是不吉祥的颜色,认为黄色花象征不忠诚;忌黑桃图案,认为不吉利;忌墨绿色。法国人最忌讳初次见面询问对方年龄,尤其是女子。法国人忌讳数字"13"。

### (六) 俄罗斯人的商务谈判礼仪与禁忌

俄罗斯是个多民族的国家,主要信奉东正教,并以此作为国教。向日葵是俄罗斯的国花。

俄罗斯人性格开朗豪放,重礼好客,其礼俗兼有东西方的特点。俄罗斯人重视文化教育,整体文化素质很高,喜欢艺术品和艺术欣赏。俄罗斯人见面时一般行握手礼,朋友之间则亲吻脸颊和拥抱。在社交场合,处处尊重女性。俄罗斯商人做生意比较谨慎,在谈判桌上,他们擅长讨价还价,很有耐心,从不吝惜时间。

在日常交往中应该主动问候,与我国的称呼一样,在称呼上"您"和"你"有不同的界限,"您"用来称呼长辈和上级,以示尊重;而"你"则是用来称呼自己家的人、熟人、朋友、平辈、晚辈和儿童,表示亲切、友好和随意。

到俄罗斯人家里做客,可以送鲜花、酒、艺术品和书籍等。如果送花,要送单数而不能送双数,在俄罗斯人看来,双数是不吉利的。俄罗斯人忌讳别人送钱,认为送钱是对人格的侮辱。但俄罗斯人喜欢红色,忌讳黑色,忌讳"13",忌讳黄色的礼品和手套,忌讳用左手握手和传递东西。在公共场合不能抠鼻子、伸懒腰、大声咳嗽。初次见面时,不要过问他们的生活细节,尤其忌讳问女人的年龄。

### (七)日本人的商务谈判礼仪与禁忌

樱花是日本的国花,因而日本被誉为"樱花之国"。日本人喜欢樱花。

日本商人带有典型的东方风格,一般比较慎重、耐心而有韧性,自信心、事业心和进取心都比较突出。他们重视礼节和礼貌。与日本商界人士打交道,要注意服饰、言谈、举止的风度。与日本人初次见面,互相鞠躬,互递名片,一般不握手。没有名片就自我介绍姓名、工作单位和职务,如果是老朋友或者是比较熟悉的人就主动握手和拥抱。他们常用的寒暄语是:您好、您早、再见、请休息、晚安、对不起、拜托了、请多关照、失陪了等。日本人鞠躬很有讲究,往往第一次见面时行问候礼是30°,分手离开时行告别礼是45°。日本人盛行送礼,既讲究送礼,也讲究还礼。不过日本人送礼、还礼一般都是通过运输公司的服务员送上门的,送礼与受礼的人互不见面。日本人特别讲究给客人敬茶。敬茶时,要敬温茶,而且以八分满为最恭敬。日本人很重视人的身份地位,在商务谈判活动中,每个人对身份地位都有明确的认识,都非常清楚自己所处的位置、该行使的职权,知道如何谈话办事才是正确与恰当的言行举止。日本人有很强的时间观念,对迟到者较为反感。不要以为与你接触的日本人闭上眼睛就是打瞌睡,这时对方可能正努力聆听你所说的话。在商业性宴会上,日本人有急事会不辞而别,因为他们认为正式告别会打扰宴会的正常进行,是不礼貌的行为。

日本人很少在家款待客人,如被邀请到家里做客,那是一种礼遇。要准时赴约,并携带蛋糕或糖果作为礼品。日本人的卧室及厨房是家庭的隐私,除非主人主动邀请,不可窥看卧室及厨房,否则是很失礼的。一般对日本人的送礼不应立即接受,要再三表示感谢,等他执意要求收下后才接受。日本人在交谈中,不喜欢指手画脚。谈话时最好不要涉及第二次世界大战的事情。与日本人做生意,最好不要选在2月和8月,在日本这两个月是商业淡季。日本人不流行家宴,商业宴会也难得让妇女参加。商界人士没有携带夫人出席宴会的习惯。商界的宴会普遍是在大宾馆举行鸡尾酒会。日本人没有相互敬烟的习惯。与日本人一起喝酒,不宜劝导开怀畅饮。日本人接待客人不是在办公室,而是在会议室、接待室。他们不会轻易让人进入机要部门。日本人有"当天事当天毕"的习惯,时间观念强,生活节奏快。

日本人喜欢奇数(9例外),在商务谈判时,要照顾他们的感情,尽可能不用偶数。由于日语发音中"4"和"死"相似,"9"与"苦"相近,因此日本人忌讳4、9等数字。日本人很忌讳别人打听他的工资收入。日本的年轻女性忌讳别人询问她的姓名、年龄以及是否结婚等。送花给日本人时,忌送白花(象征死亡),也不能把玫瑰和盆栽植物送给病人。菊花是日本皇室专用的花卉,民间一般不能赠送。日本人爱好淡雅,讨厌绿色,认为绿色不祥,也不喜欢紫色、黑白相间色。在日本用手抓自己的头发是愤怒和不满的表示。在日本寄信时,邮票不能倒贴,倒贴邮票表示绝交。

### (八) 韩国人的商务谈判礼仪与禁忌

木槿花为韩国的国花,松树为国树,以喜鹊为国鸟,以老虎为国兽。

韩国是一个礼仪之邦,居民普遍注意礼貌礼节,尤其在尊老爱幼、礼貌待人方面更为注重。如晚辈对长辈,下级对上级,需要表示特别的尊重。男子见面,可打招呼,相互行鞠躬礼并握手,但女性与人见面时通常不与他人握手,而只行鞠躬礼。

韩国人很讲究礼节,很重视业务的接待,宴请一般在饭店举行。吃饭时所有的菜一次上齐。用餐时不能随便出声,不可边吃边谈,否则会引起韩国人的反感。饭后的活动,有的是邀请客人到歌舞厅娱乐、喝酒、唱歌,拒绝是不礼貌的。韩国人稳重有礼,一般不轻易流露出自己的感情,在公共场所不大声说笑,女性笑时还必须以手帕或手做遮挡。在韩国,妇女十分尊重男子,双方见面时,总是女性先向男子行鞠躬礼,致意问候。韩国在长幼次序方面有严格的礼节,男女同坐时,一般男子位于上座,女子位于下座。当众多人相聚时,往往也是根据身份高低和年龄大小依次排定座位。

在商务交往中,韩国人比较敏感,也比较看重感情,只要感到对方稍有点不尊重自己,生意就会"告吹"。韩国商务人士与不了解的人来往,要由一位双方都尊敬的第三者介绍和委托,否则不容易得到对方的信任。韩国人的民族自尊心很强,不宜谈论的话题有政治腐败、经济危机、南北分裂、韩美关系、韩日关系等。

韩国人大都爱白色,并且对熊与虎崇拜。忌讳"4",认为这个数字不吉利,因其音与"死"相同。因此在韩国没有四号楼,不设第四层,餐厅不排四号桌等。

### (九) 泰国人的商务谈判礼仪与禁忌

泰国人信仰佛教,泰国男子年满20岁后,都要出家经过三个月的僧侣生活,穿黄色僧衣,故有"黄衣之国"、"千佛之国"的美称。在泰国,佛祖和国王是至高无上的,切不可当着泰国人的面说对佛祖和国王轻率的话。

泰国人见面时,行合十礼,双掌相合上举,抬起在额与胸部之间,不超过双眼。双掌举得越高,表示尊敬程度越高,但地位高者、年长者还礼时手腕不得高于前胸。在泰国,若有尊长或年长者在座,其他人的头部都不得超过尊者、长者头部,否则是极大的失礼。

在举止动作上,泰国人有很多的禁忌,他们有"重头轻脚"的讲究。泰国人认为,人的头是神圣的,别人是不能碰的。给长者递物品必须用双手,给一般人递物品要用右手,因为他们认为左手是不洁净的。不可把物品越过他的头顶,从坐着的人身边经过时,要略微躬身以示礼貌。在睡觉时,他们忌讳"头朝西,脚向东",因为日落西方象征死亡,在泰国是停放尸体时的做法。脚除了用于走路之外,最好不要轻举乱动,否则很可能会冒犯朋友。因此,他们不准用脚来指示方向,不准脚尖朝着别人,不准用脚踏门,或是踩踏门槛。

睡莲是泰国的国花,是泰国人最喜欢的花卉。泰国人喜欢大象与孔雀,白象被视为国宝,他们喜欢红、黄色,并且对蓝色颇有好感,视蓝色为"安宁"的象征。但忌用红笔签名,因为他们视之为死人所受的待遇。

### (十)阿拉伯人的商务谈判礼仪与禁忌

阿拉伯人主要生活在沙漠中,性格豪爽粗犷,待人热情。阿拉伯人最重视名誉和忠诚,因此与阿拉伯人打交道时,要注意名誉和忠诚,以赢得他们的信任。阿拉伯人信奉伊斯兰教,这使得他们有独特的习俗与禁忌。在商务交往中,忽视了习俗与禁忌就不能从事商务活动,不尊重对方的教义和习俗,他们是不可能和你做生意的。同宗同族的人在做生意时占有天然的优势。

阿拉伯人重感情、讲信誉,争取他们的好感和信任,与之建立起朋友关系,是和他们进行商务往来的基础。在阿拉伯国家,不可能一次见面或是一次电话就做成一笔生意。如想向他们推销商品,前两次见面时最好都不要提,第三次才可稍微提一下,再访问一两次后,方可进入商谈。

在商务交往活动中,讨价还价是阿拉伯人做生意时的一个重要习惯。他们认为在买东西时与对方讨价还价是对对方的尊重。有意思的是,不讨价还价即将东西买走的人,还不如讨价还价却什么东西也不买的人受到店主的尊重。与阿拉伯人进行商务合作,一般都必须通过代理商。如果没有合适的阿拉伯代理商,其商务合作很难进展顺利。

在科威特、巴林等海湾国家的阿拉伯人家中做客,你最好保持良好的食欲,因为吃得越多,主人越高兴。在埃及人面前,不能把两手的食指碰在一起,他们认为这个手势是不雅的。伊拉克人忌讳蓝色,认为蓝色是魔鬼的象征;他们除不吃猪肉外,还不吃辣椒和大蒜。伊朗人不伸大拇指,以及禁忌外人评论婴儿的眼睛。阿拉伯各国都禁用六角星作图案。阿拉伯人不抽烟、不喝酒、不吃猪肉。吃饭、喝茶等不可以用左手。在办公室和其他社交场合,喝茶或咖啡以三杯为限。喝完后,要将杯子转动一下再递于主人,这种礼节动作表示"够了"、"谢谢"。少于两杯或大于三杯会被视为不礼貌或不懂规矩。

### （十一）印度人的商务谈判礼仪与禁忌

印度是个多民族国家。印地语为国语，英语为官方语言和商业用语。在印度，83％的居民信奉印度教，其次为伊斯兰教、基督教、佛教和犹太教等。

印度是一个东西方文化共存的国家，印度人传统的见面和告别多行合十礼。印度人在双手合十时，总是把双手举到脸部前才算合十。必须注意的是，切莫在双手合十的时候同时点头，那样就显得有点不伦不类了。在印度，妻子送丈夫出远门时，最高的礼节是摸脚和吻脚。现在，人们见面已多行握手礼，表示亲热时还要拥抱。对印度的女人不可行握手礼，应双手合十，轻轻鞠躬。男人不要碰女人，即使在公共场合也不和女人单独说话，妇女很少在公共场所露面。在印度南部的一些地方，人们平常用摇头表示同意和肯定。

牛被印度教视为"圣兽"，因此印度人对牛敬之如神，即使牛在街上漫步，也不可冒犯它，印度教徒不准吃牛肉，一般不用牛皮鞋和牛皮箱，但是喝牛奶是允许的。很多印度教徒是素食主义者，因此在宴请印度商人时，事先必须确认对方的饮食习惯。

印度男女多有佩戴各种装饰品的习惯，印度妇女喜欢在前额中间点吉祥痣，其颜色不同，形状各异，在不同情况下表示不同的意思，它是喜庆、吉祥的象征。

与印度人接触时，切忌用左手递东西给他，因为他们认为左手是不洁净的。印度人吃饭用右手抓取，递接事物也只准用右手，忌讳左手，伸左手是对别人的侮辱。在印度，除上洗手间外均不使用左手。头是印度人身体上最神圣的部分，故不可触摸他们的头部，也不要拍印度孩子的头部，印度人认为这样会伤害孩子。印度人忌讳在浴盆里洗澡，他们认为不流动的水为死水，孩子浴后会遭灾、夭折的。

印度人喜欢谈论文化的成就、印度的传统以及外国的事和外国人的生活。与印度人谈话应回避的话题是：宗教与民族斗争、印巴冲突、核武器和两性关系等。

阅读拓展

## 感情也能发挥作用

空中客车飞机制造公司成立于 20 世纪 70 年代，是由法国、联邦德国和英国合资组建的。由于当时世界经济萧条，各国航空公司营业均不景气，而"空中客车"公司又是才起步的新公司，要想打开局面，搞好外销工作，更是难上加难。

公司想向印度销售一批飞机，但印度政府初审后未予批准。能否挽回机会、改变印度政府的决定，就要看谈判人员的技巧了。贝尔那·拉弟埃受命于危难之际。拉弟埃稍做准备就飞往印度首都新德里，面对接待他的印航主席拉尔少将，拉弟埃开口说的第一句话是："我真不知道怎样感谢您,因为您给了我这样的机会,使我在生日这一天又回到了我的出生地。"通过开场白,他告诉拉尔少将,他出生于印度并深爱这片国土。随后拉弟埃解释,他出生时,父亲是作为法国企业家的要人派驻印度的。这些话使拉尔少将感到开心愉快,于是设宴款待拉弟埃。初战告捷,拉弟埃削弱了对手的敌对情绪,谈判气氛逐渐和谐、融洽。紧接着,拉弟埃又从包中取出一帧珍藏已久的相片,神色庄重地呈给拉尔少将:"少将,请看这张照片。""天啊,这不是圣雄甘地吗!"拉尔少将无限崇拜地感叹道。众所周知,甘地是印度人民衷心爱戴的一代伟人,在印度可说是妇孺皆知。拉弟埃正是投其所好,一步一步赢得拉尔少将的好感,以建立良好的谈判气氛。"请少将再看看,圣雄甘地旁边的小孩是谁?"少将注意到伟人身边那个天真的小男孩,但他端详许久,未能认出。"那就是我呀!"拉弟埃满怀深情地说,"那时我才三岁半,随父母离开贵国返回欧洲。途中,有幸与圣雄甘地同乘一艘船,合影留念。"拉弟埃无限幸福地回忆着往事。拉尔少将完全被感动了。这笔生意顺利达成协议。

贝尔那•拉弟埃的开场白发挥了重要作用,他大胆地利用情感拉近了与印度方面的关系,进而讲出自己曾经和圣雄甘地竟然有过相遇经历,这更增加了双方的共同感情。这个案例说明,了解对方的人文历史可能会发挥意想不到的特殊作用。

资料来源:方其.商务谈判——理论、技巧、案例[M].北京:中国人民大学出版社,2011.

# 【本章小结】

1. 礼仪是指人类社会活动的行为规范,是人们在社交活动中应该遵守的行为规则。主要特征表现为规范性、差异性、继承性和发展性。

2. 礼仪的原则与作用。礼仪的原则有:尊重原则、遵守原则、自律原则、适度原则。礼仪的作用表现在:①有利于提高人们的自身修养。②有利于规范人们的行为。③有利于改善人们的人际关系。④有利于提高整体形象。

3. 商务礼仪是指商务人员在商务交往活动中,用以维护企业和个人形象,对交往对象表示尊重与友好的行为规范和准则。其基本特征为依附性、服务性和差异性。

4. 商务礼仪的作用主要体现在:有利于塑造个人形象、有助于树立企业形象、促进商务活动的顺利进行。

5. 商务礼仪的原则有:尊重原则、遵守原则和互利互让原则。

6. 商务谈判礼仪主要包括:商务谈判迎送礼仪、商务谈判的会见礼仪、商务谈判洽谈礼仪、商务谈判宴请礼仪、参观与馈赠礼品的礼仪五个方面。

7. 礼节是指人们在交往过程中相互表示致意、问候、祝愿的惯用形式。商务谈判中的礼节包括商务谈判的基本礼节、商务谈判会面礼节、商务谈判交谈礼节、参加宴请的礼节、出席文体活动的礼节、进入外国人的办公室和住所的礼节、日常卫生、服饰、称呼、小费和舞会共 11 个方面。

8. 商务谈判文化差异。文化是指人类在创造物质财富的过程中所积累的精神财富的总和。由于不同社会或国家的文化是在不同的物质基础上建立起来的,所以,处于不同文化环境下的人们由于受到地理位置、经济因素、政治因素、民族因素以及宗教因素等的影响,在语言、价值观、态度等方面有着较大的区别,这就是文化差异。

9. 文化差异对商务谈判的影响有:①语言差异与非语言差异。②风俗习惯。③思维差异。④价值观。⑤人际关系。

10. 主要国家商务谈判礼仪与禁忌:美国人的商务谈判礼仪与禁忌、加拿大人的商务谈判礼仪与禁忌、英国人的商务谈判礼仪与禁忌、德国人的商务谈判礼仪与禁忌、法国人的商务谈判礼仪与禁忌、俄罗斯人的商务谈判礼仪与禁忌、日本人的商务谈判礼仪与禁忌、韩国人的商务谈判礼仪与禁忌、泰国人的商务谈判礼仪与禁忌、阿拉伯人的商务谈判礼仪与禁忌、印度人的商务谈判礼仪与禁忌。

## 【思 考 题】

1. 什么是礼仪?它具备哪些特征?
2. 礼仪应遵循哪些原则?它具有哪些作用?
3. 什么是商务礼仪?它具备哪些特征?
4. 商务谈判礼仪包括哪些方面?
5. 什么是礼节?商务谈判礼节包括哪些方面?
6. 文化差异对商务谈判有哪些影响?
7. 简述主要国家的交往习俗与禁忌,并将其进行比较。

## 【案例分析】

### 一次漏洞百出的接待

王磊今年大学毕业,刚到一家外贸公司工作,经理就交给他一项任务,让他负责接待最近将到公司的一个法国谈判小组,经理说这笔交易很重要,让他好好接待。

王磊一想这还不容易,大学时经常接待外地同学,难度不大。于是他粗略地想了一些接待顺序,就准备开始他的接待。王磊提前打电话和法国人核实了一下来的人数、乘坐的航班,以及到达的时间。然后,王磊向单位要了一辆车,用打印机打了一张 A4 纸的接待牌,还特地买了一套新衣服,到花店订了一束花,王磊暗自得意,一切都在有条不紊地进行。

到了对方来的那一天,王磊准时到达了机场,谁知对方左等不来,右等也不来。他左右看了一下,有几位老外比他还倒霉,等人接比他等得还久。他想,该不会就是这几位吧?于是,又竖了竖手中的接待牌,对方没有反应。等到人群散去很久,王磊仍然没有接到。于是,王磊去问询处问了一下,问询处说该国际航班飞机提前了15分钟降落。王磊怕弄岔了,赶紧打电话回公司,公司回答说没有人来。王磊只好接着等,周围只剩下那几位老外了,他想问一问也好。谁知一询问,就是这几位。王磊赶紧道歉,并献上由八朵花组成的一束玫瑰,对方的女士看看他,一副很好笑的样子接受了鲜花。王磊心想,有什么好笑的。接着,王磊引导客人上车,客人们便大包小包地上了车。

王磊让司机把车直接开到公司定点的酒店,谁知因为旅游旺季,对方早已客满,而王磊没有预订,当然没有房间。王磊只好把他们一行拉到一个离公司较远的酒店,这家条件要差一些,至此,对方已露出非常不快的神情。王磊把他们送到房间,一心想将功补过的他决定和客人好好聊聊,这样可以让他们消消气,谁知在客人房间待了半个多小时,对方已经有点不耐烦了。王磊一看,好像又吃力不讨好了,以前同学来我们都聊通宵呢!王磊于是告辞,并和他们约定晚上七点钟饭店大厅等,公司经理准备宴请他们。

到了晚上七点钟,王磊在大厅等,谁知又没等到。王磊只好请服务员去通知法国人,就这样,七点半人才陆续来齐。王磊想,法国人怎么睚眦必报,非得让我等。到了宴会地点,经理已经在宴会大厅门口准备迎接客人,王磊一见,赶紧给双方做了介绍,双方寒暄后进入宴席。王磊一看宴会桌,不免有些得意:幸亏我提前做了准备,把他们都排好了座位,这样总万无一失了吧。谁知经理一看对方的主谈人正准备坐下,赶紧请对方到正对大门的座位,让王磊坐到刚才那个背对大门的座位,并狠狠瞪了王磊一眼。王磊有点莫名其妙,心想:怎么又错了吗?突然,有位客人问:"我的座位在哪里?"原来王磊忙中出错,把他的名字给漏了。法国人都露出了一副很不高兴的样子。好在经理赶紧打圆场,神情愉快地和对方聊起一些趣事,对方这才不再板面孔。一心想弥补的王磊在席间决定陪客人好吃好喝,频繁敬酒,弄得对方有点尴尬,经理及时制止了王磊。席间,王磊还发现自己点的饭店的招牌菜辣炒泥鳅,对方几乎没动,王磊拼命劝对方尝尝,经理脸露愠色地告诉王磊不要劝,王磊不知自己又错在哪里。好在谈锋颇健的经理在席间和客人聊得很愉快,客人很快忘记了这些小插曲。等双方散席后,经理当夜更换了负责接待的人员,并对王磊说:"你差点坏了我的大事,从明天起,请你另谋高就。"王磊就这样被炒了鱿鱼,但他仍不明白自己究竟错在哪里?

资料来源:李昆益.商务谈判技巧[M].北京:对外经济贸易大学出版社,2008.

【讨论题】

1. 你认为王磊究竟错在哪里了?他应该如何改进?

2. 结合此案例,谈谈作为一名优秀的商务谈判人员,在整个商务谈判的过程中,应该注意哪些基本的礼仪?

# 第 五 章

# 商务谈判准备

"兵马未动，粮草先行。"

## 【学习目标与重点】

1. 商务谈判的组织准备。
2. 商务谈判的信息准备。
3. 商务谈判的方案制订。
4. 商务模拟谈判。

## 【关键词】

1. 主谈人(chief negotiator)
2. 谈判信息(negotiation information)
3. 谈判目标(negotiation objective)
4. 谈判主题(negotiation theme)
5. 模拟谈判(simulated negotiation)

## 案例导入

　　杰西卡·莫里森是西雅图药房网站的广告文案撰稿人，她觉得自己得到的报酬过低。她在公司工作了五年，得到了几次提升，职位头衔是副编辑，而事实上她所做的工作与文案撰稿人(级别要更高些)的工作是一样的。她每年的薪水是4.2万美元，她怀疑这份薪水要比与职责相同的其他人所领到的薪水少得多，于是她决定做些调查。她上网看了一下，找到了一些网站，将自己的报酬与一些工作头衔跟自己差不多的人进行了一番比较。结果不出所料：与她经历相似的人每年能赚5万～6万美元。所以她决定和经理谈一谈。"进去的时候我有些紧张，不过我已经做了调查。"结果她不仅得到了自己期望的职位头衔，而且，她的老板还在她所提议的薪酬范围内给她加薪了。"如果我没有准备任何信息就进去了的话,那么,也许就只能这样说了:'我觉得自己赚的钱不够'。"其结果就不会这样尽如人意了。

资料来源:利·汤姆森.谈判学[M].赵欣,陆华强,译.北京:中国人民大学出版社,2009.

# 第一节　商务谈判的组织准备

## 一、商务谈判人员的遴选

商务谈判人员的遴选是谈判组织准备工作中最关键的一环。没有具备良好素质的谈判人员,就不可能胜任艰苦复杂的谈判工作。谈判人员在掌握专业技能知识的同时,还应具备良好的综合素质。

### (一)谈判人员的气质、心理与意识

#### 1.谈判人员的气质性格

谈判人员应具备适应谈判需要的良好的气质性格。有些性格特征是不利于谈判的,如性格内向、孤僻多疑、不善表达、冷漠刻板、急躁粗暴、唯我独尊、嫉妒心强、心胸狭窄等。良好的气质性格应具备以下特征:大方而不轻佻、豪爽而不急躁、坚强而不固执、果断而不轻率、自重而不自傲、谦虚而不虚伪、活泼而不轻浮、严肃而不呆板、谨慎而不拘谨、老练而不世故、幽默而不庸俗、热情而不多情。

#### 2.谈判人员的心理素质

在谈判过程中会遇到各种阻力和对抗,也会发生许多突变,谈判人员只有具备良好的心理素质,才能承受住各种压力和挑战,从而取得最后的成功。谈判人员应具备的良好心理素质主要有以下几个方面。

(1)自信心。自信心是谈判者最重要的心理素质。所谓自信心,是指谈判者相信自己企业的实力和优势,相信集体的智慧和力量,相信谈判双方的合作意愿和光明前景,具有说服对方的自信和把握谈判的自信。没有自信心,就不可能在极其困难的条件下坚持不懈地努力,为企业争取最佳的谈判成果。自信心的获得是建立在充分调查的基础上,建立在对谈判双方实力的科学分析的基础上,而不是盲目的自信,更不是藐视对方轻视困难,固执自己错误的所谓自信。

(2)自制力。自制力是谈判者在谈判过程中遇到激烈的矛盾冲突而能保持冷静、克服心理障碍、控制情绪和行动的能力。谈判过程中难免会由于双方利益的冲突而形成紧张、对立僵持、争执的局面。如果谈判者自制力差,出现过分的情绪波动,如发怒、争吵、沮丧、对抗,就会破坏良好的谈判气氛,造成自己举止失态、表达不当,使谈判不能进行下去,或者草草收场,败下阵来。谈判者具备良好的自制力,在谈判顺利时不会盲目乐观,喜形

于色;在遇到困难时也不会灰心丧气,怨天尤人;在遇到不礼貌的言行时,也能够克制自己不发脾气。

(3) 尊重。尊重是谈判者正确对待自己、正确对待谈判对手的良好心理。谈判者首先要有自尊心,维护民族尊严和人格尊严,面对强大的对手不妄自菲薄、奴颜献媚,更不会出卖尊严换取交易。但同时谈判者还要尊重对方,尊重对方的利益,尊重对方的意见,尊重对方的习惯,尊重对方的文化观念,尊重对方的正当权利。在谈判中只有互相尊重,平等相待,才可能保证合作成功。

(4) 坦诚。坦诚的谈判者善于坦率地表明自己的立场和观点,真诚地与对方合作,赢得对方的了解和信任。虽然谈判双方都有自己的机密和对策,但是谈判的前提是双方都有合作的愿望。谈判就是通过坦诚、合理的洽谈和协商使合作的愿望变成现实。开诚布公、真诚待人的态度是化解双方矛盾的重要因素。坦诚应该是一切谈判的前提,也是双方差异最终消除的必要条件,更是双方长期合作的重要保证。

**3. 谈判人员的思想意识**

商务谈判的思想意识主要包括以下几方面。

(1) 政治意识。作为一个中国商务谈判者,要忠于中国共产党,忠于祖国,坚决维护国家主权,坚决维护民族尊严,分清内外,严守国家机密,严格执行保密规定,在经济活动中严格按照党的方针政策办事,正确处理好国家、企业和个人三者的利益关系。

(2) 信誉意识。作为谈判者,要把信誉看做商务活动的生命线,高度重视并维护企业良好形象,反对背信弃义谋取企业利益的做法。要具备廉洁奉公、认真负责、忠诚谦虚等好品德。

(3) 团队意识。谈判者具备对本企业的认同感、归属感和荣誉感,谈判组织成员之间具备向心力、凝聚力,团结一致、齐心协力。

(4) 合作意识。谈判者要自觉地将真诚的合作看作一切谈判的基础,以互惠互利作为谈判原则,善于借助一切可借助的力量实现自身利益,善于将竞争与合作有机统一起来。

(5) 效率意识。谈判者视时间为金钱、效益为生命,以只争朝夕的精神,力争花最少的时间和精力取得最好的谈判结果。

---

**【趣味阅读】**

　　有家日本公司要招聘一名营销人员,经过业务考试、面试等招聘环节,对数百名应试者进行挑选,最后从中挑出三位,准备接受总经理的面试。这三位优秀者,分别被请到总经理办公室,总经理给他们每人都布置了一个相同的任务:在总经理出差的三天时间内,把总经理买的一双有一个毫不起眼的疵点的皮鞋退还给某家商店。显然谁能出色地闯过这最后一关,谁就能从三人中胜出。

三天后,总经理分别把三人请到办公室。A先生汇报说:我第一天找到这家鞋店,一位年轻漂亮的小姐很有礼貌地接待了我,当她明白了我的意图后,她表示我的退鞋的要求完全合理,但很抱歉,她做不了主,因为她老板不在,请我明天再去。第二天我到了店里,那位小姐很热情地招待我,请坐奉茶,但满怀谦意地对我说,老板还没有来过,不知道什么时候会来。我等了好长时间,不见老板的踪影,只好告辞。回到家里,我仔细检查那双皮鞋,发现那双鞋的疵点在鞋后跟,不仔细看不会发现,而且这鞋的尺寸我正合适,所以我决定买下了。说完他把钱递给了总经理。

B先生的汇报和A先生的差不多,不同的是他第三天去的时候,碰到了老板,他终于把鞋退了。

C先生的表现看来最差了,他一连去了三天,但还是没有把鞋退掉。他向老板请求,允许他明天再去退鞋。

最后,老板宣布,C先生被公司录取了。A先生和B先生对此表示不满,总经理对他们说:三家鞋店的老板是我的朋友,是我要求他们帮我的忙。B先生去了三天,都没有退掉鞋,鞋款是从哪来的呢?B先生听后,红着脸走掉了。A先生去了两次,人家对他越来越热情,他没能坚持再去,而是找了个容易解决问题的办法。这种办法在以后遇到困难时都可以用吗?A先生听后无言以对。至于我们录取C先生,是因为他有诚实、坚定、不怕挫折的品质,这正是营销员所需要的品质。

**【启示】**

人的思想品质,是人一切行为的基础。挑选一名合格的谈判人员,不仅要有完善的标准,而且要有实事求是的态度和方法,要善于通过小节看出人的“大节”,以保证谈判安全、正常地进行。

## (二)谈判人员的知识结构和谈判经验

### 1. 谈判人员的知识结构

商务谈判者应具备较高的知识水平和科学的知识结构,主要包括以下几项。

(1)商务知识。作为商务谈判者,要系统掌握商务知识,如国际贸易、市场营销、国际金融、商品检验、国际商法等方面的知识。

(2)技术知识。作为商务谈判者,要掌握与谈判密切相关的专业技术知识,如商品学、工程技术知识、各类工业材料学知识、计量标准、食品检验、环境保护知识等。

(3)人文知识。作为商务谈判者,要掌握心理学、社会学、民俗学、语言学、行为学知识,要了解对方的风俗习惯、宗教信仰、商务传统和语言习惯。

**2．谈判人员的谈判经验**

谈判不是千篇一律的，每一次谈判都有谈判的共性和特殊性。要尽量挑选有多次谈判经验的人作为主谈人，并且要大胆选拔青年骨干，在实践中积累谈判经验。

## （三）谈判人员的才能

商务谈判者适应谈判所应具备的各种才能主要包括以下几项。

**1．观察判断能力**

商务谈判人员在交往活动中，需要与各种各样的人打交道，而且谈判的环境复杂多变，很多意想不到的事情都有可能发生。因此，不但要求谈判人员要善于察言观色，还要具备对所见所闻做出正确的分析和判断的能力。观察判断是商务谈判中了解对方的主要途径。在实践中，只有通过准确、仔细的观察判断，才能为了解对方、辨别信息真伪提供强有力的依据。

**2．社会交往能力**

谈判实质上是人与人之间思想观念、意愿感情的交流过程，是重要的社交活动。谈判人员应该善于与不同的人打交道，也要善于应对各种社交场合。这就要求谈判人员塑造良好的个人形象，掌握各种社交技巧，熟悉各种社交礼仪和礼节知识。

**3．现场调控能力**

谈判中会发生各种突发事件和变化，谈判人员面对突变的形势，要有冷静的头脑、正确的分析、迅速的决断，善于将原则性和灵活性有机结合，善于因时、因地、因事随机应变，处理好各种矛盾，变被动为主动，变不利为有利。

---

**【趣味阅读】**

一次，杨澜在广州天河体育中心主持大型文艺晚会。节目进行到中途，她在下台阶时不小心摔了下来。正当观众为这种意外情况吃惊时，她从容地站起来，诙谐地说："真是人有失足、马有失蹄啊！刚才我这个狮子滚绣球的表演还不到位，看来，我这次表演的台阶还不太好下。不过，台上的表演比我精彩得多。不信，你看他们！"

观众听到她略带自嘲的即兴发挥，忍不住大笑起来。这样，杨澜就巧妙地把观众的注意力转移到了台上。

**【启示】**

善于应变、权宜通达、机动进取是谈判者的必备的能力。

---

**4．语言表达能力**

谈判人员应该有较强的文字表达和口语表达能力。要精通与谈判相关的工作公文、协议合同、报告书的写作，掌握电脑技术，同时要善于言谈、口齿清晰、思维敏捷、措辞周全,善于驾驭语言,有理、有力、有节地表达己方观点。在涉外商务谈判中,要熟练掌握外语的听、说、写、译能力。

### 5．开拓创新能力

谈判人员要具备丰富的想象力和不懈的创造力,勇于开拓创新,拓展商务谈判的新思想、新模式,创造性地提高谈判工作水平。

### （四）谈判人员的身体素质

毛泽东曾经说过：身体是革命的本钱。谈判的复杂性、艰巨性,也要求谈判者必须有一个良好的身体素质。谈判者只有精力充沛、体魄健康,才能适应谈判超负荷的工作需要。

## 二、商务谈判人员的配备

商务谈判内容复杂、涉及面广,往往不是一个人即可承担和胜任的,需要集体谈判即谈判小组。所以,谈判的准备工作首先是要根据谈判的性质、对象、内容、目标等组织一个谈判班子。

### （一）商务谈判人员的配备原则

商务谈判人员的配备应遵循以下几项原则。

### 1．规模要适当

组建谈判班子,首先遇到的是人数问题。如果谈判小组人数太多,协调的难度就会增加;谈判小组人数太少,又会疲于应付,对谈判不利。谈判班子应由多少人组成,并没有统一的模式,一般是根据谈判项目的性质、对象、内容和目标等因素综合确定。当谈判涉及的项目相对容易时,本着容易控制、容易协调的原则,谈判队伍的人数可以适当减少;当谈判所涉及的内容复杂、技术性强,谈判难度相对较大时,人数可以适当增加。

英国谈判专家比尔·斯科特提出,谈判班子以 4 人为最佳,最多不能超过 12 人。这是由谈判效率、对谈判组织的管理、谈判所需专业知识的范围和对谈判成员调换的要求决定的。

依据上述原则的要求,谈判组织的规模不能太大,也不能太小,规模要适当。

### 2．知识、能力要互补

商务谈判是一项涉及商业、法律、金融、专业技术等多种知识的经济活动,而任何一个个体,其所拥有和掌握的知识总是有限的,而且存在着个体差异。因此,在组建谈判组织时必须做到知识互补,使谈判组织的成员都是处理不同问题的专家;还应当考虑到具体成员在能力上的互补。善于逻辑思维的人和善于发散思维的人组成谈判搭档,既可以减少谈判中的失误,又有利于对方案进行调整,或提出新的合作模式。此外,有些人善于表达,有些人善于观察,有些人善于思考,安排恰当的人员组合,使他们在能力上互补,往往会产生一加一大于二的效果。这样,通过谈判人员在知识、能力方面的相互补充,就可以形成整体优势。

### 3. 性格要协调

在一个较为合理而完整的谈判组织中,谈判人员的性格必须互补协调,即一个谈判集体要由多种性格的人员组成,通过"性格的补偿作用",使每个人的才能得到充分发挥,不足得到弥补。

谈判人员的个体性格,按行为类型基本上可以分为外向型与内向型两种。外向型人的特点是性格外露、善于交际、思维敏捷、处事果断,这类性格的人善于在谈判中"攻城拔寨",但是他们情绪易波动的个性特点使其在谈判中容易出现漏洞。对于外向型的谈判人员,或安排为主谈,或分派其了解情况或搜集信息等交际性强的工作;内向型人的特点是性格内向、不善于交际,独立性差,善于从事正常的、按部就班的工作,但有耐心,做事有条不紊,沉着稳健。内向型的谈判人,在谈判中思维缜密,不急躁,沉着冷静,但是他们往往过于保守,在谈判中处于被动地位。对于内向型的谈判人,或安排陪谈,或安排其从事内务性工作,如对资料、信息进行处理和加工等工作。在谈判组织构成中,只有将这两种性格特征的人结合起来,才能形成一个性格协调的健全群体。

### 4. 分工明确

谈判的成功往往与参与谈判的人员有密切的关系。这就要求在谈判中每个人都要有明确的分工,担任不同的角色。要有主角和配角,要有台前与台后,要有红脸与白脸,要有中心与外围,各成员要团结协作,职责分明,为了谈判的共同目标而贡献自己的力量。当然,分工明确的同时要强调大家都为一个共同的目标而努力合作,要服从谈判领导成员的统一安排。这就犹如一场高水平的交响乐,之所以最终赢得观众雷鸣般的掌声,往往与各位演奏家精湛的技艺与默契的配合有关。

## (二)谈判班子人员组成

在商务谈判中,根据谈判工作的作用形式,谈判组织可以由以下人员组成。

### 1. 主谈人员

主谈人员是指谈判小组的领导人,包含首席代表,是谈判班子的核心,是代表本方利益的主要发言人,整个谈判主要在双方主谈人之间进行。因此,主谈人水平的高低,直接关系到谈判的成败,他既要有企业家的敏锐眼光和决策能力,又要有宣传家的口才和思维逻辑,还要有外交家的风度和气质。在谈判中,主谈人员起着协调沟通或决定的作用,有效地调动小组成员的积极性、创造性,发挥每个成员的能力与智慧。

谈判班子的主谈人员应具备符合谈判这种高度竞智活动的特点及规律的能力和素养。他应当精通商务和国际市场营销实务,富有谈判经验,具有娴熟的策略技能;知识广博,思维敏捷,表达能力强;善于随机应变,处事果断,能应付变幻莫测的环境,在极大的压力下仍能做出正确的决定;兼备领导才能,能指挥和协调谈判组所有成员的活动,最大限度地发挥群体效应,使谈判小组成为一个团结一心的坚强集体。

在谈判过程中,主谈人要发挥核心作用,"言必信,行必果",使对方认识到主谈人言行的权威性,并要能设身处地考虑对方行为环境,对方意见的真实含义,增强双方合作的信心。同时也要能及时识破对方的假动作和"迷阵",找准主攻点,推动全局的进展。

谈判班子的主谈人应逐个向其他成员交代个人的任务和所扮演的角色,班子的成员必须服从主谈人的指挥。

**【趣味阅读】**

19世纪末,美、英、法、俄、德、意、奥、日八国联军,对中国发动了疯狂的侵略战争,先后占领了天津和北京。腐败的清政府毫无抵御能力,急忙屈膝求和。一次,清政府与八国"议和",会议开始之前,有一个帝国主义国家的代表,想借机欺辱中国,并显露自己的才能。他起身离席,阴阳怪气地对清政府代表说:"听说你们中国有一种独特的文学形式,叫作对联,要求语词对称,音调协调,严密工整。现在我出一上联,看你们能否对下联!"其帝国主义国家的代表极力为他捧场,齐声叫好。他傲慢地环视四周,油腔滑调地说:"我这上联是:'琵琶琴瑟八大王,王王在上',请对下联!"

八国代表马上明白了他话的寓意,发出一阵得意的狂笑,交口称赞,并瞧着中国代表们,看他们如何应对。

然而,腐朽无能的清政府代表,面对帝国主义分子的挑衅和戏弄,虽然胸有不平,但一时无词对答,只是尴尬地苦笑。八国代表越发得意忘形,恣意大笑。

就在这时,只见清政府代表身后一位秘书霍然站起,正气凛然,两眼圆睁,两道目光犹如电光扫过全场,会场顿时鸦雀无声。片刻,他以洪亮的嗓音说道:"既然外国人能想出上联,中国人就能对出下联!"他不慌不忙地说:"下联是:'魑魅魍魉四小鬼,鬼鬼犯边。'"

下半副对联文字严密、内容锐利,震慑群魔,使挑衅者相顾愕然,满脸窘态。

**【启示】**

谈判在某种程度上是双方谈判人员的实力较量。谈判的成效如何,往往取决于谈判人员的知识方面和心理方面的素质。谈判者自身具备相应的素质和修养,在谈判中具有善于思考和快速反应的能力,是谈判成功的关键所在。

主谈人员不仅仅是己方谈判过程中的指挥官,而且起着挂帅的作用。由于主谈人一方面掌握所属单位领导的意图,并使其在谈判小组从事的洽谈工作中得以实现,另一方面又可使谈判小组能够随时得到单位领导的指示,因此,主谈人员起着驾驭谈判进程的纽带作用,所以在一场谈判之中主谈人员的选择是至关重要的。主谈人员要能带领谈判人员坚持立场,用其敏捷的才思和出口成章的卓越口才灵活机智地应答对方随时可能提出的问题。根据大量不断变化的信息和不确定因素,适时地掌握谈判策略和进程。

### 2．专业人员

谈判班子应根据谈判的需要配备有关专家,选择既专业对口又有实践经验和谈判本领的人。根据谈判的内容,专业人员大致分为四个方面:①商务方面,如确定商品品种、规格、商品价格、敲定交货的时间与方式、明确风险的分担等事宜。②技术方面,如评价商品技术标准、质量标准、包装、加工工艺、使用、维护等事项。③法律方面,如起草合同的法律文件,对合同中各项条款的法律解释等。④金融方面,如决定支付方式、信用保证、证券与资金担保等事项。

谈判小组通常要由这四方面人员组成,有时遇到一个特殊的技术问题和法律问题,还需要聘请一些专家参加。对于一些规模较小的谈判,参加者也可兼顾两个或三个方面的业务,从而使小组人员得到精简。谈判小组有各方面人员参加,能够分工合作,集思广益,运用各种谈判技巧,有较大的回旋余地,它对谈判实力的增强不是简单的"叠加效应",而是获得"乘数效应"。当然,谈判小组由不同专业的各方面人员组成,会增加费用的支出,同时对问题难免会出现意见分歧,要做到统一认识、团结一致,需要有力的领导和协调。

### 3．法律人员

律师或法律专业知识人员通常由特邀律师、企业法律顾问或熟悉有关法律规定的人员担任,以保证合同形式和内容的严密性、合法性以及合同条款不损害己方合法权益。

法律人员要熟悉各种经济法律、法规,在国际商务谈判中还要懂得国际商法和有关国家、地区的法律规定,能够透彻掌握和解释合同、协议中各种条款的法律含义和要求,使得本企业在各种经济贸易交往中得到法律保障,在发生法律纠纷时,能有力地维护自身的利益。

### 4．财务人员

商务谈判中所涉及的财务问题相当复杂,应由熟悉财务成本、支付方式及金融知识、具有较强的财务核算能力的财务会计人员参加,协助主谈人员制定好有关财务条款。

### 5．翻译人员

在国际商务谈判中,翻译人员是谈判中实际的核心人员。一个好的翻译,能洞察对方的心理和发言的实质,活跃谈判气氛,为主谈人提供重要信息和建议,同时也可以为本方人员在谈判中出现失误寻找改正的机会和借口。对外贸易谈判往往会涉及许多复杂而又微妙的问题,主谈人或其他成员在发言时难免会出现失误的情况,高水平的翻译应能在翻译时巧妙地加以更正。有时当主谈人意识到自己出现口误时,可以与翻译默契地配合,找借口把口误的责任推到翻译身上,体面地下台阶。此外,通过翻译进行谈判,可以避免过早暴露自己的外语水平,利用翻译用另一种语言复述的时间,细心观察对方的反应,争取较多的思考时间,以决定下一步的行动。

### 6．其他人员

其他人员是指谈判必需的工作人员,如记录人员或打字员,其具体职责是准确、完整、及时地记录谈判内容,一般由上述各类人员中的某人兼任,也可以委派专人担任。其虽然不作为谈判的正式代表,却是谈判组织的工作人员。

谈判班子的组成人员并无一定限制,在力求精干的原则下,可以根据谈判项目的大小、工作的难易程度等情况来确定班子的规模。人数少的时候,可以一身兼数职,人数多的时候,比如,十几人至上百人时,可分成小组,如商务小组、技术小组、法律小组等,每个小组负责自己专业领域的谈判。

---

**【趣味阅读】**

战国时期,范蠡的次子因为杀了人,被囚禁在楚国的监狱里。他决定派自己最小的儿子到楚国去通融一下。可是,大儿子因为没派他去感到没面子,竟然要自杀。范蠡只好派长子前去,同时告诫他到了楚国一切要听自己的好友庄生安排。

范蠡的长子和随从带着一千两金子来到楚国后,按照父亲的嘱咐来找庄生。庄生明白了他的意思,于是让范蠡的长子马上离开楚国,而且保证他的弟弟会被保释。范蠡的长子听了之后假装离去,却自作主张留了下来。

这天,庄生觐见楚王时,对楚王说自己夜观天象,发现国家将有一场大灾难,建议大王大赦天下以避免这场灾祸。楚王听了庄生的话,于是下令赦免囚徒。

范蠡的长子听说后认为自己的弟弟当然也应该被释放,一千两金子白送了。于是他又来到庄生家。本来,他当初送给庄生一千两金子时,庄生并不想接受,但又怕他认为自己是拒绝帮忙,就先收了下来,准备事情办成后再还给范蠡。这时,见到范蠡的长子再次登门,庄生便明白了他的来意,让他把一千两金子带回去。

等范蠡的长子离开后庄生感到很愤怒。这种出尔反尔的态度不是对自己的愚弄吗?于是庄生又一次去见楚王说:"现在人们传说范蠡的儿子因为杀人被囚禁在我国,他家用大量的金子在贿赂大王的手下。大王本来是想实施仁政,如此一来,您的威望反而大大降低了。"楚王听了以后,立即下令把范蠡的二儿子杀掉,然后再赦免犯人。

这样,范蠡的长子哭哭啼啼地回家了。家里人听说此事后非常悲痛,只有范蠡明白,是他把老二害死的。

**【启示】**

作为谈判小组的负责人,就必须对每一位小组成员进行全方面的了解。一般来说,考察他们的性格特征、能力特征,选择情绪稳定、沉着冷静、责任心强的人员进入谈判班子,会推动谈判的进程,进而达到最佳的效果。

---

### (三)谈判人员的分工

当挑选出合适的人员组成谈判班子以后,就必须在成员之间做出适当的分工,也就是根据谈判内容和各人专长做适当的分工,明确各自的职责。

### 1. 谈判人员的基本分工与职责

谈判人员在分工上包括三个层次。

(1) 谈判小组的领导人或首席代表。第一层次的人员是谈判小组的领导人或首席代表,即主谈人。主谈人应当富有谈判经验,兼备领导才能,能应付变幻莫测的谈判环境。依谈判的内容不同,谈判队伍中的主谈人也应有所不同。如买产品材料的谈判,可由原料采购员、厂长或生产助理作为谈判主谈人,而对合同的争议,则由项目经理、销售部经理、合同执行经理或其他曾经参加过谈判的有关部门经理担任主谈人。

主谈人的主要任务是领导谈判班子的工作,其具体职责是:监督谈判程序;掌握谈判进程;听取专业人员的说明、建议;协调谈判班子的意见;决定谈判过程的重要事项;代表单位签约;汇报谈判工作。

(2) 懂行的专家和专业人员。第二层次的谈判人员是懂行的专家和专业人员,他们凭借自己的专长负责某一方面的专门工作。谈判队伍中的专业人员要能适应谈判工作的需要,从而有利于谈判的顺利进行。既要有熟悉全部生产过程的设计、技术人员,也应有基层生产或管理人员,更要有了解市场信息、善于经营的销售、经营人员。其具体职责是:阐明参加谈判的意愿和条件;明确对方的意图、条件;找出双方的分歧或差距;与对方进行专业细节方面的磋商;修改草拟的谈判文件中的有关条款;向主谈人提出解决专业问题的建议;为最后决策提供专业方面的论证。

在国际商务谈判中,翻译扮演着特殊的角色。一名好的翻译,在谈判的过程中,能洞察对方的心理和发言的实质,既能改变谈判气氛,又能挽救谈判失误,在增进双方了解、合作和友谊方面,可起到相当大的作用。翻译的职责是:①在谈判过程中要全神贯注,工作要热情,态度要诚恳,翻译内容要准确、忠实。②对谈判人员的意见或谈话内容如觉得不妥,可提请考虑,但必须以主谈人的意见为最后意见,不能向外商表达翻译个人的意见。③外商如有不正确的言论,应据实全部报告主谈人考虑。如外商单独向翻译提出,在辨明其无恶意的情况下,可做一些解释;如属恶意,应表明自己的态度。

谈判队伍中还有财经人员和法律人员。财经人员常由会计师担任,国际商务谈判要求他们熟悉国际间的会计核算制度。财经人员的职责是:掌握该谈判项目总的财务情况;了解谈判对方在项目利益方面的期望值指数;分析、计算、修改谈判方案所带来的收益的变动;为主谈人提供财务方面的意见、建议;在正式签约之前提出对合同或协议的财务分析表。法律人员是一项重大项目谈判的必要成员,其具体职责是:确认谈判对方经济组织的法人地位、监督谈判程序在法律许可范围内进行、检查法律文件的准确性和完备性。

(3) 谈判必需的工作人员。第三层次的人员是指谈判必需的工作人员,如速记打字员,他们不作为谈判的正式代表,只是谈判组织的工作人员,他们的职责是准确、完整、及时地记录谈判内容,包括双方讨论过程中的问题;提出的条件;达成的协议;谈判人员的表情、用语、习惯等。

### 2. 不同谈判类型的人员分工

不同的谈判内容要求谈判人员承担不同的具体任务,并且处于不同的谈判位置。具体以下面三种类型来加以介绍。

(1) 技术条款谈判分工。技术条款谈判应以技术人员为主谈人,其他的商务、法律人员等处于辅谈的位置。技术主谈必须对合同技术条款的完整性、准确性负责。技术主谈在把主要的注意力和精力放在有关技术方面的委托上的同时,必须放眼全局,从全局的角度来考虑技术问题,并尽可能地为后面的商务条款和法律条款的谈判创造条件。为了支持技术主谈,商务和法律人员应尽可能为技术主谈提供有关技术以外的咨询意见,并在适当时候回答对方有关商务和法律方面的知识,从不同角度支持技术主谈的观点和立场。另外,翻译人员要扮演好"润滑剂"的角色。

(2) 合同法律条款谈判的分工。在涉及合同中某些专业性法律条款的谈判时,应以法律人员作为主谈,其他人员为辅谈。一般来讲,合同中的任何一项条款都会具有法律意义,但条款中的某些法律条款的规定往往更强一些,这就需要专门的法律人员与对方进行磋商,即以法律人员为主谈。此外,法律人员对谈判全过程中法律方面的内容都应给予高度重视,以便为法律条款谈判提供充分的依据。

(3) 商务条款谈判的分工。商务条款谈判时要以商务谈判人员为主谈,技术人员、法律人员及其他人员处于辅谈地位。商务人员是整个价格谈判的组织者,但是,进行合同商务条款谈判时,仍然需要技术人员的密切配合,技术人员应从技术的角度给予商务人员以有力的支持。需要强调的是,在涉及谈判合同的商务条款时,有关商务条款的提出和磋商都应主要以商务人员为主做出,即商务主谈与辅谈的身份、地位一定不能搞乱,否则就会乱了阵脚。

### (四) 谈判班子人员的配合

谈判成员在明确自己的职责、进入自己的角色的同时,还必须按照谈判的目标和具体的方案与他人彼此呼应、相互协调和配合,真正演好谈判这一台集体的戏。所谓配合,就是指谈判中成员之间的语言及动作的互相协调、互相呼应。分工与配合是一个事物的两个方面:没有分工,就没有良好的配合;没有有机的配合,分工也就失去了其目的性和存在的基础。

成功的谈判,有赖于谈判人员集体智慧的发挥。当主谈人要求谈判人员为实现谈判策略目标充当某种特殊角色时,谈判人员要义不容辞地接受并有充分的信心和把握来完成。例如,当主谈人因口误把信息透露出来,翻译人员应在翻译过程中恰当地加以纠正,或者事后主谈人意识到自己的失误而有意把责任推卸给翻译时,翻译应"忍气吞声"地承认自己的"技术性错误",起到保驾护航的作用;当主谈人不便于反驳对方的观点,需要专家就某一专业问题充当"攻击手"时,专家理应挺身而出,舌战群雄,发挥集体智慧的力量;当对方处于困境,可能使谈判陷入僵局时,主谈人就要以"调和者"的角色缓和气氛,借替对方解围来劝说对方,给对方一个台阶下,使其妥协、让步。谈判人员之间的支持可以是口头上的附和,如"绝对正确","没错,正是这样"等;也可以是姿态上的赞同,如眼睛注视正在发言的主谈人,不住地点头等。谈判人员的这种附和、赞同对发言人是一种有力的支持,会大大增强发言人说话的分量和可信的程度。如果在主谈人提出己方的意见和观点时,其他谈判人员或是眼睛望着天花板,或者将脸扭向一旁,或在私下干自己的事,这不仅会影响己方主谈人的自信心,也会减弱己方主谈人讲话的力量。谈判小组内部成员之间的配合,不是一朝一夕就能够协调起来的,而是需要长期的磨合。

---

**【趣味阅读】**

　　在投标过程中,经常需要销售人员与技术人员搭档,同客户进行技术方案谈判和商务谈判。由于销售人员与技术人员的岗位和利益出发点都不同,往往想法也不同。比如,销售人员由于拿订单心切,会觉得技术人员有时候过于保守;而技术人员认为销售人员在过度承诺,会成为谈判中的一大难题。

　　公司经理把销售人员与技术人员召集在一起,并总结出了16字要诀:目标一致,分工明确,换位思考,互相掩护。

　　目标一致是指内部再不和,对外也要一致。否则,不仅会被对方钻空子,更会被对方看不起。

　　分工明确是指销售人员负责谈商务条款,技术人员负责谈技术条款,各司其职,不要轻易越俎代庖。

　　换位思考是指由于岗位不同、利益不同,销售人员与技术人员难免会出现"屁股决定脑袋"的现象,这时,就要求双方把自己的屁股挪一挪,站在对方的角度去想一想。因此,在行动中,要求大家做到事先沟通。比如,销售人员想给客户让价,应该先问问技术人员,如果让价,这些技术指标是否还能实现?技术人员要拒绝客户的某些要求时,能不能先征求一下销售人员的意见。

　　互相掩护是指当团队其他人员谈得不顺利或有破绽时,要立马"引火烧身",接过话题或转移话题,以掩护团队成员撤退,不能让自己的成员晾在那儿给别人看好戏,要充分发扬团队精神和团队智慧。

　　经过一番整顿和调理,销售人员与技术人员的默契配合程度大为提高,后来一些聪明的销售人员和技术人员还会互相利用对方作为 missing man,即幕后人物,以此互相借力,做到进退有序。

**【启示】**

　　谈判者的目的、岗位、利益不同,会导致谈判配合方面的不默契,甚至一个人的性格、习惯、思考方式、地位的不同,也会造成"兄弟阋于墙",所以,从专业角度和谈判角度明确每个人的角色之后,我们还需要根据个案,为我们的谈判团队制定有针对性的人员配合策略,这样才有可能提高整体的默契度,完成整个团队的谈判目标。

# 第二节　商务谈判的信息准备

## 一、谈判信息的概念和作用

### (一)谈判信息的概念

　　信息从词义上是指音信、消息。在信息论中 是指用符号传送的报道,报道的内容是接收符号者预先不知道的。情报学中是指对客观世界中各种事物的变化和特征的反映,是客观事物之间相互作用和联系的表现,是客观事物经过感知或认识的再现。

　　谈判信息是指对那些与谈判活动有着紧密联系的各种情况及其属性的一种客观描述。一般来说,对谈判者有用的信息应具有以下三个基本特征:①必须是质量较高的。②必须是及时的,当谈判者需要时就能获得。③必须是完全的和相关的。

### (二)谈判信息的作用

　　不同的谈判信息对谈判活动的影响是不同的,有的起着直接作用,有的起着间接作用。谈判资料和信息在商务谈判中的作用主要表现在以下四个方面。

　　第一,谈判资料和信息是制定谈判战略的依据。谈判战略是为了实现谈判的战略目标而预先制定的一套纲领性的总体设想。谈判战略正确与否,在很大程度上决定着谈判的得失成败。一个好的谈判战略方案应当是战略目标正确可行、适应性强、灵敏度高,这就必须有大量可靠的资料信息作为依据。知己知彼,百战不殆。在商务谈判中,谁在谈判资料和信息上拥有优势,掌握对方的真正需要和他们的谈判利益界限,谁就有可能制定正确的谈判战略。

　　第二,谈判信息是控制谈判过程的手段。要对谈判过程做到有效控制,必须先掌握"谈判的最终结果是什么,对手需要的究竟是什么"这一谈判信息,依据谈判战略和谈判目标的要求确定谈判的正确策略。为了使谈判过程始终指向谈判目标,使谈判能够按照己方的步骤进行,必须有谈判资料和信息作为保证。

　　第三,谈判信息是谈判双方相互沟通的中介。在商务谈判活动中,尽管各种谈判的内容和方式各不相同,但有一点是共同的,即都是一个相互沟通和磋商的过程。沟通就是通过交流有关谈判资料和信息以确立双方共同的经济利益和相互关系。没有谈判资料作为沟通中介，谈判就无法排除许多不确定的因素，就无法进一步磋商，也就无法调整和平衡双方的利益。因此，掌握一定的谈判资料信息，就能够从中发现机会与风险，捕捉达成协议的支撑点，使谈判活动从无序到有序，促使双方达成协议。

第四，谈判信息是商务谈判成败的决定性因素。对于每一场商务谈判，其主体、标的、议题都可能不一样，受影响和制约的因素也不一样，但也都包含着三个影响谈判的决定性变数：权力、时间、信息。就一项商务谈判而言，不仅仅是价格的高低和结算方式问题，还涉及利益的变化、利率的变动、资金供求情况等，对这些信息的了解和掌握与否直接影响谈判的结果。信息始终是商务谈判成败的关键因素之一。

---

**【趣味阅读】**

我国某厂与美国某公司谈判设备购买生意时，美方报价 218 万美元，我方没有还盘，美方降至 128 万美元，我方仍未还盘。美方诈怒，扬言再降 10 万美元，118 万美元不成交就回国，我方代表因掌握美方交易历史情报，所以不为美方威胁所动，坚持再降。第二天，美国商人果真回国，我方毫不吃惊，果然几天后美方代表又回到中国继续谈判。我方代表亮出在国外获取的情报，美方在两年前以 98 万美元将同样的设备卖给匈牙利客商。情报出示后，美方以物价上涨等理由解释一番后将价格降至合理水平。

**【启示】**

俗话说："知己知彼，百战不殆。"这句话虽然是针对军事战争的，但同样也适用于商务谈判。谈判者只有掌握大量的有关情报信息，才能正确地认识自己，掌握谈判对手的实际情况，确定自己的谈判目标和制订切实可行的行动计划。

---

## 二、商务谈判信息的主要内容

商务谈判信息的内容主要包括"知己"、"知彼"、"知他"、"知环境"。

### （一）"知己"

"知己"是指谈判者要了解自己。谈判成功的关键是谈判者要了解自己，重点在于评估自己的实力，主要内容如下。

#### 1. 经济实力的评价

己方经济实力包括当前形势及环境状况、己方产品性能、产品的规格、主要的用途、产品质量、财务状况、销售情况、采购状况、设备状况、广告策略、服务项目等。己方经济实力的评价可以从己方经济组织的计划、经营、财务、履约等方面进行评价。掌握己方经济实力评价的信息,在商务谈判中有针对性地发挥己方拥有的优势,有备无患,当对方在谈判中提出有关问题时做到心中有数,从容应对。

**2．谈判策略与目标**

己方的谈判策略与目标包括此项谈判己方的最大让步限度、最高的目标、实现目标的最佳方案和预备方案、商务谈判的策略和准备使用的战术措施等。

**3．谈判人员的心理准备**

商务谈判人员必须做好充分的心理准备。一是要有遇到强硬对手的心理准备;二是要有进行"马拉松"式谈判的心理准备,在设计谈判方案时应尽量把困难考虑得多一些,把谈判过程考虑得复杂一些,把谈判时间考虑得长一些;三是做好谈判破裂的心理准备,以便应付各种突然的变化,事先准备应对各种变化的预备方案。

**4．谈判的有关资料**

对本次谈判的资料要在谈判前进行充分的搜集、整理和分析;同时必须携带谈判中可能需要的各种资料,包括产品的价格表、产品目录、产品样本等。

## (二)"知彼"

"知彼"是指要了解谈判对手。兵法云:"用师之本,在知敌情。未知敌情,则军不可举。""知彼"主要包括以下内容。

**1．经济实力和资信**

对方的经济实力和资信包括对方的财务状况、流动资金状况、盈亏状况以及经营管理状况;包括产品的生产、销售、售后服务状况;包括合同的履约情况、收付款期限和方式;包括竞争对手的市场目标和竞争方式等。掌握了对方的经济实力与资信信息,才能确定交易的可能规模,判定是否与对方建立长期的商务关系。

**2．真正的需求**

对方真正的需求包括此次谈判的真正目的,通过谈判想要达到的目的,可能接受的最高、最低交易条件等。当然,对方的需求可能有许多方面,所以还要分析对方需求的差异性。掌握对方真正需求的信息,才能有针对性地采取各种策略,有针对性地围绕对方的需求和交易条件进行协商,促使交易成功。

**3．谈判人员的权限**

如果对方参加谈判的是主要决策人物,说明对方很重视此次谈判。如果对方参加谈判的人员地位较低,己方就应了解对方是否得到授权以及在多大程度上能够独立做出决定等。在商务谈判中要切记,与没有任何决定权的人谈判等同于浪费时间,而且可能会泄露己方的商业信息。

**4．谈判的诚意**

判断对方谈判的诚意需要了解对方是否将我方视为唯一的谈判对手,对方对我方的评价和信任程度等。掌握这些信息可以更好地设计商务谈判方案，争取主动。

**5. 谈判的期限**

谈判期限的压力常常迫使谈判者不得不采取快速行动，甚至立即做出决定。掌握这些信息，可以利用对方的压力促使对方接受有利于己方的条件，所以实战中我们强调一般不能事前泄露谈判的期限。

**6. 谈判的风格**

谈判的风格是谈判人员在多次商务谈判中反复表现出来的一贯风格，包括个人性格脾气、品德、价值取向、经验和情绪等。了解对手的谈判风格可以更好地采取相应的对策，争取有利地位。

### （三）"知他"

"知他"是指了解己方的竞争对手和对方的竞争对手。对谈判而言，仅仅做到"知己知彼"是远远不够的。商人最担心的是有竞争对手，但现实中几乎没有什么经营不存在竞争对手。竞争对手的存在会削弱谈判者的实力和地位。了解己方的竞争对手是为了应付对方"利用竞争对手"策略，了解对方的竞争对手是为了己方采用"利用竞争对手"策略削弱对方的谈判实力和地位。竞争者信息的主要内容包括以下几项。

**1. 现有竞争者情况**

现有竞争者情况包括现有竞争对手的产品情况，产品的数量、品种、性能、包装等方面的优缺点；现有竞争对手的价格情况，如价格策略、让价的措施、付款方式；现有竞争对手的销售途径，如关销售网点、储运能力；现有竞争对手的信用情况，如企业的成长史、履约、资信等级；现有竞争对手的促销措施，如人员推销、广告宣传、营业推广、公共关系等。现有竞争者情况的分析，可以让己方清楚地知道双方的优势和劣势对比，并制定出相应的竞争策略。

**2. 未来竞争者情况**

未来竞争者情况是指未来可能出现的竞争情况，包括可能出现的竞争对手、替代产品等，包括本行业的市场特点和将来的发展趋势。分析未来竞争者的情况，有利于明白将来面临的机遇和挑战；掌握这些信息，有利于正确认识己方在竞争中所处的地位，把握谈判的主动权。

### （四）"知环境"

商务谈判是在特定的环境中进行的，宏观环境的各种因素，如政治状况、宗教信仰、法律制度、社会习俗、商业习惯、财税金融、基础设施、气候因素、科技信息等都会直接或间接影响商务谈判。

### 1. 政治状况

政治与经济是紧密相连的,政治对于经济具有很强的制约力。任何一国的政府,总是为解决本国特殊环境所遇到的种种问题而制定和推行一系列认为必要的经济政策,具体包括:对方国家和地区政府与经济组织的关系,包括国有资本介入企业的程度、国家对企业的干预方式、谈判项目是否与政府有关等;对方国家和地区政局的稳定状况,包括政府首脑机构的更替、政治体制的改变、社会动荡和战争爆发、政府经济政策的变化、国家关系的发展变化等。

### 2. 宗教信仰

当前,无论是经济发达国家,还是经济发展中国家,宗教问题无不渗透到社会的各个角落。宗教信仰影响着人们的生活方式、价值观念及消费行为,也影响着人们的商业交往。商务谈判面对宗教的有关问题,如宗教的信仰和行为准则、宗教活动方式、宗教的禁忌等对商务活动会产生直接的影响,这些是商务谈判人员必须了解的。

### 3. 法律制度

法律制度和政治制度一样,都对商务谈判有着无形的控制力,涉及企业在国际商务往来中,不可避免地遇到各种各样的法律问题,只有清楚地了解其法律制度,才能减少商业风险。商务谈判中主要了解该国的法律制度是什么;在现实生活中,法律的执行程度如何;该国法院受理案件的时间长短;该国在执行国外的仲裁决议或法院的判决时需要什么程序;该国是否有完全脱离谈判对手的可靠的律师等问题。

### 4. 社会习俗

社会习俗是指不同的国家及地区由于其文化背景、宗教信仰等方面的不同而形成的独特、典型的行为方式及行为标准。它们对商务谈判都会产生一定的影响。比如,在衣着、称呼、日常行为等方面,什么是合乎社会规范的标准?是否只能在谈判桌上谈业务?饮食等方面都有什么特点?送礼及礼物的选择有什么特殊的习俗?妇女的地位如何?对待名誉、批评的态度等。

### 5. 商业习惯

由于各方面的原因,世界各国、各民族都形成了各具特色的商业习惯,作为涉外贸易谈判人员,必须了解和掌握目标市场的商业习俗和做法,才能在业务交往中采取有效的方法,保证商务活动的正常开展。例如,要了解对方国家和地区经济组织的经营方式、谈判和签约的方式与习惯、商业间谍的活动状况、商务活动中的行贿索贿情况等惯例。

### 6. 财税金融

主要是了解我国和对方国家及地区的财税政策。主要包括外汇储备及获取外汇的主要产品、外债情况、货币的自由兑换程度、国际支付方面的信誉、外汇付款的环节、征免税收的条件、该国适用的税法、银行利率的调整等情况。

### 7．基础设施

主要是了解当地的人力、物力和配套设施情况。是否有足够的必要的熟练工人和有经验的专业技术人员，能否保证水、电以及能源的供应，公路、铁路、航空等运输能力如何，土地使用费是否便宜，有没有资金雄厚、实力相当的承包商，建筑材料、设备是否合乎要求等。

### 8．气候因素

气候因素对商务谈判也会产生多方面的影响。例如，该国家雨季的长短，冬季的冰雪霜冻情况，夏季的高温情况，以及台风、风沙、地势等情况，这些气候状况因素对商务谈判标的物的物流环节会产生巨大的影响。

### 9．科技信息

主要是要在谈判前搜集谈判标的物在专利转让或应用方面的资料，搜集该产品开发前景和开发费用方面的资料，搜集该产品与其他产品在性能、质地、标准、规格等方面的资料，搜集对该产品的品质或性能进行鉴定的重要数据或指标及其各种鉴定方法和鉴定机构等信息。

---

**【趣味阅读】**

在某次交易会上，中方外贸部门与一客商洽谈出口业务。在第一轮谈判中，客商采取各种招数来磨我们，罗列过时行情，故意压低购货的数量。中方立即中止谈判，搜集相关的情报，了解到日本一家同类厂商发生重大事故停产，又了解到产品可能有新用途。在仔细分析了这些情报以后，谈判继续开始。中方根据掌握的情报后发制人，告诉对方：我方的货源不多，产品的需求很大，日本厂商不能供货。对方立刻意识到我方对这场交易背景的了解程度，甘拜下风。在经过一些细节的交涉之后，对方乖乖就范，接受了中方的价格，购买了大量该产品。

**【启示】**

掌握情报，后发制人。

---

## 三、谈判信息的收集方法

在日常的商务交往中，企业都力求利用各种方式收集大量的信息资料，为谈判所用，这些方法及其途径主要包括以下几种。

### 1．收集分析"公开情报"

"公开情报"的载体形式很多，主要有文献资料、统计报表、报纸杂志、书籍年鉴、图表画册、广播电视、报告、广告、用户来信、商品目录、企业情况简介、报价单、说明书等。谈判人员应把这些资料收集整理起来，进行分析研究，就能获得我们所需要的有关谈判的情报信息。这种办法投资小、效率高、简便易行,信息一般真实可靠。

【趣味阅读】

　　第二次世界大战的时候,一位名叫伯尔托尔德·雅各布的作家出版了一部有关希特勒新军组织情况的小册子。

　　在这本书中,他描绘了德军的组织结构、参谋部的人员布置、部队指挥官的名字,甚至涉及了最新成立的装甲师的步兵小队,并列举了168名指挥官的名字。这些都属于德军的军事绝密资料。这本书的出版引起了希特勒的极度恐慌,他下令逮捕了雅各布。

　　在盖世太保的审讯室,德军情报处顾问瓦尔特·尼古拉上校对雅各布进行了严刑逼问。而雅各布的回答却大大出乎盖世太保的意外。雅各布告诉盖世太保,这些所谓的"军事机密"均出自公开的新闻媒体。

　　文中所涉及的第17师团指挥官哈济少校驻扎纽伦堡,取自纽伦堡报纸的一个讣告,上面报道说新近调驻纽伦堡的第17师团的指挥官哈济少将要出席葬礼。而在另一份乌尔姆的报纸中,他读到了一则新闻,这则新闻报道了菲罗夫上校的女儿和史太梅尔曼少校举行婚礼仪式的消息,该报道提到了菲罗夫是第25师团的第36联队的指挥官,而史太梅尔曼少校的身份是信号军官。审问至此已真相大白,原来,雅各布并不是间谍,他只是留心了新闻媒介的报道,巧妙地取得了间谍才能取得的情报。

【启示】

　　信息情报就好像是谈判桌上谈判人员的给养,只有掌握了深入细致的情报信息,才能更好地制定出相应的战略决策,在扑朔迷离的谈判桌上争取到主动权。

　　从案例中不难看出,收集信息是每一位谈判专家在谈判前都必须做的事情,即使是看起来微不足道的信息也会对谈判的进展起到重要作用,有可能在这些不足道的信息之中就隐藏着对谈判有益的实质内容,所以资料收集者要善于以小见大,善于对资料利用分析。资料的收集与分析越是充分,其可行性研究工作就越是准确,制定的策略则会越发有效。

## 2. 直接调查

　　直接调查法是指由谈判人员通过直接、间接地接触获取有关情况和资料的方法,如通过企业的往来银行获得谈判对手的财务状况、经营情况、设备的技术水平、企业管理水平、工人的劳动技能等信息。通过向本企业那些曾经和对方有过交往的人员进行了解,也可以通过与谈判对手有业务往来的企业了解,还可以通过函电的方式直接与对方联系等,来了解谈判对手的经营特点、谈判的各种习惯以及有关人员等方面的情况。

### 3．建立情报站

在收集谈判信息情报的过程中，不要"守株待兔"、坐等情报上门，而应积极主动，通过设立情报网、建立驻外办事处、在目标市场设立情报站等办法，及时、有效地收集第一手信息资料，使谈判信息资料持续不断，真实可靠。如日本四大综合商社之一的伊藤忠商株会社早在20世纪80年代就把"触角"伸到全世界70多个国家，120多个城市，从事经济开发、海外贸易，并专门设有一个"调查情报部"。派出国人员900多人，同时还雇佣了当地的2 000多人。情报部一天24小时不停地收到来自世界各地的大量经济情报，以及同经济有关的政治情报。他们对这些情报进行综合分析，使原始的情报资料变成对谈判交易活动有用的市场信息。

### 4．委托购买

在经济发达的国家，人们可以通过信息咨询服务系统十分快捷地查询、调查、收集有关的信息。信息提供者可以是企业，也可以由社会的专门机构提供。目前，我国企业收集处理信息的系统比较落后，社会专门提供信息咨询服务的中介机构也很有限。在涉外谈判中，可以委托或雇佣国外咨询机构为自己提供所需要的情况及购买信息，这是十分有益和必要的，将为谈判决策提供重要的依据。

### 5．电子媒体收集

电子媒体是指电话、电脑、广播、电视等媒体。电子媒体收集信息的作用越来越重要，通过电子媒体收集信息有许多优点：它传播速度快，可以及时获取最新信息；它传播范围广，可以毫不费力地收集到各个国家的重要信息；它表现力生动，电脑、电视媒体可以提供声音、图像、文件，提供真实的现场情景，尤其是电脑存储的信息相当丰富。

### 6．观察法

观察法是指调查者亲自到现场收集事物情景动态信息。这种方法可以补充以上几种方法的不足，通过亲自观察得到最为真实可靠的信息。但是这种方法也有局限性，例如，受交通条件限制有些现场不能亲自去观察，受观察者自身条件限制，观察难免不全面，也难免受主观意识的影响而带有偏见。

### 7．实验法

实验法即对调研内容进行现场实验的方法。如通过商品试销试购、谈判模拟等方法来收集事物动态信息。这种方法比观察法又进一步，可以发现一些在静态时不易发觉的新信息。

### 8．使用商业间谍

在商务谈判中使用商业间谍是一种极富诱惑性的手段，虽然人们对此讳莫如深，但在现实经济生活中却是实际存在的。谈判学专家卡洛斯认为："没有其他收益比这个（指商业间谍——编者）更快……而大部分的买方和卖方，特别是大公司里的人，都生活在一个不太可靠的世界里，他们常常忽略被刺探的可能性，也可能是因为他们从来也没有想到要去刺探别人。我们相信商业间谍正在与日俱增，因为赌注是如此之高，成本是如此之低，而收益又是如此之快。所以这是一种不可避免的趋势。"

商业间谍的一些做法是合法的，尽管其中不少在道义上有问题，谈判人员在必要的情况下可以打这种擦边球，以获得对方充足的情报。至于违法的手段，则不宜采用，以免引入争端。

## 四、谈判信息的整理和筛选

对收集来的谈判信息资料，要为我所用，发挥其作用，还必须经过信息的整理和筛选。

整理和筛选的目的在于，一方面鉴别资料的真实性与可靠性，去伪存真。在商务谈判前，有些企业和组织故意提供虚假信息，掩盖自己的真实意图。另外，由于各种原因，有时收集的信息可能是片面的、不完全的，通过信息的整理和筛选得以辨别。另一方面，在保证真实、可靠的基础上，结合谈判项目的具体内容，对各种信息进行排队，以确定哪些信息对此谈判是重要的，哪些是次要的，并在此基础上制定出具体的谈判方案和对策。

信息情报的整理和筛选要经过分类、比较和判断、研究、整理四个程序。

（1）分类。即将所得资料按照专题、目的、内容等进行分类。

（2）比较和判断。比较即分析，通过分析了解资料之间的联系，了解资料的真实性、客观性，以做到去伪存真。

（3）研究。在比较、判断的基础上，对所得资料进行深化加工，形成新的概念、结论，为己方谈判所用。

（4）整理。将筛选后的资料进行整理，做出完整的检索目录和内容提要，以便检索查询，为谈判提供及时的资料依据。

另外，还要注意信息的保密工作，关键的谈判信息的泄露，有时会导致谈判全局的失败。

# 第三节　商务谈判的方案制订

## 一、制订商务谈判计划

谈判计划是人们在进行谈判之前，预先拟订的谈判目标和实现目标的步骤。制订紧密细致的谈判计划是保证谈判顺利进行的必要条件。

### （一）确定商务谈判的目标

#### 1. 确定商务谈判的主题

谈判的主题是指参加谈判的目的，而谈判目标则是谈判主题的具体化，整个谈判活动都是围绕主题和目标进行的。在实践中，一次谈判只为一个主题服务，因此在制订谈判方案的过程中要以主题为中心。谈判主题必须简单明确，为确保全体谈判人员能牢记谈判的主题，在表述上不可赘述，而应言简意赅，尽量用一句话概括和表述，比如，"以最优惠的条件引进某项技术"或"达成一笔交易"等，至于什么是最优惠的条件和如何达成这笔交易就不是主题的问题，而是谈判目标的问题。谈判方案中的主题，应是己方可以公开的观点，不必过于保密。另外，谈判主题不一定非得与对方经过磋商的谈判主题完全一致。

**2. 确定谈判目标**

在谈判的主题确定以后，接下来的工作就是这一主题的具体化，即制定出谈判目标。商务谈判目标是指经过谈判在各项交易条件上应达到的结果和标准。商务谈判目标是对谈判要达到结果的设定，是指导谈判的核心，是对主要谈判内容确定期望水平。目标制定得正确与否，以及能否达到目标，意味着谈判活动的成败与效率的高低。作为谈判者，在收集到信息资料之后，就要针对谈判双方的形势及信息资料进行分析、综合，充分考虑各方面因素的影响，确定谈判目标。

任何商务谈判都是为了达成一定的目标。但仅制定一个单一的谈判目标是不够的，还应该从总体上综合考虑谈判可能出现的结果，并制定相应的目标，使之具有一定的弹性，经双方在谈判中"讨价还价"，最终实现某一个目标层次。谈判目标可分为三个层次：最高期望目标、可接受目标和最低限度目标。

(1) 最高期望目标。最高期望目标是指谈判者希望通过谈判达成的理想目标，也是一方想要获得的最高利益。一般来说，这个目标的实现有一定的难度，因为谈判双方所涉及的利益是有限度的，没有谁会把自己的利益全部让给别人，更何况谈判本身就其实质来说，是一种互惠互利的行为，过分追求高利益，不仅会导致谈判破裂，还会影响自己的实际利益。但这并不是说，谈判的理想目标是空中楼阁，没有任何意义。任何谈判总是要从理想目标谈起，把理想目标作为谈判开始的议题，并据此确定谈判的基调，这实际上往往是一种策略，其目的是使其他目标得以实现。

美国谈判学家卡洛斯对 2 000 多名谈判人员进行的调查表明：一个良好的谈判者必须坚持"喊价要狠"的原则，如果卖主喊价比较高，则往往能够以比较高的价格成交，如果买主出价比较低，则往往只以较低的价格成交。这里的卖价、买价就是谈判最优期望目标的主要内容。哈佛大学教授霍华德的实验也证明，告诉谈判人员最优期望目标和最低期望目标，比只告诉他们最低期望目标的效果要好得多。

(2) 可接受目标。可接受目标是指通过谈判能够得到满足的比较现实的目标。现实目标通常处于最高目标与最低目标之间，从理论上说，现实目标应当在一定幅度的范围内，通过努力可以向最高目标靠近，但又不应低于最低目标，是可以灵活掌握的目标。

可接受目标的确定，应当根据己方的主客观条件，考虑到各种影响性因素，经过科学的分析判断与合理的论证得到。可行性目标能够在多大程度上实现，通常与谈判的策略紧密相关,也与双方的实力和使用的技巧有关。

面对可接受目标,谈判者应采取两种态度:一是积极进取的态度,二是面对现实的态度。积极进取是指积极努力地争取趋近最高利益目标,而面对现实是指,只要结果在最高目标和最低目标之间,只要目标基本合理即可。

(3)最低限度目标。最低限度目标是指在谈判中必须保证的利益下限,即谈判结果低于这个界限时,自己的基本利益就无法得到满足。显然,当对方提出的条件低于这个界限时,自己就已经没有让步的余地了,谈判已经没有意义,就要重新考虑谈判的基础。

最低限度目标与最高期望目标之间有着必然的联系。在商务谈判中,表面上一开始要价高,提出理想目标,实际上作为策略,其目的往往是要确保最低限度目标,或者可接受目标。这样做的实际效果,往往能够赢得较理想的现实目标,至少可以确保最低限度目标。

### 3. 确定谈判目标的内容

每一次商务谈判都有自己的特殊条款,这些都应当包括在你的谈判目标之内。一般地讲,商务谈判的目标中应包括以下内容。

(1)确定为获得所要的东西而应付出的目标,或者说目标价格。这一价格应当是为获得所要的东西,能合理付给的那个价格。注意,这里的价格一词用的是它的通义,即用以换回一物的物。

(2)确定可接受的谈判极限。首先应当确定哪个是可以接受的、对方利益最小的报盘。若是超过了它,就可以甩手走了。与此同时,还应当对所可能获得的最佳报盘做到心中有数。

(3)确定为达成协议可以做出哪些让步,并尽量按先后顺序把它们排列起来。如有可能,确定为获得对方的让步,可以放弃些什么。放弃些什么并不真的是让步,那只是可以置于你方的报盘中并当作让步来对待的那些内容。

(4)指示达成协议应有怎样的时间限制。这包括应当考虑对方可能有怎样的时间限制。

(5)找出有哪些足以决定谈判成败的来自外界的影响因素。

(6)估计对方可能提出哪些虚假话题,如何来克服这些障碍。

(7)考虑当谈判陷入僵局时,可以提出哪些有创造性的建议。

(8)决定应当有哪些人参与谈判。这不仅仅指谈判小组代表团,也包括那些顾问人员,如会计师、律师,因为如果涉及一些专业性很强的内容时,可以向他们提出咨询。

(9)确定初谈不成时,可以提出哪些不同方案。

显然,不是每次谈判都要制订这样一个详细的谈判计划,但事前做些准备,总会防止你在遇到意外情况时出错。谈判者还应特别注意,在谈判正式开始后,随着谈判的进展,谈判者还需不断地评估和调整目标。

#### 4. 确定谈判目标的注意事项

确定谈判目标时应注意以下几个问题。

（1）应当遵循实用性、合理性的要求，来确定谈判的各个目标层次。所谓实用性，就是指谈判双方要根据自身的实力与条件来制定切实可行的谈判目标，离开了这一点，任何谈判的协议结果都不能付诸实施。如一个企业通过谈判获得了一项先进的技术装备，但由于该单位职工的文化素质、经营管理水平和技术人员缺乏等问题，该项技术装备的效能就无法充分发挥出来；所谓合理性，包括谈判目标的时限合理性和空间合理性。谈判目标对于不同的谈判对象，不同的时间与不同的空间领域，具有不同的适用程度，在一定时间与空间范围内是合理的可行的谈判目标，而在另一时间、另一空间里就不具有合理性了。因此，谈判者应当对自身的利益目标，进行时间上、空间上的全方位的分析和考察。

（2）谈判目标还应符合协调性的要求。各项具体目标之间应该是协调一致的，而不是相互矛盾、相互抵触的。

（3）谈判目标尽可能地量化。这样的目标才容易把握和核查，当然，并非所有目标都能量化，一些目标只能定性描述。

（4）谈判目标要严格保密，尤其是底线目标要格外注意保密。除了己方谈判的相关重要人员以外，绝不能将底线目标透露给其他人士。国外在一些重要的谈判场合，有的甚至不惜花费重金聘请"商业间谍"刺探对方底牌，摸清对手的底细，做到知己知彼。谈判者对谈判目标一定要做好保密工作，否则就会使自己在谈判中处于十分被动的地位，给自己的利益造成不应有的损失。

### （二）商务谈判的议程和进度

谈判议程是指有关谈判事项的程序安排，它是对有关谈判的议题和工作计划的预先编制。谈判进度是指对每一事项在谈判中应占时间的分配，目的在于促使谈判在预定的时间内完成。

在谈判的准备阶段，己方应率先拟定谈判议程，并争取对方同意。在谈判实践中，一般以东道主为先，经协商确定，或双方共同商议。谈判者应尽量争取谈判议程的拟定，这样对己方来讲是很有利的。谈判议程本身是一种策略，拟定有一定的技巧。议程包括通则议程和细则议程，通则议程由谈判双方共同使用，细则议程供己方使用。谈判议程主要包括以下三个方面。

#### 1. 时间安排

时间的安排即确定在什么时间举行谈判、谈判多长时间、各个阶段的时间如何分配、议题出现的时间顺序等。谈判时间的安排是议程中的重要环节，如果时间安排得很仓促，准备不充分，匆忙上阵，心浮气躁，就很难沉着冷静地在谈判中实施各种策略；如果时间安排得过长，不仅会耗费大量的时间和精力，而且随着时间的推延，各种环境因素都会发生变化,还可能会错过一些重要的机遇。

### 2. 谈判议题

所谓谈判议题,就是谈判双方提出和讨论的各种问题。谈判议题首先须明确己方要提出哪些问题、讨论哪些问题。对所有问题进行全盘比较和分析:哪些问题是主要议题,要列入重点讨论范围;哪些问题是非重点问题;哪些问题可以忽略;各问题之间是什么关系,在逻辑上有什么联系;还要预测对方会提出什么问题,哪些问题是己方必须认真对待、全力以赴去解决的;哪些问题可以根据情况做出让步;哪些问题可以不予考虑。

### 3. 通则议程和细则议程

(1) 通则议程。通则议程是谈判双方共同遵守使用的日程安排,一般要经过双方协商同意后方能正式生效。在通则议程中,通常应确定以下内容:谈判总体时间及分段时间安排;双方谈判讨论的中心议题,问题讨论的顺序;谈判中人员的安排;谈判地点及招待事宜。

(2) 细则议程。细则议程是己方参加谈判的策略的具体安排,只供己方人员使用,具有保密性。其内容一般包括以下几个方面:谈判中统一口径,如发言的观点、文件资料的说明等;对谈判过程中可能出现的各种情况的对策安排;己方发言的策略,何时提出问题、提什么问题、向何人提问、谁来提出问题、谁来补充、谁来回答对方问题、谁来反驳对方提问、什么情况下要求暂时停止谈判等;谈判人员更换的预先安排;己方谈判时间的策略安排、谈判时间期限。

拟定谈判议程时,应注意五个问题。

(1) 谈判的议程安排要依据己方的具体情况,在程序安排上能扬长避短,也就是在谈判的程序安排上,保证己方的优势能得到充分的发挥。

(2) 议程的安排和布局,要为自己出其不意地运用策略埋下伏笔。一个谈判老手,是决不会放过利用拟定谈判议程的机会来运筹谋略的。

(3) 谈判议程内容要能够体现己方谈判的总体方案,统筹兼顾,引导或控制谈判的速度,以及己方让步的限度和步骤。

(4) 在议程的安排上,不要过分伤害对方的自尊和利益,以免导致谈判过早破裂。

(5) 不要将己方的谈判目标特别是最终谈判目标通过议程和盘托出,使己方处于不利地位。

当然,议程由己方安排也有短处:己方准备的议程往往透露了自己的某些意图,对方通过分析可猜出并在谈判前拟定对策,使己方处于不利地位。同时,对方如果不在谈判前对议程提出异议而掩盖其真实意图,或者在谈判中提出修改某些议程,容易导致己方被动甚至谈判破裂。

### (三)谈判的基本策略

谈判的基本策略是指谈判者为了达到和实现自己的谈判目标的基本途径和方法。基本策略的确定是建立在对谈判双方实力及其影响因素的细致而认真的研究分析基础上的。

基本策略确定的第一步,要确定对方在本次谈判中的目标是什么。包括一级目标、二级目标和第三级目标。他最想得到的是什么?他可以做出让步的是什么?什么是其实现目标最有利的支持因素?什么又是实现其目标最不利的因素?了解上述方面的问题是非常重要的。如果我们能够正确地判断出对方的谈判目标,那么我们就能有针对性地提出我方的谈判目标,并在谈判中很好地把握谈判的"度",即利益界限。如果我们了解到对方最想得到的东西是什么,那么我方就可以让对方在得到其最想得到的东西,满足其这一需要的同时,以付出更多的东西、做出更大的让步为代价。如果我们能够把握对方实现目标的最有利的支持因素和不利因素,那么,我们在谈判中就可以避其有利之处而攻其不利方面,争取到最好效果。

基本策略确定的第二步,主要是确定在我方争取我们最需要的东西的时候,将会遇到对方哪些方面的障碍?对方会提出什么样的交换条件?

基本策略确定的第三步,是要确定对策,即是否接受对方的交换条件。如果接受,在多大程度上接受;如果不接受,又怎样清除上述障碍。

第四步的工作,是使己方在谈判中对对方可能提出的问题和要求有所准备。谈判计划的制订主要包括上述四个方面的内容。要注意的是,计划要突出重点、简明扼要、富于弹性,只在计划中规定原则,不要过于细致具体,这样有利于谈判人员在谈判时根据实际情况进行调整,而不要让计划来约束谈判人员的手脚。

## 二、商务谈判的时间选择

时间安排即确定谈判在什么时间举行、时间的长短,如果谈判需要分阶段还要确定分为几个阶段、每个阶段所花费的大约时间等。

谈判时间的安排是议程中的重要环节,在谈判准备过程中,有无时间限制,对参加谈判的人员造成的心理影响是不同的。如果谈判有严格的时间限制,即要求谈判必须在某一短时间内完成,这就会给谈判人员造成很大的心理压力,那么他们就要针对紧张的谈判时间限制来安排谈判人员,选择谈判策略;如果时间安排得很紧,准备不充分,仓促上阵,会使己方心浮气躁、乱了方寸,不能沉着、冷静地在谈判中实施各种策略;如果时间安排得太长,不仅会耗费时间和精力,还会增加谈判成本,而且随着时间的推移,市场和各种环境因素都会发生变化,可能会错过一些重要的机遇。

谈判中的时间因素还有另一个重要的含义,即谈判者对时机的选择与把握。常有人会感叹:来得早不如来得巧,时机选得好,有利于在谈判中把握主动权;相反,时机选择不当,则会丧失原有的优势,甚至会在有一手好牌的情况下最后落得败局。

### （一）谈判议程中的时间策略

（1）合理安排好己方各谈判人员发言的顺序和时间，尤其是关键人物的重要问题的提出，应选择最佳的时机，使己方掌握主动权。当然也要给对方人员足够的时间表达意向和提出问题。

（2）对于谈判中双方容易达成一致的议题，应尽量在较短的时间内达成协议，以避免浪费时间和无谓的争辩。

（3）对于主要的议题或争执较大的焦点问题，最好安排在总谈判时间的五分之三之前提出来，这样双方可以充分协商、交换意见，有利于问题的解决。

（4）在时间的安排上，要留有机动余地，以防意外情况发生。当然机动时间也不可太多，否则会使谈判进程节奏过于缓慢，显得没有效率。

（5）适当安排一些文艺活动，以活跃气氛。文艺活动既可以活跃双方气氛、消除疲劳，又可以增进友谊、加深了解、发展关系。但应注意，文艺活动安排得不宜太多，内容安排不要重复，不能使文艺活动成为疲劳对方、实现其谈判目标或达到其他目的的手段。

### （二）在确定谈判时间时应注意的问题

在确定谈判时间时应注意的问题主要有以下几方面。

（1）谈判准备的程度。俗话说不打无准备之仗，如果没有做好充分准备，不宜匆匆忙忙地开始谈判。

（2）谈判人员的身体和情绪状况。参加谈判人员的身体、精神状态对谈判的影响很大，谈判者要注意自己的生理时钟和身体状况，避免在身心处于低潮和身体不适时进行谈判。尤其参加谈判的多为中年以上的人，要考虑他们身体状况能否适应较长时间的谈判，如果身体状况或精神状态不好，可以将一项长时间的谈判分割成时间相对较短的几个阶段来进行。

（3）市场的紧迫程度。市场是瞬息万变的，如果所谈项目是季节性产品或时令产品，应抓紧时间谈判，不允许稳坐钓鱼台式的长时间谈判。

（4）谈判议题的需要。谈判的议题有不同的类型，对于多项议题的大型谈判，所需时间相对长，应对谈判中的一切可能出现的问题做好准备；对于单向议题的小型谈判，如准备得充分，应速战速决，力争在较短时间内达成协议。

（5）谈判对手的情况。谈判是双方的洽谈，对于对手的情况也应充分考虑，只有这样双方才能合作愉快，达成双方满意的协议。

## 三、商务谈判场所的选择

谈判总是要在某一个具体的地点展开，商务谈判地点的选择往往涉及一个谈判的环境心理因素的问题,它对于谈判效果具有一定的影响,谈判者应当很好地加以利用。有利的地点、场所能够增强己方的谈判地位和谈判力量。

商务谈判的地点一般有四种选择方案:一是在己方国家或公司所在地谈判,二是在对方所在国或公司所在地谈判,三是在双方所在地交叉(轮流坐庄)谈判,四是在谈判双方之外的国家或地点谈判。不同地点对于谈判者来说,均各有其优点和缺点,这要谈判者根据不同的谈判内容具体问题具体分析,正确地加以选择,充分发挥谈判地点的优势,促进谈判取得圆满成功。

### (一) 在己方地点谈判

谈判的地点最好选择在己方所在地,因为人类与其他动物一样,是一种具有"领域感"的高级动物,谈判者的才能的发挥、能量的释放与自己所处的环境密切相关。在己方地点谈判优势表现在:谈判者在自己领地谈判,地点熟悉,具有安全感,心理态势较好,信心十足;谈判者不需要耗费精力去适应新的地理环境、社会环境和人文环境,可以把精力集中地用于谈判;可以利用种种便利条件,控制谈判气氛,促使谈判向有利于自己的方向发展;可以利用现场展示的方法向对方说明己方产品水平和服务质量;在谈判中"台上"人员与"台下"人员的沟通联系比较方便,可以随时向高层领导和有关专家请示、请教,获取所需要的资料和指示;利用东道主的身份,可以通过安排谈判之余的各种活动来掌握谈判进程,从文化习惯上、心理上对对方产生潜移默化的影响,处理各类谈判事务比较主动;谈判人员免除旅途疲劳,能以饱满的精神和充沛的体力去参加谈判,并可以节省去外地谈判的差旅费用和旅途时间,降低谈判支出,提高经济效益。

对己方的不利因素表现在:在己方公司所在地谈判,不易与公司工作彻底脱钩,经常会有公司事务分散谈判人员的注意力;离高层领导近,联系方便,会产生依赖心理,一些问题不能自主决断,而频繁地请示领导也会造成失误和被动;己方作为东道主要负责安排谈判会场以及谈判中的各项事宜,要负责对客方人员的接待工作,安排宴请、游览等活动,所以己方负担比较重。

商务谈判活动最好争取安排在己方地点谈判,犹如体育比赛一样,在主场举行获胜的可能性就大。有经验的谈判者都设法把对方请到己方地点,热情款待,使自己得到更多的利益。

### (二) 在对方地点谈判

对己方的不利因素表现在:与公司本部的距离遥远,某些信息的传递、资料的获取比较困难,某些重要问题也不易及时与本公司磋商;谈判人员对当地环境、气候、风俗、饮食等方面会出现不适应,再加上旅途劳累、时差不适应等因素,会使谈判人员身体状况受到不利影响;在谈判场所的安排、谈判日程的安排等方面处于被动地位;己方也要防止对方过多安排旅游景点等活动而消磨谈判人员的精力和时间。到对方地点去谈判必须做好充分的准备，比如摸清领导的意图要求，明确谈判目标，准备充足的信息资料，组织好谈判班子等。

---

**【趣味阅读】**

很多的人都会这么认为，在《独立宣言》上面签字的美国开国元勋们都是凭着满腔的爱国热情，主动自愿地签下自己大名的。

事实果真如此吗？托马斯·杰斐逊在晚年写给朋友的信中说：那时签字的独立厅就在马厩的隔壁，7月天气非常闷热，到处都是苍蝇。代表们穿着短马裤和丝袜参加会议，一边发言，一边不停地用手赶走腿上的苍蝇，苍蝇扰得代表们心烦意乱。最后，代表们决定立即在《独立宣言》上签字，以便尽快离开那个鬼地方。

杰斐逊几年后曾如此说道："在不舒服的环境下，人们可能会违背本意，言不由衷。"其实，事情的原委是这样的：一部分人主张尽快发表《独立宣言》，而另一部分人则坚持待修改完善后再发表。

主张《独立宣言》尽快发表的一派，特意把会议厅安排在一个大马厩的旁边，意在制造逆境，促使另一派同意尽早签字：果然不出所料，他们的精心安排奏效了。

**【启示】**

实例可以看出谈判地址的重要性。在不同的谈判地点所产生的助力会有利于某些性质的谈判。所以根据不同的谈判类型和性质选择有利于己方的谈判场所是非常重要的。它对最终促成谈判成功，达到己方的预期效果，有着很大的帮助。

---

### （三）在双方所在地交叉轮流谈判

有些多轮大型谈判可在双方所在地交叉谈判，这种谈判的好处是对对方来说至少在形式上是公平的，同时也可以各自考察对方的实际情况。各自都担当东道主和客人的角色，对增进双方相互了解、融洽感情是有好处的。它的缺点是这种谈判时间长、费用大、精力耗费大，如果不是大型的谈判或是必须采用这种方法谈判，一般应少用。

### （四）在第三地谈判

在第三地谈判对双方的有利因素表现在：在双方所在地之外的地点谈判，对双方来讲是平等的，不存在偏向，双方均无东道主优势，也无做客他乡的劣势，策略运用的条件相当，可以缓和双方的紧张关系，促成双方寻找共同点的利益均衡点。对双方的不利因素表现在：双方首先要为谈判地点的确定而谈判，而且地点的确定要使双方都满意也不是一件容易的事，在这方面要花费不少时间和精力。第三地点谈判通常被相互关系不融洽、信任程度不高，尤其过去是敌对、仇视、关系紧张的双方的谈判所选用，可以有效地维护双方的尊严、脸面,防止下不了台阶。

【趣味阅读】

1991 年 10 月,举世瞩目的中东和会拉开了帷幕,两个一直处于敌对状态的民族第一次面对面地坐下来。阿拉伯人和意大利人就和谈的会议地点进行了多次磋商,最后确立在西班牙的首都马德里举行中东和谈会议的开幕式。

为什么马德里会被选做会议地点呢?因为它具有双方认可的四项条件。

第一,双方都不愿意在对方的地域进行谈判,会议的地点必须是在中立的第三国。

第二,双方都认为必须选择一个"有三种文化(基督教、伊斯兰教、犹太教)的国家"作为中东和会地点,符合这一条件的国家自然不多。

第三,和会承办国要与阿拉伯与意大利都有比较好的关系,能为双方所信任,而西班牙无疑是比较理想的候选者。

第四,这个国家要对和谈采取合作态度。西班牙政府为了保证中东和会的顺利进行,决定将国王卡洛斯三世 1764 年修建的皇宫作为会议场所,并同意负责会场外的安全工作。

后来的事实证明,双方选择马德里作为谈判地点对于中东和会是具有积极意义的。

【启示】

在商务谈判中,双方选择谈判地点时,在己方不能够占有地理优势的情况下,一般来说,也不应该让对手占据地理优势,否则处于这种情况下,可能会使谈判向着有利于对手的方向发展。

## 四、商务谈判场景的选择与布置

对于选择当面磋商形式的商务谈判而言,谈判地点的场景布置是非常重要的。因为借助于谈判地点的场景布置,可以巧妙地创造出一种为整个谈判服务的特定的谈判空间环境和氛围。谈判场景布置是谈判准备工作的内容之一。

### (一)谈判场景布置的目的与原则

当谈判双方经过协调,选择其中一方所在地为谈判地点时,按照惯例,所在地一方即谈判的东道主应负责谈判地点的场景布置以及准备与谈判相关的各种物品。此时,作为谈判中的东道主,如果能巧妙地运用"地利"之便,使空间环境因素真正发挥其作用,则可以有效地促进谈判走向成功。东道主对空间因素的利用,首先体现在其对于谈判地点和谈判场景的精心选择与巧妙安排上,东道主通过这种精心的选择与安排,创造出一种有利于达成协议和取得谈判成功的气氛,这一点受到中外诸多谈判专家的重视,并且这方面也有很多成功的例证。

谈判场景布置的目的是为了创造出一种有利于达成协议和取得谈判成功的环境和气氛。因此,创造谈判和谐氛围必须适宜,要综合各方面因素周密考虑,不可脱离具体情况妄加渲染,否则,矫枉过正,过犹不及,反而起不到好效果。

### (二)谈判场景布置

#### 1.色彩选择

色彩选择即选择、确定谈判场景的总体色调,这是开始谈判场景布置时首先要进行的。一般而言,谈判场景的总体色调应以暗色、暖色为主。这是因为,明亮的色调容易使人情绪过于活跃,在谈判中使双方产生急躁情绪。而采用暖色容易使双方建立信任感,冷色可以产生一种形成适宜心理氛围的距离感。所以,谈判场景的总体色调一般采用暗红色、褐色、暗黑色或褚石色。但是,总体色调也不能过于暗淡,否则会给人以压抑的感觉,不利于最后的签约。

如果谈判场景的总体色调过于暗淡,那么,可以引入一些亮色进行调整,如,绿色、浅灰色、浅红色、蓝色、银白色等。具体方法有:①用鲜花均匀点缀在会场内。这种方法最好,不仅可以起到调节色调的作用,而且还会给人以一种生气勃勃的感觉,从而在一定程度上有利于打破僵局。②使用白色或银白色的茶具。③利用灯光进行调节。这种方法的使用范围有限。因为,当灯光过于明亮时,人的眼睛容易疲劳,不利于谈判的进行。

#### 2.谈判座次安排

在当面磋商形式的谈判中,谈判座次安排也是影响谈判空间环境的重要因素之一。谈判座次安排将形成谈判双方空间上的界区,谈判双方一旦在各自的位置上坐定,谈判的气氛就随之形成,座次安排代表了许多用言语难以表达的意义,其细微之处,有可能会对谈判者的心理产生明显的影响,同时,也会对整个谈判氛围产生微妙的影响。因此,谈判座次安排是谈判场景布置中需慎重考虑的内容。

一般而言,商务谈判中座次安排有三种方式:正式会谈式、自由会谈式和介于二者之间的半正式会谈式。

(1)正式会谈式。这种方式的谈判座次安排通常选用长方形谈判桌,谈判双方各占一边,双方对等。这种谈判方式比较适用于具有较强竞争性和对抗性的大型谈判,是国际商务谈判中最为常用的座次安排方式。采用这种方式,通常谈判的首席代表居中而坐,己方的其他成员分坐在首席代表的两边,双方的首席代表应该坐在平等而相对的座位上。

(2)自由会谈式。自由会谈式通常不采用谈判桌,双方谈判人员团团坐定,围成一个圆圈,谈判双方不必分开就座,而可以交叉就座,双方职务相近或担负职能相同的人员可以相邻就座。这种方式可以营造一种和谐气氛,沟通彼此的思想、情感。但是,由于这种谈判座位安排方式过于自由,所以,对于国家之间大公司的首次谈判,一般不宜采用。

(3) 半正式会谈式。半正式会谈式通常也不采用谈判桌,但其座位安排方式与自由会谈式不同,而接近于正式会谈式,这种方式通常只适用于谈判人数较少(通常每方人员在 4 人以下)、谈判双方较为熟悉的谈判。半正式会谈式与自由会谈式一样,可以营造和谐氛围,使双方的距离感变小。但是,由于谈判双方相对而坐,所以,这种方式又比自由会谈判式显得更为正式一些。

当然,究竟选择哪一种方式最为适宜,没有任何定式可循,谈判的组织者应当根据谈判的性质、谈判的规模以及谈判参与者的具体情况灵活把握,不必墨守成规。

## 第四节　商务模拟谈判

### 一、模拟谈判的概念与作用

#### (一) 模拟谈判的概念

为了更直接地预见谈判的前景,对于一些重要的和难度较大的谈判,可以采取模拟谈判的方法来改进和完善准备工作。

所谓模拟谈判,是指正式谈判前的"彩排",即将谈判小组成员一分为二,一部分人扮演谈判对手,并以对手的立场、观点和作风来与己方另一部分谈判人员交锋,预演谈判的过程。谈判者预先"扮演角色"不仅是一次、两次,而是多次。利用不同的人扮演对手这个角色,提出各种他所能想象得出的问题,让这些问题来难为自己,在为难之中做好一切准备工作。

德国人非常重视谈判前的彩排,不论德国的大企业,还是小企业,也不论是大型复杂的谈判,还是小型简单的谈判,德国人总是以一种不可辩驳的权威面目出现,常常能牢牢地控制着谈判桌上的主动权,其中的关键在很大程度上就要归功于他们对模拟谈判的重视。对于德国商人而言,事先演练是谈判的一个必经程序,他们对谈判可能出现的任何细节都要做周密的准备,对对方可能提出的任何难题都要事先做出安排,拟订应对方案。这样,不打无准备之仗,自然,以后的谈判就很容易被纳入德国商人事先设计好的轨道,为谈判的胜利奠定基础。

#### (二) 模拟谈判的作用

模拟谈判的作用主要表现在以下方面。

(1) 模拟谈判能使谈判人员获得一次临场的操练与实践,经过操练达到磨合队伍、锻炼和提高本方协同作战能力的目的。

(2) 在模拟谈判中,通过相互扮演角色会暴露本方的弱点和一些可能被忽略的问题,以便及时找到出现失误的环节及原因,使谈判的准备工作更具有针对性。

（3）在找到问题的基础上，及时修改和完善原定的方案，使其更具实用性和有效性。

（4）通过模拟谈判，使谈判人员在相互扮演中找到自己所充当角色的比较真实的感觉，可以训练和提高谈判人员的应变能力，为临场发挥做好心理准备。

总之，模拟谈判是一种无须担心失败的尝试，通过模拟谈判可以启发和开阔人们的视野，有可能将预演中的弱点变为真实谈判中的强点。通过总结不但可以完善本方的谈判方案，还可以在无敌意心态的条件下，站在对方的角度进行一番思考，从而将丰富本方在消除双方分歧方面的建设性思路，有助于寻找到解决双方难题的途径。

## 二、模拟谈判的任务与方法

### （一）模拟谈判的任务

模拟谈判的主要任务如下。

（1）检验己方谈判的各项准备工作是否到位，谈判各项安排是否妥当，谈判的计划方案是否合理。

（2）寻找己方被忽略的环节，发现己方的优势和劣势，从而提出如何加强和发挥优势、弥补或掩盖劣势的策略。

（3）准备各种应变对策。在模拟谈判中，须对各种可能发生的变化进行预测，并在此基础上制定各种相应的对策。

（4）在以上工作的基础上，制定出谈判小组合作的最佳组合及其策略等。

另外，模拟谈判还有一些具体的问题也需要确定，例如确定暗号，商务谈判是协同作战，需要参与谈判的成员之间密切配合，随时进行必要的信息交流。但是在谈判中，有些话很难当着谈判对手的面直接用话语的方式进行交流，因此，谈判成员之间有必要事先商定一些暗号，既达到相互提示的目的，又不让谈判对手知道。模拟谈判可以采取多种形式，例如，分组辩论式、戏剧式、沙龙式等。

当然，并非每一次谈判前都需要模拟谈判，这要根据谈判议题的复杂程度、谈判人员的经验能力和对对手的了解程度而做灵活适当的准备。

### （二）模拟谈判的方法

#### 1. 全景模拟法

这是指在想象谈判全过程的前提下，企业有关人员扮成不同的角色所进行的实战性的排练，这是最复杂、耗资最大，但也往往是最有成效的模拟谈判方法。这种方法一般适用于大型的、复杂的、关系到企业重大利益的谈判。

在采用全景模拟法时，应注意以下两点。

（1）合理地想象谈判全过程。有效的想象要求谈判人员按照假设的谈判顺序展开充分的想象,不只是想象事情发生的结果,更重要的是事物发展的全过程,想象在谈判中双方可能发生的一切情形。并依照想象的情况和条件,演绎双方交锋时可能出现的一切情境,如谈判的气氛、对方可能提出的问题、我方的答复、双方的策略、技巧等问题。合理的想象有助于谈判的准备更充分、更准确。所以,这是全景模拟法的基础。

(2) 尽可能地扮演谈判中所有会出现的人物。这有两层含义:一方面是指对谈判中可能会出现的人物都有所考虑,要指派合适的人员对这些人物的行为和作用加以模仿;另一方面是指主谈人员(或其他在谈判中起重要作用的人员)应扮演一下谈判中的每一个角色,包括自己、己方的顾问,对手及其顾问。这种对人物行为、决策、思考方法的模仿,能使我方对谈判中可能会遇到的问题、人物有所预见;同时,处在别人的地位上进行思考,有助于我方制定更加完善的策略。正如美国著名企业家维克多·金姆所说的那样:"任何成功的谈判,从一开始就必须站在对方的立场和角度上来看问题。"而且,通过对不同人物的扮演,可以帮助谈判者选择自己所充当的谈判角色,一旦发现自己不适合扮演某人在谈判方案中规定的角色时,可及时加以更换,以避免因角色的不适应而引起的谈判风险。

**2. 讨论会模拟法**

这种方法类似于"头脑风暴法",它分为两步:第一,企业组织参加谈判的人员和一些其他相关人员召开讨论会,请他们根据自己的经验,对企业在本次谈判中谋求的利益、对方的基本目标、对方可能采取的策略、我方的对策等问题畅所欲言。不管这些观点、见解如何标新立异,都不会有人指责,有关人员只是忠实地记录,再把会议情况上报领导,作为决策的参考。第二,对谈判中种种可能发生的情况、对方可能提出问题等提出疑问,由谈判组成员一一加以解答。

讨论会模拟法特别欢迎反对意见,这些意见有助于己方重新审核拟订的方案,从多种角度和多重标准来评价方案的科学性和可行性,不断完善准备的内容,提高成功的概率。国外的模拟谈判对反对意见倍加重视。谈论这个问题在我国企业中长期没有得到应有的重视。讨论会往往变成"一言堂",领导往往难以容忍反对意见,这种讨论不是为了使谈判方案更加完善,而是成了表示赞成的一种仪式,这大大违背了讨论会模拟法的初衷。

**3. 列表模拟法**

这是最简单的模拟方法,一般适用于小型的、常规性的谈判。其具体操作过程是这样的:通过对应表格的形式,在表格的一方列出我方经济、科技、人员、策略等方面的优缺点和对方的目标及策略,另一方则相应地罗列出我方针对这些问题在谈判中所应采取的措施。这种模拟方法最大的缺陷在于它实际上还是谈判人员的一种主观产物,它只是尽可能地搜寻问题并列出对策,至于这些问题是否真的会在谈判中发生,这一对策是否能起到预期的作用,由于没有通过实践的检验,因此,不能百分之百地讲这一对策是完全可行的,对于一般的商务谈判,只要能达到八九成的胜算就可以了。

## 三、模拟谈判时应注意的问题

模拟谈判的效果如何,直接关系到企业在谈判中的实际表现,而要想使模拟谈判真正发挥作用,就必须注意以下问题。

### 1. 科学地做出假设

模拟谈判实际上就是提出各种假设情况,然后针对这些假设制定出一系列对策,采取一定措施的过程。因而,假设既是模拟谈判的前提,又是模拟谈判的基础,它的作用是根本性的。

按照假设在谈判中包含的内容,可以分为三类:一是对客观环境的假设,二是对自身的假设,三是对对方的假设。

(1) 对客观环境的假设,所包含的内容最多,范围最大,它涉及人们日常生活中的环境、空间和时间。主要目的是为了估计主客观环境与本次谈判的联系和影响的程度。

(2) 对自身的假设,包括对自身心理素质准备状况的评估,对自身谈判能力的预测,对企业经济实力的考评和对谈判策略的评价等多项内容。对自身的假设,可以使我方人员正确认识自己在谈判中的地位和作用,发现差距,弥补不足,在实战中就可以扬长避短,发挥优势。

(3) 对对方的假设,主要是预计对方的谈判水平、对手可能会采用的策略,以及面对我方的策略对手如何反应等关键性问题。

为了确保假设的科学性,首先,应该让具有丰富谈判经验的人提出假设,相对而言,这些人的假设准确度较高,在实际谈判中发生的概率大;其次,假设的情况必须以事实为基础,所依据的事实越多、越全面,假设的精度也越高,假设切忌纯粹凭想象主观臆造;最后,我们应该认识到,再高明的谈判也不是全部假设到谈判中都会出现,而且这种假设归根结底只是一种推测,带有或然性。若是把或然奉为必然去指导行动,那就是冒险。有的谈判老手都是能抓住对手的"假设的必然性",出其不意地变换套路,实现己方的预期目标。

### 2. 对参加模拟谈判的人员应有所选择

参加模拟谈判的人员,应该是具有专门知识、经验和看法的人,而不是只有职务、地位或只会随声附和、举手赞成的老好人。一般而言,模拟谈判需要下列三种人员。

(1) 知识型人员。这种知识是指理论与实践相对完美结合的知识。这种人员能够运用所掌握的知识触类旁通、举一反三,把握模拟谈判的方方面面,使其具有理论依据的现实基础。同时,他们能从科学性的角度去研究谈判中的问题。

(2) 预见型人员。这种人员对于模拟谈判是很重要的。他们能够根据事物的变化发展规律,加上自己的业务经验,准确地推断出事物发展的方向,对谈判中出现的问题较敏感,往往能对谈判的进程提出独到的见解。

(3) 求实型人员。这种人员有着强烈的脚踏实地的工作作风,考虑问题客观、周密,不凭主观印象代替客观事实,一切以事实为出发点。对模拟谈判中的各种假设条件都小心求证,力求准确。

**3.参加模拟谈判的人员应有较强的角色扮演能力**

模拟谈判要求我方人员根据不同的情况扮演场上不同的人物,并从所扮演的人物心理出发,尽可能地模仿出他在某一特定场合下的所思所想,所作所为。

心理学研究表明,谈判者作为生活在特定的社会与文化环境中的人,由于周围环境对他的复杂影响和其自身从历史的经验和过去的认识感受中获得的教训,导致了他必然对周围环境做出独特的反应,并形成自己的个性。而一旦要扮演另外一个社会角色,内心往往会产生冲突。根据这一情况,一方面企业在安排模拟谈判角色时,要根据我方人员的性格特征有针对性地让其扮演类似的对方人员;另一方面,则要求我方人员具有善于克服在扮演特定谈判角色(特别是这一角色与自己差距很大)时所产生的心理障碍,要善于揣摩对方的行为模式,尽量地从对方的角度来思考问题,做出决定。

**4.模拟谈判结束后要及时进行总结**

模拟谈判的目的是为了总结经验,发现问题,弥补不足,完善方案。所以,在模拟谈判告一段落后,必须及时、认真地回顾在谈判中我方人员的表现,如对对手策略的反应机敏程度、自身班子协调配合程度等一系列问题,以便为真正的谈判奠定良好的基础。

## 阅读拓展

### 谈判准备阶段的禁忌

**一、谈判调查中的禁忌**

(1)不知己,低估或高估自己的谈判实力。

(2)不知彼,对对方单位的情况毫无所知或知之甚少。

(3)对市场行情和谈判内容不了解、不熟悉。

(4)谈判计划冗长、混乱、复杂、僵硬。

**二、谈判目标中的禁忌**

(1)期望过高,企求过多。

(2)缺乏弹性。

(3)谈判目标保密不严,事先泄露。

**三、谈判小组中的禁忌**

(1)谈判小组的规模太大或太小。

(2)小组领导人不理想。

(3)谈判小组与筹备小组不能有效地合作。

资料来源:姜百臣.商务谈判[M].北京:中国人民大学出版社,2011.

# 【本章小结】

1. 商务谈判人员的遴选是谈判组织准备工作中最关键的一环。谈判人员在掌握专业技能知识的同时，还应具备良好的综合素质：谈判人员的气质、心理与意识；谈判人员的知识结构和工作经验；谈判人员的才能；谈判人员的身体素质。

2. 商务谈判人员的配备。商务谈判要根据谈判的性质、对象、内容、目标等组织一个谈判班子：商务谈判人员配备原则、谈判班子人员组成、谈判人员的分工、谈判班子人员的配合。

3. 谈判信息是指对那些与谈判活动有着紧密联系的各种情况及其属性的一种客观描述。谈判资料和信息在商务谈判中的作用主要表现在以下四个方面：第一，谈判资料和信息是制定谈判战略的依据。第二，谈判信息是控制谈判过程的手段。第三，谈判信息是谈判双方相互沟通的中介。第四，谈判信息是商务谈判成败的决定性因素。

4. 商务谈判信息的内容主要包括："知己"、"知彼"、"知他"、"知环境"。

5. 谈判信息的收集方法及其途径主要包括：①收集分析"公开情报"；②直接调查；③建立情报站；④委托购买；⑤电子媒体收集；⑥观察法；⑦实验法；⑧使用商业间谍。

6. 谈判信息的整理和筛选。信息情报的整理和筛选要经过分类、比较和判断、研究、整理四个程序。

7. 谈判计划是人们在进行谈判之前，预先拟定的谈判目标和实现目标的步骤。制订商务谈判计划首先要确定商务谈判的目标；其次要确定商务谈判的议程和进度；最后，拟定商务谈判的基本策略。

8. 商务谈判的时间选择。时间安排即确定谈判在什么时间举行、时间的长短，如果谈判需要分阶段还要确定分为几个阶段、每个阶段所花费的大约时间等。在时间选择上，一要拟定谈判议程中的时间策略，二要确定谈判时间时应注意的问题。

9. 商务谈判的地点一般有四种选择方案：一是在己方国家或公司所在地谈判，二是在对方所在国或公司所在地谈判，三是在双方所在地交叉（轮流坐庄）谈判，四是在谈判双方之外的国家或地点谈判。

10. 商务谈判场景的选择与布置。①谈判场景布置的目的与原则；②谈判场景布置。

11. 所谓模拟谈判，是指正式谈判前的"彩排"，即将谈判小组成员一分为二，一部分人扮演谈判对手，并以对手的立场、观点和作风来与己方另一部分谈判人员交锋，预演谈判的过程。模拟谈判的方法有：①全景模拟法；②讨论会模拟法；③列表模拟法。

## 【思 考 题】

1. 优秀的商务谈判人员应该具备什么样的素质？
2. 怎样进行谈判人员的配备？
3. 谈判资料和信息在商务谈判中的作用主要表现在哪些方面？
4. 信息情报收集包括哪几个方面的内容？
5. 如何制定谈判目标？
6. 商务谈判的地点选择一般有哪几种选择方案？
7. 如何进行模拟谈判？
8. 论述如何组建一个强有力的谈判班子。
9. 论述如何制订一个周密细致的谈判计划。

## 【案例分析】

荷兰某精密仪器公司与中国某企业拟签订某种精密仪器的购销合同，但双方在仪器的价格条款上还未达成一致，因此，双方就此问题专门进行了谈判。谈判一开始，荷兰代表就将其产品的性能、优势以及目前在国际上的知名度做了一番细致的介绍，同时说明还有许多国家的有关企业欲购买他们的产品。最后，荷兰代表带着自信的微笑与口气对中国代表人员说：根据我方产品所具有的以上优势，我们认为一台仪器的售价应该在 4 000 美元。

中国代表听后不悦，因为据中国代表人员掌握的有关资料，目前在国际上此种产品的最高售价仅为 3 000 美元。于是，中国代表立刻毫不客气地将其掌握的目前国际上生产这种产品的十几家厂商的生产情况、技术水平及产品售价详细地向荷兰代表全盘托出。

荷兰代表十分震惊，因为据他们所掌握的情况，中国是第一次进口这种具有世界一流技术水平的仪器，想必对有关情况还缺乏细致入微的了解，没想到中国代表人员准备得如此充分，荷兰代表人员无话可说，立刻降低标准，将价格调低到 3 000 美元。并且坚持说他们的产品属于世界一流水平，是物有所值。

事实上，中国代表人员在谈判前就了解到，荷兰这家厂商目前经营遇到了一定的困难，并陷入了一场巨额债务中，回收资金是当务之急，正四处寻找其产品的买主，而目前也只有中国对其发出了购买信号。于是，中国代表从容地回答荷兰代表：我们也绝不怀疑贵方产品的优质性能，只是由于我国政府对本企业的用汇额度有一定的限制，因此，我方只能认可 2 500 美元的价格。荷兰代表听后，十分不悦，他们说，我方已经说过了我们的产品是物有所值，而且需求者也不仅仅是中国一家企业，如果中国这样没有诚意的话，我们宁可终止谈判。

中国代表依然神色从容地表示："既然如此，我们很遗憾。"

中国代表人员根据已经掌握的资料，相信荷兰代表一定不会真的终止谈判，一定会再来找中国代表。

果然，没过多久，他们就主动来找中国代表，表示价格可以再谈，在新的谈判中，双方都做了一定的让步，最终以 2 700 美元成交。

资料来源：刘圆. 国际商务谈判[M]. 北京：中国人民大学出版社，2009.

**【讨论题】**

1. 荷兰的谈判人员为什么能够将价格从 4 000 美元降低到 3 000 美元？

2. 请简要分析 4 000 美元、3 000 美元、2 500 美元等价格之间的联系。

3. 当荷兰代表提出终止谈判时，为什么中国代表人员依旧从容，在此次谈判中，中国代表人员运用的是何种策略？

4. 从上面这个谈判案例中，你能得出什么结论？

# 第 六 章

# 商务谈判过程

开局为整个谈判定下基调，影响到谈判的方向、进程甚至结局。

——施郁福

## 【学习目标与重点】

1. 商务谈判开局。
2. 商务谈判报价。
3. 商务谈判磋商。
4. 商务谈判终结。

## 【关键词】

1. 开局（opening；start）
2. 报价（quoted price；quote；offer）
3. 还价（counter-bid；abate a price；dicker；huckster）
4. 让步（concession）

## 案 例 导 入

有一天，一位旅居美国的学者正在家里看报，忽然听到有人敲门，开门一看，原来是一个八九岁的女孩和一个五六岁的女孩。大点的女孩非常沉着地对他说："你们家需要保姆吗？我是来求职的。"学者好奇地问："你会什么呢？年纪这么小……"女孩解释道："我已经9岁了，而且我已经有14个月的工作历史，这是我的工作记录单。我可以照顾您的孩子，帮助他完成作业，和他一起做游戏……"女孩观察出学者没有聘用她的意思，又进一步说："您可以试用我一个月，不收工钱，只需要您在我的工作记录上签个字，它有助于我将来找工作。"学者指着那个五六岁的孩子说："她是谁？你还要照顾她吗？"他听到了更令人惊奇的回答："她是我的妹妹。她也是来找工作的，她可以用手推车推你的孩子去散步,她的工作是免费的。"

资料来源:姜百臣.商务谈判[M].北京:中国人民大学出版社,2010.

# 第一节　商务谈判开局

## 一、充分认识开局的重要性

开局是指参加商务谈判的双方人员进入具体的内容谈判之前营造谈判气氛、表明谈判意图、掌握谈判策略以及确定谈判议题和议程的阶段。俗话说:好的开端是成功的一半。在商务谈判中,由于谈判开局是双方刚开始接触的阶段,是谈判开端,开局的好坏在很大程度上决定着整个谈判能否顺利地进行下去。因为,从时间上看,开局阶段一般只占整个谈判过程很少的一段时间,有时可能只有短短的几分钟,但在这几分钟时间内,它基本上决定了谈判双方的态度和谈判的气氛;从内容上看,它似乎与谈判的具体内容无关,但它营造的气氛,则涉及整个谈判各个阶段的谈判行为,关系着整个谈判活动的进展与成效。因此,开局在整个谈判过程中具有举足轻重的意义,我们必须充分重视和利用颇有影响的开局。

## 二、营造和谐谈判开局的气氛

良好的谈判气氛对于商务谈判的成功起着非常重要的作用,它会对谈判人员的心理、情绪、谈判力等方面造成一定的影响,甚至会影响到整个谈判过程。因此谈判人员要善于利用灵活的技巧来影响谈判的气氛。正确的谈判气氛应该是诚挚、轻松、合作,这样谈判才有望获得理想的结果。

由于每一次谈判的地点、内容、形式不同,因此谈判的气氛多种多样。有的谈判气氛是冷淡的、对立的;有的是松弛的、缓慢的、旷日持久的;有的是积极的、友好的;有的是平静的、严肃的、拘谨的。不同的谈判气氛对谈判会有不同的影响。在热烈、积极、友好的气氛下,双方抱着互利互让、通过共同努力而签订一个皆大欢喜的协议、使双方的需要都能得到满足的态度来参加谈判,谈判便会成为一件轻松愉快的事情;在冷淡、对立、紧张的气氛中,双方抱着寸土不让、寸利必夺、尽可能签订一个使自己利益最大化的协议的态度来参加谈判,谈判很可能会变成一场没有硝烟的战争。

不同的谈判气氛可以在不知不觉中把谈判朝着不同方向推进。比如热烈的、积极的、合作的气氛,会把谈判朝着达成一致协议的方向推动,而冷淡的、对立的、紧张的气氛会把谈判推向更为严峻的境地。气氛会影响谈判人员的心理、情绪和感觉,如果不加以调整和改变,就会强化不良气氛。因此,在谈判一开始,建立起一种合作的、诚挚的、轻松的、认真的和解决问题的气氛,对谈判可起到十分积极的作用。

　　虽然谈判气氛是在谈判双方一开始准备谈判时就形成的,但它并不是一时的,而是在整个谈判过程中都存在。所以,谈判人员要努力保持良好的谈判气氛,做到善始善终,并且注意自己的目光、动作、姿态、表情、气质、谈话内容及语调、语速等,从而在营造有利的谈判开局气氛的基础上,更好地控制谈判的整个局面。

　　那么,什么样的开局气氛才算是良好的呢? 根据开局阶段的性质、地位,以及进一步磋商的需要,要形成良好的谈判气氛,一般情况下,有以下几种谈判开局的气氛。

### (一) 礼貌、尊重的气氛

　　谈判双方是本着合作和共赢的目的坐到一起谈判的,双方人员的地位应该平等。因此,谈判人员应该在谈判的开局阶段努力营造出一种尊重对方、彬彬有礼的气氛。对于参加谈判的工作人员来说,最基本的要求之一就是,每一个人的衣着打扮一定要大方得体,注意自己的仪容仪表,无论是表情、动作还是说话语气都应该表现出尊重、礼貌。切忌谈判中表现出蔑视对方、指责对方等不文明的谈判行为。无论谈判双方的身份地位相差多大,双方人员都应该在谈判中努力创建文明礼貌、相互尊重的和谐氛围。

### (二) 自然、轻松的气氛

　　谈判的开局初期一般被称为"破冰"时期。这个时候,谈判双方会各自表明自己的谈判立场和观点,所以经常会因为意见不一致而发生冲突和僵局。如果谈判一开局气氛就非常紧张、僵硬,就很有可能使谈判陷入艰难的地步;而且也很容易给谈判人员造成情绪激动、对立,甚至不可调和的矛盾。所以,谈判人员在开局阶段一定要积极营造出一种平和、自然、轻松的气氛,而不要一上来就咄咄逼人、气势汹汹。比如说,谈判者可以先随意谈一些题外的轻松话题,松弛一下紧绷着的神经,不要过早地与对方发生争论。语气要自然平和,表情要轻松亲切,尽量谈论中性话题,不要过早刺激对方。

### (三) 友好、合作的气氛

　　谈判双方如果在开局阶段就使对方产生一种"有缘相知"的感觉,将会非常有利于谈判友好轻松地进行下去。要知道,谈判双方很有可能是未来的合作伙伴,而不是互相敌对的敌人。在友好合作的气氛中,谈判对手自然愿意与之合作。反之,若是以激烈、偏激的态度来面对谈判对手,恐怕只会使谈判偏离成功的轨道。激烈和冲突解决不了实际问题,而心平气和的态度,以及善意的微笑、真诚的握手、热烈的掌声、信任的目光等则是谈判成功、愉快合作的催化剂。

### (四) 积极进取的气氛

　　谈判不是剑拔弩张的战场,但与此同时,它也不是随意的社交沙龙,谈判者都是肩负着一定的重要使命而来的,他们需要完成重要的谈判任务和目标。因此,谈判人员应树立积极进取的态度,努力为谈判成功而不断付出。这就要求谈判者除了在谈判之前做足充分的准备工作外,还要在谈判过程中时刻保持昂扬向上的情绪和心态,调动所有力量来实现自己的谈判目标,为我方赢取长远的利益和发展机会。

总之,谈判人员建立和谐融洽、友好合作的开局氛围是非常必要的,也是非常重要的。优秀的谈判人员会在不断努力的过程中,维护良好的谈判氛围,寻求互惠互利的合作结果。

## 三、谈判意图的陈述

谈判意图的陈述是指在开局阶段就本次洽谈的内容陈述各自的观点、立场及建议。它的任务是让双方能把本次谈判所要涉及的内容全部提示出来;同时,使双方彼此了解对方对本次谈判内容所持有的立场与观点,并在此基础上就一些原则性分歧发表建设性意见或倡议。

### (一) 陈述的内容

谈判意图陈述的内容是指洽谈双方在开局阶段理应表明的观点、立场、计划和建议。它主要包括以下几方面内容。

(1) 己方的立场。即己方希望通过洽谈取得的利益以及准备采取何种方式为双方共同获得利益做出贡献;今后双方合作中可能会出现的成效与障碍,以及己方洽谈的方针、原则、方式、程序等。

(2) 己方对问题的理解。即己方认为本次会谈应涉及的主要问题以及对这些问题的看法、建议或想法等。

(3) 对对方各项建议的回答。如果对方开始陈述或者提出某些建议,我们必须对其建议或陈述做出应有的反应。

【趣味阅读】

甲方阐述:

我们对贵方所能提供的原材料很感兴趣。我们准备大宗购进一批原材料,生产一种新产品。我们曾与其他厂家打过交道,但关键的问题是时间,我们想以最快的速度在这个问题上达成协议。为此,我们希望开门见山,并简化谈判的程序。虽然我们以前从未打过交道,不过据各方面反映,贵方信誉好,一向很合作。预祝我们的交易成功。

乙方阐述：

我们非常高兴贵方对我们的产品感兴趣，并愿意出售我们的产品。但是，我们的产品数量有限，市场又比较紧俏。当然，这一点是灵活的，我们关心的是价格问题。正因为如此，我们才不急于出售数量有限的产品。

**【启示】**

谈判各方通过简明的语言，明确地阐述了各自的谈判目的、所关心的主要问题、立场和态度，耐人寻味。

## （二）陈述的方式

### 1. 提交书面条件，不做口头补充

即在谈判前或谈判开始时，将书面材料提交给对方，但不做口头陈述或补充。这种方式局限性较大，一般只在两种情况下运用：第一种情况是，己方在谈判规则的束缚下没有别的选择方式。例如，我方向政府投诉，这个政府部门规定在裁定的期间内不与投标者见面、磋商。另一种情况是，本部门把最初提交的书面材料作为最后的交易条件。这时要求文字材料明确具体，各项交易条件要准确无误，让对方一目了然，只需回答"是"与"不是"，无须再做解释。

### 2. 提交书面材料，并做口头陈述或补充

即在谈判前或谈判开始时，将书面材料提交给对方，并做口头陈述或补充。这种方法有优点也有缺点。

以书面形式提出交易条件的优点如下。

（1）它使谈判者有机会以书面的形式对谈判议程进行安排，使谈判过程更严密紧凑，并可赢得某些谈判地位上的优势。

（2）它可以将己方一些在口头表达中难以阐释的条款、容易引起误会的条件，以较为准确的形式事先进行一些必要的说明，使对方能够较为仔细地考虑己方提出的这些条件，为正式谈判做好准备。

（3）对某些与谈判有关的技术细节进行说明，使对方在必要时可向那些不参加谈判的有关专家请教，以避免在正式谈判时由于对方对技术细节不了解而贻误成交机会。

以书面形式提出交易条件也有其缺点，如写上去的东西会形成一种束缚并难以更改。另外，文字形成的条款都不如口语热情，精细的差别表达也不如口语，特别是在不同语种之间，就更有局限性。

提出书面交易条件之后，应努力做到以下几点：一是让对方多发言，不可多回答对方提出的问题；二是尽量试探出对方反对意见的坚定性，即如果不做任何相应的让步，对方能否顺从意见；三是不要只注意眼前利益，还要注意目前的合同与其他合同的内在联系；

四是无论心里如何感觉,都要表现出冷静、泰然自若;五是随时注意纠正对方的某些概念性错误。

### 3. 谈判时提出交易条件

即在谈判前双方不提交任何书面形式的文件,仅仅在谈判时当面提出交易条件。这种谈判方式也有其独特之处。

第一,这种谈判形式具有很大的灵活性。谈判者完全可以根据谈判过程中情况的变化和自己的需要随时改变自己的条件。以口头谈判的形式,即使出现差错,反应敏捷的谈判者进行补救也相当容易,甚至无须特别声明,只用另一种所谓的新建议代替自己原来的有缺陷的交易条件就可以了。

第二,由于谈判者彼此间都是口头磋商,而后才决定各自承担的义务,这就使谈判者有机会先摸清对方的底细和真实想法,将自己的交易条件暂时隐蔽起来,视情况的变化而逐渐透露,并能及时修改。

第三,在口头谈判中谈判者彼此间或多或少地会产生一些感情,即便是为了面子上的考虑,也是如此。谈判者完全可以利用这种感情因素来加大对方接受本方交易条件的可能性。一个有经验的谈判者,会在这方面表现出十足的"圆滑",既在条款上占有优势,又能保证协议的执行,还不会因此损伤双方的和气。

第四,在面对面的口头谈判中,谈判者的倾向性会受到某些心理因素的微妙影响。谈判者对其尊重的人、爱慕的人、鄙视的人、憎恨的人会产生强烈的倾向性反应,他对某种事物的态度在很大程度上取决于他对面前这个对手的倾向性。因此,有些谈判者往往在口头谈判中恰当地运用这种心理因素来控制谈判。

第五,在口头谈判中,决策问题往往受主谈人一个人的意志和判断力影响,虽然很灵活,但其严密性却难以保证。缺乏经验的谈判者很容易失去对议题的把握能力而受枝节问题的干扰。

第六,如果在谈判中缺乏书面材料的支持,要想在口头谈判中把一些复杂的概念、观点、统计数据、计划图表、产品结构等阐述清楚是比较困难的。

第七,由于人们的注意力结构的差异和倾向角度的不同,在口头谈判中,谈判者很难保证听到并理解的东西就是对方想表达的原意。如果彼此没有真正理解对方话的含义,那就会产生误会,因误会而产生的合同也只是形式而已。这种情况在采用不同语言交流的谈判者之间是最易出现的。

### (三) 陈述时应注意的事项

陈述时应注意以下事项。

#### 1. 仔细倾听对方的谈话

首先,在对方讲话时,要注视他们,面带微笑而且不断点头称是(如果这样合适的话)。

不但要认真地听对方讲些什么,而且更要体察对方想说些什么,并且通过对方的语气、语调以及其他无声语言分析、判断其语言背后的真实意图。其次,要允许他们以自己特有的方式来讲事情,即使有时跑题或漫无目的。不要打断对方的发言,在聆听时控制自己的主观意见和想法,并且能够设身处地地从对方的角度出发,为对方着想。最后,不要把时间浪费在与对手进行无休止的争论和辩论中,因为即使你可能在与他们的争论中占了上风,甚至于最后取得了胜利,但这种胜利可能会导致谈判的最终破裂。

**2. 在提议中留有充分余地**

这样在能做出让步的条件下,你就表示出了更多的合作意向,而且随着谈判的进展,双方会向中间要求靠近,找到双方都能接受的解决方法,创造一种双赢的局面。

**3. 坦然自若地拒绝第一个提议**

因为如果接受,对方自然而然地会产生两种想法:第一种是我应该能做得更好的,第二种是一定有什么问题。这两种想法都会使谈判变得不愉快,甚至会影响到协议的最终签订。

**4. 有条件地提供服务**(如果你做这个,我们会做那个)

一方面表示出你谈判的诚意,另一方面又向对方传达了一个信息:"我是一个有原则的人。"

**5. 试探对方的态度**(如果……你会怎么样)

通过这种试探可以掌握对方的底线,了解对手的谈判诚意以及风格等信息。

总之,在谈判意图陈述中,必须把己方对本次谈判涉及的内容所持有的观点、立场和建议向对方做出一个基本的陈述。因此,所采用的陈述方法往往是"横向铺开",而不是"纵向深入"地就某个问题深入谈下去。在陈述中,要给对方充分摸清我方意图的机会,然后听取对方的全面陈述并搞清对方的意图,为谈判的顺利进行打下良好的基础。

## 四、商务谈判开局策略

商务谈判开局策略是谈判者谋求谈判开局有利形势和实现对谈判开局的控制而采取的行动方式或手段。谈判开局策略是谈判开始阶段最为重要的问题之一,谈判开局是否顺利将会严重影响到接下去的整个谈判过程。因此,谈判人员应该制定完善的开局策略并好好把握。商务谈判开局策略一般包括以下几个方面。

### (一)一致式开局

一致式开局是指在谈判开始时以协商、肯定的语言进行陈述,使谈判的另一方对己方产生好感,争取创造出一种对谈判充满"一致性"的氛围。这样能使谈判双方在友好、愉快的气氛中展开接下来的谈判工作。

一般情况下,当谈判双方实力比较接近,双方过去没有商务往来的经历,是第一次接触,都希望有一个好的开端时,比较适合采用一致式开局策略。需要注意的是,谈判人员要多用外交礼节性语言,谈论的话题应该是中性话题,以一种平等、友好、合作的态度来对待谈判对手。这样才能保证谈判在一种愉快、融洽的气氛中进行下去。比如,谈判人员以协商的口吻来和对方谈论自己的意见,而对于对方的意见则是持尊重和认可的态度,这样双方就比较容易达成共识,也就有利于顺利打开谈判局面。

---

**【趣味阅读】**

1972年2月,美国总统尼克松访华,中美双方将要展开一场具有重大历史意义的国际谈判。为了创造一种融洽和谐的谈判环境和气氛,中国方面在周恩来总理的亲自领导下,对谈判过程中的各种环境都做了精心而又周密的准备和安排,甚至对宴会上要演奏的中美两国民间乐曲都进行了精心的挑选。在欢迎尼克松一行的国宴上,当军乐队熟悉地演奏起由周恩来亲自选定的《美丽的亚美利加》时,尼克松总统简直听呆了,他绝没有想到能在中国的北京听到他如此熟悉的乐曲,因为这是他平生最喜爱的并且指定在他的就职典礼上演奏的家乡乐曲。敬酒时,他特地到乐队前表示感谢,此时,国宴达到了高峰,一种融洽而热烈的气氛也同时感染了美国客人。一个小小的精心安排,就赢得了和谐融洽的谈判气氛,这不能不说是一种高超的谈判艺术。

**【启示】**

一致式开局策略的目的在于创造取得谈判成功的条件。运用一致式开局策略的方式还有很多种。比如,在谈判一开始时,就以一种协商的口吻来征求谈判对手的意见,然后对其意见表示赞同和认可,并按照其意见开展工作。运用这种方式应该注意的是,拿来征求对手意见的问题应该是一些无关紧要的问题,对手对问题的意见不会影响我方的利益。另外在赞成对方意见时,态度不要过于献媚,要让对方感觉到自己是出于尊重,而不是奉承。

---

### (二)进攻式开局

进攻式开局是指谈判人员在谈判一开始就通过一些语言或行为来表达己方强硬的姿态,起到先声夺人的效果,从而获得谈判对手必要的尊重。这样的开局方式可以为己方制造出一定的心理优势,使谈判朝利于己方的方向推进。

进攻式的开局策略并不是适合所有的谈判活动,谈判人员应该根据具体情况来具体对待。比如,谈判者发现谈判对手居高临下、气势逼人,有不尊重己方的表现。在这种情况下,如果任其发展下去,那己方就会处于被动地位,不利于己方的谈判。所以,在此时己方的谈判人员可以采取以攻为守的策略,不要被对方的气势给压倒,而是应该努力维护己方的利益,捍卫己方的尊严。

不过,需要注意的是,进攻式开局并不是要求谈判人员以咄咄逼人的气势来对待自己的谈判对手,而是在平等的基础之上,以自信和礼貌的态度来争取己方的利益和尊严。进攻式开局应以适度为宜,以免造成气氛紧张、发生僵局的场面。

---

**【趣味阅读】**

日本一家著名的汽车公司在美国刚刚"登陆"时急需找一家美国代理商来为其销售产品,以弥补他们不了解美国市场的缺陷。当日本汽车公司准备与美国的一家公司就此问题进行谈判时,日本公司的谈判代表路上塞车迟到了。美国公司的代表紧紧抓住这件事不放,想要以此为手段获取更多的优惠条件。日本公司的代表发现无路可退。于是站起来说:"我们十分抱歉耽误了你的时间,但是这绝非我们的本意,我们对美国的交通状况了解不足,所以导致了这个不愉快的结果,我希望我们不要再为这个无所谓的问题耽误宝贵的时间了,如果因为这件事怀疑到我们合作的诚意,那么,我们只好结束这次谈判。我认为,我们所提出的优惠代理条件是不会在美国找不到合作伙伴的。"

日本代表的一席话说得美国代理商哑口无言,美国人也不想失去这次赚钱的机会,于是谈判顺利地进行下去。

**【启示】**

进攻式策略是指通过语言或行为来表达己方强硬的姿态,从而获得对方必要的尊重,并借以制造心理优势,使得谈判顺利地进行下去。采用进攻式开局策略一定要谨慎,因为,在谈判开局阶段就设法显示自己的实力,使谈判开局就处于剑拔弩张的气氛中,对谈判进一步发展极为不利。

进攻式策略通常只在这种情况下使用:发现谈判对手在刻意制造低调气氛,这种气氛对己方的讨价还价十分不利,如果不把这种气氛扭转过来,将损害己方的切身利益。

---

### (三)坦诚式开局

坦诚式开局策略是指谈判人员以开诚布公的方式向谈判对手陈述自己的观点或想法,为谈判打开良好的局面。一般说来,坦诚式开局策略比较适合于有长期业务合作关系的双方,而且双方关系很好,互相比较了解。在双方已经建立了愉快的合作关系的基础之上,双方相互间比较熟悉和了解不需要太多的客套和寒暄,这样的开局策略可以减少很多外交辞令,节省了时间。另外,谈判人员直接坦率地向对方提出自己的观点和要求,反而更容易使对方对己方产生信任感。

**【趣味阅读】**

北京某区一党委书记在同外商谈判时,发现对方对自己的身份持有强烈的戒备心理。这种状态妨碍了谈判的进行。于是这位党委书记当机立断,站起来对对方说道:"我是党委书记,但也懂经济、搞经济,并且拥有决策权。我们摊子小,实力也有限,但人实在,愿意真诚与贵方合作。咱们谈得成也好,谈不成也好,至少你这个外来的'洋'先生可以交一个我这样的'土朋友'。"寥寥几句肺腑之言,打消了对方的疑惑,使谈判顺利地向纵深发展。

**【启示】**

这种策略比较适合于有长期的合作关系的双方,以往的合作双方都比较满意,双方彼此比较了解,不用太多的客套话,减少了很多外交辞令,节省时间,直接坦率地提出自己的观点、要求,反而更能使对方对己方产生信任感。

### (四) 慎重式开局

慎重式开局策略是指谈判人员以严谨、凝重的语言进行陈述。这种开局策略可以展现出己方对谈判的高度重视,并且能够促使谈判对方放弃某些不适当的意图,以更加顺利地实现自己的谈判目的。

慎重式开局策略通常适用于有过商务往来的谈判双方,但是对方曾有过不太令人满意的表现。在这种情况下,谈判人员就应该用严谨、慎重的态度来对待谈判,以引起对方对某些问题的重视。

### (五) 保留式开局

保留式开局策略是谈判者在谈判起初,对谈判对手所提出的关键性问题不做明确彻底的回答,而是在一定程度上有所保留。这样在接下来的谈判过程中,比较易于掌握主动权和控制权。不过,需要注意的是,谈判人员要把握好保留的程度,以免给对方造成不诚恳或故弄玄虚的印象。

**【趣味阅读】**

有一家日本公司与我国福建一家公司进行了接触,双方互派代表就投资问题进行谈判。谈判一开始,日方代表就问道:"贵公司的实力到底如何我们还不十分了解,能否请您向我们介绍一下以增加我方进行合作的信心。"中方代表回答道:"不知贵方所指的实力包括哪几方面,但有一点明确告诉您,造飞机我们肯定不行,但是制茶我们是内行,我们的制茶技术是世界第一流的。福建有着丰富的茶叶资源,我们公司可以说是'近水楼台'。贵公司如果与我们合作的话,肯定会比与其他公司合作得满意。"

**【启示】**

对谈判对手提出的关键问题不作彻底、确切的回答,而是有所保留,从而给对手造成神秘感,以吸引对手步入谈判。

## 五、确定谈判议程

谈判的议程包括谈判的议题和程序。谈判议题是指谈判所要涉及的问题。任何涉及谈判双方利益并需要协商的内容都可以成为谈判的议题。一般地说,技术水平、产品质量、价格、支付方式、售后服务等是谈判的主要议题。其中价格问题是绝大多数商务谈判的核心议题。谈判程序是指谈判议题在时间上的安排,主要涉及两个问题:一是议题的先后顺序,二是每个议题讨论所需的时间。

简单的、非正式的谈判一般不会先涉及议题或程序的讨论,而是直接就谈判的实质性内容进行磋商;复杂的、正式的谈判才会先谈及谈判的议题和程序。谈判议程的设计和谋划是十分有技巧的,对谈判的最后结果有时会产生关键性的影响。以合作双赢为主要特征的谈判(企业并购、商品买卖等),其议题和程序可以双方协商确定,也可以由一方先拟订,征得另一方同意后确定。以对抗单赢为主要特征的谈判(损害赔偿、拆迁补偿等),其议题和程序很难协商确定,谈判者应根据最有利于己方、最不利于对方的方式来谋划、安排谈判的议题和程序。

# 第二节  商务谈判报价

## 一、报价的依据

从理论上来说,商务谈判报价依据有两个:第一,对报价者最为有利,即卖方报出最高价,在预期成交价的基础上加上虚值;买方报出最低价,在预期成交价的基础上扣减虚值;以使在后期谈判中讨价还价让出虚值。第二,成功的可能性最大,报价时,要考虑对方的接受能力和市场背景,避免狮子大开口吓跑对方。

在实际商务谈判中,谈判者报价应当了解影响价格的具体因素。这些具体因素主要包括以下几项。

### 1. 市场行情

市场行情是指该谈判标的物在市场上的一般价格及波动范围。市场行情是市场供求关系状况的反映,是价格磋商的主要依据。如果谈判的开盘价偏离市场行情太远,谈判成功的可能性就很小。这也说明,谈判者必须掌握市场信息,了解市场的供求状况及趋势,从而了解商品的价格水平和走向。只有这样,才能取得价格谈判的主动权。

### 2. 利益需求

由于谈判者的利益需求不同,他们对价格的理解也就各不相同。日常生活中,一件款式新颖的时装,即使价格较高,年轻人也可以接受;而老年人可能偏重于考虑面料质地,并据此评判价格。商务谈判中如某公司从国外一厂商进口一批货物,由于利益需求不同,谈判结果可能有三种:一是国外厂商追求的是盈利的最大化,某公司追求的是填补国内空白,谈判结果可能是高价;二是国外厂商追求的是打入我国市场,某公司追求的是盈利的最大化,谈判结果可能是低价;三是双方都追求盈利的最大化,谈判结果可能是妥协后的折中价,或者谈判失败。

### 3. 交货期要求

商务谈判中,如果对方迫切需要某原材料、设备、技术,即"等米下锅"谈判中对方可能会忽略价格的高低。另外,某方只注重价格的高低,而不考虑交货期,也可能因此吃亏。例如,某远洋运输公司向外商购买一条旧船,外商开价 1 000 万美元,该公司要求降低到 800 万美元。谈判结果,外商同意了 800 万美元的价格,但提出推迟交船 3 个月;该公司认为价格合适,便答应了对方的要求。哪知外商又利用这 3 个月跑了运输,营运收入 360 万美元,大大超过了船价少获的 200 万美元。显然,该远洋运输公司并没有在这场谈判中赢得价格优势。

### 4. 产品的复杂程度

产品结构、性能越复杂,制造技术和工艺要求越高和越精细,成本、价值及价格就会越高,而且,该产品核计成本和估算价值就较困难,同时,可以参照的同类产品也较少,价格标准的伸缩性也就较大。

### 5. 附带条件和服务

谈判标的物的附带条件和服务,例如,质量保证、安装调试、免费维修、供应配件等,能为客户带来安全感和许多实际利益,往往具有相当的吸引力。人们往往宁愿"多花钱,买放心"、"多花钱,买便利",因此,这些附带条件和服务,能降低标的物价格水平在人们心目中的地位和缓冲价格谈判阻力。而且,从现代产品的观念来看,许多附带条件和服务也是产品的组成部分,交易者对此自然重视。

### 6. 产品和企业信誉

产品和企业的良好信誉,是宝贵的无形资产,对价格有重要影响。人们对优质名牌产品的价格,或对信誉卓著的企业的报价,往往有信任感。因此,人们宁肯出高价买品牌,也愿意与重合同、守信誉的企业打交道。

### 7. 交易性质

大宗交易或一揽子交易,比那些小笔生意或单一买卖,更能减少价格在谈判中的阻力。在大宗交易中,上万元的价格差额可能算不了什么;而在小笔生意中,蝇头小利也会斤斤计较。在一揽子交易中,货物质量不等,价格高低不同,交易者往往忽略价格核算的精确性或不便提出异议。

### 8.销售时机

旺季畅销,淡季滞销。畅销,供不应求,则价格上调;滞销,供过于求,为减少积压和加速资金周转,只能降价促销。

### 9.支付方式

商务谈判中,货款的支付方式,是现金结算,还是使用支票、信用卡结算,或以产品抵偿,是一次性付款,还是分期付款或延期付款等,都对价格有重要影响。谈判中,如能提出易于被对方接受的支付方式,将会使己方在价格上占据优势。

## 二、报价的原则

报价并非就是简单地提出己方的交易条件,这一过程实际上是非常复杂的,稍有不慎就有可能陷自己于不利的境地。大量的谈判实践告诉我们,在报价过程中是否遵循下述几项原则,对报价的成败有着决定性的影响。

### 1.报价的首要原则

对卖方而言,开盘价必须是最高的;相应地,对买方而言,开盘价必须是最低的。这是报价的首要原则。对此可以从以下几个方面进行分析。

首先,作为卖方来说,最初的报价也即开盘价,实际上为谈判的最终结果确定了一个最高限度。因为在买方看来,卖方报出的开盘价无疑表明了他们追求的最高目标,买方将以此为基准,要求卖方做出让步。在一般情况下,买方不可能接受卖方更高的要价,买方最终的成交价将肯定在开盘价以下。

其次,开盘价的高低会影响对方对己方的评价,从而影响对方的期望水平。比如卖方产品价格的高低,不仅反映着产品的质量水平,还与市场竞争地位及销售前景等直接相关,买方会由此而对卖方形成一个整体印象,并据此来调整或确定己方的期望值。一般来说,开盘价越高,对方对我方的评价越高,其期望水平可能就越低。

再次,开盘价越高,让步的余地就越大。在谈判过程中,双方都必须做出一定的让步。如果在一开始就能为以后的让步预留足够的回旋余地,在面对可能出现的意外情况,或对方提出的各种要求时,就可以做出更为积极有效的反应。

最后,开盘价高,最终成交价的水平也就比较高。或者说,最初的报价越高,最终所能得到的往往就越多。因为要价越高,就越有可能与对方在较高的价格水平上达成一致。

### 2.开盘价必须合乎情理

开盘价必须是最高的,但这并不意味着可以漫天要价、毫无道理、毫无控制,恰恰相反,报价必须合情合理,应该控制在合理的界限内。如果报价过高,又讲不出道理,对方必然会认为你缺乏谈判的诚意,可能会立即中止谈判;也可能针锋相对地提出一个令你根本无法认可的报价水平;或者对本方报价中不合理的成分一一提出质疑,迫使你不得不很快做出让步。在这种情况下,即使你已将交易条件降至比较合理的水平,但这一合理的条件在对方看来仍然可能是极不合理的。

因此,本方提出的开盘价,既应服从于本方寻求最高利益的需要,又要兼顾对方能够接受的可能性。开盘价虽然不是最终的成交价,但如果报价高到被对方认为是荒谬的程度,从一开始就彻底否定本方报价的合理性,双方的磋商是很难顺利进行下去的。在确定报价水平时,一个普遍认可的做法是:只要能够找到足够的理由证明你方报价的合理性,报出的价格就应尽量提高。换句话说,报价应该高到你难以找到理由再为提高价格辩护的程度。

### 3. 报价应该坚定、明确、清楚

谈判者首先必须对己方报价的合理性抱有充分的自信,然后才可希望得到对方的认可。在提出本方的报价时应该坚决而果断,在言谈举止上表现出任何的犹豫和迟疑,都有可能引起对方的怀疑,并相应增强对方进攻的信心。报价还应该非常明确、清楚,报价时所运用的概念的内涵、外延要准确无误,言辞应恰如其分,不能含混模糊,以免对方产生误解。为确保报价的明确、清楚,可以预先备好印刷成文的报价单。如果是口头报价,也可适当地辅以某些书面手段,帮助对方正确理解己方的报价内容。

### 4. 不对报价做主动的解释、说明

谈判人员对己方的报价一般不应该附带任何解释或说明。如果对方提出问题,也只宜做简明的答复。在对方提出问题之前,如果己方主动地进行解释,不仅无助于增加己方报价的可信度,反而会由此而使对方意识到己方最关心的问题是什么,这无异于主动泄密。有时候,过多的说明或辩解,还容易使对方从中发现己方的破绽和弱点,让对方寻找到新的进攻点和突破口。

### 5. 报价不要报整数

很多时候,在我们看来,整数似乎是一个很好看、很干脆的数字,非整数则被看作"零零散散的"或"拖泥带水的",然而,在商务谈判中,如果你报出的是一个整数价,那就意味着你是存心让对方来砍价的。心理学研究表明,当你提出一个零头的价格时,这让人听起来好像是比较精确、可信、坚定的,谈判的余地也相对而言比较小,从而使对方不会还价还得太狠,因此,"99.9＞100"是有可能的。

## 三、报价的方式

所谓的报价方式,就是指报价的方法及其形式,包括交易条件的构成、提出条件的程序及核心内容的处理等。简单地说,报价方式解决的就是如何比较的问题。

前面分析的几项报价原则,对现实谈判中的报价有着非常重要的指导意义。但在涉及某项具体的商务谈判时,还必须结合当时的实际情况,尤其是特定的谈判环境及谈判双

方的相互关系,灵活地确定报价方式。如果双方关系良好,又有过较长时间的合作关系,报价就不宜过高。如果双方处于冲突程度极高的场合,那么,报价不高就不足以维护本方的合理利益。如果本方有多个竞争对手,那就必须把报价压低到至少能受到邀请参与谈判的程度。

在国际商务谈判中,有两种典型的报价方式可供我们借鉴。需要注意的是,除了这两种方式之外,还可以有其他许多种报价方式,谈判者完全不必拘泥于已有的固定模式,而应该根据实际情况做出决策。

### 1. 高价报价方式

这种方式的一般做法是,卖方首先提出留有较大余地的价格,然后根据谈判双方的实力对比和该项交易的外部竞争状况,通过给予各种优惠,如数量折扣、价格折扣、佣金和支付条件方面的优惠(延长支付期限、提供优惠信贷等),逐步接近买方的条件,建立起共同的立场,最终达到成交的目的。这种方式与前面提到的有关报价原则是一致的,只要能稳住买方,使之就各项条件与卖方进行磋商,最后的结果往往对卖方是比较有利的。

高价报价方式普遍为西欧国家厂商所采用,因此又称为西欧式报价。

### 2. 低价报价方式

低价报价也称日本式报价。其一般做法是,将最低价格列于价格表中,首先以低价唤起买方的兴趣。而这种低价格一般是以对卖方最有利的结算条件为前提,并且与此低价格相对应的各项条件实际上又很难全部满足买方的要求。只要买方提出改变有关的交易条件,卖方就可以随之相应提高价格。因此,买卖双方最终成交的价格,往往高于卖方最初的要价。

在面临严峻的外部竞争时,日本式报价是一种比较有效的报价方式。首先,它可以排除竞争对手的威胁,从而使己方与买方的谈判能够现实地发生。其次,其他卖主退出竞争之后,买方原有的优势地位就不复存在,他将不能以竞争作为向卖方施加压力的筹码。这样,双方谁都不占优势,卖方就可以根据买方在有关条件下所提出的要求,逐步地提高他的要价。

日本式报价虽然最初提出的价格是最低的,但它却在价格以外的其他方面提出了最利于己方的条件。对于买方来说,要想取得更好的条件,他就不得不考虑接受更高的价格。因此,低价格并不意味着卖方放弃对高利益的追求。可以说,它实际上与西欧式报价殊途同归,两者只有形式上的不同,而没有实质性的区别。一般而言,日本式报价有利于竞争,西欧式报价则比较符合人们的价格心理。多数人习惯于价格由高到低,逐步下降,而不是相反的变动趋势。

## 四、报价的策略

商务谈判的报价是不可逾越的阶段,只有在报价的基础上,双方才能进行讨价还价。

报价之所以重要,就是因为报价对讨价还价乃至整个谈判结果会产生实质性影响。基于这一点,我们研究报价的策略十分必要。

### 1. 报价时机策略

在价格谈判中,报价时机也是一个策略性很强的问题。有时,卖方的报价比较合理,但却并没有使买方产生交易的欲望,原因往往是买主首先关心的是此商品能否给他带来价值、带来多大的价值,其次才是带来的价值与价格的比较。所以,价格谈判中,应当首先让对方充分了解商品的使用价值和能为对方带来多少收益,待对方对此发生兴趣后再谈价格问题。实践证明,提出报价的最佳时机,一般是对方询问价格时,因为这说明对方已对商品产生了购买欲望,此时报价往往水到渠成,比较自然。

有时,在谈判开始时对方就询问价格,这时最好的策略应当是听而不闻。因为此时对方对商品或项目尚缺乏真正的兴趣,过早报价会增加谈判的阻力。这时应当首先谈该商品或项目的功能、作用,能为交易者带来什么样的好处和利益,待对方对此商品或项目产生兴趣,交易欲望已被调动起来时再报价比较合适。当然,对方坚持即时报价,也不能故意拖延;否则,就会使对方感到不受尊重甚至反感,此时应善于采取建设性的态度,把价格同对方可获得的好处和利益联系起来,一起介绍效果较好。

总之,报价时机策略,往往体现在价格谈判中相对价格原理的运用,体现在促进积极价格的转化工作。

---

**【趣味阅读】**

《圣经》里有这样一则故事:一天,雅各正在家里煮红豆汤,他的兄长以扫打猎回到家里。以扫在山里奔波了一天,又累又饿,便对雅各说"我肚子饿得咕咕叫,给我些红豆汤吧!"

雅各颇具心计,不露声色地说:"行啊,不过你要把你的长子继承权让给我。"

以扫回答说:"你看,我快要饿死了,还要长子继承权干吗呢?我只想要红豆汤。"

雅各步步紧逼:"这不是闹着玩的,你现在要对上帝发誓。"

以扫不以为然地说:"好吧,我发誓。"

当以扫发完誓时,雅各给了他一碗红豆汤和一些面包。以扫狼吞虎咽地吃完这些东西后,他的长子继承权也就随之断送了。

雅各在他兄长打猎归来、筋疲力尽的时候趁火打劫,用一碗红豆汤诱使以扫放弃了长子继承权。

**【启示】**

企业经营者离不开谈判,而谈判的特征之一是对抗性,谈判双方都希望赢得胜利,千方百计争夺利益,以达到预期目的。

在现代谈判活动中，"趁火打劫"是谈判高手惯用之计。但此计要求自己必须真正了解对手的详细情况，进行分析、论证，认定对手有求于自己时，就可逼迫对手接受自己的苛刻条件，趁火打劫，获得成功，从中获取大的利益。

### 2. 报价起点策略

价格谈判的报价起点策略，通常是：卖方报价起点要高，即"可能的最高价"；买方报价起点要低，即"可能的最低价"。这种做法已成为商务谈判中的惯例。同时，从心理学的角度看，谈判者都有一种要求得到比他们预期得到更多的心理倾向。实践证明，若卖方开价较高，则双方往往能在较高的价位成交；若买方出价较低，则双方可能在较低的价位成交。

对于卖方来讲，高报价的优势是：第一，卖方的报价事实上对谈判的最后结果确立了一个终极上限。在谈判中除非有极特殊、极充足的理由，否则报价之后再重新报价是要极力避免的，而且对方也不会接受你报价后的提价。第二，采取高报价则为卖方让步留有较大的余地，有利于卖方在必要情况下做出让步，打破僵局。第三，报价高低影响对手对己方潜力的评价。报价越高，对方对报价的潜力评价越高；反之，则低。第四，报价高低也直接反映出报价方的期望水平。一般来说，期望水平高的，报价也高，成功的可能性也越高，获利也越大。

买方采取低报价策略是因为：第一，买方的报价是向对方表明要求的标准，尽管双方都知道这个标准将有所调整，但报价低会给对方很大的心理压力。第二，买方报价的高低也反映了他的期望水平、自信与实力。第三，报价低为谈判中的价格调整与让步留出了较大的余地。

### 3. 报价差别策略

由于购买数量、付款方式、交货期限、交货地点、客户性质等方面的不同，同一商品的购销价格不同。这种价格差别，体现了商品交易中的市场需求导向，在报价策略中应重视运用。例如，对老客户或大批量购买的客户，为巩固良好的客户关系或建立起稳定的交易联系，可适当实行价格折扣；对新客户，有时为开拓新市场，也可适当给予折扣；对某些需求弹性较小的商品，可适当实行高价格策略等。

### 4. 价格分割策略

价格分割是一种心理策略。卖方报价时，采用这种技巧，能制造买方心理上的价格便宜感。价格分割包括两种形式。

(1) 用较小的单位报价。例如，茶叶 200 元/千克报成 10 元/两；大米 1 000 元/吨报成 1 元/千克。国外某些厂商刊登的广告也采用这种技巧：如淋浴器广告"淋浴一次仅需 8 便士"，油漆广告"油漆 1 平方米只要 5 便士"。巴黎地铁公司的广告是："每天只需付 30 法郎，就有 200 万旅客能看到你的广告。"用小单位报价比用大单位报价会使人产生便宜的感觉,更容易使人接受。

(2)用较小单位商品的价格进行比较。例如,"每天少抽一支烟,每天就可订一份××报纸"。"使用这种电冰箱平均每天 0.5 元电费,0.5 元只够吃 1 根最便宜的冰棍。""一袋去污粉能把 1 600 个碟子洗得干干净净"……用小商品的价格去类比大商品会给人以亲近感,拉近与消费者之间的距离。

### 5. 运用心理定价策略

人们在心理上一般认为 9.9 元比 10 元便宜,而且认为零头价格精确度高,给人以信任感,容易使人产生便宜的感觉。像这种在十进位以下的而在心理上被人们认为较小的价格称为心理价格。因此,市场营销中有奇数定价这一策略。例如,标价 79.00 元,而不标 80 元;标价 19.9 元,而不标 20 元,这 1 分钱、1 角钱或者 1 元钱之差,给人"大大便宜"的感觉。心理价格在国内外都已被广泛采用。

### 6. 中途变价策略

中途变价策略是指在报价的中途,改变原来的报价趋势,从而争取谈判成功的报价方法。所谓改变原来的报价趋势,是说买方在一路上涨的报价过程中,突然报出一个下降的价格,或者卖方在一路下降的报价过程中,突然报出一个上升的价格来,从而改变了原来的报价趋势,促使对方考虑接受你的价格。

大量的谈判实践告诉我们,许多谈判者为了争取更好的谈判结果,往往以极大的耐心,没完没了地要求、要求、再要求,争取、争取、再争取。但碰到像刚才这样的对手实在让人头痛,尽管已经满足了他的许多要求,使他一次又一次地受益,可他似乎还有无数的要求。这时对付他的有效方法就是"中途变价法"。即改变原来的报价趋势,报出一个出乎对方意料的价格来,从而遏制对方的无限要求,促使其尽早下决心交易。

## 五、应价的处理及其策略

报价是谈判一方向另一方,而不是向自己提出交易的条件,因此,与某一方的报价过程相对应,必然地存在着另一方对报价的反应过程。所谓的应价,就是指谈判的一方对另一方报价所做的反应。在任何一项商务谈判中,报价与应价都构成一个事物的两个不可缺少的方面,两者相互依从,互为条件。

在谈判的双方报价之后,一般情况下,另一方不可能无条件地接受对方的全部要求,而是会相应地做出这样或那样的反应。一个老练的谈判者必须能正确应付对方提出的任何条件和要求,包括那些出乎意料的建议、要求。既然交易的条件是由双方共同来确立的,而不是仅取决于某一方的主观意愿,那么,在对方提出报价以后,你也应该通过一定的途径提出本方的条件。对本方来说,应价不仅仅是对对方的报价提出质疑、做出评价,或者是不置可否等,它还直接或间接地表明了己方对交易条件的要求,反映着己方的立场、态度和利益。

从时间上看,应价是伴随报价而发生的,但就其实质而言,两者并无二致。因此,应价一方绝不是将自己置于被动应付的地位,而应该采取积极有效的措施对报价过程施加影响,使之朝于己方的方向发展,努力使己方的交易条件得到对方认可,争取谈判的主动权。事实上,应价对谈判行为过程的影响力绝不亚于报价,只要处理得当,谈判者完全可以"后发制人",取得满意的谈判结果。

应价方对另一方的报价做出回复,有两种基础的策略可供选择:一种是要求对方降低其报价,另一种是提出本方的报价。比较而言,选择第一种策略可能更为有利。严格地说,不论运用哪种策略,都是本方对报价一方发动的反击,客观上都向对方传递了某些重要信息,包括本方的决心、态度、意愿等。不过,前一种策略表现得更为隐蔽一些,因此本方既没有暴露自己的报价内容,更没有做出任何相应的让步;而对方往往因对本方的条件缺乏足够的了解,不得不做出某种让步。

## 第三节　商务谈判磋商

### 一、还价前的准备

己方在清楚了解了对方报价的全部内容后,就要透过其报价的内容来判断对方的意图,在此基础上可以分析出怎样能使交易既对己方有利,又能满足对方的某些要求。将双方的意图和要求逐一进行比较,弄清双方分歧之所在,估计什么是对方的谈判重点。

谈判双方的分歧可分为实质性分歧和假性分歧两种。实质性分歧是原则性的根本利益的分歧;假性分歧是由于谈判中的一方或双方为了达到某种目的而人为设置的难题或障碍,是人为制造的分歧,目的是使自己在谈判中有较多的回旋余地。其实,要区分这两种分歧并不困难,只要谈判人员细心观察和分析就可以发现,然而当双方都采用同一种方法时,就都不要捅破这层窗户纸了。这样一来,假的就当真的来对待了,但是,这也是一种过渡性的手段,不影响谈判的最后结局。所以,对待假性分歧,只要认真识别,看出其虚张声势时,不要被对方的气势吓倒,只要坚持说理,就一定会取得最后的成功。

对待实质性分歧要认真,要反复研究做出某种让步的可能性,并做出是否让步的决定。同时,根据预期的目标决定让步的阶段和步骤。当然,谈判人员的这种分析受到经验和水平的限制,不一定正确,但允许在谈判的过程中不断地修正。

经过分析,勾勒出一个大体的谈判进程,规定出每个议题中双方较量的实力。通过分析得出:若己方还价,还价的幅度应如何掌握;在其他各项交易条件上所做的针对原报价的变动、补充和删减中,估计哪些能为对方所接受,哪些又是对方急于讨论的问题。以此为基础,设想出双方最终可能签订的合同的大致面目。这样,在谈判中,就可据此把握谈判的总体方向和讨论范围。

## 二、讨价

### 1. 讨价的含义

讨价是指一方报价之后，另一方认为其报价离己方的期望目标太远，而要求报价一方重新报价或改善报价的行为。讨价可以是实质性的，也可以是策略性的。为了继续谈判，本着尊重、说理的原则，动之以情，晓之以理，说服对方，表明己方的合理要求，改变对方的期望值，要求对方重新报价或改善报价，为己方还价做好准备。

---

**【趣味阅读】**

我有个秘书，刚来的时候嘴巴上经常挂着一句话："我最不喜欢讨价还价了！"

有一天中午，她在网上看到视频，正好有个外国人在讲讨价还价：不喜欢讨价还价的人，恐怕成不了谈判高手……

对此，我的秘书非常不屑："我才不想成为什么谈判高手呢！没完没了谈啊谈的，多折腾。大家都是明白人，你只要不乱开价，我就答应。这样多爽快，也多省事，少费点周折，让你我都高兴，何乐而不为？"

我说："问题是，你觉得省事了、高兴了，对方就一定高兴吗？"

她瞪着大眼睛反问道："他要什么价格我就给他什么价格，他有什么不高兴的？"

过了一个月，秘书对我说："我昨天上网，拍卖自己的一个旧手提包，标价100元。有个女孩问我60元卖不卖？我说卖了！张老师你猜，结果怎么样？"

"没有成交。"我说。

秘书瞪着大眼睛，诧异道："咦，你怎么知道的？"

我帮助她分析："因为那个女孩觉得，她说什么价格，你就答应什么价格，你这个包是否值60元呢？如果她说30元，你是不是也会一口答应呢？"

秘书眼睛瞪得更大了，并且若有所思地点着头。

我最后说："你觉得自己是好心让对方，对方却觉得是不是其中有诈。你这叫好心办了坏事。"

**【启示】**

讨价还价是谈判过程中再合理且再正常不过的一个环节。不讨价还价，别人未必感谢你，甚至反而还会感到不安。人的谈判心理就是如此。

---

### 2. 讨价的程序

讨价的程序包括：全面讨价、针对性讨价和总体讨价。

（1）全面讨价。全面讨价是指讨价者根据交易条件全面入手，要求报价者从整体上改变价格，重新报价。这种讨价不仅可以使用一次，还可以根据情况使用两次或更多次。

(2) 针对性讨价。针对性讨价是指讨价者有针对性地从交易条款中选择某些条款，要求报价者重新报价。这些被选择到的条款可以是一项，也可以是若干项；可以同时是几项，也可以是逐条逐项。

(3) 总体讨价。总体讨价是指讨价者从总体出发综合分析交易条件，运用策略，改变报价者的理想目标，降低期望值，考虑重新报价。

讨价的这三个阶段是可以不断重复、连续进行的过程。讨价次数的多少，应根据心中保留价格与对方价格改善的情况而定，每一次讨价，争取都能得到对方的一些让步。

### 3. 讨价的态度

谈判双方在报价时，往往是卖方喊价高，买方出价低，这是谈判心理或策略要求留有讨价还价的余地。对于对方的重新报价或改善报价，应保持平和信赖的态度，不要被"盲目杀价"、"漫天要价"吓晕，应仔细倾听、诱导发言，试探虚实，发现纰漏，认真分析，正确理解报价。这些都取决于讨价者的素质与经验。

(1) 仔细倾听。认真仔细地倾听对方的报价，是尊重对方的一种表现。它能够鼓励对方多发言，能从健谈的报价者那里得到有用的资料，捕捉还价的理由；也能从内向的报价者那里引出其心中的秘密，掌握对方期望值。要倾听谈判对方的副手或经验不足的新手发言，倾听会使这些人自我感觉其"地位上升"，自我感觉良好，继续刺激增强兴奋度，甚至还会满足其虚荣心，导致这部分人员畅所欲言，而从中获取更重要的信息。

(2) 试探虚实。试探虚实是指在不打断对方说话时，顺着对方话题发问，提出种种假设条件，要求对方回答，并捕捉对方回答中对己方有利的信息，以便抓住机会，收集还价的资料。试探虚实，既能表达合作的诚意，进一步鼓励、诱导对方打开话匣子，保持平和信赖的气氛，又有利于掌握对方意图，更好地伺机还价。其假设条件围绕着交易价格而展开，常见用语有假如、如果等。"假如我购买的数量较多呢？""如果订货数量加倍或减半呢？""是否批量作价？"这些提问，都是买方投出去的"石头"，试探对方心中的价格秘密，对方这时候就会不知不觉地为买方的还价指点迷津。"假如降低价格，你会多买多少？""如果我们送货上门，你会出什么价？"这又是卖方在试探买方，是卖方在捕捉对方信息，试探虚实。

### 4. 讨价的基本方法

讨价是针对对方的不适宜或不合理报价而提出来的，其基本方法如下。

(1) 举证法。亦称引经据典法。为了增加讨价的力度，使对方难以抗拒，谈判者以事实为依据，要求对方改善报价。这种事实可以是市场的行情、竞争者的价格、对方的成本、过去的交易惯例、产品的质量与性能、研究成果、公认的结论等，总之是有说服力的证据。证据要求客观实在，起码是对方难以反驳或难以查证的（如竞争者的状况、己方过去的交往记录等），而不是凭空杜撰的证据或对方一揭就穿的证据。

（2）求疵法。讨价是朝着对方报价条款的缺漏、差错、失误而来的。有经验的谈判者，都会以严格的标准要求对方，以敏锐挑剔的目光寻找对方的疵点，并引经据典，列举旁证来降低对方的期望值，要求对方重新报价或改善报价。买方讨价，是要求卖方降低价格。这时，买方不能轻易赞美对方标的质量及报价条款内容，而把赞美或略带恭维的话送给谈判者个人。在赞美其"能干"、"会经营"、"懂得做人"声中，融进了生意场中朋友的感情，又指出其谈判标的条款的问题，使对方不得不承认其条款的不足，再按谈判者的权限、成交的决心和己方对商品需求数量的缓急，尽力向前推进，及早改变对方的期望值。卖方讨价，是要求买方提高价格。这时卖方对买方的报价要指出其报价缺乏的依据，或依据的资料不准确，引证同类标的市场的行情和最低价格、相同数量报价更高的竞争者的报价和交易成功的买者的具体的报价。

（3）假设法。以假设更优惠条件的口吻来向对方讨价，如以更大数量的购买、更优惠的付款条件、更长期的合作等优惠条件来向对方再次讨价，这种方法往往可以摸清对方可以承受的大致底价。假设不一定会真正履行，但因其是假设，所以留有余地。

（4）多次法。讨价是冲着对方策略性虚拟价格的水分、虚头来的，它是卖方向买方要求加价，买方要求卖方降价的一种表示。不论是加价还是降价都不是一步到位的，都需要分步实施。只要每一次的讨价都会得到改善，即使对方的理由并不都合乎逻辑，只要对己方有利都应表示欢迎。讨价刚开始，无论哪一方都会固守自己的价格，不会轻易改变，并会提出许多理由加以解释。所以，讨价需要反复多次方可有较大的收效。谈判中应抓住主要矛盾，一般是对重要的关键的条款予以讨价，要求改善；也可以同时针对若干项，形成多方位强大攻势的讨价。这些方法和条款内容的选择，要综合考虑报价的不合理现状及依据，对价格的解释、分析、改善以及谈判素质、谈判风格、特点等因素，依据谈判者的总体谈判策略而定。

## 三、还价

### 1. 还价的含义

还价是指针对谈判对手的首次报价，己方所做出的反应性报价。还价以讨价作为基础。在一方首先报价以后，另一方一般不会全盘接受，而是根据对方的报价，在经过几次讨价之后，估计其保留价格和策略性虚报部分，推测对方可妥协的范围，然后根据己方的既定策略，提出自己可接受的价格，反馈给对方。如果说报价划定了讨价还价范围的一个边界的话，那么，还价将划定与其对立的另一条边界；双方将在这条边界所规定的界区内展开激烈的讨价还价。

### 2. 还价的方式

谈判还价的方式从价格评论的依据出发，可以分为按分析比价还价和按分析成本还价两种。

（1）按分析比价还价。按分析比价还价是指己方不了解所谈产品本身的价值，而以其相近的同类产品的价格或竞争者产品的价格作为参考进行还价。这种还价的关键是所选择的用作对比的产品是否具有可比性，只有比价合理才能使对方信服。

（2）按分析成本还价。按分析成本还价是指己方能计算出所谈产品的成本，然后以此为基础再加上一定百分比的利润作为依据进行还价。这种还价的关键是所计算成本的准确性，成本计算得越准确，谈判还价的说服力越强。

以上两种性质的还价方式的选取决定于手中所掌握的比价材料。如果比价材料丰富且完备，自然应选按分析比价还价，这对于买方来讲简便、容易操作，对卖方来讲容易接受；反之，就用按分析成本还价。在选定了还价的性质之后，再来结合具体情况选用具体技巧。

根据谈判中每次还价项目的多少，谈判还价方式有单项还价、分组还价和总体还价三种。

（1）单项还价。单项还价是以所报价格的最小项目还价，即指对主要设备或商品逐项、逐个进行还价，对技术费、培训费、技术咨询费、工程设计费、包装费、运输费逐项还价。如对成套设备，按主机、辅机、备件等不同的项目还价。

（2）分组还价。分组还价是指把谈判对象划分成若干项目，并按每个项目报价中所含水分的多少分成几个档次，然后逐一还价。对价格高的在还价时可以多压一点，对认为水分比较低的分组还价时可以少压一点，对不同档次的商品或项目采用区别对待，分类处理。

（3）总体还价。总体还价又叫一揽子还价，是指不分报价中各部分所含水分的差异，均按同一个百分比还价。

如果卖方价格解释清楚，买方手中比价材料丰富，卖方成交心切，且有耐心及时间时，采用逐项还价对买方有利，对卖方也充分体现了"理"字，卖方也不会拒绝，他可以逐项防守。

如果卖方价格解释不足，买方掌握的价格材料少，但卖方有成交的信心，然而又性急，时间也紧时，采用分组还价的方式对双方都有利。

如果卖方报价粗，而且态度强硬，或双方相持时间较长，但都有成交愿望，在卖方已做一两次调价后，买方也可采用以"货物"和"软件或技术费"两大块还价。不过，该价应还得巧。"巧"就是既考虑了对方改善过报价的态度，又抓住了他们理亏的地方；既考虑到买方自己的支付能力，又注意掌握卖方的情绪，留有合理的妥协余地，做到在保护买方利益的同时，使卖方还感到有获利的希望，而不丧失成交的信心。

**3．还价起点的确定**

买方确定了还价的性质和方式以后，还价最为关键的问题是确定还价起点，即以什么条件作为第一次还价。还价的起点是买方第一次公开报出的打算成交的条件，其高低直接关系到自己的利益,也反映出谈判者的谈判水平。所以,还价起点的总体要求如下。

(1) 还价起点低。还价起点低能给对方造成压力并影响和改变对方的判断及盈余要求,能利用其策略性虚报部分为价格磋商提供充分的回旋余地和准备必要的交易筹码,对最终达成成交价格和实现既定的利益目标具有不可忽视的作用。

(2) 还价不能太低。还价起点要低,但又不能太低,还价起点的高度必须接近对方的目标,使对方有接受的可能性,能够保持价格磋商过程得以正常进行。

还价起点的确定,从原则上讲,是既要低,但又不能太低,要接近谈判的成交目标。从量上讲,谈判起点的确定有三个参照因素:报价中的含水量、与自己目标价格的差距和准备还价的次数,同时还应考虑分析卖方在买方价格评价和讨论后,其价格改善的情况。

(1) 报价中的含水量。价格磋商中,虽然经过讨价,报价方对其报价做出了改善,但改善的程度各不相同,因此,重新报价中的含水量是确定还价起点的第一项因素。对于所含水分较少的报价,还价起点也应较高,这样可使双方均感到对方的合作诚意;对于报价改善不多就停步不前,并千方百计地要求对方马上还价,所含水分仍然较高的报价,还价起点就应较低,以便使自己的还价与成交价格的差距同对方价格中所含的水分相对应,确保己方在后续的讨价还价中不吃亏。

(2) 成交差距。对方报价与己方的价格目标的差距是确定还价起点的第二因素。目标价格是己方根据自身利益需要、他人利益需要和各种客观因素制定的,并力图通过讨价还价达到的成交价格。因此,当对方提出报价后,己方应将该报价与自己的目标价格相比较,根据差距确定自己的还价。对方报价距离自己的目标价格越远,其还价起点就应越低;反之,对方报价距离自己的目标价格越接近,其还价起点就应该越高。但还价起点必定要低于己方准备成交的价格,以便在后续的讨价还价中留有余地。

(3) 还价次数。己方准备还价的次数是确定还价起点的第三项因素。在每次还价的幅度大致确定的情况下,当己方准备还价的次数较多时,还价的起点就应较低;当己方准备还价的次数较少时,还价的起点就应较高。

**4. 还价前的筹划**

还价策略的精髓就在于"后发制人",要想发挥"后发制人"的威力,就必须在还价前针对对方的报价做出周密的筹划。

(1) 认真推算。应根据对方对己方讨价所做出的反应和自己所掌握的市场行情及商品比价资料,对报价内容进行全面的分析,推算出对方所报价格中水分的大小,并尽力揣摩对方的真实意图,从中找出对方报价虚头最大、我方反驳论据最充分的部分作为突破口,同时找出报价中相对薄弱的环节,作为己方还价的筹码。

(2) 通盘考虑。根据所掌握的信息对整个交易做出通盘考虑,估量对方及己方的期望值和保留价格,制定出己方还价方案中的最高目标、中间目标、最低目标。把所有的问题都列出来,分清主次、先后和轻重缓急,设计出相应的对策,以保证在还价时自己的设想、目标可以得以贯彻执行。

（3）多案选择。根据己方的目标设计出几种不同的备选方案,方案中哪些条款不能让步,哪些条款可以灵活掌握,灵活的幅度有多大,这样才便于保持己方在谈判立场上的灵活性,使谈判的斗争与合作充满各种可能性,使谈判协议更易于达成。

最后,还价的目的不是仅仅为了提供与对方报价的差异,而应着眼于如何使对方承认这些差异,并愿意向双方互利性的协议靠拢。保持谈判立场的灵活性正是讨价还价过程,即价格磋商过程得以进行的基础。

## 四、讨价还价的策略

商务谈判的讨价还价阶段是谈判的实质性磋商阶段,它是谈判的核心环节,也是最困难、谈判组人员最紧张的阶段。磋商的过程及其结果直接关系到谈判双方所获利益的大小,决定着双方各自需要的满足程度。因而,选择恰当的策略来规划这一阶段的谈判行为,无疑有着特别重要的意义。

磋商既是双方求同存异、合作、谅解、让步的过程,也是双方斗智斗勇,在谈判智力、体力和耐力等方面较量的过程,谈判策略和技巧的主要作用体现在如下方面。

### （一）讨价还价阶段的前期策略

#### 1. 虚设疑阵

虚设疑阵策略是指通过不露痕迹地向对方提供虚假信息或大量无用信息而使对方上当,从而取得有利的谈判条件。如故意在走廊上"遗失"经过刻意加工的备忘录、便条或文件,或者故意把它们丢在被对方容易发现的纸篓里;在休息期间把笔记本放在无人的谈判桌上;在"无意"中让对方发现其他竞争对手的有关资料等。

使用虚设疑阵策略可以通过给对方提供的虚假信息或无用信息来干扰对方的判断,促使其做出有利于本方的决策,增强本方的优势。此策略一般是在对方谈判代表缺乏谈判经验、容易轻信他言、不掌握市场行情或急于想了解本方的观点、立场的情形下使用。

在使用虚设疑阵策略时,必须进行精心设计,不能露出破绽。在向对方提供资料时,必须是间接的,因为人们一般会认为,间接得到的信息要比直接得到的资料更可信,用间接提供的假情报更容易使对方接受。

作为虚设疑阵策略运用者,不到万不得已,一般不宜采用这种策略,因为它有损于本方的诚意,一旦在谈判中被识破,即会影响谈判气氛甚至导致谈判失败,事后被发现也将失信于人。

虚设疑阵的应对方法是,不能轻信对方不应出现的失误,对自己轻易得来的材料持怀疑态度,作为防御,我们必须了解这种策略。因为目前谈判桌前仍有不诚实者和故意欺诈者,我们应从心理上予以重视,在措施上予以反击。

【趣味阅读】

在美国经营着一家高级面包公司的杜维诺先生,一直想把面包推销给纽约的一家大饭店。为做成这笔大生意,他在这家饭店里订了一个房间,住在那里以便能够随时跟饭店经理谈生意。可是一连四年,他都一无所获。

就在他快要失去信心的时候,他的一个精通谈判谋略的朋友对他说:"打动人心的最高明的办法就是跟他谈他最喜欢的事物。"于是他改变了策略,四处打听那个经理喜欢的事情和热衷的问题。

原来,那位经理是"美国饭店招待者协会"的主席。于是杜维诺再去见他时,先不谈生意问题,而是说自己对那个协会非常有好感,大谈那位经理的协会的"伟大"。结果这位经理一改以往冷漠的态度,在百忙之际与他谈了一个小时,他高兴而去。

几天以后,他就收到了那家饭店的订货单……

【启示】

杜维诺由于采用了"虚而示实"的策略,结果使四年苦苦追求未果的生意在一小时之间取得了成功。

在谈判中用"虚而示实"的谋略,先了解好对手的经历、爱好、性格,用各种示假隐真的手段探得对手的底牌,然后可投其所好,先不谈正题,而只谈对方感兴趣的事,这样就会使双方的思想感情产生"共鸣",攻破对手的心理防线后,再谈正题,便能一举成功,诱其就范。

### 2. 投石问路

投石问路是指利用一些对对方具有吸引力或突发性的话题同对方交谈或通过所谓的谣言、秘信,或有意泄密等手段,借此琢磨和探测对方的态度和反应。下面都是可供"投石问路"的方式,例如,如果我们与贵方签订为期一年的合同,你们的价格能优惠多少? 如果我们对原产品做如此改动,价格上有何变化? 如果我们买下你们的全部存货,报价又是多少? 如果我方有意购买贵方其他系列的产品,能否价格上再优惠些? 如果货物运输由我们解决,价格多少? 等。一般来说,任何一块"石头"都能使讨价者进一步了解对方,而且对方难以拒绝。

### 3. 抛砖引玉

抛砖引玉策略的基本做法是在对方询问价格时,本方先不开价,而是举一两个近期达成交易的案例(本方与别的商家的交易,或是与市场上其他商家的交易等),给出其成交价,进行价格暗示,反过来提请对方出价。运用抛砖引玉策略的目的是将先出价的"球"踢回给对方,为本方争取好价格。如果运用得当,举例真实可信,可以为本方带来额外收益,强化本方在谈判中的有利地位;但若提供的成交案例经不起推敲,则本方就具有欺诈之嫌,从而使本方处于不利的谈判地位。所以说,使用这一策略时应注意,所举案例的成交价要有利于本方,成交案例与本交易要具有可比性,且需要提供证明材料。

---

**【趣味阅读】**

宋太宗年间,大臣曹翰因罪发配汝州。曹翰这个人很有智谋,自从到汝州后一直考虑如何重返京城,官复原职。

有一天,宋太宗派使者来汝州公干。曹翰想办法见到了使者,流着眼泪说:"我的罪恶深重,到死也不能赎清,真不知如何报答皇上的不杀之恩。我现在在这里悔过,有朝一日誓死报答皇上。只是我在这里服罪,家里人断了生计,缺衣少食。我这里有一幅画,请您带回京城交给我的家人,让他们卖掉此画暂且度日。"

使者见当年的权臣如此求他,便满口答应了,回到京城后还把此事向宋太宗做了汇报。宋太宗打开这幅画一看,是曹翰精心绘制的《下江南图》,内容是当年曹翰奉宋太祖的旨意,任先锋官攻打南唐的情景。宋太宗看到此画,马上回忆起曹翰当年立下的功勋,怜悯之心油然而生,遂下旨把曹翰召回了京城。

曹翰为回京城,以一幅画作为引"玉"之"砖",终于如愿以偿。

**【启示】**

"抛砖引玉",就是抛出砖头,引来玉石。这是一个比喻,砖可以泛指质次的、价值低的或量小的事物,相对来说,玉可以指一切质优的、价值高的或量大的事物。

谈判活动中,也不乏此种计谋。在谈判中不受对方重视或对方不和你进行谈判时,不妨试一试抛砖引玉之计,吸引对方的注意而使谈判顺利进行。或者利用敌人爱占便宜的弱点,先给一些甜头,引诱其上钩,慢慢地"引玉"过来。好比钓鱼一样,以一条小蚯蚓为诱饵,钓上一条大鲈鱼。我方付出较小的代价,却获得很大的好处;做出较小的牺牲,却赢得了较大的胜利。因此,抛砖引玉是一种先予后取的策略。

---

#### 4. 吹毛求疵

买方通常会用这种吹毛求疵的策略来和卖方讨价还价。买方会对产品和对方的提议尽可能地挑毛病,例如,寻找产品的疵点、功能缺陷,外观设计、色彩搭配、包装等缺陷,提出一大堆问题和要求,这些问题有的是真实的,有的却只是虚张声势。买方之所以这么做,主要目的是使卖方产生疑虑、压抑、无望等心态,对自己的产品失去信心,以大幅度降低卖方的期望值,进而使卖方在实际谈判中逐步给予优惠或让步。

但是,任何谈判策略的有效性都有一定的限度,这一策略也是如此。在向对方提出要求时,不能过于苛刻、漫无边际;要有针对性,恰如其分,要把握分寸,不能与通行做法和惯例相距太远。否则,对方会觉得我方缺乏诚意,以致中断谈判。在谈判中运用这一策略时还要注意,提出比较苛刻的要求,应尽量是对方掌握较少的信息与资料的某些方面,尽量是双方难以用客观标准检验、证明的某些方面;否则,对方很容易识破你的策略,采取应对措施。

### 5.价格诱惑

价格诱惑是指卖方利用买方担心市场价格上涨的心理,诱使对方迅速签订购买协议的策略。例如,在购买设备谈判中,卖方提出在年底之前,价格随市场行情大约将上涨5%,如果对方购买这批设备,在年底前签协议,就可以以目前的价格享受优惠,合同执行可按年底算。如果此时市场价格确实浮动较大,那么这一建议就很有吸引力。买方就有可能趁价格未变之机匆忙与对方签约。这种做法看起来似乎是照顾了买方的利益,实际上并非如此,买方甚至会因此吃大亏。其原因是:第一,在上述情况下,买方在签署合同时,往往没有对包括价格在内的各项合同条款从头到尾地进行仔细认真的谈判,实际上只是在卖方事先准备好的标准式样合同上签字,很少能做大的修改、补充。这样,买方应争取的各项优惠条件和让步,就很难写入这种改动余地很小的合同中。第二,由于合同订得仓促,很多重要问题都被忽视。卖方也常常会由于事先已"照顾了买方的利益"而在谈判中坚持立场,寸步不让。买方也会为了达成协议,过于迁就对方。第三,谈判人员签订这种价格保值合同时,为抓住时机,常常顾不上请示其上级或公司董事会的同意而"果断"拍板,由于合同的实际执行要等到很久以后,因此,它所包括的一切潜在问题不会立即暴露出来。但一旦出现,其后果将无可挽回。

由此可见,价格诱惑的实质,就是利用买方担心市场价格上涨的心理,把谈判对手的注意力吸引到价格问题上来,使其忽略对其他重要合同条款的讨价还价,进而在这些方面争得让步与优惠。对于买方而言,尽管避免了可能由涨价带来的损失,但可能会在其他方面付出更大的代价,牺牲了更重要的实际利益。

### 6.目标分解

要价还价是最为复杂的谈判战术之一。是否善于讨价还价,反映了一个谈判者综合的能力与素质。不要把讨价还价局限在要求对方降价或我方降价的问题上。例如,一些技术交易项目,或大型谈判项目涉及许多方面,技术构成也比较复杂,包括专利权、专有技术、人员培训、技术资料、图纸交换等方面。因此,在对方报价时,价格水分较大。如果笼统地在价格上要求对方做机械性的让步,既盲目,效果也不理想。比较好的做法是,把对方报价的目标分解,从中寻找哪些技术是我们需要的、价格应是多少,哪些是我们不需要的,哪一部分价格水分较大,这样,我方在讨价还价时就有利得多。

### (二)讨价还价阶段的中期策略

#### 1.步步为营

步步为营策略是指谈判者在谈判过程中步步设防,试探着前进,不断地巩固阵地,不动声色地推行自己的方案让人难以察觉,自己的每一微小让步都要让对方付出相当代价。

在一切条件上都要坚持自己的观点,自己做出了一点让步就缠住对方不放,要求对方也做出对等的让步,以消耗对方的锐气,坚守自己的阵地。

运用此策略可以减少本方的让步,不做无谓的牺牲,以本方微小的代价换得对方较大让步。该策略如果运用不当,会加大谈判的艰难程度,严重时会导致谈判的搁浅。该策略一般在谈判时间充裕,谈判议题较小,或是各项议题的谈判均比较艰难的情形下使用。

使用该策略应小心谨慎,力戒急躁和冒进。每次让步之前应该想好它对对方的可能影响及对方可能会有的反应。使用该策略要做到言行一致,有理有据,使对方觉得情有可原。还价要狠,退让要小而缓。要使对方感到本方的每一次让步都是做出了重大牺牲,一般情况下,本方做出一次让步后,需坚持要对方也做出一次对等(或是较大)的让步,然后本方才有可能做出新一轮的让步。

### 2. 疲劳轰炸

疲劳轰炸策略就是指通过采用疲劳战术来干扰对方的注意力,瓦解其意志并抓住有利时机达成协议。马拉松式的谈判,本已存在的会场气氛、精力等自然障碍,再加上"疲劳策略"的运用,人为地拖延谈判时间,把对方的休息和娱乐的时间也安排得满满的,看似隆重礼遇,实际上也许只是一种圈套。这时,影响谈判结局的决定性因素是谈判人员的精力,而不是高明的辩论技巧。

运用该策略,可以应对对手所提出的种种盛气凌人的问题,通过采取回避、巧妙周旋的办法,暗中摸清对方的情况,寻找其弱点,逐渐消磨对手的锐气;同时本方的谈判地位也从不利和被动的局面中扭转过来。到了对手精疲力竭、头昏脑涨之时,本方则可反守为攻,抱着以理服人的态度,摆出本方的观点,力促对方做出让步。

在商务谈判中,如果一方的谈判者表现出居高临下、先声夺人的姿态,那么,即可以采用"疲劳战"战术。实行这种疲劳策略,要求本方事先有足够的思想准备和人力准备。运用此策略最忌讳的就是以硬碰硬,以防激起对方的对立情绪,使谈判破裂。更为重要的是,要知道这种策略的存在,并提防别人使用。

### 3. 以林遮木

以林遮木亦称见林不见树,又叫浑水摸鱼,是指在谈判中故意搅乱正常的谈判秩序,许多问题一股脑儿地摊在桌面上,使人疲于应付,难以做出正确选择,进而达到使对方慌乱的目的。

其基本做法是将所有需要计算费用的议题捆在一起磋商,并抛给对方一大堆难以考证且计算复杂的资料作为证明本方要价合理的依据;或在议题已经大部分谈妥,还剩一些次要的议题时,趁对方体力与精力不支,或被胜利冲昏头脑之际,提出继续谈判的要求,并在后面的谈判中立场坚定地提出本方的高要价。

运用该策略可以转移对方的视线,困扰对方思维,消耗对方的体力与精力,最终达到乱中取胜、蚕食对方利益、积小胜为大胜和顺手牵羊的目的,从而增加本方的整体利益。

该策略一般是在双方谈判实力相差悬殊,本方谈判实力处于弱势的情形下使用。但是,运用该策略时应注意:问题的提出让人感到真实可信;将所有谈判议题进行捆包,实施整体谈判;所提供的证据应该有利于支持本方的观点;认真观察对手,选择最佳运用时机。

### 4. 软硬兼施

软硬兼施策略又称"黑脸白脸"策略、"好人坏人"策略。

我们大都从电影里知道如何运用好人坏人的策略。当嫌疑犯被捉到后,第一个审问他的人,用强烈的探照灯照着他,粗鲁地问他一些问题,甚至严刑逼供。然后这个冷酷的人走了,接着来了一个和气的人,他关掉探照灯,给嫌疑犯松绑,搬来凳子请嫌疑犯坐下并给嫌疑犯点上一支烟,让他放松点。不久,这个嫌疑犯就会全部招供了,而好人坏人的策略也就奏效了。

在商务谈判中运用此策略,通常做法是在初始阶段,先由唱黑脸的人出场,他傲慢无理,苛刻无比,强硬僵死,立场坚定,毫不妥协,让对手产生极大的反感。当谈判进入僵持状态时,唱白脸的人出场,他表现出体谅对方的难处,以合情合理的态度照顾对方的某些要求,放弃自己一方的某些苛刻条件和要求,做出一定的让步,扮演一个"白脸"的角色。实际上,他做出这些让步之后,所剩下的那些条件和要求,恰恰是原来设计好的必须全力争取达到的目标。

该策略是通过"先兵后礼"的举措来感化或压迫对方转变立场,从而打破僵局促成交易。软硬兼施策略往往在对手缺乏经验,对手很需要与你达成协议的情境下使用。实施此策略时要注意:扮演"坏人"的,既要表现得"凶",又要保持良好的形象。既态度强硬,又处处讲理,绝不蛮横。扮演"好人"的,应是主谈人,他一方面要善于把握谈判的条件,另一方面也要把握好出场的火候。软不能使本方的利益受损,软中要有硬。

### 5. 车轮战术

车轮战术是指在谈判桌上的一方遇到关键性问题或对方有无法解决的分歧时,借口自己不能决定或其他理由,转由他人再进行谈判。这里的"他人"或者是上级、领导,或者是同伴、合伙人、委托人。不断更换本方的谈判代表,有助于形成一种人数、气势、伦理的强势,有意延长谈判时间将消耗对方的精力,促其做出更大让步。

该策略的核心是更换谈判主体,通过更换谈判主体,可以侦探对手的虚实,耗费对手的精力,削弱对手的议价能力,有助于形成一种人数、气势、伦理的强势,给对手造成巨大的心理压力,同时,为自己留有充分的回旋余地,从而掌握谈判的主动权。作为谈判的对方需要重复地陈述情况,阐明观点;面对新更换的谈判对手,需要重新开始谈判。这样会付出加倍的精力、体力和投资,时间一长,难免出现漏洞和差错。

在商务谈判中,如果对方实力强,本方实力弱,且本方对市场行情不太了解,或对所购买商品性能不够熟悉,即可以采用这种"走马换将"的战术。但是,实施该策略时应注意:选择攻击目标,以便所有参与人员协同作战,目标一致;选择参与人员,使之与目标相匹配,更有利于谈判;编排谈判用词,以便每个参与者恰当投入,说词准确;明确每个参与者投入的时机,人多必须有序,谈判才能不乱。

### 6.休会策略

休会策略是指谈判人员为控制、调节谈判进程,缓和谈判气氛,打破谈判僵局而经常采用的一种基本策略。有时候,当谈判进行到一定阶段或遇到某种障碍时,谈判双方或其中一方会提出休会,以使谈判人员恢复体力和调整对策,推动谈判的顺利进行。

从表面上看,休会是满足人们生理上的要求,恢复体力和精力,但实际上,休会的作用已远远超出了这一含义。它已成为谈判人员调节、控制谈判过程,缓和谈判气氛,融洽双方关系的一种策略技巧。

谈判出现僵局,双方情绪都比较激动、紧张,会谈一时也难以继续进行,这时,双方可借休会时机冷静下来,仔细考虑争议的问题;也可以召集各自谈判小组成员,集思广益,商量具体的解决办法。当双方再按预定的时间、地点坐在一起时,会对原来的观点提出修正的看法。这时,僵局就会较容易打破。

当谈判出现低潮时,人们的精力往往呈周期性变化,经过较长时间的谈判后,谈判人员就会精神涣散、工作效率低下,这时最好提议休会,以便休息一下,养精蓄锐,以利再战。在会谈出现新情况时,谈判中难免出现新的或意外的情况和问题,使谈判局势无法控制。这时可建议休息几分钟,以研究新情况,调整谈判对策。当谈判出现僵局时,在谈判双方进行激烈交锋时,往往会出现各持己见、互不相让的局面,使谈判陷入僵局。这时休会,能让双方冷静下来,客观地分析形势,及时地调整策略。等重新开始谈判时,会谈气氛就会焕然一新,谈判就可能顺利进行进而打破僵局。有时,谈判进展缓慢、效率很低、拖拖拉拉,谈判一方对此不满。这时,可以提出休会,经过短暂休整后,重新谈判,可改善谈判气氛。当谈判进行到某一阶段的尾声时,这时双方可借休会之机分析研究这一阶段所取得的成果,展望下一阶段谈判的发展趋势,谋划下一阶段进程,提出新的对策。

运用该策略时应注意:要把握好时机,讲清休会时间;要委婉讲清需要,但也要让对方明白无误地知道;提出休会建议后,不要再提出其他新问题来谈,应先把眼前的问题解决好再说。

### (三)讨价还价阶段的后期策略

#### 1.最后通牒

在谈判双方争执不下,对方不愿做出让步以接受我方交易条件时,为了迫使对方让步,我方可以向对方发出最后通牒。其通常做法是,给谈判规定最后的期限,如果对方在这个期限内不接受我方的交易条件达成协议,我方就宣布谈判破裂而退出谈判。

最后通牒在多数情况下是一个非常有效的策略。在谈判中人们对时间是非常敏感的。特别是在谈判的最后关头,双方已经经过长时间紧张激烈的讨价还价,在许多内容上已经达成一致或接近一致的意见,只是在最后的某一两个问题上相持不下,如果这时其中一方给谈判规定了最后期限,另一方就必须考虑自己是否准备放弃这次盈利的机会,牺牲前面已投入的巨大谈判成本,权衡做出让步的利益牺牲与放弃整个交易的利益牺牲谁轻谁重,以及坚持不做让步的后果。如果谈判的对手没有足够的勇气和谈判的经验的话,那么,在最后通牒面前常常选择的道路是退却,做出让步以求成交。

该策略往往在谈判后期的关键时刻被谈判者所采用。当谈判处于僵局,或对手迟迟不下决心成交时,可以采用此策略来加速谈判进程。这一策略有时能够收到较好的效果,有助于加速谈判进程,促使对手早下决心。但谈判者在采用这一策略时,也有可能会引起对方的敌意,所以在采用该策略时要尽量设法降低对方的敌意。

运用该策略应注意以下几点。

(1)谈判者知道自己处于一个强有力的地位,特别是该笔交易对对手,要比对本方更为重要。这一点是运用这一策略的基础和必备条件。

(2)谈判的最后阶段或最后关键时刻才使用"最后通牒"。对方经过旷日持久的谈判,花费了大量人力、物力、财力和时间,一旦拒绝我方的要求,这些成本将付诸东流。这样,对方会因无法担负失去这笔交易所造成的损失而达成协议。

(3)言语上要委婉,既要达到目的,又不至于锋芒毕露。

(4)应拿出一些令人信服的证据(诸如国家的政策、与其他客户交易的实例或者国际惯例、国际市场行情的现状及趋势,以及国际技术方面的信息等),让事实说话。

(5)给予对方思考或者讨论或者请示的时间。这样一来,有可能使对方的敌意减轻,从而自愿地降低其条件或者不太情愿地接受你的条件。

(6)"最后通牒"的提出必须非常坚定、明确、毫不含糊,不让对方存有任何幻想。同时,我方也要做好对方真的不让步而退出谈判的思想准备,不致到时惊慌失措。

(7)使用这一策略有可能使谈判破裂或者陷入更严重的僵局,所以要视情况而定,除非有较大把握或者万不得已时才用,千万别滥用和多用该策略。

**2. 场外交易**

场外交易策略是指谈判双方将最后遗留的个别问题的分歧意见放下,离开谈判桌,东道主一方安排一些旅游、酒宴、娱乐项目,以缓解谈判气氛,争取达成协议的做法。

在谈判后期,如果仍然把个别分歧问题摆到谈判桌上来商讨,往往难以达成协议。一是经过长时间的谈判,谈判人员已经很烦闷,继续谈判会影响谈判人员的情绪,相应地还会影响谈判协商的结果;二是谈判桌上紧张、激烈、对立的气氛及情绪易迫使谈判人员自然地去争取对方让步。而即使是正常的、应该的让步,但在最后的一个环节上让步,让步方会认为丢了面子,可能会被对方视为战败方;三是即使某一方的主谈人或领导人头脑很清楚冷静,认为做出适当的让步以求尽快达成协议是符合本方利益的,但因同伴态度坚决、情绪激昂而难以当场做出让步的决定。此时,运用场外交易策略是最为恰当的。

场外轻松、友好、融洽的气氛和情绪很容易缓和双方剑拔弩张的局面。轻松自在地谈论自己感兴趣的话题,交流私人感情,有助于化解谈判桌上激烈交锋带来的种种不快。这时适时巧妙地将话题引回到谈判桌上遗留的问题上来,双方往往会很大程度地相互做出让步而达成协议。

当谈判即将进入成交阶段,双方已经在绝大多数的议题上取得一致意见,仅在某一两个问题上存在分歧、相持不下而影响成交时,即可考虑采取场外交易。

但是,运用该策略时应注意:一定要注意谈判对手的不同习惯。有的国家的商人忌讳在酒席上谈生意,必须事先弄清楚,以防弄巧成拙。

### 3．私下接触

在谈判过程中,各方谈判人员一般都有充裕的业余时间进行休整。在这段时间谈判人员可以充分地休息、娱乐、养精蓄锐,当然也可以运筹下一步谈判的各项内容,除此之外,谈判人员还可以有意识地同对手私下接触,一起去娱乐游玩,以增加双方的了解和友谊,促进谈判的顺利发展,我们称其为"私下接触"策略。

这种策略尤其适用于各方的首席代表。双方代表在业余时间里一起说说笑笑、轻松愉快,这很容易消除双方隔阂,增强合作精神,建立起真挚的个人友谊,为下一步谈判创造积极气氛。

哪些场所适合于进行这种活动呢?一般来说,凡是可以使双方人员一起高高兴兴地消遣一下的地方都在此列。比如说高尔夫球俱乐部、保龄球房、游泳池、浴室等,皆无不可。当然,各地、各国商人可能有独特的偏好。例如,日本人喜欢在澡堂一起洗澡闲谈,芬兰人乐于在蒸汽浴室一起消磨时间,而英国人则倾向于一起去俱乐部坐坐,我国的广东人喜欢晨起在茶楼聊天。对于不同的谈判对手要兼顾其偏好,这样更有利于联络感情。

### 4．权力有限

在商务谈判中,受到限制的权力才是真正有力量的权力。有限权力策略正是谈判者巧妙地利用权力有限与对方进行讨价还价的一种策略。它是指当双方人员就某些问题进行协商,一方要求对方做出某些让步时,另一方可以向对方宣称,在这个问题上,授权有限,他无权向对方做出这样的让步,或无法更改既定的事实。

实力较弱的一方的谈判者常常带有许多限制去进行谈判,这在一定程度上比大权独揽的谈判者处于更有利的地位。因为,谈判人员的权力受到了限制,可以促使其立场更加坚定,可以优雅地向对方说:"不,这不是我个人的问题,我不能在超越权力范围的事情上让步。"确实,一个未经授权的主谈人,不可能答应赊账、降价。同理,一个买主如果无权灵活接受卖方条件,则也是个极难商议的对手。

运用该策略的最大好处在于既维护了本方利益,又不伤对方面子。此外,利用限制,借与高层决策人联系请示之机,更好地商讨处理问题的办法。利用此策略,还可以迫使对方向本方让步,在权力有效的条件下与本方进行洽谈。

该策略一般是在对方要求条件过高或本方需要对方在后期做出更大让步的情形下使用。运用该策略时应注意以下几点。

(1)"权力有限"作为一种策略,只是一种对抗对手的盾牌。"盾牌"的提出要严密,让人难辨真伪,仅能凭自己一方的"底牌"来决定是否改变要求、做出让步。

(2)运用这一策略时,如果要撤销盾牌也并不困难,可以说已请示领导同意便可。

(3)采用有限权力策略要慎重,不要使对方感到你没有决策权,不具备谈判的能力。

(4)不要让对方失去与你谈判的诚意和兴趣,否则就无法达成有效协议。

### 5. 坐收渔利

坐收渔利策略是指买主把所有可能的卖主请来,同他们讨论成交的条件,利用卖方之间的竞争,各个击破,为自己创造有利的条件。该策略取自"鹬蚌相争,渔翁得利",比喻双方争执,让第三者得利。该策略成功的基础是制造竞争,卖者的竞争越激烈,买者的利益就越大。

运用此策略,通常的做法是,邀请多家卖方参加投标,利用其间的竞争取胜。或者同时邀请几家主要的卖主与其谈判,把与一家谈判的条件作为与另一家谈判要价的筹码,通过让其进行背靠背的竞争,促其竞相降低条件。第三种做法是邀请多家卖主参加集体谈判,当着所有卖主的面以压低的条件与其中一位卖主谈判,以迫使该卖主接受新的条件。因为在这种情况下,卖主在竞争的压力下,如不答应新的条件,又怕生意被别人争去,便不得不屈从于买方的意愿。

## 五、让步

谈判本身是一个讨价还价的过程,也是一个理智的取舍过程。如果没有舍,也不可能取。一个高明的谈判者应该知道在什么时候抓住利益,在什么时候放弃利益。不要什么都想得到,什么都想可能什么都得不到。只有有得有失,才可能使谈判达成协议。让步是达成协议不得不采取的措施。正因为如此,让步的技巧、策略才显得十分重要。

在商务谈判中坚持自己的主张、意见固然十分重要,但适度、适时的妥协也是极其必要的。在某些场合,妥协甚至是谈判获得成功的最关键环节。有谈判专家认为,妥协与让步是谈判哲学、智慧和艺术的综合体现,善于妥协是一个谈判者成熟的标志之一。从某种意义上讲,妥协也是一种创造性的工作。当然,并不是什么都可以妥协,在原则问题上是不允许退让半步的。但是,在非原则问题上,如果你能找到可以退让的地方,并在适当的时机运用自如,就说明你的谈判准备比较充分。通常,一个对谈判环境心中有数且知己知彼的谈判者更容易找到妥协点。因此,学会如何妥协和让步,是学习商务谈判的人员必须掌握的基本技能。

### （一）让步的含义及其意义

#### 1. 让步的含义

所谓让步，是指谈判双方向对方妥协，退让己方的理想目标，降低己方的利益要求，向双方期望目标靠拢的谈判过程。在商务谈判中，谈判双方都是需要做出让步的，这是谈判双方为达成协议所必须承担的义务，也是商务谈判工作中颇费心思的棘手工作。但是，如何让步就大有学问了。有经验的谈判人员往往会以很少的让步来换取对方较大的让步，并且会使对方心满意足、愉快地接受。相反，没有经验的谈判者即使做出较大的让步，仍不能达到应有的效果，甚至前功尽弃。

#### 2. 让步的意义

在商务谈判中，谈判双方在讨价还价阶段，会根据各自的利益和对共同利益的理解，各抒己见，竭力使谈判朝着有利于自己的方向发展。若双方互不相让、争议不下时，便会出现僵局，而让步就是为了避免谈判出现僵局的好办法。让步是为了谈判成功，达成交易。僵局的避免，可以使谈判者回到谈判桌前继续谈判，可以使争论不休的问题得以解决，这样，双方通过让步，逐渐向对方的要求靠近，最后形成双方认可的期望目标，交易就成立了。让步本身就是一种策略，它体现了谈判者用主动满足对方需要的方式来换取自己需要得到满足的精神实质。如何把让步作为谈判中的一种基本技巧和手段加以运用，这是让步策略的基本意义。

### （二）让步的基本原则

让步涉及买卖双方的切身利益，不可随意让步。让步可能取得正面效果，即通过适当的让步赢得谈判的成功；也可能取得负面效果，即做出了某种牺牲，却为对方创造了更为有利的条件。让步的基本规则是以小换大，为了达到这一目的，要事先充分准备在哪些问题上与对方讨价还价、在哪些方面可以做出让步、让步的幅度有多少。

---

**【趣味阅读】**

多少个世纪以来，爱斯基摩人与北极狼共舞，北极狼从未在爱斯基摩人手中得到过便宜。后来，对爱斯基摩人充满兴趣的外来人，开始到爱斯基摩人的住所地观光旅游。

外来人的出现，打破了爱斯基摩人的生活平衡，但也带来了一些新鲜的事物。对此，爱斯基摩人起初并没有什么太大的反感。

日复一日，外来人乘着雪橇前来造访爱斯基摩人。雪橇的后面，时隐时现地跟着一帮饿极了的北极狼。爱斯基摩人告诉外来人，别搭理它们，让它们追去。看着身后虎视眈眈的北极狼,有些外来人害怕自己成为狼的果腹之物,于是投之以肉。久而久之,教会了狼追雪橇。

北极狼追着雪橇,并尝到了甜头,知道追雪橇是一件稳赚不赔的买卖,于是追得更加卖力,从时隐时现变成了锲而不舍。到后来,不管是外来人的雪橇,还是爱斯基摩人的雪橇,只要狼见到了雪橇,必追之。

这下子惹恼了爱斯基摩人。一怒之下,爱斯基摩人赶走了外来人。

追雪橇成癖的北极狼沿袭惯性,继续追着雪橇跑。但每次碰到的都是强硬的爱斯基摩人,追着追着,一无所获。如果追得太近,搞不好还要吃几颗枪子儿。狼慢慢地觉得,追雪橇原来没有什么意思。

久而久之,北极狼就不追雪橇了,爱斯基摩人的生活又恢复了平静。

**【启示】**

在谈判过程中让步是有原则的,谈判者不能以让步来讨好对方。凡事好商量,但不证明我们好欺负。外来人一味地对狼迁就,没有得到好的结果;北极狼贪得无厌,更没有好下场。

### 1. 让步要三思而行

在未完全了解对方的所有要求以前,不要轻易做任何让步。盲目让步会影响双方的实力对比,让对方占有某种优势,甚至对方会得寸进尺。让步要让在刀口上,每次让步要让得恰到好处,才能使己方以较小的让步获得对方较大的满意。

### 2. 让步要分轻重缓急

让步是一种有分寸的行为,不可"眉毛胡子一把抓"。有经验的谈判人员,为了争取主动,保留余地,不要在原则的问题、重大问题上让步,应选择在次要利益上让步,注意不要首先在对方尚未迫切要求的事项上让步。

### 3. 让步要选择恰当的时机

让步的时机会影响谈判的结果。如果让步过早,会使对方以为是"顺带"得到的小让步,这将会使对方得寸进尺;如果让步太晚,除非让步的价值非常大,否则将失去应有的作用。一般而言,主要的让步应在成交期之前,以便影响成交机会,而次要的、象征性的让步可以放在最后时刻,作为最后的"甜头"。

### 4. 让步要有利于创造和谐的谈判气氛

在维护己方利益的前提下,用让步来保证谈判中平等互利、和谐融洽的谈判气氛,对谈判协议的达成具有现实意义。在己方以为重要的问题上力求使对方先让步,而在较为次要的问题上,根据情况需要,己方可以考虑先作让步。

### 5. 己方的让步意图不要表现得太清楚

每个让步都应该有所图,都要指向可能达成的协议,可是又不能让对方看出己方的目标所在,要善于掩饰己方让步的真实原因。暴露己方的真实让步意图无疑会给己方以后的谈判带来利益损失和不必要的麻烦。

### 6. 不要做交换式的让步

让步并不需要双方互相配合,以大换小、以旧换新、以小问题换大问题的做法是不可取的。不要承诺做同等幅度的让步,一报还一报的互相让步是不可取的。如果对方提出这种要求,可以己方无法负担作为借口。

### 7. 不要让对方轻易得到好处,没有得到某个交换条件,永远不要轻易让步

不要免费让步,或是未经重大讨论就让步。谈判中双方"交换"让步是一种习惯的行为。但应注意,"交换"让步不能停留在愿望上,要保证"交换"的实现。一方在让步后,应等待和争取对方让步,在对方让步前,绝对不要再让步。不要不敢说"不"。大多数人都不敢说"不",只要你重复说,对方就会相信你说的是真的,要坚持立场。人们往往不珍惜轻易得到的东西。必须让对方懂得,己方每次做出的让步都是重大的让步。即使做出的让步对己方损失不大,是微小的让步,也要使对方觉得让步来之不易,从而珍惜得到的让步。

### 8. 如果做出的让步欠考虑,要及早收回,不要犹豫

不要不好意思收回已做出的让步,最后的握手成交才是谈判的结束。但要尽可能避免失误,收回让步,从法律的角度看,是允许的,但从信誉的角度看,则对自己不利。值得注意的是,收回让步时一定要坦诚承认,及时收回,不可拖延,以免造成更大失误。

### 9. 要严格控制让步的次数、频率和幅度

一般认为,让步次数不宜过多,过多不仅意味着利益损失大,而且影响谈判的信誉、诚意和效率;频率也不可过快,过快容易鼓舞对方的斗志和士气;幅度更不可过大,过大可能会使对方感到己方报价的"虚头"大,会使对方的进攻欲望更强,程度更猛烈。让步应做到步步为营。

### 10. 让步的目标必须反复明确

谈判中让步不是目的,而是实现目的的手段。任何偏离目标的让步都是一种浪费。让步要定量化,每次让步后,都要明确让步已到何种程度、是否获得了预想的效果。

### 11. 不要执着于某个问题的让步

在谈判中整个合同比某个具体问题更重要。要向对方阐明:各个问题上所有的让步要视整个合同是否令人满意。让步要有利于谈判的总体战略。

### 12. 在接受对方让步时要心安理得

不要一接受对方让步就不好意思,就有义务感、负债感,马上考虑是否做出什么让步给予回报。不然,你争取到的让步就没有什么意义了。

### (三)让步的方式

让步的具体方式多种多样,在实际运用时,要根据对方的反应灵活掌握,切忌一成不

变地固守一种模式。让步又是一个十分谨慎的问题。每一个让步都能给对方某种好处，相应地，每个让步都可能损失我方的某种利益。因此，让步之前一定要慎重。

选择让步方式，首先，要明确让步的方式与幅度应具有不可预测性，以免对手根据你所显示的类型向你施加压力。其次，在具体的让步过程中要牢记，第一步不要过大；让步应分几个阶段进行，不要一次就让到底线，让步幅度逐渐减少，逐步降低对手的期望值。

以下是卖方的让步方式举例。假设卖方在原来报价的基础上，总体让步数额为80元，分四次让出，比较典型的让步方式如表6-1所示。

**表 6-1  让步次数及让步幅度列表**

| 让步方式 | 预定让步（元） | 第一期让步（元） | 第二期让步（元） | 第三期让步（元） | 第四期让步（元） |
| --- | --- | --- | --- | --- | --- |
| 1 | 80 | 0 | 0 | 0 | 80 |
| 2 | 80 | 20 | 20 | 20 | 20 |
| 3 | 80 | 10 | 17 | 24 | 29 |
| 4 | 80 | 29 | 24 | 17 | 10 |
| 5 | 80 | 35 | 26 | 15 | 4 |
| 6 | 80 | 60 | 15 | 0 | 5 |
| 7 | 80 | 50 | 30 | −10 | 10 |
| 8 | 80 | 80 | 0 | 0 | 0 |

**1. 冒险型让步方式**

该方式在让步的最后阶段一步让出全部可让利益。该方式让对方感觉一直没有妥协的希望，因而被称为坚定的让步方式。如果买方是一个意志比较弱的人，当卖方采用此方式时，买方可能早就放弃讨价还价了，因而得不到利益；如果买方是一个意志坚强、坚持不懈、不达目的不罢休的人，那么买方只要不断迫使对方让步，即可达到目的，获得利益。在运用这种方式时，买卖双方往往都要冒着形成僵局的危险和可能。

**2. 等额型让步方式**

这是一种以相等的幅度逐轮让步的方式。这种方式的特点是使买方每次的要求和努力都能够得到满意的结果，但也会因此刺激买方坚持不懈的努力，以取得卖方的继续让步。而一旦停止让步，就很难说服买方，并有可能造成谈判的中止或破裂。

**3. 诱发型让步方式**

这是一种递增的让步类型，也是一种不明智的让步行为。这种让步类型往往会造成卖方重大损失。因为它导致买方的期望值越来越大，并会认为卖方软弱可欺，从而助长买方的谈判气势。但这种让步方式却能够向对方传递合作、有利可图的信息。所以，当谈判竞争性很强时，由谈判高手来使用还是有可能的。

**4. 妥协型让步方式**

这种让步类型的特点在于，一方面表现出卖方的立场越来越强硬；另一方面又会使买方感到卖方仍留有余地,从而始终抱有继续讨价还价的希望。

### 5．强势递减型让步方式

这是一种开始先做出一次大的退让,然后让步幅度逐轮急剧减少的方式。这种让步方式的特点是,它既向买方显示出卖方的谈判诚意和妥协意愿,同时又巧妙地暗示出卖方已做出了巨大的牺牲和尽了最大的努力,进一步的退让已近乎不可能。

### 6．不定式让步方式

这是一种开始让步幅度极大,接下来则坚守立场、毫不退让,最后一轮又做了小小的让步的方式。这种让步方式,充分表明了卖方的成交愿望,也表明进一步的讨价还价是徒劳的。但开始的巨大让步也会大幅度地提高买方的期望,虽然之后卖方态度转为骤硬会很快消除买方这一期望,可是买方很高的期望一旦立即化为泡影往往又会难以承受,从而将影响谈判的顺利进行。另外,开始就做出巨大让步,可能会使卖方丧失在较高价位成交的机会。

### 7．反弹式让步方式

这是一种开始做出大的让步,接下来又做出让步,之后安排小小的回升,最后又被迫做一点让步的方式。这是一种较为奇特和巧妙的让步技法,往往能操纵买方心理。它既可表明卖方的交易诚意和让步已达到极限,又可通过"一升一降"使买方得到一种心理上的满足。

### 8．危险型让步方式

这是一种开始便把自己所能做出的全部让步和盘托出的方式。首先,这种让步方式,不仅会在谈判初期大大提高买方的期望值,而且也没有给卖方留出丝毫的余地,而后几轮完全拒绝让步,既缺乏灵活性,又容易使谈判陷入僵局。其次,开始即做出全部让步,也会使卖方可能损失不该损失的利益。

从表 6-1 所示的八种让步方式可以看出:不同的让步方式传递着不同的信息,对对方形成不同的心理作用,也对谈判进程和结果具有不同的影响。在实际的价格谈判中,较为普遍采用的让步方式,是上面的第四种和第五种的让步类型。这两种类型对让步的一方来说可以说是步步为营,使买方的期望值逐步降低,较适应一般人的心理,因此比较容易使对方接受。第六种和第七种让步类型,其采用需要有较高的艺术技巧和冒险精神。如果运用得好,可以少做让步,迅速达成交易;但如果运用得不好,往往或是使自己做更多的让步,或是造成谈判的僵局。

## （四）迫使对方让步的方式

对谈判人员来讲,谈判中的利益可以分为三种:一是可以放弃的利益;二是应该维护的利益;三是必须坚持的利益。对于第二种和第三种利益,特别是第三种利益,在谈判中不是可以轻易获得的,往往需要激烈的讨价还价才能迫使对方做出让步。下面有几种谈判方式可以帮助己方在这个问题上获得成功。

**1. 温和式**

（1）戴高帽。"戴高帽"是以切合实际有时甚至是不切实际的好话颂扬对方，使对方产生一种友善甚是受到恩宠的好感，进而放松思想警戒，软化对方的谈判立场，从而使己方目标得以实现的做法。可以用来"戴高帽"的有对手的公司形象、规模和主谈人的个人能力、才干等。例如，抓住对方主谈人的年龄特征，如年老者，则讲"老当益壮"、"久经沙场"；若年轻者，则讲"年轻有为"、"反应灵活"、"精明强干"、"前途无量"。又如当对方迟迟不肯答应己方要求时，己方不妨恭维对方几句："您一向是爽快人，办事利索、干脆，又够朋友，我知道您是不会为难我们的。"这些话或许有不切题之处，但作为言者，目的是为了感化对方，促使对方让步。

但是要注意，恭维应该恰到好处、不动声色，如果过了头，成了一种赤裸裸的拍马屁行为，不但起不到正面作用，反而会让对方觉得恶心，效果适得其反。

（2）磨时间。磨时间是以时间做论战工具。即在一段时间里表示同一观点，等对方改变。可反复说理，态度和气。不讲话也突出无奈，在"无可奈何"的表情中等待着谈判时间流逝，以此达到促使对方让步的目的。这一招，对异地或异国谈判的人压力很大。

（3）恻隐术。从心理学上分析，人们总是同情和怜悯者，不愿落井下石。恻隐术即通过装扮可怜相、为难状，唤起对方同情心，从而达到迫使对方让步的做法。在谈判实力悬殊的情况下，脆弱的一方往往显示无助与谦卑的姿态满足对方"君临天下"、"救世主"的感觉，无形之中就会对脆弱的一方"手下留情"。

但是，恻隐术的运用要注意人格，同时在用词与扮相上不宜太过分。特别是当谈判者作为政府或国有企业代表时，除了人格之外，还有国格之分寸，在此种情形下，就决不能采用这种恻隐术。此外，使用恻隐术还应看谈判对象，要知道，毫无同情心的谈判对手，非但不吃软招，反而会讥笑这种行为。

（4）发抱怨。发抱怨即在商务谈判中数落抱怨，这是经常发生的现象。抱怨，可以分为两大类：一类是真正的不满，另一类则是隐藏性的拒绝。前者是正常意见，后者是买主由于种种原因，包括借口拖延、蓄意反对、杀价、试探等原因而产生的，其目的很明显，即促使对方让步。

**2. 强硬式**

（1）情绪爆发。人们总是希望在一个和平、没有紧张对立的环境中工作和生活。当人们突然面临激烈的冲突时，在冲突的巨大压力下，往往惊慌失措，不知该如何是好。在大多数情况下，人们会选择退却，以逃避冲突和压力。人们的上述特点常常在谈判中被利用，从而产生了所谓的"情绪爆发"策略，作为逼迫对方让步的手段。

在谈判过程中，情绪的爆发有两种：一种是情不自禁的爆发，另一种是有目的的爆发。前者一般是因为在谈判过程中，一方的态度和行为引起了另一方的反感，或者一方提出的谈判条件过于苛刻而引起的,是一种自然的、真实的情绪发作。后者则是谈判人员为了达到自己的谈判目的而有意识地进行的情绪发作,准确地说,这是情绪表演,是一种谈判的策略。我们这里说的情绪爆发是指后者。要相信世界上真有高明的表演者!

在谈判过程中,当双方在某一个问题上相持不下,或者对方的态度、行为欠妥,或者要求不太合理时,我们可以抓住这一时机,突然之间情绪爆发,大发脾气,严厉斥责对方无理,有意制造僵局,没有谈判的诚意。情绪爆发的烈度应该视当时的谈判环境和气氛而定。但不管怎样,烈度应该保持在较高水平上,甚至拂袖而去,这样才能震撼对方,产生足够的威慑作用和影响。在一般情况下,如果对方不是谈判经验丰富的行家,在这突然而来的激烈冲突和巨大压力下,往往会手足无措,动摇自己的信心和立场,甚至怀疑和检讨自己是否做得太过分,而重新调整和确定自己的谈判方针和目标,做某些让步。

在运用“情绪爆发”这一策略迫使对方让步时,必须把握住时机和态度。无由而发会使对方一眼看穿;烈度过小,起不到震撼、威慑对方的作用;烈度过大,或者让对方感到小题大做,则会失去真实感,或者使谈判陷入破裂而无法修复。

当对方在利用情绪爆发来向本方进攻时,本方最好的应付办法是:一是泰然处之,冷静处理,尽量避免与对方进行情绪上的争执。同时,把话题尽量地引回到实际问题上,一方面要表示充分了解他的观点,另一方面又要耐心解释不能接受其要求的理由。二是宣布暂时休会,给对方冷静平息的时间,让其自己平息下来,然后再指出对方行为的无礼,重新进行实质性问题的谈判。

(2)激将法。在谈判过程中。事态的发展往往取决于主谈人。因此,双方常常围绕主谈人或主谈人的重要助手出现激烈的争辩,以实现己方的目的。以话语刺激对方的主谈人或其重要助手,使其感到仍坚持自己的观点和立场会直接损害自己的形象、自尊心、荣誉,从而动摇或改变其所持的态度和条件。通常把这种做法称为激将法。

这种激将类似“将军”,不吃也得吃,躲是躲不过去的。激将的武器大多为“能力大小”、“权力高低”、“信誉好坏”等与自尊心直接相关的话。

使用此计时值得注意的是,首先,要善于运用话题,而不是态度。既要让所说的话切中对方心理和个性,又要切合所追求的谈判目标;其次,话语应掌握分寸,不应过分牵扯说话人本身,以防激怒对手并迁怒于己。

(3)竞争法。再没有什么武器比制造和利用竞争来迫使对方做出让步更奏效的了。谈判一方在存在竞争对手的时候,其谈判实力就会大为削弱,处于劣势。对于大多数卖主而言,他们总是存在或多或少的同行。他们出售同类产品,为达成交易不断地激烈地竞争,谁都担心自己的竞争对手超过自己,即使知道自己比对手强也是一样。此时,如果他的谈判对手聪明地让他注意到竞争者的存在,这个聪明人就可以较容易地令对方让步。有的时候,对方实际上并不存在竞争对手,但谈判者仍可巧妙地制造假象来迷惑对方,借此向对方施加压力。

### （五）阻止对方进攻的方式

商务谈判中让步是必需的，没有适当的让步，谈判就无法进行下去。但是，任何让步都不是无限的，因为这会直接损害己方的利益。因此，必须设法阻止对方的进攻。

#### 1. 防范式

（1）先苦后甜。先苦后甜是一种先用苛刻的虚假条件使对方产生疑虑、压抑、无望等心态，以大幅度降低其期望值；然后在实际谈判中逐步给予优惠或让步，使对方满意地签订合同，己方从中获取较大利益的策略。这种谈判策略来源于实际生活中的常见现象。

（2）先斩后奏。先斩后奏策略亦称"人质策略"。这在商务谈判活动中可以解释为"先成交，后谈判"。即实力弱的一方往往通过一些巧妙的办法使交易已经成为事实，然后在举行的谈判中迫使对方让步。

"先斩后奏"策略的实质是让对方先付出代价，并以这些代价为"人质"，扭转本方实力弱的局面，让对方通过衡量已付出的代价和中止成交所受损失的程度，被动接受既成交易的事实。

当对手运用此策略时，己方需注意，要尽量避免"人质"落入他人之手，让对方没有"先斩"的机会。即使交易中必须先付定金或押金，也必须做好资情调查，并有何种情况下退款的保证。可采取"以其人之道，还治其人之身"的做法，尽可能相应掌握对方的"人质"，一旦对方使用此计，则可针锋相对。

（3）后发制人。后发制人策略就是在交锋中的前半部分时间里，任凭对方施展各种先声夺人的占先技巧，本方仅是专注地听和敷衍应对，集中精力去寻找对方的破绽与弱点。然后在交锋的后期，集中力量对对方的破绽与弱点展开大举反攻，用防守反击的战术去获取决定性的胜利，运用这种策略可以取得后发优势。但若不能找到对方的明显破绽与弱点，或是反击不得力，本方就将处于完全的被动局面。此策略一般是在对方攻势强盛，或本方处于弱势的情形下使用。

运用这种策略时，注意少说多听，倾听可以使你了解对方的看法，感受对方的情绪，听出对方的言外之意，从而使你听得更明白，也能使对方说得更详细、更准确。在对方讲话时，尽量不要构思你的答辩，要从对方的立场去了解对方所说的东西。了解他们的看法、需求和顾虑，然后从正面的角度叙述对方的观点，表示出你已了解或理解对方。否则，就很难令对方接受己方的观点或解释。当然，了解或理解并非等于同意。不要急着说出你自己的观点。一般来说，最好能先让对方说出他的观点，然后再有目的地发表你的意见。这样不但有针对性，而且更有可能让对方折服。抓住重点牢记在心，以便在争论时能有的放矢，增强辩解的说服力。

## 2．阻挡式

（1）资料不足。在商务谈判过程中，当对方要求就某一问题进一步解释，或要求己方让步时，己方可以用抱歉的口气告诉对方："实在对不起，有关这方面的谈判资料我方手头暂时没有（或者没有齐备；或者这属于本公司的商业秘密或专利品资料，概不透露），因此暂时还不能做出答复。"这就是利用资料限制因素阻止对方进攻的常用策略。对方在听过这番话后，自然会暂时放下该问题，因而阻止了对方咄咄逼人的进攻。

其他方面的限制包括自然环境、人力资源、生产技术要求、时间等因素在内的其他方面的限制都可用来阻止对方的进攻。

这些限制对己方是大有帮助的。有些能使对方有充分的时间去考虑，能使己方更坚定自己的立场，甚至迫使对方不得不让步。有些则能使己方有机会想出更好的解决办法，或者更有能力和对方周旋。也许最重要的是能够考验对方的决心，顾全自己的面子，同时也能够使对方体面地做出让步。

（2）不开先例。不开先例策略是指在谈判中以没有先例为由来拒绝对方的过高要求。在谈判中，拒绝是谈判人员不愿采用，但有时又不得不用的方式，因此，人们都十分重视研究掌握拒绝的技巧，最主要的是怎样回绝对方而又不伤面子，不伤感情。

不开先例就是一个两全其美的好办法。在商务谈判中，当谈判一方提出一些过高要求时，另一方可以说"本公司过去从无此先例，如果此例一开，无法向上级和以往的交易伙伴交代"，或者说"对别的用户就没有信用，也不公平了，以后就难办了"等，以回绝对方的要求。

该策略是谈判者保护自己的利益，阻止对方进攻的一道坚实的屏障。该策略在对方提出要求过高，本方在既不想伤对方感情又必须回绝对方要求的情况下使用。采用这一策略时，必须要注意对所提的交易条件应反复衡量，说明不开先例的事实与理由，表述时态度要诚恳，并可伴之施用苦肉计。

（3）最后价格。谈判中常有"这是最后价格，我们再也不能让步了"这种话，如果另一方相信这一点，就不会要求己方继续做价格让步，这笔生意就能成交；如果不相信，也可能双方继续讨价还价，也可能就牺牲了这笔交易。

要使最后出价产生较好的效果，提出的时间和方式很重要。如果双方处在剑拔弩张、各不相让，甚至是十分气愤的对峙状况下，提出最后报价，无异于向对方发出最后通牒，这很可能会被对方认为是一种威胁。为了自卫反击，他会干脆拒绝你的最后报价。比较好的方法是，当双方就价格问题不能达成一致时，如果报价一方看出对方有明显的达成协议的倾向，这时提出比较合适。让对方产生一种感觉："在这个问题上双方已耗费了较多的时间，我方在原有出价的基础上最后一次报价，这是我们所能承受的最大限度了。"在提出最后报价时，尽量让对方感到这是己方所能接受的最合适的价格了，而且报价的口气一定要委婉诚恳，这样，对方才能较容易接受。

### 3．对攻式

（1）针锋相对。谈判中往往可以发现有些难缠的人，类似"铁公鸡一毛不拔"，他们往往很高，然后在很长的时间内拒不让步。如果你按捺不住，做出让步，他们就会设法迫使你接着做出一个又一个的让步。

（2）以一换一。在对方就某个问题要求己方让步时，己方可以把这个问题与另一个有关问题联系起来，也要求对方在另一个问题上让步，即以让步易让步。假如对方要求己方降低价格，己方就可以要求对方增加订购数量，延长己方交货期，或者改变支付方式，以非现金结算等。这样做，或是双方都让步，或是都不让步，从而阻止了对方的进攻。假如对方提出的要求损害了己方的根本利益，或者他们的要求在己方看来根本是无理的，己方也可以提出一个对方根本无法答应或者荒谬的要求回敬他们，让对方明白对于他们进攻，己方是有所准备的，没有丝毫让步的余地。面对己方同样激烈的反攻，对方很快会偃旗息鼓，进而放弃他们的要求。

（3）开诚布公。又称为"亮底牌"策略。这种让步策略一般在本方处于劣势或双方关系较为友好的情况下使用。在谈判中，处于劣势的一方虽然实力较弱，但并不等于无所作为、任人宰割，可以采用各种手段积极进攻，扭转局面。在采用这种让步策略时，应当充分表现出自己的积极坦率，以诚动人，用一开始就做出最大让步的方式感动对方，促使对方也做出积极反应，拿出相应的诚意。在双方有过多次合作或者是关系比较友好的谈判中，双方更应以诚相待，维护友谊。所以，在这种情况下，当一方做了一次性让步、袒露真诚后，对方一般不会无动于衷，也会做出积极的反应。

这种策略的优点是，首先，由于谈判者从一开始就露出实底，让出自己的全部可让利益，比较容易感动对方，使对方也采取积极行动，促成和局。其次，首先做出让步表示，使对方感到在谈判桌上有一种强烈的信任、合作、友好气氛，易于交谈。再次，这种率先做出的大幅度让步具有强烈的诱惑力，会给对方留下一步到位、坦诚相待的良好印象，有益于提高谈判效率、速战速决、降低谈判成本。

这种让步策略的缺点在于，由于首先让步，有时不免显得有些操之过急，易使对方感到还是有利可图，继续讨价还价。特别是遇到强硬而贪婪的对手时，对方在得到第一次让步后，可能会再次要价，争取更大的让步。这时，如果拒绝了对方的要求，由于对方先有成见，那么就很容易出现僵局。另外，由于一次做出全部让步还可能失掉本来可以争取到的利益，不利于在谈判桌上讨价还价。所以，谈判人员在使用这种让步策略时，一定要注意审时度势、趋利避害。

谈判人员在使用这种让步策略时的语言特点是，语气坚定，态度诚恳，表述明确，显示出坦率，通过语言表述使对方知道你是在做最大程度的让步，而且只能让步一次，由于不留后手，所以已到极限。

### （六）影响让步方式选择的因素

在实际商务谈判过程中,让步是客观存在的,也是不可避免的。从某种意义上讲,让步是谈判成功的保障,没有让步就没有成功的谈判。

谈判是一个讨价还价的过程。不同的让步方式传递出不同的信息,选择让步方式时,主要取决于以下因素。

**1. 本方所处的谈判地位**

通常,在货物买卖的谈判中,买方最好是采用缓慢而有节奏的让步方式;而卖方则适宜选择先急后缓的让步方式。此外,作为谈判提议的一方,往往是迫切要求谈判和局的一方,因此也应先做出较大的让步才能吸引对方;相反,作为谈判提议的接受一方,在谈判让步的初始阶段,最适宜选择少做让步,以强化己方的议价能力,维护己方的心理优势。

**2. 谈判对手的谈判经验**

如果谈判对手缺乏谈判经验或对谈判内容不熟悉,则适合于采用等额型、虚实型、诚恳型让步方式。如果谈判对手谈判经验丰富或对谈判内容极为熟悉,则适合于选用技术型、冒险型、坚定型让步方式。

**3. 准备采取什么样的谈判方针和策略**

如果本方拟采用"互惠互利"谈判方针,则适合于选用以和为贵的虚实型、诚恳型和反弹型让步方式;如果本方拟采用"以本方利益为主"的谈判方针,则适合于选用追求本方利益最大化的坚定型、冒险型、妥协型、不定式让步方式。

**4. 期望让步后对方给我们的反应**

如果期望本方让步后,对方会给予积极的响应,则适合于选用危险型、反弹式让步;如果只是想试探对方,则适合于选用冒险型、诱发型、强势递减型让步方式。

## 第四节　商务谈判终结

## 一、谈判结束的契机

商务谈判什么时间结束、怎样结束、采用什么方式结束,是取得成功商务谈判的关键环节,所以在谈判中要把握结束的契机,否则任何策略与技巧都没有意义。

### （一）从商务谈判时间来判定

商务谈判的质量通常取决于最先建立交易关系的方式,但能否取得一个满意的结果,则在于对谈判结束时机的选择和把握。什么时间结束谈判、怎样结束谈判、采用什么样的技术与技巧来实现谈判的完美结束,这是谈判取得成功的又一关键环节。

选择恰当的时机结束谈判,对于谈判的成功有着重要的意义。形象一点来说,谈判犹如人们饮酒一样,有时没有常理可言,可能是最后的一小杯酒致人死命。汽车的运行有一个临界点,超过临界点就会失去控制和具有破坏力。谈判也一样,谈判者对谈判目标不应贪得无厌,应该明确何时快达临界点,此时立刻停止谈判。倘若不能适时地停止谈判,那么世界上所有的谈判技巧都没有任何帮助。交易的几个阶段可能都需要有一个"中结"才能向下个阶段过渡,所以,对卷入谈判的双方来说,时机选择的意识是非常重要的。当谈判者希望结束谈判时,就必须选择适当的时机,如当对方正处在激动的"准备状态",此时他的兴致最高,这样,双方就会缔结一个令人满意的契约。

但是,在贯穿整个谈判过程的一系列阶段里,对方的兴趣不会总是持续上升,如果认为总是上升,那就是个错误的设想。实际上,人们兴趣的升降会呈现为一条连续的波形曲线。在某一时刻可能兴致极高,如果一旦失去了这个时机,可能立即感到厌烦,并产生新的阻力。这一终止谈判的时刻几乎可以发生在任何时间,很难说某时为时过早,以致不能尝试。不过,这个时刻往往发生得较晚。

结束阶段要采取一种平静的会谈心境,对方需要消除疑虑,或许正在准备做出适当的决定。用一种满怀信心的态度,含蓄地暗示生意将会成功,会帮助谈判者度过变幻莫测的关键时刻。

有时,对对方稍加测试,就会发现对方是否准备下决心。假设你提出继续讨论支付问题、交易的期限问题和信用问题,要是对方也期望得到一个有利的决定,那么对方就会怀着极大的兴趣讨论这些问题。此时,就可以认为对方已下定了决心。

当然,在开始谈判时,是可以确定一个起止时间的。这是因为人们不能长久地保持旺盛精力。随着谈判时间的延续,精力会不断下降,而在谈判即将结束之际,又会出现一次高涨。截止时间一经确定,谈判人员就会振作精神,提出建设性的解决办法并做出积极的让步。如果没有一个明确的截止时间,双方就会无休止地拖延下去,最后任何一方也不会达到预期的目标。

### (二)从对方的最终意图来判定

最终谈判意图的表达,在谈判中非常重要。到了这个阶段,你应该知道怎样去做,也应辨别出对方用来表达最终意图的语言和行为。偶尔,这个所谓的最终意图,可能是最初的想法,在一个要求速决的场合,最终意图会立刻显示出来,最后的期限也就确定下来了,对方就会知道你不能再做进一步的让步。这一切都应该在你的言行中有所表现。要是不完全从自己的立场、方法上考虑,就可以将争论缩小到最小程度。对自己的选择十拿九稳,就应该使用短小精悍的语言,给对方的问题以简洁的答复。你要是把双臂交叉在胸前,就表明已对谈判破裂做好了准备。

要观察对方是否有结束洽谈的意图也是不难的。通过察言观色,根据对方的说话方式和面部表情的变化,便可做出正确的判断。如果对方在谈判中出现下面任何一种情况,那就是说他已产生了成交的意图。

(1) 他向你询问交货的时间。

(2) 他向你打听新旧产品及有关产品的比价问题。

(3) 他对质量和加工提出具体要求,不管他将这种意见从正面提出来还是从反面提出来。

(4) 他让你把价格说得确切一些。

(5) 他要求你把某些销售条件记录在册。

(6) 他向你请教产品保养的问题。

(7) 他要求将保盘的有效期延续几天,以便有时间重新考虑,最后做出决定。

(8) 他要求实地试用产品。

(9) 他提出了某些反对意见。

在很多情况下,虽然对方有了成交的意图,但他仍然会提出一些反对意见。这些反对意见是一种信号,说明双方很快达成交易。对方可能提出的反对意见有下列几种:"真有很多人购买这种型号的产品吗?""我必须马上做出决定吗? 可否再给一点时间?""如果你是我的话……""你们能够确保产品的质量吗?"

只要有相应的心理学知识,掌握了谈判者的心理活动规律,通过系统观察对方在洽谈结尾的言谈举止,你就能洞察对方的一切。要想完满地使洽谈结束,辨认对方的信号是一个重要的先决条件;而后,再巧妙地向对方提出一些问题,使可以肯定的购买欲望转化为购买的决定。尽管谈判的结束不都是以成交而告终,但老练的谈判者也能知道,对方拒绝的并不是整个方案,而只是交易重要依据中的某个细节而已。

### (三) 适时分手

在谈判的整个过程中都应鼓励对方大胆发表意见,包括发表错误的看法,不应因为对方提出了错误的想法就责备他们。有些谈判者在付出巨大努力或者有把握获得成功的时候,往往喜欢责备对方,这几乎会百分之百地使对方对你产生成见,而给再次的见面造成困难。如果洽谈毫无收获,但你的表现落落大方,通情达理,不因没有得到订单而失去对方的热情,那么以后再见面的时候,你就会获得令人尊敬的资本。

谈判者往往容易过早地放弃取得成功的努力。对方在洽谈一开始就提出反对意见,使你的信心受到影响;在洽谈快要结束的时候,对方拒绝在合约上签字,谈判人员便停止工作,把对方从客户的名单上一笔勾销,然后匆匆离去。这都是不能容忍的错误。同样,在对方做出购买决定(特别是在对方提出反对意见,但经过长时间的考虑最后决定成交)的情况下,你仍然不应仓促离开,否则就好像你在墨迹未干之前即想携订单夺路而走似的,给人留下一时得手慌忙而逃的印象。尤其是在对方犹豫不定、勉强做出决定的情况下,他不仅会感到忐忑不安,而且会十分惶恐,他会不由自主地问自己:"我的决定对吗?我会不会太轻率了?"谈判双方分手,对方却在进行思想斗争,他为自己上当而深感懊丧。其结果可想而知:合约刚刚签订,对方便马上要求撤回。在对方对所签的合同感到后悔的情况下,对方是不会对履行合同有什么兴趣的,这种分手无疑会比失去订单付出更大的代价。

在双方签订合同之后,谈判者应该用巧妙的方法祝贺他们做了一笔好生意,指导对方怎样保养产品,重复交易条件的细节和其他一些注意事项,这样做就可以防止对方对订货感到后悔。但是,在这个阶段以后,你就不要再逗留了,不然你会前功尽弃,不得不使谈判再从头开始。

## 二、结束谈判的技术准备

商务谈判结束的技术准备主要是搜索各类问题是否得到了解决、安排成交事宜、核准全部的交易条件、做好会谈记录等,这是一项重要而细致的工作。

### (一)对交易条件的最后检查

在谈判者认为最后即将达成交易的会谈开始之前,有必要对一些重要的问题进行一次检查。

(1)明确还有哪些问题没有得到解决。

(2)对自己期望成交的每项交易条件进行最后的决定,同时,明确自己对各种交易条件准备让步的限度。

(3)决定采取何种结束谈判的战术。

(4)着手安排交易记录事宜。

这种检查的时间与形式取决于谈判的规模。有时可能被安排在一天谈判结束前的休息时间里进行,有时也可能安排一个正式的会议,并由本单位的某个领导主持。这样的回顾或检查会议往往被安排在本企业与对方做最后一轮谈判之前进行。

但是,不管这种检查的形式怎样,这个阶段正是谈判者必须做出最后决定的时刻,并且面临着是否达成交易的最后抉择。因此,进行最后的回顾或检查,应当以协议对谈判者的总体价值为根据,对那些本企业没有同意而未解决的问题,予以重新考虑,以权衡是做出相应让步还是失去这笔交易。在这个时候,务必防止一时的狭隘利益占优势,但这并不是提倡让步政策,它直接关系到交易目标能否实现。

### (二)确保交易条款的准确

在商务谈判中,困难之一就是谈判双方要保证对所谈的内容有一致的理解。名词术语的不同、语言的不同等都可能引起误会。所以,最重要的是,在交易达成时,双方对彼此同意的条款应有一致的认识,保证协议名副其实。下面所列各项是最容易产生问题的地方,对于这些问题,谈判者应当特别小心。

**1.价格方面的问题**

(1)价格是否已经确定,缔约者是否能收回人工和材料价格增长后的成本?

(2)价格是否包括各种税款或其他法定的费用?

(3)在履行合同期间,如果行情发生了变化,那么成交的产品价格是否也随之变化?

(4)在对外交易中是否考虑汇率的变化?

(5)对于合同价格并不包括的项目是否已经明确?

**2.合同履行方面的问题**

(1)对"履行"是否有明确的解释? 它是否包括对方对产品的试用(测试)?

(2)合同的履行能否分阶段进行? 是否已做了明确规定?

**3.规格方面的问题**

(1)如果有国家标准或某些国际标准可以参考,是否已明确哪些问题运用哪些标准,而哪些标准又与合同的哪部分有关系?

(2)对于在工厂或现场的材料与设备的测试以及它们的公差限度和测试方法,是否做了明确的规定?

**4.存储及运输等问题**

(1)谁来负责交货到现场? 谁来负责卸货和仓储?

(2)一些永久性或临时性的工作由谁来负责安排与处理?

**5.索赔的处理**

(1)处理的范围如何?

(2)处理是否排除未来的法律诉讼?

上述这些问题,适用于各种谈判。对于这些问题及其他有关问题,谈判双方应彻底检查一遍,以保证双方真正能够理解一致。也许会有人反对,因为这有可能给任何一方提供一个改变原来允诺的机会,并重新协商已经谈妥了的某些问题。在谈判双方对某些问题的标准理解不一致的情况下所签订的合同,会给双方带来极大的风险。因此,它的重要性远胜于前者。

### (三)谈判的记录

根据谈判的性质,有许多记录谈判的方法。但根本的要点是在双方离去之前使用书面记录,并由双方草签。几种常用的记录方法如下。

(1)通读谈判记录或条款以表明双方在各点上均一致同意。通常当谈判涉及商业条款及规格时须使用这一方法。

(2)每日的谈判记录,由一方在当晚整理就绪,并在第二天作为议事日程的第一个项目宣读,后由双方通过。只有这个记录通过后才再继续进行谈判。这项工作虽然颇费力气,但对于较长时间的谈判来说是可取的。

(3)如果只需进行两三天的谈判,则由一方整理谈判记录后,在谈判结束前宣读通过。在未经双方同意并以书面记录在案的情况下,会谈则不应草草收场。事实上,在谈判过程中所发生的事,如果没有记载则极容易引起争论,而记录人员很容易犯的错误是往往会记下他所认为的事情,而不会记下实际发生的事情。

国外的一家公司有一项关于谈判的政策:谈判者在洽谈还未开始以前,先要写下协定的备忘录。不只是因为这样做会使得以后的真正草拟工作更容易些,而且可以作为洽谈时的指南,在洽谈还没有开始以前,他们就知道朝什么方向迈步了。事实上,做不到这一点也没有关系,前述三条也是避免合同出现问题的最好方法。如果谈判双方到了签约的最后阶段才发现某个问题根本就没有得到解决,那么就一定要重新再商谈一回,千万不要敷衍了事或丧失马上处理问题的勇气,否则,日后麻烦就大了。有的人既不愿意阅读合同的细节,又不愿意处理不愉快的问题,若是这样,又何苦花费那样大的力气去商谈呢?

## 三、结束谈判达成交易的条件

### (一)使对方必须完全了解企业产品及产品的价值

谈判者应向对方提出一些测验性的问题,检查一下他是否了解你的产品。如果对方在谈判即将结束时,对产品的优点仍没有充分的认识,就会拒绝在合同上签字。

### (二)使对方信赖自己和自己所代表的公司

没有这种信赖,不管产品多么吸引人,也不管你的口头功夫有多么高,对方对贸易成交也会产生犹豫。如果出现这种情况,不仅质次产品的谈判要失败,就是合乎质量标准的谈判也要遭受失败。所以说,产品的声誉、企业的声誉和谈判者自己的声誉是促成商务谈判成功结束的三个基础条件。

### (三)对方必须有成交的欲望

谈判者可以促使对方做出积极的决定,但却不能替对方采取行动。谈判者必须把前几个阶段的谈判工作做细做好,对方才会在强烈的欲望驱使下做出成交的决定。

### (四)准确把握时机

"机不可失,时不再来"的古训,在谈判中不完全正确。这种训导经常会使谈判人员处在过分紧张的状态,以致冒昧行事。由于谈判者害怕失去成交的机会,所以他们往往是恰好在不适当的时候催促对方做出购买的决定。每个谈判都有些高潮和低潮,如果你没能在这个高潮中达成协议,那么你必须在下一个高潮中努力使谈判达成协议。

### (五)掌握促成交易的各种因素

谈判者要掌握这些因素,就必须要很好地回答下述问题:对方是谁在掌握着决策的大权? 对方拒绝成交的真正原因是什么? 还有没有改变对方决定的可能性? 是哪些因素促使对方做出成交决定的? 他们将会做出什么决定? 他们为什么要做出这样的决定?

### (六)不应过早放弃成交努力

从长远的观点看,否定回答是可以改变的。事情都是千变万化,新情况随时都可能出现。所以,即使对方做出否定回答,也不应放弃自己的努力。你往往可以直率地向对方问些为什么,这样可以多了解些情况,有利于检查自己的工作漏洞,防止出现新问题和改变对方的看法。得不到订单并不丢脸,可是,不知道为什么没有得到订单,则是不可原谅的错误。

### (七)为圆满结束做出精心安排

通盘考虑谈判工作,应该知道上一步怎样了,下一步又怎样走。一旦对方提出不同看法,你应该清楚怎样处理。一般来说谈判的最后阶段也很可能是问题成堆的阶段,对问题解决得不好,就不会使谈判圆满结束。具体来讲有很多方法可供选择。

#### 1. 回顾成果

强调一致策略,适时提及双方一致的地方。若在第二个项目上出现僵持的兆头,则提醒双方想想前一项的成果,想想双方既定的共同目标、计划,重新焕发双方的协调精神,促进双方在第二个项目上的合作。

#### 2. 弥合差异

在双方峰回路转,行将山穷水尽之际,造就一座虹桥,使天堑变通途。例如,在谈判双方就价格和交货期条款而争执不下的时候,说上一句:"我们一起先看看付款条件好不好?"谈判就可以顺利进行了。

#### 3. 澄清问题

澄清的内容有两种,即谈判形势和谈判过程,前者可以使谈判双方清醒地认识到所谈的内容,找出问题的症结所在;后者则可以调动起双方的速度感。例如,"我们在这个问题上费时够多了,咱们再谈谈其他问题好不好,比如……"

#### 4. 对谈判低潮的把握

随着谈判时间的推移,谈判人员情绪的低潮就会出现,这可以从谈判人员言谈举止目光和接受能力的变化得到反映。高明的谈判人员会设法把握谈判的速度,使谈判在低潮露头前即告一段落。如果谈判一时结束不了,则可通过休会来进行缓冲,在其他人员休息的时候,谈判的行家里手们则开始总结,归纳既定成果,制定下一步的方针、策略,以便在下一轮谈判中积极、主动地推动谈判向既定方向发展。在所有这些情况中,有可能成功的谈判都必须自始至终保持热情。不过,在终止时,过分的热情是自拆墙脚,这就必须小心谨慎地去把握它,应当拥有一些满怀信心的态度和风度,用以应付终止阶段。

## 四、结束谈判的有效方法

谈判人员在谈判的过程中,要了解谈判结束的方法,这样有助于谈判者选定最适当的方法达成最佳的成果。

### (一)比较结束法

#### 1. 有利的比较结束法

这种成交法的典型语言是,这种型号的产品××大厂商已经订货了;我发现最发达的厂家刚开始时总是购买三部,我也将你们登记订购三部;像你们这样的大公司执市场的牛耳,对于这项能够促进提高贵公司地位的产品,你怎能放过呢?

#### 2. 不利的比较结束法

这是根据对方的不幸遭遇而设法成交的方法。使用这种方法时,谈判者往往要列举出一些令人遗憾的事情。例如,对方拖延谈判,时断时续,旷日持久,因此招致了损失和成本的增加。这种成交方式多用于保险业或能改善对方目前状况的交易。它的典型用语是,你们推迟一天,就有被竞争者抢先的危险,像××公司的遭遇一样;你们知道,××公司的市场地位一直很稳固,但自从那家新工厂购买了自动生产设备后,他们公司就失去了原有的市场地位,成了这家工厂的手下败将,我诚恳地劝你们不要再迟疑,要像这家工厂一样当一个领导者,而不要像那公司最后成了失败者。谈判到了最后的阶段,做这样的比较会是非常有分量的。

### (二)优待结束法

#### 1. 让利促使双方签约

当对方对大部分交易条件不很满意,而价格又较高的情况下,谈判人员可以考虑对方压价的要求,让利给对方,如采用回扣、减价以及附赠品等方法。有的时候,为了使对方尽早付款或大批量订货,也可以通过让利而使谈判圆满结束。例如,你们若能把履约的时间提前两个月,我们将优待你们或降低价款;你们所订的数量实在太少,这个合同似乎都不值得一签,如果你们能再多订出一倍的量,我们还可以减价10%,这可是难得的优惠条件呀!

#### 2. 试用促使对方签约

谈判者可以提议订购一笔少量廉价的样品,或者无偿试用,这是一种十分简单的成交法。有些谈判最后没有成功,其原因可能就是没有使用这一方法。当谈判者没有别的办法使这笔买卖成交时,这一方法就是一种最后的努力。把产品留给对方,其成交率可能是出人意料的。在一家小的制造厂想把原用材料改为新的金属合金缺乏信心或犹豫不决的情况下,可以先交部分货,让对方试用,如果对方不满意再把产品退回来,当然应该规定一个试用的期限。国外的一家办公室设备生产商,曾允许谈判人员把机器留给顾客使用5~10天,其结果使谈判的成功率大为提高,而且每5台机器就可售出3台。谈判人员说:"这完全是个组织方式问题,在试用期间,我们还可以帮助对方维修他原有的机器设备。这样,对方不得不在试用期内签下订货合同。"利用这种成交方法的最大问题是,只要公司允许提供试用,谈判人员就可能放弃其他的努力,日渐懒惰。另外,如果对方在资金上没有任何困难,他们可能会拒绝试用。

### (三)利益结束法

#### 1. 突出利益损失,促使对方做出决定

这种方法强调:对方如果不尽早购入他们所需的产品,他们会错过目前这一时期的所有利益。采取这种方法旨在消除对方的迟疑,它的典型例子是"你们在犹豫或等待期间,将会失掉产品所带给生产的一切保证利益。你知道,将来你们会随时需要这种产品,你现在就买,并享受过渡时期的那些利益,不是很好吗?"或者说:"当你们在等待时,其他厂家将比你们提前采用这种新技术,千万不要失去你们现在的优势,现在犹豫不决,就等于放弃了你们目前的利益和长远的利益。"

#### 2. 强调产品的好处,促使对方做出决定

高度概括有利于成交的一切因素,是圆满结束洽谈的一种有效方法。在业务洽谈时,要把所有的有利因素醒目地写在双方都可以看到的一张大纸上。由于在谈判过程中,他们随时都可以看见这些条件,所以会收到较好的直观效果。你也可以把产品的优缺点、有利和不利的因素全部写下来,这样,对方就可以清楚地认识到你的产品会给他带来哪些利益。任何形式的重复都有着强烈的启发作用,对方可能在你强调第四遍的时候,才注意某个观点的重要。到了最后阶段的时候,你如果又提出了一些新的要点,业务谈判就可能陷入反复的状态,这些要点会引起对方重新考虑,因而推迟决定。

#### 3. 满足对方的特殊要求,促使对方做出决定

有些时候,对方可能用提出希望或者提出反对意见的方式来表达他们的特殊要求。在这种情况下,如果可以改动某些条件,使之更能满足对方的特殊要求,那么你就应该做某些适当的变动,这样,对方就会更加关注你的产品,增加购买的可能性。

### (四)诱导结束法

#### 1. 诱导对方同意你的看法,最后迫使对方得出结论

要求谈判者以逻辑推理的方法彻底加以思考,使对方对所提出的问题总是给予肯定

的回答,在一系列的问题提完之后,对方便会在一些问题上做出决定。

### 2. 诱导对方提出反对意见,从而导致尽快成交

当对方对产品已产生兴趣,而对是否购买又犹豫不决时,可能有这样的几个原因:他还有一些疑问或反对意见,他感觉自己还缺少全盘考虑,他本人无权做出决定,他觉得产品的缺点与优点相等。向对方提出问题才是发现这些原因的最好办法,这样能诱导对方暴露出埋藏在内心的反对意见。谈判到了最后阶段,对方常常会说:"不,我还要再想一想。"你可以回答:"您尽可以再想一想,不过您还有不明白的问题吗?"或者"你还是不太相信,对吗?"这样的提问是最后阶段洽谈的关键,到了这时,对方不得不道出原因。

## (五)渐进结束法

### 1. 分阶段决定

为了便于对方做出决定,谈判双方应把讨论的问题分为几个部分,然后一个阶段解决一部分问题,到了最后阶段,解决了最后一部分问题,谈判也就结束了。昨天我们已经谈妥了……今天我们讨论……下一次我们将研究……这种方法使谈判极富戏剧性。

### 2. 四步骤程序法

这种方法首先是由瑞士的一位谈判人员总结出来的。他说:"第一,尽量总结和强调对方和我看法的一致点。第二,引导对方同意我的观点,从而达到双方看法一致。第三,把所有尚待解决的问题和有争议的问题搁置一边,暂不讨论。第四,与对方一起商定怎样讨论,共同商量怎样阐明一些重大问题。如果对方有不同的看法,可在最后讨论。"这套办法有利于尽快结束洽谈。

### 3. 促使双方在重大原则问题上做出决定

在高级别洽谈中,最好把重要的原则问题与细小的枝节问题区别开来。一些辅助事项以及确切的说明和精确的计算等,应当由下面的人进行讨论,高级人员则洽谈那些简短、实际、集中的原则问题。如果整个商务谈判的内容较为复杂,谈判者最好分成两步走。

### 4. 力争让对方做出部分决定

在促使对方做出最后决定以前,谈判者应有步骤地向对方提出一些问题,让他就交易的各个组成部分逐个做出回答,或就一些特殊要求、特殊条件等做出决定。这种方法对于部件多、结构复杂的工业品贸易谈判来说比较合适。

## (六)趁热打铁结束法

如果谈判双方能够利用第一次高潮达成交易,那最理想不过,谈判双方都可以节省很多的时间。实际上,在第一次谈判高潮时,双方做出决定的可能性最大,双方洽谈的要点也最清楚。虽然是第一次高潮,但所经历的时间往往很长。为什么会出现这种情况呢?

一般来说,谈判人员极怕遭到对方的拒绝,所以往往不敢诱导对方做出最终决定,而只是希望在业务洽谈继续进行时,对方会突然打断他的谈话,愉快地表示接受订货。如果对方不声不响,无所表示,谈判者就会不知所措,以为时机还不成熟,因此,就直接或间接地把本来经过努力可以成交的机会给错过了。有经验的谈判者声称:"我们不能总是把成交机会留给明天。"每当你不做明确表示,不直接诱导对方决策,而只是继续你的业务洽谈或者等待对方做出某种让步时,你就是在间接地诱导对方进行拖延,并失去了一个个的成交机会。因此,谈判者必须抓住可以成交的瞬间机会,趁热打铁,避免唠叨太多。那么怎样去发现可以结束谈判的时机呢? 运用带有检查性质的提问,就能判断出对方做出决定的时机是否成熟。如果错过了一次结束的机会,那么希望就应寄托在下一次,而且千万不要再错过。

### (七) 推延决定结束法

如果对方不能马上做出决定,而且确实是有原因的话,应立即建议对方推迟做出决定,而不应错误地极力说服他马上做出决定和施加某种压力。这样做的结果可以使双方真正建立起一种信任的关系。当然,在运用这一方法时,首先要分清对方不能做出决定的真实原因,在借口和犹豫不决的情况下,就不应推延时间了,而须做出针对性的努力。如向对方提出:"您今天为什么不能做出决定呢? 其实,您今天决定和您下星期决定没有什么区别的。""你现在做出决定不是很简单的吗? 这样,你们的问题也就全部都解决了。""如果今天签了字,明天你们就能收到第一批货。""如果现在决定的话,明天就可以安装机器。"与此同时,谈判者还要做出早做决定就会早受益的提示:"如果我们今天能够达成协议,你就再也不用为这个问题劳心费神了,别的事都由我来办理。"

在某些情况下,谈判者没有必要理会对方的拖延战术,坚持下去就会发现对方有成交意图,只是不愿意和盘托出罢了。你甚至还可以有分寸地给对方指点,并告诉他,如果现在不做出决定,将后悔莫及或者会蒙受不同程度的损失和危害。

如果对方确实需要与公司的负责人讨论和分析有关事宜的话,你就应该充分尊重这一想法。但不要让他们的讨论或研究与你无关,在对方没有做出决定以前,你应主动与对方保持联系。具体做法可以是:请对方在娱乐场所聚会;向对方征求意见;向对方提供一些有价值的资料,然后再由自己亲自取回,以此来提示对方;可以把产品留给对方试用,或者为其试装,或者告诉对方他将得到哪些保证,或者表示在哪些方面可以做出让步。在洽谈处在危险状态时,这往往是有决定意义的因素。

有人曾建议谈判者应把极端重要的问题留在最后,以便在最后的决定性时刻将其作为绝招提出来。也有人反对这种做法,认为谈判处于告急阶段才拿出自己的保留意见,会引起对方的怀疑和不信任,因为突然放宽了条件会使对方感到自己受到了愚弄。实际上,这完全在于谈判者的自行把握,如果对方认为,你是在经过双方长时间的洽谈后不得以在某些方面做出了让步,就不会产生任何副作用,反而会促进交易的达成。

### (八)书面确认结束法

书面确认是一项非常得力的工具,谈判者或在洽谈期间面交意见书,或者在休会期间写确认书。这种书面的材料要以高度概括的形式重复双方在业务洽谈中已达成的协议,并把对方所能得到的好处全都叙述一遍。这样做有以下几点好处。

(1)书面形式比口头表述更为准确。经过冷静的思考以后,谈判者可以对自己曾经说过的话或观点进行修正,可以把对方的态度以及一些特殊问题和特殊要求进行修正,或进行全面的考虑。

(2)书面材料有助于思考问题。对方拿到书面材料后,有助于他对问题进一步思考,并重新研究你的条件,虽然休会期间双方不见面,但你却可以影响他。

(3)书面材料可以增加报价的可靠感。确切的运算看上去无虚无假,令人信服,这种强烈的直观感觉比口头洽谈的效果要好得多,但这一点往往容易被人们所忽视。

(4)书面材料能够影响幕后人。对方的各位负责人在讨论问题时,也可能研究你的书面材料,这样,谈判者就有机会用这种间接的方法影响一些他不可能亲自接洽的人。

实践证明,谈判者往往是不愿意写书信的,特别是那些能力甚强的谈判者更是不愿意多此一举。正是由于这种原因,企业的领导者有必要对自己的谈判者施加压力,迫使他们写书面材料或给对方写信。

### (九)结束谈判的其他方法

#### 1.从开始就保证终点的目标

使用这种策略需要谈判一方有很高的信誉,并对洽谈的各要点了如指掌,从而有充分的理由可以说明没有必要对方案进行复议。但自己的要求必须强烈,提议也必须很好。"你看,我坦率对你说,这所房子要价 20 万元是不高的。我马上就要调往南方工作,在一个月内离开这里,或是把房子卖了,或是留着它,或是由亲戚代为出租。当然房子的价格还可以降低 2 万元,但你必须在四周内做出决定。"

#### 2.规定最后期限

从多数的商务谈判实际来看,协议基本上都是双方到了谈判的最后期限或临近这个期限才达成的,但遗憾的是很多谈判者却忽略了这一做法。

商务谈判在最后期限到来时,对方往往并不在意,但是,随着这个期限的逐渐迫近,对方内心的焦虑会与日俱增,特别是当他负有尽可能签约的使命时,他更会显得急躁不安,而到了截止日期那一天,这种不安和焦虑就会达到最高峰。针对这种心理状态,在谈判过程中,对于某些双方一时难以达成妥协的棘手问题,就不必操之过急地强求解决,要善于运用这种"最后期限"的策略,规定出谈判的截止日期,然后假以时日,对这些棘手的问题暂时按兵不动,到谈判的最后期限临近时,即可借助这一无形的压力向对方展开心理攻势,必要时,还可以做一些小的让步作为配合,给对方造成机不可失,时不再来的感觉,以此来说服对方。

---

**【趣味阅读】**

在美国某乡镇有一个由 12 个农夫组成的陪审团。有一次,在审理了一起案件后,陪审团中的 11 个人认定被告有罪,另一个人则表示了不同的看法,认为被告不应判罪。陪审团成员的意见一致才能有法律效力。于是这 11 个农夫花了一整天的时间,想说服那位与众不同的农夫改变初衷。此时,天空中乌云密布,眼看一场大雨就要到来,那 11 个农夫却急着要在下大雨之前赶回,把晒在外面的干草收回家去。可是,那个农夫却仍旧不为所动,坚持己见,11 个农夫个个都急得像热锅上的蚂蚁。他们的立场开始动摇,最后,随着"轰隆"一声雷鸣,这 11 个农夫再也等不下去了,他们转而一致投票赞成另一位农夫的意见,宣判被告无罪。

**【启示】**

在最后期限到来时,对方往往并不十分在意,除非这个截止日期马上就要到来,对方才会着急。

---

## 五、起草和签订书面协议

当谈判双方就交易的主要条款达成一致意见后,一般都要起草协议,签订书面合同,明确各自的权利和义务。这涉及合同文本由哪一方起草的问题。一般来讲,文本由谁起草,谁就掌握主动权。因此,在商务谈判中我方应重视合同文本的起草,尽量争取起草合同文本,如果做不到这一点,也要与对方共同起草合同文本。合同的内容是合同当事人之间的权利和义务,它具体体现在合同的条款,为了保证合同的履行,双方当事人必须严格审查合同的条款:如当事人的名称或姓名和住所、标的、数量和质量、价款或酬金、履行期限、地点和方式、违反责任和解决争议的方法等条款,以及根据法律规定或协议性质必须具备的条款和当事人要求必须规定的条款。总之,务必使协议条款订得具体、确切、详尽。签订合同的双方都必须具有签约资格,对涉外合同应要求当事人提供有关的法律文件,证明其合法资格,避免上当受骗。对于比较重要的谈判,特别是国际商务谈判,当双方达成协议后,应尽量争取在我方所在地举行合同的缔约或签字仪式。因为签约地点往往决定采取哪国法律解决合同中的纠纷问题。根据国际法的一般原则,如果合同中对出现的纠纷运用哪国法律未做具体规定,一旦发生争执,法院或仲裁庭就可以根据合同缔结地国家的法律来做出判决或仲裁。

# 阅读拓展

## 吃 苦 耐 劳

中国人以他们的勤奋而闻名,但是他们把勤奋更进一步提升到吃苦耐劳。美国人很看重天分,并把天分作为成功与否的关键,而中国人视吃苦耐劳更重要、更值得尊敬。这就是为什么中国的孩子每年上 251 天学,与美国的孩子每年只上 180 天学形成了对照。即使在最差的情况下,艰苦工作都是理想的。以毛主席为证,他的 18 个月的长征使他更受中国人民的喜爱。这根深蒂固的勤勉驱使中国自由市场经济蓬勃发展。

在谈判桌上我们看到中国人的勤勉主要反映在两个方面。

第一,中国人比西方人更努力地准备谈判。

第二,他们会预期更长的谈判会期,陷入时差和晚间商务娱乐。西方人即将遭受一次筋疲力尽的经历。

他们的中国谈判对手知道利用这一点。

在谈判当中,我们推荐三个策略来证明你自己的吃苦耐劳。

第一个策略是问题,正如谈判大师切斯特·卡拉斯(Chester Karrass)在《谈判游戏》中所说的:"在谈判中表现得稍微愚蠢一些是一个聪明的做法。"不止一次提问相同的问题——"我没有完全理解你的意思,你可以再解释一遍吗?"——能够暴露对方论点的不足。一旦这个情况发生了,对手将会被迫做出让步。

例如,我们的希扑普赖特(Shipwright)先生,他将会在谈判中走得更远,如果他在谈判中这样回应中国谈判对手的对于送货问题的回答的重复要求:"显然地,送货是你的关键问题。你能够再一次提醒我为什么吗?"中国人会对你表示赞赏并对你的坚持不懈做出回答。

第二,用你竭尽全力收集得来的信息来表现出你的吃苦耐劳,然后以此使得你的中国谈判对手信服。向对方说明你的公司的情况、需要和偏好是很重要的,但是,在说话时表现出傲慢的样子会使这个建议失败,所以要小心谨慎。一位长期经历与中国人谈判的执行主管说,向你的中国顾客提供你的竞争对手的情报或者是在能让对方信服的"国际上公认的商业惯例"的前提下说出你的论点,不失为一个主意。

此外,因为展示比讲述要好,所以向对方证明未来的结果是很重要的。

一个法国的 Groupe Bull 公司的主管正在努力向上海浦东发展银行推销一套电脑卡系统,并且,他知道这将会是一单棘手的生意。因此,他安排了中国的谈判代表到巴黎来,向他们展示这个系统技术的成熟。这个做法起到了效用:今天,大约 200 万的电脑卡被上海数千个自动柜员机和自动售卖机所使用,并且所有的出租车也在使用。

最后,表现出耐性是吃苦耐劳的一个标志。没有更广阔的磋商会议,中国人在有力的劝说后很少会立刻做出让步。实际上在中国方面,团队决策和社会等级的结合能够让事情变得十分复杂。

资料来源:姜百臣.商务谈判[M].北京:中国人民大学出版社,2010.

# 【本章小结】

1. 开局是指参加商务谈判的双方人员进入具体的内容谈判之前营造谈判气氛、表明谈判意图、掌握谈判策略以及确定谈判议题和议程的阶段。营造和谐谈判开局的气氛,包括礼貌、尊重的气氛;自然、轻松的气氛;友好、合作的气氛;积极进取的气氛。

2. 谈判意图的陈述是指在开局阶段就本次洽谈的内容陈述各自的观点、立场及建议。陈述的内容主要包括:①己方的立场;②己方对问题的理解;③对对方各项建议的回答。陈述的方式包括:①提交书面条件,不做口头补充;②提交书面材料,并做口头陈述或补充;③谈判时提出交易条件。

3. 谈判开局策略是谈判者谋求谈判开局有利形势和实现对谈判开局的控制而采取的行动方式或手段。包括:①协商式开局;②进攻式开局;③坦诚式开局;④慎重式开局;⑤保留式开局。

4. 谈判的议程包括谈判的议题和程序。谈判议题是指谈判所要涉及的问题。谈判程序是指谈判议题在时间上的安排,主要涉及两个问题:一是议题的先后顺序,二是每个议题讨论所需的时间。

5. 商务谈判报价依据有两个:第一,对报价者最为有利;第二,成功的可能性最大。影响报价的因素主要有:市场行情、利益需求、交货期要求、产品的复杂程度、附带条件和服务、产品和企业信誉、交易性质、销售时机、支付方式。

6. 报价的原则主要有:报价的首要原则;开盘价必须合乎情理;报价应该坚定、明确、清楚;不对报价做主动的解释、说明;报价不要报整数。报价的方式有:①高价报价方式;②低价报价方式。

7. 报价的策略主要包括:报价时机策略、报价起点策略、报价差别策略、价格分割策略、运用心理定价策略、中途变价策略。

8. 讨价是指一方报价之后,另一方认为其报价离己方的期望目标太远,而要求报价一方重新报价或改善报价的行为。讨价的程序包括:全面讨价、针对性讨价、总体讨价。

9. 还价是指针对谈判对手的首次报价,己方所做出的反应性报价。还价以讨价作为基础。谈判还价的方式从价格评论的依据出发,可以分为按分析比价还价和按分析成本还价两种。

10. 商务谈判的讨价还价阶段是谈判的实质性磋商阶段,它是谈判的核心环节,也是最困难、谈判组人员最紧张的阶段。谈判策略和技巧的主要作用体现在:讨价还价阶段的前期策略、讨价还价阶段的中期策略、讨价还价阶段的后期策略。

11. 所谓让步,是指谈判双方向对方妥协,退让己方的理想目标,降低己方的利益要求,向双方期望目标靠拢的谈判过程。让步的基本原则有:让步要三思而行;让步要分轻重缓急;让步要选择恰当的时机;让步要有利于创造和谐的谈判气氛;己方的让步意图不要表现得太清楚;不要做交换式的让步;不要让对方轻易得到好处,没有得到某个交换条件,永远不要轻易让步;如果做出的让步欠考虑,要及早收回,不要犹豫;要严格控制让步的次数、频率和幅度;让步的目标必须反复明确;不要执着于某个问题的让步;在接受对方让步时要心安理得。

12. 让步的方式:①冒险型让步方式;②等额型让步方式;③诱发型让步方式;④妥协型让步方式;⑤强势递减型让步方式;⑥不定式让步方式;⑦反弹式让步方式;⑧危险型让步方式。迫使对方让步的方式有:①温和式;②强硬式。阻止对方进攻的方式有:①防范式;②阻挡式;③对攻式。

13. 影响让步方式选择的因素有:本方所处的谈判地位、谈判对手的谈判经验、准备采取什么样的谈判方针和策略、期望让步后对方给我们的反应。

14. 谈判结束的契机:从商务谈判时间来判定、从对方的最终意图来判定。结束谈判的技术准备:一是对交易条件的最后检查,二是确保交易条款的准确,三是谈判的记录。

15. 结束谈判达成交易的条件是:使对方必须完全了解企业产品及产品的价值、使对方信赖自己和自己所代表的公司、对方必须有成交的欲望、准确把握时机、掌握促成交易的各种因素、不应过早放弃成交努力、为圆满结束做出精心安排几个方面。

16. 谈判结束的有效方法,包括:①比较结束法;②优待结束法;③利益结束法;④诱导结束法;⑤渐进结束法;⑥趁热打铁结束法;⑦推延决定结束法;⑧书面确认结束法;⑨结束谈判的其他方法。

## 【思 考 题】

1. 如何营造和谐的谈判开局气氛?
2. 商务谈判开局具有哪些策略?
3. 什么是报价?报价应坚持哪些原则?
4. 影响报价的因素有哪些?有哪些报价策略?
5. 什么是讨价?讨价的程序有哪些?
6. 简述还价的方式。
7. 简述讨价还价阶段的中期策略及其运用。
8. 什么是让步?让步的原则与方式各有哪些?
9. 影响让步方式选择的因素有哪些?

10. 怎样把握结束谈判的时机？

11. 成功结束谈判需要具备哪些条件？

12. 谈判结束具有哪些有效方法？

# 【案例分析】

## 中日两公司的谈判终结

中国广深公司向日本松田公司购买某设备的谈判已进行一周，双方仍有分歧。

谈判继续进行。中国广深公司决定减少部分设备的购买，改由国内供应，以调整总价。为此，中国广深公司提出了从购买的 138 台设备中减少 16 台设备的意见，但没有对日本松田公司原不合理的价格进行调整，建议双方磋商。日本松田公司看到了希望，做了些价格调整，但广深公司表示不满意。下午谈判结束时，双方还没有达成协议，商定晚上继续谈。

晚饭后，广深公司的谈判人员来到了松田公司谈判代表下榻的酒店。双方围绕设备型号的调整、备品和备件的增减，以及价格方面的磋商等进行了逐项细致的谈判，至次日凌晨两点多钟最终达成协议。当双方就最后一个分歧取得一致时，日本松田公司的谈判代表们如释重负，全部瘫倒在沙发上。广深公司的谈判人员在主谈的组织下，认真清点了全部谈判资料后才离开松田公司谈判代表的住地。

双方按照约定，一个月后，正式举行签字仪式。两个月后，双方向各自主管部门报审了合同并获得批准。三个月后，日本松田公司开始提供第一批设备。但这时，日本松田公司向广深公司发来传真称："设备清单中有 16 台设备应减去。"同时附上了具体设备的名称。广深公司接到传真后即回复："合同已正式生效并执行，此时提出这个问题似不妥！"

之后，日本松田公司又来电解释："减去的设备系贵方的要求，由于谈判结束时我方人员确实很累，没有检查，因而遗漏了。"广深公司随即再复电指出："贵方当时累可以理解，但一个月后才签合同，且又有两个月报审期，贵方完全有足够的时间纠正问题。况且，我方已报备主管部门，合同正式生效了。"

此后，日本松田公司又多次来电，还派人进行交涉，因为 16 台设备的价格毕竟 20 多万美元。广深公司仔细核查了谈判过程的资料，这 16 台设备确已被剔除，同时，从维护双方合作关系出发，他们在各次复电与接待对方人员的过程中始终表现出耐心与热情。最终，问题得到圆满解决。

**【讨论题】**

1. 上述谈判以何种方式结束？

2. 日本松田公司在谈判结束时组织得如何？

3. 广深公司在谈判结束时组织得如何？

4. 如何看待广深公司最后对问题的处理？

# 第 七 章

# 商务谈判签约

凡是成功的谈判，不是一方全盘皆输，另一方全盘皆赢，而是双方皆有所得。

——作者

## 【学习目标与重点】

1. 合同法与经济合同。
2. 涉外商务合同。
3. 商务合同的签订。
4. 商务合同的履行。

## 【关键词】

1. 经济合同(business contract)
2. 涉外经济合同(foreign trade contract)
3. 法人(legal person)
4. 标的(object；target)
5. 权利(right)

## 案例导入

### 合同标的不明引发的争议

天津钢管公司与均良蔬菜公司订立了一份合同，约定由蔬菜公司在国庆"黄金周"7天向钢管公司提供新鲜蔬菜3 500千克，每千克蔬菜单价1元。均良蔬菜公司在约定的期间向天津钢管公司送去了小白菜3 500千克，但钢管公司拒绝接受小白菜，认为自己职工食堂炊事员有限，不可能有那么多人力去洗小白菜，小白菜不是合同所要的蔬菜。为此，双方发生争议。争议的焦点不在价格，也不涉及合同的其他方面，唯有对合同的标的双方各执一词。钢管公司认为,自己的食堂与均良蔬菜公司是长期合作关系,经常向其购买各种蔬菜,每次买的不是土豆、圆白菜就是萝卜、茄子、黄瓜、西红柿等容易清洗的蔬菜,从来没有买过小白菜。蔬菜公司则认为,合同说的是最新鲜蔬菜,而小白菜最新鲜,所以送去了小白菜,并反驳钢管公司:小白菜不是蔬菜,既没有合同依据也无法律依据。

资料来源:樊建廷,干勤,等.商务谈判[M].大连:东北财经大学出版社,2012.

# 第一节　经　济　合　同

## 一、合同法与经济合同

### (一)合同、合同法与经济合同的概念

合同又称为契约,其概念有广义和狭义之分。广义的合同是指两方面或几方面在办理某事时,为了确定各自的权利和义务而订立的共同遵守的条文。狭义的合同是指当事人之间设立、变更、终止债权债务关系的条文。从我国合同制度来看,我国的合同是狭义的合同。

合同法是指关于合同的订立、履行、变更与解除的法律。我国的合同法见诸于民法通则、经济合同法、涉外经济合同法、技术合同法以及其他有关合同的单行法规。《中华人民共和国合同法》(以下简称《合同法》)第二条规定:"本法所称合同是平等主体的自然人、法人、其他组织之间设立、变更、终止民事权利义务关系的协议。"根据本条例对合同的定义,合同有以下主要法律特征。

(1)合同是一种民事法律行为。当事人订立合同的目的,是为了设立、变更、终止民事权利义务关系,而合同的效力又取决于其必须具备民事法律行为的成立要件和生效要件。因此,合同属于一种民事法律行为。

(2)合同是双方或多方意思表示一致的民事法律行为。合同是协议,首先必须有两个以上当事人的意思表示,否则无所谓合同;其次,两个以上的意思表示必须在内容上一致,即有所谓合意,否则也不能成立合同;最后,两个以上并且内容一致的意思表示应是彼此关联的,即有一个要约,其余的是对要约的承诺。

(3)合同是在当事人平等基础上缔结的协议。当事人之间法律地位平等,自主自愿,这是合同关系同建立在领导与被领导、命令与服从基础上的行政关系的根本区别。

(4)合同具有法律效力。合同依法订立,就具有法律约束力。任何一方均必须按照合同的约定全部履行自己的义务,否则就构成违约行为,必须依法承担民事责任。同时,任何一方非经对方同意,不得随意解除、变更合同。

民法通则规定了合同法的一般原则。

(1)合同自由原则。合同自由原则是合同法最重要的基本原则,它是指参加民事活

动的当事人在法律允许的范围内享有完全的自由,按照自己的自由意思决定缔结合同关系,为自己设定权利或向他人承担义务,任何机关、组织和个人不得非法干预。

(2)公平诚信原则。诚实信用原则的实质是,当出现立法当时未预见的新情况、新问题时,法院可依诚实信用原则行使公平裁量权,直接调整当事人之间的权利义务关系。所谓公平原则,是指合同当事人应本着公平的观念确定各方的权利和义务。它要求合同约定的给付与对待给付基本等值,风险合理分配,一般情况下不允许一方主要享受权利,另一方主要承担义务,更不允许一方只享受权利不承担义务。

公平原则和诚信原则共同的本质是社会道德的法律化,都强调各方利益的均衡。不同点主要在于它们的侧重点不同。公平原则侧重于合同内容的确定,而诚信原则侧重于合同的履行。当然在合同确定后也要讲诚信,合同履行中也要讲公平。同时,"公平原则为诚实信用原则树立了判断基准"。

(3)公序良俗原则。公序良俗是公共秩序和善良风俗的合称。公序良俗原则是指合同的内容和目的不得违反公共秩序或善良风俗。"公共秩序"或"善良风俗"分别相当于我国法律中用语"社会公共利益"和"社会公德"。社会公共利益是指全国人民的共同利益,包括当前利益和长远利益,社会公共利益包括了国家利益。社会公德,主要是指符合社会主义精神文明要求的社会公共道德。

(4)鼓励交易、促使合同履行的原则。鼓励交易和促进交易除体现在尊重当事人意思自治,合同形式一般不做硬性要求等外,还体现在订立合同后,发现有些问题没有约定,或规定得不够明确,或合同存在某些瑕疵,不是简单地使之无效,而是尽量进行补救,不要因此影响合同的效力与履行。对于行为能力、代理权、代表权有瑕疵的合同,可以通过催告或追认来进行弥补,另外,扩大可撤销合同的范围,如将一方以欺诈、胁迫的手段或者乘人之危,使对方在违背真实意思的情况下订立的合同,列为可变更或者可撤销的合同,而《中华人民共和国民法通则》(以下简称《民法通则》)将其列为无效合同。

经济合同法是指国家机关依据立法程序制定和颁布的调整经济关系的规范性文件的统称。经济合同法适用于一切国内经济合同,包括商务合同;涉外经济合同法适用于中国经济组织与外国经济组织或个人之间订立的经济合同及商务合同(但国际运输合同例外)。我国的《经济合同法》第七章第四十七款,可以说对经济合同做了比较全面的法律约束,但相对比较关键的法律约束指向有六大方面:①法人及行为主体人的限定;②合同文本的规范化;③有效合同与无效合同的签订原则;④违约责任及其处罚;⑤经济合同纠纷的调解和仲裁;⑥经济合同的管理。

---

【趣味阅读】

  中国香港商人王某到大陆内地某市投资,先后盖起多幢民用住宅商品房,售价为每平方米5 000元,每套售价约60万元。本市规划局领导找到王某,提出给本单位职工购几十套住宅房。王某表示,以同样的价格,将位置和楼层最好的房子留给规划局,该局领导没有表示异议。过了几天,规划局领导提出,原则上同意王某的意见,但在每平方米售价上必须再降 10%。王某认为,如按规划局提出的价格售房,损失要在 100 万元以上,他便向规划局的领导做了解释。此后的一段时间,规划局以种种理由刁难王某。王某无奈,只好按规划局提出的方案与之签订了售房合同书。

当王某将此事告诉他的律师后,律师建议王某向当地法院提起诉讼,请求法院判决该合同无效。

**【启示】**

本案的焦点是该售房合同是否有效,其涉及合同当事人地位平等原则问题。某市规划局与中国香港商人王某签订的售房合同违背了《合同法》的有关规定,属于无效合同,法律不予保护。

## （二）法人

民法通则中规定:法人是具有民事权利能力和民事行为能力,依法独立享有民事权利和承担民事义务的组织。法人应当具有下列条件:依法成立;有必要的财产或者经费;有自己的名称、组织机构和场所;能够独立承担民事责任。因此,①一切"挂名组织"都不能称为法人。②必须有独立支配的财产或者独立预算,这是作为法人的社会组织能够独立参与经济活动的物质基础。全民所有制企业法人,以国家授予它经营管理的财产承担民事责任;集体所有制企业法人,以企业所有的财产承担民事责任;中外合资企业法人、中外合作经营企业法人和外商独资企业法人,以其企业所有的财产承担民事责任(法律另有规定的除外)。凡是没有独立支配的财产或独立预算的社会组织,各机关的科室、工厂的车间、村民承包小组等,都不是法人。③一切未经法人或法人委托(必须有合法委托书)所签订的合同都不受法律保护。④法人必须依法享有民事权利和责任,否则将依法追究法律责任或民事责任。

## （三）有效合同成立的条件

有效合同成立有六项条件。

(1) 当事人必须具有订立合同的行为能力。

(2) 当事人之间必须达成协议,这种协议是通过要约与承诺达成的。

(3) 当事人的意思表示必须真实、明确、具体。

(4) 合同的标的和内容必须合法。

(5) 合同必须有对价金合法的约言。

(6) 合同须符合法律规定的形式要求。

**【趣味阅读】**

深圳市某校 15 岁的中学生张某,见做股票生意很赚钱,想试一把,便偷偷地将家中的存款提出 8 000 元,在某证券交易所建立了股东账户。几次交易后,张某不但分文未赚,反将 8 000 元的本钱赔光。此事被其父母得知后,要求证券交易所赔偿。证券交易所表示,股票买卖,有赔有赚,风险自担,不能赔偿。张某的父母遂向法院起诉。

法院经审理认为,张某属限制行为能力人,不具备从事股票交易的资格。因此,确认张某与证券交易所建立的股票买卖关系无效,判决证券交易所赔偿其 8 000 元。

**【启示】**

本案涉及合同民事主体的行为能力问题。案例中可以清楚地看出,张某 15 岁,属于限制民事行为能力人,只能进行与年龄和智力状况相适应的民事活动,其他的民事活动诸如股票交易,只能由其法定代理人代理进行。所以,法院做出的张某与证券交易所建立的股票买卖关系无效,证券交易所赔偿其 8 000 元损失的判决是完全正确的。

#### (四) 合同的法律约束力

合同的法律约束力,主要表现在四个方面。

(1) 合同一旦依法成立即受国家强制力的保障,当事人各方必须恪守,认真履行,任何一方不得擅自修改或终止合同。

(2) 如果遇到特殊的情况需要变更或解除合同时,必须按照法律规定的条件和程序,经过当事人各方协商达成新的协议。

(3) 任何一方不履行或不按约定履行自己的合同义务,或者未经协商即擅自修改或终止合同,给对方实现其合同权利造成损害或使之遭受其他损害的,受害的一方可以申请仲裁机关或人民法院给予保护,强制对方履行合同义务或赔偿所受损失。

(4) 仲裁机关或人民法院在受理合同纠纷案件后,应以合同条款作为调解、裁决或判决的依据。

## 二、经济合同的订立

### (一) 要约与承诺

订立经济合同一般要经过要约和承诺两个重要步骤。

**1. 要约**

(1) 要约的概念和条件。所谓要约,是指合同当事人一方向另一方提出签订经济合同的建议与要求。提出的一方称为要约人,另一方称为受要约人。

按照各国法律的规定,要约应当具备下列条件。

① 当事人必须声明订立合同的旨意。要约人发出要约的目的,在于同对方订立合同,如果对方接受了要约,一般就视为合同成立。因此,要约人发出要约必须具备明确订立合同的意思表示。如果要约人在其提出的要约中加注"仅供参考"等字样,或明确表示不受要约约束,或者没有明确的意思表示,均视为要约邀请。发出要约邀请的目的虽然也是为了合同,但它只是邀请对方向自己提出要约,本身并非要约。例如,在外贸业务中,有些公司经常向对方寄送报价单、商品价目表及商品目录等,其目的是吸引对方向自己发出订货单,对方提出的订货单才是要约。

确定一方当事人是否有订约的旨意,不仅要从要约表面文字去理解,而且应适当考虑与事实相关的一切情况,包括谈判情形、当事人之间确立的任何习惯做法、惯例和当事人之后采取的任何行为。

② 要约的内容必须明确具体。要约人发出要约后,一旦承诺人表示承诺,合同即宣告成立,对要约人和承诺人都有约束力。因此,要约的内容必须明确具体,反映出要约人确定的意思表示,决不能模棱两可,缺少主要内容。

怎样的要约才算明确具体呢? 根据各国有关法律,要约的内容一般应十分确定。即在要约中必须写明商品名称;明示或默示地确定商品的数量、品种、规格;明示或默示地确定货物价格。按照有关规定,要约只要包括以上内容,即可称内容明确具体。

③ 必须向特定的人提出。要约必须向一个或一个以上的特定人提出。特定人是要约人拟与其订立合同的人,而并非泛指任何公众。凡不是向特定人发出的订约建议,不认为是要约。那么,广告是否作为要约呢? 各国法律的规定有所不同。广告一般分为两类:一类是悬赏广告,另一类是商业广告。对于悬赏广告来说,凡是完成广告行为的都能获得广告中的允诺,两大法系国都把此类广告视为要约。对于商业广告,大多数国家认为其并不是要约,而是要约邀请。英美法系规定,要约可以向公众发出,某些商业广告,如果文字明确具体,足以构成一项允诺,而且能为对方清楚确定者,亦可视为要约。

④ 要约必须到达承诺人才能生效。要约只有到达承诺方,要约承诺方知悉要约内容后才能做出是否承诺的表示。因此,要约必须到达承诺方后才能生效。如果卖方通过电报或信件向买方发出要约,由于邮电局的失误致使信函遗失,该要约无效。

(2) 要约的法律后果。要约的法律后果是指要约发出之后,对要约人和承诺人的约束力。这里只谈对要约人的约束力。

① 要约人在有效期限内,不得变更或撤销要约。要约是一种法律行为,要约人做出的要约一旦送达承诺人就发生法律效力。所以,要约在有效期限内一般不得变更或撤销。但是要约在到达承诺人之前这段时间里,可以变更或撤销,其条件是撤销或变更的通知必须先于或同时与要约到达才有效。

② 要约人有与承诺人订立合同的义务。要约人在要约中表示了签订合同的愿望和

要求,明确提出了合同内容的基本条件,承诺人接到要约后,一旦做出承诺,要约人则有与承诺人签订合同的义务。

---

**【趣味阅读】**

A 商业公司为了兴建高层办公楼,在当地报纸上发布了招标公告,引来了众多建筑公司竞标。经过一番激烈竞争,B 建筑工程公司最终以最低的报价和最优的条件中标。事后,B 建筑工程公司经过内部协商,又认为报价太低,难以按期保质完成 A 商业公司高层办公楼的建设任务,于是拒绝与 A 商业公司签订合同。A、B 两公司经过多次协商未达成一致意见,A 公司遂向法院提出诉讼。

**【启示】**

本案争议的焦点是 B 建筑工程公司通过竞标而中标后,与 A 商业公司的合同关系是否成立。如合同关系成立,B 建筑工程公司就构成违约,承担损害赔偿责任;如合同关系不成立,则不构成违约。

本案例中,A 商业公司在报纸上刊登招标公告即是要约邀请,因为它并不具备建筑承包合同的主要条款,而是旨在邀请各建筑施工单位向其投标,并与其中报价最低者签订合同的意思表示。B 建筑工程公司参与竞标,其标书必须包括价格、工程质量、工期以及违约责任等建筑合同的全部必备条款,这样,其标书便成为要约。A 商业公司宣布 B 建筑工程公司中标,同意 B 建筑工程公司标书中的主要条款即为承诺。这样,A 商业公司与 B 建筑工程公司之间的合同关系就宣告成立了。开标后 B 建筑工程公司拒绝签合同的行为显然是一种违约行为,B 建筑工程公司应当承担因此而造成的损害赔偿责任。

---

(3) 要约的消灭。要约的消灭是指要约失去了法律效力。要约一般因下列原因而失效。

① 要约因期限届满而失效。

② 要约因要约人的撤回而失效。

③ 要约因承诺人拒绝接受而失效。

**2. 承诺**

(1) 承诺的概念和条件。所谓承诺,即接受订立合同的提议,是指一方当事人对另一方提出的合同建议或要求表示完全同意。接受要约的一方叫受要约人或承诺人。

构成有效承诺的条件如下。

① 承诺必须由特定的承诺人做出。只有特定的承诺人,才能对要约人发出的要约做出承诺。除此之外,任何第三者即使知道要约的内容并对此做出同意的意思表示,也不能据此成立合同。

② 承诺必须与要约的内容相一致。承诺是承诺人按照要约的内容与要约人订立合同的意思表示。因此,承诺人做出的承诺,不得附带任何条件,只能是对要约毫无保留地表示完全接受。如果承诺人变更了要约的内容,附有添加、限制或其他更改的承诺,即为拒绝该要约而构成反要约。

③ 承诺必须在要约的有效期限内做出。要约一般都规定了承诺期限,承诺人必须在合理期限内做出承诺。如果承诺没有在规定期限内做出,则该承诺无效。

④ 承诺的传递必须符合要约的要求。

(2)承诺生效的时间。一般认为承诺生效后合同即宣告成立,合同的当事人就要受到约束。因此,承诺生效的时间显得特别重要。

(3)承诺的撤回。承诺的撤回是承诺人阻止承诺发生法律效力的一种意思表示。承诺人欲撤回承诺时,必须在生效之前撤回。一旦承诺生效,即合同成立,承诺人便不得撤回其承诺,由于各国法律对承诺生效时间规定不同,因此,在承诺人能否撤回承诺的问题上,要慎重考虑。

必须指出的是,我国《经济合同法》并没有引用"要约"与"承诺"这两个概念,而只是在第九条规定:"当事人双方依法就经济合同的主要条款经过协商一致,经济合同就成立。"这种原则性的规定,意在强调双方当事人应充分协商,慎重签约,把合同的各项条款认真敲定,使签约程序服务于签约质量,在保证稳妥的前提下提高签约效率。

要约与承诺,是订立经济合同的两个主要程序,但不是全部程序。有的经济合同须报上级机关审核的,待审核批准后才能成立。有的经济合同经当事人协商实行签证或公证的,须待签证或公证后才能成立。还有一些经济合同,如涉及土地征用、房屋转让的经济合同,尚须经过有关主管机关核准才能成立。

### (二)经济合同的主要条款

经济合同的主要条款分为基本条款和普通条款两类。所谓基本条款,是指判定合同有效成立的必备条款。基本条款以外的其他条款,均属普通条款。基本条款分为标的、价金和期限。经济合同的标的,决定着经济合同的性质和类别,反映了双方当事人签约的经济目的和要求,是确立相互之间权利和义务的基础。没有标的或标的不明的经济合同,既无法履行,也不能成交。价金是取得标的的一方向给付标的的一方所应支付的代价,如产品的价款、劳务的费用等。期限是指合同的履行期限,它直接关系到经济合同在什么期限内履行的问题。

经济合同的普通条款分为两种:一种是根据法律、行政法规规定应该具备的条款;另一种是当事人要求规定的条款,如双方约定合同必须经过合同签证机关的签证或公证机关的公证方才有效,那么在未签证或公证前就不具有法律约束力。

把经济合同的主要条款分为基本条款和普通条款的意义在于,标的、价金和期限作为合同的基本条款,是合同有效成立的必要条件。经济合同缺乏基本条款之一,就没有约束力,也不能有效成立。但是,普通条款规定不明确,或者不够完备,或者有遗漏的,并不影响合同的有效成立,双方也应根据有关法律、行政法规的规定履行。一旦发生纠纷,有关法律、行政法规的规定也是处理纠纷的依据,但是,如果基本条款缺一条,就难以判断是非,处理纠纷就没有法律依据。

### (三) 经济合同的标的

所谓经济合同的标的,是指双方当事人订立经济合同所要达到的特定经济目的,或者说,是双方当事人为实现一定的经济目的而确立的权利和义务所共同指向的对象。它可以是某种事物或货币,如购销合同的标的是某种产品,借款合同的标的是某种货币;也可以是某项工程或劳务,如建设工程承包合同的标的是某项勘察、设计、建筑、安装工程;还可以是某项智力成果,如科技协作合同的标的是某项科研成果。

经济合同的标的,反映了双方当事人订约的经济目的和要求,没有标的或标的不明确的合同,双方当事人的权利、义务就不能落实,合同也就无法履行。所以,签约双方必须首先对合同标的达成一致协议,并在合同中明确具体地加以规定,如产品的名称,应该注明牌号或商标及品种、型号、规格、等级、花色、产地、是否为成套产品等。经济合同的产品数量是衡量标的的尺度。签订合同必须有准确的数量规定,不管标的是物或劳务还是工作成果,都必须以相应的计量方法来做出标的数量的规定。根据经济合同法规定:产品数量由供需双方协商签约。产品数量的计量方法,按国家的规定执行,没有国家规定的按供需双方商定的方法执行。

合同数量规定要准确、可靠,计量单位要明确、规范,不能用含糊不清的计算概念,如重量、长度一律公制。对某些产品,必要时还应在合同中写明交货数量的正负尾差、合理磅差和交货途中的自然减(增)量规定及计算方法;对机电设备必要时还应在合同中明确规定随主机的辅机、附件、配套产品、易耗备品、配件和安装修理工具等。如为成套供应的产品,应明确成套供应范围并提供成套供应清单。

---

**【趣味阅读】**

1998 年 4 月,内蒙古呼和浩特市某服装加工厂与本市毛纺厂签订了一份毛料购销合同。合同规定:毛纺厂向服装厂提供纯毛料 2 万米。交货时间为 1998 年 8 月 20 日。合同还对毛料的品种、规格、质量、价格等方面做了详细规定。服装厂对毛料有特殊要求,而且规定按毛纺厂提供的样品交货。合同签订后,毛纺厂即提供了样品。服装厂在未对样品进行仔细检查的情况下,双方将样品盖章封存。8 月 15 日,毛纺厂按期将货全部发给服装厂。服装厂用该毛纺厂供给的这批毛料加工服装时,发现该毛料不是纯毛料,而是混纺毛涤料,遂要求退货,而毛纺厂以货物与样品一样为由要求服装厂付清货款。双方争执不下,便诉至法院。后经查证,与服装厂洽谈的业务员刚来毛纺厂工作不久,对纯毛料与混纺毛涤料区分不清,在服装厂接受混纺毛涤料样品以后,以为合同中所说的纯毛料就是混纺毛涤料,遂组织生产并按期为服装厂供货。

### 【启示】

样品买卖又称为货样买卖,是指出卖人交付的货物须与当事人保留的样品具有同一品质的买卖。本案例中,要正确确定合同标的物的标准,先要弄清双方当事人权利和义务指向的对象是纯毛料还是混纺毛料。首先,双方当事人在签约时,服装厂要买的是纯毛料,毛纺厂同意卖的也是纯毛料。其次,双方在签订时,写明了所买卖的标的物的品种、规格、质量等特定要求,并写明"按样品交货"。再次,当双方签订合同后由于毛纺厂业务员对业务不熟悉,以及服装厂业务员的疏忽,双方错误地封存了不是合同中规定的"样品",因此,所封存的样品也就不能作为衡量所买货品质的标准。它不符合双方当事人在签订合同时的真实意思表示,服装厂有权要求退货。但是,由于服装厂在封存样品过程中导致样品与合同规定相矛盾的问题上也有过错,因此,对此应承担相应的责任。

### (四) 经济合同中的质量标准

质量是检验标的内在素质和外观形态优势的标志。合同标的质量标准,是经济合同中必须明确规定的又一个主要内容,但在实际工作中,经济合同由于质量问题而发生纠纷的,占相当大的比重。所以,对于经济合同标的质量的技术要求和标准等,应力求规定明确具体。这不仅可以明确责任,防止纠纷,而且有利于贯彻质量第一、适销对路的方针,从而提高经济效益。经济合同法规定:产品质量要求和包装质量要求,有国家强制性标准或行业强制性标准的,不得低于国家强制性标准或行业强制性标准;没有国家强制性标准,也没有行业强制性标准,由双方协商。

供方必须对产品的质量和包装质量负责,提供据以验收的必要的技术资料或实样。产品质量的验收、检疫方法,根据国务院批准的有关规定执行,没有规定的由当事人双方协商确定。在签订具体质量条款时应注意:对质量技术要求的内容,一般有物理性能、化学性能、电磁性能、使用特性、稳定性、质量等级、表面质量和内在质量、工艺要求、质量保证以及有关的防护、卫生、安全要求等。在合同中应该注明采用抽样的标准或抽样方法及抽样比例。有些产品在商定技术条件后需要封存样品的,应由当事人双方共同封存,分别保管,作为检验依据。值得注意的是,不少单位由于在合同订立时没有明确规定质量要求和技术标准,因而导致合同纠纷,造成了经济损失。我们应该认真吸取这些教训,在签订经济合同时牢牢把握质量条款关。

## 三、经济合同管理与违约责任

### （一）经济合同管理

经济合同管理,在我国是指具有合同管理职能的国家机关,对于合同的订立和履行进行监督检查,以及在发生纠纷时进行调解、仲裁等活动的总称。从目前情况看,经济合同的监督检查有三种:行政监督、银行监督和司法监督。

#### 1. 行政监督

国家行政管理机关(各级工商行政管理局和合同双方的业务主管部门)根据行政程序和《经济合同管理条例》(草案),审查合同的内容,监督合同的履行,就叫作合同的行政监督。它或是对合同事先进行审查;或是监督谈判双方订立合同是否符合法律规定;或是督促双方全面履行经济合同所规定的义务;或是对是否有违约行为进行监督。

此外,工商行政管理机关等业务主管部门对合同进行签证,即对经济合同的合法性、真实性和可行性进行审查和确认,也是一种行政监督措施。目前,我国对签证采取自愿原则,谈判一方要求对经济合同进行签证的,可以进行签证,不要求的也不勉强,任其自愿,但是,某些经济合同按规定必须签证才能生效。

#### 2. 银行监督

银行对经济合同的监督检查主要通过以下途径和方式。

（1）通过信贷管理监督。

（2）通过结算管理监督。

（3）银行协助"违法合同处理决定书"的执行。

#### 3. 司法监督

司法监督是指司法机关对合同的公证或对违法合同的处理。合同的公证,就是国家公证机关根据谈判一方的申请,依照法定程序证明合同的真实性和合法性,赋予它法律上的证据和效力。

合同公证不同于签证,它是一种法律监督,是用法律办法管理经济的一种手段。经过公证证明的经济合同,如一方违约并未按时交付应交违约金时,另一方可以要求公证机关做出准许强制执行的证明,向有管辖权的基层人民法院申请执行而不经诉讼程序。公证也是本着自愿原则。此外,管理机关和人民法院有对无效合同的确认权。无效合同确认的依据是:因当事人不合格而无效;因意思表示不真实而无效,如一方代理人与对方恶意通谋而订立的经济合同无效;因合同内容违法而无效,如不公平的经济合同无效。

### （二）违约责任

违反经济合同就要负法律责任,本着谁有错谁承担的原则,过错者要负责经济赔偿,情节严重的还要受行政或刑事的制裁。承担违约责任主要有以下四种方式：支付违约金、偿付赔偿金、继续履行合同义务和其他经济责任的承担。

### 1. 支付违约金

违约金是预先规定的，对不履行或不适当履行经济合同的违约方的一种经济制裁。违约金的偿付不以违约是否造成损失而判定，按照经济合同法的规定，不论是否给对方造成损失，只要当事人一方有过错而不履行合同，都要按规定向对方支付违约金。

### 2. 偿付赔偿金

赔偿金是一方违约造成另一方损失，违约金不足以弥补损失时的一种补偿费用。赔偿金的偿付，除要有违约事实和过错外，还要有两个条件：一是违约已造成实际损失；二是损失超过了违约金，或是没有违约金。索赔不仅要依法办事，也需要就造成损失的责任、程度、赔偿办法等进行谈判、协商，所以，索赔是经济谈判中值得研究的问题。

赔偿金的数量按直接损失扣除违约金来计算。赔偿金和违约金应在明确责任后 10 天内偿付，否则要按逾期付款处理。如果违约方不自觉承担，另一方可以请求合同管理机关仲裁或向人民法院起诉。

索赔必须按照合同规定，具备足以证明责任在对方而确应赔偿的证明文件，并在索赔期限内办理；否则，对方有权拒赔。一般来说，索赔时首先应做的工作包括：查明造成损失的实际情况，分清责任；备妥必要的索赔单证；恰当提出索赔的项目和金额，认真研究、制订索赔方案，及时提出索赔。

赔偿方式主要包括：赔款、罚款收货、退货还款、拒付货款、补交、修复、替换等。以上方式可以单项或混合使用。

---

**【趣味阅读】**

2008 年 3 月 5 日，甲公司与某市乙化工集团签订了一份租赁合同。合同规定：由化工集团将其下属的制剂厂租赁给甲公司经营，租赁期为 3 年，约定若一方违约应付给对方 30 万元违约金，并赔偿对方因此所造成的损失。合同签订后，甲公司向乙化工集团交付了 5 万元定金。至 2009 年 9 月，甲公司租赁的化工厂经营良好，平均每月盈利 5 万元。而此时乙化工集团却突然单方面中止了与甲公司的租赁合同。甲公司诉至法院，要求乙化工集团赔偿其违约所造成的损失，并按合同约定给付违约金，双倍返还定金。

**【启示】**

本案中乙化工集团与甲公司签订租赁合同后中止合同显然构成违约，乙化工集团应当承担由此产生的违约责任。承担违约责任的方式主要是实际履行、采取补救措施、赔偿损失、支付违约金以及返还定金。

　　本案例中,乙化工集团首先应赔偿因其违约给甲方公司造成的损失,该损失包括直接损失和间接损失,该损失的计算应以甲公司每月5万元为标准,自2009年9月至2011年3月。在违约金和定金的适用上应由甲公司自己选择对其更有利的一种手段。就本案而言,可选择违约金。

### 3．继续履行合同义务

违约方支付违约金和赔偿损失,不能用来代替合同的实际履行,因此,违约方有责任继续履行合同,当然双方同意终止时也可终止。

### 4．其他经济责任的承担

除上述违约金、赔偿金和继续履行合同外,根据实际情况还可以继续追究违约责任,如逾期提货、提前交货等,均应支付对方所需的保管费、保养费;又如,错发到货地点或接货单位,除按合同规定负责运到规定的到货地点或接货单位外,还要承担因此多支付的运杂费,需方错填或临时变更到货地点,也要承担多支出的费用等。

## 第二节　涉外商务合同

## 一、涉外商务合同的特殊性

　　涉外商务合同是我国的企业或其他经济组织与外国的企业、其他经济组织或者个人之间,在进行经济合作和贸易往来中为实现一定的经济目的、明确相互之间的权利义务关系、通过协商一致而共同订立的协议。涉外商务合同是一种经济法律行为,一方面,它规定了当事人可以依法享有合同中的权利;另一方面也规定了当事人应该履行的义务和责任,因此,任何一方不履行或不全面履行合同,都要承担法律上的经济责任。涉外商务合同因其"涉外"而有其特殊性,具体表现在以下几方面。

　　(1) 它涉及合同双方当事人所属国家的经济法规和对外经济贸易政策。两国企业之间的经济交往是受两国对外经济贸易政策的影响与制约的,任何企业都不能违背本国政府制定的对外经济贸易政策,同样,任何企业或经济组织,都必须遵守所在地国家的法律制度。

　　(2) 它引起当事人双方所属国家的经济权益关系。两国企业之间的经济往来关系是两国之间经济关系乃至外交关系的一部分,它使得资源在两国之间发生流动,从而影响两国的经济利益。

　　(3) 它导致了司法管辖权以及法律适用选择的问题。在涉外商务活动中,当事人国家的法律对商务活动都有一定的管辖权,它们之间往往需要分清各自的范围,以及确定在冲突情况下如何调整解决。

## 二、涉外商务合同的结构

涉外商务合同主要包括以下几部分结构。

（1）首部，即合同的开始部分。首部主要包括合同的详细名称、签订合同当事人的名称或姓名、订立合同的目的和性质、签订合同的日期和地点、合同的成立以及合同中有关词语的定义与解释等内容。这些内容虽然不是合同的实质性问题，但却有法律意义，即一旦发生争议，这些内容将成为处理争议的法律依据。

（2）正文，亦称本文。它是表述合同的重要条件和实质性内容的部分，是合同的核心部分。它包括合同的标的与范围、数量与质量、价格条款与支付方式、违约责任、不可抗力等内容。因为这部分是合同的核心部分，所以在订立时往往在内容上比较明确、具体、准确。

（3）尾部，包括合同使用的文字及其效力、合同文本的份数、合同的有效期限、通信地址、合同的签署与批准等。

除以上三个部分以外，有些合同还带有某些附件，是对合同中的条款进一步的解释与规定，因此也是不可分割的部分，其与合同正文具有同等的法律效力。

## 三、涉外商务合同的订立法律原则

涉外商务合同中可以运用的法律原则分为两个层次：第一层是处理国际关系的一般准则，第二层是处理涉外商务合同订立的基本原则。

### （一）处理国际关系的一般准则

处理国际关系的一般准则包括联合国宪章原则与和平共处五项原则。《联合国宪章》是联合国文件，它确认、固定和发展公认的国际法基本原则，因而是国际法的一项重要文献。它给联合国及其会员国规定的法律义务、行动方针及必须遵循的行为准则，已经成为国际上通行的行为规范。因此，也成为谈判遵守的法律规范。它的基本原则包括：会员国主权平等原则、和平解决国际争端原则、不干涉别国内政原则、真诚地履行宪章义务原则。和平共处五项原则是中国与印度、缅甸在 20 世纪 50 年代前期共同倡导的，后被世界上许多国家接受，成为处理不同社会和政治制度的国家之间相互关系的基本原则。互相尊重主权和领土完整、互不侵犯、互不干涉内政、平等互利、和平共处，这五项原则是当今国际法基本原则的核心，它与《联合国宪章》的宗旨是一致的，即维护国际和平与安全，促进国际合作，发展各国间的友好关系。

人们往往把上述两类原则看成是政治谈判的原则，是政治上处理国际关系与国际事务的准则。其实，政治是经济的集中表现，这些原则也是国家间商务谈判的重要准则和依据。近代商贸关系中曾出现过的为了争夺殖民地或弱小国家的地理资源与人力资源，倾销宗主国剩余商品的"强权谈判"，随着这些原则的诞生而受到遏制。这些法律和法规在国际上的普遍执行,使国与国之间、民族与民族之间和平的、平等互利的商贸关系得以发展起来。

除了上述《联合国宪章》与和平共处五项原则之外,在国家间的经济关系方面,由上述两个法律原则扩展出来的、处理国与国之间经济方面事务的原则还有国家主权和自然资源永久性原则、公平互利共谋发展原则等。

### (二)处理涉外商务合同订立的基本原则

在各种各样的商务谈判中,《中华人民共和国涉外经济合同法》以及近年颁布的独资企业、三资企业在华经营的有关条例,是对涉外商务的基本法要求。

#### 1.遵守国家法律,维护国家主权

遵守国家法律,维护国家主权,这是对涉外商务谈判的基本要求。按照这一要求,所有涉外商务谈判以及通过谈判所订立的合同,必须遵守中华人民共和国法律,并且不损害中华人民共和国的社会公共利益。只有在这个前提下进行谈判签订的合同,才能得到法律的保护,也才能实现中外双方当事人所预期达到的经济效果;反之则无效,严重的还要受到法律的制裁。

#### 2.平等互利,民主协商

涉外商务谈判涉及中外双方当事人的权益,不论双方当事人所在国的政治经济制度与我方有何不同,经济实力有何强弱之分,双方在谈判中以及在谈判合同签订中的法律地位是平等的,双方的权利义务也都是对等的。因此,平等互利、民主协商是我国经济合同法规定的基本内容。双方所签订的合同,履行结果也必须对双方有利,不能使得益和损失悬殊,任何采取欺诈或者胁迫手段订立的合同都将无效,情节严重者,还要受到法律的制裁。

#### 3.遵守国际惯例

所谓国际惯例,是指各国重复类似的行为而使其具有法律约束力的规范,它虽然是"不成文的",但它确实构成了国家间谈判磋商的依据。在现代,国际惯例大体上形成于三种情况:一是国家之间的外交关系,表现于条约、宣言、声明、各种外交文书等;二是国际机构的实践,表现于决议、判决等;三是国家内部行为,表现于国内法规、判决、行政命令等。它们构成国际惯例的证据。当然,依据国际惯例进行谈判,情况是非常复杂的,必须灵活运用。

### (三)涉外商务合同的成立条件

一项涉外商务合同要能够成立,从而具备法律效力,必须具备以下几项条件。

#### 1.当事人均必须具备订立经济合同的行为能力

订立涉外商务合同的当事人或是自然人,或是法人,他们都必须在具备完全的缔约能

力和合法资格的情况下订立法律合同才是有效的。就自然人而言,除法律专门限制或禁止的以外,神智正常的成年人都可以缔结合同。在我国,按现行规定,自然人无权订立涉外经济合同。就法人而言,其缔约能力就是法人的行为能力,而法人的行为能力是由法人注册登记的国家的公司法所规定的。法人行为能力的行使必须由其法定代表或授权代表行使。比如,公司的董事长、总经理或其他代表。非法定代表或非授权代表是没有签约资格的。

**2. 涉外商务合同的内容和目的必须合法**

许多国家的法律一方面允许当事人自行商定经济合同的内容;另一方面又都做出一些限制性规定,凡不符合法律要求的合同均无效。例如,大陆法系国家的民商法中一般都规定,凡属违法、违反公共秩序和善良风俗的合同无效。英美法系国家的法律中则规定,凡属违反和违反公共政策的合同无效。我国涉外经济合同法规定,违反国家法律、政策、国家利益或者社会公共利益的合同无效。所以,涉外商务合同必须符合当事人国家的有关法律规定,必须符合订立涉外经济合同所应遵守的基本原则。

**3. 涉外商务合同订约的程序、形式和手续必须符合法律规定**

各国法律一般都规定,订立经济合同应当是由双方当事人在自愿的基础上,经过意思表示协商一致,才能有效成立。首先强调双方都是在自愿的基础上进行协商,亦即双方的意思表示都是真实的、无瑕疵的,如果有一方采用了欺诈或胁迫手段,则所订合同无效,具体协商的过程通常分为要约和承诺两个环节。关于经济合同的形式,各国法律的要求有所不同,多数国家的法律把订立经济合同分为要式合同或非要式合同两类,但具体到哪些合同属要式的,哪些合同属非要式的,各国的规定又不一样。我国涉外经济合同法则强调,订立涉外经济合同都必须采用书面形式。

**4. 涉外商务合同双方应当是等价有偿的**

一般来说,经济合同是双方合同,双方当事人之间,既都享有一定的权利,也都承担着一定的义务,我国经济合同法把等价有偿原则列为订立经济合同必须贯彻的原则之一,在国外,有些国家的法律规定经济合同的成立必须以对价或约因为要件。对价是英美法中的概念,对价又称为代价或相对给付,意指双方当事人都是给付者,都承担一定的给付的责任。例如,在买卖合同中,卖方要支付货物,而买方则要付给货款。约因则是某些大陆法系国家的概念,它是指合同当事人在允诺负担义务时所希望达到的目的。例如,买卖合同的约因是以商品换取价金。总之,经济合同的双方应当是等价有偿的。

**(四) 无效的涉外商务合同**

当涉外商务合同在标的内容、条款等方面有违反法律的情况时,该合同就成为不受法律保护的无效合同。无效的涉外商务合同主要存在于以下几种情况。

(1) 合同内容违反国家法律和进出口管理规定。

（2）合同内容违反社会公共利益和道德。

（3）采取欺诈或者胁迫的手段订立。

当一项涉外商务合同被确认无效时，一般的处理办法有三种。

（1）合同内容全部无效的，宣布该合同作废。

（2）合同中的条款违反中华人民共和国法律或者社会公共利益的，经当事人协商同意予以取消或改正后，不影响合同的效力。

（3）合同内容部分有效时，经双方同意，部分条款可以发生效力。

凡是因为合同无效或部分无效而导致的有关损失与责任，均由有关各方承担。

## 四、涉外商务合同的转让、变更、解除与终止

### （一）涉外商务合同的转让

涉外商务合同的转让是指当事人一方将合同中的权利和义务全部或者部分地转让给第三者。转让的当事人一方称让与人，接受转让的第三者叫受让人。合同的转让形式有以下几种情况。

#### 1．权利和义务的部分转让

所谓合同的权利和义务的部分转让即合同的部分转让，是指合同当事人一方将合同中的部分权利和部分义务转让给第三方。这样，原合同的主体由双方经合同部分转让后而变成三方，即合同经部分转让由原双方构成的主体，而转呈为三方构成的新主体。原来的双方当事人之间的单一关系也分解为三方当事人之间的相互关联的二组合同关系。

#### 2．权利和义务的全部转让

所谓合同的权利和义务的全部转让即合同的全部转让，是指合同的当事人一方将合同的权利和义务全部转让给第三方。这样，经转让后的合同主体就由原合同未转让的一方与新的受让方二者构成了，即由受让方履行让与方转让的全部权利和义务。

综上所述，合同的转让，无论是部分转让还是全部转让，都是主体的变更，所不同的是变更的性质有区别。谈判人员要区分转让中产生的转让部分的权利和义务与未转让部分的权利和义务之间的关系，这对解决合同在转让中的争议有着重要的作用和影响。

【趣味阅读】

2006 年 6 月，某纺织品进出口公司与某服装厂签订合同一份，约定由服装厂在 12月底供纺织品进出口公司棉衣 5 000 件，每件价格 200 元。合同签订后，纺织品进出口公司即把货款全部支付给服装厂。9 月底，纺织品进出口公司为了赶在圣诞节旺季销售，遂与服装厂协商提前交货事宜，服装厂无提前交货能力，纺织品进出口公司只好

另从其他渠道购得棉衣 5 000 件。原订的棉衣恰好满足于另一外贸公司的要求,纺织品进出口公司遂将合同全部转让给该外贸公司。合同转让时市场棉衣价格上涨,因此,给外贸公司按每件 250 元支付纺织品进出口公司 125 万元。12 月底,该外贸公司前往服装厂提货遭拒绝,服装厂提出原合同是和纺织品进出口公司签订的,没有得到任何合同转让通知,如果要交货,纺织品进出口公司就要补偿其差价 25 万元。该外贸公司不同意服装厂的要求,遂以纺织品进出口公司和服装厂为被告诉至法院。

**【启示】**

本案中纺织品进出口公司将其债权转让给外贸公司的行为是否具有法律效力,这是判定由哪一方承担违约责任的关键。本案例中,纺织品进出口公司将其债权转让外贸公司债权为可转让债权,具有法律所规定的转让债权的实质性要件,但是因没有通知债务人,欠缺债权转让生效的形式要件,所以转让无效。因此,法院判定纺织品进出口公司转让债权给外贸公司,因未通知服装厂而无效,判令纺织品进出口公司返还 125 万元给外贸公司,并继续履行与服装厂签订的合同。

### (二) 涉外商务合同的变更与解除

变更涉外商务合同是一种法律行为。它是指签约双方当事人在符合法律规定的条件下,就修改、补充原订商务合同的内容所达成的协议。变更的范围可以是标的的任何内容,也可以是合同的主体,如法人的合并与分立,以及由此引起的合同债务转让等。

解除涉外商务合同也同样是一种法律行为。它是指合同双方当事人在法律规定的条件下,在原订合同的有效期内,就提前终止合同所达成的协议。

#### 1. 变更和解除合同的条件

变更和解除合同的条件包括以下四方面。

(1) 由于一方违约使合同履行成为不必要,受害的一方可依法律程序变更或解除合同。如有些季节性较强的商品,因为供货延期交货而错过销售季节,若仍继续履行合同,将使需方产品积压,无法销售。因此,作为受害的一方可以要求变更或解除合同。

(2) 发生不可抗力事件,致使合同的全部义务不能履行。不可抗力是指人力所无法抗拒的强制力量,如地震、台风、火灾、旱灾、战争等。因为这类现象无法预料,也无法抗拒,所以应该允许变更或解除合同。

(3) 合同的某一方在约定的期限内没有履行合同,并在被允许推迟履行的期限内仍未履行。如甲方向乙方购买复印机 100 台,乙方未能在约定的时间内交货,甲方允许乙方延长一段时间交货,但乙方仍未能及时交货,使甲方受到损失。这时应允许甲方变更或解除合同。

(4) 合同约定的解除合同的条件已经出现,当事人一方有权通知另一方解除合同。

如 1986 年 8 月,中国香港某公司与内地某地东方宾馆签订合办"外宾俱乐部"合同。合同规定由该中国香港公司筹款和经营,并规定一年内完成筹建任务,如建不成,我方即可提出解除合同,由该中国香港公司负责一切经济损失。合同签订一年后,因为该中国香港公司属"皮包公司",无法完成筹款与筹建任务,在这种情况下,按合同规定的解除条件已经出现,所以我方提出解除合同是允许的。

**2. 变更和解除合同的赔偿责任**

根据法定条件和程序变更和解除合同,属合法行为而不是违约行为,所以就不能免除负有责任一方的经济责任,即负有责任一方应承担赔偿遭受损失一方的责任。

(1) 双方当事人自行提出和同意变更或解除合同的,其责任方一般是指要求变更或解除合同的一方。

(2) 因合同一方违约,使继续履行合同成为不必要时,责任方无权提出变更或解除合同,而应负违约责任,并支付遭受损失一方的违约金和赔偿金。

(3) 当事人由于不可抗力而变更或解除合同的,可根据实际情况,部分或全部免除赔偿责任。

(4) 损失事实是责任方赔偿的客观依据。索赔方在要求赔偿的同时应负有举证的责任,即提供因变更或解除合同而遭受损失情况的证明材料。

---

**【趣味阅读】**

2009 年 10 月,某服装进出口公司与某市第一服装厂签订了服装购销合同。合同约定:由第一服装厂供给服装进出口公司男式西服 500 套,每套单价 600 元,女式西服 500 套,每套单价 800 元,合同总价款 70 万元。合同对产品的规格、型号和质量也做了规定,交货日期约定为 12 月 20 日。合同规定:一方不履行合同时,应向对方支付违约金,违约金数额为不履行部分的 10%。由于交货时间短,第一服装厂为确保按时交货,将厂内生产计划做了调整,并要求工人加班加点完成任务。在此期间,服装进出口公司经过调查得知,所订购的服装在国外销售的情况不太理想,因此向第一服装厂函告将所订购服装数量减半。第一服装厂以书面形式回复服装进出口公司,表示愿意接受该公司的请求。12 月 20 日,第一服装厂依约向对方交付货物,其中男服 300 套,女服 200 套。而服装进出口公司以货物数量减半是指男女服装各减半同为 250 套为由拒付货款。服装厂认为,服装进出口公司提出服装订购数量减半,并未说是男、女各减半,当然可以理解为总订购量减半共 500 套服装。于是向法院提起诉讼,要求服装进出口公司支付货款并承担违约责任。

**【启示】**

本案的焦点问题是,服装厂与服装进出口公司之间是否约定了对合同内容进行变更?

该合同变更是否发生法律效力？这是判定服装进出口公司是否构成违约，是否应承担违约责任的关键。

本案例中服装厂与服装进出口公司虽已对变更合同数量条款达成合意，但在具体履行上出现了分歧。根据案情，双方并未对合同数量条款变更内容约定得更为明确，因而产生了纠纷。出现这种情况的主要原因是当事人对合同变更的内容约定不明确。当事人对合同的内容约定不明确，是指当事人对合同变更的内容约定含糊，致使双方对变更的合同内容有不同的理解。根据《合同法》第七十八条规定，服装厂与服装进出口公司签订的合同未发生变更，因此服装进出口公司不应承担违约责任。

## （三）涉外商务合同的终止

经济合同是基于一定的法律事实而发生的，也应基于一定的法律事实而终止，合同的终止是按照合同所规定的当事人双方的权利和义务在客观上已不存在。合同的终止是有条件的，具体体现在以下几方面。

### 1. 合同因履行而终止

这是正常的终止，即当事人双方按合同履行全部义务后，合同即告终止。如甲乙双方的购销合同，甲方按期、按质、按量交付了货物。乙方按照合同的规定付款，双方行使、履行了合同规定的权利和义务，合同即告结束。

### 2. 合同因双方协议而终止

这是当事人双方在履行前或履行过程中，由于某些原因不能继续履行合同（如违背了社会公共利益等），经过双方当事人互相协商一致同意终止合同，并作出终止合同的书面文件。

### 3. 强制性的终止

这种情况往往是由于当事人一方因对方不履行合同，提请仲裁机构仲裁或法院审理而裁决或判决使合同强制终止。需要提出的是，合同终止与合同解除不是一个概念，即合同终止不等于就是合同的解除。例如合同已履行完毕并不是解除合同，而合同的解除就意味着合同的终止。

【趣味阅读】

2007 年 6 月，某市富安化工厂选派主管技术的副厂长扬杰赴日本研修，主要学习塑料用涂料配方技术。同年 12 月，经扬杰联系，该厂引进了日本某公司的生产塑料用涂料技术及设备。扬杰研修结束后，组织科研人员对该技术进行了吸收改造后投入生产。2008 年 3 月，扬杰劳动合同期满后离开了富安化工厂。2009 年 12 月，扬杰与本市美达涂料厂签订承包合同并担任该厂厂长。扬杰利用掌握的富安化工厂的技术从事生产。富安化工厂得知这一情况后立即与扬杰交涉,扬杰否认自己运用了富安化工厂的技术。富安化工厂邀请专家对美达涂料厂生产的涂料配方进行鉴定,其结果与本厂有关配方、技术资料完全相同。为此,富安化工厂向法院起诉,要求扬杰立即停止侵权,赔偿损失。

**【启示】**

本案要解决的主要问题是扬杰与富安化工厂的劳动合同终止后,他本人对原单位的生产技术还应履行哪些义务。

本案例中,扬杰在担任富安化工厂主管技术副厂长时,厂里派他赴日本研修,并掌握了从日本引进并进行改进的塑料用涂料技术。这属于非专利技术成果,这一非专利成果应当属于富安化工厂所有,技术成果的使用权属富安化工厂。扬杰离开富安化工厂后,他不但没有权利使用这一技术,而且还负有保密义务。扬杰到美达涂料厂担任厂长后,如果使用这一技术,则必须经过富安化工厂同意,否则不但侵犯了富安化工厂对该项非专利技术成果的权利,也明显违反了《中华人民共和国反不正当竞争法》的有关规定,应依法追究其法律责任。

## 五、涉外商务合同纠纷的处理

### 1. 违反合同责任的情况

(1)由于当事人一方的过错而造成违约,由有过错的一方承担违约责任。如甲乙双方签订购销合同,在合同中规定了乙方的交货日期与甲方的付款日期,但乙方在交货前突然以无货可交为由单方拒绝履行合同,这种情况属乙方的过错而造成违约,乙方应承担违约责任。

(2)如属双方的过错而违约,则应由双方分别承担各自应负的违约责任。

(3)当事人一方由于不可抗力的原因不能履行合同时,可根据情况,部分或全部免除承担违约责任。

### 2. 承担违反合同的责任形式

追究违约责任的四个条件:要有不履行合同的行为、要有主观上的过错、要有损害的事实存在、要有不履行合同的行为和损害事实之间的因果关系。追究责任的范围,如果只有不履行合同的行为和主观上的过错两个责任条件,义务人就负有交付违约金的责任。如果以上四个条件都具备,则可能负有交付赔偿金的责任。

(1)违约金。违约金是指合同当事人一方因不履行合同而向对方支付一定数量的货币金额。违约金带有经济制裁的性质,也称罚金,只要违反合同义务,不论是否给对方造成损失,都应按规定支付。这种形式常见于货物买卖、补偿贸易等合同之中。

（2）赔偿金。赔偿金是指违约方对对方所受的实际损失给予补偿的一种法律手段，用以保护权利人的合法权益免受侵犯。这里要注意，支付了违约金并不能免除赔偿损失的责任，还要注意支付赔偿金只限于违约金不足以赔偿的那部分损失。

### 3．涉外商务合同纠纷的处理方法

涉外商务合同纠纷是指当事人不履行或不完全履行合同而发生的权益纠纷。我国涉外经济法对纠纷的解决做出了规定，即可通过协商、调解、仲裁和诉讼四种方式解决，现分别叙述如下。

（1）协商。协商是指合同当事人双方共同商量以便取得一致意见，达成和解协议，从而解决经济争议的一种方法。协商也称和解。协商解决争议可在协商的地点、时间和方法上体现出灵活性。例如允诺在下次交货中，在货物的数量和价格上给予优惠，以弥补这次交货的损失，彼此做出让步。通过协商解决争议，能使得双方当事人消除误解，保持与稳定双方的相互信任和合作关系。事实上，涉外商务合同的争议大都是通过协商途径解决的。

（2）调解。所谓调解，是指在第三者主持下，在查明事实、分清是非的基础上，用说服的办法，使双方当事人经过协商达成调解协议，从而解决纠纷的一种方法。用调解来解决合同纠纷已被各国仲裁机构所重视，成为一种有效地解决纠纷的途径。

（3）仲裁。仲裁是指涉外商务合同的当事人双方在履行合同时产生争议，在通过协商或调解不能解决的情况下，自愿将有关争议提交给双方同意的第三者进行裁决，裁决的结果对双方都有约束力，必须依照执行。用仲裁方式解决争议，有利于保持双方的交易关系，并且手续和程序比较简便、节省费用、时间也比较短。仲裁有以下两个特点：第一，它必须是当事人双方一致同意的，并通过订立仲裁协议做出确定的表示，没有仲裁协议的争议是不能仲裁的。第二，仲裁结果是终局的。一旦双方当事人将争议递交仲裁，就排除了法院对该争议案的管辖权，任何一方都不得再向法院起诉。在涉外商务合同中，仲裁条款就是双方事先就可能产生的争议所达成的仲裁协议。在仲裁条款中，必须规定地点、仲裁机构、仲裁程序和仲裁费用等问题。仲裁地点与仲裁所选用的仲裁规则直接相关。一般来说，规定在哪一国仲裁，往往就要适用该国的有关仲裁规则和程序。

就我国企业而言，在仲裁地点的选择上只有以下三种形式：①规定在中国国际贸易促进委员会对外经济贸易仲裁委员会仲裁；②规定在被告所在国家进行仲裁；③规定在第三国进行仲裁。在上述三种形式中，能选择在我国仲裁对我方是最有利的，但外方不一定同意。其他两种形式都是比较公平的。需要注意的是，规定在第三国仲裁时，应选择对我国比较友好，而我方对其仲裁规则与程序又比较了解的国家。

（4）诉讼。在涉外商务活动中，合同的双方当事人在发生纠纷以后，通过协商或调解不能解决，其中一方向有管辖权的法院起诉，要求通过经济司法程序来解决双方之间的争议,就称为诉讼。诉讼必须通过严格的司法程序,因而耗时较长,但它能强制性地解决争议,使问题得到最终解决。不过这样容易导致双方关系的彻底破裂,所以除非万不得已,一般都不选用诉讼的方式来解决争议。

### 4．涉外商务合同的法律适用

涉外商务合同争议的解决涉及选择什么样的法律来调整的问题,即法律适应的问题。这会直接影响争议解决的结果,从而影响双方当事人的权益。我国的企业在订立涉外商务合同时,在法律适用问题上应把握以下几点。

(1) 合同的当事人可以选择处理合同争议的法律,它可以是中国的法律,也可以是外国的法律,但是,当事人的选择必须是经双方协商一致和明示的,并且必须与合同内容有实质的联系。

(2) 在中国境内履行的中外合资经营企业合同、中外合作经营企业合同、中外合作勘探开发自然资源合同,必须适用中国法律,当事人协议选择外国的法律无效。

(3) 在应适用的法律为外国法律时,如果该外国法律违反我国的法律和社会公共利益则不予适用,而应适用我国相应的法律。

(4) 在适用我国法律的情况下,如果我国法律没有相应的规定,可以适用国际惯例。目前,国内在涉外商务合同方面已有一些标准格式或参考格式,我们在签订涉外商务合同时可以借鉴利用,但是,要注意根据交易的具体情况进行选择、调整和补充,不能简单地照搬照抄。

# 第三节　合同的签订

## 一、合同签订工作

商务谈判的最终目的是为了达成协议,签订合同。所谓合同签订工作,主要是指文本的撰写或审核及合同签字人的确认。签订合同是谈判的一个重要环节,也是双方谈判成果的见证。签订工作的好坏直接关系到整个商务谈判能否取得成功,是谈判活动的最终落脚点。

---

**【趣味阅读】**

　　销售员小张终于谈好了一笔生意,签字盖章,约定三日内对方付款。接下来的三天小张一直忙着别的事情,对方曾让他抽空去取支票,因为觉得对方很有诚意,小张倒也不急。第七天小张去取支票,不料被告知别的厂家搞促销,公司觉得挺有"赚头",先把钱付给他们了,请他过几天再来,临了还加了一句"你要早来三天就好了"。

　　后来小张又去了几次,对方要么没有钱,要么要求延期付款,因为钱还是不够。过了两个月对方索性告诉他:公司近来资金紧张,原来说好的合作只能暂缓。

　　这事让小张郁闷至今,大骂对方没有诚信、缺德! 其实,那客户已经准备好了钱,与他们合作的另外一个厂家得知了这个消息,自然不希望客户分散资金,于是软硬兼施,把这场已经定下来的合作搅黄了。

　　【启示】

　　谈判的目的是为了谋求一个"良好的结果",一项成功的商务谈判其内容最终要以合同的形式加以确认,并且通过合同的法律效力来保证实施。

### (一) 合同文本的撰写

　　合同文本必须具备 10 项内容。

　　(1) 合同当事人的名称或者姓名、国籍、主营业场所或者住所。

　　(2) 合同签订的日期和地点。对合同签订的日期来说,涉及合同生效的问题,除我国有关法律、法规规定应由国家批准的合同外,它表示合同发生效力的时间,即双方在合同上签字即告生效。合同签订的地点与法律的适用有关。当某一合同没有规定选择适用的法律时,一旦发生争议,一般适用于合同缔结地的法律。作为我国的企业来说,应尽力争取在境内签订合同,其原因就在于此。

　　(3) 合同的类型、标的种类及范围。标的是指合同当事人双方权利和义务共同指向的对象,如技术贸易中的技术、货物买卖中的货物等。

　　(4) 合同的标的技术条件、质量、数量和标准。合同中标的标准有许多种,如国际标准、国家标准等,某种标准随着科技与生产力的发展会发生不断的变动。在引用时应明确以哪个国家的标准为准,并注明该标准的颁布时间和版本。

　　(5) 合同履行的期限、地点和方式。履行期限是指合同双方当事人实现权利和履行义务的时间限制。地点和方式是指合同双方当事人在什么地点履行各自的义务,以什么样的方式去履行各自的义务和责任。

　　(6) 价格条款、支付金额和方式。价格条款不仅涉及标的价格,而且涉及与标的有关的双方责任及风险的划分。支付方式则涉及能否安全、迅速、完整地实现合同双方当事人的经济利益。

　　(7) 合同的转让、变更和解除。

　　(8) 违反合同的赔偿和其他责任。

　　(9) 合同发生争议时的解决方法与法律适用的问题。

　　(10) 合同使用的文字及其效力。按照国际惯例,合同文字应当使用双方当事人的法定文字,并且两种文本都具有同等的法律效力,而当两种文字在解释上不一致时,应以当地一方或东道国语言为准。

要注意的是,有些合同还带有附件,是对合同中有关条款的进一步解释和规定。因此,附件也是合同不可分割的组成部分,与合同正文具有同等的法律效力。

同时还要特别提醒,在合同文本中要注意避免出现以下毛病:协议中遗漏了某些条款;条文语义不清,可导致不同的解释;条件写得过于宽松、不严密,以致在达到要求方面有许多空子可钻;协议中有许多与协议内容无关的陈词滥调;协议中夹了许多参考性文件,而这些文件又未经事先审查;条款之间有相互抵触之处,而又没有规定发生争议时应以哪一条为准。

### (二)合同文本的审核

对合同文本的审核应从两个方面考虑,如果文本使用两种文字撰写,则要严格审核两种不同文字的一致性;如果使用同种文字撰写,则要严格审核合同文本与协议条件的一致性。

再就是核对各种批件,包括项目批文、许可证、用汇证明、订货卡等,是否完备以及合同内容与各种批件内容是否一致。这种签约前的审核工作相当重要,因为常常发生两种文本与所谈条件不一致的情况。审查文本务必对照原稿,不要只凭记忆阅读审核。

同时,要注意合同文本不能太简约。啰唆固然不好,但过于简约弊处更大。散文的简约可以给读者造成想象的空间,合同的简约往往只会造成空子。前者是文学的美,而后者则是经济的亏损。

在审核中发现问题,应及时相互通告,并调整签约时间,使双方互相谅解,不致因此而造成误会。对于合同文本中的问题,一般指出即可解决,有的复杂问题须经过双方主持人再谈判。对此,思想上要有准备,同时要注意礼貌和态度。

### (三)签字人的确认

在商务谈判中,有时主谈人不是合同的签字人,因此,应该注意确定比较合适的签字人。国际商务谈判中合同一般应由企业法人签字,政府代表一般不签字,若合同一定需要由企业所在国政府承诺时,可与外贸合同同时拟一"协议"或"协定书"、"备忘录",由双方政府代表签字,该文件为合同不可分割的一部分。国内商务谈判中如有涉及政府部门的担保或其他关系时,也可参照上述办法。

另外,国际商务谈判中,有些国家、地区的厂商习惯在签约前让签约人出示授权书,授权书由所属企业最高领导人签发,若签字人就是公司或企业的最高领导,可以不要授权书,但要以某种形式证实其身份。

总之,在合同签订之时最重要的是防止草率从事,因为谈判是一种人与人之间近距离的"交锋",恰恰就是因为近距离、面对面,才更容易忽视那些极其简单的圈套与陷阱。要知道,什么事情都可能在最后阶段发生,草率者必败!

## 二、签订合同应注意的问题

合同签订的过程,一方面是用法律语言准确无误地记载双方当事人谈判达成协议的各项内容;另一方面是对谈判中尚有争议的部分进一步地探讨和协商。在签订合同时应注意以下问题。

(1)双方当事人是否具有签约的资格,签订合同(协议)的主体是否明确和合法。必要时,要查验对方合法资格,要注意资格有效期限。

(2)双方确认事项拟成条款,是否与合同的目的相符,要核对合同数量、质量、价格、规格、交货时间、地点和交货方式,验收方式,支付款项方式、时间。

(3)订立合同的条款符合有关法律规定和要求。应根据有关法规来确定合同的各项内容。对国家法律有专门规定的,还应按这些法律的规定确定合同的条款。

(4)确定的合同条款,其内容不得违反我国法律和社会共同利益。

(5)合同中的违约责任条款必须明确具体。要针对对方最易违约的问题,如资金到位的时间、数量、产品的外销,以及违约可能给我方造成损失的问题,进行有的放矢的约定,避免引起纠纷。

(6)对对方提出的免责条款要慎重研究,弄清其范围,才能表示是否同意。对己方不利的免责条款千万不能接受。

(7)仔细拟定适用法律条款和仲裁条款。通常当事人双方都希望适用本国法律或对自己有利的法律作为合同依据,这类条款是合同的主要条款,不能含糊不清。如在合同中出现"如有争议可提请中国对外贸易促进委员会调解或仲裁,也可由双方同意的国外仲裁机构进行仲裁"这一模棱两可的条款,使人捉摸不透,发生争议时是在中国仲裁还是在国外仲裁,这一条款没有明确具体的规定,形同虚设。一旦发生争议,任何人都难以判定。

(8)要注意明确签约地。我国《中华人民共和国经济合同仲裁条例》明确规定:"经济合同纠纷案件一般由履行地或者合同签约地的仲裁机关管辖,执行困难的也可以由被诉方所在地的仲裁机关管辖。"在合同中明确签约地,当合同发生纠纷时,可以迅速确定管辖机关。缺少签约地,不利于迅速、准确、合法地解决合同纠纷,不利于确认谈判双方的权利义务,制裁违约行为。

(9)要注意中外文本的一致性。如两种文本含义不同或外方在外文文本中留有伏笔,或使用了一些含义不确切的词语,在发生争议时我方就有可能吃亏。更不能签订只有外文文本而没有中文文本的合同。

---

**【趣味阅读】**

　　20 世纪 70 年代初,美国总统国家安全事务副助理亚历山大·黑格率团来华,为尼克松总统的访问打前站时,我方发现对方的公告草稿中出现了这样的字句:美国政府关心中国人民的生存能力(viability)。周恩来立刻要求我国有关部门的专家们进行查阅,以弄清 viability 一词的确切含义。经反复研究,viability 的词意是"生存能力",尤指"胎儿或婴儿的生存能力"。在第二天的谈判中,周恩来严肃地指出:中国是一个独立的主权国家,不需要美国政府来关心其"生存能力"。我们欢迎尼克松总统来我国访问,但不能使用这样对中国人侮辱的字眼。一番义正词严的讲话,既捍卫了祖国的尊严,又增加了对方对周恩来的敬佩之情。

**【启示】**

　　以外文文本作基础,要在翻译内容上反复推敲,弄清楚外文的基本含义,还要考虑法律上的意义,一些约定俗成的用法,包括外文的一词多义,弄不好就会造成麻烦,出现意想不到的问题。

---

## 三、签字仪式的安排

　　为了表示合同的不同分量和影响,合同的签字仪式也不同,一般合同的签订,只需主谈人与对方签字即可,在谈判地点或举行宴会的饭店都行,仪式可从简。重大合同的签订,由领导出面签字时,仪式比较隆重,要安排好签字仪式,仪式繁简取决于双方的态度,有时需专设签字桌,安排高级领导,会见对方代表团成员,请新闻界人士参加等。国际商务谈判的签字活动,若有使领馆的代表参加,联系工作最好由外事部门经办,如果自己与有关使领馆熟悉,也可以直接联系,但也应向外事部门汇报请求指导,这样做既不失礼,又便于顺利地开展工作。

　　在签字前后的整个过程中,都存在交际交往问题,这里必须注意两点:一是切忌一派吃亏上当的景象,满腹的委屈、满脸的冤枉、满身的不舒服,我们必须明白,谈判是一种双赢的社会活动,双方互有盈亏,不能狂想非让对方走投无路才是我们的胜利;另一方面,"愿赌服输"是一切谈判的游戏规则,在对手面前一派输不起的景象,只会令人小觑和鄙视,恰为今后的谈判埋下失败的种子。二是切忌一派得意忘形、沾沾自喜、玩人于股掌之上的小人景象,这样做会激起对方的疑心、猜忌和不满,容易把本来皆大欢喜的事情搞糟、搞毁或搞得节外生枝。

# 四、协议的签证和公证

## （一）谈判协议的签证

商务谈判协议的签证是指国家有关合同管理机关根据双方当事人的申请，依据国家法律、法令和政策，对商务谈判协议的合法性、可行性和真实性进行审查、鉴定和证明的一项制度。商务谈判合同是一种法律文件，要保证其合法性、可行性和真实性，仅仅由合同双方当事人签字同意是不够的，还要得到国家有关部门的认可，经过国家管理部门的审查，这是由于以下几点原因。

第一，签证是保证谈判协议合法有效的必要手段。谈判协议是由协议双方在自愿原则基础上互相协商取得一致意见后签订的。但是，签订的协议是否合法？能否在合法的前提下履行？这就需要通过签证和公证来审查、证明，包括审查协议内容是否符合国家的法律、法令、政策的要求，是否符合国家指导性计划的要求，谈判协议的主体是否具有合法身份，是否具有权利能力和行为能力，以及主体身份是否合格等。此外，双方协议的标的物是否是国家允许流通的商品，是否会危害国家利益和社会利益，也是审查的主要方面。对谈判协议进行签证，审查双方当事人的法人资格及交易内容的合法性，可以有效地保证谈判的合法性、可行性，也为在协议的履行中出现矛盾和纠纷的调解与仲裁提供了可能性。

第二，实行签证是国家有关部门进行合同管理的有效措施。商务谈判协议的合法性与可行性，不仅直接关系到谈判双方当事人的切身利益，还关系到社会利益。在我国主要经济活动都是在国家的宏观控制指导下进行的，任何交易行为都要符合国家的法令、政策，要有良好的社会效益。因此，国家必须要对合同的签订及履行实施监督管理，以保证交易活动的合法性和有效性。例如，签证机关有必要审查交易双方的当事人有没有欺骗行为，代理人是否超越了代理权限与对方签订协议，当事人的履行能力状况是否符合协议内容的要求等。

第三，实行签证有利于保证商务谈判双方有效地履行协议。履行商务谈判协议的唯一依据就是协议书。因此协议书是否合法，其条款是否完备，文字表达是否清楚、准确，双方当事人的权利、义务和责任是否明确，以及协议的签订是否符合法律程序等，都会直接影响协议的履行，影响协议双方的利益，有时仅仅是一时的疏忽，但却会带来难以弥补的损失。国家有关部门对合同实行签证是十分必要的。它能有效地保证商务谈判协议的履行，通过对合同内容的审查，明确合同中双方当事人的责任、义务，从而保护当事人的合法权益，有利于促进谈判协议的履行。因此，一般的商务谈判协议都应该实行签证和公证，包括国内和涉外商务谈判协议。国内商务谈判协议签证要按照《关于经济合同签证的暂行规定》执行。在我国，工商行政管理机关是商务谈判协议签证机关。

商务谈判合同的签证应当由当事人双方到工商行政管理局办理。如果需要委托他人代办签证的,代理人必须持有委托证明。在申请签证时应当提供商务谈判合同正、副本,营业执照副本,签订商务谈判合同法定代表人和委托代理人资格证明,以及其他有关证明材料。

### (二)商务谈判合同的公证

商务谈判合同的公证是指国家公证机关根据当事人的申请,依法对商务谈判协议进行审查,证明其真实性、合法性,并予以法律上的证据效力的一种司法监督制度。这是对合同实行法律监督,运用法律手段加以管理的一种方法。

实行合同的公证,首先,可以更好地贯彻执行党和国家的方针、政策,支持和保护合法的经济活动,制止和打击违法的经济活动。其次,增强合同双方的法规观念,促使双方以严肃认真的态度对待合同的签订与履行。再次,及时发现与纠正可能影响合同履行的问题,做到防患于未然。最后,便于从法律上监督合同的履行,提高履约率。

商务谈判的签证与公证的作用基本相同,但是其监督的性质和作用范围却略有差别。签证是由国家工商行政管理机关负责,是对协议进行行政监督,而公证是由国家专门公证机关负责,是一种法律监督手段。因此,在合同执行中出现问题时,工商行政管理机关有权采取措施,加以妥善处理,如果发生纠纷,则要负责调解、仲裁,而公证机关不具有上述职责。

## 第四节　商务谈判协议的履行

## 一、商务谈判协议履行的原则

商务谈判协议的履行是指合同当事人双方实现或完成合同中所规定的权利和义务关系的法律行为。履行商务谈判协议,要求当事人必须全面履行合同规定的义务。要实现这一点,必须贯彻实际履行和适当履行的原则、全面履行和中止履行的原则。

所谓实际履行原则,就是要严格按照协议规定的标的履行,协议怎么规定,就怎么履行,不能任意用其他标的来代替,也不能用支付违约金或赔偿金的办法来代替合同原定的标的履行。因此,要求双方在谈判中,对有关标的物的内容讨论要尽可能详尽、清楚、明确,并在合同中明确规定供货一方交付产品的质量、性能、规格、特点等方面的内容以及检验的标准。如果供方未能履行协议,必须按合同规定承担其全部责任,向需方支付违约金和赔偿金,但此时,协议并没有中止,违约方仍然要执行实际履行的义务。所以,原则上罚款不能代替标的履行。

总之,合同签订后,必须按照合同规定的内容认真履行,除非出现不具备实际履行的情况,才允许不实际履行。这种情况包括以下几项。

(1)以特定物为标的的协议,当特定物灭失时,实际履行协议的标的已不可能。

(2)由于债务人延迟履行标的,标的交付对债权人已失去实际意义,如供方到期不交付原材料,需方为免于停工待料,已设法从其他地方取得原材料。此时,如再付货,对需方已无实际意义。

(3)法律或协议本身明确规定,不履行协议,只负赔偿责任。如货物运输原则一般均规定,货物在运输过程中灭失时,只由承运方负担赔偿损失的责任,不要求做实际履行。

所谓适当履行原则,就是要求协议的当事人,不仅要严格按协议的标的履行协议,而且对协议的其他条款,如质量、数量、期限、地点、付款等都要以适当的方式全面履行,凡属适当履行的内容,如果双方事先在协议中规定得不明确,一般可按常规做法来执行,但这是在不得已的情况下采用的。严格来讲,适当履行原则本身就要求当事人在订立协议时,尽可能做到具体明确,以便双方遵照执行。

实际上,贯彻实际履行原则和适当履行原则,就是要求双方当事人必须严格按照协议的条款去履行。

合同履行中出现的纠纷最多,双方如果就这样的问题进行谈判被称为索赔谈判。这也是比较棘手的一种谈判。由于这种情况的出现是合同义务不能履行或不完全履行,很可能会给一方或双方造成损害,因此,谈判中针锋相对、剑拔弩张的情况比较常见。但要始终坚持重合同、重证据,注重逻辑推理和系统分析,注重借助各种现代分析工具、测量方法和高科技手段来处理纠纷问题,尊重科学。这种谈判特别需要睿智、机敏、理性的头脑,对谈判人员的素质要求较高。

---

**【趣味阅读】**

上海宝山钢铁公司收到了日本新日钢铁公司发来的一箱资料。在发货通知单上注明资料一共是6份。但是,我方人员在开箱验收时,却发现只有5份资料。于是与之进行交涉。但日方代表说,他们在发出资料的时候,至少要三个人经手,不可能发生差错。中方说开箱时有5个人在场,反复核对,也不会错。结果双方各执一词,不欢而散。

第二次会谈,中方采取了逻辑推理论证的方法,提出了资料丢失的三种可能性:一是在运输过程中丢失;二是在中方收到资料后,由于保管不善而丢失;三是日方在发送时资料便短缺。第一种情况,如果资料是在运输过程中丢失的,则装运资料的包装箱必然会有破损的地方。中方代表出示了包装箱的照片,照片显示,包装箱完好无损。第二种情况,每份资料重32千克,5份资料共重160千克。6份资料应重192千克,而在包装箱上标明的净重是160千克,由此可推论日方只发来5份资料。由此,第二点

"在中方收到资料后,由于保管不善而丢失"这一条也是不能成立的。那么,剩下的只有第三种可能性,即"日方在发送时资料便短缺"。日方代表听了中方的推理论证之后,无话可说,当即表示回去向总部汇报请示。不久,日方将一份补发的资料寄到了上海宝山钢铁公司。

**【启示】**

商务谈判不仅要始终坚持重合同、重证据,注重逻辑推理和系统分析,注重借助各种现代分析工具、测量方法和高科技手段来处理纠纷问题,尊重科学。同时,还要注重培养睿智、机敏、理性的高素质的谈判人员。

所谓全面履行原则,是指按照合同规定的标的、数量、质量、规格、技术条件、价格条件以及履行的地点、时间和方式等全面完成自己所应承担的义务。履行合同,完成合同所规定的事项,这是合同当事人的义务。

所谓中止履行原则,是指当事人一方有另一方不能履行合同的确切证据时,可暂时中止履行合同,但应立即通知另一方。这就说明,当事人采取暂时中止履行合同的前提是掌握有另一方当事人不能履行合同的确切证据。例如,当事人接到另一方当事人不能履行合同的通知。依法采取暂时中止履行合同措施,目的是防止因不能履行合同而造成损失的扩大。采取这一措施后,负有立即通知另一方当事人的义务。中止履行合同措施是一种暂缓措施,如果另一方当事人对履行合同提供了充分的保证时,应当继续履行合同;如果另一方当事人确定不再履行合同,中止履行的另一方则可要求其采取补救措施或赔偿损失。但当事人一方没有另一方不履行合同的确切证据而中止履行合同的,应负违反合同的责任。

## 二、商务谈判协议的担保

商务谈判协议的担保是保证协议切实履行的一种法律关系,担保是指在谈判时,一方或双方请保证人或以其他的方式来保证其切实履行协议的一种形式。担保是由国家法律规定的或由双方当事人协商确定的。商务谈判协议的担保,通常采用以下几种形式:违约金、定金、留置权、抵押、银行担保和企业担保。

(1)违约金。违约金也称预定赔偿金,是指为了防止合同的一方不能履行或不适当履行合同给另一方造成损失,双方商定由一方当事人预先付给另一方当事人一定数额的货币,作为预定的赔偿。这是商务谈判协议的主要担保形式,它的作用有以下两个方面:一是带有惩罚性质,起经济制裁作用;二是带有补偿性质,起补偿损失的作用。这里,违约一方不履行协议时,不论是否给对方造成损失,都应付给违约金。这与赔偿金有所区别,赔偿金是指给对方造成损失后支付的补偿金。

（2）定金。定金是指涉外商务合同的一方当事人为了证明和肯定自己有订立和履行合同的诚意,而预先向另一方支付一定数额的货币。定金的作用:一是证明合同的成立。一方当事人在签订合同时,担心对方当事人毁约而给付定金,只要对方当事人接受定金,这就是商务谈判合同成立的法律依据。二是一种担保形式。它是在没有第三人参加的情况下,双方当事人为了保证合同的切实履行而协商约定法律关系。因此,如果定金的支付方实现了自己的诺言,订立并履行了合同,那么定金就作为其支付款项中的一部分;如果该方未能履行合同,那么定金即归对方所有。如果接收定金的一方违约,那么除了退还定金外,还必须支付与定金相等金额的货币给对方,以作为赔偿。

定金与预付款不同。定金的主要作用:一是证明合同的成立,二是保证合同的履行。而预付款却没有这样的作用,给付预付款的一方不履行合同时,在承担由此造成的经济责任后,有权请求返还预付款或抵作赔偿金、违约金;当接受预付款的一方不履行合同时,在承担经济责任后,应如数返还预付款,但无须双倍返还。

（3）留置权。留置权是指如果合同一方当事人未履行合同规定的义务,另一方有权扣压其财物,并经法定程序可将其变卖,以清偿债务。这种担保形式常常用于来料加工、保管和工程项目的合同关系。如加工承揽合同中,定作方把一定的原料交给承揽方加工,如果定作方不按约定期限领取定作物,承揽方有权留置其定作物;如果超过领取的期限仍不领取,承揽方有权将定作物变卖,所得价款在扣除报酬、保管费用之后,用定作方的名义存入银行,承揽方的这种权利就叫作留置权。

（4）抵押。抵押是指合同的一方当事人为了促使对方履行合同,要求对方提供不动产作为履约的保证,一旦其违约,有抵押权的一方即可将抵押物依法变卖,以清偿债务。提供抵押的一方当事人或第三人称抵押人,接受抵押财产的当事人称抵押权人。抵押人不履行协议,抵押权人有权依法变卖抵押物,从所得价款中优先得到清偿。需要注意的是,作为抵押物的财产必须是合法的、为其所有的。

（5）银行担保。银行担保是指银行以其信用给合同的一方当事人提供履约保证,一旦该方违约,就由银行连带承担赔偿损失的责任。由于一般情况下银行的信用是比较坚实可靠的,因此银行担保是一种最常用、最有力的担保形式。当然,在约定采用银行担保形式时,必须审查担保银行本身的资信情况如何。

（6）企业担保。企业担保是指由一家企业给另一家企业提供履约担保,与银行担保一样,如果被担保的企业没有履约,担保的企业将要承担连带赔偿损失的责任。由于企业的信用一般要比银行低,因此,对合同的另一方来讲必须认真审查担保的企业是否具有足够的资信能力作保。

# 阅读拓展

## 《哈佛谈判术》中关于谈判各阶段的禁忌

### 一、成交协议的起草和签订时的禁忌

（1）协议或条款与谈判记录不吻合。

（2）协议文字含糊不清、模棱两可。

谈判的成果要靠严密的协议来确认和保证。一般来说，协议是以法律形式对谈判结果的记录和确认，它们之间应该完全一致。但是，常常有人有意无意地在签订协议时更改谈判的结果，故意犯错误，在数字、日期、关键性的概念上搞小动作，甚至推翻当初的承诺和认可。因此，将谈判成果转变为协议形式的成果是要花费一定力气的，不能有任何松懈。在签订之前，应与对方就全部的谈判内容、交易条件进行最终的确定。协议签字前，将协议的内容与谈判结果一一对照，在确定无误之后再签字。对一个谈判人员来讲，必须明白这一点，一旦在协议上签了字，生了效，那么协议就与以前的谈判成果无关，双方的交易关系一切都以协议为准。

### 二、庆贺谈判成功时的禁忌

（1）过分地喜形于色。

（2）只为自己庆祝。

谈判即将签约或已签约，可谓大功告成，可能在这场谈判中你获得了较多的利益，而对方只得到较少的利益，聪明的谈判人员此时是大谈双方的共同收获，强调这次谈判的成果是我们共同努力的结晶，满足了我们双方的需要，并且，还要称赞一番对方谈判人员的才干。这样做，会使对方因收获较少失去一些平衡的心理得到安慰和恢复，他们会逐渐地由不满转为满足。如果你认为本次谈判的结果只是那个人或你这一方的杰作，只是庆贺自己的胜利，为自己的收获沾沾自喜，喜形于色，甚至将自己在谈判中所做的某些漂亮的动作"坦白地告诉对方"，以表现自己的谈判艺术，讥讽对方的无能，那么，你是在自找麻烦，对方会为你的行为所激怒，或者将前面已约定的东西统统推倒重来，或者故意提出某些苛刻的要求使你无法答应而不能签约；或者，即使勉强签了协议，对方在今后的执行过程中也会想方设法予以破坏，以示报复。

资料来源：姜百臣.商务谈判[M].北京：中国人民大学出版社，2010.

## 【本章小结】

1. 合同法是指关于合同的订立、履行、变更与解除的法律。经济合同法是指国家机关依据立法程序制定和颁布的调整经济关系的规范性文件的统称。经济合同是比较全面

的法律约束,法律约束指向有六大方面:①法人及行为主体人的限定;②合同文本的规范化;③有效合同与无效合同的签订原则;④违约责任及其处罚;⑤经济合同纠纷的调解和仲裁;⑥经济合同的管理。

2. 法人是具有民事权利能力和民事行为能力,依法独立享有民事权利和承担民事义务的组织。法人应当具有下列条件:依法成立;有必要的财产或者经费;有自己的名称、组织机构和场所;能够独立承担民事责任。

3. 有效合同成立的六项条件包括:①当事人必须具有订立合同的能力;②当事人之间必须达成协议,这种协议是通过要约与承诺达成的;③当事人的意思表示必须真实、明确、具体;④合同的标的和内容必须合法;⑤合同必须有对价金合法的约言;⑥合同须符合法律规定的形式要求。

4. 所谓要约,是指合同当事人一方向另一方提出签订经济合同的建议与要求。要约应当具备下列条件:①当事人必须声明订立合同的旨意;②要约的内容必须明确具体;③必须由特定的人提出;④要约必须传达承诺人才能生效。

5. 要约的法律后果是指要约发出之后,对要约人和承诺人的约束力。这里只谈对要约人的约束力。其约束力主要表现在:①要约人在有效期限内,不得变更或撤销要约;②要约人有与承诺人订立合同的义务。

6. 要约的消灭是指要约失去了法律效力。要约一般因下列原因而失效:①要约因期限届满而失效;②要约因要约人的撤回而失效;③要约因承诺人拒绝接受而失效。

7. 所谓承诺,即接受订立合同的提议,是指一方当事人对另一方提出的合同建议或要求表示完全同意。构成有效承诺的条件是:①承诺必须由特定的承诺人做出。②承诺必须与要约的内容相一致。③承诺必须在要约的有效期限内做出。④承诺的传递必须符合要约的要求。

8. 经济合同的主要条款分为基本条款和普通条款两类。经济合同的标的,是指双方当事人订立经济合同所要达到的特定经济目的,或者说,是双方当事人为实现一定的经济目的而确立的权利和义务所共同指向的对象。

9. 经济合同管理,在我国是指具有合同管理职能的国家机关,对于合同的订立和履行进行监督检查,以及在发生纠纷时进行调解、仲裁等活动的总称。从目前情况看,经济合同的监督检查有三种:行政监督、银行监督和司法监督。承担违约责任主要有以下四种方式:支付违约金、偿付赔偿金、继续履行合同义务和其他经济责任的承担。

10. 涉外商务合同是我国的企业或其他经济组织同外国的企业、其他经济组织或者个人之间,在进行经济合作和贸易往来中为实现一定的经济目的、明确相互之间的权利义务关系、通过协商一致而共同订立的协议。涉外商务合同的结构是由首部、正文和尾部三部分组成。

11. 涉外商务合同中可以运用的法律原则分为两个层次:第一层是处理国际关系的

一般准则,第二层是处理涉外商务合同订立的基本原则。

12. 涉外商务合同的成立条件:①当事人均必须具备订立经济合同的行为能力;②涉外商务合同的内容和目的必须合法;③涉外商务合同订约的程序、形式和手续必须符合法律规定;④涉外商务合同双方应当是等价有偿的。

13. 涉外商务合同的转让、变更、解除与终止。涉外商务合同纠纷的处理,追究违约责任的四个条件:要有不履行合同的行为、要有主观上的过错、要有损害的事实存在、要有不履行合同的行为和损害事实之间的因果关系。追究责任的范围,一是负有交付违约金的责任,二是负有交付赔偿金的责任。

14. 涉外商务合同纠纷是指当事人不履行或不完全履行合同而发生的权益纠纷。我国涉外经济法对纠纷的解决做出了规定,即可通过协商、调解、仲裁和诉讼四种方式解决。

15. 所谓合同签订工作,主要是指文本的撰写或审核及合同签字人的确认。在签订合同时应注意以下问题:双方当事人是否具有签约的资格,签订合同(协议)的主体是否明确和合法;双方确认事项拟成条款,是否与合同的目的相符;订立合同的条款符合有关法律规定和要求;确定的合同条款,其内容不得违反我国法律和社会共同利益;合同中的违约责任条款必须明确具体;对对方提出的免责条款要慎重研究,弄清其范围,才能表示是否同意;仔细拟定适用法律条款和仲裁条款;要注意明确签约地;要注意中外文本的一致性。

16. 商务谈判协议的履行是指合同当事人双方实现或完成合同中所规定的权利和义务关系的法律行为。包括:贯彻实际履行和适当履行的原则、全面履行和中止履行的原则。

17. 商务谈判协议的担保是保证协议切实履行的一种法律关系,担保是指在谈判时,一方或双方请保证人或以其他的方式来保证其切实履行协议的一种形式。通常采用以下几种形式:违约金、定金、留置权、抵押、银行担保和企业担保。

## 【思 考 题】

1. 什么是经济合同法?
2. 什么是法人? 法人应具备什么条件?
3. 试述要约与承诺的含义与构成条件。
4. 试述经济合同与经济合同管理。
5. 涉外商务合同及其构成条件是什么?
6. 涉外商务合同纠纷处理时追究违约责任的条件是什么?
7. 我国涉外经济法对纠纷解决具有哪些方式?
8. 签订合同时应注意哪些问题?

# 【案例分析】

## 泓能智能化科技公司认真解读合同退款，为自己争取有利条件

2010 年，中国汽车贸易公司（以下简称中汽贸）决定重新装修办公大楼，同时更新办公智能系统。因此，委托采购部门落实招标事宜。

通过前期的信息发布，最终有五家企业顺利进入最后议标阶段。此次中汽贸的中标标准很简单：在公司预算范围之内，智能系统方案以及用料优质者为最终的获胜者。

因此，各家公司都将自己公司的智能系统设计做到了完美极致，以求中标。最终泓能智能化科技公司（以下简称泓能）凭借着自身的设计优势获得了评审组的一致认可。

设计方案和总报价都经过了中汽贸的审核，接下来就该落实合同的签订工作了。负责此次合同编写的是中汽贸合同部，他们经过认真考量，于中标后的第三天邀请中标单位来签订合同。

为了确保己方利益不受损，泓能对合同的条款逐一进行了审核和确认。确认的主要内容包括施工队的进出时间、工期时限、对方的监管部门负责人、合同款的支付程序和具体的支付方式、票税的出具方式、智能设备的进场验收负责人等。

通过与中汽贸的沟通，他们将工期限定在 45 天。这对于泓能而言实属难事。因为此次智能设备的安装数量大，最少需要 50 天的时间，再加上后期的 4 天调试时间，至少需要两个月的时间，明显 45 天无法完成。于是泓能的项目经理开始与中汽贸协商，期望延长时限或者允许提前半个月进场。

中汽贸的工期紧张，不可能将智能系统的工期延后，最终考虑他们与强电施工人员一同进场，独立完成作业。但是只能提前 10 天进场。泓能方面也到实地考察过，再提前进场对自己的设备安装也会有损伤，就同意了对方的建议。

为了确保己方后续施工的顺利，泓能建议在合同的附件中加上一条：施工以中标的设计方案为最终决议，施工期间中汽贸不可随意增减改动方案，必须与泓能项目负责人签订相应的补充协议才可改动。

这样一来，泓能就极大地减弱了对方的施工控制权，为自己的施工工期创造了缓冲的余地。

资料来源：孙科炎.业务谈判［M］.北京：机械工业出版社，2013.

## 【讨论题】

1. 请你确认合同条款工作的实施步骤。
2. 合同条款确认的主要内容有哪些？
3. 确认合同条款的注意事项有哪些？

# 第 八 章

# 商务谈判思维

思维理念的积极与否，可以决定人的一生的成就。

——尹 山

## 【学习目标与重点】

1. 思维的含义与类型。
2. 商务谈判思维过程。
3. 商务谈判思维方法。
4. 商务谈判思维艺术。

## 【关键词】

1. 思维（thinking；thought）
2. 发散性思维（divergent thinking）
3. 联想思维法（associative thinking method）
4. 诡辩术（special pleading）

## 案例导入

阿里森是美国一家电器公司的推销员。一次，他到一家公司推销，这家公司的总工程师斯宾塞不客气地对他说："阿里森，我不想再买你的电机了，因为我们此前购买的电机温度超标。"阿里森仔细了解了情况后，知道对方的说法是不对的。于是，他对这位总工程师说："我的意见和你的一样，如果电机温度过高，别说再买，就是已买的也要退货，是吗？"对方做出肯定的回答。

"当然，电机是会发热的，但你不希望它的温度超过全国电工协会规定的标准，是吗？"对方又做了肯定的回答。

"按标准，电机的温度可比室温高72度（华氏），是吗？"

"是的,但你们的电机比这个指标高出许多,简直让人无法摸。难道这不是事实吗?"斯宾塞反问道。

阿里森没有与他争辩,继续问道:"你们车间的温度是多少?"

斯宾塞稍微想了一下,回答说:"约75度(华氏)。"

阿里森兴奋地拍拍对方的肩膀说:"车间温度是75度,加上应有的72度,一共是140度(华氏)左右。请问:要是你把手放进140度的热水里,会不会把手烫伤呢?你以后就再也不要用手去摸电机了。放心,那热度完全正常。"

最后,阿里森不仅说服了对方,消除了对方的疑虑,而且又做成了一笔生意。

在谈判中,当你抓住对手的错误时,你会怎么做?对方死不认错怎么办?对方认错但不和你合作不行吗?⋯⋯类似的问题都需要你用心去解决,种种不利的可能都应该化解在你的谈判艺术中。

资料来源:林逸仙,蔡峥,赵勤.商务谈判[M].上海:上海财经大学出版社,2004.

# 第一节　思维的含义与类型

## 一、思维的含义与特点

### (一)思维的含义

所谓思维,是指人脑对客观现实的概括的、间接的反映,是揭示事物的本质特征的理性认识过程,是人认识活动发展的高级阶段。简单地说,就是人们认识事物、分析事物的行为与过程。思维是人类特有的一种精神活动,是从社会实践中产生的。人类任何活动都离不开思维,人类的任何成就都是科学思维的结果。可以说,人类没有了思维,也就没有一切。

商务谈判是一项既紧张激烈又复杂多变的活动,人类的思维艺术在这里得到了充分的展示。对谈判的双方来讲,在既定的客观条件下,如何正确地分析、判断对方的谈判实力、谈判策略和谈判心理,以及在谈判中提出的每一项建议和要求,如何充分地调动本方的有利因素,争取谈判优势,都有赖于谈判者的科学、正确的思维。一切商务谈判的成功,首先是思维的成功。

### (二)思维的特点

思维的特点包括以下六个方面。

#### 1. 客观性

作为人类思维对象的事物是客观存在的。不仅如此,人类思维还直接或间接地受客观现实世界的影响和制约。

### 2．主观能动性

思维是人们有意识地、能动地反映客观事物的行为和过程。在社会生活中，人们对事物所做的预测性分析正是这种主观能动性的体现。

### 3．目的性

人类的思维是有一定目的的，是为了满足人类的一定需要，这种目的影响和决定了人类思维的方向与结果。

### 4．差别性

由于思维是人们有意识地反映和认识事物的行为，个人的经验、知识等因素都会影响思维，同时，客观现实世界对思维也会发生影响。因而，在思维的方法和结果上会有差别。思维的差别性，使得人们的认识、观点、见解各不相同，多姿多彩。

### 5．间接性

间接性是指思维通过其他事物为媒介来反映客观事物。例如，早晨看见屋顶潮湿，推知夜里下过雨。这时下雨是通过屋顶潮湿为媒介推断出来的。这就是间接的思维反映。无论自然现象或社会现象，无论生活琐事或社会大事，直接感知经验都是非常必要的，但却不足以为人类认知提供足够的信息。只有通过思维活动把不同的、本来无直接关系的事物或现象联系起来，人类才可能超越感知提供的信息，去揭露事物或现象的本质和规律性。

### 6．概括性

概括性是指通过建立事物之间的联系，把一类事物的共同特征抽取出来加以概括，得出概括性的认识。例如，许多物体以数量表征其存在形式，如 3 个苹果、4 个梨、5 本书、2 支笔等。各种各样的物体是不同的，但数量是它们可具有的共同特征。思维活动从众多的物体中抽取它们的数量，概括为"数"，并以数字表示出来。因此，"数"就是数量的概括。思维的概括性使人的认识摆脱了具体事物的局限性和对具体事物的直接依赖性，并在思维的概括活动中形成概念和命题，这就无限地扩大了人的认识范围，加深了对客观事物的了解。

## 二、思维的类型

人类的思维从不同的角度，用不同的标准可以划分为不同的类型。

### （一）静态思维与动态思维

#### 1．静态思维

所谓静态思维，是指一种以程序化、重复性、稳定性为特点的定型化思维方法。它要求思维的规格化、统一化、模式化，而排斥任何在思维程度、方向及内容上的变动。

#### 2．动态思维

它是一种依据客观外界的变动情况不断调整和优化思维的程度、方向和内容，以达到思维目的的一种思维活动过程。动态思维强调在思维过程中与外部客观环境的信息交流与协调,通过信息的交流来不断调整和修正思维的方向和目标,提高思维的正确性和有效性。

### (二)发散性思维与收敛性思维

#### 1. 发散性思维

发散性思维是指沿着不同的方向、不同的角度思考问题,从多方面寻找问题答案的思维方式。发散性思维的具体表现形式是多种多样的,主要有多向思维、侧向思维和逆向思维。

多向思维是发散性思维的最重要的形式。它要求充分发挥思维的活力,从尽可能多的方面来考虑同一问题。

侧向思维是相对于正向思维而言的又一种发散性思维形式。正向思维是局限于本专业、本领域内对事物进行考察和分析、寻找解决问题答案的思维方式。而侧向思维则不同,它是将本专业或领域与其他专业或领域交叉起来,并从别的领域取得思维的灵感和火花,来解决本专业或领域内问题的思维方式。

逆向思维就是从相反方向来考虑问题的思维方式。逆向思维常常能发现在一般情况下不易发现的问题,取得出人意料的成果。

---

**【趣味阅读】**

一天,一个犹太人走进一家银行,来到贷款部,很自然地坐了下来。

"请问先生,我能为你做些什么?"贷款部经理边问,边打量着来人:只见他身着豪华的西服,脚穿高级皮鞋,手戴昂贵的手表。"我想在这儿借些钱,不知怎样?"来人问道。

"可以,你需要借多少钱,要借多久?""1美元,借一年。""只要1美元?""对,只借1美元。可以吗?""当然,只要你有担保,多点也可以。""好吧,这些担保可以吗?"犹太人说着,从豪华的皮包里取出一叠股票、债券等,放在经理的办公桌上。"这些总共是50万美元,应该够了吧?""当然! 不过,你当真只借1美元吗?""是。"说着,犹太人接过了钱。"年息为6%。一年后,只要您付出6%的利息,我们就可以把抵押物还给你。""谢谢。"犹太人正准备离开银行。此时,一直在旁边观看的分行长,追上去对犹太人说:"啊,这位先生……""你还有什么事情吗?""我实在不明白,你拥有50万美元,为何只借1美元? 你完全可以借更多一些,我们都会很乐意的……""只是我来贵行之前,问过了几家金库,他们保险箱的租金都很昂贵。所以嘛,我就打算在贵行寄存这些债券,这样租金就很便宜了,一年只需花6美分。"

---

【启示】

　　在谈判中运用逆向思维方式容易发现一些在正常思维条件下不容易发现的问题，利用这些问题可以作为与对方讨价还价的条件与筹码。

　　2. 收敛性思维

　　所谓收敛性思维，是指一种以集中为特点的逻辑思维。其主要特点如下。

　　(1) 经验性。收敛性思维非常注意经验，习惯于从以往的经验中寻找或导引出解决问题的办法，它要求人们尽量排除事物的差异，而从相同的方面去考虑问题。这样，往往限制了人们的思路。

　　(2) 程序性。收敛性思维在思维过程中遵循着比较严格的程序。

　　(3) 选择性。收敛性思维往往注重在有限的若干途径、方案中权衡利弊，选择一种比较好的途径和方案，而不注意创新和设计尽可能多的方案以扩大选择范围。

　　发散性思维与收敛性思维各有其优缺点。在思维过程中，我们必须将两者结合起来，才能使人类的思维趋于完善。

　　如果我们的思维只有发散而无收敛，那么就有可能出现虽然主意、方案很多，但不能统一确定最终能解决问题的方案的情况。反之，如果我们的思维只有收敛而无发散，那将使我们的思维陷入僵化，压抑思维的创造活力，从而难以寻找到最好的解决问题的方案。

【趣味阅读】

　　日本人在与中国进行采油设备的谈判时，他们从报纸上看到"王铁人"身穿大棉袄、头戴皮帽，在满天风雪中劳动的照片，以及工人们把油田设备从车站拉到油田的报道，判断出我国大庆油田的位置在东北的北大荒，且离铁路不远；从王进喜出席"人大"的报道，断定大庆出油了；又根据《人民日报》上一幅钻机的照片，算出了油井的直径；根据我国政府工作报告，算出了油井的产量。精明的日本人将这些信息进行分析，竟推论出了中国石油开采业的发展状况及对设备、技术的需求。所以，日本人与中国人一谈就成交，轻而易举地与当时缺少采油设备的中国人做成了生意。

【启示】

　　从不同的方向、不同的角度思考问题，从多方面寻找问题的答案。

（三）单一化思维和多样化思维

　　1. 单一化思维

　　所谓单一化思维，是一种以片面性和绝对性为特征的思维方式。它只从某个方面来观察事物,把事物的发展变化都归结于这一方面。不仅如此,这种思维方式还往往把某一方面加以绝对化,无限地、直线地扩大和延伸,以求说明全部的问题。因此,这种思维方式无法正确地反映复杂多变的客观事物和事物的多方面的属性。

### 2.多样化思维

多样化思维就是从不同的方面、角度,用不同的思维程序来考察、分析事物的一种思维方法。它的指导思想是:任何事物都不会孤立地存在,必然与其他事物发生这样或那样的联系。这种思维方法能够从多层次揭示事物间的联系,从而发现更多的事物本质。

### (四)反馈思维与超前思维

#### 1.反馈思维

这是一种以过去的经验、原则和规范来影响和制约现在,力图使现在变为过去的继续和再现的思维方法。它忽视了事物的发展和变化,把过去的思维结果用于现在,并作为考察、分析及评价事物的唯一依据。这是一种不思进取、因循守旧的思维方式。

#### 2.超前思维

有时,超前思维也被称为预测性思维。它是一种在充分认识和把握事物发展变化规律的基础上对未来的各种可能性进行预测和分析,并以此来对现在进行适当调整的思维方法。超前思维能够使人们增加对未来事物发展的预见性。但这种思维方法也有其缺陷性,那就是由于它是对未来的一种预测,因此,不可避免地会带来一定程度的不确定性和模糊性。

---

**【趣味阅读】**

世界上第一位女大使柯伦泰,曾任苏联驻挪威全权贸易代表。当时,苏联急需要食品,委托她与挪威商人谈判购买鲜鱼事宜。挪威商人想趁机大捞一把,谈判时开价很高,柯伦泰则竭力与对方讨价还价,谈判出现僵局。后来,柯伦泰主动让步,慷慨地说:"好吧!我同意你们提出的价格。如果我的政府不批准这个价格,我愿意用自己的工资来支付差额。但是,我的收入有限,自然要分期支付,可能要支付一辈子。""如果你们同意的话,就这么决定吧!"挪威商人听了她的话,个个面面相觑,他们无论如何也想不到柯伦泰会说出这样的话,他们被她的一片爱国之心感动了。最后,一致同意将鲜鱼的价格降到最低。

**【启示】**

超前思维是进攻和防卫的最有效的谈判武器。运用超前思维,可以超出对手的想象力,能有效地控制谈判局势,有时甚至能使对方立刻接受你的方案。

## 第二节　商务谈判思维过程

### 一、谈判思维的概念

谈判思维是指谈判者在谈判过程中理性地认识客观事物的行为与过程，是谈判者对谈判活动中的谈判标的、谈判环境、谈判对手及其行为间接的、概括的反映。谈判思维是谈判者的一种有意识的行为。

商务谈判活动，无论其复杂程度如何，都是一个曲折的、具有风险的较量与选择过程。一个成功的谈判者除了要具备敏锐、细腻、合作等基本素质外，还必须能够正确地认识谈判双方在谈判中所处的地位、相互作用的形式、性质、条件及其发展趋势，能够站在一定高度上把握谈判的局势变化，并根据这些变化采取相应的策略。所有这些都将在一个正确的、合理的思维模式指导下进行。否则，谈判就会显得缺乏必要的理性，谈判策略的运用也会因失去方向性而变得盲目。正确、合理的谈判思维模式是辩证逻辑思维模式，辩证逻辑思维是谈判中最有效的思维模式。

辩证逻辑思维是一种科学的思维形态，它要求人们客观地、全面地看问题，从事物的发展变化中，对具体事物做具体分析，把握事物的全部基本要素。它要求将分析和综合相结合、归纳和演绎相结合、逻辑的方法和历史的方法相结合。辩证逻辑是逻辑学的辩证法，概念、判断、推理、论证四个逻辑范畴形成的逻辑思维过程是辩证逻辑思维的基本形式结构。因此，从思维形式来说，谈判思维过程就是运用概念进行判断、推理和论证的过程。概念、判断、推理和论证构成谈判思维过程的四个环节，也是谈判思维的四个基本要素。在谈判思维过程中，概念是谈判思维的基本细胞和出发点，并且它组成判断，判断组成推理，再由推理组成论证。判断是概念的展开，而推理和论证则是概念、判断的联系和转化形式。

### 二、谈判思维要素

#### （一）概念

概念是谈判思维过程的第一个环节，概念是谈判者对谈判客观对象普遍的本质以概括的反映。在商务谈判过程中，无论是谈判主体，还是谈判客体以及谈判中的时空环境，由于对它们的认识和选择存在着不同的基准，因而都存在着一个对其内涵与外延的统一而明确的界定问题，即存在着建立起准确的概念体系问题。例如，货物买卖中"质量"的概念。质量即买卖货物的品质要求。但是，由于买卖的货物品种繁多、情况复杂、要求不一，因而在概念上会产生理解上的不一致，必须对其含义进行准确、周密的确认。又如，在谈判合同的质量条款中，出现"质量以样品表示"则是一个不准确的质量概念。因为，根据这一概念可以产生两种不同的质量认定基准：以卖方提供的样品和以买方提供的样品，从而，对质量的认定失去统一的判别标准，产生质量确定上的异议，给条款的履行设置障碍。再如，"调价"的概念。调价是指价格的变动，但是引起价格变动的因素是错综复杂的，诸因素交织在一起，导致价格在一定时期内上升或者下降。在谈判过程中，卖方往往会以"经济形势发生变化，原定价格要调整"而要求提价，但并没有对引起价格变动的原因和调价的依据加以限定。这显然是卖方企图以模糊的"调价"概念来迷惑对方，获取更大的利益。而在此时，买方若用"调价"的具体概念，以对引起价格变动的原因的限定和对调价依据的明确指定来回答对方，则可以实现制止对方行为，保护自己利益的目的。概念是谈判思维过程的第一个环节，因此，概念的确定是正确运用谈判策略的基础。

商务谈判过程的特殊性，决定了一切法律和贸易的概念是商务谈判的起点。因此，一个谈判者如果不具有对谈判涉及的复杂的、通用的有关法律知识以及贸易惯例概念的认识，是无法控制谈判的方向和主动地位的，相反却容易被对方钻空子，失去主动性。因此，任何谈判首先都应明确概念的完整内涵和外延，确认概念的时间性和区域性，注意双方在概念认同上的分歧，以便准确阐述自己的观点和了解对方的真实意图。

---

**【趣味阅读】**

三国时，诸葛亮摆空城计，吓退了司马懿十几万大军。司马懿当时是在跟诸葛亮"谈判"。司马懿一看诸葛亮摆出一副悠闲的样子，于是就把他脑子里面存储的诸葛亮的资料调出来翻阅：诸葛亮一生谨慎，城里面肯定有重兵埋伏。如果司马懿不是一个理性的决策者，如果他的头脑里面没有存储诸葛亮的信息，那么他很可能就会冲进城去，历史也就要重写了。所以，人是在跟认知谈判，而不是跟事实谈判。

**【启示】**

概念的确定是正确运用谈判策略的基础。

---

### （二）判断

判断是谈判者对谈判情形做出的一种确定性的识别和认定。这种识别和认定在人们思维中就形成了判断。例如，"对方的这一报价是可以接受的"，这是对谈判对手报价行为的一种确定性的识别和认定，它形成谈判思维中的一种判断。反之，"对方的报价是不能接受的"，这也是一种对报价行为的确定性的认定，也是一种思维中的判断。判断的基本作用是使谈判者做出对谈判中所涉及事物的确定性的判定、从而确立谈判策略实施与运用的基础。商务谈判策略的正确实施与运用，正是构建在谈判者的正确判断之上的。

作为辩证逻辑思维，谈判的判断思维过程体现了同一与差异、肯定与否定、个别与一般、现象与本质的对立统一。

同一与差异是指谈判者应在对谈判总体做出一致性判断中找出不同之处,在差异的事物中找出共同点。例如,选择商品销售渠道的谈判。固然,选择与零售商直接进行交易可以获得缩短流通时间、节约流通费用的利益,但在做出这种一般性的判断的同时,还必须意识到相对于与若干个分散的零售商的直接交易,不如选择一个实力雄厚的大批发商。借助于批发商的销售网络和销售经验,是可以享有较低的分销成本,获取更大的经济利益的。当然,并不能由此得出在所有的销售渠道选择中,选择与批发商进行交易是最优方案的结论。

肯定与否定是指在对谈判的内容做出肯定判断的同时,要考虑对其中的否定内容。在做出否定判断的同时要考虑其肯定的因素。肯定与否定的辩证思维在谈判的讨价还价中表现得最为明显。例如,对于卖方做出的价格让步,买方予以承认,但与此同时又提出新的价格要求,要求对方进一步让步。在这个判断思维中,买方正是在对卖方价格让步的肯定中,对让步的结果予以否定,从而迫使卖方不断让步。

个别与一般是指在对谈判事物进行判断时,要从个性中找出一般或共性,在一般或共性中发现事物的特殊性和个性。例如,在谈判中,"没有不可谈的价格"是被普遍接受的一般性结论,价格的可谈性寓意着价格的可变性。但是,有的谈判者称自己的报价是"标准报价",不能改变。在这里,以个别与一般的辩证思维去判断价格的不可变动性,则可以确认价格的不可变动性中存在着价格的可变动性,因为如果谈判的其他条件发生改变,那么价格必然出现相应的变动。

现象与本质是指谈判者要从对现象的判断中找到事物的本质。在谈判中,为了取得有利的成果或使自己的谈判目标得以实现,谈判一方往往会制造一些假象,以掩盖自己的真实思想或行为。例如,在价格谈判中,一方在第二轮让步中已经到了极限,在对方的进一步让步的强烈要求下,在第三轮让步中却故意安排小小的价格回升,此举必然激怒对方,引起对方的拒绝。随后在第四轮谈判中,再假装被迫做出让步。一升一降,实际让步总幅度并未发生变化,纯粹是虚假的让步行为,但却迎合了对方的态度,投其所好,使其得到一种心理上的满足,从而容易使双方在价格谈判中达成一种共识。在谈判过程中,谈判双方往往都会做出许多姿态,或诉苦、或激动、或愤怒、或委屈、或向对方透露其内部矛盾。在对谈判对方显露的行为或情感做出判断时,必须透过现象看本质,以免被假象所迷惑而做出错误的判断和决策。

## (三) 推理

推理是指谈判者从已知的判断中推导出新的判断和结论,它是谈判思维过程的第三个环节。推理是一种积极的、有价值的思维升华。通过推理,谈判者可以从已知前提知识中得出一个新的结论知识,即新的判断,从而对谈判双方策略的变换与运用产生影响。

从思维活动的角度看,商务谈判的过程就是一个复杂的推理过程,谈判决策与谈判策略的变换,是类比、归纳和演绎推理思维链条的最后环节。因此,在谈判过程中,不仅存在着如何认识推理过程的问题,而且还存在如何运用推理方式的问题。辩证逻辑思维是因循辩证逻辑方式而非形式逻辑方式进行推理的,主张推理的客观性、具体性和历史性。这是一种科学的推理。在现实的谈判中,我们不难看到这样的推理:"由于原材料、能源价格上涨,工资成本增加导致产品成本增大,因而,产品价格要提高 5％。"这是典型的形式逻辑推理,其推理过程是正确的。然而,如果用辩证逻辑方式重新推理,结论未必成立。因为,这一推理是利用形式逻辑的"正确性"来代替辩证逻辑推理要求的"客观性"、"具体性"和"历史性"的原则。价格上涨是一种社会现实,然而具体到某一产品,其价格是否上涨要受到多种因素的制约和影响。产品的原材料、能源价格上涨及工资成本增加,固然会引起产品价格上涨,但原材料、能源价格及工资成本究竟上升多少,能否致使产品最终价格上升 5 个百分点? 在工资成本上升的同时,企业的劳动生产率是否提高? 劳动生产率的提高幅度是否超过工资的增长幅度? 运用辩证逻辑方式进行分析和推理,则不难发现对方貌似正确的推理下的推理漏洞。实际上,在现实的谈判中,上述推理正是谈判对手惯用的一种手段和技巧,即用貌似正确的推理迷惑对方,诱使对手产生错觉,出现判断失误。因此,在谈判过程中,必须注重推理的科学性。

### (四) 论证

谈判思维中的论证是根据谈判中客观事物的内在联系,以一些已被证实为真的判断来确定某个判断的真实性或虚假性的思维过程。论证是综合运用概念、判断、推理等各种思维形式和逻辑方法的过程,论证过程对谈判策略的实施和运用具有更为重要的意义。

谈判中的论证主要包括两种类型:解释型的逻辑论证与预见型的逻辑论证。

(1) 解释型的逻辑论证,是商务谈判中经常用到的论证方式。在报价方进行价格解释时,在双方讨价还价时都要用到这种论证方式。下面是一种典型的解释型的逻辑论证方式:其他同类产品的报价是每件 100 元,我公司的产品因其使用寿命为其他公司产品的两倍,因而我们的报价为每件 120 元。在产品性能价格上,我公司产品优于其他公司产品。

(2) 预见型的逻辑论证,是以不确定的决策设想或问题设想去推论某个预见性结果的论证方式。例如,"卖方推销的这种产品,市场前景可能不好"。这是买方在接到卖方报价时得出的一个问题设想。根据这个设想,买方可以做如下推理:如果卖方认为前景不好,急于出手的话,那么,即使我方还价稍低,卖方也可能接受。这是一种预见性的结论,这一结论需要用事实来证明。在买方还价很低时,卖方果然很快地接受了,这就说明,买方的预见性推理和论证是正确的。

# 第三节　商务谈判思维方法

## 一、联想思维法

联想思维法是指将事物的各方面联系结合起来统筹考虑，借以启发想象力、创造力，开阔思路和视野，从多角度对事物进行扫描，产生新方案的思维技巧。这种科学的思维方法能够防止片面、孤立地思考问题所造成的僵化、闭塞，能够深入事物的本质，用全面地、联系地思考问题的方法来形成新思想。这种思维方法的特点是：把表面看起来彼此孤立的问题统一起来，呼应联想，使之迸发出新思想的火花。

联想思维法在商务谈判中具体运用时要注意两方面的问题。

（1）要把与交易内容有关的所有议题都联系起来，列入谈判范围，而不是孤立地就某个议题而谈某个议题。例如，在有关设备引进的价格谈判中，就要考虑到设备的先进性如何、交货时间、技术服务等一系列问题。

（2）在讨论某个议题时，不要只讨论这一议题所涉及的某几个方面或一两个方面，而是要讨论所有有关的方面。我们以某货物买卖谈判中的价格谈判为例，在这一谈判中，谈判者不仅要讨论某一单位的货物能卖多少钱，还要考虑计价的货币（因为其中存在着汇率风险）、采取什么样的支付方式、支付时间等。

## 二、逆向思维法

逆向思维法是指当人们的思路被遇到的难题所困扰的时候，采用与众不同的相反的一种思考问题的方法。这种思维方法有时会产生出奇制胜的全新方案。其主要特点是：打破常规，从一般人们意想不到的相反的方向打开思考的大门，获取解决难题的全新方案。

在谈判桌上，谈判者常常被一些险局、僵局或难题所困扰，智穷思尽，百思不得其解。那么，谈判者不妨从相反的角度去思考一下，也许可以从中打开缺口，找到答案。历史上凭借这种思维方法取得谈判成功的事例很多。例如，在 1943 年，侵入丹麦的德国人下了一道命令：丹麦的所有犹太人都必须佩戴缀有"大卫星"的黄色臂章（大卫星是犹太教的一种符号，呈六角星形状）。与在其他欧洲国家一样，德国人发出这一命令，实际上就是要把犹太人赶到集中营里去。当时丹麦的犹太人惊恐不安，面对这一局势，丹麦的地下抵抗力量领导人绞尽脑汁，找不到一个拯救本国犹太同胞的万全之策。后来他们跳出了围绕抵制德国人此项命令思考的圈子，设想能不能在接受这项命令中找到方案。他们借助于逆向思维的方法，得出了一个绝妙的主意：丹麦的地下抵抗力量通知全国人民遵照德国人的要求，全都佩戴缀有"大卫星"的黄色臂章。丹麦国王宣布：每一个丹麦人都是一母所生的同胞,他本人将第一个佩戴"大卫星"黄色臂章,并希望所有的丹麦人都以他为榜样,来拯救犹太同胞。第二天,丹麦首都哥本哈根几乎所有的丹麦人都佩戴了"大卫星"臂章。这一策略使德国法西斯的阴谋彻底破产,最终不得不取消这项命令。

当然,逆向思维法不一定对每个人每件事都有效,但它们至少为谈判者提供了一种解决问题的方法或途径,增加了成功的机会。对谈判各因素和关系的分析不透彻,不去研究新的问题,那么我们在谈判过程中就可能会吃亏。

## 三、动态思维法

人们对问题的认识和分析常常是依据一定的环境条件和针对事物当时的状态而进行的,因而是相对的、静止的。但由于事物的不断发展变化,过去是正确的认识和结论,现在可能不那么正确,甚至是错误的。因此,如果我们的思维是静态的,只是抱着过去的认识和看法不放,就会脱离实际。商务谈判的特点之一就是其复杂性和多变性。随着谈判双方意见交流的展开,各种因素都在不断地变动,我们的思维必须紧紧地把握住这种变动,迅速地调整思维的方向、重点和角度,优化思维的过程和结构。

例如,在一场设备进口谈判中,原先我方与对方一直在补偿贸易的基础上进行谈判,但随着谈判的深入,各方面的情况逐步展开,对方突然提出因产品销售有困难,希望我方用现汇的方式进行支付,即由补偿贸易改为现汇贸易。这一要求的提出,必然打乱我方对原有谈判因素关系的分析和谈判目标的设想。面对这种情况,我们就应该迅速地调整思维,考虑由补偿贸易改为现汇贸易的可能性(有无外汇支付能力),对我方的利与弊,如果可能,应考虑我们在新的支付条件下应该考虑哪些因素(货币的币种、外汇的汇率等),各因素之间的关系和目标等。如果我们仍然抱着补偿贸易条件对各因素和关系的分析不放,不研究新的问题,在谈判过程中势必会吃亏。

## 四、超前思维法

在商务谈判中,如果我们能在思维上领先于对方一步,超前考虑某些问题,并能准确地预测到某些问题的发展变化趋势,那么我们将在谈判过程中占有极大的主动性,并获得巨大的利益。

一般来说,在涉外商务谈判中都会碰到选择什么样的货币作为计价和支付的货币的问题,这就要求我们必须对各种货币的汇率变动趋势进行预测。如果不进行预测或预测不准确,都将会面临巨大的汇率风险,进而造成利益上的严重损失。

又如,1991年的海湾战争与世界农产品市场上的交易好像是两个风马牛不相及的问题,而一个精明的具有超前思维的商人则不这样看。在他看来,海湾战争中,伊拉克人点燃了科威特的几百口油井,油井大火燃烧造成的二氧化碳会直接影响地球上的气候,特别是亚洲国家的气候。而气候的变化又会影响农产品的生产,从而最终影响到农产品的价格。因此,他根据油井大火的预测分析来调整和决定其在农产品交易中的行动。

　　以上,我们从谈判的思维艺术的角度,列举和分析了一些思维的方法和技巧。其实,人们在丰富的社会生活中积累了许许多多的科学思维方法,如头脑风暴法、组合分解法等,谈判者都可以在谈判中借鉴运用。但是这不等于说不懂得这些思维方法就不能获得解决问题的途径,在现实生活中,人们大都是不自觉地借助于各种思维技巧来启发思路的,或根本不借助什么方法,而完全是由"急中生智"或"瞬间灵感"而获得一种创造性思维。因此,在谈判过程中,许多绝妙的创举绝非是掌握了几种思维方法所能代替的,它往往取决于谈判者的反应能力和智力水平。谈判者要正确认识思维方法在谈判中的积极作用,但不可用它取代一切。对此,谈判者要有清醒的认识。

## 五、多样化思维法

　　所谓多样化思维法,是指要从事物的直接联系和间接联系、内部联系和外部联系、必然联系和偶然联系及因果关系等普遍联系中,寻找出解决问题的新路子、新方法。例如,我们向国外投资,创办独资企业,在与东道国政府谈判时,某些问题难以谈得通,这时我们就应该思维多样化,就应该想到经济与政治、外交是联系在一起的。在这种情况下,我们可以请我国政府出面,通过政府之间的政治、外交关系来帮助做工作,影响谈判。实践证明这往往是富有成效的。

　　谈判前的准备、对谈判的期望,使谈判人员有了谈判的"一定之规",想怎么样,不想怎么样,愿意这样,不愿意那样等。这对解决谈判中的有些问题是有效的,但不一定能解决所有的问题。当我们在谈判中遇到难题时,特别需要冲破思想束缚,大胆地进行探索,寻找我们没有准备过的新办法。

# 第四节　商务谈判思维艺术

## 一、谈判思维方式的选择

　　在商务谈判思维中,逻辑与非逻辑的要素,如社会的、文化的、心理的、个人的要素作为谈判思维的基本构成单元介入谈判思维过程中,形成了互有差异的谈判思维方式。主要有散射式思维、跳跃式思维和反向式思维可供选择。

### (一)散射式思维

　　散射式思维是指从多个角度对谈判议题进行全方位的理性确认的思维方式。散射式思维方式的特点是思维的立体性和转移性,从而具有思维灵活、流畅的特点。在谈判中,运用散射式思维可以开阔谈判思路,消除谈判死角,化解谈判症结,打破谈判僵局。

### （二）跳跃式思维

跳跃式思维是指在谈判中把事物发展过程的某些内容跳跃过去,而迅速抓住自己想要说明的问题的思维方式。这种思维方式由于能在复杂的事物或大量的信息面前迅速抓住问题的本质,因而被谈判者普遍采用。

跳跃式思维的心理基础是找到要害,一举成功。无论是在说明问题还是在反击对方时,运用这种思维方式均能取得明显的效果。例如,在国际对销贸易的谈判中,谈判会涉及产品规格、质量、数量、包装条件、价格、交货期、结算方式、许可证等多项内容,谈判议题十分纷杂。这么烦琐的谈判议题当然要逐一地进行详细讨论,但在决定是否拍板时则必须用跳跃式思维,把复杂的具体事项跳跃过去,而迅速抓住问题的要害,即对销中的产品作价问题。否则,不仅会延误谈判时间,而且也很难将己方的实际利益解释清楚。

### （三）反向式思维

反向式思维是指在思维过程中从已有的结论反向推论其条件前提的思维方式。反向式思维的公式是:结论→推向依存的条件前提→评价条件前提的客观性与真实性→肯定或否定结论。反向式思维是一种违反常规思维的思维方式,是一种强迫性的思维方式,因而,谈判中运用反向式思维方式容易发现一些在正常思维条件下不易发现的问题,利用这些问题可以作为与对方讨价还价的条件或筹码。例如,卖方四套设备的总报价是 450 万美元,按反向式思维对买方报价进行确认:设定利润率为 20% 的正常水准,则其总成本为360 万美元。而根据卖方在报价中各部分价格所占的百分比,四套设备的成本分别为 120万美元、100 万美元、80 万美元和 90 万美元,第四套设备的成本显然不可能有那么高,卖方价格的计算基础不真实,应调整报价。

## 二、谈判思维中的诡辩

谈判是运用正确的思维方式进行的"说理"活动。但是,在谈判过程中谈判者故意运用思维方式的缺陷或不正当的推理方法把问题搞乱,使对手陷入"有理说不清"的窘境,以维护自己的利益。这种狡诈的手段便属于诡辩术的范畴。诡辩术实质上是谈判者以防卫为基本出发点,在谈判过程中使对方在不知不觉中陷入自己设置的思维"陷阱"中,从而陷入被动局面的一种思维方式。

商务谈判中诡辩术的运用常常面临一种"道德风险"。固然,在谈判过程中,谈判者的任何不违背法律和行为规范的行为仅仅是谈判技巧问题,而与道德问题毫不相关,因而,诡辩术的运用与伦理道德是并行不悖的。但是,我们提倡谈判诡辩术的运用,在道义方面应做到有节,要掌握分寸,适可而止。

谈判中的诡辩术主要以偷换主题、以相对为绝对、以现象代替本质等手法表现出来,弄清诡辩术的主要表现手法,是谈判过程中对付诡辩术者的首要一点。

### (一) 偷换主题

偷换主题是指在谈判中当一方在论证对方的某个弱点时,对方觉得于己不利,则狡猾地转换论题,反而以对方的某一弱点或故意提出新的论题诱导对方继续进行论证,从而使谈判改变原来的方向。

偷换主题这种诡辩手法,其实质在于搅乱谈判原有的思维链条,分散思维注意力。因此,对付这种手法的关键在于谈判思路清晰。只要谈判者思路清晰,偷换主题的诡辩术是很难得逞的。

### (二) 以相对为绝对

以相对为绝对是指谈判者在阐述问题时将相对的概念与绝对的概念混合使用,并以相对代替绝对,用来掩饰自己命题的错误,从而获取有利的谈判条件。例如,在一项设备交易谈判中,卖方认为己方公司提供的设备其生产能力比原定能力提高了 25%,而新的报价没有变动,这等于价格降低 25%。这是谈判中卖方的一种很典型的以相对为绝对的诡辩。在这里,关于价格高低的论证就是把"相对的生产能力提高"与"绝对的价格降低"混淆在一起,将相对变成绝对。

对卖方以相对为绝对的诡辩手法,买方的对策是弄清绝对概念与相对概念的范畴,将绝对概念与相对概念截然分开。

### (三) 以现象代替本质

以现象代替本质是指谈判者只强调问题的表面形式、表面现象,而不涉及问题的实质,从而掩盖自己的真实企图。在商务谈判中,以现象代替本质的诡辩手法屡见不鲜。例如,在谈判的讨价还价阶段,卖方以虚伪的让步迎合对方的需要和心理,但让步缺乏实质性内容。防范这种诡辩手段的对策是能够从复杂的现象中找到事物的本质,然后抓住不放。例如,在上述情形出现时,买方面对卖方修改过的报价,要分析其让步是否具有实质性内容。只要没有实质性改善,买方就应该抓住报价中的实质性内容或关键的谬误,盯住不放。同时依据对方的权限、成交的决心,双方实力对比及关系好坏,制定或改变讨价策略,进一步改变对方的期望,迫使对方做出实质性的改善报价行为。

## 三、谈判思维方法的妥善运用

### (一) 比较、抽象法的运用

#### 1. 比较方法的运用

比较方法是在商务谈判中运用最多的一种思维方法,"不怕不识货,就怕货比货",这句俗语就充分说明了比较的重要性。

在运用比较法时必须注意两个问题。

第一，比什么。也就是比较的内容和标准是什么。如果比较的内容和标准选择得不正确、不合适，往往会直接影响比较结论的正确性。例如，假设我方是技术的引进方，准备与三家国外厂商就某一项目技术的转让进行谈判。在与这三家外商接触谈判后，我们要对他们提出的交易条件进行比较。这时，比较的内容应该怎样确定呢？一般来讲，比较的内容应该包括所有的交易条件。具体地说，有三个方面。一是技术方面，比如技术的先进性，产品竞争能力、生产效率、质量水平等。二是经济方面，它包括价格、支付条件和方式、金融条件(是否提供信贷、利率高低、偿还期限)等。三是其他条件，主要是限制性条款。在一般情况下人们往往只注意到技术与经济上的比较，而忽视其他条件的比较。事实上，转让方对引进方的任何限制(如产品销售范围与地区的限制，技术改进与再转让的限制等)都会造成接收方利益上的损失。因此，如果比较的内容不完全，必然导致比较结论的不正确。

第二，比较的前提与条件。有时我们只注意对两件事物比较，而没有注意这两个事物之间是否具有可比性，以及在什么条件下可以相比较。例如，在国际货物买卖谈判中，对某货物一家卖主报价 FOB 每吨 400 美元，另一家卖主报价 CIF 每吨 500 美元。由于在 FOB 和 CIF 两种价格条件下，买卖双方所承担的费用风险和责任是不同的，因此不具有直接的可比性。但是，如果我们对第一家卖主的 FOB 价格进行适当的调整和处理，使之在内容上与 CIF 价格相一致，或者转化为 CIF 价格，那么就可以进行比较了。

对于上述两个问题，我们自己在谈判中做比较时应该注意，同时还应该注意对方所做的比较是否正确。要防止对方把不可比的事物拿来比较，或者是做部分的比较。也就是说，对方只比较对我方有利的几个因素、几项内容，从而得出错误的结论来欺骗我方。

### 2．抽象与概括法的运用

对于比较法，在运用中我们除了强调可比性外，还要强调比较内容的全面性，以保证比较结论的正确性。但是，这样做也常常带来一个问题，那就是由于两样东西在其属性方面各有千秋，比如两国的投资环境，甲国在某几个因素上优于乙国，乙国在另几个因素上又优于甲国，如果只是简单直接地进行全面比较，就难以做出最终的判断和评价。

怎样来解决这个问题呢？这就需要采用抽象法。抽象法就是把事物的本质、非主要的因素或属性撇开，暂时不予考虑，而只把事物的本质方面和主要方面的因素提取出来进行考虑和分析。就上面的例子而言，就是要选取投资环境中对投资经营影响最大的若干个因素进行比较、考察和分析，对其他影响较小的因素则暂时撇在一边，不予考虑，从而摆脱次要因素的纠缠。这实际上就是要抓住主要矛盾和矛盾的主要方面。只有这样，问题才能迎刃而解。

抽象法虽然较之比较法在认识上更全面、更本质，但仍然具有局限性。这是因为从个别事物中抽象出来的属性并不一定具有普遍的意义。我们仍然以对一国的投资环境的评价为例。对一个国家的投资环境进行了抽象的分析,选取影响该国投资环境最主要的因素和方面进行了分析和评价,把握住了该国投资环境的本质特征。但是对该国投资环境进行评价所选取的因素不一定适合其他国家。也就是说,它不具备普遍的意义。对该国投资环境影响重大的因素,在其他国家可能不重要。因此,在抽象以后还必须进行概括。

概括就是在抽象的基础上,给抽象的结果赋予普遍的意义。就投资环境的评价而言,就是要概括制定出一个适应于各国情况的一般的投资环境的评价分析方法。只有这样,我们才能更好地了解、比较和把握各国的投资环境。在商务谈判中,充分发挥思维的抽象能力与概括能力,我们就能在纷繁复杂的关系中抓住主要的东西,形成一般的"理想的方案",作为实际行为的参照。

### (二)归纳与演绎法的运用

#### 1. 归纳法的运用

在商务谈判中,运用归纳法能使我们把发散性思维的成果集中起来,深入到事物的本质中去说明问题,从而使论点显得比较坚实可信。例如,在涉外商务谈判中,作为谈判前的准备工作的一个重要方面,是调查该客商与其他公司企业的交易情况。如果该客商与其他公司的交易历史是诚实可靠、讲究信誉的,那么我们就可以从这些具体交易中得出一般性的结论——该客商的信誉情况良好,诚实可靠;反之,如果在调查中发现,在某些交易中该公司是认真执行合同的,而在另外一些交易中则有违约的行为,那么,我们就不能得出上述结论。

因此,我们在运用归纳法时,必须扩大样本的数量,提高样本的代表性,从而提高归纳结论的正确性。而当对方使用归纳法来说明某种问题时,我们必须注意他是否有足够的样本数量,以及样本是否具有同一性或代表性。同时,还应利用反证来检验其结论的正确性和可靠性。

#### 2. 演绎法的运用

演绎法把一般性的结论作为前提,来推断出个别事物也具有相同或者类似的性质。在涉外商务谈判中,运用惯例来说明问题,就是一种演绎思维的方法。惯例就是在过去许许多多的实践中存在,并且现在依然存在,并为人们约定俗成地予以接受的,对某类事物进行处理的一贯的方针或规则。

在长期的国际经济贸易交往中,人们形成了许许多多的惯例。比如,在合资企业中,根据投资比例的多少分配董事会的席位,由投资最多的一方担任董事长;根据投资的比例来分配利润,分担亏损和风险;在国际货物买卖中对 FOB、CIF、C&F 含义的理解;在技术贸易中,转让方对技术质量的保证等。我们应该熟悉和掌握国际惯例。

在谈判中运用演绎法来说明问题时应该注意以下几点。

第一,演绎的前提是否正确。如果前提不正确,那么必然会导致演绎推论的错误。例如,某些外国来华投资者要求我们给予其"国民待遇"。即将外商企业完全视同国内企业,给予同等的待遇,理由是这是国际惯例。其实这种说法是不对的。因为仅就其推论的前提而言,给予外国投资者以"国民待遇"并非是国际惯例。事实上,它只存在于西方的一些发达国家之间,许多发展中国家并不承认这一点。因此,我们可以不受此惯例的约束。

第二,演绎推论的事物在性质上是否具备与演绎前提的一致性。如果不一致,就无法进行推论,或者导致谬论。例如,在中外合资企业中对企业结业时的剩余财产处置,是按照双方当初的投资比例来分配清算的。而在中外合作经营企业中,在外商收回投资的情况下,结业时的所有资产应全部归中方所有。如果中外合作经营企业的外商,要求像合资企业那样分配剩余财产,这显然是错误的。因为中外合作经营企业与中外合资经营企业的性质不同。

### (三)分析法与综合法的运用

在商务谈判中,有时对方提出的某个建议,或提供的某个资料内容关系比较复杂,我们很难直接从外部总体上判断其真伪,看清其实质。这时,我们就可以运用分析法来进行分析。例如,在技术贸易谈判中,转让往往只报一个一揽子的总价格。对于这个总价格,我们有时凭直觉,或者将之与其他厂商的价格进行比较,判断其是否具有"水分"。但是就谈判而言,光知道有"水分"是不够的,还必须知道"水分"藏在何处。只有这样才能挤出"水分"。为此,我们就可以采用分析的方法将对方所报的一揽子总价格拆开,分解为各个单项内容的价格。比如,分成技术设备的价格、技术资料的价格、咨询与培训的费用。如果需要的话,还可以再做进一步的分析。经过分解,我们就可以将各个单项的价格与正常的价格进行比较。从而可以比较清楚地看出其是否有"水分",以及有多少"水分"。这样,在要求对方让价时,就有了针对性和依据,而不是盲目地胡乱砍价。

同样,如果我们要对两个客商的报价进行比较,也可以将他们报价的内容分解为若干个项目。对每个项目进行逐一比较。这样,对报价的优劣长短就会看得很清楚。

对于那些实际内容很复杂,而表现形式却比较简单的问题,分析法是最有效的分析手段。在运用分析法分析问题时,我们必须注意以下两点。

第一,必须注意对事物进行分解的角度。选择什么样的角度来进行分解是十分重要的,必须使所选择的分解角度最有利于体现事物的本质、内部关系和最有利于说明问题。

第二,不要为分析而分析。分析本身不是目的,分析的目的是使我们能从事物的本质和事物内部的各个部分、各个方面的联系中来认识事物的整体。就像上面例子中对技术转让价格的分析那样,最终的目的是要对该报价做出一个准确的评价。因此,在分析的基础上还必须进行综合。

综合方法强调和体现的是对事物总体的把握。对谈判人员来讲,在谈判中运用综合的方法,提高自己的综合能力是很重要的。一项谈判从内容上看可以分为几个部分,一个部分又可以分为几个问题,一个问题又可以分为几个方面。谈判人员不仅需要了解和研究谈判中每一个部分、每一个问题、每一个方面,更重要的是在此基础上要站在谈判全局的高度,从战略上来看待和把握。一个问题可能对某一部分很重要,但从谈判的全局来看可能就不那么重要了。拘泥于某一个方面、某一个问题而看不到全局,是许多谈判者在谈判中"捡了芝麻、丢了西瓜"的重要原因。

## 阅读拓展

### 甲、乙各方的思维方式

甲、乙两方均是经验丰富的谈判行家,对乙方所拥有的一块地皮甲方表现出浓厚的兴趣(这说明甲方的谈判实力较弱,只是甲方暂时没有暴露)。甲方找到乙方后是这样表态的。

"我公司拥有强大的财务实力,已连续在全国范围内投资了近600亿元,从事不动产经营(甲方为自己树立形象),拥有超过660万平方米成片开发大型高档楼盘的经验。虽然有几个公司愿意把它们的地皮转卖给我们(向对方透露信息,暗示甲方实力),但是我们打算再多看看。你们的这块地皮对我们很有吸引力,我们准备把土地上的旧建筑物全部拆掉盖一座新的商务中心。最近我们已与有关公司打过交道,估计问题不大,相信它们会高兴地同意(向乙方施加压力)。现在关键的问题是时间,我们要以最快的速度在这个问题上达成协议,为此,我们准备简化正常的法律及调查程序。以前咱们从未正式打过交道,不过据朋友讲,你们一向是乐于合作的,我们很高兴与你们这种朋友打交道(试探乙方的第一反应,表明甲方的合作态度)。不知我是否讲清楚了?"

乙方充分注意到了甲方的上述立场,然后这样表态。

"很欢迎你们来我们这里。虽然我们还没有接触过,但对贵公司的情况还是有所了解的(以被动的身份增强乙方实力,并避免对甲方财务状况信息发表评论)。我们当然愿意出卖这块土地,但是我们还承诺别的公司在这块地皮上保留现存建筑物。不过,这一点是灵活的(恰当地向甲方施加压力)。我们关心的是价格条件是否优惠。这块地皮的未来价值你们肯定清楚,反正,我们也不急于出售。看来,你们对我们公司已经有了相当的了解,我们很愿意与理解我们的朋友合作(试探甲方的反应,表明乙方的合作意向)。"

分析:此例中甲、乙双方对问题的阐述言语都很慎重,没有失误。双方都注意倾听、弄懂和归纳,思考并理解对方表态中的关键问题。各自的表态都是独立的、轻松的、友好的。

基于谈判地位的差别,谈判者彼此之间可能存在着地位的不对称;基于谈判信息的差别,谈判者彼此之间可能存在着信息的不对称;基于谈判心理的差别,谈判彼此之间可能存在着心理不对称。有时,我们必须主动地去与别人谈判,这种情况下我们的谈判实力相对就显得要弱些。

资料来源:张强.商务谈判学——理论与实务[M].北京:中国人民大学出版社,2010.

## 【本章小结】

1.所谓思维,是指在表象、概念的基础上进行分析、综合、判断、推理等认识活动的过程。其特点有以下六个方面:①客观性;②主观能动性;③目的性;④差别性;⑤间接性;⑥概括性。

2.思维的类型有:①静态思维与动态思维;②发散性思维与收敛性思维;③单一化思维和多样化思维;④反馈思维与超前思维。

3.商务谈判思维过程:概念、判断、推理和论证四环节。

4.商务谈判思维方法有五种:联想思维法、逆向思维法、动态思维法、超前思维法和多样化思维法。

5.谈判思维方式的选择:主要有散射式思维、跳跃式思维和反向式思维可供选择。

6.谈判思维中的诡辩主要有:①偷换主题;②以相对为绝对;③以现象代替本质。

7.谈判思维方法的妥善运用,主要有:①比较、抽象法的运用;②归纳与演绎法的运用;③分析法与综合法的运用。

## 【思　考　题】

1.什么是思维?思维具有哪些特点?

2.思维具有哪些类型?

3.简述思维的过程。

4.在商务谈判中,如何运用联想思维?运用时应该注意哪些问题?

5.谈判中的诡辩主要有哪些表现手法?

## 【案例分析】

### 汤姆的一次紧张的面谈

汤姆是凯鲁克公司的一名资深职员,多年来勤恳工作,但一直未获晋升。最近经济形势不太好,有传闻说公司即将裁员。今天上午公司总裁史密斯先生突然召汤姆面谈。汤姆心中忐忑不安,觉得凶多吉少,难道是通知自己解雇的消息?

走进史密斯先生宽敞高大的办公室,汤姆不由得呼吸短促起来,史密斯先生示意他在一张扶手椅中坐下。史密斯先生首先开口:"汤姆,你在本公司已任职多年了吧?"

"是的,先生。"

"那么你认为本公司近来表现如何?"

"我想——我想公司目前也许遇上了麻烦,但总会渡过难关的。"

"你在本公司最有价值的经历是什么,汤姆?"

"这个……这个……"汤姆一时不知如何作答。

"呵,汤姆,你今年快到45岁了吧。"

"是的,先生,我还可以为公司服务多年。"

"你和同事们相处得很好吧?"

"是的,当然,我们都是老同事了……"

"平时还去桥牌俱乐部吗?"

"怎么? 您知道……您也喜欢打桥牌吗? 总裁先生?"

"偶尔玩一玩,汤姆,你是否听到传闻,本公司即将裁员?"

"下面有一些风声——不过,总裁先生,这不会是真的吧?"汤姆的声音有些颤抖,扶手椅中的身体更加僵硬了,两只手神经质地紧紧抓住椅子扶手。

"汤姆,今天就谈到这儿吧。再见。"

"再见,先生。"

汤姆沉重的脚步声远去了。史密斯先生想:"本来想提拔他任业务经理,现在看来他未必适合做管理工作,不过这倒是一名忠心耿耿的职员,还是让他在目前的岗位上一直干下去吧。"

资料来源:龚荒.商务谈判与推销技巧[M].北京:清华大学出版社,2006.

**【讨论题】**

你认为汤姆在面谈时出于哪些原因表现得不够理想? 具体体现在哪些地方?

# 第九章

## 商务谈判语言

成功的人都是一位出色的语言表达者。

——美国企业管理学家哈里·西蒙

**【学习目标与重点】**

1. 商务谈判语言的类型、原则。
2. 语言艺术在谈判中的作用。
3. 谈判有声语言运用的艺术。
4. 谈判无声语言运用的艺术。

**【关键词】**

1. 语言(language)
2. 有声语言(verbal language)
3. 身体语言(body language)
4. 副语言(paralanguage)

## 案例导入

A公司是一家实力雄厚的房地产开发公司,在投资的选项上,相中了B公司所拥有的一块极具升值潜力的地皮。而B公司正想通过出卖这块地皮获得资金,以将其经营范围扩展到国外。于是双方精选了久经沙场的谈判干将,对土地转让问题展开磋商。

A公司代表:"我公司的情况你们可能也有所了解,我公司是某公司、某某公司(均为全国著名的大公司)合资创办的,经济实力雄厚,近年来在房地产开发领域业绩显著。在你们市去年开发的某某花园,收益很不错,听说你们的周总也是我们的买主啊。你们市的几家公司正在谋求与我们合作,想把他们手中的地皮转让给我们,但我们没有轻易表态。你们这块地对我们很有吸引力,我们准备把原有的住户拆迁,开发一片居民小区。前几天,我们公司的业务人员对该地区的住户、企业进行了广泛的调查,基本上没有什么阻力。时间就是金钱啊,我们希望能以最快的速度就这个问题达成协议,不知你们的想法如何?"

"很高兴能与你们有合作的机会。我们之间以前虽然没有打过交道,但对你们的情况还是有所了解的。我们遍布全国的办事处也有多家住的是你们建的房子,这可能也是一种缘分吧。我们确实有出卖这块地皮的意愿,但我们并不急于脱手,因为除了你们公司外,兴华、兴运等一些公司也对这块地皮表示出了浓厚的兴趣,正在积极地与我们接洽。当然了,如果你们的要求比较合理,价钱比较优惠,我们还是希望优先与你们合作的,我们可以帮助你们简化有关手续,使你们的工程能早日开工。"

资料来源:王景山.商务谈判[M].西安:西北工业大学出版社,2009.

# 第一节　商务谈判语言概述

## 一、语言的含义与类型

### (一)语言的含义

所谓语言,是指人类所特有的用来表达意思、交流思想的工具,是一种特殊的社会现象,由语音、词汇和语法构成一定的系统。"语言"一般包括它的书面形式,但在与"文字"并举时只指口语。商务谈判贵在信息的交流,只有双方或多方明白了对方的意思,才能做出正确的判断和反应,有效的交流是商务谈判成功的前提。口头语言、书面文字和行为动作都是双方交流的载体,它们帮助谈判双方传递信息、交流思想、增进了解、加强认识。口头交流是一种有声语言交流方式,它主要通过谈判者之间的听、问、答、叙、辩、说服等基本方法来完成。书面交流则是通过文字的书面处理方式,在谈判双方之间传递信息、交流信息。它主要通过信件、电子邮件、传真、备忘录、会议纪要等基本方法来完成。

谈判的主体语言是有声语言,而有声语言表达效果的好坏,还是要看无声伴随语言的应用。无声的伴随语言则主要是通过行为语言等非语言形式来传递信息,它包括身体语言、副语言和时空语言等。

【趣味阅读】

在一次中日出口钢材贸易谈判中,尽管我方提出了合理报价,并做出了巨大的让步,但经过反复磋商仍未达成协议。我方代表虽然感到恼火,但并没有责怪对方,而是用一种委婉谦逊的口气对日方代表说:"你们这次来中国,我们照顾不周,请多包涵。虽然这次谈判没有取得成功,但在这十几天里,我们却建立了深厚的友谊。协议没达成,我们不怪你们,你们的权限毕竟有限。希望你们回去能及时把情况反映给你们总经理，重新谈判的大门随时向你们敞开。"一席话令日方代表感动不已。后来他们主动向我方发出邀请重新谈判，并终于获得圆满成功。

**【启示】**

商务谈判的整个过程就是谈判者利用语言进行表达和交流以实现谈判目的的过程。如何把谈判者的判断、推理、论证的思维成果、思想感情表达出来，语言的恰当使用成了谈判成功的关键环节之一。

### （二）语言的类型

商务谈判的语言多种多样，从不同的角度或依照不同的标准，可以把它分成不同的类型。同时，每种类型的语言都有其运用的条件，在商务谈判中必须相机而定。

（1）依据语言的表达方式不同，商务谈判语言可以分为有声语言和无声语言。

在商务谈判中，各种语言都可以归类为有声语言和无声语言。

有声语言是指通过人的发音器官来表达的语言，一般理解为口头语言。这种语言是借人的听觉传递信息、交流思想。

无声语言又称为行为语言或体态语言，是指通过人的形体、姿态等非发音器官来表达的语言，一般理解为身体语言。这种语言是借人的视觉传递信息、表示态度、交流思想等。

在商务谈判中巧妙地运用这两种语言，可以产生相辅相成、珠联璧合的绝妙效果。

（2）依据语言的表达特征，商务谈判语言可分为专业语言、法律语言、外交语言、文学语言、军事语言等。

① 专业语言。专业语言是指在商务谈判过程中使用的与业务内容有关的一些专用或专门术语。谈判业务不同，专业语言也有所不同。例如，在国际商务谈判中，有到岸价、离岸价等专业用语。在产品购销谈判中，有供求市场价格、品质、包装、装运、保险等专业用语。在工程建筑谈判中，有造价、工期、开工、竣工交付使用等专业用语。这些专业语言的特征是简练、明确、专一。

② 法律语言。法律语言是指商务谈判业务所涉及的有关法律规定的用语。商务谈判业务内容不同，要运用的法律语言则不同。每种法律语言及其术语都有特定的内涵，不能随意解释和使用。法律语言的特征是法定的强制性、通用性和刻板性。通过法律语言的运用可以明确谈判双方各自的权利与义务、权限与责任等。

③ 外交语言。外交语言是指一种具有模糊性、缓冲性和圆滑性等特征的弹性语言。在商务谈判中使用外交语言既可以满足对方自尊的需要，又可以避免己方失礼；既可以说明问题，还能为谈判决策进退留有余地。例如，在商务谈判中常说"互惠互利"、"可以考虑"、"深表遗憾"、"有待研究"、"双赢"等语言，都属外交语言。外交语言要运用得当，否则，容易让对方感到缺乏诚意。

④ 文学语言。具有明显的文学特征的语言属于文学语言。这种语言的特征是生动、活泼、优雅、诙谐,富于想象,有情调,范围广。在商务谈判中运用文学语言既可以生动明快地说明问题,还可以调节气氛。

⑤ 军事语言。带有命令性特征的用语属于军事语言。这种语言的特征是干脆、利落、简洁、坚定、自信、铿锵有力。在商务谈判中,适时运用军事语言可以起到提高信心、稳定情绪、稳住阵脚、加速谈判进程的作用。

## 二、商务谈判语言运用的原则

在商务谈判中运用语言艺术时需要遵循一些基本的原则,包括客观性、针对性、逻辑性、说服性、隐含性和规范性六种原则。

### 1. 客观性原则

客观性原则要求在商务谈判中运用语言艺术表达思想、传递信息时,必须以客观事实为依据,并且运用恰当的语言为对方提供令其信服的证据。这一原则是其他原则的基础。离开了这一原则,无论谈判者是一个有多高水平的语言艺术家,他所讲的也只能是谎言,商务谈判也就失去了存在和进行的意义。

以产品购销谈判为例。作为产品销售方,不可避免地要对产品的情况做介绍,这时销售方要遵循客观性原则,对自己的产品性能、规格、质量等做客观介绍。为了使对方相信,必要时还可通过现场试用或演示。相反,如果采取涂脂抹粉、蒙混过关的做法,这次谈判也许过得了"关",得到了暂时的利益,但因此可能使自己的产品信誉下降,长远的利益受到损失。

作为产品的购买方,也要实事求是地评价对方产品的性能、质量等。讨论价格问题时,提出压价要有充分根据。如果双方都能这样遵循客观性原则,都能让对方感到自己富有诚意,就可以使谈判顺利进行下去,并为以后长期合作打下良好的基础。

### 2. 针对性原则

谈判语言的针对性是指语言运用要有的放矢,对症下药。谈判要看对象,不同谈判议题与不同的谈判场合都有不同的谈判对手,需要不同的谈判语言。即使是同一谈判议题,考虑到不同的谈判对手的接受能力、性格、知识水平以及需求的侧重不同,也要求应用不同的谈判语言。再者,对于同一谈判对手来说,随着时间场合的改变,其需要、价值观等也会有所不同,在谈判中都要有针对性地使用语言。

另外,谈判的内容五花八门,仅仅对贸易谈判而言,就包括商品买卖谈判、劳务买卖谈判、租赁谈判等。商品种类不同,谈判内容也会截然不同。在每次谈判内容确定下来后,除了认真准备有关数据以外,还要考虑谈判时使用的语言,反映出以上提到的这些差异。从使用语言的角度看,如果能把这些差异透视得越细,就越能在谈判中有针对性地使用语言,以保证每次洽谈的效果和整个谈判的顺利进行。

### 3．逻辑性原则

逻辑性原则要求在商务谈判过程运用语言艺术要概念明确、判断恰当，证据确凿，推理符合逻辑规律，具有较强的说服力。

要想提高谈判语言的逻辑性，既要求谈判人员具备一定的逻辑学知识，又要求在谈判前做好充分准备，详细收集相关资料，并加以认真整理，然后在谈判席上以富有逻辑的语言表达出来，为对方所认识和理解。

在商务谈判中，逻辑性原则反映在问题的陈述、提问、回答、辩论、说服等方面。陈述问题时，要注意术语概念的同一性，问题或事件及其前因后果的衔接性、全面性、本质性和具体性。提问时要注意察言观色、有的放矢，要注意和谈判议题紧密结合。回答要切题，除特殊策略的使用外，一般不要答非所问。说服对方时要使语言、声调、表情等恰如其分地反映人的逻辑思维过程。此外，还要善于利用对手在语言逻辑上的混乱和漏洞，及时驳击对手，增加自己语言的说服力。

### 4．说服性原则

说服性是谈判语言的独特标志。这一原则要求谈判人员在谈判沟通过程中无论语言表现形式如何，都应该具有令人信服的力量和力度。例如，是否引起了对方的共鸣？是否达成了协议？是否建立了谈判各方的长期友好合作关系等。谈判语言是否具有说服性，最终要用实际效果来检验。

谈判语言的说服性，不仅是语言客观性、针对性、逻辑性等的辩证统一，还包括更广泛的内容。它要求声调、语气恰如其分，声调的抑扬顿挫、语言的轻重缓急都要适时、适地、适人。谈判人员还要将丰富的面部表情和适当的手势、期待与询问的目光等无声语言作为语言说服性的重要组成部分。

### 5．隐含性原则

谈判语言的隐含性要求谈判人员在运用语言时要根据特定的环境与条件，委婉而含蓄地表达思想，传递信息。虽然我们强调谈判语言的客观性、针对性、逻辑性和说服力，但并不是说在任何情况下都必须直而不弯、露而不遮。相反，在谈判中要根据不同的条件，掌握和灵活运用"曲曲折折"、"隐隐约约"的语言表达，以起到良好的甚至是意想不到的效果。隐含性的要求除了表现在口头表达语言中，还直接表现在无声语言中，即无声的行为本身就隐含着某种感情和信息。

### 6．规范性原则

谈判语言的规范性是指谈判过程中的语言表述要文明、清晰、严谨、精确。首先，谈判语言必须坚持文明礼貌的原则，必须符合商界的特点和职业道德要求。无论出现任何情况，都不能使用粗鲁、污秽或攻击辱骂的语言。其次，谈判所用语言必须清晰易懂。口音应当标准化，不能用地方方言或黑话、俗语之类与人交谈。再次，谈判语言应当注意抑扬顿挫，轻重缓急，避免吐舌挤眼，语不断句，大吼大叫等。最后，谈判语言应当准确、严谨，特别是在讨价还价等关键时刻,更要注意一言一语的准确性。在谈判过程中,由于一言不慎,导致谈判走向歧途,甚至导致谈判失败的事例屡见不鲜。因此,必须认真思索,谨慎发言,用严谨、精当的语言准确地表述自己的观点、意见。如此,才能通过商务谈判维护或取得自己的经济利益。

## 三、语言艺术在商务谈判中的作用

美国企业管理学家哈里·西蒙曾经说过:"成功的人都是一位出色的语言表达者。"成功的商务谈判都是谈判各方出色地运用语言艺术的结果。无论有声语言还是无声语言,在商务谈判沟通中都起着十分重要的作用。

### 1. 语言艺术是商务谈判中表达自己观点的有效工具

在整个商务谈判过程中,谈判人员要把自己的判断、推理、论证的思维成果准确地表达出来,必须出色地运用语言艺术工具。同样的观点,经过不同的语言表达,其达到的效果可能就不一样。例如,在谈判中,如果通过行为语言表现出己方的急躁,对达成协议表现得很急迫,那么,对方就可能利用我们的弱点。如果在谈判场上表现得不急不躁,根据价格的高低并比较各方面的条件来决策,那么,我方在谈判中就会处于比较主动的地位,达成有利于己方的协议。

### 2. 语言艺术是商务谈判成功的必要条件

在商务谈判过程中,恰当地运用语言艺术来表达同样一个问题或一段话,可以使对方听起来有兴趣,并乐于听下去;否则,对方会觉得是陈词滥调,产生反感,进而抵触,甚至导致谈判破裂。许多谈判的实战经验还告诉我们:面对冷漠的或不合作的强硬对手,通过恰当的语言艺术处理,能使其转变态度,这无疑为商务谈判的成功迈出了关键的一步。因此,成功的商务谈判有赖于成功的语言艺术。

### 3. 语言艺术是实施谈判策略的主要途径

谈判策略的实施,必须讲求语言艺术。在商务谈判过程中,许多策略如软硬兼施、红脸白脸等,都需要比较高超的语言技巧与艺术。扮演"白脸"的谈判人员,既要态度强硬、寸步不让,又要以理服人;既要"凶狠",又要言出有状,保持良好的形象。在谈判中,态度强硬不等于蛮横无理,平和的语气、稳重的语调、得体的无声语言,往往比蛮横无理更具有力量。

### 4. 语言艺术是处理谈判中人际关系的关键环节

一场成功的谈判有三个价值评判标准,即目标实现标准、成本优化标准和人际关系标准。在商务谈判中,除了争取实现自己的预定目标,努力降低谈判成本外,还应该建立和维护双方的友好合作关系。在商务谈判中,双方人际关系的变化,主要通过语言交流来体现。谈判各方的语言,都是表达己方的意愿和要求的。如果用语言表达的意愿和要求与双方的实际努力相一致,就可以使双方维持并发展某种良好的关系;反之,则有可能导致冲突或矛盾,严重时可能导致双方关系破裂,进而使谈判出现败局。较高水平的语言艺术,即使是反驳、说服、否决对方的话,也可以使对方听得入耳。如果语言运用不当,即使是赞同、认可、肯定、支持对方的话,也可能使对方反感。因此,既表达清楚自己的意见,又较好地保持双方的良好人际关系,取决于语言艺术。语言艺术决定了谈判双方关系的建立、巩固、发展、改善和调整,从而决定了双方对待谈判的态度。

## 四、影响商务谈判语言运用的因素

各类谈判语言在谈判沟通过程中具有不同的作用,因此,合理、有效地运用谈判语言是谈判语言沟通中的重要问题。合理地运用谈判语言就是有效地组合各种谈判语言,使谈判语言系统的功能达到最大化。谈判语言运用问题,是以对谈判语言运用的影响因素分析为前提的。影响谈判语言运用的因素主要有以下几个方面。

### 1. 谈判内容

不同的谈判内容,也即谈判过程中不同的谈判议题,对谈判的语言要求差异较大。在谈判开局阶段的相互介绍中,双方通常是使用交际语言和文学语言来相互交换信息,以交际语言的礼节性和文学语言的生动性及感染力渲染出良好的谈判开局氛围;在涉及谈判价格及谈判合同等谈判实质性议题时,谈判语言要起缓冲作用,以一些军事语言作为支持力量;在涉及谈判分歧时,多以交际语言、文学语言的运用为主,插入适当的商业与法律语言。运用交际语言和文学语言是为了缓解谈判气氛,以交际语言的缓冲性和文学语言的优雅、诙谐性缓解心理压力,降低对立程度,适时地运用商业、法律语言以明确阐述自己的观点、立场和条件。在分歧面前,军事语言应谨慎运用,适当地以有节制的军事语言对付对方的出言不逊、傲慢无礼亦有必要。

### 2. 谈判对手

谈判对手对谈判语言运用的影响,与谈判对手的心理和行为状态以及谈判对手对所用语言的反应有关,即谈判对手的心理与行为状态、谈判对手对所用语言的反应是确定谈判语言运用的依据。因此,分析谈判对手对谈判语言运用的影响,就需要考虑谈判对手特征、谈判双方实力对比、与谈判对手关系这三个涉及谈判对手的因素。

谈判对手特征是谈判对手具有的社会的、文化的、心理的与个性的特点,如社会角色、价值取向、性格、态度、性别、年龄等特征。谈判者社会的、文化的、心理的与个性的特征是形成并引起谈判者心理与行为状态变化的主要因素,这就要求谈判者必须依据对手特征做出自己的语言选择。

在谈判中,双方的实力对比既影响双方在特定谈判氛围中呈现出的行为与心理状态,也制约着一方对另一方所用语言的反应。一般地,当双方实力相当时,谈判一方对所用语言的反应对另一谈判语言的选择影响较小,因而,谈判双方语言的选择与组合的空间都比较大;当双方实力对比存在差距时,实力弱的一方在确定谈判语言运用时,必须考虑对手可能会做出的语言反应,从而语言的选择自由度会受到限制。

与谈判对手的关系对谈判语言选择与运用的影响表现在:当谈判双方之间存在着良好关系时,谈判进行过程中双方对语言的选择都有较大的自由度,一般地,可以选择文学语言和商业、法律语言为语言主体,以进一步巩固双方已建立的良好关系;当谈判双方过去没有发生过交易而是第一次接触时,语言的选择则通常有一定的程式,即随着谈判过程的推移而发生相应的语言转换。

### 3. 谈判进程

商务谈判从正式开局到达成协议,要经历一个过程。在这个过程中,谈判要经过相互磋商、讨价还价,最终形成观点一致的协议。显然,在谈判过程的不同阶段,谈判进行的实质内容与所要达到的目标是不同的,因而,谈判者选择的借以传播信息的符号——语言——也就有着差异。谈判过程的不同阶段,语言运用的差异一般呈现在:①在谈判开局阶段,以文学语言、交际语言为谈判语言的主体,旨在创造一个良好的谈判氛围。②在谈判进入磋商阶段后,谈判语言主体宜为商业与法律语言,穿插文学语言、军事语言。谈判磋商阶段涉及的是谈判实质性问题,双方将就谈判议题、交易条件等进行辩论或磋商,因此,谈判基础语言应为商业与法律语言。但在阐述观点时,又可用文学、军事语言,以求制造有利的谈判气氛。

在谈判终结阶段,谈判的中心议题是签订协议,因此,适当运用军事语言表明己方立场和态度,并辅之以商业、法律语言确定交易条件。

### 4. 谈判气氛

谈判的结果从本质上讲是没有输赢之分的。但是谈判的各方都尽力地设法在谈判过程中争取优势,即从各自的角度去区别地接受谈判的条件,这就不可避免地会产生谈判过程的顺利、比较顺利与不顺利的现象,从而也导致了不同的谈判气氛。谈判者应该把握各种谈判气氛,正确地运用谈判语言以争取谈判过程中的主动。如遇到在价格问题上争执不休时,可以考虑动用幽默语言、威胁语言、劝诱性语言,在谈判的开始与结束时用礼节性的交际语言等。总之,随时地观察、分析谈判气氛,适时地以各种语言来调节气氛会给谈判带来积极的影响。

### 5. 双方的关系

谈判的双方就关系来讲,如果是经常接触并已成功地进行过多次交易,那么双方不仅互相比较了解,而且在谈判中戒备、敌对心理比较少,这时除了一些必要的礼节性的交际语言外,则还应该以专业性的交易语言为主,配之以幽默诙谐性语言使相互间关系更加密切;而对于初次接触或很少接触,或虽有过谈判但未成功的双方来讲,应该以礼节性的交际语言贯穿始终,以使对方感到可信,从而提高谈判兴趣,在谈判中间以专业性的交易语言来明确双方的权利、义务关系,用留有余地的弹性语言来维持与进一步地发展双方关系,使对方由不熟悉转变为熟悉进而向友好过渡。

### 6．谈判时机

谈判中语言的运用很讲究时机。时机是否选择得当，直接影响语言的运用效果。如何把握好时机，这取决于谈判者的经验。就一般情况而言，当遇到出乎本方的意料，或者一下子吃不准而难以直接地具体明确地予以回答的问题时，应选择采用留有余地的弹性语言；当遇到某个已方占有优势而双方又争执相持不下的问题时，可以选择采用威胁、劝诱性语言；当双方在某一问题上争执激烈、有形成僵局或导致谈判破裂的趋势时，不妨运用幽默诙谐性的语言；当涉及规定双方权利、责任、义务关系的问题时，则应选择专业性的交易语言。

总之，谈判者要审时度势，恰当地运用各种谈判语言来达到自己的谈判目的。

# 第二节　谈判有声语言运用的艺术

## 一、商务谈判中"倾听"的艺术

倾听是指人们交往活动的一项重要内容。据专家调查，人在醒着的时候，至少有三分之一的时间是花在听上，而在特定条件下，倾听所占据的时间会更多。谈判就是需要更多倾听的交际活动之一。"多听少说"是一个谈判者应具备的素质和修养。通过听，可以发掘材料，获得信息，了解对方的动机、意图并预测对方的行动意向。从某种意义上讲，"听"比"说"的重要性更大。

所谓"听"，不只是指"听"的动作本身，更重要的是指"听"的效果。听到、听清楚、听明白这三者的含义是不同的。听到是指外界的声音传入听者的耳朵里，被听者所感觉到。听清楚是指外界的声音准确无误地被传入到听者的耳朵，没有含糊不清的感觉。听明白是指对听到的内容能予以正确的理解。谈判中的有效倾听就是指要能够完整地、准确地、正确地、及时地理解对方讲话的内容和含义。

在听的方面经常存在的问题是，有听的动作，但听的结果却不能令人满意。一系列实验表明，50％的讲话内容，其中只有三分之一的讲话内容按原意听取了，三分之一被曲解地听取了，另外三分之一则丝毫没有听进去。而且，不同的人对于自己听取的三分之一的理解也是不同的。

谈判中的倾听，不仅指运用耳朵这个器官去听，而且还应用眼睛去观察对方的表情、反应，用心去感觉谈判的气氛及对手的心情，用脑去分析对方所表述的含义，即在倾听中要做到耳到、眼到、心到和脑到。

在交际中的倾听可以分为积极和消极两种。在重要的交谈中，倾听者会聚精会神，调动知识、经验储备及感情等，使大脑处于紧张状态。这种与谈判者密切呼应的倾听，就是积极倾听。积极倾听既有对语言信息的反馈，也有对非语言信息，即表情、姿势等的反馈。

对一般性质的谈话,倾听者会处于比较松弛的状态中,如闲聊、一般性介绍等。这时,人们都在一种随意状态中接受信息,这就是消极倾听。

一般地讲,积极倾听有助于我们更多地了解信息,启发思考。但在大多数情况下,消极倾听也是一种必要的自我保护形式。人们由于生理上的限制,不可能在任何情况下都能做到全力以赴、全神贯注地倾听,人们的注意力集中的时间是有限度的,因此,消极倾听有助于人们放松神经,更好地恢复体力和精力。

1. **倾听的障碍**

一般人在倾听中常犯的毛病有以下几种。

(1) 急于发表自己的意见,常打断对方的讲话。好像不尽早反对,就表示了自己的妥协。

(2) 当谈论的不是自己所感兴趣的事时,不注意去听。

(3) 心中有先入为主的印象。如对某人的看法不佳。

(4) 有意避免听取自己认为难以理解的话。

(5) 一般人听人讲话及思考的速度大约是讲话速度的四倍,所以在听他人讲话时常会分心思考别的事情。

(6) 容易受外界的干扰而不能仔细地去听。

(7) 根据一个人的外表和说话的技巧来判断是否听他讲话。

(8) 急于记住每件事情,反而忽略了重要的内容。

(9) 当对方讲出几句自己所不乐意听的话时,拒绝再听下去。

(10) 有的人喜欢定式思维,不论别人说什么,他都用自己的经验去联系,用自己的方式去理解。这种方式使人难以接受新的信息,不善于认真倾听别人说什么,而喜欢告诉别人自己的想法。当听对方讲话时,总是在思考如何回答,而不太注意听这个人后面所说的话。

2. **倾听的技巧**

(1) 耐心地、专心致志地倾听。积极而又有效地倾听的关键在于谈判双方在谈判过程中要有足够的耐心倾听对方的阐述,不随意打断对方的发言。在对方发言时,要精力集中,不能心不在焉,也不能思想"开小差"。一般来讲,人听话及思索的速度要比说话的速度快四倍多,因此在倾听时,要把这些多余的时间放在围绕对方发言进行思考和使自己的注意力始终集中在对方发言的内容上。

(2) 主动地倾听。在谈判中积极有效地倾听不等于只听不说,主动地倾听,就是在听的过程中,不仅应当对对方已做出的阐述做某些肯定性的评价,以鼓励对方充分发表其对有关问题的看法,而且还要恰当地利用自己的提问,加深强化对对方有关表达的理解,引导谈判的方向。主动地倾听必须建立在专心致志地倾听的基础上,否则就无从鉴别对方发出的信息哪些为真,哪些为假,哪些有用,哪些没用。倾听的过程也是一个去粗取精,去伪存真的过程。

（3）注意对方的说话方式。一个合格的谈判者应该是观察人的行家，有敏锐的洞察力。在谈判中，对方的措辞、表达方式、语气、语调，都能为己方提供线索，去发现对方一言一行背后隐藏的含义。这时，要克服先入为主的印象，否则会扭曲对方本意，从而导致己方判断不当，接受信息不真，以致选择行为失误。务必抱着实事求是的态度，从客观实际出发，合理客观地分析对方的言行。

（4）倾听过程中，谈判者还应该学会使用一些倾听的技巧。首先，在倾听时不要抢话和急于反驳，这样不仅会打乱别人的思路，还会耽误自己倾听。即使要反驳对方的某些观点，也应在听完对方阐述之后。对别人讲话的全貌和动机尚未全面了解就急于反驳，不仅会使自己显得浅薄，而且往往会使己方陷入被动。

其次，在倾听的过程中要学会忍耐。当对方说出你不愿意听，甚至冒犯你的话时，只要对方未表示已经说完，都应当倾听下去，切不可打断说话，甚至反击或离席，以免掉入对方为你设下的"陷阱"里。

再次，在倾听过程中，要适当地作记录，尤其是在长时间及比较复杂的谈判中，谈判者应当对所获得的重要信息做适当的记录，作为后续谈判的参考，不要过分相信自己的理解力和记忆力。

最后，在倾听的同时，还应结合其他渠道获得的信息，理解所听到的信息。把从不同途径、不同方法获得的信息综合起来进行全面理解，判断对方的真实意图。

（5）给自己创造倾听的机会。一般人往往以为在谈判中，讲话多的一方占上风，最后一定会取得谈判的成功。其实不然，如果谈判中有一方说话滔滔不绝，垄断了大部分时间，那也就没有谈判可言了。因而应适当地给自己创造倾听的机会，尽量多给对方说话的机会。通常在简明地表达自己的意见以后，加上一句："我很想听听贵方的高见。"或"请问您的意见如何？"从而把发言的机会让给对方。

总之，倾听不仅可以了解对方真实的需要，感知对方的心理状态，而且还可以改善谈判双方的关系，促进谈判的进程和双方的合作。倾听是谈判语言的一个重要形式，也是谈判者必须具备的一个素养。

## 二、商务谈判中"问"的艺术

商务谈判中，如何"问"是很有讲究的。重视和灵活运用发问的技巧，不仅可以引起双方的议论，获得信息，而且还可以控制谈判的方向。

【趣味阅读】

教堂门口，一个人问一位牧师："我可以在祈祷时吸烟吗？"他的这个问题自然是受到虔诚的牧师的严厉拒绝。另外一个想要进教堂的人则是这样问的："我可以在吸烟时做祈祷吗？"牧师微笑着点了点头，于是他被允许了。

【启示】

提问是一件很有技巧的事情,同样的问题用巧妙合适的方式来提问,比较容易赢得对方的重视和回应。反之,则会引起对方的反感和不满。其实,在商务谈判活动中,提问也是一门艺术和技巧,也是你获得谈判对方信息的一种重要手段。提问的分寸是否合适,对于所提问题希望达到的目的乃至整个谈判过程都有重要影响。

## (一)发问的方式

进行谈话,必然有问有答。发问和应答,都有一定的艺术。问话首先要有一定的目的,然后通过一定的方式表达出来。谈判者若想组织一次讨论会,邀请别人参加,谈话中很自然地要问对方对某类问题有没有兴趣、愿不愿意参加等。想开办一个股份公司,需要征募股东,谈话中自然要问对方是否乐意参加某种联营、可否投放一定资金等,这都是和一定的目的联系在一起的。在一般谈判场合的发问主要包括封闭式问句和开放式问句两大类。

### 1. 封闭式问句

封闭式问句是指特定的领域带出特定的答复的问句。一般用"是"或"否"作为提问的要求。例如,"前天谈判会场没见到你,你是否回家了?""你有没有向谈判对手借一本书?"等,这类问句,可以使发问者得到特定的数据或信息,而答复这类问题也不必花多少思考功夫。但这类问句含有相当程度的威胁性,往往引起人们不舒服的感觉。这类问句还有以下情况。

(1)选择式问句。选择式问句是给对方提出几种情况让对方从中选择的问句。例如,"您的专业是文科,还是理科?""毕业后,你是去政府机关,还是到厂矿企业,还是留校工作?"等。这些都是给出两个或两个以上的假设,供对方加以选择,对方只是在指定的范围内选择,不能在范围以外寻找答案。

(2)澄清式问句。澄清式问句是指让对方对其答复重新进行证实或补充的一种问句。例如,"你说想考北京大学,决定了没有?""你说完成这项谈判任务有困难,现在有没有勇气承担这项任务?"等。这种问句在于让对方对自己说的话进一步明确态度。

(3)暗示式问句。暗示式问句是指这种问句本身已强烈地暗示出预期的答案。例如,"一个共产党员,必须无条件地服从革命需要,你说是吗?""学习中国女排的拼搏精神,就能克服困难,你说对不对?""他一贯表现很好,应不应该受到表扬?"等。这类问句中已经包含了答案,无非是在谈判中敦促对方表态而已。

(4)参照式问句。参照式问句是指以第三者意见作为参照系提出的问句。例如,"老刘认为谈判小组要把重心放在成交日期上,你以为如何?""经理说,今年把营业额提高10%,大伙认为怎么样?"

**2. 开放式问句**

开放式问句是指在广泛的领域内带出广泛答复的问句,通常无法采用"是"或"否"等简单的措辞做出答复。例如,"你对自己当前工作表现有什么看法?""你看我们的谈判工作应当怎样开展更好?""你对明年的计划有什么考虑?"等。这类问句因为不限定答复的范围,所以能使谈判对方畅所欲言,获得更多的信息。开放式问句还有以下一些句式。

(1) 商量式问句。商量式问句是指和对方商量问题的句式。例如,"下月与上海某厂有一项业务洽谈,你愿意去吗?""工厂要搞一项技术革新,你有这方面的基础和经验,你愿意参加吗?""我校新兴学科缺乏教师,要公开招聘,你愿意报考吗?"等。这类问句一般与对方切身利益有关,属于征询对方意见的发问形式。

(2) 探索式问句。探索式问句是指对对方答复内容,继续进行引申的一种问句。例如,"你谈到谈判上存在困难,你能不能告诉我主要存在哪些困难?""你刚才讲不适合做这项工作,你能不能做进一步说明?""你说小张有才华,可以重用,你能不能进一步谈谈理由?"等。探索式问句,不但可以发掘比较充分的信息,而且可以显示出发问者对对方谈的问题的兴趣和重视。

(3) 启发式问句。启发式问句是指启发对方谈看法和意见的问句。例如,"现在接近年末了,你能不能谈谈你对今年工作的评价?""你在报刊发表了不少有关谈判学方面的专题学术论文,对于学术研究有什么窍门?""明年的物价还要上涨,你有什么意见?"这类问句主要启发对方谈出自己的看法,以便吸引新的意见和建议。

在谈判过程中,发问者要多听少说,多运用开放式问句,谨慎采用封闭式问句。发问者应事先了解对方情况,打好腹稿,注意发问的时机,取得对方同意后再进一步提问,由广泛的问题逐步缩小到特定的问题,避免含糊不清的措辞,避免使用威胁性、教训性、讽刺性的问句,避免盘问式或审问式的问句。

## (二) 不应发问的问题

提出问题要求对方做出回答是我们获取信息、发现对方需要的一个有效手段,但并非可以随便就任何方面提出问题。一般在谈判中不应提出下列问题。

(1) 不应该提问有关对方个人生活、工作的问题,这对大多数国家与地区的人来讲是一种习惯。如对方的收入、家庭情况、女士或太太的年龄等。也不要涉及对方国家或地区的政党、宗教方面的问题(国内谈判则不一样。中国人既希望介入别人的生活圈子,也希望别人来关心自己。因此,问候对方个人生活以及家庭情况往往容易博得对方的信任感、亲切感)。

(2) 不要提出含有敌意的问题。一旦问题含有敌意,就会损害双方的关系,最终会影响交易的成功。

(3) 不应提出有关对方品质的问题,例如,指责对方在某个问题上不够诚实等。这样做非但不能使他变得更诚实,反而会引起他的不愉快,甚至怨恨。事实上,谈判中双方真真假假,很难用诚实这一标准来评价谈判者的行为。如果要想审查对方是否诚实,可以通过其他途径进行。当你发现对方在某些方面不诚实时,你可以把你所了解或掌握的真实情况陈述一下,对方自会明白。

(4)特别是不要提出与谈判内容无关的问题。

### (三)发问的技巧

为了获得良好的提问效果,需掌握以下发问要诀。

(1)提问是为了从对方那里得到有用的信息,因而提出的问题必须能引起对方注意,使对方认真思考。应该预先准备好问题,最好是一些对方不能够迅速想出适当答案的问题,以期收到意想不到的效果。同时,预先有所准备也可预防对方发问。

(2)为了取得有利的商务谈判条件,提问的时机必须把握好,既不能太早,又不能太晚。太早容易过早地将谈判意图暴露给对方,太晚又影响商务谈判的进程。在对方发言时,如果我们脑中闪现出疑问,千万不要中止倾听对方的谈话而急于提问题。这时我们可先把问题记录下来,等待对方讲完后,有合适的时机再提出问题。通过总结对方的发言,可以了解对方的心态,掌握对方的背景,这样发问才有针对性。此外,不要在对某一话题的讨论兴致正浓时提出新的问题,而要先转移话题的方向,然后再提出新的问题,这样做有利于对方集中精力构思答案。

(3)因人而异,抓住关键。由于商务谈判对手的年龄、职务、职业、性格、文化程度、商务谈判经验等的差异,要想取得理想的提问效果,提问时就必须因人而异。对于文化水平低的商务谈判对手,提问时不能使用过多的专业名词;对于年龄大、职位高的商务谈判对手,提问的问题要婉转含蓄,不能过于直接。

(4)如果对方的答案不够完整,甚至回避不答,这时不要强迫地问,而是要有耐心和毅力等待时机到来时再继续追问,这样做以示对对方的尊重。同时,在追问时要注意变换一个角度,以激发对方回答问题的兴趣。只要转换的角度合适,时机也合适,对方一般总会给出一个回答。

(5)适当的时候,我们可以将一个已经发生,并且答案也是我们知道的问题提出来,验证一下对方的诚实程度及其处理事物的态度。同时,这样做也可给对方一个暗示,即我们对整个交易很了解,有关对方的情况我们也掌握得很充分。这样做可以帮助我们进行下一步的合作决策。

(6)避免提出那些可能会阻止对方让步的问题,这些问题会明显影响谈判效果。

(7)不要以法官的态度来询问对方,也不要问起问题来接连不断。

(8)要以诚恳的态度来提出问题。这有利于谈判者彼此感情上的沟通,进而有利于谈判的顺利进行。

（9）注意提出问题的句式应尽量简短。

（10）提出问题后应保持沉默、闭口不言、专心致志地等待对方做出回答。

## 三、商务谈判中"答"的艺术

### 1. 回答的方式

商务谈判中的回答有三种类型，即正面回答、迂回回答和避而不答。在商务谈判过程中，这三种类型又演变成多种具体回答方式。常用的商务谈判回答方式有以下几种。

（1）含混式回答。这样既可以避免将自己的真实意图暴露给对方，又可以给对方造成判断上的混乱和困难。这种回答由于没有做出准确的说明，因而可以做多种解释，从而为以后的国际商务谈判留下回旋的余地。

（2）针对式回答。即针对提问人心理假设的答案问题。这种回答方式的前提是要弄清楚对方提问的真实意图，否则回答的答案很难满足对方的要求，而且免不了要泄露自己的秘密。

（3）局限式回答。即将对方问题的范围缩小后再做回答。在商务谈判中并不是所有问题的回答对自己都有利，因而在回答时必须有所限制，选择有利的内容回答对方。例如，当对方提问产品的质量时，只回答几个有特色的指标，利用这些指标给对方留下质量好的印象。

（4）转换式回答。即在回答对方的问题时把商务谈判的话题引到其他方向去。这种方式也就是我们常说的"答非所问"。但这种答非所问必须是在前一问题的基础上自然转来的，没有什么雕琢的痕迹。例如，当对方提问价格时可以这样回答："我想你是会提这一问题的，关于价格我相信一定会使您满意，不过在回答这一问题之前，请先让我把产品的几种特殊功能说明一下。"这样就自然地把价格问题转到了产品的功能上，使对方在听完自己的讲话后，把价格建立在新的产品质量基础上，这对己方无疑是有利的。

---

**【趣味阅读】**

20 世纪 80 年代初期，王光英飞赴中国香港，准备筹建光大实业公司，为我国经济发展和改革开放筹措资金，扩大交流。在机场上，记者蜂拥而至，一位女记者问："请问这次来香港地区筹办实业，你带了多少钱？"此事属经济机密，不能轻率回答，而一般"无可奉告"式的外交辞令又略显得生硬。在这种情况下，王光英发现是女记者提问，灵机一动，很轻松地回答道："对女士不能问年龄，而对男士则不能问钱数，记者小姐，你说对吗？"这种回答，似是而非，又不失礼貌，很巧妙地回避了敏感问题。

**【启示】**

答非所问是一种回避的战术。对方提出问题，希望我方做出明确的回答，而我方却不愿意回答他的问题,这时通过答非所问来巧妙地转移话题,让对方无法得到想要的答案。

（5）反问式回答。即用提问对方其他问题来回答对方的提问。这是一种以问代答的方式,它既可以为自己以后回答问题留下喘息的机会,对于一些不便回答的问题也可以用这一方法解围。

（6）拒绝式回答。即对那些棘手和无法回答的问题,寻找借口拒绝回答。运用借口拒绝回答对方的问题,可以减轻对方提问的压力。

### 2. 回答的技巧

（1）回答问题之前,要给自己留有思考时间。为了使回答问题的结果对自己更有利,在回答对方的问题前要做好准备,以便构思好问题的答案。有人喜欢将生活中的习惯带到谈判桌上去,即对方提问的声音刚落,这边就急着马上回答问题。在谈判过程中,绝不是回答问题的速度越快越好,因为它与竞争抢答是性质截然不同的两码事。

回答的准备工作包括三项内容:一是心理准备。即在对方提问后,要利用喝水、翻笔记本等动作来延缓时间,以稳定情绪,而不是急于回答。二是了解问题。即要弄清楚对方所提问题的真实含义,以免把不该回答的问题也答了出来。三是准备答案。答案应只包括那些该回答的部分。

人们通常有这样一种心理,就是如果对方问话与我方回答之间所空的时间越长,就会让对方感觉到我们对此问题欠准备,或以为我们几乎被问住了;如果回答得很迅速,就显示出我们已有充分的准备,也显示了我方的实力。其实不然,谈判经验告诉我们,在对方提出问题之后,我们可通过点支香烟或喝一口茶,或调整一下自己坐的姿势和椅子,或整理一下桌子上的资料文件,或翻一翻笔记本等动作来延缓时间,考虑一下对方的问题。这样做既显得很自然、得体,又可以让对方看得见,从而减轻和消除上述那种心理压力。

（2）把握对方提问的目的和动机,才能决定怎样回答。谈判者在谈判桌上提出问题的目的是多样的,动机也是复杂的。如果我们没有深思熟虑,弄清对方的动机,就做出回答,往往效果不佳。如果我们经过周密思考,准确判断对方的用意,便可做出一个独辟蹊径的、高水准的回答,例如,人们常常用这样一个实例来说明:建立在准确地把握对方提问动机和目的的基础上的回答,是精彩而绝妙的。谈判人员如果能在谈判桌上发挥出这种水平,就是出色的谈判人员。

（3）部分回答。谈判中有一种"投石问路"的策略,即谈判方借助一连串的发问来获得己方所需要的信息和数据,此时不应对其所有问题都进行回答,以免使其获得我方许多重要的情报而使我方谈判处于不利地位。这时只可做局部的答复,使对方不清楚我方的底牌。

商务谈判中并非任何问题都要回答,要知道有些问题并不值得回答。在商务谈判中,对方提出问题或是想了解我方的观点、立场和态度，或是想确认某些事情。对此，我们应视情况而定。对于应该让对方了解，或者需要表明我方态度的问题要认真回答，而对于那些可能会有损己方形象、泄密或一些无聊的问题，不予理睬是最好的回答。当然，用外交活动中的"无可奉告"一语来拒绝回答，也是回答这类问题的好办法。总之，我们回答时可以自己对回答的前提加以修饰和说明，以缩小回答范围。

（4）当没有弄清楚问题的确切含义时，不要随便作答，可以要求对方再具体说明一下。

（5）答非所问。当有些问题不好回答时，回避答复的方法之一是"答非所问"，即似乎在回答该问题，而实际上并未对这个问题表态。答方谈论的是与原题相关的另一个问题的看法，目的是避开对方锋芒，使谈判能顺利进行下去。

如果在一些特殊场合，必须回答一些难以回答或挑衅性的问题时，也可以以某种巧妙的非逻辑方式做出解答，从而摆脱困境。

（6）拖延答复。谈判中有时在表态时机未到的情况下可采取拖延答复的方式。拖延答复有两种形式：一是先延后答，即对应该回答的问题，若做好准备后感到好答时，不妨做恰当的回答；二是延而不答，即经过考虑后觉得没有必要回答或者不应回答时，则来个"不了了之"。你可用"记不得了"或"资料不全"来拖延答复。有时还可以让对方寻找答案，亦即让对方自己澄清他所提出的问题。例如，可以这样说："在回答你的问题之前，我想先听一听你的意见。"

（7）模糊答复。这种答复的特点是借助一些宽泛模糊的语言进行答复，使自己的回答具有弹性，即使在意外情况下也无懈可击。它可以起到缓和谈判气氛，使谈判顺利进行，同时保护己方机密的作用。比如说："这件事我们会尽快解决。"这里的"尽快"就很有弹性，具体时间到底是什么时候，并没有说清楚，有很大的回旋余地。

（8）反问。对方常会提出一些诸如试探性、诱导性、证实性的问题，在这种情况下，我方不想泄密自己的底牌，同时又想缓和气氛，抑制对方的发问，反过来探明对方虚实，则可采用此种方式。其特点是在倾听完对方的问题后，通过抓住关键的问题向对方反问以掌握主动。例如，买方："请谈一下贵方价格比去年上涨 10％的原因。"卖方："物价上涨与成本提高的关系是不言而喻的。当然如果你对这个提价幅度感到不满意的话，我很乐意就你觉得不妥的某些具体问题予以解释澄清，请问什么方面使你觉得不妥？"

（9）沉默不答。有些不值得回答的问题完全可以不予理睬。你可以不说话，也可以环顾左右而言他，有时沉默会无形中给对方造成一种压力，获得己方所需要的情报。

（10）对于不知道的问题不要回答。参与谈判的所有的人都不是全能全知的人。谈判中尽管我们准备得很充分，也还是会经常遇到陌生难解的问题，这时，谈判者切不可为了维护自己的面子强作答复。因为这样不仅有可能损害自己的利益，而且对自己的面子也是丝毫无补。有这样一个实例，国内某公司与外商谈判合资建厂事宜时，外商提出有关减免税收的请求。中方代表恰好对此不是很有研究，或者说是一知半解，可为了能够谈成，就盲目地答复了，结果使己方陷入十分被动的局面。

在答复时，若对方打岔，则让他这样做下去，不要干涉他。这会对你以后的答复提供有用的信息。

总之，回答问题的要诀在于知道该说什么，不该说什么，回答到什么程度，不必过多考虑所回答的是否对题。谈判毕竟不是做题，很少有"对"或"错"那么确定而简单的回答。

## 四、商务谈判中"叙述"的艺术

商务谈判中"叙述"是一种不受对方提出问题的方向、范围的制约，是带有主动性的阐述，是商务谈判中传递大量信息、沟通情感的方法之一。商务谈判中的叙述，尤其是开局叙述的语言运用直接关系到对方的理解。所以，应从谈判的实际需要出发，灵活掌握有关叙述应遵循的原则。

### 1. 叙述应简洁，独立进行

商务谈判中的叙述要尽可能简洁、通俗易懂。因为叙述的目的在于让对方听了立即就能够理解，以便对方准确、完整地理解我方的观点和意图，而不是表明自己的观点与别人的观点有什么联系和差异，因而在叙述时必须独立进行。独立叙述包括三层含义：其一是不受别人的影响，不论别人的语言、情绪有什么反应，陈述中都要坚持自己的观点；其二是不与对方的观点和问题接触，不谈是否同意对方的观点等，而是按自己的既定原则和要求进行陈述；其三是只阐述自己的立场。

### 2. 叙述应具体而生动

为了使对方获得最佳的收听效果，在叙述时应注意生动而具体。叙述时一定要避免令人乏味的平铺直叙，以及抽象的说教；要特别注意运用生动、活灵活现的生活用语，具体而形象地说明问题。有时为了达到生动而具体，也可以运用一些演讲者的艺术手法，声调抑扬顿挫，以此来吸引对方的注意，达到己方叙述的目的。

### 3. 叙述应层次清楚

商务谈判中的叙述，为了能使对方方便记忆和理解，应在叙述时使听者便于接受；同时，分清叙述的主次及其层次，这样可使对方心情愉快地倾听己方的叙说，其效果应该是比较理想的。

### 4. 叙述应客观真实

在叙述基本事实时，不要夸大事实，同时也不要缩小事实。因为万一自己对事实真相加以修饰的行为被对方发现，就会大大降低己方的信誉，从而使己方谈判实力大为削弱。

### 5. 叙述的观点要准确

在叙述观点时，应力求准确无误，避免前后不一致，否则就会露出破绽。当然，谈判过程中观点有时可以依据谈判局势的发展需要而发展或改变,但在叙述时,要能够令人信服。这就需要有经验的谈判人员来掌握时局,不管观点如何变化,都要以准确为原则。因为要说明自己的观点,而且要对方接受自己的观点,所以在陈述时使用的语言必须准确,并使对方容易接受。为了准确,要求谈判者在谈判的关键内容中使用专业语言;当对方听不懂这些语言时,就要对所使用的专业术语进行解释,以免对方产生误会。同时,为了使对方容易接受自己的观点,在谈判叙述中要注意使用"中性"语言,而不是使用极端语言和粗俗的语言。

### 6. 叙述时发现错误要及时纠正,有时可以重复叙述

谈判人员在商务谈判的叙述当中,常常会由于种种原因而出现叙述时的错误,谈判者应及时发现加以纠正,以防造成不应有的损失。有些谈判人员,当发现自己叙述中有错误时,便采取文过饰非的做法,结果对自己的信誉和形象损而无益,更重要的是可能会失去合作伙伴。

商务谈判叙述过程中,时常会遇到对方不理解、没听清楚,或有疑问等情况,这时,对方会以有声语言或动作语言来向我们传递信息。这就要求谈判人员在叙述的同时,注意观察对方的眼神和表情,一旦觉察对方有疑惑不解的信息传出,就要放慢语速,或重复叙述。商务谈判人员必须慎重地对待对方在自己叙述时的反应,发现有不理解或误解的地方应及时加以引导和纠正。

## 五、商务谈判中"辩论"的艺术

### 1. 辩论中应避免采用的方式

在商务谈判中,辩论的目的是为了达成协议,为此应避免使用以下几种方式。

(1)以势压人。辩论各方都是平等的,没有高低贵贱之分。所以,辩论时要心平气和、以理服人;切忌摆出一副"唯我独尊"的架势,大发脾气,耍权威。

(2)歧视揭短。在商务谈判中,不管对方来自哪个国家或地区,是什么制度、什么民族,有什么风俗传统、什么文化背景等,都应一视同仁,不要存在任何歧视。不管辩论多么激烈,都不搞人身攻击,不损人之短,不在问题以外做文章。

(3)预期理由。任何辩论都应以事实为根据。要注意所提论据的真实性,道听途说或未经证实的论据会给对方带来可乘之机。

(4)本末倒置。谈判不是进行争高比低的竞赛,因此要尽量避免发生无关大局的细节之争。那种远离实质问题的争执,不但白白浪费时间和精力,还可能使各自的立场愈发对立,导致不愉快的结局。

(5)喋喋不休。在商务谈判中,谈判者不能口若悬河、独占讲坛。要切记:谈判桌前不是炫耀表达能力的地方。

### 2. 辩论的原则

(1) 观点明确，事实有力。谈判中辩论的目的就是要论证自己的观点，反驳对方的观点。辩论的过程就是通过摆事实、讲道理，说明自己的观点和立场。辩论不是煽动情绪，而是讲理由、提根据。为了能更清晰地论证自己的观点，必须做好材料的选择、整理、加工工作，在辩论时运用客观材料以及所有能支持己方观点的证据，增强自己的辩论效果，反驳对方的观点。

(2) 思路敏捷，逻辑严密。商务谈判中的辩论，往往是双方在进行磋商遇到难解的问题时才发生的。一个优秀的辩手，应该头脑冷静、思维敏捷、论辩严密且富有逻辑性。只有具有这些素质的人，才能应付各种各样的困难，摆脱困境。辩论中应遵循的逻辑规律是同一律、矛盾律、排中律、充足理由律。如果违背这四条基本规律，思维的确定性就会受到破坏，进而使辩论脱离正常轨道。任何成功的论辩都具有思路敏捷、逻辑性强的特点。为此，谈判人员应加强这方面基本功的训练，培养自己的逻辑思维能力，以便在谈判中以不变应万变，立于不败之地。

(3) 掌握大原则，不纠缠细枝末节。在辩论过程中，要有战略眼光，掌握大的方向、前提及原则。辩论过程中不要在枝节问题上与对方纠缠不休，但在主要问题上一定要集中精力、把握主动。在反驳对方的错误观点时，要能够切中要害，做到有的放矢。

(4) 掌握好进的尺度。辩论的目的是要证明己方立场、观点的正确性，反驳对方立场观点的不足，以便能够争取有利己方的谈判结果。切不可认为辩论是一场对抗赛，必须置对方于死地。因此，辩论时应掌握好进攻的尺度，一旦达到目的，就应适可而止，切不可穷追不舍、得理不饶人。在谈判中，如果某一方被另一方逼得走投无路，陷入绝境，往往会产生强烈的敌对心理，甚至反击的念头更强烈，这样即使对方暂时可能认可某些事情，事后也不会善罢甘休，最终会对双方的合作不利。

(5) 态度客观公正，措辞准确严密。文明的谈判准则要求：不论辩论双方如何针锋相对、争论多么激烈，谈判双方都必须态度客观公正，措辞准确严密，切忌用侮辱诽谤、尖酸刻薄的语言进行人身攻击。如果某一方违背这一准则，其结果只能是损害自己的形象，降低己方的质量和谈判实力，不但不会给谈判带来丝毫帮助，反而可能置谈判于破裂的边缘。

### 3. 辩论的具体技巧

辩论具有较高的技巧性，作为一名谈判者，要不断提高自己的思辨能力，在论辩中取得良好的效果。

(1) 要观点明确。谈判中的论辩就是论证自己的观点、反驳对方观点的过程，因此必须做好材料的选择、整理、加工工作。论辩中，事实材料要符合观点的要求，以免出现漏洞。在充分讲理由、提根据的基础上，反驳对方的观点，从而达到"一语中的"的目的。

(2) 要逻辑严密。谈判中的辩论过程常常是在相互发难中完成的。一个优秀的谈判者应该保持头脑冷静、思维敏捷,才能应付各种各样的局面。在论辩时要运用逻辑的力量。真理是在相互论辩中产生的,在谈判条件相差不多的情况下,谁在论辩中能思维敏捷、逻辑严密,谁就能取得胜利。

（3）态度要客观公正。谈判中的论辩要充分体现现代文明,不论双方的观点如何不同,态度要客观,措辞要准确,要以理服人,决不能侮辱诽谤、尖酸刻薄和人身攻击。

（4）不纠缠枝节。参加论辩的人要把精力集中在主要问题上,而不要陷入枝节问题的纠缠中。反驳对方的错误观点要抓住要害,有的放矢,坚决反对那种断章取义、强词夺理等不健康的论辩方法。论证自己的观点时要突出重点、层次分明、简明扼要,不要东拉西扯、言不对题。

（5）适可而止。谈判中论辩的目的是证明自己观点的正确,以争取有利于自己的谈判结果。因此,论辩一旦达到目的,就要适可而止,不可穷追不舍。切记,谈判不是进行争高比低的竞争。

（6）处理好优劣势。论辩一旦占有上风时,要以强势压顶,气度恢弘,并注意借助语调、手势的配合,渲染自己的观点,但不可轻妄、放纵、得意忘形、口若悬河、独占讲坛。须知,谈判中的优劣势是相对的,而且是可以转化的。谈判桌前不是显示表达能力的地方,那种不看场合、不问对象的做法,反而会弄巧成拙。

（7）注意举止气度。谈判中的论辩应注意举止气度。这样不仅能给人留下良好的印象,而且在一定程度上能促使论辩气氛的健康发展。须知,一个人的良好形象有时会比他的语言更有力。

## 六、商务谈判中"说服"的艺术

所谓说服,是指设法使他人改变初衷并接受你的意见。说服是谈判中最艰巨、最复杂,也是最富有技巧性的工作。当你试图说服谈判对手时,你会遇到种种有形或无形的障碍。在说服艺术中,运用历史经验或事实去说服别人,无疑比那种直截了当地说一番大道理要有效得多。善于劝说的谈判者懂得人们做事、处理问题都是受个人的具体经验影响的,抽象地讲大道理的说服远远比不上运用经验和例证去进行劝说。

---

【趣味阅读】

第二次世界大战期间,一些美国科学家试图说服罗斯福总统重视原子弹的研制,以遏制法西斯德国的全球扩张战略。他们委托总统的私人顾问、经济学家萨克斯出面说服总统。但是,不论是科学家爱因斯坦的长信,还是萨克斯的陈述,总统一概不感兴趣。为了表示歉意,总统邀请萨克斯次日共进早餐。第二天早上,一见面,罗斯福就以攻为守地说:"今天不许再谈爱因斯坦的信,一句也不谈,明白吗?"萨克斯说:"英法战争期间,在欧洲大陆上不可一世的拿破仑在海上屡战屡败。这时,一位年轻的美国发明家富尔顿来到了这位法国皇帝面前,建议把法国战船的桅杆砍掉,撤去风帆,装上蒸汽机,把木板换成钢板。拿破仑却想:船没有帆就不能行走,木板换成钢板就会沉没。于是,他二话没说,就把富尔顿轰了出去。历史学家们在评论这段历史时认为,如果拿破仑采纳了富尔顿的建议,19世纪的欧洲史就得重写。"萨克斯说完,目光深沉地望着总统。罗斯福总统默默地沉思了几分钟,然后取出一瓶拿破仑时代的法国白兰地,斟满了一杯,递给萨克斯,轻缓地说:"你胜利了。"萨克斯顿时热泪盈眶,他终于成功地运用实例说服总统做出了美国历史上最重要的决策。

**【启示】**

在说服艺术中,运用历史经验或事实去说服别人,无疑比那种直截了当地说一番大道理要有效得多。

### 1. 说服的原则

运用说服的艺术,应遵循以下原则。

(1) 先易后难原则。先把对方容易接受的、分歧性小的内容放在前面,把困难较大、双方分歧较大的内容放在后面。

(2) 难易结合原则。将容易的、一致性大的内容同困难的、分歧性大的内容以某种方式联系起来进行说服,要比单纯进行说服困难的、分歧性大的内容容易些。

(3) 重复性原则。一再地重复自己的信息、观点,引起对方的注意,从而增进对方对这些信息和观点的了解和接纳。

(4) 先好后坏原则。说服时先谈好的消息、好的事情,然后再谈坏的一面,效果比较好。

(5) 一致性原则。强调一致性比强调差异性更容易提高对方接受说服的程度。

(6) 首尾原则。通常情况下,听者对听到内容的前、后两部分记得比较牢,对中间部分记忆一般。因此,说服时要精心准备开头和结尾。

(7) 证据原则。提供能满足对方需要的数据、信息,可增强说服性。

(8) 结论原则。结论要由你明确地提出,不宜让对方去揣摩或自行下结论,否则可能会背离你说服的目标。

(9) 对方性原则。充分了解对方,以对方习惯的、能够接受的思维方式和逻辑去展开说服工作。

### 2. 说服的具体技巧

实际生活中往往会遇到这样的情况:同样的问题,让不同的人去做说服工作,会收到不同的效果,可见说服工作是一种艺术。在谈判中,说服工作十分重要,往往贯穿谈判的始终。那么谈判者应当如何说服对方呢?下面介绍一些比较普通、常用的说服技巧。

（1）取得他人的信任。信任是人际沟通的基石，也是成功谈判所必备的基本要素。一般来说，当一个人考虑是否接受他人的说法前，总会先衡量一下他与说话人之间的熟悉程度和亲密程度，如果双方很熟又很信任，则很容易接受对方的意见。因此，如果想要在谈判中说服对方，首先要与对方建立互相信任的人际关系。

谈判者应该学会利用谈判桌外的时间来增进人际关系，与对方建立友好、熟悉、相互尊重的关系，积极进行公共活动取得对方的信任，无形中化解对方的心理警戒，从而在谈判中掌握主动权。

（2）先易后难，步步为营。谈判中需要讨论的问题应该按照先易后难的原则去安排，先谈容易达成协议的问题，这样，由于双方利害冲突不大而比较容易取得初步的成效，使双方从一开始就显示了合作的诚意和彼此的信任、理解，从而为谈判的进展创造了更加热情友好的气氛，减少了双方的戒备心理，增强了双方对交易成功的愿望与信心。这样，在谈判深入发展中要说服对方理解我方的意见与方案就比较容易获得成功。而双方意向差距较大的问题，可以放在较后的位置和安排较多的时间去讨论。这时由于前面的谈判成果已增强了双方的合作意向，谈判的困难会相对减少。

（3）先直言利，后婉言弊。一般来说，被劝说者接受你的意见会有利有弊，你应从这两方面来做出分析和说明。要动之以情，晓之以理，更应言之有利。一方面，你要向对方指出，倘若他接受了你的意见会得到什么利益，并可指出他看法的荒谬性、片面性或错误性。另一方面，还应将不利的方面讲出，把一好一坏的信息传递给对方，什么事情都不可能全是好的一面。陈述的原则一般是先讲利，后言弊，并在陈述过程中进行得失比较，指出你的意见利大于弊，从而说服别人接受你的意见。进行这样的阐述分析，不但会赢得对方的信任，给对方留下真诚坦率的印象，同时还会激发起对方的兴趣和热情，使谈判顺利地进行下去。

（4）强调互利，激发认同。谈判中既有合作，又有冲突。没有合作就无法圆满结束谈判，没有冲突就没有谈判的必要。谈判是在双方互利的基础上达成协议的，所以也有人用法国的一句关于爱情的定义来形容谈判为"合作的利己主义"。在谈判中，不要掩饰所提意见对自己有利的一面，因为谈判中强调利益的一致性比强调利益的差异性更容易提高对方的认知程度和接纳的可能性。

（5）抓住时机，实例举证。谈判成功的一个重要方面在于把握时机，抓住有利的时机会给谈判者的说服工作增加成功的可能性。这里所讲的时机包括两个主要含义：一是己方要把握说服工作的关键时刻，要趁热打铁，重点突破；二是向对方说明，这正是表达意见的最佳时机。人往往由于未能很好地听取别人的意见而失去了机会，把道理讲透，对方就会做出抉择。在抓住时机的同时运用实例举证，对实例的具体情节进行讲述以帮助己方证明自己观点的正确。例如，在证明自己是否能够如期履约的问题时，只靠下保证或表决心是不能说明问题的，对方也不会信服。这时可在适当的时候，列举己方过去与某客商如期履约的实例,特别是如果能够举出自己在比较艰难的情况下仍如期履约的实例,这对说服对方相信自己是非常有效果的。

---

**【趣味阅读】**

　　1964 年 4 月 10 日,陈毅副总理率中国代表团到印度尼西亚首都雅加达,参加第二次亚非会议筹备会。这次由 22 个国家代表参加的筹备会,一开始就在是否邀请苏联参加第二次亚非会议的问题上发生了分歧,展开了激烈争论。

　　印度代表团团长辛格发言,主张邀请苏联参加,理由是苏联有很大一部分领土在亚洲,是一个亚洲国家。

　　陈毅当即站起来进行批驳,他说:"苏联是一个传统的欧洲国家,这是小学生都知道的地理常识问题。苏联自己也从未以一个亚洲国家自居,在联合国中它也从未参加亚非集团的活动。那么,为什么偏偏在这时候提出这样一个不成问题的问题,给预备会造成争执和分歧呢?"有人说,中国的观点,是因为与苏联的关系不好。

　　陈毅副总理指出:"中国在同苏联关系好的时候,同样以为苏联是欧洲国家。蒙古同中国虽然关系不好,但中国却一贯支持蒙古参加亚非会议,因为它在地理概念上确属亚洲国家。中国反对邀请苏联,是为了维护万隆精神,维护亚非会议的原则,如果屈服于某些大国的压力而放弃原则,将使我们亚非会议蒙受耻辱。有人说,苏联在亚洲有一大片领土,因此,它可以算亚洲国家。那么,我要问:美国在檀香山也有领土,它是否也可以算是亚洲国家呢?"

　　陈毅副总理的慷慨发言,有理有力,使会场气氛顿时变了,很多国家代表纷纷站起来讲话,支持中国的意见。

**【启示】**

　　大凡论辩,均无固定程式,也不会一个回合便定胜负。谈判论辩过程通常是一个复杂多变、斗勇比智的过程。从上面的故事可以看到,要战胜论敌,全看论辩者临场审时度势,以实例机变应对。

---

　　(6) 尽量简化接纳提议的手续。为使对手接纳你的提议,避免中途变卦,应设法使接纳提议的手续成为一件轻而易举的事情。例如,在需要订立书面协议的场合中,你可以先准备一份原则性的初步协议书,并且这样告诉对方:"你只需在这份原则性的协议草案上签名即可,至于正式协议书,我会在一周之内准备妥当,到时再送你斟酌。"这样就可以当即取得对方的承诺,免除细节方面的周折。

　　精干的谈判人员经常对有意接纳他的提议的人做追踪式的服务。经常说的话是:"如果您有空,请给我打电话,我立即派车来接您,让您亲自考察。"或者说:"我们明天早上八点到府上接您去实地考察,您看如何?"这种方式的运用,常常有助于说服效果的发挥。

（7）耐心说理，变换角度。说服必须耐心，不厌其烦地动之以情，晓之以理，把对方接受你的建议的好处和不接受建议的害处讲深讲透，不怕挫折，一直坚持到对方能够听取你的建议为止。在谈判实践中，往往会遇到对方的工作已经做通，但对方基于面子或其他原因，一时还下不了台。这时谈判者不能心急，要给对方时间，直到瓜熟蒂落。

说服工作要耐心，但耐心不等于谈判者反复唠叨已经陈旧和令人厌烦的问题，这样只能增加对方的抵触情绪，而不会收到什么好的效果。当说服的角度不对路时，谈判者应及时更换新的角度，寻找新的方法，再把说服工作有效地进行下去。

（8）多言事实，少说空话。事实是人们可以凭借感官和经验予以验证的东西，"事实胜于雄辩"。研究证明，人的一切行为均与一定事实的经历和存储有关。在谈判中，有的人喜欢用空话、大话来炫耀自己的产品，什么"质量上乘"、"人见人爱"、"领导时代新潮流"，这除了给人以自吹自擂的感觉外，是不能说服对方的。为了说服对方，我们应力戒"肥皂泡"式的空话，而要注意多用确凿的和有代表性的事实说话，让对方凭借自己的实践经验和独立思考来获取结论。

（9）投人至好，取我急需。谈判的任何一方都必然是以满足自己的需要为主要目标，但任何一方都往往不可能全面满足自己的所有需求，而任何一方的各种需求也不是没有主次之分的。谈判者在谈判中往往着重就自己的第一位需求去千方百计地说服对方，同时不得不以降低自己的其他次要需求，做出适当的退让为代价来达到满足主要需求的目标。因此，我们要在说服过程中尽量去发现对方的迫切需要或第一需要。如果我们发现了对方迫切需要与我方的第一需求并不重合，那么我们就可以比较容易地提出一个"投人至好，取我急需"的方案来达到吸引和说服对方、一拍即合的良好效果。而如果万一双方的第一需要重合的话，那么要求双方在第一需要的问题上做出相应的退让，找出一个合适的结合点，或辅以对第二、第三需要的相应调整，这样的提议也是有可能说服对方的。

（10）及时总结，做出结论。说服到了一定程度，该对问题下结论之时，就不要推辞。与其让对方做结论，不如先由己方简单明了、准确无误地陈述出来。这对于那些经过双方反复讨论和修正的问题，及时做出结论是十分关键的。

### 3．说服的条件

说服不同于压服，也不同于欺骗，成功的说服结果必须要体现双方的真实意见。采取胁迫或欺诈的方法使对方接受己方的意见，会给谈判埋下危机，因为没有不透风的墙，也没有能包得住火的纸，因此，切忌用胁迫或欺诈的手法进行说服。事实上，这样做也根本达不到真正的说服的目的。

谈判中说服对方的基本原则是要做到有理、有力、有节。有理是指在说服时要以理服人，而不是以力压人；有力是指说服的证据、材料等有较强的力量，不是轻描淡写；有节是指在说服对方时要适可而止，不能得理不饶人。这些原则说明，要说服对方，不仅要有高超的说服技巧,还必须运用自己的态度、理智、情怀来征服对方,这就需要掌握说服对方的基本条件。

(1)要有良好的动机。说服对方的前提是不损害对方的利益。这就要求说服者的动机端正,既要考虑双方的共同利益,更要考虑被说服者的利益要求,以便使说服者认识到服从说服者的观点和利益不会给自己带来什么损失,从而在心理上接受对方的观点。否则,即使暂时迫于环境或对方的压力接受了说服者的观点,也会"口服心不服",并且作为以后谈判中的武器向你开火,使你防不胜防。

(2)要有真诚的态度。真诚的态度是指在说服对方时尊重对方的人格和观点,站在朋友的角度与对方进行坦诚的交谈。因此对被说服者来说,相同的语言从朋友嘴里说出来他认为是善意的,很容易接受;从对立一方的口中说出来他则认为是恶意的,是不能接受的。因此,要说服对方,必须从与对方建立信任做起。

(3)要有友善的开端。谈判者要说服对方,首先必须给人以良好的第一印象,才能使双方在一致的基础上探讨问题。友善的开端:一是要善意地提出问题,使对方认识到这是在为他自己解决困难,这就要求说服者不是随心所欲地谈自己的看法,而要经过周密思考,提出成熟的建议。二是要有友善的行为,即在说服中待人礼貌,晓之以理,动之以情,使对方自愿接受说服。

(4)要有灵活的方式。要说服对方,方式是重要的条件,而不同的人所能接受的方式是不相同的,只有能够针对不同的人采用不同的方式,才能取得理想的效果。

---

**【趣味阅读】**

战国时,靖郭君准备在自己的封邑薛筑城,他的门客都劝他不要这样做,靖郭君不听,吩咐负责传达的官员,不要替这些人通报了。

门客中有个齐国人,求见靖郭君,说:"我只要求让我讲三个字就行了。如果多说一个字,就把我处以烹刑。"

靖郭君便接见了他。齐人快步向前,说了一声:"海大鱼!"然后转身就跑。

靖郭君说:"等一等,你的话还没有说完!"

齐人说:"我可不敢拿性命开玩笑!"

靖郭君道:"没关系,你再说下去。"

于是齐人说道:"你不曾听说过大鱼吧,网儿兜不住,钩儿钩不上,如果不小心到了没水的地方,那么连小小的蚂蚁也可以任意欺侮它了。现在,齐国就是你的'水'啊。你只要一直保有齐国的庇护,又何必在薛筑城呢?如果失去了齐国,你就是把薛城筑得天一般高,也没有用处!"

靖郭君听了觉得有道理,便停止在薛筑城。

【启示】

　　故事表明，首先头要开得新颖、别致，不落俗套，能引人入胜。开头几句是否入耳，往往会对谈判的成败产生很大的影响。其次在劝说内容上，应选一种好的"载体"，做到新鲜有趣、生动活泼，才能大大提高效果。当然，新奇的形式必须和劝说的主旨相联系，否则，华而不实，喧宾夺主，就适得其反了。

　　对于固执己见的谈判对象，如若开门见山恐怕难以奏效，因而不妨利用其好奇心理，别出心裁地为谈判劝说设计一种新颖奇特的方式，诱使对方自觉打开接受信息的心门，达到思想交流，产生最佳的说服效果。

# 第三节　谈判无声语言运用的艺术

## 一、无声语言的含义与作用

### 1. 无声语言的含义

　　谈判的主体语言是有声语言，而有声语言表达效果的好坏还要看无声的伴随语言的运用。伴随语言是指伴随有声语言而产生的身体语言和副语言。身体语言是指谈判中人体外表的各个部分（如眼睛、脸、嘴、手、腿、脚、腰等）通过其动作传递的信息和表达的意愿。另外，沉默也是一种伴随语言，它与体态语言一起构成"无声语言"。在副语言中，"语调是语言动作的最高级、最有说服力的一种形式"，它通过对有声语言的停顿、轻重、高低的选用，表达出不同的意愿；其次是语气，它根据不同的场合、不同的谈判对象，表达出谈判者的情感态度。

　　谈判者不仅要灵活运用有声语言，清楚、流畅地陈述自己的观点和要求，而且还要学会通过身体语言和副语言，恰如其分地表达自己的情感和愿望，无声语言运用得好坏也是决定商务谈判成败的关键因素之一。

### 2. 无声语言的作用

　　美国心理学家艾伯特·梅拉比安曾经通过实验得出这样一个结论：一个信息完整地传递给对方，55％靠的是面部表情，38％靠的是语言，而真正的有声语言的效果只占到7％。这个结论告诉我们，无声语言在信息传递中起着十分重要的作用。在商务谈判中无声语言的作用主要表现在以下几个方面。

　　（1）代替作用。无声语言沟通在谈判中可以替代语言所要表达的意图，特别是当语言不便或不能表达谈判者意图，或语言表达不合时宜或对方难以领悟时，无声语言的运用便能够取得明显的效果。例如，伸出两个手指构成"V"字图形，表示胜利；伸出大拇指表示赞许、称赞、好样的等多种含义。据载，晋代阮籍常以眼神直接表示对人的态度：对器重之人以青眼(眼睛正视)表示尊重,对鄙薄之人以白眼(眼珠向上或向旁,现出眼白)表示轻视和憎恶。

(2) 补充作用。无声语言信息可以丰富语言所要表达的内容,对于语言所要表达的信息,无声语言在不同程度上起着辅助表达、增强力量、加重语气的作用。例如,在听人讲话时,手摸桌子、背向后仰,多表示不感兴趣;对方在说话时慢慢紧了拳头,表示下决心;挥舞拳头表示威胁;点头表示同意,摇头表示否定;调节声音大小表示引起他人的注意等。

(3) 暗示作用。谈判者如果想从一个态度转向另一个态度,可通过表情语调的调整或体态的运用来完成。这体现了无声语言的强烈暗示作用。无声语言在传递信息时还能给人自然、真切的感觉。所以,无声语言在国际商务谈判中被广泛运用。例如,"我很喜欢你"、"你真讨厌"这两句字面意义完全相反的话,根据表达情绪的需要,通过对声音特征的调整,都可以表现从真的喜欢到真的厌烦的所有不同程度的情绪。

(4) 调节作用。由于商务谈判环境、对象等外部条件的不同,以及可能遭遇僵局等状况,谈判主体会产生不适心理。这时,如果通过无声语言的动作调节,参与商务谈判的主体就能够较快地恢复正常。例如,谈话人或听话人有时会拿一根小草在手中摆弄,抖一阵脚,拿着笔在本子上随意地画写等,通过这些动作以排解心中的烦恼,调节不适的心理,缓解自己无聊的心境。

## 二、商务谈判中的身体行为语言

身体行为语言是指那些包括目光、表情、身体运动、触摸、体态、身体间的空间距离等在内的非言语性的身体信号。身体行为语言在人际沟通中有着口头语言所无法替代的作用。

### 1. 眼睛动作的语言

眼睛是心灵的窗户。这句话道出了眼睛具有反映深层内心世界的功能。眼睛的动作最能够明确地表达人的情感世界。人的一切情绪、情感和态度的变化都可以从眼睛中显示出来。人可以对自己的某些外显行为做到随意控制,可以在某些情境中做到口是心非,却很难对自己的目光做到有效控制。一般情况下,你越喜欢接近的人,就越爱用眼睛与之"交谈"。在商务谈判中也同样如此。

(1) 在谈判中,对方的视线经常停留在你的脸上或与你对视,说明对方对谈判内容很感兴趣,想急于了解你的态度和诚意,成交的希望程度高。

(2) 交谈涉及关键内容如价格时,对方时时躲避与你视线相交,一般说来,对方把卖价抬得偏高或把买价压得过低。

(3) 对方的视线时时脱离你,眼神闪烁不定,说明对你所谈的内容不感兴趣但又不好打断,产生了焦躁情绪。

(4) 对方眨眼的时间明显地长于自然眨眼的时间时(正常情况下,一般人每分钟眨眼

5～8次,每次眨眼一般不超过2秒钟),表明对方对你谈的内容或对你本人已产生了厌倦情绪,或表明对方感觉有优越感,对你不屑一顾。

(5)倾听对方谈话时几乎不看对方的脸,那是试图掩饰什么的表现。

(6)眼神闪烁不定,常被认为是掩饰的一种手段或不诚实的表现。

(7)眼睛瞳孔放大而有神,表示此人处于兴奋状态;瞳孔缩小无神,神情呆滞,表示此人处于消极、戒备或愤怒状态。

(8)瞪大眼睛看着对方是对对方有很大兴趣的表示。

(9)对方的视线在说话和倾听时一直环顾,偶尔看一下你的脸便迅速移开,通常意味着对生意诚意不足或只想占大便宜。

(10)下巴内收,视线上扬注视你,表明对方有求于你,成交的希望程度比你高,让步幅度大;下巴上扬,视线向下注视你,表明对方认为比你有优势,成交的欲望不强,让步幅度小。眼神传递的信息远不止这些。人类眼睛所表达的思想,有些确实是只能意会而难以言传,这就要靠谈判人员在实践中用心加以观察和思考,不断积累经验,争取把握种种眼睛的动作所传达的信息。

**2. 眉毛动作的语言**

眉毛是配合眼的动作来表达含义的,二者往往表达同一个含义。但单纯眉毛也能反映出人的许多情绪。

(1)人们处于惊喜或惊恐状态时,眉毛上耸,"喜上眉梢"。

(2)处于愤怒或气恼状态时,眉角下拉或倒竖。

(3)眉毛迅速地上下运动,表示亲近、同意或愉快。

(4)紧皱眉头,表示人们处于困惑、不愉快、不赞同的状态。

(5)眉毛高挑,表示询问或疑问。

(6)眉宇叙展,表示心情舒畅。

(7)双眉下垂,表示难过和沮丧。

上述有关眉毛传达的动作语言是不容忽视的,人们常常认为没有眉毛的脸十分可怕,因为它给人一种毫无表情的感觉。

**3. 嘴巴动作的语言**

人的嘴巴除了说话、吃喝和呼吸以外,还可以有许多动作,借以反映人的心理状态。

(1)嘴巴张开,嘴角上翘,常表示开心、喜悦。

(2)撅起嘴,常表示生气和赌气,是不满意和准备攻击对方的表现。

(3)撇嘴,常表示讨厌、轻蔑。

(4)咂咂嘴,常表示赞叹或惋惜。

(5)努努嘴,常表示暗示或怂恿。

(6)嘴角稍稍向后拉或向上拉,表示听者是比较注意倾听的。

（7）嘴角向下拉，是不满和固执的表现。

（8）紧紧地抿住嘴，往往表现出意志坚决。

（9）遭受失败时，人们往往咬嘴唇，这是一种自我惩罚的动作，有时也可解释为自我嘲解和内疚的心情。

### 4. 吸烟动作的语言

在现代社会中，吸烟能够表明一个人的心理和情绪变化。谈判中吸烟的姿势具有较强的表现力，而且也是判断个人态度的重要依据。吸烟所传达的信息如下。

（1）刚一见面就立即掏烟递给对方，且动作麻利地为对方点烟的，多为处于交易劣势的一方。寒暄之后才缓慢掏烟，自己先叼一根，然后才送给你的人，是自认为处于交易优势但愿意合作的对手。

（2）吸一口烟后，将烟向上吐，往往表示积极、自信，因为此时伴随吐烟的动作，身体的姿势也是向上昂起的。将烟朝下吐，则表示谦虚消极、意志消沉、有疑虑，因为此时身体上部的姿势是向下的，即所谓的"垂头丧气"。

（3）烟从嘴角缓缓吐出，给人一种消极而诡秘的感觉，一般反映出吸烟者此时的心境与思维比较曲折回荡，力求从纷乱的思绪中清理出一条令人意想不到的途径来。

（4）吸烟时不停地磕烟灰，往往意味着内心紧张、不安或有冲突，这时的吸烟已不是一种生理需要，完全成了吸烟者减缓和消除内心冲突与不安的一种道具。借烟雾和抽烟的动作来掩饰脸部表情和可能会颤抖的手，十有八九是个新手或正在采取欺诈手段。

（5）点上烟后却很少抽，说明在交谈中戒备心重，边谈边紧张地思考而忘记了手中的烟卷。另外，心神不定时也会这样。

（6）没抽几口即把烟掐掉，表明其想尽快结束谈话或已下决心要干一桩事。掐掉烟是为了不让吸烟来分散其精力，干扰其刚刚决定的事情的进行。其实，吸烟本身可能不会给他带来什么干扰，但这样做却暴露了其内心的活动。

（7）斜仰着头，烟从鼻孔吐出，表现出一种自信、优越感以及一种悠闲自得的心情。通过斜仰着头这一动作，主动地拉开了与谈话对象及其目光交流的距离，从而体现出吸烟者内心的那种自信、优越和悠闲自得的心态。

### 5. 上肢动作的语言

上肢包括手和臂膀。通过对上肢的动作或者自己与对方手与手的接触，我们可以判断分析出对方的心理活动或心理状态，也可以借此把自己的意思传达给对方。

（1）握拳是表现向对方挑战或自我紧张的情绪。握拳的同时使用指关节发出响声或用拳击掌，都是向对方无言的威吓或发出攻击的信号。握拳使人肌肉紧张、能量集中，一般只有在遇到外部的威胁和挑战而准备进行抗击时才会产生。

（2）用手指或铅笔敲打桌面，或在纸上乱涂乱画，表示对对方的话题不感兴趣、不同意或不耐烦的意思。这样一是打发消磨时间，二是暗示和提醒对方。

（3）吸手指或指甲的动作是婴儿行动的延续，成年人做出这样的动作是个性或性格不成熟的表现，即所谓的"乳臭未干"。

（4）两手手指并拢并置于胸的前上方呈尖塔状，表明充满信心，这种动作多见于西方人，特别是会议主持人、领导者、教师在主持会议或上课时，用这个动作以示独断或高傲，以起到震慑学生或与会者的作用。

（5）手与手连接放在胸腹部的位置，是谦逊、矜持或略带不安心情的反映。歌唱家、获奖者、等待被人介绍者常用这样的姿势。

（6）两臂交叉胸前，表示防卫或保守，两臂交叉于胸前并握拳，则表示怀有敌意。

（7）握手。握手的动作来自原始时代的生活。原始人在狩猎或战争时，手掌中持有石块和棍棒等武器。陌生者相遇，若互相之间没有恶意，就要放下手中的东西，并伸开手掌，让对方摸掌心，表示手中未持武器。久而久之，这种习惯逐渐演变成今日的"握手"动作。

握手的原始意义不仅表示问候，也表示一种保证、信赖和契约。标准的握手姿势应该用手指稍稍用力握住对方的手掌，对方也应该用手指稍稍用力回握，用力握的时间约在1～3秒。如果发生与标准姿势有异的情况，便有了除问候与礼貌以外的附加意义。主要有以下几种情况。

（1）握手时对方手掌出汗，表示对方处于兴奋、紧张或情绪不稳定的心理状态。

（2）若某人用力回握对方的手，表明此人具有好动、热情的性格，凡事比较主动。美国人大都喜欢采用这种方式的握手；反之不用力握手的人，若不是个性懦弱、缺乏气魄，便是傲慢矜持、摆架子。

（3）凝视对方再握手，是想将对手置于心理上的劣势地位。先注视一下对方，相当于审查对方是否有资格与其握手的意思。

（4）向下握手，表示想取得主动、优势或支配地位，手掌向下，是居高临下的意思；相反，手掌向上，是性格软弱，处于被动、劣势或受人支配的表现。手掌向上有一种向对方投靠的含义。

（5）两只手握住对方的一只手并上下摆动，往往表示热情欢迎、真诚感谢、有求于人、肯定契约关系等意义。在日常生活中，我们常常可以看到，为了表示感谢对方或欢迎对方，或恳求对方等，一方会用两只手去握住对方的一只手。

### 6. 下肢动作的语言

（1）"二郎腿"。与对方并排而坐时，对方若架着"二郎腿"并上身向前向你倾斜，意味着合作态度；反之则意味着拒绝、傲慢或有较强的优越感。相对而坐时，对方架着"二郎腿"却正襟危坐，表明他是比较拘谨、欠灵活的人，且自觉处于很低的交易地位，成交期望值很高。

（2）架腿（把一只脚架在另一条腿的膝盖或大腿上）。对方与你初次打交道时就采取这个姿势并仰靠在沙发靠背上,通常带有倨傲、戒备、怀疑、不愿合作等意味。若上身前倾同时滔滔不绝地说话,则意味着对方是个热情但文化素质较低的人,对谈判内容感兴趣。如果频繁变换架腿姿态,则表示情绪不稳定、焦躁不安或不耐烦。

(3)并腿。交谈中始终或经常保持这一姿势并上身直立或前倾的对手,意味着谦恭、尊敬,表明对方有求于你,自觉交易地位低下,成交期望值很高。时常并腿后仰的对手大多小心谨慎,思虑细致全面,但缺乏自信心和魄力。

(4)分腿。双膝分开、上身后仰者,表明对方是充满自信的、愿意合作的、自觉交易地位优越的人,但要指望对方做出较大让步是相当困难的。

(5)摇动足部,或用足尖拍打地板,或抖动腿部,都表示焦躁不安、无可奈何、不耐烦或欲摆脱某种紧张情绪。

(6)双脚不时地幅度交叉后又解开,这种反复的动作表示情绪不安。

**7. 腰部动作的语言**

腰部在身体上起"承上启下"的支持作用,腰部位置的"高"或"低"与一个人的心理状态和精神状态是密切相关的。

(1)弯腰动作。比如鞠躬、点头哈腰属于低姿势,把腰的位置放低,精神状态随之"低"下来,向人鞠躬是表示某种"谦逊"的态度或表示尊敬。如在心理上自觉不如对方,甚至惧怕对方时,就会不自觉地采取弯腰的姿势。

从"谦逊"再进一步,即演变成服从、屈从,心理上的服从反映在身体上就是一系列在居于优势的个体面前把腰部放低的动作,如跪、伏等。因此,弯腰、鞠躬、作揖、跪拜等动作,除了礼貌、礼仪的意义之外,都是服从或屈从对方,压抑自己情绪的表现。

(2)挺直腰板,使身体及腰部位置增高的动作,则反映出情绪高昂、充满自信。经常挺直腰板站立,行走或坐下的人往往有较强的自信心及自制和自律的能力,但为人可能比较刻板,缺少弹性或通融性。

(3)手叉腰间,表示胸有成竹,对自己面临的事物已做好精神上或行动上的准备,同时也表现出某种优越感或支配欲。有人将这视做领导者或权威人士的风度。

**8. 腹部动作的语言**

腹部位于人体的中央部位,它的动作带有极丰富的表情与含义。在我国,一直重视腹部的精神上的含义,把腹、肚、肠视为高级精神活动与文化的来源以及知识、智慧的储藏所。若某人有学问,就称为"满腹经纶";作家构思叫作打"腹稿"等。

(1)凸出腹部,表现出自己的心理优势,自信与满足感,可谓腹部是意志与胆量的象征。这一动作也反映了意在扩大自己的势力圈,是威慑对方,使自己处于优势或支配地位的表现。

(2)抱腹蜷缩,表现出不安、消沉、沮丧等情绪支配下的防卫心理,病人、乞丐常常这样做。

（3）解开上衣纽扣而露出腹部，表示开放自己的势力范围，对于对方不存戒备之心。

（4）系皮带、腰带的动作与传达腹部信息有关。重新系一下皮带是在无意识中振作精神的意思与迎接挑战的意识。反之，放松皮带则反映出放弃努力和斗志开始松懈，有时也意味着紧张的气氛中的暂时放松。

（5）腹部起伏不停，反映出兴奋或愤怒；极度起伏，意味着那是因爆发的兴奋与激动状态而导致呼吸的困难所致。

（6）轻拍自己的腹部，表示自己有风度、雅量，同时也包含着经过一番较量之后的得意心情。

### 9．其他姿态的语言

（1）交谈时，对方头部保持中正，时而微微点点头，说明他对你的讲话既不厌烦，也不感兴趣；若对方将头侧向一边，尤其是倾向讲话人的一边，则说明他对所讲的事情很感兴趣；若对方把头垂下，甚至偶尔合眼似睡，则说明他对所讲的事兴趣索然。

（2）谈话时，对方不断变换站、坐等体位，身体不断摇晃，常表示他焦躁和情绪不稳；不时用一种单调的节奏轻敲桌面，则表示他极度不安，并极具警戒心。

（3）交谈时，对方咳嗽常有许多含义，有时是焦躁不安的表现，有时是稳定情绪的缓冲，有时是掩饰说谎的手段，有时听话人对说话人的态度过于自信或自夸表示怀疑或惊讶而用假装清清喉咙来表示对他的不信任。

（4）洽谈时，若是戴眼镜的对方将眼镜摘下，或拿起放在桌上的眼镜把镜架的挂耳靠在嘴边，两眼平视，表示想用点时间稍加思考；若摘下眼镜，轻揉眼睛或轻擦镜片，常表示对争论不休的问题厌倦或是喘口气准备再战；若猛推一下眼镜，上身前倾，常表示因某事而气愤，可能进行反攻。

（5）拿着笔在空白纸上画圈圈或写数字等，双眼不抬，若无其事的样子，说明已经厌烦了；拿着打火机，打着了火，观看着火苗，也是一副烦相；放下手中物品，双手撑着桌子，头向两边看看后，双手抱臂向椅子上一靠，暗示对方：没有多少爱听的啦！随你讲吧；把桌子上的笔收起，本子合上，女士则照镜子或拢拢头发、整整衣裙，都是准备结束的架势。

（6）扫一眼室内的挂钟或手腕上的表，收起笔，合上本，抬眼看着对手的眼睛，似乎在问："可以结束了吧？"这种表现足以说明"别谈了"的意思；给助手使个眼神或做个手势（也可小声说话），收拾桌上的东西，起身离开会议室，或在外面抽支烟、散散步，也表明对所言无望，可以结束谈判了。

以上是谈判及交往中常见的动作语言及其能传送的信息。当然，这些动作仅仅是就一般情况而言的，不同的民族、地区，不同的文化层次及个人修养，其在动作、姿势及其所传达的信息方面都是不同的，应在具体环境下区别对待。另外，我们在观察对方动作和姿态时，不能只从某一个孤立的、静止的动作或姿态去进行判断，而应从其连续的、一系列的动作进行分析和观察，特别是应结合讲话时的语气、语调等进行综合分析，这样才能得出比较真实、全面、可信的结论。

需要指出的是,在商务谈判过程中,对方完全可能会利用某些动作、姿态来迷惑我们,这就需要我们从对方连续一贯的动作来进行观察,或者与对方前后所做的动作以及当时对方讲话的内容、语音、语气和语调等相联系,以便从中寻找到破绽,识别其真伪,然后采取必要的措施。

## 三、商务谈判的副语言

商务谈判的副语言是伴随着有声语言出现的。它包括语气、语调、语速、停顿等,是语言表达中不可缺少的部分。

### 1. 语气

同样一句话,语气不同,所赋予的含义也就不同。谈判者应以准确表达自己的观点为出发点,来把握自己的语气,从而达到让对方准确理解自己的目的。

### 2. 语调

谈判者使用不同的语调,可以表达出各种错综复杂的感情。一句话用 10 种不同的语调来念,就会有 10 种不同的意思表达效果。一个字、一个词、一个句子的写法只有一种,可说法却可能有许多种。复杂多变的语调是具有很强意思表达功能的口语艺术。语调的构成比较复杂,语速的停转连续、音量的轻重强弱、音调的抑扬顿挫及音质都会影响语调。一般来说,语调可分为平直调、上扬调、降抑调和弯曲调四种类型。

(1)平直调。其语调特征是平稳、语势舒缓。一般用来表达从容、庄重的感情。如,我们希望贵方能以现金支付。

(2)上扬调。其语调特征是前低后高,语势呈上升趋势。一般用来表达怀疑、激动、愤怒、斥责的感情。如,什么意思,你懂什么!

(3)降抑调。其语调特征是前高后低,语势呈下降趋势,一般用来表达坚定、自信、感叹、祝愿的事情。如,哪有这回事?

(4)弯曲调。其语调特征是有升有降,语势曲折多变。一般用来表达忧虑、讽刺、调侃、怀疑的感情。如,为什么不借 100 万元整数而只借 90 万元?

因此,在谈判中可以通过对方说话声音高低抑扬的变化来窥探其情绪的波动。同样一句话,由于语调的高低升降不同,可以表达出不同的含义。谈判者在讲话时要充分利用不同的语调变化,根据语言表达的不同内容和不同需要,变换不同的语调。这样,谈判语言层次分明,感染力大大加强。

### 3. 语速与节奏

语速对阐述效果影响很大。语速过快,对方听不清楚,表现出紧张、激烈的情绪,会让对方感到压力;语速过慢,又会使对方难辨主次,而且觉得犹豫、沉重。在谈判中说话过快或过慢都是不好的。应该合理变换语速,有些话说得快些,有些话则说得慢些,快慢结合,这样才能充分调动对方,吸引对方。

节奏是音量的大小、强弱、音调的高低升降、音速的快慢缓急等因素组合的有秩序、有节怕变化、有规律的声音。节奏过于缓慢,很难引起对方的注意和兴趣,常使对方分心;节奏过快,很难使人立即接受并理解其具体真正的含义,给信息沟通带来麻烦。所以节奏技巧的处理是让它有张有弛,有抑有扬。该平和的地方就放慢节奏,娓娓道来;该展示气度胸怀时,就要有高屋建瓴的气度,使整席话就如同一首好听的歌一样和谐。

---

**【趣味阅读】**

罗西是意大利的悲剧影星。有一次,他应邀参加一个欢迎外宾的宴会,席间,许多外国客人要求他表演一段悲剧。于是,他以缓慢的语速、动情的语调和悲哀的表情念了一段"台词",使得整个宴会气氛变得凄凉悲怆,尽管客人听不懂他的"台词"内容,但是他们不由得落下了同情的泪水。可是一位意大利人却忍不住跑出会场大笑不止。原来,悲剧影星念的"台词"是宴会席上的菜单。

**【启示】**

这个小故事很有趣,罗西只是用了不一样的语调竟然起到了意想不到的效果,使得在场的观众产生了强烈的共鸣,受到了很深的感染,足见语音、语调的重要影响力。其实,在商务谈判中也是这样,谈判者要想使自己的话富有说服力,能够打动人心,除了说话的内容精辟、言辞美妙之外,还要注意说话的语速、语调。

---

**4. 重音**

重音就是说话时着重突出某个字、词以示强调。一般来说,重音有三种类型:

(1) 逻辑重音。根据谈判者目的不同而强调句子中不同的词语。它在句子中没有固定的位置。例如,

(我们)不相信贵方会这样做。

我们不相信(贵方)会这样做。

我们不相信贵方会(这样)做。

(2) 语法重音。根据一句话的语法结构规律而说成重音。定语、状语常是语法重音。

(3) 感情重音。为了表达思想感情,谈判者在一句话、几句话甚至一段话中对某些音节加重音量。

**5. 停顿**

停顿是因为内容表达和生理、心理的需要而在说话时所做的间歇。谈判者为了表示某种特定的意思而有意安排的停顿,可以引起对方的注意,强调我方的重点,达到"此时无声胜有声"的境界。一般来说,停顿可分为四种。

(1) 语法停顿。语法停顿是指按照标点符号所做的间歇。诸如遇到句号、逗号、顿

号、分号等都可做或长或短的停顿。

(2)逻辑停顿。逻辑停顿是指为了突出强调某一事物或显示某一语音而做的停顿。逻辑停顿有时打破标点符号的局限,在无标点处停顿。这种情况一般与逻辑重音相配合。

(3)感情停顿。感情停顿是指因感情需要而做的停顿。它受感情支配,有丰富的内在含义和饱满的真情实感,多用来表达沉吟思考、情感激动、恼怒愤慨等情感。

(4)生理停顿。生理停顿是指说话时在长句子中间合适的地方顿一顿、换一口气。

在谈判过程中,谈判者可以用停顿来突出、强调自己的观点或意图,吸引对方的注意力;也可以通过恰当的停顿,给对方留下一定的思考时间,促使对方更充分、深入地分析、思考这些话的内涵,便于他接受己方的观点,达到对所讨论问题的共识。

总的来说,语音的停顿、升降、快慢并不是互相孤立的,而是密切联系、相互渗透、同时出现的。它们的使用也必须从谈判语言运用的实际出发,灵活地加以变化,从而有效地增强语言的说服力和感染力,起到促进谈判双方间相互沟通的作用。

## 阅读拓展

### 语言的视角决定交易的成败

一农夫在集市上卖玉米。因为他的玉米棒子特别大,所以吸引了大批买主。其中一个买主在挑选的过程中发现很多玉米棒子上有虫子,于是他故意大惊小怪地说:"伙计,你的玉米棒子倒是不小,只是虫子太多了,你还是把玉米挑回家吧,我们到别的地方去买好了。"

买主一边说着,一边做着夸张滑稽的动作,把众人都逗乐了。农夫见状,一把从他手中夺过玉米,面带微笑却又一本正经地说:"朋友,我说你是从来没有吃过玉米咋的?我看你连玉米质量的好坏都分不清,玉米上有虫,说明我没有施用农药,是天然植物,连虫子都爱吃我的玉米棒子,可见你这人不识货!"接着,他又转过脸对其他人说:"各位都是有见识的人,你们评评理,连虫子都不愿意吃的玉米棒子就好么?价钱比这高的玉米棒子就好么?你们再仔细瞧瞧,我这些虫子都很懂道理,只是在棒子上打了一个洞而已,棒子可还是好棒子呀!我可从来没有见过像他这么说话的虫子呢!"

他说完了这番话,又把嘴凑在那位故意习难的买主耳边,故作神秘状,说道:"这么大、这么好吃的棒子,我还真舍不得这么便宜地就卖了呢!"

农夫的一席话,把他的玉米棒子个大、好吃,虽然有虫但是售价低这些特点都一一表达了出来,众人被说得心服口服,纷纷掏出钱来,不一会儿工夫,农夫的玉米销售一空。

同一个玉米,农夫和买主却有两个完全不同的评论,好坏的判断有时候只在于语言的角度。语言交锋是谈判的基本功,用巧妙的语言化解不利于己方的问题,在谈判过程中很重要。

资料来源:方其.商务谈判[M].北京:中国人民大学出版社,2011.

## 【本章小节】

1. 所谓语言,是指人类所特有的用来表达意思、交流思想的工具,是一种特殊的社会现象,由语音、词汇和语法构成一定的系统。语言包括有声语言与无声语言,其中,有声语言的运用是重点,既要学习其理论,更要重视其训练,只有经过多次模拟或实战训练,才能把握其要领,领悟其真谛。

2. 商务谈判的语言多种多样,从不同的角度或依照不同的标准,可以把它分成不同的类型。依据语言的表达方式不同,商务谈判语言可以分为有声语言和无声语言;依据语言的表达特征,商务谈判语言可分为专业语言、法律语言、外交语言、文学语言、军事语言等。

3. 商务语言运用应遵守客观性原则、针对性原则、逻辑性原则、说服性原则、隐含性原则、规范性原则。

4. 商务谈判有声语言运用中要注意倾听的技巧、问的技巧、答的技巧、叙述的技巧、辩论的技巧、说服的技巧。

5. 身体语言是指谈判中人体外表的各个部分(如眼睛、脸、嘴、手、腿、脚、腰等)通过其动作传递的信息和表达的意愿。无声语言在信息传递中起着十分重要的作用,它可以代替、暗示、调节有声语言,使语言的表达效果更加直接、全面。

6. 身体行为语言是指那些包括目光、表情、身体运动、触摸、体态、身体间的空间距离等在内的非言语性的身体信号。包括:眼睛动作的语言、眉毛动作的语言、嘴巴动作的语言、吸烟动作的语言、上肢动作的语言、下肢动作的语言、腰部动作的语言、腹部动作的语言等,这些语言在人际沟通中有着口头语言所无法替代的作用。

7. 商务谈判的副语言是伴随着有声语言出现的。它包括语气、语调、语速、停顿等,是语言表达中不可缺少的部分。

## 【思 考 题】

1. 商务谈判运用的类型及运用原则有哪些?
2. 商务谈判有声语言的运用技巧有哪些?
3. 无声语言在传递中具有哪些作用?
4. 商务谈判无声语言的运用技巧有哪些?
5. 商务谈判的副语言有哪些?

# 【案例分析】

## "1 500 美元"的赔偿

一位世界著名谈判家的邻居是一位医生，在一次台风过后，医生的房子受到了严重的损害。医生希望能从保险公司多获得赔偿，但自感自己没有这种能力，于是找到了这位谈判家。

谈判家答应帮忙，并问医生："你希望能得到多少赔偿呢？"

医生回答："我希望通过你的帮助，保险公司能赔偿我 500 美元。"

谈判家点点头，然后又问道："那么请你实实在在地告诉我，这场台风究竟使你损失了多少钱？"

医生回答道："我的房子实际损失在 500 美元以上。"

几个小时以后，保险公司的理赔调查员找到了谈判家，并对他说："我知道，像您这样的专家，对于大数目的谈判是权威，但这次您恐怕无法发挥才能了，因为根据现场的调查情况，我们不可能赔得太多。请问，如果我们只赔您 300 美元，您觉得怎么样？"

谈判家沉吟了一会，然后对调查员说："你的顾客受到这么大的损失，你居然还有心思开玩笑？任何人都不可能接受这样的条件。"双方沉默了一会儿，理赔调查员打破了僵局："您别把刚才的价钱放在心上，不过我们最多也就能赔 400 美元了。"

谈判家回答："看一看毁坏的现场，你就会知道这点钱是多么的可怜。绝对不行！"

"好吧，好吧，500 美元总该行了吧？"

在谈判家的一再坚持下，这一桩房屋理赔案的谈判，最终竟以不可思议的 1 500 美元的赔偿了结，这大大出乎医生的预料。

资料来源：王景山.商务谈判[M].西安：西北工业大学出版社，2009.

## 【讨论题】

谈判家到底从理赔员的谈话中听出了什么，以致他放心大胆地与对方讨价还价，甚至当对方出到他和医生预先设定的价格时仍不让步？

# 第 十 章

# 商务谈判僵局的处理

谈判就是为了寻求双方利益的临界点。

——作者

## 【学习目标与重点】

1. 商务谈判僵局的含义及产生的原因。
2. 商务谈判僵局的利用与制造。
3. 商务谈判中僵局的处理方法。
4. 商务谈判气氛控制。
5. 商务谈判僵局处理应注意的事项。

## 【关键词】

1. 商务谈判僵局(business negotiations impasse)
2. 语言适度(language appropriate)
3. 休会策略(adjournment of the strategy)
4. 调解(mediate;conciliation)
5. 交叉式让步(cross type concessions)

## 案例导入

### 有意的安排

有一次,中、美两家公司进行贸易谈判。美方代表依仗自己的技术优势,气焰嚣张地提出非常苛刻的条件让中方无法接受,谈判陷入僵持状态,无法继续进行下去。这时,美国代表团中的一位青年代表约翰·史密斯先生看不下去了,站起来说:"我看,中方代表的意见有一定的道理,我们可以考虑。"美方首席代表对这突如其来的内部意见感到十分恼火,对约翰·史密斯说:"你马上给我出去!"约翰·史密斯只得退出会场。这时谈判会场更是乌云密布,会谈随时都可能破裂。但此时美方的另一位代表向首席代表进言说:"是不是考虑一下,约翰·史密斯说得也有些道理。"美方首席代表皱着眉头很勉强地点了点头。中方代表看见对方有些松动,就做了一些小让步,使会谈继续下去,取得了较好的结果。

美方谈判人员的举动,是有意安排。为达到谈判目标,处理谈判过程中的僵局,预测对方的反应,有意策划一些场景也许会起到一定的作用。

资料来源:方其.商务谈判——理论、技巧与案例[M].北京:中国人民大学出版社,2011.

# 第一节　商务谈判僵局概述

## 一、商务谈判僵局的含义与类型

### (一)商务谈判僵局的含义

在商务谈判中,时常会因为各种原因,使谈判僵持不下,如意见分歧、相互猜疑、争论不止、气氛紧张等,我们把上述阻碍和影响谈判顺利进行的各种问题和因素称为商务谈判障碍。这些障碍的出现虽然属于正常,但如果处理不当,就会严重影响谈判协议的达成。因此,如何打破僵局、恰当地处理反对意见、有效地变被动为主动以及控制谈判的气氛等是每个谈判者面临的问题。

商务谈判僵局是指在商务谈判过程中,由于双方对所谈问题的利益要求差距较大,各方又都不肯做出让步,导致双方因暂时不可调和的矛盾而形成的对峙,从而使谈判呈现出一种不进不退的僵持局面。谈判僵局之所以经常出现,其原因就在于来自不同的企业、不同的国家或地区的谈判者在商务谈判中,双方观点、立场的交锋是持续不断的,当利益冲突变得不可调和时,僵局便出现了。出现僵局不等于谈判破裂,但它严重影响谈判的进程,如不能很好地解决,就会导致谈判破裂。要突破僵局,必须对僵局的性质、产生原因等问题进行透彻的了解和分析,才能正确地加以判断,从而进一步采取相应的策略和技巧,选择有效的方案,重回谈判桌,使谈判顺利地进行下去。

### (二)商务谈判僵局的类型

商务谈判僵局可以分为协议期僵局和执行期僵局两大类。协议期僵局是双方在磋商阶段意见产生分歧而形成的僵持局面。执行期僵局是在执行项目合同过程中双方对合同条款理解不同而产生的分歧,或出现了双方始料未及的情况而把责任有意地推向对方或他人,抑或一方未能严格履行协议而引起另一方的严重不满,由此而引起的责任分担不明确的争议。

协议期僵局又可以分为初期、中期、后期等不同阶段的僵局。

**1. 谈判初期**

谈判初期主要是谈判双方彼此熟悉、了解,建立融洽气氛的阶段,双方对谈判都充满了期待。因此,在谈判初期,僵局一般不会发生,除非由于误解,或由于双方对谈判准备得不够充分等原因,使一方感情受到很大伤害而有可能导致谈判草草收场,通常僵局很少在这个阶段发生。

**2. 谈判中期**

谈判中期是谈判的实质性阶段,双方需就有关技术、价格、合同条款等进行详尽讨论、协商,此时隐含于合作条件之中各自利益的差异会表现得越来越明显、越来越尖锐,谈判可能暂时朝着使双方难以统一的方向发展,产生谈判中期僵局。此种僵局在谈判中期常常会此消彼长,反反复复。有些僵局通过双方重新做些沟通,矛盾便可迎刃而解,有些则因双方不愿在关键问题上退让,而使谈判很长时间悬而难解决。因此,谈判中期僵局主要表现出纷繁多变的特点,谈判的破裂经常在这一阶段发生。

**3. 谈判后期**

谈判后期是双方达成协议阶段,在解决了技术、价格这些关键问题后,还要就诸如项目验收程度、付款条件等执行细节进行商议,特别是合同条款的措辞、语气经常容易引起争议。虽然合作双方的总体利益及其各自利益的划分已经通过谈判确认,但只要正式的合同尚未签订,总会留有未尽的权利。责任、义务、利益和一些细节尚需确认与划分。在大局已定的情况下,只需一方表现得大度一些,稍做让步便可为谈判划上圆满的句号。所以谈判后期产生的僵局一般不会像谈判中期那样棘手,但是这个时期的僵局仍然轻视不得,如果掉以轻心,有时仍会出现重大问题,甚至前功尽弃。

通常一个大型合作项目的谈判,又可以分成若干个子项目的谈判,这时,整个项目的合作条件很快通过谈判得以确定,而个别子项目的谈判却会出现僵持的局面。尽管这种子项目的合同标的金额占整个项目的比例不大,但是,只要其标的金额大到足以令合作双方感到有吸引力,那么,由于这种利益的划分而产生争执也就不足为怪了。

以谈判的具体内容来看,不同的谈判主题都会使谈判陷入僵局,例如,标的技术要求、项目的合作价格、项目实施的进度安排及其交付使用期限、履约地点、验收标准与验收程序、付款条件、违约责任等,也就是说,只要可能写入合同文本的内容,就有可能成为谈判僵局的导火线。值得一提的是,国际商务合作经常需要以多种文字表达的合同确定下来,因此合同的措辞很值得研究,特别是对同一事件的表达方式在合作双方各自母语中各不相同,往往会有多种解释,以至于造成分歧。当谈判双方对合同的理解有分歧与争议时,应以何种文本为准常常成为谈判桌上最后的争执。当然,在所有可能导致谈判僵局的谈判主题中,价格是最敏感,也是产生僵局频率最高的一个方面。

## 二、商务谈判僵局产生的原因

在谈判进行过程中,僵局无论何时都有可能发生,任何主题都有可能形成分歧与对立。表面上看,僵局出现的时机与形式、对峙程度的高低是令人眼花缭乱,不可名状的。然而,谈判陷入危机往往是由于双方感到在多方面谈判中期望相差甚远,并且在各个主题上这些差异相互交织在一起,难以出现缓解的迹象。造成谈判僵局的原因可能是多方面的,僵局并不是总是由于震惊世界的大事或者重大的经济问题才出现。根据一些谈判者的经验,许多谈判僵局和破裂是由于细微的事情引起的,诸如谈判双方性格的差异、怕丢面子;个人的权力限制;环境的改变;公司内部纠纷;与上司的工作关系不好以及缺乏决断的能力;谈判一方利用己方优势强迫另一方接纳己方的意图等。僵局的产生是由其中一个或几个因素共同作用而形成的。归纳起来,主要有以下几个方面。

### 1. 谈判一方故意制造谈判僵局

这是一种带有高度冒险性和危险性的谈判战略,即谈判的一方为了试探出对方的决心和实力而有意给对方出难题,搅乱视听,甚至引起争吵,迫使对方放弃自己的谈判目标而向己方目标靠近,使谈判陷入僵局,其目的是使对方屈服,从而达成有利于己方的交易。

故意制造谈判僵局的原因可能是过去在商务谈判中上过当、吃过亏,现在要给对方报复;或者自己处在十分不利的地位,通过给对方制造麻烦改变自己的谈判地位,并认为即使自己改变了不利地位也不会有什么损失。这样就会导致商务谈判出现僵局。制造僵局往往会改变谈判者在谈判中的处境,如果运用得当会取得满意的结果,因此,处于相对弱势的一方会通过主观刻意制造僵局争取主动。故意制造僵局是有风险的,谈判者必须认真研究此问题。

### 2. 双方立场观点对立争执导致僵局

在讨价还价的谈判过程中,如果双方对某一问题各持自己的看法和主张,意见存在分歧,那么,越是坚持各自的立场,双方之间的分歧就会越大。这时,双方真正的利益被这种表面的立场所掩盖,于是,谈判变成了一种意志力的较量,当冲突和争执激化、互不相让时,便会出现僵局。

在谈判过程中,谈判对手为了维护自己的正当利益,会提出自己的反对意见,当这些反对意见得不到解决时,便会利用制造僵局来迫使对方让步。如卖方认为要价不高,而买方则认为卖方的要价太高,卖方认为自己的产品质量没有问题,而买方则对产品质量不满意等,也可能是客观市场环境的变化造成的不能让步。例如,由于市场价格的变化,使原定的谈判让步计划无法实施,便会在谈判中坚持条件,使谈判陷入僵局。

经验证明,谈判双方在立场上关注越多,就越不能注意调和双方利益,也就越不可能达成协议。甚至谈判双方都不想做出让步,或以退出谈判相要挟,这就更增加了达成协议的困难。因为人们最容易在谈判中犯下立场观点对立争执的错误,这也是形成僵局的主要原因。

---

**【趣味阅读】**

2006 年元宵节刚过,代表中国钢厂的宝钢谈判人员马上就迎来了与世界三大矿业巨头的第三轮正式谈判。节前两轮预备性质的谈判和一轮非正式交流,传出了"谈判只能慢慢来"的消息。到了节后,谈判一下子进入了关键阶段。同时,"僵持"这个主调却依然不变。

根据各方汇总的情况显示,到目前为止,钢铁业和矿业对 2006 年度全球铁矿石市场走势的判断"方向相反"。矿业坚持涨价,而钢铁业坚持矿价必须下降。

针对近期市场上传出"中国钢厂可能接受不超过 10% 的铁矿石涨价"的传闻,熟悉谈判情况的人士认为这种可能性不大。目前日本新日铁、中国宝钢和欧洲阿塞洛的态度前所未有的坚决和一致,坚持认为铁矿石必须降低。

**【启　示】**

铁矿石价格相持不下,关键的障碍是市场判断和市场视角上的分歧,只有克服了基本分歧,等找到双方共赢的结合点,才能顺利进入报价阶段。

---

### 3．沟通障碍导致僵局

沟通障碍就是谈判双方在交流彼此情况、观点、洽商合作意向、交易的条件等的过程中,所可能遇到的由于主观与客观的原因所造成的理解障碍。由于双方文化背景的差异,一方语言中的某些特别表述难以用另一种语言准确表述出来而造成误解。

---

**【趣味阅读】**

某跨国公司总裁访问一家中国著名的制造公司,商讨合作发展事宜。中方总经理很自豪地向客人介绍说:"我公司是中国二级企业……"此时,翻译人员在翻译这句话时很自然地用"Second-class Enterprise"来表述。不料,该跨国公司总裁闻此,原本很高的兴致突然冷淡下来,敷衍了几句立即起身告辞。在归途中,他抱怨道:"我怎么能同一个中国的二流企业合作?"在我国,企业档案工作目标管理考评分为省(部)级、"国家二级"、"国家一级"三个等级。省(部)级是国家对企业档案工作的基本要求,"国家一级"为最高等级。可见,一个小小的沟通障碍,会直接影响到合作的可能与否。

**【启　示】**

双方文化背景差异所造成的沟通障碍,影响了双方合作的进行。

---

### 4．谈判人员的偏见或成见导致僵局

偏见或成见是指由感情原因所产生的对对方及谈判议题的一些不正确的看法。由于

产生偏见或成见的原因是对问题认识的片面性,即用以偏概全的办法对待别人,因而很容易引起僵局。

由于谈判人员对信息的理解受职业习惯、受教育的程度以及某些领域内的专业知识所制约。所以表面上看来,谈判人员对对方所讲的内容似乎已完全理解,但实际上这种理解却常常是主观、片面的,甚至往往与信息内容的实质情况完全相反。

---

**【趣味阅读】**

我国曾获得一笔世界银行某国际金融组织贷款,用以建筑一条二级公路。按理说,这对于我国现有建筑工艺技术和管理水平来说是一件比较简单的事情。然而负责这个项目的某国际金融组织官员,却坚持要求我方聘请外国专家参与管理,这就意味着我方要大大增加在这个项目上的开支,于是我方表示不能同意。我方在谈判中向该官员详细介绍了我们的筑路水平,并提供了有关资料,这位官员虽然提不出异议,但由于以往缺乏对中国的了解,或是受偏见支配,他不愿放弃原来的要求,这时谈判似乎已经陷入了僵局。为此,我方就特地请他去看了我国自行设计建造的几条高水准公路,并由有关专家做了详细的说明和介绍。正所谓百闻不如一见,心存疑虑的国际金融组织官员这才总算彻底信服了。

**【启示】**

谈判人员由于偏见或成见,而对问题产生片面性的认识,很容易引起谈判僵局。

---

### 5. 谈判人员的失误导致僵局

有些谈判者想通过表现自我来显示实力,从而使谈判偏离主题;或者争强好胜,提出独特的见解令人诧异;或者设置圈套,迷惑对方,使谈判的天平向着己方倾斜,以实现在平等条件下难以实现的谈判目标。但是在使用一些策略时,因时机掌握不好或运用不当,也往往导致谈判过程受阻及僵局的出现。

### 6. 谈判人员素质低下导致僵局

俗话说,事在人为,谈判人员素质的高低往往成为谈判能否顺利进行的决定性因素。无论是谈判人员工作作风方面的原因,还是谈判人员知识经验、策略技巧方面的不足或失误,都可能导致谈判陷入僵局。

### 7. 利益合理要求的差距导致僵局

许多商务谈判与此相仿,即使双方都表现出十分友好、坦诚与积极的态度,但是如果双方对各自所期望的收益存在很大差距,那么谈判就会搁浅。当这种差距难以弥合时,那么合作必然走向流产,僵局便会产生。

### 8. 客观环境的改变导致僵局

当谈判的外部环境,如价格、通货膨胀等因素发生时,谈判的一方不愿按原有的承诺签约,也会导致僵局产生。

### 9. 谈判人员的强迫手段导致僵局

谈判中,人们常常有意或无意地采取强迫手段而使谈判陷入僵局。特别是涉外商务谈判,由于不仅存在经济利益上的相争,还有维护国家、企业及自身尊严的需要。因此,某一方越是受到逼迫,就越是不会退让,谈判的僵局也就越容易出现。

# 第二节  商务谈判僵局的利用与制造

## 一、商务谈判僵局的利用原则

### (一)正确认识谈判的僵局

许多谈判人员把僵局视为谈判失败,企图竭力避免它,在这种思想的指导下,谈判人员不是在采取积极的措施加以缓和,而是消极躲避。在谈判开始之前,就祈求能顺利与对方达成协议,完成交易,别出意外,别出麻烦。特别是当他负有与对方签约的使命时,这种心情就更为迫切。这样一来,为避免出现僵局,就事事处处迁就对方,一旦陷入僵局,就会很快地失去信心和耐心,甚至怀疑起自己的判断力,对预先制订的计划也产生动摇。这种思想阻碍了谈判人员更好地运用谈判策略,结果可能会达成一个对己不利的协议。

应该看到,僵局出现对双方都不利。如果能正确认识、恰当处理,就能变不利为有利。只要具备勇气和耐心,在保全对方面子的前提下,灵活运用各种策略、技巧,僵局就不是攻克不了的堡垒。

当然谈判就此暂停乃至最终破裂都不是绝对的坏事。谈判暂停,可以使双方都有机会重新审慎地回顾各自谈判的出发点,既能维护各自的合理利益又能挖掘双方的共同利益。如果双方都逐渐认识到弥补现在的差距是值得的,并愿采取相应的措施,包括做出必要的进一步妥协,那么这样的谈判结果也真实地符合谈判原本的目的。即使出现了谈判破裂,也可以避免非理性的合作,而这种合作不能同时给双方都带来利益上的满足。

### (二)冷静地理性思考

在谈判实践中,有些谈判者会脱离客观实际,盲目地坚持自己的主观立场,甚至忘记了自己的出发点是什么;由此而引发的矛盾,当激化到一定程度的时候即形成了僵局。谈判者在处理僵局时,要能防止和克服过激情绪所带来的干扰。一名优秀的谈判者必须具备头脑冷静、心平气和的谈判素养。只有这样才能面对僵局而不慌乱。只有冷静思考,才能理清头绪,正确分析问题。这时,应设法建立一项客观的准则,即让双方都认为是公平的又易于实行的办事原则、程序或衡量事物的标准,充分考虑到双方潜在的利益到底是什么,从而理智地克服一味地希望通过坚持自己的立场来"赢"得谈判的做法。这样才能有效地解决问题,打破僵局;相反,靠拍桌子、踢椅子来处理僵局是于事无补的,反而会带来负面效应。

### (三)协调好双方的利益

当双方在同一问题上发生尖锐对立,并且各自理由充足,均无法说服对方,也不能接受对方的条件,从而使谈判陷入僵局时,应认真分析双方的利益所在,只有平衡好双方的利益才有可能打破僵局。使双方从各自的目前利益和长远利益两个方面来看问题,使双方的目前利益、长远利益做出调整,寻找双方都能接受的平衡点,最终达成谈判协议。因为如果都追求目前利益,可能都失去长远利益,这对双方都是不利的。只有双方都做出让步,以协调双方的关系,才能保证双方的利益都得到实现。

### (四)避免争吵

争吵无助于矛盾的解决,只能使矛盾激化。如果谈判双方出现争吵,就会使双方的对立情绪加重,从而很难打破僵局达成协议。即使一方在争吵中获胜,另一方无论从感情上还是心理上都很难持相同的意见,谈判仍有重重障碍。所以,一名谈判高手是通过据理力争,而不是通过同别人大吵大嚷来解决问题的。

---

**【趣味阅读】**

一个顾客找到了店经理,大声怒斥该店是骗子,是吸血鬼。原因是她买了一件羊毛衫,其成分不是纯羊毛的,缩水量过大。经理一眼就看出该顾客手中的那件羊毛衫不是该店出售的,但他没有发火,没有反唇相讥,没做无罪的抗辩,只是静静地倾听。

20分钟后那位顾客盛怒的"浪潮"过去了,经理笑了笑说:"我很理解你的心情,因为我也是一个消费者。但这件羊毛衫似乎不是我们店出售的。"经理提出了识别的理由。"不过,"经理接着说,"作为一名消费者,作为一名经理,我能帮你什么忙吗?"如果你是顾客,你还会发怒吗?几分钟后,顾客满怀歉意地离开了经理室。经理事后说:"如果我一上来就说这羊毛衫不是本店出售的,很可能引来反攻,会延长冲突的时间,败坏本店的声誉,甚至会导致上法院判决的麻烦事,当然判决我会赢,但它却要耗费我的精力和时间。"

**【启示】**

有时人们只要"发发牢骚",就可以得到心理的平衡。发泄之后,理性会重新指挥发泄者的行动。因而容忍其宣泄,是平息对手情绪的一个良方。在商务谈判中,当碰到对手要争吵、发动人身进攻时,要采取"容人发泄,以柔克刚"的策略。

### （五）语言适度

语言适度是指谈判者要向对方传播一些必要的信息,但又不透露己方的一些重要信息,同时积极倾听。这样不但和谈判对方进行了必要的沟通,而且可探出对方的动机和目的,形成对等的谈判气氛。

### （六）谈判双方加强沟通

一方面,双方多沟通信息,争取信息共享,这样会减少双方因信息占有量不均等所带来误会的可能性;另一方面,通过经常性沟通密切人际关系,减少敌视状态。此外,还应注意沟通的方式方法,如多倾听、多探求、少冲动、少辩论。

### （七）欢迎不同意见

不同意见,既是谈判顺利进行的障碍,也是一种信号。它表明实质性的谈判已经开始。如果谈判双方就不同意见互相沟通,最终达成一致意见,谈判就会成功在望。因此,作为一名谈判人员,不应对不同意见持拒绝和反对的态度,而应持欢迎和尊重的态度。这种态度会使我们能更加平心静气地倾听对方的意见,从而掌握更多的信息和资料,也体现了一名谈判者的宽广胸怀。

## 二、商务谈判僵局的利用原因

在商务谈判过程中,当僵局出现时,所形成的压力或许会使谈判另一方的信心产生动摇,从而为己方的谈判争取更有利的交易条件。因此,作为一个成熟的谈判者,可以利用僵局为己方的谈判服务。

谈判者在谈判过程中利用谈判僵局,主要有两种原因。

**1. 改变已有的谈判形势,提高己方在谈判中的地位**

这是那些处于不利地位的谈判者利用僵局的动机。由于谈判各方实力对比的差异,弱势一方在整个谈判过程中处于不利地位,他们没有力量与对方抗衡,为了提高自己的谈判地位,便采取制造僵局来拖延时间,以便利用时间来达到自己的谈判目标。

**2. 争取更有利的谈判条件**

这是那些处于平等地位的谈判者利用僵局的动机。有些谈判要求,仅在势均力敌的情况下是无法达到的,为了取得更有利的谈判条件,谈判者便谋求利用僵局的办法来提高己方的地位,使对方在僵局的压力下不断降低其期望值。当自己的地位提高而对方的期望值降低以后,最后再采用折中的方式结束谈判,以便使自己得到更有利的条件。

### 三、商务谈判僵局的制造

谈判者要利用僵局,首先需要制造僵局。制造僵局的基本原则是利用自己所制造的僵局给自己带来更大的利益。谈判僵局出现以后会有两种结果:打破僵局继续谈判或谈判破裂。

#### 1. 制造僵局的一般方法

制造僵局的一般方法是向对方提出较高的要求,要对方全面接受自己的条件。对方可能只接受己方的部分条件,即做出少量让步后便要求己方做出让步。己方此时如果坚持自己的条件,以等待更有利的时机的到来,而对方又不能再进一步做出更大让步时,谈判便陷入僵局。

#### 2. 制造僵局的基本要求

谈判者制造僵局的基本做法是向对方提出较高的要求,并迫使对方全面接受自己的条件,但要注意的是,这一高要求绝不能高不可攀,因为要求太高,对方会认为己方没有谈判诚意而退出谈判。因此,目标的高度应以略高于对方所能接受的最有利的条件为宜,以便最终通过自己的让步仍然以较高的目标取得谈判成功。同时,对自己要求的条件,要提出充分的理由说明其合理性,以促使对方接受自己提出的要求。

---

**【趣味阅读】**

20 世纪 80 年代中期,巴西与欧、美、日等发达国家或地区就债务问题进行了长时间的谈判,一方以逼债停货施加压力,另一方则以抗损拒还硬顶;一方批评对手"缺乏信用",另一方指责对方"转嫁危机"。在施压与自卫发展到白热化程度时,前巴西总统若瑟·萨尔内援引《罗马法》的一项规定,以国家元首的名义宣布巴西丧失偿债能力,在一段时间内停止偿付大部分外债本息,制造了一个轰动世界的僵局。这一僵局,把西方国家弄得目瞪口呆,同时使巴西暂时摆脱了困境。过了一段时间,当巴西与各大债权国恢复谈判时,西方国家不仅改变了原先咄咄逼人的气势,调整了谈判策略,而且面对巴西现实,以减免部分债额、降低部分债息、延长部分贷款的偿付期限、将部分外债转为投资等有利于巴西经济恢复发展的许诺,结束了长达数年的谈判争吵。

**【启示】**

谈判者要利用僵局,首先需要制造僵局。有经验的谈判者既善于制造僵局,又精通利用僵局的技巧,常常在谈判的某一阶段有意制造僵局以实现自己的意图。

# 第三节　商务谈判中僵局的处理方法

## 一、打破谈判僵局的方法

谈判出现僵局,就会影响谈判协议的达成。无疑,这是谈判人员都不愿意看到的。因此,在双方都有诚意的谈判中,应尽量避免出现僵局。但是,谈判本身又是双方利益的分配,是双方的讨价还价,僵局的出现也就不可避免。因此,仅从主观愿望上不愿出现谈判僵局是不够的,也是不现实的,必须正确认识、慎重对待、认真处理这一问题,掌握处理谈判僵局的方法与技巧,从而更好地争取主动,为谈判协议的签订铺平道路。

### (一)用语言鼓励对方打破僵局

当谈判出现僵局时,你可以用话语鼓励对方:"看,许多问题都已经解决了,现在就剩下这一点了。如果不能够一并解决的话,那不就太可惜了吗?"这种说法,看似很平常,实际上却能鼓动人,发挥出很大的作用。

对于牵涉多项讨论议题的谈判,更要注意打破存在的僵局。例如,在一场包含六项议题的谈判中,有四项是重要议题,其余两项是次要议题。现在假设四项重要议题中已有三项获得协议,只剩下一项重要议题和两项小问题了,那么,针对僵局你可以这样告诉对方:"四个难题已解决了三个,剩下一个如果也能一并解决的话,其他的小问题就好办了,让我们再继续努力,好好讨论讨论唯一的难题吧!如果就这样放弃了,前面的工作就都白做了,大家都会觉得遗憾的!"听你这么说,对方多半会同意继续谈判,这样僵局就自然化解了。

叙述旧情,强调双方的共同点。就是通过回顾双方以往的合作历史,强调和突出共同点和合作的成果,以此来削弱彼此的对立情绪,以达到打破僵局的目的。

### (二)采取横向式的谈判打破僵局

当谈判陷入僵局,经过协商而毫无进展,双方的情绪均处于低潮时,可以采用避开话题的办法,换一个新的话题与对方谈判,以等待高潮的到来。横向谈判是回避低潮的常用方法。由于话题和利益间的关联性,当其他话题取得成功时,再回来谈陷入僵局的话题,就会比以前容易得多。

先撇开争议的问题,谈另一个问题,而不是盯住一个问题不放,不谈妥誓不罢休。例如,在价格问题上双方互不相让,僵住了,可以先暂时搁置一旁,改谈交货期、付款方式等其他问题。如果在这些议题上对方感到满意了,再重新回过头来讨论价格问题,阻力就会小一些,商量的余地也就更大些,从而起到弥合分歧的作用,使谈判出现新的转机。

### （三）寻找替代的方法打破僵局

俗话说得好："条条大路通罗马"，在商务谈判中也是如此。谈判中一般存在多种可以满足双方利益的方案，而谈判人员经常简单地采用某一方案，而当这种方案不能为双方同时接受时，僵局就会形成。

商务谈判不可能总是一帆风顺的，双方磕磕碰碰是很正常的事，这时，谁能创造性地提出可供选择的方案，谁就掌握了谈判的主动权。不过，在谈判开始就试图确定什么是唯一的最佳方案，就往往阻止了许多其他可选择的方案的产生。相反，在谈判准备时期，若能构思彼此有利的更多方案，往往会使谈判如顺水行舟，一旦遇到有障碍，只要及时"调转船头"，就能顺畅无误地到达目的地。

打破谈判僵局也可以对一个方案中的某一部分采用不同的替代方法，可选择以下几种方案。

（1）另选商议的时间，例如，彼此约定好重新商议的时间，以便讨论较难解决的问题。因为到那时也许会有更多的资料和更充分的理由。

（2）改变售后服务的方式，例如，建议减少某些烦琐的手续，以保证日后的服务。

（3）改变承担风险的方式、时限和程度。在交易的所得所失不明确的情况下，不应该讨论分担的问题，否则只会导致争论不休。同时，如何分享未来的损失或者利益，可能会使双方找到利益的平衡点。

（4）改变交易的形态，使互相争利的情况改变为同心协力、共同努力的团体。让交易双方老板、工程师、技工彼此联系，互相影响，共同谋求解决的办法。

（5）改变付款的方式和时限。在成交的总金额不变的情况下，加大定金，缩短付款时限，或者采用其他不同的付款方式。

### （四）运用休会策略打破僵局

休会策略是谈判人员为控制、调节谈判进程，缓和谈判气氛，打破谈判僵局而经常采用的一种基本策略。谈判中，双方因观点产生差异、出现分歧是常有的事，如果各持己见、互不妥协，往往会出现僵持严重以致谈判无法继续的局面。这时，如果继续进行谈判，双方的思想还沉浸在刚才的紧张气氛中，结果往往是徒劳无益，有时甚至适得其反，导致以前的成果付诸东流。因此，比较好的做法就是休会，因为这时双方都需要找到时间进行思索，使双方有机会冷静下来，或者每一方的谈判成员之间需要停下来，客观地分析形势、统一认识、商量对策。

谈判会场是正式的工作场所，容易形成一种严肃而又紧张的气氛。当双方就某一问题发生争执，各持己见，互不相让，甚至话不投机、横眉冷对时，这种环境更容易使人产生一种压抑、沉闷的感觉和烦躁不安的情绪,使双方对谈判继续下去都没有兴致。在这种情况下,可暂时停止会谈或双方人员去游览、观光、出席宴会、观看文艺节目,也可以到游艺室、俱乐部等地方消遣,把绷紧的神经松弛一下,缓和一下双方的对立情绪。这样,在轻松愉快的环境中,大家的心情自然也就放松了。更主要的是,通过游玩、休息、私下接触,双方可以进一步熟悉、了解,消除彼此间的隔阂;也可以不拘形式地就僵持的问题继续交换意见,寓严肃的讨论和谈判于轻松活泼、融洽愉快的气氛之中。这时彼此间心情愉快,人也变得慷慨大方,谈判桌上争论了几个小时无法解决的问题、障碍,在这里也许会迎刃而解。休会后再按预定的时间、地点坐在一起时,会对原来的观点提出新的、修正的看法。这时,僵局就会较容易打破。

把休会作为一种积极的策略加以利用,可以达到以下目的。

(1) 仔细考虑争议的问题,构思重要的问题。可进一步对市场形势进行研究,以证实自己原来观点的正确性,思考新的论点与自卫方法。

(2) 可以召集各自谈判小组成员,集思广益,商量具体的解决办法,探索变通途径。

(3) 检查原定的策略及战术。

(4) 研究讨论可能的让步。

(5) 决定如何应付对手的要求。

(6) 分析价格、规格、时间与条件的变动。

(7) 阻止对手提出尴尬的问题。

(8) 排斥讨厌的谈判对手。

(9) 缓解体力不支或紧张情绪。

(10) 应付谈判出现的新情况。

(11) 缓和谈判一方的不满情绪,商量具体的解决办法。

休会一般先由一方提出,只有经过双方同意,这种策略才能发挥作用。怎样取得对方同意呢? 首先,提建议的一方应把握好时机,看准对方态度的变化,讲清休会时间。如果对方也有休会的要求,很显然会一拍即合。其次,要清楚并委婉地讲清需要,但也要让对方明白无误地知道。一般来说,参加谈判的各种人员都是有修养的,如东道主提出休会,客人出于礼貌,很少拒绝。最后,提出休会建议后,不要再提出其他新问题来谈,先把眼前的问题解决了再说。

### (五) 利用调节人调停打破僵局

在政治事务中,特别是在国家间、地区间的冲突中,由第三者出面作中间人进行斡旋,往往会获得意想不到的效果。商务谈判也完全可以运用这一方法来帮助双方有效地消除谈判中的分歧,特别是当谈判双方进入立场严重对峙、谁也不愿意让步的状态时,找到一位中间人来帮助调解,有时能很快使双方立场出现松动。

当谈判双方严重对峙而陷入僵局时,双方信息沟通就会发生严重障碍,互不信任,互相存在偏见甚至敌意,有些谈判又必须取得成果,而不能用中止或破裂结束,如索赔谈判,这时由第三者出面斡旋可以为双方保全面子,使双方感到公平,信息交流可以变得畅通起来。中间人在充分听取各方解释、申辩的基础上,能很快找到双方冲突的焦点,分析其背后所隐含的利益分歧,据此寻求弥合这种分歧的途径。谈判双方之所以自己不能这样做,主要还是"不识庐山真面目,只缘身在此山中"。

商务谈判中的中间人主要是由谈判者自己挑选的。不论是哪一方,它所确定的斡旋者应该是对对方熟识,为对方所接受的,否则就很难发挥其应有的作用。因此这就成了谈判一方为打破僵局而主动采取的措施。在选择中间人时不仅要考虑其能否体现公正性,而且还要考虑其是否具有权威性。这种权威性是使对方逐步受中间人影响,最终转变强硬立场的重要力量。而主动运用这一策略的谈判者就是希望通过中间人的作用,将自己的意志转化为中间人的意志来达到自己的目的。

常用的方法有两种:调解和仲裁。调解是请调解人拿出一个新的方案让双方接受。由于该方案照顾了双方的利益,顾全了双方的面子,并且以旁观者的立场对方案进行分析,因而很容易被双方接受。但调解只是一种说服双方接受的方法,其结果没有必须认同的法律效力。当调解无效时可请求仲裁。仲裁的结果具有法律效力,谈判者必须执行。但当发现仲裁人有偏见时,应及时提出;必要时也可以对他们的行为提起诉讼,以保护自己的利益不受损失。需要说明的是,由法院判决也是处理僵局的一种办法,但很少使用。因为一是法院判决拖延的时间太长,这对双方都不利;二是通过法院判决容易伤害双方的感情,不利于以后的交往。因此,除非不得已,谈判各方均不愿把处理僵局的问题提交法院审理。

当出现了比较严重的僵持局面时,彼此间的感情可能都受到了伤害。因此,即使一方提出缓和建议,另一方在感情上也难以接受。在这种情况下,最好寻找一个双方都能够接受的中间人作为调解人或仲裁人。

### (六) 更换谈判人员或者由领导出面打破僵局

谈判中出现了僵局,并非都是双方利益的冲突,有时可能是由谈判人员本身的因素造成的。双方谈判人员如果互相产生成见,特别是主要谈判人员,在争议问题时,对他方人格进行攻击,伤害了一方或双方人员的自尊心,必然会引起对方的怒气,会谈就很难继续进行下去,使谈判陷入僵局。即使是改变谈判场所,或采取其他缓和措施,也难以从根本上解决问题。形成这种局面的主要原因,是由于在谈判中不能很好地区别对待人与问题,由对问题的分歧发展为双方个人之间的矛盾。

类似这种由于谈判人员的性格、年龄、知识水平、生活背景、民族习惯、随便许诺、随意践约、好表现自己、对专业问题缺乏认识等因素造成的僵局,虽经多方努力仍无效果时,可以征得对方同意,及时更换谈判人员,消除不和谐因素,缓和气氛,就可能轻而易举地打破僵局,保持与对方的友好合作关系。这是一种迫不得已的、被动的做法,必须慎用。

然而有时在谈判陷入僵局时调换谈判人员倒并非出于他们的失职,而可以是一种自我否定的策略,用调换人员来表示:以前我方提出的某些条件不能作数,原来谈判人员的主张欠妥,因而在这种情况下调换人员也常蕴含了向谈判对方致歉的意思。

临阵换将,把自己一方对僵局的责任归咎于原来的谈判人,不管他们是否确实应该担负这种责任,还是莫名其妙地充当了替罪羊的角色。这种策略为自己主动回到谈判桌前找到了一个借口,缓和了谈判场上对峙的气氛。不仅如此,这种策略还含有准备与对手握手言和的暗示,成为我方调整、改变谈判条件的一种标志,同时这也向对方发出新的邀请信号:我方已做好了妥协、退让的准备,对方是否也能够做出相应的灵活表示呢?

谈判双方通过谈判暂停期间的冷静思考,若发现双方合作的潜在利益要远大于既有的立场差距,那么调换人员就成了不失体面、重新谈判的有效处理,而且在新的谈判氛围中,在经历了一场暴风雨后的平静中,双方都会更积极、更迅速地找到一致点,消除分歧,甚至做出必要的、灵活的妥协,僵局由此而可能得到突破。

但是,必须注意两点:第一,换人要向对方做婉转的说明,使对方能够予以理解;第二,不要随便换人,即使出于迫不得已而换,事后也需要对替换下来的谈判人员做一番工作,不能挫伤他们的积极性。在有些情况下,如协议的大部分条款都已商定,却因一两个关键问题尚未解决而无法签订合同。这时,我方也可由地位较高的负责人出来参与谈判,表示对僵持问题的关心和重视。同时,这也是在向对方施加一定的心理压力,迫使对方放弃原先较高的要求,做出一些妥协,以利协议的达成。

### (七) 有效退让打破僵局

达到谈判目的的途径是多种多样的,谈判结果所体现的利益也是多方面的,有时谈判双方对某一方面的利益分割僵持不下,就轻易地让谈判破裂,这实在是不明智的。他们没有想到其实只要在某些问题上稍做让步,而在另一些方面就能争取更好的条件。这种辩证的思路是一个成熟的商务谈判者应该具备的。

就拿从国外购买设备的合作谈判来看,有些谈判者常常因价格分歧而不欢而散,至丁诸如设备功能、交货时间、运输条件、付款方式等尚未涉及,就匆匆地退出了谈判。事实上,购货一方有时可以考虑接受稍高的价格,然而在购货条件方面,就更有理由向对方提出更多的要求,如增加若干功能,或缩短交货期,或除在规定的年限内提供免费维修外还要保证在更长时间内免费提供易耗品,或分期付款等。

谈判犹如一个天平,每当我们找到了一个可以妥协之处,就等于找到了一个可以加重自己谈判的砝码。在商务谈判中,当谈判陷入僵局时,如果对国内、国际情况有了全面了解,对双方的利益所在又把握得恰当准确,那么就应以灵活的方式在某些方面采取退让的策略去换取另外一些方面的得益,以挽回本来看来已经失败的谈判,达成双方都能接受的合同。不能忘记坐在谈判桌上来的目的毕竟是为了成功而非失败。因此,当谈判陷入僵局时,我们应有这样的认识,即如果促使合作成功所带来的利益大于坚守原有立场而让谈判破裂所带来的好处,那么有效退让就是我们应该采取的策略。

### (八)场外沟通打破僵局

谈判会场外沟通亦称"场外交易"、"会下交易"等。它是一种非正式谈判,双方可以无拘无束地交换意见,达到沟通、消除障碍、避免出现僵的目的。对于正式谈判出现的僵局,同样可以用场外沟通的途径直接进行解释,消除隔阂。

(1)谈判双方在正式会谈中,相持不下,即将陷入僵局。彼此虽有求和之心,但在谈判桌上碍于面子,难以启齿。

(2)当谈判陷入僵局,谈判双方或一方的幕后主持人希望借助非正式的场合进行私下商谈,从而缓解僵局。

(3)谈判双方的代表因为身份问题,不宜在谈判桌上让步以打破僵局,但是可以借助于私下交谈打破僵局,这样又可不牵扯身份问题。例如,谈判的领导者不是专家,但实际做决定的却是专家。这样,在非正式场合,专家就可不因为身份问题而出面从容商谈,打破僵局。

(4)谈判对手在正式场合严肃、固执、傲慢、自负、喜好奉承。这样,在非正式场合给予其恰当的恭维(因为恭维别人不宜在谈判桌上进行),就有可能使其做较大的让步,以打破僵局。

(5)谈判对手喜好郊游、娱乐。这样,在谈判桌上谈不成的东西,在郊游和娱乐的场合就有可能谈成,从而打破僵局,达成有利于己方的协议。

运用场外沟通应注意以下问题。

(1)谈判者必须明确,在一场谈判中用于正式谈判的时间是不多的,大部分时间都是在场外度过的,必须把场外活动看作是谈判的一部分。场外谈判往往能得到正式谈判得不到的东西。

(2)不要把所有的事情都放在谈判桌上讨论,而是要通过一连串的社交活动讨论和研究问题的细节。

(3)当谈判陷入僵局时,就应该离开谈判桌,举行多种娱乐活动,使双方无拘无束地交谈,促进相互了解,沟通感情,建立友谊。

(4)借助社交场合,主动和非谈判代表的有关人员(如工程师、会计师、工作人员等)交谈,借以了解对方更多的情况,往往会得到意想不到的收获。

(5)在非正式场合,可由非正式代表提出建议、发表意见,以促使对方思考,因为即使这些建议和意见不利于对方,对方也不会追究,毕竟讲这些话的不是谈判代表。

### (九) 利用"一揽子"交易打破僵局

所谓"一揽子"交易,即向对方提出谈判方案时,好坏条件搭配在一起,像卖"三明治"一样,要卖一起卖,要同意一齐同意。往往有这种情况,卖方在报价里面包含了可让与不可让的条件。所以向他还价时,可采用把高档与低档的价格夹在一起还的做法。比如把设备、备件、配套件三类价格均分出三个方案,这样报价时即可获得不同的利润指标。在价格谈判时,卖方应视谈判气氛、对方的心理再妥协让步。作为还价的人也应同样如此,即把对方货物分成三档价,还价时取设备的档价、配套件的档价、备件的档价,而不是都为一个档价。这样做的优点在于有吸引力,具有平衡性,对方易于接受,可以起到突破僵局的作用。尽管在一次还价总额高的情况下该策略不一定有突破僵局的作用,但仍不失为一个合理还价的较好策略。

### (十) 适当馈赠打破僵局

谈判者在相互交往的过程中,适当地互赠些礼品,会对增进双方的友谊、沟通双方的感情起到一定的作用,也是普通的社交礼仪。西方学者幽默地称之为"润滑策略"。每一个精明的谈判者都知道,给予对方热情的接待、良好的照顾和服务,对于谈判往往产生重大的影响。它对于防止谈判出现僵局是一个行之有效的途径,这等于直接明确地向对手表示"友情第一"。

所谓适当馈赠,就是说馈赠要讲究艺术,一是注意对方的习俗,二是防止贿赂之嫌。有些企业为了达到自身的利益乃至企业领导人、业务人员自己的利益,在谈判中把送礼这一社交礼仪改变了性质,使之等同于贿赂,不惜触犯法律,这是错误的。所以,馈赠礼物要是在社交范围之内的普通礼物,突出"礼轻情义重"。谈判时,招待对方吃一顿地方风味的午餐,陪对方度过一个美好的夜晚,赠送一些小小的礼物,并不是贿赂,提供这些平常的招待也不算是道德败坏。如果对方馈赠的礼品比较贵重,通常意味着对方要在谈判中"索取"较大的利益。对此,要婉转地暗示对方礼物"过重",予以推辞,并要传达出自己不会因礼物的价值而改变谈判的态度的信息。

### (十一) 以硬碰硬打破僵局

当对方通过制造僵局,给你施加太大压力时,妥协退让已无法满足对方的欲望,应采用以硬碰硬的办法向对方反击,让对方自动放弃过高要求。比如,揭露对方制造僵局的用心,让对方自己放弃所要求的条件。有些谈判对手便会自动降低自己的要求,使谈判得以进行下去,也可以离开谈判桌,以显示自己的强硬立场;如果对方想与你谈成这笔生意,他们会再来找你,这时,他们的要求就会改变,谈判的主动权就掌握在了你的手里;如果对方不来找你也不可惜,因为如果自己继续同对方谈判,只能使自己的利益降到最低点,这样,谈成还不如谈不成。

## 二、运用打破僵局方法的总体要求

以上介绍了商务谈判中打破谈判僵局的常见的方法。但在具体的谈判中,最终采用何种方法要考虑多方面因素的影响。总的来看,在选择方法时应注意以下几点要求。

### 1. 根据当时当地的谈判背景与形势灵活运用方法

在具体谈判中,最终采用何种方法应该由谈判人员根据当时当地的谈判背景与形势来决定。某种方法可以有效地运用于不同的谈判僵局之中,但一种方法在某次僵局突破中运用成功,并不意味着在其他同样类型的谈判中也适用。只要僵局构成因素稍有差异,包括谈判人员的组成不同,各种方法的使用效果都有可能迥然不同。关键还在于谈判人员的素质、谈判能力和本方的谈判实力,以及实际谈判中的个人及小组的力量发挥情况如何等。只有那些应变能力强、谈判实力强,又知道灵活运用各种方法与技巧的谈判者才能够成功对付、处理所有的谈判僵局,从而实现谈判目标。

### 2. 辩证地思考问题

对于谈判的任何一方而言,坐在谈判桌前的目的是为了成功达成协议,而绝没有抱着失败的目的前来谈判的。谈判中,达到谈判目的的途径往往是多种多样的,谈判结果所体现的利益也是多方面的,当谈判双方对某一方面的利益分配僵持不下时,往往容易使谈判破裂。其实,这实在是一种不明智的举动,因为之所以会出现这种结果,原因就在于没有掌握辩证地思考问题的方法。如果是一个成熟的谈判者,这时他应该明智地考虑在某些问题上稍做让步,而在另一些方面去争取更好的条件。从经济学的角度来讲,这样做比起匆匆而散的做法要划算得多。

### 3. 注重打破僵局的科学性与艺术性

商务谈判僵局处理的成功与否,从根本上来讲,要取决于谈判人员的经验、直觉、应变能力等综合素质。从这种意义上讲,僵局突破是谈判的科学性与艺术性结合的产物。在分析、研究及方法的制定方面,谈判的科学成分大一些;而在具体运用上,谈判的艺术成分大一些。

## 第四节　商务谈判气氛控制与僵局处理应注意的事项

## 一、控制商务谈判气氛

任何谈判都是在一定的气氛中进行的。谈判气氛的发展变化直接影响着整个谈判的顺利进行,谁能够控制谈判气氛,谁就能在谈判中占据主动。

谈判气氛伴随着谈判的始终。在谈判的不同发展阶段上，谈判气氛是温和、友好，还是紧张、强硬？是沉闷、冗长，还是活跃、顺畅，这都会影响谈判双方人员的情绪，甚至改变双方在谈判中的地位。所以，良好的谈判气氛是使谈判顺利进行的保障。

一些西方谈判专家把谈判气氛分为以下四种类型。

第一，洽谈气氛是冷淡、对立、紧张的。在这种气氛中，谈判双方人员的关系并不融洽、亲密，互相表现出的不是信任、合作，而是较多的猜疑与对立。

第二，洽谈气氛是松松垮垮、慢慢腾腾、旷日持久的，谈判人员在谈判中表现出漫不经心、东张西望、私下交谈、打瞌睡、吃东西等。这种谈判进展缓慢，效率低下，谈判也常常因故中断。

第三，洽谈气氛是热烈、积极、友好的，谈判双方互相信任、谅解、精诚合作，谈判人员心情愉快，关系融洽，会谈有效率、有成果。

第四，洽谈气氛是平静、严肃的，有时甚至很拘谨。每一方讲话、表态都思考再三，决不盲从，会谈有秩序、有效率。

显然，上述第三种会谈气氛是最有益，也是最为大家所欢迎的。怎样才能创造一个热烈、轻松、和谐的谈判气氛，并利用谈判气氛有效地促进会谈呢？我们认为主要有以下三个方面。

## （一）积极主动地创造和谐的谈判气氛

谈判气氛在双方开始会谈的一瞬间就形成了，并影响以后会谈气氛的发展。因此，在谈判初始阶段形成的气氛十分重要，双方都应重视，力图有一个良好的开端。

会谈伊始，双方见面，彼此寒暄，互相正式介绍，然后大家围坐在谈判桌前开始洽谈。这时的会谈气氛还是客气的、友好的，彼此可能聊一些谈判以外的话题，借以使气氛更加活跃、轻松，消除互相间的生疏感、拘束感，为正式谈判打下基础。在这一期间能否争取主动，赢得对方对你的好感，很大程度上取决于对方对你的"第一印象"。第一印象在人们的相互交往中十分重要，如果对方在与你初次交往中，对你的言行举止、风度、气质反映良好，就会对你产生好感、信任，并愿意继续保持交往；反之，就会疏远你，而且这种印象一旦形成，就很难改变。因此，要创造相互信任的谈判气氛，就要争取给对方留下良好的第一印象。

创造和谐、融洽的谈判气氛，开局阶段是重要的。这就是双方都重视"开场白"的原因。美国前总统尼克松在他的回忆录中，对1972年访问中国时与周恩来总理的初次会面有深刻的描述，并把他与江青的会面做了比较。周总理与他见面时的第一句话是："您从大洋彼岸伸出手来和我握手。我们已经25年没有联系了。"而江青见到尼克松的第一句话就是："你为什么从前不来中国？"同样是短暂的见面语，周恩来的机智、高雅、诚挚、友好与江青的愚蠢、盛气凌人和缺乏幽默感形成鲜明的对照，给人留下的印象也就不同了。

但是,并不是说有良好的开端就一劳永逸,会谈气氛永远是融洽、和谐的。随着谈判的不断深入发展,分歧也会随之出现,如果不注意维护,不采取积极的措施,会谈气氛也会发生变化,良好的会谈气氛也会转向其反面,形成剑拔弩张、唇枪舌剑的紧张对立气氛,这无疑会阻碍谈判的进行。因此,还应随谈判的深入发展,密切注意会谈的气氛,有意识地约束和控制谈判人员的言行,使每个人自觉地维护谈判气氛,积极促进谈判。

当然,维护和谐的谈判气氛,并不是要我方一味迁就、忍让、迎合、讨好对方,这样只会助长对方的无理要求,破坏谈判气氛。和谐的谈判气氛是建立在双方互相尊重、互相信任、互相谅解的基础上的,我方在谈判中应本着"有理、有利、有节"的原则,该坚持的一定要坚持,该争取的一定要争取,该让步时也要让步,只有这样,才能赢得对方的理解、尊重和信任。如果对方是见利忘义之徒,毫无谈判诚意,只想趁机钻空子,那么,就必须揭露其诡计,并考虑必要时退出谈判。

### (二) 随着谈判的进展调节不同的谈判气氛

会谈一般应在紧张、严肃、热烈、和谐的气氛中进行。但是,在实际谈判活动中,谈判气氛并不能完全遂人愿地变化。这是由于:第一,人是生命的有机体,要受其生理机能的制约,长时间的紧张严肃,会使人丧失其承受能力,不利于会谈的进行。第二,谈判的结果随机性特别大,当双方关系融洽时,会谈气氛既热烈又和谐;当双方关系僵化时,会谈气氛就紧张。这种情况如果持续下去,会严重影响会谈进行,应想法调节会谈气氛,利用幽默是最好的形式。例如,美国前总统里根到加拿大访问时,双方的会谈时常受到屋外反美抗议示威的干扰。加拿大总理特鲁多感到十分尴尬和不安。此时,里根却幽默地说:"这种情况在美国时有发生,我想这些人一定是特意从美国来到贵国的,他们想使我有一种宾至如归的感觉。"几句话使得在场的人都轻松下来。应该说里根总统深受美国人民的爱戴,与他"自我贬损式"的幽默是分不开的。研究美国大选的专家认为美国人认同普通人,那些谦虚、优雅而且愿意贬低自己的人在人际交往中尤其受欢迎。里根总统身边的人在回忆总统时印象深刻的内容之一就是他年龄偏大,经常遭人挖苦。对于这一点他从来不回避。一次在一个医疗会议上发表演讲时,他对与会者说:"要是我需要做一次移植手术,那么我肯定会碰到一大难题:我所需要的器官他们不再生产了。"结果受到与会者的热烈欢迎。这样做的效果:一是它可以使演讲者富有人情味,使听众们认同他,形成一种与之融为一体的感觉;二是它还可以让听众感到自己有尊严、更有价值;三是它可以使人们换个角度来看问题,赋予一个普通事件以新的含义。

幽默对缓和谈判双方的僵局也十分有效。在卡普尔任美国电话电报公司负责人的初期,在一次董事会议上,众人对他的领导方式提出了许多批评和责问,会议充满了紧张的气氛,人们似乎都无法控制自己的激动情绪。有位女董事质问:"过去的一年中,公司用于福利方面的钱有多少?"她认为应该多花些。当她听说有几百万美元时,说:"我真要晕倒了!"卡普尔诙谐地回答:"我看那样倒好!"会场上爆发出一阵难得的笑声,气氛也随之缓和下来。

### (三)利用谈判气氛调节谈判人员的情绪

气氛是在谈判双方人员相互接触中形成的,又对谈判人员的情绪影响甚大。在紧张、严肃的谈判气氛中,有的人冷静、沉着;有的人拘谨、恐慌;有的人振奋、激昂;有的人则沮丧、消沉。为什么人们会产生各种各样的情绪体验呢? 根据心理学所阐述的理论,这是人的大脑对外界刺激信号的接收反应不同造成的。

随着正式谈判的开始,谈判人员大脑的运动加快了。大脑的运动轨迹有两条:首先是对外界刺激信号的接收,如谈判各方人员进入会谈室的方式、姿态、动作、表情、目光、谈吐的声调变化等都对人的大脑产生影响;其次是大脑对这些信号的反映,反映的方式取决于信号的强弱。有的人会积极反映外部信号,有的人会消极反映外部信号。如内容分歧较大的谈判,会谈气氛是紧张严肃的。积极反映者则情绪振奋,对谈判充满信心;消极反映者则情绪沮丧,信心不足,疑虑重重。这会直接影响双方在谈判中应采取的行动。

人的情绪的形成及变化受环境的影响极大。心理学家实验证明,如果把一个人关进一个与外界隔绝、听不到任何声音的屋子里,那么,用不了多久,他就会情绪烦躁,难受至极,甚至有发病的感觉。人的情绪,如喜、怒、哀、乐,都是随外界条件变化产生的种种心理感受。在谈判过程中,双方人员的心理压力较大,如果会谈的气氛过于紧张、严肃,就会使一些人难以承受。如有的谈判人员会歇斯底里地爆发情绪,就是承受不了心理压力的表现。因此,谈判人员应考虑谈判气氛不能过于严肃、紧张,至少不能长时间如此。注意随时采用各种灵活的形式调整会谈的气氛,如休会,查询有关资料,插入一些轻松愉快的话题,提供水果、饮料、点心,改变谈判座位等。

相反,如果谈判气氛松松垮垮、慢慢腾腾,谈判人员的情绪也振奋不起来,会出现漫不经心、沮丧消极、无所谓等现象。这会严重影响谈判效率,也是应当避免的。

由于情绪具有感染性,因此,在某种气氛下,某个人的情绪表现也会影响其他人,这个人越有威望、越有地位,影响力也就越大。在谈判活动中,如果谈判小组负责人在困难面前沉着坚定,充满必胜的信心,也会给其他成员带来极大的鼓舞;反之,他若表现出惊慌失措,就容易使其他成员动摇、颓丧,乃至丧失信心。

## 二、处理谈判僵局应注意的问题

商务谈判过程中出现僵局不仅违背了企业和谈判者的初衷,而且也给谈判者带来很大的心理压力和负担。所以,有经验的谈判者认为,在商品买卖活动中的谈判除非有特殊情况,一般都要千方百计地避免出现僵局。陷入僵局时要灵活应对,及时调整谈判方式,防止越陷越深,以巧妙的妥协与让步来换取目标利益,尽力结交合作伙伴。为此,谈判者在面临僵局和处理僵局时,要注意以下几个问题。

## (一)及时、灵活地调整和变换谈判方式

谈判方式,取决于谈判者的指导思想和谈判策略运用的出发点和目的及其运用的形式。有人把商务谈判分为立场式谈判、原则式谈判与合作式谈判三种类型。

### 1.立场式谈判

立场式谈判是指谈判者竭力谋求己方的最大利益,坚持对抗中的强硬立场,以迫使对方做出较大让步为直接目标的谈判方式。

这种谈判方式的基本特征是:谈判一开局就以强硬的态度出现,以压迫对方降低目标,并把对方的让步视为己方的胜利;一般情况下很少让步,即使让步也是无奈之举,在无退路时,常以激愤之态甚至中途退场来向对方施加压力,而且置谈判时间期限于不顾,颇有耐心。

立场式谈判把谈判看作是意志力的较量与竞争,认为谈判中立场越是强硬,最终获取的也就越多。因此,运用该谈判策略的宗旨是:一正、二拖、三得利。

立场式谈判存在的问题很多,即使达成协议,也只能是双方都不甚满意的协议,充其量是双方最后分歧点的折中而已,并不是真正能够满足双方合法利益的合作协议。显然,立场式谈判是企图用绝对的顽强意志力和不惜耗费时间的耐心来迫使对方改变立场,从而获得利益的。尽管这种谈判方式耗时、成本大,而且极易导致谈判破裂,但是其可取之处在于顽强的意志力与耐心及企业强硬的态度,所以,它又被称为硬式谈判。

### 2.原则式谈判

原则式谈判是指一种硬、软结合的谈判方式,主张对事实强硬,对人软;既不甩计谋,也不作任何姿态,根据事实来达成协议,以保持公正、客观的谈判态度,坚持谈判目标在于利益而绝不是立场,探讨对双方有利的各种方案并选择使用,始终视谈判对手为解决问题者,将人与问题分开,以客观标准达成协议。

这种谈判方式,目的是要取得符合客观标准的协议。其指导思想是开诚布公地讲道理。对人信任与否与谈判无关,坚持将人与议题内容分开,对事为主。但其薄弱之处在于人际关系方面的工作似乎重视不够,截然将人与事分开,难度较大。

### 3.合作式谈判

合作式谈判是指信奉"化干戈为玉帛",坚持平等互利、求同存异、变消极为积极、互谅互让、相互尊重,力求谈判能够融洽、友好、富于创造性。所以,这种谈判方式一般是提议、让步,信任对方、保持友善,有时为了避免对立而宽容和热情,易达成协议。

合作式谈判的目标以能够达成协议为准,不但对人对事都较温和,而且也相信对方总是为了增进相互关系而让步。正因为这种谈判方式是为了避免相互争论,强调友善,故又

称之为温和式谈判方式。很明显,这种谈判方式易受到对方的攻击,也易遭受损失。

合作式谈判"以友情为重",虽然无可厚非,但这不符合竞争的规律。不过,注重人际关系,强调友善,倒也不失其独到之处。

以上三种谈判方式,各有所长,也各有所短。成功的谈判者,应采它们之所长,融于自身的谈判实践中。即使这三种谈判方式中的不足之处,也可以综合起来,针对谈判中僵局的具体情况灵活地加以运用。例如,碰到阴谋型、缺乏合作意识的谈判对手,就可以运用以上所述的"立场式"的谈判方式。处理谈判僵局,是一门科学,更是一门科学与艺术统一的技能,需要谈判者创造性地灵活运用各种谈判方式。

### (二) 回绝对方不合理要求、降低对方目标要求

谈判中往往碰到对方提出不合理或过高的要求,危及己方的基本利益。谈判者应采取适宜的策略回绝之,或是设法降低对方的目标要求,进而取得圆满的谈判结果。商务谈判中有时对方要求索取有关资料,特别是涉及己方商务秘密的一些数据,如买方向卖方索取有关价格和成本分析表之类的资料,则应婉言回绝,或是适当应付。可以提供无关紧要的资料,也可以托词拖延,最好的办法还是向对方解释清楚,说明无法提供的缘由。因为谈判僵局中,对方极可能以此为由施加压力,若说清楚了,也就把压力缓解了,而且也丝毫不损伤对方的自尊心,同时,也表明了己方坦诚与严肃的态度,更重要的是向对方解释清楚反而会增加自身的谈判实力。很多成功的谈判经验告诉我们,谈判桌上,对于对方提出的一些条件,若不能及时、清楚地予以答复,单纯顾及"情面",含含糊糊,反而会引起对方的猜疑和戒备,讲清楚了,就可以避免很多无端的麻烦。关键是要掌握好"如何讲清楚"的技巧,绝不能简单地、直接地、生硬地"讲清楚"。既要把观点讲明白,又要注意讲的方式、方法,力求"给台阶下",防止激起对立情绪,加深对峙的程度。"台阶"要堂堂正正地摆出来,要使对方明白,己方已经在解决僵局中做出了努力。所以,谈判中对于对方提出的一些不合理要求,"把话摆到桌面上来"确实有必要。俗话说:"油灯不拨不亮,话不说清事不明","话说清,理摆明,事好办"。这样做,不但能够防止和回避僵局,即使碰到僵局也有利于摆脱。

谈判中的僵局,既然是由于双方利益要求的分歧较大而形成对峙,那么如何有效地缩小双方的分歧、消除对峙呢?一是屈从对方的压力,己方让步;二是对方让步。若己方的让步已到临界线,那么只有靠降低对方的目标要求。实践告诉我们,谈判中任何一方都是不情愿让步的。往往出现这种情况:一方出于善意,主动做出些让步,但对方非但不领"情",反而得寸进尺,提出更高、更多的要求,大有强人所难之势。所以,摆脱僵局,一方面己方让步要适度、充分运用让步策略;另一方面则要针对对方过高的目标要求予以削弱和降低,为此,应考虑以下几点。首先,必须牢牢把握住己方的利益目标,把己方的利益目标确定在对方能够接受的较高限上,不轻易让步,并设法让对方了解你的目标。其次,要以充分的事实根据和理由强调,己方提出的交易方案和交易条件公道,能够给对方带来利

益,也完全是从双方利益需要考虑的。最后,要在磋商交易条件的初始阶段就设法达到这种谈判格局。因为,进入后期,改变对方的观点、降低对方目标要求的难度较大,而且极易导致双方的观点对峙、陷入僵局。

若对方仍是坚持过高的利益目标,没有任何松动的可能,明显的僵局已经形成,己方则可以在适当的话题下提出与对方所提方案相应的一种新方案,使对方接受的难度增大,进而以迂回的方式迫使对方降低原有的过高的目标要求。

### (三)防止让步失误,掌握好妥协的艺术

让步是谈判中常用的一种策略,更是在回避和摆脱谈判僵局中能够直接奏效的"法宝",因为只有让步、妥协才能使双方利益差异相对弥补。

谈判中的让步,说起来容易,实际操作起来却是一门艺术,并非所有的让步都能有所获取。所以,如何防止谈判中让步失误、提高妥协的艺术,则是回避和摆脱僵局的一个重要问题。

让步失误,即是在谈判中每次让步都未能取得让步的预期效果、未能有所获取。成功的经验告诉我们,不管是面临僵局,还是已经陷入僵局,让步是肯定需要的,关键是要善于控制让步的程度,不断地改变让步的形式,掌握得好就能达到让步的目的。反之,对各种让步缺乏全面布置,不善于甚至没有办法控制让步的程度是谈判中让步失败的根本原因。让步失误一般都是在谈判初始阶段时,态度强硬,丝毫不肯让步或是只做微小的让步,随着对方压力的不断增加,便无可奈何地退让,做出一连串的大幅度的让步。

处理僵局时的让步,首要的是防止让步失误,为此应注意这样几个主要问题。

#### 1. 切不可过分自信、自以为已经掌握了对方的意图

谈判陷入僵局,一般都是相互间已经有了初步的了解,若过分自信,自以为掌握了对方的意图,那么难免会出现严重问题。很多成功的谈判者都认为:双方争执不下时,如果根据未经证实的估计去判断和推论对方的真实企图,十有八九会吃亏上当。

所以,在僵局的压力下应保持高度冷静和警惕,争论中要仔细分析对方的真实意图,耐心地试探,谨慎地表态。

#### 2. 不可轻易接受超出己方期望水准的最初报价

有的谈判者一看到对方第一次出价就超出己方的期望后,便按捺不住激动之情,欣然接受。这正是成功谈判经验所忌讳的事。因为常规告诉我们,谈判中的第一次出价绝对是水分很大的。正因为如此,有人总结出这样一句话:"永远不要相信第一次报价!"这句话似乎不近情理、太绝对了些,但其中的道理却足以引为处理僵局之戒。因为,对方很可能和你有完全不同的价值标准,也完全有可能再做些让步。更重要的是,立刻接受对方的初次报价,往往会让对方有吃亏的感觉,以为自己出价过低,对方自然会在其他方面提出苛刻的要求,从而增大了摆脱僵局的难度。

### 3．不要轻易让步，在重要问题上不先让步

陷入谈判僵局对谈判者来说确实是一种"煎熬"，有的谈判者往往在心理上和身体上支撑不住，巴不得能够尽快有个结果，故常常是"差不多就行了"，这正是商务谈判之大忌。为此，要明确这样一个基本问题：在没有确切搞清楚对方所有要求之前，绝不能做出任何让步，这是妥协的真谛。因为己方稍有松动，对方必然得寸进尺，步步紧逼，反而加剧了僵局。

### 4．不能搞交换式的让步

有的谈判者认为，陷入僵局既然是利益之争，那么，我在这个问题上让步了，即刻要求对方在另一个问题上让步，误认为这样做对方就没有理由加以拒绝了。殊不知，谈判对手并不是如你想象的那样会"领情"，反而会进一步向你提出新的更高的要求，甚至在别的问题上依旧要求你让步。还有些谈判者认为，要向对方阐明己方已经在若干个问题上让步了，并强调了承诺的态度，对方总得多少让步吧！这种观点看似理直气壮，但是却忽略了所付出的是何等昂贵的代价。所以，让步决不能"算单项账"，而要从总体利益目标上来"算大账"。

在谈判僵局的重压下，关系到己方根本利益的重大问题上的让步必须慎重，一般情况下最好不先让步，只有在对方确有诚意，明确其交换条件下，方可考虑适度稳妥让步，同时也要求对方让步。

---

**【趣味阅读】**

我国某机械进出口公司与外国某公司洽谈购买一批数控机床，谈判中就价格问题经历了这样五个回合才达成协议：

第一回合，我方出价 11 万元，对方报价 23 万元，几经磋商，各不退让，明显陷入僵局。

第二回合，对方明确表示，只要我能适当考虑他们的报价，亦可提供其他相关配件。我方看对方确有诚意，亦表示可以酌情变动。这样，我方既不表示急于成交，也不冷落对方。对方报价 19.8 万元，已有让步之举；我方也适当让步回报之，出价 12.5 万元。

第三个回合，对方报价 18.6 万元，我方出价 13.5 万元。

第四个回合，对方报价 17.5 万元，我方出价 14 万元。

第五个回合，对方报价 15.8 万元，我方出价 14.5 万元。

这样经过五次讨价还价，双方最后以 14.8 万元达成协议。我方让步采取的是积极而又稳妥的方式，既不过分拘谨，也不轻易加大让步幅度。

**【启示】**

摆脱僵局的让步，特别是在重要问题上的让步，不仅要谨慎，更要掌握对方的真实意图，这确实需要谈判者下番功夫的。

### 5. 善于运用让步策略组合,在交叉式让步中找出路

处理僵局中的让步的形式和内容是多种多样的。让步所要解决的问题,绝不仅仅局限于双方所争执的某一具体问题,可以从多角度和不同的侧面不断地变换让步形式来妥善处理僵局。

商务谈判中的僵局虽然本质上是买卖双方利益矛盾所导致的对峙,但是完全可以从削弱对方的抵触情绪、减轻对方的心理压力入手,并同时辅之以相关的非实质性让步策略组合措施,来缓解和摆脱僵局,达到妥善处理僵局的目的。

谈判专家认为,妥协、让步同谈判策略一样,犹如一个"万花筒",转来转去可以变换出形形色色的花样和图案,关键是要有的放矢,针对僵局中的具体情况加以采用才行。

处理僵局时的让步多数都是在非根本利益方面的让步。要求有效地将一些非根本利益方面的让步,分别加以抽取,再有机地搭配结合起来,付诸对峙中的妥协,以换取对方的同等让步。非根本利益的让步也称为"虚让步"、"虚妥协"。

如谈判中专注地倾听对方意见,认真地回答和解释对方提出的问题,适当地加大在小事上的让步次数,给予对方较高级的接待,给对方所提意见和方案给予必要的肯定和赞赏等,都属于非实质性妥协的范围。

又如,陷入僵局后,对方会反复强调其观点和方案的正确性,陈述中自然带有种种对己方的反驳之意,心理压力较大,难免有很多过激言辞,甚至片面的"一家之理"。若己方的领导出面,全神贯注地倾听,态度谦和有礼,并适当地加以解释,使对方不但有充分"发泄"的机会,而且又受到较高级的接待,会使心理压力得以削弱,对立情绪和缓。同时,对方也感到己方的诚恳,产生信任与安全感。反之,不注意倾听,以冷漠态度视之,或是急于反驳、抢话,不但会引起对方的更大对立情绪,僵局不能得到缓解,还极有可能使谈判破裂。这个例证说明把"倾听"、"高级接待"、"建立缓冲区"等策略有机地结合起来,做出实质性的让步,能有效地摆脱僵局。

交易价格之争往往会造成僵局。这时可以采取"堤内损失堤外补"的策略,就是说可以采用交叉式让步,免得在同一问题、同一具体利益上争执不下。

所谓交叉式让步,是促使双方总体利益弥合的一种做法,要求一方在这一问题上让步,另一方在其他问题上让步;一方在这一问题上让步的损失,可以从另一方在其他问题的让步中得到弥补。即使是实质利益方面的让步,也完全可以通过这种让步方式来进行。如在价格问题上,一方让步了,那么另一方就必须同意对方所提出的结算方式方面的条件,这样双方都获得了相应的利益,便可有效地摆脱僵局。

值得强调的是,摆脱僵局的让步,固然是必不可少的,但是应提倡积极的让步方式,即采取上述的"合作式谈判"中的让步为好。

有效处理僵局中运用的各种策略及其组合,都要遵守职业道德的规范,防止滑入歧途。这是谈判者应予以高度重视的。

# 阅读拓展

## 僵局是谈判成功之母

有时你的目的就是要让谈判陷入僵局：很多人在进行谈判时，之所以会在不知不觉中让自己陷入僵局，根本原因是他们没有勇气在谈判开始时提出比较高的要求。之所以要在谈判开始时抬高条件，还有一个原因在于：这是唯一可以让对方在谈判结束时产生胜利感的方式。如果你在一开始就做出最大的让步，对方不会在谈判结束时有任何胜利感，所以通常只有那些没有经验的新手才会在谈判一开始就退到最底线。如果你是一位求职者，你可能会想："现在找工作不容易，如果我开出的薪资条件太高，他们可能根本不会考虑我。"如果你是在卖房子或汽车，你可能会想："如果我要价太高，他们可能会笑话我的。"如果你是一名销售人员，你可能会这样告诉销售经理："我今天必须给出报价。我知道我们现在有很多竞争对手，附近所有的同行都在争这笔生意，所以还是把价格压低一些吧，这样才可能得到这笔订单。"

谈判高手知道，在谈判过程中，对方最开始的条件总是比较离谱的，所以他们不会太在意。他们知道，随着谈判的进展，他们一定会找到一个双方都能接受的价位。然后他们就可以召开记者招待会，宣布他们取得了谈判的胜利。

对于有心成交的双方，制造僵局只是为了制造发言权，掌握好了，收益会很大。

资料来源：方其.商务谈判——理论、技巧与案例[M].北京：中国人民大学出版社，2011.

# 【本章小结】

1. 商务谈判僵局是指在商务谈判过程中，由于双方对所谈问题的利益要求差距较大，各方又都不肯做出让步，导致双方因暂时不可调和的矛盾而形成的对峙，从而使谈判呈现出一种不进不退的僵持局面。商务谈判僵局类型可以分为协议期僵局和执行期僵局两大类。

2. 造成商务谈判僵局产生的原因是多方面的，归纳起来，主要有九个方面：①谈判一方故意制造谈判僵局；②双方立场观点对立争执导致僵局；③沟通障碍导致僵局；④谈判人员的偏见或成见导致僵局；⑤谈判人员的失误导致僵局；⑥谈判人员素质低下导致僵局；⑦利益合理要求的差距导致僵局；⑧客观环境的改变导致僵局；⑨谈判人员的强迫手段导致僵局。

3. 商务谈判僵局的利用原则主要有：正确认识谈判的僵局、冷静地理性思考、协调好双方的利益、避免争吵、语言适度、谈判双方加强沟通和欢迎不同意见七个方面。

4. 谈判者在谈判过程中利用谈判僵局，主要有两种原因：改变已有的谈判形势，提高己方在谈判中的地位和争取更有利的谈判条件。

5. 谈判僵局出现以后会有两种结果：打破僵局继续谈判或谈判破裂。

6. 打破谈判僵局的方法有 11 个方面：用语言鼓励对方打破僵局、采取横向式的谈判打破僵局、寻找替代的方法打破僵局、运用休会策略打破僵局、利用调节人调停打破僵局、更换谈判人员或者由领导出面打破僵局、有效退让打破僵局、场外沟通打破僵局、利用"一揽子"交易打破僵局、适当馈赠打破僵局、以硬碰硬打破僵局。

7. 运用打破僵局方法的总体要求是：根据当时当地的谈判背景与形势灵活运用方法、辩证地思考问题和注重打破僵局的科学性与艺术性。

8. 创造一个热烈、轻松、和谐的谈判气氛，并利用谈判气氛有效地促进会谈，需要从以下三个方面做起：积极主动地创造和谐的谈判气氛、随着谈判的进展调节不同的谈判气氛和利用谈判气氛调节谈判人员的情绪。

9. 处理谈判僵局应注意的问题有：及时、灵活地调整和变换谈判方式；回绝对方不合理要求、降低对方目标要求和防止让步失误，掌握好妥协的艺术。

# 【思 考 题】

1. 简述商务谈判僵局的含义及类型。

2. 谈判僵局产生的原因有哪些方面？

3. 商务谈判僵局的利用原则主要有哪些？

4. 在商务谈判中为什么要利用僵局？

5. 打破谈判僵局的方法有哪些？运用时应注意哪些事项？

6. 有效地控制谈判气氛，需要从哪些方面做起？

# 【案例分析】

北京某进口公司（以下称为中方）某部门经理 T 先生与法国 AB 公司（以下称为法方）的比尔先生谈判计算机的技术转让交易。T 先生对法方的条件做了全面深入的分析，认为在技术内容及设备的配置上存在较为严重的问题，并针对这些问题做了详细的谈判预案，在谈判中严格地按预案谈判。

由于预案包括了双方的理由与条件，以及互让的前提，加上 T 先生的谨慎与比尔先生的顽强，谈判时陷入僵局。作为客座谈判的法方心中很是焦急，于是对其驻华使馆商务处向其主管汇报。恰好，驻华使馆商务处也在关注该项目的谈判，听到比尔先生的汇报后，认为中方主谈有问题，决定干预。

商务处与中方联系，称："我国商务参赞希望拜会中方公司总经理。"出于礼节，中方自然会安排。在法方商务参赞会见中方总经理的过程中，除了寒暄之外，主要还是谈对正在谈判中的交易的关注，重点谈了法方谈判人员面临的问题。参赞先生坦率地表示："贵方的主谈 T 先生太尽职，尽职到让人难以接受的地步。按他目前的表现，我怀疑他是否有能力将谈判主持好。为了对中法双方的合作负责，请总经理先生关注该谈判，若有可能，请派更能干的人员替换 T 先生。"中方总经理听后说："谈判中双方主谈有争议是正常的事。参赞先生讲的话我听明白了，但请等我了解情况之后再决定该怎么办。请放心，我也会很关注该项交易的谈判的。"参赞表示感谢总经理的帮助，随即离去。

会见之后，总经理叫来 T 先生，问及谈判中发生了什么事。这时 T 先生才知道法方安排商务参赞的拜访是干预谈判并告了自己一状。于是把法方的谈判态度与条件和自己的表现详细地说了一遍，言下之意，法方主谈也不怎么样，自己的态度是一种回应。听了 T 先生的解释，总经理笑着说："谈判不是赌气，是妥善解决问题，推动谈判进展。法方这么做说明他们重视该交易，想成交，应该看成是个好的信息，切不可意气用事。"随之，总经理让 T 先生把目前双方的条件、态势讲了讲，再看了看 T 先生做的谈判预案，又笑了。这一笑，让 T 先生很不好意思，因为总经理讲："嘿！你手上拥有这么多可以利用的条件，形势不错嘛！不必过于紧逼，适当让一让，推动谈判，再紧一紧。该让时一定要让，否则就僵了。"

次日再恢复谈判时，法方人员看到中方总经理到场，一时不知所措，全体成员都很受感动。开场白由中方总经理做，他主要介绍了法方商务参赞的关注态度与希望，也讲了自己同样的态度，然后进入正题，他说："到今天为止双方都在坚持自己的立场，这不行，不符合参赞先生的愿望。我提个建议，看贵方能不能接受。"总经理从 T 先生的方案中挑选了三个不同的交易内容细目，一个取 A 档价，一个取 B 档价，一个取 C 档价，作为一个还价条件，请法方主谈表态。因为，T 先生将各细目均分成了三个价格档次，A 档为最佳成交价，B 档是理想价，C 档是可以接受价。此前之所以僵持，是因为 T 先生在 A、B 两档价格上争。总经理这么一组合，总的是在进，但也有退，虽说代表的交易总量不大，但也是法方期盼的妥协。所以当总经理提出该建议征求比尔先生的意见时，比尔先生没有太多的犹豫就同意了。比尔先生的同意也很重要，他一说同意，就等于双方达成了一个"协议"，打破了僵局。这对相持已久、身心疲惫的双方谈判人员无疑是一种鼓舞，会场气氛一下子就轻松了。

这时，总经理说："我看你们（指比尔先生与 T 先生）有能力，手中也有条件，可以完成各自领导交给的谈判任务。我再待在这儿该影响你们工作了。"说完站起来要走。比尔先生赶紧挽留："您在，对我们是极大的鼓舞与帮助，希望您能继续留下。"总经理微笑着应道："我本来就有会要主持，只是为了传达一下我与参赞先生对会谈的关注才把会议推迟了一个小时。我该去开会了。我的意见已向 T 先生讲了，相信他会考虑我的意见的。祝你们谈判成功。"

总经理走后，T 先生与比尔先生重新开始谈判。双方在条件的坚持与退让的节奏上都做了调整,谈判进展明显加快,最终成交了。签字仪式后宴会。安排座位时,双方主谈、公司总经理、商务参赞与大使及工业部领导同一桌。席间,参赞先生对中方工业部领导及总经理讲:"这次交易谈判成功与双方主谈的努力分不开。尤其 T 先生谈判很顽强,为贵方争取了不少条件,十分聪明能干。"T 先生感到意外。总经理接过话题:"这次谈判使馆给予很多支持与关注,我表示感谢。"于是,大家一致为一线工作人员干杯,气氛融洽,为日后顺利执行合同打下了良好的基础。

资料来源:王景山.商务谈判[M].西安:西北工业大学出版社,2009.

**【讨论题】**

1. 中方总经理是怎样处理谈判对手告状,进而打破僵局、推动谈判进程的?
2. 中方总经理在突破谈判僵局后,为何不留下来继续驾驭谈判?

# 第十一章

# 商务谈判中的风险防范

商务谈判活动在创造无限发展机会的同时蕴含着不可预测的风险。商务谈判者在进行谈判活动时必须认真权衡利弊，以便创造更多的双赢合作机会、更加巧妙而有效地规避谈判过程中的种种风险。

——作者

## 【学习目标与重点】

1. 风险的概念、特征与识别。
2. 商务谈判风险与类型。
3. 商务谈判风险的规避。
4. 商务谈判风险的转移。
5. 外汇风险的防范。

## 【关键词】

1. 风险(risk)
2. 外汇风险(exchange risk)
3. 免责约定(disclaimer)
4. 转移风险(transfer risk)
5. 自留风险(risk retention)

## 案例导入

17世纪下半叶,著名的三次英荷战争的目的是为了争夺殖民地市场和国际贸易中的优势。18世纪70年代,英国加强了对北美经济的掠夺,最终导致了持续七年的美国独立战争。21世纪以来,由于经济利益冲突带来的地区战争此起彼伏,海湾战争就是较近的例证。此外,出于政治上的原因而实行对友者的经济援助、缔结经济同盟,对敌者的经济封锁、终止贸易往来等做法更是屡见不鲜。例如,20世纪50年代西方国家对新中国的经济封锁;第二次世界大战后,美、英、法等国对战败国日、德"输血"扶持;近年来欧盟不断扩大;北美自由贸易区的建立;西方国家对某些国家实行贸易禁运等。这些都是政治与经济不可分的典型案例。

资料来源:潘丹丹,等.商务谈判[M].北京:电子工业出版社,2013.

# 第一节　商务谈判中的风险概述

## 一、风险的含义与特征

风险是经济学家长期探索的一个经济学问题。古典经济学家很早就注意到风险在经济生活中的意义和影响,他们分析了各行各业的收入,发现企业家的收入一般要超过其他行业工作者的收入,认为造成这种收入差别的一个重要原因,是因为企业家经常面临亏损或破产的危险,也称为"经营风险"。于是,高风险、高收益成了经济学一种重要的分配思想。同样地,在商务谈判活动中风险配置也直接影响谈判双方的利益。

### (一)风险的含义

所谓风险,是指由于某种活动因素的不确定性所引起的活动结果的可能损失。以商务谈判活动为例,影响商务谈判活动过程和结果的因素很多,如谈判者的素质和风格、利率(汇率)、通货膨胀、企业经营状况、政策、政治事件等,这些因素常常发生变化,是不确定的,并引起活动结果的不确定性,这些都是商务谈判的风险。

理解风险的含义,必须注意风险与损失以及风险与不确定性的区别。许多人把风险等同于损失,这是不对的。

风险只是损失发生的可能性而并非损失本身。因为实际收益(结果)偏离预期目标会有两种可能性:一是低于预期目标,二是高于预期目标。

风险和不确定性也是有区别的,可以把风险看成是用客观尺度衡量的事物发生的概率,而"不确定性"则是"主观之可信度"。换言之,风险是任何人都同样程度存在的客观事件,而不确定性则是人们对客观事件的主观感觉和判断。风险是可以计量的,而不确定性是难以计量的。举例来说,国际市场的商品价格(汇率)是经常波动的,引起价格(汇率)波动的因素复杂多样,价格变动的不确定性给企业经营和投资带来了风险。但是市场价格的历史波动呈现出某种规律性,因此,从统计的意义上说,这种风险是可以测度的。

### (二)风险的特征

优秀的谈判者并不惧怕风险,因为他们既深知风险与收益成正比的奥妙,更加了解风险的基本特征,于是他们敢于在风云莫测、瞬息万变之中遨游。根据风险的含义,我们将风险的基本特征归纳如下。

### 1. 商务风险的客观性

在商务谈判中,风险是由各种不确定性活动因素所引起的活动结果的可能损失,它是客观存在的,不以人们的主观意志而转移。人们通常所说的回避和防范风险,是在承认风险客观存在的前提下,设法躲避、防止或减少损失。

### 2. 商务风险的相对性

风险尽管对任何人都以相同程度而客观存在,但是仍有千差万别,不同的人对同一风险的感觉和认识是不相同的,这就是风险的相对性。这使得同一风险,对于不同的人产生了不同的意义。例如,横渡江河的风险是客观存在的,对于不会游泳的人,其风险很大,但对于会游泳的人,其风险则小得多。前面所说的风险与不确定性的差异,指的即是风险的客观存在与人们对风险的主观认识之间存在差异。

### 3. 商务风险的可变性

在商务谈判中,风险的可变性是指同一种风险对于同一类人来说其影响也不是一成不变的。例如,银行存款的风险就是变化的,当通胀率提高、货币贬值时,银行存款的风险就增大,但一旦国家实施保值储蓄,通胀率带来的风险又减少。再如,商务活动中的价格和汇率风险,可通过期货、期权交易等方式得到防范和控制。

### 4. 商务风险的可测性

风险的可测度性:一是某一具体的投资活动,其产生损失的可能性大小,可以用统计预测方法求出其概率值来定量表示;二是某一具体的投资活动,其可能产生的损失的程度,也可以用数学方法或技术手段进行估算。数理统计方法是对风险进行定量测定的重要工具。例如,标准差和变异系数就是两个测度风险大小的基本量,前者用于测度"绝对风险",后者用于测度"相对风险"。

### 5. 风险与收益的对立统一性

根据风险的定义,风险的本质是活动结果的不确定性,它表现为活动的实际结果有可能偏离预期目标。这种偏离有两种可能性:一是实际收益小于预期收益,给投资造成损失;二是实际收益大于预期收益,投资者获得了额外的风险报酬。一般来说,风险越大,一旦获利,其利润也越高,即人们常说的"高风险,高收益;低风险,低收益"。

风险报酬的产生是价值规律作用的结果,以项目投资为例,由于风险有可能会给投资者带来损失,因此投资者对有风险的项目产生风险反感。项目的风险程度越高,投资者蒙受损失的可能性及可能损失额越大,因而风险反感越强烈。由于风险反感的存在,如果投资收益率相同,投资者当然只愿意把资金投向风险小的项目,会造成风险项目无人投资或很少人投资,从而使风险项目产品的产量减少,供不应求,导致其价格提高。因此该风险项目的投资收益率也随着提高。此时该风险项目的投资收益除了社会平均利润率(资金时间价值)外,所增加的部分即是风险报酬。当增加的风险报酬和风险程度相适应时,就会吸引投资者投资,此时市场达到供求均衡状态。这就是在市场经济条件下由于价值规律的作用,风险报酬的形成机理和由它推动的风险投资行为。

## 二、商务风险识别

商务风险可分为纯风险和投机风险。货物运输中所面临的运输工具毁损风险就是一种纯风险。而开拓海外市场,向海外出口一种产品,则既有可能成功,也有可能失败,是一种既会带来收益机会又存在损失可能的投机风险。纯风险是令人厌恶的,而投机风险却具有诱人的特性。通常情况下,纯风险和投机风险是同时存在的。例如,房地产所有者同时面临诸如火灾之类的纯风险和诸如经济形势变化引起的房产价格升降的投机风险。在商务谈判中,善于区别这两种风险并采取不同的应对策略具有重要的意义。

风险识别是风险管理的基础,只有全面、正确地识别企业所面临的风险,商务谈判中对风险的估测和风险控制技术的选择才有实际意义。

### 1. 风险识别的基本内容

存在于企业自身周围的风险多种多样、错综复杂,无论是潜在的还是实际存在的,是静态的还是动态的,是企业内部的还是企业外部的,所有这些风险在一定时期和某一特定条件下是否客观存在、存在的条件是什么,以及损害发生的可能性等,都是在风险识别阶段应予以回答的问题。因此,风险识别是指对尚未发生的、潜在的以及客观存在的各种风险进行系统、连续的识别和归类,并分析产生风险事故的原因。识别风险主要包括以下两方面。

(1)感知风险,预测在先。即通过调查来了解风险的存在。如企业是否存在财产损失、责任负担和人身伤害等方面的风险。再比如,商务谈判中,是否存在谈判者作弊风险、市场产品供求是否发生变化的风险等。

(2)分析风险,查明原因。即通过归类,掌握风险产生的原因和条件,以及风险所具有的性质。例如,造成企业财产损失、责任负担和人身伤害等风险的原因和条件是什么,这些风险具有什么样的性质和特点。

感知风险和识别风险构成风险识别的基本内容,且两者互相联系。这种联系表现为只有感知风险的存在,才能进一步在此基础上有目的地进行风险分析,寻找导致风险事故发生的原因和条件。同时,了解到风险的存在,也必须进一步明确风险存在的条件以及导致风险事故发生的原因。这是因为企业风险管理的关键在于对客观存在的风险采取行之有效的应对措施,消除不利因素,减轻不利影响。如果不能掌握风险产生的条件和原因,也就难以采取有效的控制措施从根本上消除或减轻风险造成的不利影响。因此,了解风险存在的基础,分析风险产生的原因是关键。

### 2．风险识别的意义及目的

从风险识别的基本内容来看，了解风险的客观存在，尤其是分析风险产生的原因，对于商务谈判人员在商务谈判活动中选择合理、有效的风险管理手段有着决定性的意义。即使有着十分便利和可行的风险处理手段，但如果这些手段或措施不能针对某一特定风险产生的原因，那么风险管理的最终效果不可能是理想的，尤其是当企业采取风险控制技术时更是如此。一个不明晰风险存在及损失发生原因的财务处理方案，不可能保证风险责任的有效转移和损失补偿的经济、合理、有效性。由此可见，风险识别在整个风险管理过程中是最基本的，也是最重要的程序。

另外，风险识别是一项非常复杂和艰难的工作。这不仅因为风险具有隐蔽性、复杂性、多变性，而且风险识别还要受到风险管理者风险意识强弱的影响。一个具有较强风险意识的企业管理者或许更愿意、更容易觉察到企业风险的存在。相反，风险意识淡薄的企业管理者则会无视风险的存在，甚至使本来十分严重的、客观存在的风险因人的消极的主观而变得不那么重要、不那么紧迫、不那么被重视，从而可能造成重大损失。这种利害关系在对潜在的风险进行识别时表现得更为突出。不仅如此，风险识别是否全面、深刻，也将直接影响风险管理决策质量，进而影响到整个风险管理的最终效果。因此，不管对已识别出的风险的处理计划多么完善，只要有任何风险在识别阶段被忽略，不被重视则整个风险管理计划仍是不完善的。若有重大风险被忽略，则可能导致整个风险管理的失败。

### 3．风险识别的基本途径

一般来说，对于传统的风险和常见的风险，风险管理者凭借过去的经验和简单的风险知识便可识别。但对于新的、潜在的风险，其难度要高得多，因此，必须按照一定的途径，运用一定的方法来加以识别。风险识别的途径概括起来无非就两个方面。

（1）借助企业外部力量，利用外界的风险信息、资料识别风险。通常企业不可能有足够多的资料和风险管理力量，因此，为了较好地识别企业所面临的潜在风险，风险管理者首先需要获得对于同类企业具有普遍意义的风险损失资料，然后按照一套系统的方法去发现这些具有共性的损失资料中本企业所面临的潜在风险。可见，充分利用外界风险信息资料对于识别企业自身的风险有很大帮助。

（2）根据企业特性识别风险。例如，企业的性质对识别风险的存在、确定风险的种类起着重要的作用。与国有企业的商务谈判，可能产生办事效率低的风险；与民营企业谈判可能产生产品假冒伪劣的风险等。再比如企业的生产经营方式，决定了风险识别渠道和方法。通常承包经营方式经常出现的风险是"包盈不包亏"的风险；代经营方式常常伴随责、权、利不清的风险。

## 三、商务谈判中常见的风险类型

人们在思索商务谈判风险的时候首先会考虑下述问题：该商务谈判活动有没有风

险？可能的风险有哪些？一般地说，以下可能的风险对企业影响重大，尤其应重点加以规避和防范。

## （一）政治风险

在商务活动中，首先，政治风险是指由于政治局势变化或贸易政策法规调整给有关商务谈判活动的参与者带来的可能危害和损失。如第二次世界大战后一些发展中国家先后实行国有化政策，一夜之间外来资本被剥夺。至今，这一做法仍使不少发达国家在考虑向发展中国家进行投资时顾虑重重。又如，伊朗和伊拉克战争使许多国家蒙受了巨大损失，中国由于在伊朗和伊拉克的工程承包项目被迫停止，与两国的货物贸易合同得不到履行而损失巨大。其次，政治风险也包括由于商务合作中的不当或者误会给国家间政治关系蒙上阴影。例如，近年来，中国布鞋风靡西欧和中东一些国家，在法国，几乎人均拥有一双中国布鞋。然而在一些阿拉伯国家，有人发现一批中国布鞋鞋底波纹近似于阿拉伯文"真主"字样。即刻引来一片愤怒，我驻外使馆也因此遭到骚扰。这批布鞋被封，最后通过埃及一位颇有影响力的宗教领袖出面解释，风波才渐告平息。

由此可见，政治因素确实与商务谈判活动有着千丝万缕的联系，而且这种联系决定了政治风险的客观存在，一旦造成不良后果，往往难以挽回消极影响，损失难以弥补。由此，提前预见和防范政治风险的能力是开展商务合作的客观要求。

## （二）市场风险

市场上的各种因素变化多端，这就不可避免地给市场参与者带来各种损益的可能性，其风险主要有汇率风险、利率风险和价格风险。

### 1. 汇率风险

汇率风险是指在较长的付款期内，由于汇率变动而造成结汇损失的风险。在国际货币市场上，各种货币之间相对汇率的涨落天天发生。当这种涨落十分微小而货币交易量又不是很大时，对于交易双方来说其损益状况可能都是微不足道的。当这种涨落在一段时期内变得十分明显，而又涉及巨额货币交易量时，其结果往往会让一方得到巨额的利益欢喜不已，另一方则痛心疾首，遭受惨痛的损失。上海某商用大楼借日元还美元，结果损失巨大。这样的例子对于缺乏汇率风险意识的发展中国家来讲，不胜枚举。

### 2. 利率风险

利率是金融市场的杠杆。利率的变动制约着资金的供给与需求的方向和数量。利率风险主要是指金融市场上由于各种商业贷款利率的变动而可能给当事人带来损益的风险。若贷款以固定利率计息，则同种贷款利率升高或降低就会使放款人损失或得益、受款人得益或损失。这种利率风险对于借贷双方都是同时存在并反向作用的。由于日趋严重的通货膨胀的影响，金融市场利率波动的幅度较大，金融机构很少贷出利率固定的长期贷款,因为放出长期贷款需要有相应的资金来源做支持,由于资金来源主要是短期贷款,短期贷款利率接近于市场利率。因此,在通货膨胀情况下,短期利率会不断攀升,借入短期贷款而放出长期贷款的机构显然要承受风险损失。为了避免这种损失,在信贷业务中逐渐形成在长期贷款中按不同的利率计息,主要有变动利率、浮动利率与期利率,这些利率都有按金融市场行情变化而变化的特点。因此在通货膨胀情况下,放出贷款的机构可由此得以降低损失。

但对于因开展商务活动而需筹措资金者,就应根据具体情况采取相应办法。如果筹资时市场利率估计已达顶峰,有回跌趋势,则以先借短期贷款或以浮动利率借入长期贷款为宜,这样在利率回跌时就可再更新短期借款。如果筹资时市场利率较低,并有回升的趋势,则应争取设法借入固定利率的长期借款。由于对金融市场行情观察角度不一、认识深度不一,对行情趋势分析也会不同,因此,利用商业贷款从事商务活动,其承担的利率风险是不可避免的。

### 3.价格风险

这里谈的价格风险是狭义的价格风险。所谓狭义的价格风险,是指撇开了作为外汇价格的汇率和作为资金价格的利率的风险问题。而且,它的产生是对于筹资规模较大、延续时间较长的项目而言的。例如,大型工程所需的有些设备往往要在项目建设后期提供,由此,在项目建设初期,甚至在合同谈判阶段就把这些设备的价格确定下来并予以固定,这是具有风险的,因为许多情况是要发生变化的。我们知道,影响工程设备远期价格的因素很多,主要包括:①原材料价格,一般而言,钢材、有色金属、木材等价格随时间的推移总是要上升的。②工资也是一项不断增长的费用,因为工资有价格刚性,易升不易降。③汇率和利率方面的风险。④国内外其他政治、经济情况的变动,如地区冲突、石油禁运等。因此,在合同标的金额较大、建设周期较长的情况下,若要求外商以固定价格形式报价,就会使外商片面夸大那些不确定因素,并把它全部转移到固定价格中,使固定价格最终偏高,构成一种风险。

一般而言,价格形式除了固定价格以外,还有浮动价格和期货价格。期货价格既有避险的动因,也有投机的动因。然而,无论是何种,都表明了其隐含的风险性。当我们对国际期货市场缺乏经验时,采用浮动价格形式不失为一种积极的、稳妥的方法。采用浮动价格形式,虽然不能同时避免价格风险和利率风险,但至少可以在决定原材料、工资等时更有客观性、公平性与合理性。由此,在一些大型涉外项目合作中,对那些需要外商在项目建设开始后五年至七年才提供的有关设备,就可采取浮动价格形式。这就可以避免外商在重大原材料价格、工资等方面的上涨因素,相对节约了项目投资。国际商务往来中价格风险不仅存在于硬件价格中,而且也存在于软件价格中。长期以来,我们对软件方面的投资不够重视,其实,一定的软件投资对于发展中国家来说不仅重要,而且必要。然而,计算合理的软件价格是一件十分困难的事。虽然理论上可将对机会成本、市场占有率等因素的分析作为计算依据,但是受市场供求关系的影响,确定软件价格的弹性很大。因此,我们可以充分利用国外著名的管理咨询公司、专利事务所、律师事务所、会计事务所等,通过它们的帮助来确定软件价格。

综上所述,市场供求的起伏波动决定着国际市场中外汇、资金、生产资料和劳务的价格变动,其中风险时时处处存在。值得注意的是,汇率、利率、价格的变动往往不是单一的,它们既可能归之于某一种共同因素的影响,又可能在它们之间构成互为因果的作用。所以,汇率风险、利率风险、价格风险常常是错综复杂地交织在一起的。

### (三)技术风险

谈判中所要考虑的各类技术问题十分广泛,不仅有项目的技术工艺要求,还有项目管理的技术问题。因此,从广义上来理解,谈判中的技术风险所反映的内容很多,包括技术上过分奢求引起的风险、强迫性要求造成的风险和合作伙伴选择不当引起的风险等。

#### 1. 技术上过分奢求引起的风险

在涉及引进技术、引进设备等项目谈判中,引进方在进行项目的技术谈判时,常有不适当地提出过高技术指标的情况。这种情况对于发展中国家来讲比较普遍,特别是那些参与谈判的工程技术人员总是希望对方提供的技术越先进、越完善、功能越全越好。这样做实际上也为项目成本的大幅度增长埋下了种子。

俗话说,一分钱,一分货。在项目合作中我们在向外方提出任何技术要求时,都要有承受相应费用的心理准备,而且需要明白的是,有时费用的上升幅度会大大超过产品功能、精度提高的幅度。事实上,我们会发现这些要求中的相当部分在实际运用中是不必要的。

#### 2. 强迫性要求造成的风险

在商务活动中,一些大企业在中小企业交往中,中小企业就面临着"强迫风险"。要么接受不公平的条件,承受利益分配上的不平等,要么拒绝无理要求,承受机会成本损失。对于中小企业来讲,既要维系与大企业的合作,又要维护自己的合理利益,这确实是有相当难度的。

反过来,中小企业在开展对外商务合作时,作为业主俨然以高高在上的"皇帝"自居,对其他客商的合作条件横加挑剔,强迫对方做一些他们根本做不到或做不好的事情,甚至以为这是理所当然的,唯有如此才能保证自己的利益不受侵害。殊不知,这样一来,谈判就容易陷入僵局。如果客商知趣撤退,到头来就会弄得个"鸡飞蛋打"的下场,而且很难希望其他国外客商会"乘虚而入",自愿受"斩"。即使最终客商被迫让步,接受了我们的要求,但是商人"不做亏本买卖"的秉性使他们在日后的合作中一定会伺机把他们早先失去的利益再偷偷地挖回去。这种明亏暗补的做法,最明显的莫过于偷工减料,由此会对整个项目造成危害。对于这些商务谈判者来说,其结果也只能是真正领受一下"捡了芝麻丢了西瓜"的滋味而已。

### 3．合作伙伴选择不当引起的风险

企业在开展经济合作中，常常以引进资金、技术、设备及管理为主要内容，但能否如愿以偿地从合作伙伴中得到这些东西，却往往不十分确定，不能仅仅认为对方是大企业，拥有先进技术，就一定能保证合作顺利成功。

只有选择了合适的伙伴，才有可能保证项目合作达到预定目的。对于那些重要的、敏感的工程，我们更要寻找信誉良好、有实力的合作伙伴，为此承担稍高的合同价格也是完全值得的。

合作伙伴选择不当，不但会使项目在合作进程中出现一些难以预料甚至难以逆转的困难，造成不可挽回的损失，而且在项目尚未确定之时，就有可能使我们蒙受机会成本的损失。

### （四）素质风险

在开展商务活动中，参与者的素质欠佳会给谈判造成不必要的损失。我们把造成这种损失的可能称为素质风险。实际上，在商务谈判过程中就是要指出非人员风险主要是由环境因素决定的，人员风险主要受人员素质影响的特征。从根本上讲，各种状况的技术风险是因为人员素质欠佳造成的。这些现象反映了发展中国家的商务活动参与者，包括谈判人员的经验不足，管理水平、谈判水平亟待提高的事实。除此之外，项目实施与管理过程中表现出来的人员内在素质缺陷，在很多情况下也构成了对商务合作潜在利益的威胁。

有的谈判人员在谈判过程中表现出急躁情绪，如急于求成、好表现自己，或者拖泥带水、迟缓犹豫、怕承担责任，由此不能真正把握时机，争取最佳获益。事实上，造成这种风险固然有谈判人员先天的性格因素，但更重要的往往是谈判作风方面的问题。

有些谈判人员不敢担负责任，一遇到来自对方的压力或来自自己上司的压力，就感到难以适从，不能自主。具体表现为：有时在未与对方充分交涉洽商的情况下匆忙做出承诺，使经过努力争取可以获取更大利益的局面丧失殆尽；有时则久拖不决，不从工作出发，而是沉湎于谈判结果对于个人进退得失影响的考虑，不能争取更有吸引力的合作前景。有的谈判人员刚愎自用，自我表现欲望过强，在谈判中坚持一切都要以他的建议为合作条件，寸步不让，从而使有些合作伙伴不得不知难而退。

在商务活动中，由于缺乏必需的知识、充分的调研，也会带来隐患。其实，谈判人员对客观环境不够了解，对专业问题不够熟悉，应视为正常。但关键是谈判人员要正视自己的这种不足，进行充分的调查分析、做好可行性研究，特别是聘请一些专家顾问，如工程技术人员、律师、会计师等参与可行性研究，这样就可能对这些客观因素的影响做出预测或估计，并可相应地采取一些防范措施。

### （五）沟通风险

即对语言或非语言信息采取错误的诠释方式而产生的文化误读，从而导致沟通失败的风险。例如，崇尚自由平等文化的谈判者在与来自等级社会的伙伴交流时，其行为表现上的随意性就会在无意中触犯等级文化中具有较高地位的人；感情外向的人与相对含蓄内向的人的交流方式不同，不管是语言交流还是非语言交流，外向和内向的差别都会产生巨大的交流鸿沟。

因此，在商务活动中，我们要不断保持风险意识，积累实践经验，仔细观察，虚心求教，从而降低风险的发生概率。

# 第二节　商务谈判风险的规避

## 一、防范商务风险的基本措施

商务谈判人员可根据对风险状态和可能结果的分析估测，针对不同类型的风险，选用一种或综合运用这些防范和规避商务风险的措施。风险理论告诉我们，要防范商务合作中可能出现的风险，通常可以采取以下三种方法。

### 1. 完全回避风险

完全回避风险是通过放弃或拒绝合作，停止业务活动来回避风险。虽然潜在的或不确定的损失能够就此避免，但与此同时，获得利益的机会也会因此而丧失。对于那些根据事实做出判断，界定政治风险和自然灾害风险，采取完全回避风险的策略显然是较好的办法。如取消对战争或动乱可能持续下去的国家或地区的投资计划、停止在洪水经常泛滥的河谷地带建厂等，这些都可称得上是明智的选择。

### 2. 规避和转移风险

一般地讲，由于人员因素引起的风险大多比较容易预先估计到。如技术人员对技术完美性的追求，他们往往追求最完美的设计、健全的功能、最高的质量、最好的材料，而不顾制造成本大小。这些反映在有关引进技术设备的商务谈判中，就会表现为一种奢求风险。事实上，在一定"标准"或均衡的性能价格比率基础上，每提高 1% 的性能要求，价格上升就会超过 1%，并呈几何级数增长。对此可做出较为准确具体的估计，并对不同情况下各种方案的优劣做出评价，确定经济上比较合理、技术上又先进可行的对策。对于其他人为因素造成的风险，诸如现场管理、人员素质等，只要谈判人员以及其他参与人员规避风险的意识提高，那么这些风险是比较容易预见和控制的。

在商务活动中，普遍采用保险方式就是出于转移风险的需要；而让合作方的担保人来承担有关责任风险就是一种非保险的风险转移方式。

在保险业日益发达的今天,通过保险来转移自然风险所造成的损失已经成为一种普遍的选择。同时,对政治风险的保险也已成为一种现实,只是这种保险业务和内容尚被严格地限制在一定的范围之内。

对于非人员风险中的市场风险,包括汇率风险、利率风险、价格风险,我们可以通过加强预防措施来达到减少风险的目的。例如,在寻找设备供应商时,选择单一伙伴往往会因其面临设备性能或价格难以符合目标要求、资信状况不佳而有可能导致供货不及时等风险。由此应该详细地考察该供应商各方面的合作条件,对合同中的违约责任予以细致明确的规定。如有必要可通过联系多家供应商,形成竞争局面,从中选择最有利的合作伙伴,以此减少和消除损失发生的机会。

另外,对汇率风险,当我们能够通过对历史资料的分析及未来国际外汇市场走势的预测,确信某种外币对本国货币将升值时,我们就可以采取远期交易的方式以现汇汇率或约定汇率来买入未来某个时期的外币,这样外币价格就被锁定。如果日后这种外汇汇率果真上升,不仅损失能得以避免,而且相对而言等于有了一笔额外的收益。同时,在商务谈判中积极地采取其他一些风险转移策略,或者让合作伙伴分担部分风险,或者向保险商投保,都不失为对付市场风险的一种有效途径。

### 3. 自留风险

自留风险,亦称承担风险,它是一种由企业或单位自己承担风险事故所致损失的财务型风险管理技术。

自留风险可以是被动的,也可以是主动的,可以是无意的,也可以是有意识的,当风险没有被预见,因而没有做出处理风险的准备时,风险自留就是被动的或者是无计划的。所谓主动的或有计划的风险自留,通常是采取建立一笔专项基金的做法,以此来弥补可能遭遇的不测事件所带来的损失。在某些情况下,自留风险是唯一的对策,因为有时完全回避风险是不可能或明显不利的。

预见和控制非人员风险的难度较大。例如,非人员风险中的政治风险、自然灾害风险,往往是不可预测的,其发生常常会令人难以适从。因此,只有采取事后补救的办法,但实际损失的绝大部分将无法挽回。如苏伊士运河被切断,拉美国家的外国私人企业被没收、南斯拉夫战争以及突如其来的地震、台风、海啸、旱涝等自然灾害给商务活动造成损失的例子不胜枚举。由于这些风险事先不能预见,损失就无法避免。

由此可见,在商务活动中源于政治、自然灾害的风险损失常常是我们被动、无计划自留风险的结果,因为这种风险是难以预测的。采取主动的、有计划的风险自留措施也往往只是杯水车薪之举。

## 二、素质风险的规避

在商务谈判中体现素质风险规避思想的具体策略,主要有以下几点。

### 1. 提高谈判人员素质

在商务谈判过程中,风险可谓无处不在、无时不在。谈判主题一经明确,谈判人员一经确定,风险即已形成。因此,谈判人员的挑选应当着重依照一定的素质要求从严掌握。虽然不可能在这些候选人完全符合理想标准以后才允许他们走上谈判场(事实上,谈判人员的素质恰好是要在经常的谈判实践磨炼中不断提高和发展的),但是由于涉外谈判的责任重大,因此就不得不对谈判人员,特别是首席谈判代表,提出严格的要求,最终被选定的谈判人员应该以事业为重,有较强的自我控制能力,不图虚荣,敢于负责。这样,人员的素质风险就可能避免。

谈判人员应该知识面广,谦虚好学,能虚心求教他人。这样,有些风险就可能避免。

---

**【趣味阅读】**

我国某公司曾在泰国承包了一个工程项目,由于不了解施工时期是在泰国的雨季,运过去的轮胎式机械在泥泞的施工工地上根本无法使用,只得重新再组织履带式机械。因此耽搁了采购、报关、运输时间,以致延误了工期,于是对方提出了索赔。如果当初我们能多了解一点世界知识,知道泰国的气候特点或主动向专家了解一下在泰国施工可能遇到的困难,那么这家公司蒙受的经济损失和信誉损失就会得以避免。

**【启示】**

谈判人员应该了解客观环境,如地理环境、气候条件等方面的情况,这样,有些风险就可能避免。

---

谈判人员的工作作风应该深入细致,洞察力强,信息渠道多,善于营造竞争局面,多方择优,由此可以克服伙伴选择方面的风险隐患。

谈判人员要懂得一分价钱一分货,既能坚持合理要求,又不要提过分条件,所谓奢求风险也就不复存在了。

谈判人员还应该对政治与经济的辩证关系有深刻而清醒的认识。从事商务谈判的人员应不断努力提高政治形势的分析预测能力,从而提高对政治风险的控制能力。

### 2. 请教专家,主动咨询

一个商务谈判人员知识面再广,整个商务谈判班子知识结构再合理,总难免会有缺漏。特别是对于某些专业方面的问题,难免会缺乏全面的把握与深刻的了解。请教专家、聘请专家顾问常常是商务谈判取得成功所必不可少的条件。

专家首先可以帮助谈判人员了解客观环境,在选择合作伙伴时,主动征询专家的意见有助于我们避免因伙伴选择不当而造成的风险损失。这种专家渠道有很多,它既可以是国内的有关专业外贸公司、同行业企业,也可以是国外特别是项目所涉及的有关国家的政府部门、行业机构,甚至可以是国内外银行等金融机构、外国驻我国使领馆和我国驻外使领馆等。

政治风险、自然灾害风险主要是纯风险,它们难以被预测,一旦造成危害,后果将会非常严重。对此,请教有关方面的专家可能得到有价值的信息与启发。例如,到海外投资,一定要请政治问题专家帮助考证当地政治环境是否稳定、与周边国家和地区关系的状况如何等;与国外大公司、金融财团合作,一定要设法搞清楚它们与该国政府、议会之间的关系;为国外客商发射通信卫星,一定要请气象专家精确推算计划发射时间内的气象变化趋势,请他们参与发射方案的制订。专家不能保证完全消除这些风险,但总比外行更了解这些风险,而这正是商务谈判人员所需要的。

> **【趣味阅读】**
>
> 以往我们不太重视从银行渠道获得开展商务活动所需要的信息,实际上金融机构之间频繁的业务往来使银行成为各种商务信息的天然集散地。为上海一个大型项目提供有关技术设备的 M 公司,由于缺乏资金实力而被银行冻结往来账务,结果严重影响了项目的合作进程。事实上,有一家外国银行曾在咨询报告中推荐另一家公司来代替 M 公司,可惜当时未引起重视,否则我们就不会陷入十分被动的尴尬境地。
>
> **【启示】**
>
> 专家首先可以帮助谈判人员了解客观环境,在选择合作伙伴时,主动征询专家的意见有助于我们避免因合作伙伴选择不当而造成的风险损失。

### 3. 审时度势,当机立断

一个谈判人员是否能审时度势,当机立断,很大程度上要取决于心理素质的优劣,谈判的准备是否充分。实际情况是纷繁复杂的,要进行反复比较,做出最佳选择往往是非常困难的。决策理论告诉我们现实生活中很少存在对某一事务进行处置的绝对最佳方案,或者说,即使人们花了大量时间、精力、钱财,反复研究、演算、论证找到了这样一个理想的方案,似乎据此便可以做出最优决策,但事实上极可能由于决策成本过高,或者由于贻误时机,这种决策最终丧失了其优化的特性,甚至变得一文不值。

商务谈判既不可急于求成,也不可当断不断。有些外商利用我们有求于他的心理,在谈判中提出苛刻的合作条件。如果我们急于求成,就要承受价格不合理的风险。相反,在谈判中表现出过多的犹豫,想把方方面面的情况条件包括各种细微之处都考虑周全再做决策,就得承受失去合作的机会的风险。

## 三、规避风险的技术手段

对于市场风险中涉及的汇率风险、利率风险、价格风险,是可以通过一定的财务手段予以调节和转化的。作为商品交换的高级形式,期货期权交易在这方面充当了主要角色。

　　由于政治、经济等因素的影响,未来供求关系将不断变化,由此引起的价格波动对买方和卖方均会产生不利影响。为减少这种风险,交易者通过在期货期权市场公开竞争,以其认为最适当的价格随时转售或补进商品,与现货交易对冲,从而将价格波动的风险转移给第三者,达到保值的目的。与此同时,利用价格的时间差、地区差,从事买空卖空、牟取利润的投机商也伴随着这样一个交易过程而产生。因此,期货交易价格反映了市场参与者对三个月、六个月或一年以后乃至更长的时间里供求关系、价格走势的综合判断。随着世界期货期权交易的蓬勃发展,交易商品也日趋多样化,目前已发展为四大类:一是商品期货交易,如谷物、棉花、橡胶以及金属等;二是黄金期货交易;三是金融工具期货交易,如债券、股票指数、利率等;四是外汇期货交易。虽然诸如远期买卖、期货买卖、期权买卖这些调节和改变市场风险的手段的运用本身就隐含着风险,但是在专家建议与指导下,这种操作会显出合乎理性的轨迹,况且汇率、利率、价格的波动总是相互关联的,其波动的频率范围多大、连锁波动的次序与时滞效应如何,今后变化趋势怎样,这些问题由金融、财务专家来回答是最为妥当的。

　　当今金融界已有越来越多的专业人士把期货、期权市场看做避免市场风险的最理想的场所,我国要大踏步地进入国际市场,发展国际商务合作,不仅要在确定利率形式、价格形式、选择结算币种方面求教于专家,而且应该在专家指导下大胆地尝试利用期货期权交易手段规避市场风险。

## 四、公平负担

　　在项目合作过程中,风险的承担并不是非此即彼般的简单,常常合作双方要共同面对一些风险。因此,如何分担这些风险成了谈判的一个重要内容。不测事件发生后,如何处置共同的风险损失,构成了合作双方需要磋商的内容。在这样的谈判过程中,坚持公平负担原则是能带来合理结局的唯一出路。分担市场的风险是合作双方经常讨论的问题。

## 五、利用保险市场和信贷担保工具

　　在商务活动中,向保险商投保已成为原则相当普遍的转移风险的方式。与价格浮动、汇率风险这种投机风险不同,保险一般仅适用于纯风险。然而不管怎样,是否就项目中存在的纯风险投保、向哪家保险公司投保、承包事项如何确定、选择什么档次的保险费率、如何与合作方分担保险费。面对这样一些问题,谈判人员还应虚心听取保险专家的意见。

　　商务活动中,信贷担保不仅是一种支付手段,而且在某种意义上也具有规避风险的作用。在大型工程项目中,为了预防承包商出现差错、延误工程进度,业主为了保护自己的利益,可以要求承包商或供应商在签订合同时答应提供银行担保。通常信贷担保分为三种类型。

（1）投标保证书。为了阻止投标者在中标后不依照投标报价签订合同，要求投标者在投标的同时提供银行的投标保证书。开标后如投标者未中标，或已正式签订合同后，银行的担保责任即告解除。

（2）履约保证书。为了防止供应商或承包商不履行合同，业主可以要求供应商提供银行担保。一旦发生不履约情况，业主就可以从银行得到补偿。

（3）预付款担保。业主在供应商按合同规定支付预付款时，可向供应商索取银行担保，以保证自身利益。

# 第三节　商务谈判风险的转移

## 一、转移风险管理技术

转移风险是指一些单位或个人为避免承担风险损失，而有意识地将损失或与损失有关的财务后果转交给另一些单位或个人去承担的一种风险管理方式。在现实生活中，人们在从事各种经济活动时，也经常考虑如何将自己面临的风险转移出去，以避免可能存在的损失。如通货膨胀率很高时，人们纷纷抛出现金，购置保值商品，以转移因通货贬值而遭受的损失。又如有些商店贴着"货物出门，概不退还"的告示，这是商店以单方协议的形式，把因商品可能存在缺陷而造成的损失转移给顾客。也就是说，在各项经济活动中，人们已经有意或无意、主动或被动、合理或不合理地运用了这一风险管理技术。他们在某些情况下可能是风险的转移者，而在另外一些情况下又可能成为风险的接受者。显然，若人们能主动地、有意识地、自觉地运用这一风险管理技术，就可能避免许多不该承担的风险损失。值得指出的是，转移风险必须通过正当、合法的手段来进行，而绝非无限制地带有欺诈性地转移。那种诱骗性的嫁祸于人的做法是得不到法律保护的。转移风险管理技术包括控制型非保险转移和财务型风险管理技术两种形式。

控制型非保险转移，是通过降低风险事故发生的频率和损失幅度，提高预测风险事故发生的准确程度等途径，尽可能使风险事故所致损失降到最低限度，从而达到风险管理的既定目标。

然而事实上，由于种种因素的制约，人们对风险的预测不可能绝对准确，而防范损失的种种措施又具有一定的局限性，所以某些风险事故的损失后果仍不可避免。因此，如何有效地运用财务型风险管理技术，及时地为人们提供损失后的经济补偿，也是风险管理的重要内容。财务型风险管理技术是通过事故发生前所做的财务安排，来解除事故发生后给人们造成的经济困境和精神忧虑，为恢复企业经济提供财务基础。财务型风险管理技术包括保险与非保险两大领域，保险是其核心部分。

控制型非保险转移与财务型非保险转移的区别在于：首先，控制型非保险转移，它转移的是损失的法律责任,即通过合同或签约消除或减少转让人对受让人的损失责任和对第三者的损失责任;而财务型非保险转移,是转让损失的财务负担,即转让人通过合同或签约寻求外来资金补偿其确实存在的损失。其次,控制型非保险转移将财产或活动连同损失责任都转让给受让人,而财务型非保险转移则只转移损失,不转移财产或经济活动本身。

## 二、合同(或契约)与风险转移

通过合同转移风险,就是通过合同条款将一方的风险转移到另一方。一般的情况有:一是在商品销售或劳务供应中,由于商品自身缺陷、职业性的劝告不慎、专利或版权的侵权、供应了不合适的商品而造成的人员伤亡或财产损失所引起的赔偿责任;二是财产的销售、出租或租赁所引起的损失责任;三是承包人或其他人员破坏雇主的房屋、伤害雇员、伤害第三者或损坏第三者的财产等而引起的赔偿责任;四是污染等所引起的赔偿责任。

### (一) 转移风险合同

风险转让人与受让人在签订有关合同时,通过变更、修正、承诺合同条款,巧妙地将风险转移。但这种转移不能无限制地运用,它必须是一个合法的、有效的经济合同的组成部分。根据《中华人民共和国经济合同法》第七条规定,下列经济合同为无效经济合同:违反法律和行政法规的合同;采取欺诈、胁迫等手段所签订的合同;代理人超越代理权限签订的合同或以被代理人的名义同自己或者同自己代理的其他人签订的合同;违反国家利益或社会公共利益的经济合同。无效的经济合同,从订立的时候起,就没有法律约束力。确认经济合同部分无效的,如果不影响其余部分的效力,其余部分仍然有效。值得指出的是,在协商订立合同的过程中,寻求利用某条款转移风险的一方必须提醒对方注意经双方同意后,其中任何一方不得另提新条件作为补充。因此,签订转移风险合同前必须考虑以下问题。

#### 1. 明确责任,合法有效

必须明确转移责任的范围,并考虑转移责任条款在法律上是否有效。风险管理者若想利用合同的某些条款来转移损失的财务负担,则必须十分小心,并要有足够的法律知识。在《中华人民共和国经济合同法》和有关合同实施办法中,对合同双方所负责任做了明确的规定,如"产品的品种、规格、数量、质量和包装质量不符合合同规定",供方应偿付违约金、赔偿金。而由国家工商行政管理局经济合同司编著的《中国合同范本》更对各类合同中的责任、赔偿和保险等条款均做了较详细的规定。若不了解这些规定,即使签订了与法律、法规相矛盾的条款也是无效的。

从世界范围来看,许多国家通过立法手段来限制各风险单位企图应用合同条款转移其风险损失的财务负担。如美国的1973年商品销售法(暗示条件)和1977年不公正的合同条件法,就是为了解决这一问题而制定的两个主要法规。其中明确规定:"免除供货方引起的责任的条款无效。"而且"如果任何合同条件或通知将因疏忽引起的人身伤亡的责任除外或加以限制的话,这些条件和通知均属无效"。

### 2．保证赔偿,借助保险

在运用转移风险技术,将风险转移给合同的另一方之前,风险管理者还必须考虑,当发生巨额损失时,对方是否有赔偿能力。因此,合同里通常有一个赔偿条款,要求对方承担进一步的义务。例如,向保险公司投保一笔双方同意的保险,或提供其他担保,以保证赔偿得以兑现。

### 3．费用问题,充分评估

管理者在选择风险管理技术时必须遵循的一个重要原则是,以最少费用支出获得最大安全保障。因此,在选择转移风险管理技术之前,要对其所发生的费用做一个全面的估算。例如,若对供货人和客户加用赔偿和除外责任条款,就很可能在合同价格上得到反映。当然,该费用主要与转移损失有关。另外,若损失一旦发生,还可能引起争执,甚至诉讼,这可能带来更重要的财务负担。所以应在对各种管理技术的费用进行估算并分析比较之后,再决定取舍。

## (二)转移风险合同的形式

转移风险合同的形式有免责约定和保证合同两种。

### 1．免责约定,纳入合同

免责约定是指合同的一方通过合同条款的拟订与变更,对合同中所发生的对第三者人身伤亡和财产损失的责任转移给另一方承担。在租赁合同、建筑合同、委托合同、销售合同、供给合同或服务合同中,均可通过免责约定来转移风险。对于免责的内容或范围,当事人可以根据意思自治的原则在合同中约定,例如,"如果出现某种情况,某方不负责任"、"如果出现某种结果,某方应在多长时间内提出赔偿请求"等。免责条款的设定能预先分配当事人之间的风险,防止出现不必要的摩擦或争议。

作为合同的一部分,免责条款只有符合法律规定才能产生相应的效力,因此,要判断免责条款是否有效,主要从以下两个方面来分析。

首先要看其是否纳入了合同。只有免责条款制定方合理地提请对方当事人注意免责条款的存在,才能将免责条款纳入合同,才会产生法律效力,否则免责条款无效。制定是否合理履行了提请对方注意的义务,要从以下几方面来判断:一是提请注意的时间。免责条款要成为合同的一部分,自然需要符合合同的一般原则,即双方都对免责条款的存在无异议。因此,免责条款的制定方应在订立合同之前向对方当事人说明免责条款的内容,让对方在充分了解双方权利义务的情况下做出是否接受合同的决定,否则便视为无效条款。二是提请注意的程度。提请应达到足以引起当事人注意免责条款的程度。在有书面合同的场合,免责条款应该显著标明或指向,让当事人应该能看到。在没有书面合同的情况下,免责条款应置于足够显眼的地方,也就是一般人在订立合同时都应该看到的地方。

同时,免责条款免除己方的责任程度越大,将其纳入合同之前的提请注意义务越高。

其次,免责条款纳入合同后能否生效,还要看它的具体内容是否符合法律的规定。我国法律对公民人身的健康安全和生命安全给予了特殊保护,对造成人身伤害的免责约定无效。因故意或重大过失造成对方财产损失也不能用免责条款来减免应负的责任。

根据我国民法通则,建筑物或者其他设施以及建筑物上的搁置物、悬挂物发生倒塌、脱落、坠落造成他人损害的,它的所有人或者管理人应承担民事责任。对此,出租方可以在租赁合同的"免责条件"或"其他约定事项"等条款中巧妙地将对第三者遭受的财产损失和人身伤亡的经济责任转移给承租方。反之,承租方也可利用合同,将他面临的潜在损失转移给出租方。总之,在租赁合同中,双方都可能抓住对方对条文的理解、变更等情况,巧妙地将潜在风险转移给对方。

---

**【趣味阅读】**

　　根据《中国合同范本》,建设工程施工合同由"建设工程施工合同条件"和"建设工程施工合同协议条款"两部分组成。"合同条件"是根据《中华人民共和国经济合同法》、《建筑安装工程承包合同条例》对承发包双方权利、义务做出的规定。除双方协商一致对其中的某些条款做出修改、补充或取消外,都必须严格履行。协议条款是按"合同条件"的顺序拟订的,主要是为"合同条件"的修改、补充提供一个协议的格式,承发包双方根据工程的实际情况,把对"合同条件"的修改、补充和不予采用的一致意见按"协议条款"的格式形成协议。"合同条件"和"协议条款"就是双方统一意愿的体现,成为合同文件的组成部分。在"协议条款"中涉及许多具体的责任问题,合同双方均可充分利用它巧妙地转移损失责任。如一般建设工程工期较长,施工期间承包方将面临建材、设备价格上涨而带来的损失。因此,承包方可要求在协议条款中写上:若因发包方原因致使工期延长时,合同价款应相应上调;发包方对施工期间可能出现的价格变动,应一次性付给承包方一笔风险补偿费用,若由发包方指定厂家,而由承包方采购材料、设备,承包方可在协议条款中载明,若产品价格高于承包方预算价格时,差价由发包方承担。这样,承包方的潜在损失责任就转移给发包方了。同样,发包方也可通过协议条款,将潜在风险损失转移给承包方。例如,发包方在协议条款中可载明,若承包方造成工期延误和其他损失时,责任和费用由承包方承担。若发包方人员和第三方人员在施工现场,生命、财产受到损失,由承包方负赔偿责任等。值得指出的是,承发包双方在签订合同时,都要紧紧围绕"合同条件"这个中心。而且寻求利用某条款转移风险的一方,必须获得对方对该条款的认可。对施工中心可能出现的问题,尽量事先达成协议或确立解决的原则,并使协议尽可能准确、严密、责任明确,以减少扯皮,保证施工的顺利进行。

【启示】

在双方签订合同的过程中,双方都可能抓住对方对条文的理解、变更等情况,巧妙地将潜在风险转移给对方。

#### 2. 保证合同,担保有责

非保险转移的另一种形式是保证合同。《中华人民共和国经济合同法》第十五条规定:经济合同当事人一方要求保证的,可由保证单位担保。保证单位是保证当事人一方履行合同的关系人,被保证的当事人不履行合同时,由保证单位承担连带赔偿损失的责任。如保证债务清偿,在规定期限内提供一定数量的产品或付清贷款;按期建成一座工厂等。如果被保证人无法承担损失的责任,保证人必须按保证合同承担这一赔偿损失的责任。然后,保证人再向被保证人追偿其损失。

通常债权人在订立保证合同时,要求保证人提供足够的财产担保,以备自己索赔。这样,债权人就可借助于保证合同,将违约风险损失转移给保证人。保证合同与保险市场的保证保险,其目的都是将违约风险转移,但它们还有以下区别:第一,保证合同中通常有三个当事人(债权人、债务人、保证人),而保证保险合同却只有保险人与被保险人。第二,保证合同是由担保人提供保证,使债权人获得保障。保证人愿意提供保证,是因为他可能在其他方面与另两方有某些利害关系。而保险人愿意提供保证,则是因为他收取了被保险人的保费。第三,保证人通常以被保证人的财产抵押来补偿可能遭受到的损失,而保证保险则是集多数风险单位来分摊其可能发生的损失。

### (三)财务型非保险转移风险技术的实施

在实务上,风险管理者欲运用某种风险管理技术时,首先必须了解该管理技术的优缺点及其适用范围,这样才能正确选择、合理运用管理技术,达到事半功倍的效果。

#### 1. 财务型非保险转移技术的优点

(1)非保险转移是保险转移的一种重要补充形式。保险是财务型风险转移的核心部分,是一种应用广泛、行之有效的转移风险方式。它是通过专门的机构,根据有关法律,运用大数法则,以签订保险合同的方式来实现的。但由于种种原因,保险转移风险仍有其局限性,它不能转移所有的风险,因为保险人只承保可保风险。而且即使是可保风险,具体到某一保险人来说,也不一定开办此项业务。因此,对某些风险来说,就只好通过非保险途径来转移。在人们从事的各种经济活动中,伴随着签订大量的经济合同,自然,人们就可利用经济合同中的某些条款来转移风险,以补充保险无法完成的潜在风险损失转移的功能。

(2)非保险转移是一种非常灵活的转移风险方式。签订一份保单,从要约到承诺,基本上已规范化,各种条件改动的幅度不大。而非保险转移却非常灵活,不仅转移责任可大可小,而且转移的成败主要取决于人们如何巧妙地运用各种法律知识、合同条款、合同语言、谈判技巧等。同时,合同本身的多样性、当事人的千差万别,为商务谈判人员灵活运用这一管理技术提供了充足的余地。

(3) 非保险转移是一种较经济可行的管理技术。与保险相比,它无须支付保险费用,只须在合同条款上下功夫,一旦合同签订,转移就告成功。

(4) 就全社会而言,有可能促进风险控制。在某些情况下,将潜在损失转移给那些能够更好地实施损失控制的人,无疑会使损失发生的频率和损失幅度降低。如在一份建设施工合同中,若承包人将因设计图纸的疏忽、错误、更改所造成的工程损坏及因此发生的拆除、修复等费用支出以及承包人因此而发生的人工、材料、机械和管理费用等损失转移给发包人,则发包人就会更加严格、周密地审查设计图纸及其所提供的全部技术资料,以控制这类损失的发生。

**2. 财务型非保险转移技术的局限性**

任何管理技术的实施,均受到许多条件的制约,财务型非保险转移同样也有其局限性。

(1) 受到法律和合同条文本身的限制。非保险转移是通过合同双方所签订的协议条款来实现的。但法律条文、合同条款均有其明确的法律意义和标准。合同双方必须在严格遵循法律规定和合同条文的基础上,转移那些在法律上、在合同条文中没有规定,或者规定不够明确的损失责任,否则这种转移将是不正当的、无效的。另外,由于各国的法律、各种合同条文的规定以及人们的习惯均不相同,从而伴随涉外经济活动的各种合同在对合同语言的解释上可能出现明显的差异。因此,在涉外经济活动中,非保险转移的局限性更大。总之,要把损失责任既合理又合法地转移给对方,就必须受到情理和法律的双重限制。也就是说,既要在法律允许的范围内,又要对方愿意接受这种转移,愿意承担该损失责任。

(2) 在某些情况下,非保险转移可能要支付较大的费用。一般来说,风险的受让人不可能无代价地接受被转移来的损失责任,其条件可能在合同价格上反映出来。如土建工程承包人常把保险费作为单独一项,列入其投标价格中。因此,就预期风险代价的条件来说,转移人只是把实际后果与预期后果的差异率转移出去了。然而,费用的支出主要还在于,一旦损失发生,为解决争端而可能支付一笔相当可观的诉讼费,它往往超过损失本身的经济价值。再次,风险承担者可能在财力上无法承担被转移的损失责任,被转移的风险损失一旦发生,可能会很严重,特别是人身伤亡事故。而非保险转移中的风险承受者不存在大量风险单位的集合,所以其承受能力是有限的。若风险承担者无力支付巨大的损失赔偿,则该转移无实际意义。因为根据合同的关系不涉及第三者这一原则,只有合同当事人才受合同赔偿和除外责任条款的约束。

【趣味阅读】

　　如某合同规定：乙方在作业时，由于疏忽而造成第三者人身伤亡或财产损失，由乙方承担。而当乙方接受该条款为甲方施工时，并不意味着这个条款能免除由于乙方的疏忽而受到伤害的第三者(丙方)向甲方提出索赔要求。甲方只有在赔偿丙方以后，再向乙方索赔。若乙方的财产少于赔偿金额，甲方最多也只能得到乙方的全部财产，其差额部分由甲方自己承担。

【启示】

　　在这种情况下，若风险承担者无力支付如此巨大的损失赔偿，则非保险转移就无实际意义。

　　(3) 由于在非保险转移中，受转移者不存在大量风险单位的集合，不能合理地平均分摊损失，所以受转移者面临的风险损失往往波动很大。正因为如此，他在接受转移时将会持谨慎态度。而对那些不了解风险性质的人来说，却很可能盲目地接受被转移的风险。然而，往往他们又不能有效地管理和控制风险，势必导致更多的损失机会。显然，这不利于损失的消除和减少。

　　3．财务型非保险转移技术的适用范围

　　从以上讨论可以看出，财务型非保险转移虽有许多优点，但也有其局限性，故并非任何情况下均能使用。通常，只有在满足下列条件的情况下，才使用财务型非保险转移技术。

　　(1) 转移者和承担者之间损失应能清楚地划分。在签订合同时，当事人双方对要转移损失的概念非常明确，双方对此的理解也要一致。且一旦损失发生，要能清楚地划分。

　　(2) 承担者愿意且具有能力承受适当的财务责任。在协商合同条款时，转移者必须明确地告诉对方，有关条文的全部含义及其可能产生的后果，使承担者在对自己的承受能力做了适当的估计并充分衡量之后，再做出相应的承诺。显然，若承担者不愿意承担损失责任，或无经济实力支付损失赔偿，该转移技术就无法实施。

　　应用非保险转移技术，对风险转移者和承担者双方来说，都觉得有利可图。其利益可能是直接的，也可能是间接的。显然，若仅对一方有利，则无利方将可能拒绝接受这一技术。

# 第四节　商务谈判中的外汇风险防范

## 一、外汇风险的概念

　　在当今国际商务活动中，都不同程度地存在着外汇的收入或支出的问题。因而就存在因汇率的变动而导致的损失风险，即我们通常所说的外汇风险。所谓外汇风险，是指因汇率变动而蒙受经济损失的可能性。一个国际企业组织的全部活动,即在它的经营活动过程、结果、预期经营收益中,都存在着由于外汇汇率变化而引起的外汇风险。如何用规避风险的方式来对付外汇风险。针对外汇风险隐含投机可能的特性,我们可以采用外汇的期货交易或期权交易方式,因为它不仅可以套期保值,同时也可能获利,这或许是处理风险更为积极的做法。也就是说,风险规避从广义上理解,不仅不是指消灭风险,而且要在寻求减少未来可能损失的同时,寻求未来收益增长的机会。

## 二、外汇风险的种类

在国际商务活动中往往发生大量的本国货币与外国货币的兑换,也就产生了外汇风险。在经营活动中的风险为交易风险,在经营活动结果中的风险为会计风险,预期经营收益的风险为经济风险。

### 1. 交易风险

由于外汇汇率波动而引起的应收资产与应付债务价值变化的风险即为交易风险。交易风险主要表现在:一是以即期或延期付款为支付条件的商品或劳务的进出口,在货物装运或劳务提供后,而货款或劳务费用尚未收支这一期间,外汇汇率变化所发生的风险。二是以外币计价的国际信贷活动,在债权债务未清偿前所存在的风险。三是待交割的远期外汇合同的一方,在该合同到期时,由于外汇汇率变化,交易的一方可能要拿出更多或较少货币去换取另一种货币的风险。交易风险是国际企业的一种最主要的外汇风险,是商务谈判时需要重点关注的方面。

---

**【趣味阅读】**

上海某电器公司从美国进口了一套价值 150 万美元的设备(以美元计价),合同签订时的汇率是 1 美元兑换 5.28 元人民币,这套设备按人民币计价为 792 万元。但在 6 个月以后,中方支付货款时的汇率已上升为 1:5.84,此时上海某电器公司进口这套设备按人民币计价为 876 万元,比签订合同时多付 84 万元人民币。由于美国商人没有发生本币与外币的兑换,其货款始终是 150 万美元,而没有任何风险。

**【启示】**

在进出口贸易中常常存在以外币计价结算的问题,如果国际商务合同签订时的汇率与实际交易结算时的汇率不一致,就有可能产生外汇风险的损失。这种交易结算风险从订立商务合同、确定外币计价的交易金额时产生,一直持续到结算时消除。

---

### 2. 会计风险

会计风险也称转换风险,主要指由于汇率变化而引起资产负债表中某些外汇项目金额变动的风险。会计风险受不同国家的会计制度与税收制度所制约,非本章研究的范围。

### 3．经济风险

经济风险是指由于外汇汇率发生波动而引起国际企业未来收益变化的一种潜在的风险。收益变化的幅度主要取决于汇率变动对该企业产品数量、价格与成本可能产生影响的程度。潜在经济风险直接关系到企业在海外的经营效果或一家银行在国外的投资效益，经济风险是一种概率分析，是企业从整体上进行预测、规划和进行经济分析的一个具体过程，经济风险的分析很大程度上取决于公司的预测能力，预测的准确程度将直接影响该公司在融资、销售与生产方面的战略决策。

外汇风险的构成因素一般包括三个方面：本币、外币与时间。如果一个国际企业在某笔对外交易中未使用外币而使用本币计价收付，这笔交易就不存在外汇风险，因为它不牵涉外币与本币的折算问题，从而不存在汇率波动的风险。一笔应收或应付外币账款的时间结构对外汇风险的大小具有直接的影响。时间越长，则在此期间汇率波动的可能性就大，外汇风险相对较大；时间越短，在此期间汇率波动的可能性就小，外汇风险相对较小。

从时间结构越长，外汇风险越大这个角度来分析，外汇风险包括时间风险与价值风险两大部分。改变时间结构，如缩短一笔外币债权债务的收取或偿付时间，可以减缓外汇风险，但不能消除价值风险，因为本币与外币折算所存在的汇率波动风险仍然存在。

---

**【趣味阅读】**

某企业，90 天后有一笔外汇收入。这里既存在时间风险，又存在价值风险。现该企业借入一笔外汇贷款，其金额与未来的外汇收入相等，并将这笔贷款的偿付时间也规定在 90 天后，即以 90 天后的外汇收入来偿还这笔外汇贷款。这样，就把将来的时间风险转移到了现在，从而消除了时间风险，但受汇率波动影响的价值风险仍然存在。如欲消除该价值风险尚须采取措施，即将外币借款卖成本币，然后以本币进行投资，借以获得一定的投资利润。这样，才能消除全部风险。

**【启示】**

外汇风险包括时间风险与价值风险两大部分，可以消除时间风险，但不能消除价值风险。

---

## 三、汇率对国际商务的影响

### 1．对投资成本的影响

就中外合资经营企业来说，如果双方投资的出资货币与资本的计算货币不一致，就会因汇率的变动而影响投资的成本。在合资企业的出资中，如出资者的出资货币与投资总额或注册资本的计价货币不一致，当实际出资时计价货币对出资货币的汇率高于合同规定的汇率时,投资者即可少出资,从而降低投资成本;反之,当实际出资时计价货币对出资货币的汇率低于合同规定的汇率时,投资者就要多出资,从而提高投资成本。如出资者的出资货币与投资总额或注册资本的计价货币一致时,那么该出资者就不会有外汇风险。

在中外合资经营企业中还存在汇率对投资利率汇出的影响。在合资企业的利润以东道国(中方)的货币计价的情况下,就中方合资经营者而言,不存在外汇风险,因为没有货币兑换的问题,而境外投资者所分得的利润却存在外汇风险。如人民币对美元汇率下跌时,境外投资者分得的人民币计价利润在兑换美元汇出时就会减少;反之当人民币对美元汇率上升时,境外投资者分得的人民币计价利润在兑换成美元汇出境外时就会增加。

### 2. 对进出口贸易的影响

国际贸易的交货与付款在时间上往往是分开的,一般情况下,在签订合同以后要隔数月或数年才能实际进行货款的交割。如实际交割时的汇率与签订合同时的汇率不同,那么合同双方必有一方或是双方将遭受外汇风险,其结果不是收益就是损失。

如当人民币对外贬值,汇率下降时,以人民币计价的进口物资或产品的价格就会提高,从而使得企业的成本上升,利润减少;而出口产品的价格则降低,从而有助于加强产品在国际市场上的竞争能力,导致出口增加,并且出口收入的外汇在兑换成人民币时会增加,从而又会提高利润。假如人民币对外升值,汇率上升时,进口物资的价格降低,从而进口成本降低,使得利润增加;而出口产品的价格提高,产品出口竞争能力减弱,利润减少。可见,当人民币贬值,汇率趋于下跌时,企业应尽力争取扩大出口减少进口,多创利润;而当人民币升值,汇率上升时,企业应适当扩大进口,以降低成本,多创利润。

### 3. 对国际租赁贸易的影响

在国际租赁业务中,一般来说,租金是用外币计价和支付的,因而也存在外汇风险。在租赁合同签订以后,租金确定下来的情况下,如人民币对外币的汇率下跌,那么相同金额外币计价的租金就需要更多的人民币才能支付,因而提高了预定的租赁成本;如汇率上调,相同金额的以外币计价的租金只需要较少的人民币就能支付,从而降低了租赁成本。因此,对支付租金的货币选择会影响租赁成本的增减。

综上所述,在国际商务活动中,如果以外币表示或计价的是债权,而当人民币对外币的汇率下跌时,外汇风险的结果就表现为收益;反之,汇率上升时,那么外汇风险的结果就为损失。而以外币表示或计价的是债务,外汇风险的结果正好与债权相反。

## 四、影响汇率涨跌的因素

研究和分析汇率涨跌因素的目的,是为了防范和消除外汇风险。

### 1. 通货膨胀率的影响

汇率作为两国货币之间的价值对比关系,其变动首先受一国国内价格变动的影响。如一国国内价格不断上涨、通货膨胀,货币的实际购买力下降,也就意味着货币的价值下降。这样,在其他国家的货币价值保持不变的情况下,该国货币的汇率就会下跌。假如与此同时,其他国家也有国内价格上涨、通货膨胀,从而货币的价值也不断下降的情况,那么只要该国通货膨胀率超过了其他国家的通货膨胀率,该国货币的汇率就有下跌的可能性;反之,就可能上涨。

### 2.利率的影响

某一国家的利率高低对资本进出该国会产生一定的影响。如该国的利率高于其他国家或地区,在其他条件相同的情况下,国际资本就会逐利而来,从而导致外资的流入,有利于引进境外资金,但也阻止了本国资金的外流,提高了市场上对该国货币的需求,从而导致汇率的上升;反之,则使汇率下跌。

### 3.中央银行干预的影响

在浮动汇率制度下,各国的中央银行都加强了对外汇市场的干预,可经常根据本国一定时期内经济发展的需要,采取抛出或购进外汇(或本币)的办法来影响汇率。如本币汇率偏高或过度升值时,就抛出本币而购进外币;如本币汇率偏低或下跌厉害时,就抛出外币而购进本币。

对中央银行干预的影响只能在短时间内起一定的作用。在西方国家,有时往往是多国中央银行采取一致的行动联合干预外汇市场。这种干预的影响较大,对汇率的影响也较强。

### 4.国家财政政策的影响

某国政府为保持本国经济健康顺利地发展,或为了达到特定时期、特别情况下的特殊政治经济目标,可以采取不同的财政金融政策。这类政策的影响必然反映到汇率上来。如政府实行货币紧缩政策,可能导致利率上升,从而使汇率提高;反之,汇率下降。而财政紧缩政策,则使利率下降,通货膨胀率下降,导致汇率下跌;反之,则汇率上升。可见,不同的财政金融政策将导致不同的汇率反应。

### 5.国家进出口状况的影响

如果该国的出口大于进口,国际收支即表现为顺差,表明其他国家对该国的商品或劳务有较多的需求,另一方面则反映了其他国家需要更多的该国货币来支付货款。这样在国际金融市场上,该国的货币就会供不应求,从而使得该国货币的汇率上升。反之,如该国的进出口状况表现为逆差,则货币的汇率就会下跌。

如果某国的国际收支短时间地出现逆差,这往往不会对该国货币的汇率产生什么影响,即使有影响也是有限的、暂时的。如果处于长期的进口收支逆差之中,就会消耗外汇储备,使该国外汇储备减少甚至枯竭。而外汇储备的减少意味着该国对外有保障的支付能力下降,从而使得外汇市场上对该国货币的信心发生动摇,出现抛售该国货币的现象,导致该国货币汇率下降;反之,则会促使汇率上升。

影响汇率变动的因素较多,除以上罗列的以外,还有国际经济的联动因素、该国政策的稳定状况,以及人们对汇率的心理预期反应等。汇率变动常常是影响汇率各种因素综合作用的结果,在实际工作中必须注重分析和研究,才能真正掌握汇率的变化趋势。

## 五、外汇风险防范的措施

外汇风险的防范,通常采用一定的方法使风险消失,或使风险分担,获取风险收益。

### (一)使外汇风险消失的对策

#### 1. 平衡法

平衡法分为单项平衡法和综合平衡法。

单项平衡是指将一项具体交易的货币平衡。如某公司准备引进一套设备,在向银行申请美元外汇贷款时,就应在设备交易谈判中力争用美元计价支付,这就不存在货币的兑换问题,因而在设备交易中就不会遭受外汇风险。但公司向银行的美元借款如没有约定归还时的汇率,或归还时的汇率与贷款时的汇率不同,也就存在着外汇风险的问题。在合资企业中,当我们用美元引进设备的同时,也完全可以将生产出的产品以美元计价出口,收取美元归还贷款,以消除贷款的外汇风险。可见,这是一种通过借用一致,或借还一致的原则来选用货币,避免外汇风险的方法。

综合风险是指将公司一系列交易或整个对外经济活动中的货币平衡,是将两笔或多笔对外交易业务综合在一起选择计价货币。如某公司有两笔出口业务,都在 6 个月以后进行收汇,为避免外汇风险,公司在谈判中就必须选择两种关系非常密切而币值的运动方向相反的货币,即一种货币可能升值,另一种货币可能贬值,如两者变动的幅度相近则更好。这样在 6 个月以后收汇时,如第一笔交易中计价支付的货币汇率下跌,造成公司损失,但第二笔交易中计价支付的货币汇率上升,而给公司带来了利益,以达到降低外汇风险的作用。又如在公司的两笔对外业务中正好一项是收入业务,一项是支出业务,这样在对外商务谈判中就应选择相同的货币作为计价结算货币,使两笔交易的外汇风险损益互补,从而降低或消除外汇风险。

综合平衡法只能部分地或基本上消除外汇风险,这是由于交易收入支出的时间、金额不可能完全一致,而在用不同货币作为平衡货币时还存在平衡货币之间变动幅度不一致的问题。同时,综合平衡法较为适用于对外交易的地区范围广、业务多的大公司。公司可事先将不同币种、不同期限的远期外汇收付款进行汇总抵轧,然后再根据抵轧的结果,决定在本笔交易及今后交易中选择何种货币来避开或减少外汇风险。

#### 2. 人民币计价法

外汇风险的产生是因为在以外币计价支付的情况下,签订交易合同时外币与本币(即人民币)的汇率和实际交割时外币与人民币的汇率不同,而产生人民币收支上的损益。如果在国际商务活动的结算中以人民币作为计价货币,我方直接收付的是人民币,就不存在与外币的兑换折算问题,实际收付的人民币数额与交易合同中规定的人民币数额是完全相同的。因此,不论国际上汇率如何波动,都无任何风险。

### 3. 易货交易法

如交易双方达成协议,在一定的时间内对等地从对方处购买相同金额的货物或劳务,并用同一种货币进行清算,这就可以完全消除外汇风险。这是由于双方都保持着出口平衡,又都用同一种货币(如人民币或美元等)计价。对补偿贸易来说,如果在合同中既确定了设备技术的价格,同时又确定了补偿产品的价格,并用同一货币进行计价,同样也可以完全消除外汇风险。

### (二)分担外汇风险的措施

通常使用签订货币保值条款的方法来分担外汇风险,这一措施容易使谈判双方接受,因而在国际商务谈判中应用较多。如在国际商务谈判中,对交易的计价货币的汇率的变动趋势难以把握,或因种种因素限制必须接受可能于己不利的计价支付货币时,可采用签订货币保值条款来避免或减少外汇风险。基本方法为,选择交易时的硬货币(一般为美元)作为保值货币,如计价货币(中方为人民币)对美元的汇率变动超过规定的某一幅度,就对其价格做相应的调整,由卖方或买方来支付差额或由双方按约定的比例分摊。

---

**【趣味阅读】**

上海某公司出口一批服装到日本,合同金额为 100 万元人民币(以人民币计价)。为防范外汇风险,双方在合同中签订了货币保值条款。合同规定,如人民币对美元的汇率上下浮动达 2% 时,就按变化后的汇率结算;如达不到上下浮动 2%,则价格不变。假设签订合同时的汇率为 1:5,折合为 20 万美元。在日商实际结付时,汇率为 1:6,此时已超过了下浮 2% 的指标,故按结算时人民币对美元的汇率计价,实际要支付 120 万元人民币;假如在日商结付时汇率为 1:4,此时日商实际支付货款为 80 万元人民币。

**【启示】**

在国际商务谈判中,通常采用签订货币保值条款的方法来分担外汇风险,这一措施容易使谈判双方接受。

---

从美元的角度来看,买卖关系的双方实际收支额与当初签订合同时的金额是完全一致的,双方都没有承担汇率风险。但从人民币的结付来看,在人民币汇率下跌时,是由买方向卖方支付了汇率差价,而在人民币汇率上涨时,是由卖方向买方支付了汇率差价。如双方在合同中约定,汇率变动的差价由双方分摊,则按约定的比例分摊。这是一种双向保值方法,对卖方和买方都保值,由买卖双方分担汇率的风险。

### （三）获取风险收益的方法

汇率的变动既可能给企业带来损失，但也可能带来风险收益。只要采取的措施得当，就能减少损失，获取较多的风险收益。

#### 1. 正确应用结汇的时间差

当交易的一方判定汇率将发生某种变化时，将结汇的日期提前或推迟，以避免外汇风险，而获取汇价上的好处。在进口的情况下，如预计计价外币对人民币的汇率下跌时，应尽量延长或推迟支付期，以多获汇价收益；而当汇率上涨时，应提前或缩短支付期，以尽量避免和减少外汇风险的损失。在出口的情况下，预计计价外币对人民币的汇率下跌时，采取提前或缩短结汇期，以尽量避免和减少外汇风险的损失；而当预计计价外币对人民币上涨时，则采取推迟结汇或延长结汇期，以尽可能多地获取汇价的收益。

#### 2. 正确应用不同的计价货币

如果在谈判过程中能对各种货币的汇率走势做出正确的判断，那么对出口的一方来说，应选择汇率趋于上涨的硬货币计价；如作为进口的一方，则选择汇率趋于下跌的软货币计价。对出口的一方来说，用硬货币计价意味着他在实际收到买方支付的货币时，因汇率较订立合同时提高，可兑换到更多数量的本币或其他货币，从而获得外汇风险收益；对进口的一方来说，用软货币计价意味着，他在实际支付卖方货币时，因汇率订立合同时下跌，可只用较少的本币或其他货币就可兑换到合同金额的计价货币，完成支付的义务和责任，从而也就获得外汇风险的收益（减少支出）。

## 六、谈判中外汇风险的处置

对外商务谈判中，对外风险处理的复杂性不是表现在某种方法的具体运用和操作上，而是表现在如何根据谈判中的具体条件在众多的防范外汇风险的方法中选择较为适宜的方法。各种外汇风险防范方法的运用要受到一些必然因素的制约。更为重要的是，这些外汇风险防范措施的应用必须在整个谈判过程中去分析、把握和争取。

#### 1. 汇率趋势的分析

汇率变化的趋势错综复杂。防范外汇风险的方法，特别是争取外汇风险收益方法的运用，直接取决于对外汇走势的正确分析、判断和把握。在选择外汇风险防范措施时，必须从自身对汇率趋势的判断能力出发。如对汇率趋势的判断能力不强，或对本次交易所涉及的计价支付的汇率趋势难以准确地分析和判断，最妥当的方法是选择人民币计价和支付；或用订立货币保值条款或汇率风险分摊条款，将以获取外汇风险收益为目标改为减少外汇风险损失或完全避免外汇风险为目标。

#### 2. 谈判中的地位

外汇风险防范的方法涉及或影响到谈判双方的利益。谁都想选择最有利于自己的谈判方法,是否能如愿,首先要看自己在谈判中的地位。如在进出口贸易中我们作为出口方,选择硬货币作为计价或支付的货币对我们最为有利,但有可能损害进口方的利益。因此,在一般情况下进口方是不会接受的。除非你在谈判中占有比较明显的优势或是绝对的优势地位。如我方在谈判中实力较强,占有绝对优势或明显优势时,可考虑争取收入外币(出口)时选用硬币计价,而在支付(进口)外币时选用软币计价;如我方在谈判中实力稍强于对方,谈判地位稍优于对方,则可争取提前或推迟收付,以及以人民币计价;如双方实力相等、地位相当,则可选择采用对等易货贸易法、平衡法;如我方谈判实力较弱,对方在谈判地位上占优势,则可选择约定货币保值条款或汇率风险分摊条款。

### 3.市场竞争状况

在处理外汇风险时,还要结合当时的市场形势和竞争状况综合考虑。如市场竞争激烈,我方既想扩大或维持市场占有率,又不愿意通过减价销售的方法来实现,以避免被指控为倾销等麻烦。在通过对外汇的汇率做认真的分析后,对可能产生的外汇风险不做处理,利用外汇汇率变动对价格的影响来增强自己的价格竞争能力。如我国上海某公司在中国香港与美国某公司销售同样的产品,相同的价格,并均以港元计价,竞争激烈。假如现在美元对港币的汇率保持不变,而人民币对港元的汇率下跌,虽然上海某公司既可以通过降价来增强竞争力,也可以在不降价的情况下,同样增强本方的竞争力。因为在汇率下跌的情况下,可用较少的港元换得较多的人民币而购买中方的其他商品。

### 4.防范外汇风险成本的问题

我们在选择防范外汇风险的方法时,还必须注意运用该种方法的成本。如损失超过了运用该种方法所可能得到的利益,很显然这种方法是不可取的。防范外汇风险成本的问题应考虑以下几个因素。

(1)利率。从汇率的角度看贷款,对借款人来说,借进软货币比较有利。但从成本的角度来看,软货币的贷款利率较高,而硬货币的贷款利率较低。因此,只有在汇率上的好处大于利率上的不利时,借软货币才是真正有利的。

(2)提价幅度。在中方作为进口方,而坚持要以软货币计价支付,或出口方坚持以硬货币计价支付的情况下,对方为了避免外汇风险,往往采取价格调整法,在价格中增加或减少一部分金额作为防范外汇风险的金额。如汇率的实际变动所导致的价格变动小于对方增加或减少的部分,那么对方实际上是在将全部的外汇风险转嫁给我方,还有可能获得部分额外的收益。即使汇率的实际变动所导致的价格变动大于对方增加或减少的部分,只要不超过一倍的限度,那么实际上外汇风险的大部分还是由我方来承担了。在这种情况下,坚持选择硬货币或软货币计价就利少弊多了。

(3)其他因素。在我方坚持使用某种货币为计价支付货币而对方难以直接反对时,其除了在价格上做调整外,还可在结汇的时间、支付的方式等方面提出要求,进行变更。如作为出口方的中方,坚持用美元计价,对方难以改变,但他可以提出将支付方式由原来的信用证方式改为托收承付方式,甚至要求延期付款。在这种情况下,虽然我们避免了汇率上的风险,但增加了贷款本身收付的风险和成本。

对国际商务谈判中外汇风险的处理,必须做充分认真的分析,综合考虑各种因素的影响,结合本公司的实际,权衡利弊后再选择适宜的方法进行防范。不过这是一个长期的、需要经过多次实践的工作,坚信"事在人为"。

## 阅读拓展

### 企业如何规避汇率风险

据来自中国外汇交易中心的最新数据显示,1月25日人民币汇率中间价以 7.773 5 再度改写汇改以来的新高纪录。这意味着新年以来短短20多天中人民币汇率升值幅度已经超过了 350 个基点。这是进入 2007 年以来,人民币汇率第八次创出汇改以来的新高。此前的 1月15日至18日,人民币汇率中间价曾连续四个交易日创出汇改以来的新高纪录,显示出"加速跑"的态势。

汇率的变化对企业会有什么样的影响呢?

1994 年以前,我国先后经历了固定汇率制度和双轨汇率制度。1994 年汇率并轨以后,实行以市场供求为基础的、有管理的浮动汇率制度。企业按规定向银行买卖外汇,银行进入银行间外汇市场进行交易,形成市场汇率。中央银行设定一定的汇率浮动范围,并通过调控市场保持人民币汇率稳定。但是人民币汇率的形成机制是钉住单一美元的方式。1997 年亚洲金融危机爆发后,又主动收窄了人民币汇率浮动的区间。由于人民币汇率在较长的时期内保持了稳定,导致企业规避汇率风险的观念淡薄,对于金融衍生工具以及汇率避险工具认识不足,也不重视。一些企业,特别是一些国有企业,缺乏主动的汇率风险避险意识,始终认为由于汇率风险导致的损失属于政策性亏损,对因汇率波动导致的损失重视不够。2005 年7月21日我国实行人民币汇率形成机制改革,人民币汇率不再钉住单一美元,而是选择若干种主要货币,赋予相应的权重,组成一个货币篮子,以市场供求为基础,参考一揽子货币计算人民币多边汇率指数的变化,对人民币汇率进行管理和调节,形成有管理的浮动汇率。

新的浮动汇率制度将对企业生产和经营活动产生重要影响。任何汇率的变动将影响从事对外贸易、投资以及金融活动的企业或者经济组织的利益。在新的浮动汇率制度下,汇率根据外汇市场供求关系自发地上下波动将成为未来发展的趋向,逐渐地,国家将不再承担维持汇率的义务,也不再规定汇率波动的上下限。

外汇汇率的剧烈波动将使得从事国际经济活动的企业面临汇率风险问题。

所谓汇率风险,又称为外汇风险,是指由于外汇汇率的波动,以外币表示的债权或债务的价值发生相应上涨或者下降的可能性。汇率风险包括经营活动过程中所面临的交易风险、经营活动的结果所面临的会计风险以及预期经营收益所面临的经济风险。而交易风险则是最常见的。在发生汇率风险的情况下,以外币表示的债权或者债务会出现两种结果,获得利益或者遭受损失。

因此,企业在国际经济活动中如何规避汇率风险就显得尤为重要。规避汇率风险的措施或者做法称为保值措施,有的保值措施可以完全消除汇率风险,有的保值措施则只能减轻汇率风险,而有时为了完全消除汇率风险,需要几种保值措施综合配套使用。保值措施种类繁多,包括长借款和投资、汇率汇出、营运资金政策、转移价格、价格调整、提前收付、预付、拖延收付、远期外汇合同、套期保值等。

根据中国人民银行货币政策司 2006 年年初对 10 省市 323 家外向型企业的调查显示,在人民币汇率形成机制改革后,目前企业采用最多的汇率避险方式还是贸易融资,企业一般通过出口押汇等短期贸易融资方式先从银行获得资金,在解决由于收汇期延长导致的资金调转问题的同时,提前锁定收汇金额,规避人民币汇款变动的风险。而企业在使用金融衍生品种方面,调查显示远期结售汇工具的使用在金融衍生工具中比例高达91%,企业使用外汇掉期业务的比例还很小,一些外资企业和在国外有分支机构或合作伙伴的中资企业则通过境外人民币无本金交割远期(NDF)工具进行避险。因此,企业仍需要转变经营观念,提高风险意识,在各个环节建立汇率风险防范机制,密切关注国内外金融市场的变化,积极运用各种保值措施,提高抗风险能力。

从法律的角度而言,企业应在国际经济合同中订入能够避免或者减轻汇款风险的保值条款,例如外汇保值条款、物价保值条款等,同时与其他的保值措施配合使用,才能达到防范汇率风险的最佳效果。

资料来源:李爽.商务谈判[M].北京:清华大学出版社,2008.

# 【本章小结】

1. 所谓风险,是指由于某种活动因素的不确定性所引起的活动结果的可能损失。风险特征有:商务风险的客观性、商务风险的相对性、商务风险的可变性、商务风险的可测性和风险与收益的对立统一性五个方面。

2. 商务风险识别是风险管理的基础,只有全面、正确地识别企业所面临的风险,商务谈判中对风险的估测和风险控制技术的选择才有实际意义。

3. 商务谈判中常见的风险类型有:政治风险、市场风险、技术风险、素质风险和沟通风险五种类型。

4. 防范商务风险的基本措施包括:完全回避风险、规避和转移风险以及自留风险三个方面。

5. 素质风险的规避包括:提高谈判人员素质;请教专家,主动咨询;审时度势,当机立断三个方面。

6. 规避风险的技术手段。随着世界期货期权交易的蓬勃发展，交易商品也日趋多样化，目前已发展为四大类：一是商品期货交易，二是黄金期货交易，三是金融工具期货交易，四是外汇期货交易。

7. 利用保险市场和信贷担保工具。通常这类担保必须由银行做出，这类担保分为三种：投标保证书、履约保证书、预付款担保。

8. 转移风险是指一些单位或个人为避免承担风险损失，而有意识地将损失或与损失有关的财务后果转交给另一些单位或个人去承担的一种风险管理方式。包括控制型非保险转移和财务型风险管理技术两种形式。

9. 转移风险合同是指风险转让人与受让人在签订有关合同时，通过变更、修正、承诺合同条款，巧妙地将风险转移。但是，在签订转移风险合同前必须考虑以下问题：①明确责任，合法有效；②保证赔偿，借助保险；③费用问题，充分评估。

10. 转移风险合同的形式有免责约定和保证合同两种：①免责约定，纳入合同；②保证合同，担保有责。

11. 财务型非保险转移风险的优点与局限性。①优点：非保险转移是保险转移的一种重要的补充形式；非保险转移是一种非常灵活的转移风险方式；非保险转移是一种较经济可行的管理技术；就全社会而言，有可能促进风险控制。②局限性：受到法律和合同条文本身的限制；在某些情况下，非保险转移可能要支付较大的费用；由于在非保险转移中，受转移者不存在大量风险单位的集合，不能合理地平均分摊损失，所以受转移者面临的风险损失往往波动很大。

12. 外汇风险的防范类型主要有：①交易风险；②会计风险；③经济风险。汇率对国际商务的影响主要是：对投资成本的影响、对进出口贸易的影响、对国际租赁贸易的影响。

13. 影响汇率涨跌的因素主要有：通货膨胀率的影响、利率的影响、中央银行干预的影响、国家财政政策的影响、国家进出口状况的影响五个方面。

14. 外汇风险防范的措施。①使外汇风险消失的对策有平衡法、人民币计价法、易货交易法。②分担外汇风险的措施，通常使用签订货币保值条款的方法。③获取风险收益的方法：正确应用结汇的时间差、正确应用不同的计价货币。

15. 谈判中外汇风险的处置：汇率趋势的分析、谈判中的地位、市场竞争状况、防范外汇风险成本的问题。

## 【思考题】

1. 什么是风险？风险具有哪些特征？
2. 简述风险识别的基本途径。
3. 商务谈判中常见的风险有哪些？

4. 规避商务风险的主要措施有哪些？

5. 简述转移风险合同形式。

6. 外汇风险的防范有哪些类型？

7. 汇率对国际商务有哪些影响？

8. 影响汇率涨跌的因素主要有哪些？

9. 防止外汇风险主要有哪些措施？

# 【案例分析】

## 一次有风险的谈判

A 国某进出口公司与 B 国某技术公司，就某项技术交易以及相关设备的交易达成协议，但在 B 国的审批过程中遇到了阻力，使合同不能履行。于是 A 国公司与 A 国有关政府官员以及技术人员组成谈判组赴 B 国进行交涉与谈判。

A 国谈判组长为政府高级官员，组员有公司的领导、商务主谈、技术主谈、译员等 8 人。B 国谈判组组长为政府高级官员，组员有工艺技术主管、外交部官员、商务主谈、技术主谈、译员等 9 人。

谈判地点在 B 国的外交部大楼的大会议室。双方人员坐定之后，就合同审批问题进行谈判。A 国代表团首先重温了合同约定及 A 国政府的态度，希望 B 国采取措施尽快让合同生效。B 国代表对延迟审批的理由做了解释，大意是政府是支持的，但需要与盟国成员商量，因为该项交易有违同盟国之间的某些规定。通过第一轮谈判，双方知道了使合同生效的重要性及影响生效的客观原因。该怎么解决面临的问题呢？双方又进入第二轮的谈判。

围绕如何办的问题，双方进行了认真严肃的讨论。B 国提出了三个方案：方案一，B 国外交部将派特使与其盟国协商，争取能获得支持，但需要时间且不能保证结果。方案二，请 A 国变通合同方案，B 国保证目标仍不变。方案三，请 A 国考虑降低技术等级，避免第三方的限制。对此，A 国代表认为：方案一是 B 国政府的事，A 国公司并未与第三方签约。B 国需与谁商量，我们不反对。但合同生效时间应有保证，否则对 A 国公司损失太大。方案二虽没有降低合同涵盖的技术水平，但变成了"拼凑"的技术工艺生产线，这将会存在技术可靠性、稳定性问题。对于双方的合同来讲，仍属修改，对 A 国企业来说仍有技术风险。方案三纯属降低技术和设备水平以屈从第三方要求，这是以 A 国的利益去满足 B 国政府对其盟国的承诺，明显不公平，也算 B 国单方违约。在第二轮的谈判过程中，双方基本点十分对立。

第三轮谈判时，双方就放弃方案三达成了一致，即不能降低合同技术和设备的水平。于是方案一和方案二就成为讨论的焦点。方案一，A 国谈判代表同意 B 国政府与盟国协商,但必须有时限。B国代表认为时限不能明确,因为协商结果没把握。对方案一,双方观点陷于对峙之中。为了减少不愉快,双方把议题又转入方案二。

方案二,A国代表认为,以不降低技术和设备水平为前提,拼凑这条生产线也有问题。谁去拼线,谁去采购设备,技术许可证怎么办?设备许可证是否就没有问题?未知数太多。B国代表讲,可由他们负责拼线,双方配合,采取一定措施,有可能获取技术许可证,设备许可证大部分没问题,尤其B国生产的设备。不过,少数几种设备由第三方生产,其中有盟国的产品,该部分的许可证需要时间。A国代表听后,认为B国负责拼线,双方配合,采取措施,获取技术许可证均没问题,但少数第三方即盟国生产的设备不能没把握。因为,当其工作、土建、绝大部分设备、人员均到位后,仅因几台设备使技术不能贯通全线,生产不能进行,造成的损失更大,该方案也存在极大风险。B国必须承诺全部问题解决的时间表。B国代表无法回答,显得十分尴尬。怎么办呢?B国代表建议大会暂时休会,请A国谈判组长(政府高级官员)与其政府代表单独交换意见。

大会休息,A国谈判组长带着翻译与B国谈判组长离开大会议室,到办公大楼的一个走廊尽头的沙发处,三人坐下促膝而谈。B国代表讲:"贵方的意见,我明白,我想了解下贵方最终的立场。"A国代表讲:"原合同内容对我方很重要,必须全面履约。唯一可以通融的是,允许贵国政府走应有的程序,但结论应是肯定的。"

B国代表面有难色。A国代表问:"贵国政府到底能不能保证获得盟国许可?"B国代表讲:"外交部过去已派员与有关盟国协商,暂无结果。在没完成该程序前,我们不会批准合同生效。"A国代表:"若我的理解没错的话,贵方近期不可能获得盟国的赞同。"答:"是的。""那贵国政府可否独自行驶政府的权力批准呢?"答:"不能。这么做会引起外交事件。""这么说,双方所签合同近期不会批准?""我会尽力而为。""我方认为这么做不符合贵国政府的一贯政策,也有损两国之间的经济贸易合作。""我方注意到贵方说法,我会将此看法向我国政府转达。"

双方直截了当地交换了"底牌",均知谈判不会有结果。结束时,B国谈判组长提出:"刚才所言,建议双方均不对外讲,权当没说,忘掉它。"A国谈判组长:"可以,我希望贵国政府能坚持自主原则,尽快批准合同。"

回到大会议室,双方组长让专家继续交换一阵技术性意见后,即宣布散会。会后,A国谈判组成员问组长:"谈了什么,谈得怎样?"组长回答:"准备回国,探讨别的可能。"再往下问,组长只说:"他们同意再努力。"

资料来源:李爽.商务谈判[M].北京:清华大学出版社,2008.

【讨论题】

1. 上述案例中的谈判风险属于什么类型?

2. 谈判结束后,A国的谈判组长为什么说"准备回国,探讨别的可能"?

# 第十二章

# 国际商务谈判

文化是指一群人所拥有的共同价值观和信念。

——罗伊·J.列维奇

## 【学习目标与重点】

1. 国际商务谈判的含义、特征和要求。
2. 国际谈判与国内谈判的关系。
3. 国际商务谈判文化差异。
4. 欧美主要国家的谈判风格。
5. 亚洲主要国家的谈判风格。

## 【关键词】

1. 国际商务谈判(international business negotiation)
2. 文化差异(culture difference)
3. 谈判风格(negotiation style)
4. 思维方式(thinking mode)
5. 商务合同(business contract)

## 案例导入

我国某冶金公司要向美国购买一套先进的组合炼钢炉,派一高级工程师与美国商人谈判。为了不辱使命,这位高级工程师做了充分的准备工作,他查找了大量有关冶炼组合炼钢炉的资料,花了很大的精力将国际市场上组合炼钢炉的行情及美国这家公司的历史和现状、经营情况等,了解得一清二楚。

谈判开始,美国商人一开口要价150万美元。中方工程师列举出各国成交价格,使美国商人目瞪口呆,终于以80万美元达成协议。当谈判购买冶炼自动设备时,美国商人报价 230 万美元,经过讨价还价压到 130 万美元,中方仍然不同意,坚持要价 100 万美元。美国商人表示不愿意继续谈下去了,把合同往中方工程师面前一扔,说:"我们已经做了这么大的让步,贵公司仍不能合作,看来你们没有诚意,这笔生意就算了,明天我们回国了。"中方工程师闻言轻轻一笑,把手一伸,做了一个优雅的请的动作。美国商人真的走了,冶金公司的其他人有些着急,甚至埋怨工程师不该抠得这么紧。工程师说:"放心吧,他们会回来的。同样的设备,去年他们卖给法国只有 95 万美元,国际市场上这种设备的价格 100 万美元是正常的。"果然不出所料,一个星期后美国商人又回来继续谈判了。工程师向美国商人点明了他们与法国的成交价格,美国商人又愣住了,没有想到眼前这位中国商人如此精明,于是不敢再报虚价,只得说:"现在物价上涨得厉害,比不了去年。"工程师说:"每年物价上涨指数没有超过 6%。你们算算,该涨多少?"美国商人被问得哑口无言,在事实面前,不得不让步,最终以 101 万美元达成了这笔交易。

资料来源:赵莉.商务谈判[M].北京:电子工业出版社,2013.

# 第一节　国际商务谈判概述

## 一、国际商务谈判的含义与特点

### (一)国际商务谈判的含义

国际商务谈判(international business negotiation)是指在国际商务活动中,处于不同国家或不同地区的商务活动当事人为了达成某笔交易,彼此通过信息交流,就交易的各项要件协商的行为过程。国际商务谈判是国际商务活动的重要组成部分,是国际商务理论的主要内容,更是国内商务谈判的延伸与发展。

可以这样说,国际商务谈判是一种企业涉外经济活动中普遍存在的、解决不同国家的经济机构之间不可避免的利害冲突,实现共同利益的一种必不可少的手段。

由于谈判双方的立场不同,所追求的具体目标也各不相同。因此,谈判过程充满了复杂冲突和矛盾。正是这种冲突,才使谈判成为必要。而如何解决这些冲突和矛盾,正是谈判人员所承担的任务。一项谈判能否取得成功,在于参加谈判的双方能否通过各种不同的讨价还价的方式或手段往返折中,最后取得妥协,得出一个双方都能接受的公平合理的结果。这就要求参加谈判的人员要具备高度的原则性和灵活性,具备广博的知识和丰富的想象力,既有远见卓识,又能适时而动,这样才能立于不败之地。所以,谈判本身是各种知识的综合运用,而运用本身则是一种艺术。

### (二)国际商务谈判的特点

国际商务谈判除具有商务谈判的一般特点外,还具有自己的特殊性。同国内商务谈判相比,国际商务谈判的主要特点如下。

### 1.国际性

国际性是国际商务谈判的最大特点,又称为跨国性。其商务谈判主体属于不同国家,商务谈判各方代表了不同国家和地区的经济利益。通常以国家的简称加具体的谈判对象或谈判议题,来称呼特定的国际商务谈判。比如"中美知识产权谈判"、"中俄天然气管道工程谈判"、"中日汽车贸易谈判"、"中泰高铁工程建设谈判"等。由于国际商务谈判的结果会导致资产的跨国转移,因而要涉及国际贸易、国际结算、国际保险、国际运输等一系列问题。在国际商务谈判中,要以国际商法为准则,并以国际惯例为基础。国际商务谈判的这一特点是其他特点的基础。

### 2.跨文化性

国际商务谈判不仅是跨国的谈判,也是跨文化的谈判。不同国家的谈判代表具有不同的社会、文化、经济、政治背景,商务谈判各方的价值观念、思维方式、行为方式、交往模式、语言及风俗习惯各不相同,在谈判过程中表现出不同的谈判风格。

所以,参加国际商务谈判的各方将花费比国内商务谈判更多的资源来适应这种不同文化的差异,包括语言差异、沟通方式的差异、时间和空间概念的差异、决策结构的差异、法律制度的差异、谈判认知的差异和经营风险的差异等。

### 3.政策性

国际商务谈判既是一种国际商务交易的谈判,也是一项国际交往活动,具有较强的政策性。由于谈判双方的商务关系是两国或两个地区之间整体经济关系的一部分,常常会涉及两国之间的政治关系和外交关系,因此政府会经常干预和影响国际商务谈判。

所以,在国际商务谈判的过程和结果方面,谈判者必须贯彻执行所在国家的有关方针政策和外交政策,特别是要执行所在国家的一系列对外经济贸易的法规和政策。同时,对参加国际商务谈判的人员有较高的政策水平要求,要求谈判人员熟悉国家的方针政策,并贯彻到谈判中去。

### 4.复杂性

复杂性是由跨文化和国际性派生而来的,是指国际商务谈判的参与者所面临的环境比国内商务谈判的参与者所面临的环境更加复杂多变。从事国际商务谈判的人将花费更多的时间与精力来适应环境及其多变性。国际商务谈判的这种复杂性体现在若干差异上,如语言及其方言的差异、沟通方式的差异、时间和空间概念的差异、决策结构的差异、法律制度的差异、谈判认识上的差异、经营风险的差异、谈判地点的差异等。

### 5.困难性

国际商务谈判与国内商务谈判相比,困难更大。谈判中因文化差异会带来相当大的困难,就算是签订了协议,如果在执行阶段出现纠纷或其他意外,需要协调的关系复杂,要处理的事务和经历的环节也比较多,所以,解决起来比国内商务谈判要困难得多。此外,国际商务谈判活动的国际性与跨文化性,也决定了国际商务谈判的难度更大。

### 6．风险性

由于国际商务谈判的影响和制约因素比一般商务谈判要多得多,所以国际商务谈判结果的不确定性和协议执行过程中的风险也更大。这就要求谈判者事先估计到某些可能出现的不测事件并进行相应的防范与准备,以避免可能出现的不测。

## 二、国际商务谈判的原则

### 1．平等性原则

平等性原则是指在商务活动中,双方的实力不分强弱,在相互关系中应处于平等的地位;在商务交换中,自愿让渡商品,等价交换;谈判双方应根据需要与可能,有来有往,互通有无,做到双方互利。在国际商务谈判中,平等性要求包括以下几方面内容。

(1) 谈判各方地位平等。国家不分大小贫富,企业不论实力强弱,个人不管权势高低,在经济贸易谈判中的地位一律平等。

(2) 谈判各方权利与义务平等。各国之间在商务往来的谈判中权利与义务是平等的,既应平等地享受权利,也要平等地承担义务。谈判者的权利与义务,具体表现在谈判各方的一系列交易条件上,包括涉及各方贸易利益的价格、标准、资料、方案、关税、运输、保险等。

(3) 谈判各方签约与践约平等。商务谈判的结果是签订贸易及合作协议或合同。协议条款的拟订必须公平合理,有利于谈判各方目标的实现,使各方利益都能得到最大程度的满足。谈判合同一经成立,谈判各方面须"重合同,守信用","言必信,行必果",认真遵守,严格执行。签订合同时不允许附加任何不合理的条件,履行合同时不能随意违约和单方面毁约,否则,就会以不平等的行为损害对方的利益。

### 2．互利性原则

在国际商务谈判中,平等是互利的前提,互利是平等的目的。

(1) 投其所需。在国际商务活动中进行谈判,说到底就是为了说服对方进而得到对方的帮助和配合以实现自己的利益目标,或者通过协商从对方那里获取我方所需要的东西。

(2) 求同存异。谈判各方的利益要求完全一致,就无须谈判,因而产生谈判的前提是各方利益、条件、意见等存在着分歧。国际商务谈判,实际上是通过协商弥合分歧使各方利益目标趋于一致而最后达成协议的过程。首先,要把谋求共同利益放在第一位;其次,努力发现各方之"同";再次,把分歧和差异限定在适度的范围内。

(3) 妥协让步。在国际商务谈判中,互利不仅表现在"互取"上,还表现在"互让"上。谈判中的得利与让利是辩证统一的。妥协能避免冲突,让步可防止僵局,妥协让步的实质是以退为进,促进谈判的顺利进行并达成协议。

### 3．灵活性原则

在国际商务谈判中要灵活运用多种谈判技巧以使谈判获得成功。谈判过程是一个不断组织思考的过程,需要灵活掌握各种谈判技巧,猜测出对方内心的想法与计策,使自己在谈判中始终占据有利的位置。总之,在谈判过程中,在不放弃重大原则的前提下,要有实现整个目标的灵活性,特别是要根据不同的谈判对象、不同的市场竞争情况、不同的销售意图,采用灵活的谈判技巧,才能促使谈判成功。

### 4. 友好性原则

在国际商务谈判中,双方必然会就协议或合同条款发生这样或那样的争议。不管争议的内容和分歧程度如何,双方都应以友好的原则来协商解决。切忌使用要挟、欺骗或其他强硬手段。如遇到几经协商无望获得一致意见的重大分歧,则宁可终止谈判,另择对象,也不能违反友好协商的原则。终止谈判的决定一定要慎重,要全面分析谈判对手的实际情况,看其是否缺乏诚意,或是确实不可能满足我方最低要求的条件,因而不得不放弃谈判。只要尚存一线希望就要本着友好协商的精神,尽最大努力达成协议。谈判不可轻易进行,也切忌草率终止。

### 5. 合法性原则

对外谈判最终签署的各种文件都具有法律效力。因此,谈判当事人的发言,特别是书面文字,一定要符合法律的规定和要求。一切语言、文字都应具有双方一致承认的明确的合法内涵。必要时应对用语给以具体明确的解释,写入协议文件,以免因解释条款的分歧,导致签约后在执行过程中发生争议。按照这一原则,主谈人的重要发言,特别是协议文件,必须经由熟悉国际经济法、国际惯例和涉外经济法规的律师进行细致的审定。

## 三、国际谈判与国内谈判的关系

国内商务谈判和国际商务谈判都是商务活动的必要组成部分,它们是企业发展国内市场和国际市场业务的重要手段。国际商务活动是国内商务活动的延伸,则国际商务谈判也可以视为国内商务谈判的延伸与发展。尽管国内商务谈判和国际商务谈判之间存在着十分明显的区别,但两者之间也存在着十分密切的联系,存在着许多共性。

### (一) 国际谈判与国内谈判的共性特征

#### 1. 为特定目的与特定对手进行的磋商

国内商务谈判和国际商务谈判同样都是商务活动主体为实现其特定的目的而与特定对手之间进行的磋商。作为谈判,其过程都是双方或多方之间进行信息交流,"取"与"予"兼而有之的过程。谈判过程中所适用的大多数技巧并没有质的差异。

#### 2. 谈判的基本模式是一致的

与国内商务谈判相比,国际商务谈判中必须考虑各种各样的差异,但谈判的基本模式仍是一致的。事实上,由于文化背景、政治经济制度等多方面的差异,谈判过程中信息沟通的方式、需要讨论的问题等都会有很大的不同,但与国内商务谈判一样,国际商务谈判也同样遵循从寻找谈判对象开始,到建立相应关系、提出交易条件、讨价还价、达成协议,直至履行协议结束这一基本模式。

### 3. 国内、国际市场经营活动的协调

国内商务谈判和国际商务谈判是经济活动主体从事或参与国际市场经营活动的两个不可分割的组成部分。尽管国内谈判和国际谈判可能由不同的人员负责进行,但由于企业必须保持其国内商务活动和国际商务活动的衔接,国内谈判与国际谈判之间就存在着密不可分的联系。在从事国际谈判时,必须考虑相关的国内谈判的结果或可能出现的状况,反之亦然。

### (二)国际谈判与国内谈判的区别

在认识到国际谈判与国内谈判的共性特征的同时,对于要取得国际商务谈判的成功而言,认识到这两种谈判之间的区别,并进而针对区别采取有关措施,是更为重要的。

国内商务谈判双方通常拥有共同的文化背景,生活于共同的政治、法律、经济、文化和社会环境之中,谈判者主要考虑的是双方公司及谈判者个人之间的某些差异。而在国际商务谈判中,谈判双方来自不同的国家,拥有不同的文化背景,生活于不同的政治、法律、经济、文化和社会背景之中,这种差异不仅形成了人们在谈判过程中的谈判行为的差异,而且会对未来谈判协议的履行产生十分重大的影响。比较而言,由于上述背景的差异,在国际谈判中,谈判者面临着若干在国内谈判中极少会出现的问题。

### 1. 语言差异

国内谈判中,谈判双方通常不存在语言差异(谈判者通常均认同并能够使用共同的官方语言),从而也就不存在由于使用不同语言而可能导致的相互信息沟通上的障碍。但在国际谈判中,语言问题及由此而引起的其他问题始终值得谈判者的注意。即便在使用同样语言的国家,如使用英语的美国和英国,在某些表达上仍旧存在着一定的差异,语言差异,特别是在两种语言中都有类似的表达但含义有很大差别时,以及某种表达只在一种语言中存在,极易引起沟通上的混淆。

### 2. 沟通方式差异

不同文化的人群有其所偏好和习惯的沟通方式。国际谈判中的双方经常属于不同的文化圈,有各自习惯的沟通方式。习惯于不同沟通方式的双方之间要进行较为深入的沟通,往往就会产生各种各样的问题。在高内涵文化国家,如中国、日本等,人们的表达通常较为委婉、间接;而在低内涵文化国家,直截了当的表达则较为常见。高内涵文化的谈判者比较注重发现和理解对方没有通过口头表达出的意思,而低内涵文化的谈判者则偏爱较多地运用口头表达,直接发出或接受明确的信息。来自这两种不同文化的谈判者在进行谈判时,很容易想象的结果是:一方认为对方过于粗鲁;另一方则可能认为对方缺乏谈判的诚意,或将对方的沉默误解为对其所提条件的认可。沟通的差异不仅表现为表达方

式的直接或间接,还表现为不同国家或地区人们在表达过程中动作语言(人体语言)运用上的巨大差异。有些国家或地区的人们在进行口头表达的同时,伴随着大量的动作语言;而另一些国家和地区的人们则不习惯在较为正式的场合运用过多的动作语言,特别是身体动作幅度较大的动作语言。值得注意的是,与口头和书面语言一样,动作语言同样也表现出一定的地域性。同样的动作在不同的国家或地区可能出人意料地完全不同,甚至会有截然相反的含义。对动作语言认识和运用的差异,同样会给谈判中的沟通带来许多问题。

### 3. 时间和空间概念差异

大量研究表明,在不同国家或地区,人们的时间概念有着明显的差异。就谈判而言,有些国家和地区的谈判者时间概念很强,将严格遵守时间约定视为一种起码的行为准则,是尊重他人的表现。如在美国,人们将遵守时间约定看做商业活动及日常生活中的基本准则之一。比预定时间更早到达经常被视为急于成交的表示,而迟到则会被看做不尊重对方,至少也是不急于求成的表示。但在一些拉丁美洲和阿拉伯国家,如果这样去理解对方在谈判桌上的行为,则可能很难达成任何交易。那些地区或国家的谈判者有着完全不同的时间概念。

---

**【趣味阅读】**

空间概念是与时间概念完全不同的问题。在不同的文化环境中,人们形成了不同的心理安全距离。在与一般人的交往中,如果对方突破这种距离,就会使自己产生心理不适。有关研究表明,在某些国家,如法国、巴西等国,在正常情况下人们相互之间的心理安全距离较短。而一般美国人的心理安全距离则较法国人长。如果谈判者对这一点缺乏足够的认识,就可能使双方都感到不适。

**【启示】**

在不同的文化环境中,人们形成了不同的心理安全距离。

---

### 4. 决策结构差异

谈判的重要准则之一是要和拥有相当决策权限的人谈判,至少也必须是与能够积极影响有关决策的人员谈判。这就需要谈判者了解对方企业的决策结构,了解能够对对方决策产生影响的各种因素。由于不同国家的政治经济体制和法律制度等存在着很大的差异,企业的所有制形式存在着很大不同,商务活动中的决策结构也有着很大的不同。以在国内商务活动中习惯的眼光去评判对手,通常可能会犯各种各样的错误。例如,在有些国家,企业本身对有关事务拥有最终决策权,而在另一些国家,最终决策权可能属于政府有关主管部门,对方企业的认可并不意味着合同一定能合法履行。而同样是企业拥有决策权的情况下,企业内部的决策权限在不同的国家和地区之间也会有很大差异。

在注意到不同国家企业决策结构差异的同时,尤其要注意政府介入国际商务活动的程度和方式。政府对国际商务活动的干预包括通过制定一定的政策或通过政府部门的直接参与,来鼓励或限制某些商务活动的开展。在通常情况下,社会主义国家政府对国际和国内商务活动的介入程度较高,但这并不等于资本主义国家的政府不介入企业的国际和国内商务活动。在工业化程度较高的意大利、西班牙及法国,某些重要的经济部门就是为政府所有的。当商务活动涉及国家的政治利益时,政府介入的程度就可能更高。

**【趣味阅读】**

　　20 世纪 80 年代初跨越西伯利亚的输油管道的建设工程,当时某一美国公司的欧洲附属公司与前苏联签订了设备供应合同,但美国政府要求美国公司的附属公司不提供建设输油管道的设备和技术,而欧洲国家的政府则要求公司尊重并履行供应合约。争议最终通过外交途径才得以解决。由于国际商务活动中可能面临决策结构差异和不同程度的政府介入,因此国际商务谈判可行性研究中的对手分析远比国内商务谈判中的有关分析复杂。在某些情况下,谈判者不仅要有与对方企业谈判的安排,而且要有与对方政府谈判的打算。

**【启示】**

　　在国际商务谈判中,谈判者不仅要有与对方企业谈判的安排,而且还要考虑与政府谈判的准备工作。

### 5. 法律制度差异

　　基于不同的社会哲学和不同的社会发展轨迹等,不同国家的法律制度往往存在着很大差异。要保证谈判活动的正常进行、谈判协议的顺利实施,正确认识法律制度的差异是不可忽视的。与此同时,一个值得注意的现象是,不仅不同国家的法律制度存在着明显的不同,而且不同国家法律制度得以遵照执行的程度也有很大不同。

**【趣味阅读】**

　　美国联邦沟通委员会前主席牛顿·米诺(Newton Minow)的一段戏言颇能帮助人们理解这一状况。根据他的看法,在德国,在法律之下所有的事都是禁止的,除非那些得到法律许可的;在法国,每件事都允许做,除非那些被禁止的;在前苏联,所有的事情都是被禁止的,包括那些被许可的东西;在意大利,所有的事情都是可行的,包括那些被禁止的。表面看来,这段话显得有些混乱,但其所表明的一层意思却是很容易理解的,即不同国家的法律制度及法律执行情况有着很大的差异。

**【启示】**

　　在国际商务谈判中,谈判者需要遵守那些自己并不熟悉的法律制度,同时必须充分理解有关的法律制度,了解其执行情况,否则就很难使自身的利益得到切实的保护。

### 6．谈判认识差异

不同文化中人们对参与谈判的目的及所达成的合同的认识也存在很大差异。例如，在美国，人们通常认为，谈判的首要目的也是最重要的目的是与对方达成协议。人们将双方达成协议视为一项交易的结束，至少是有关这一交易的磋商的结束。而在东方文化中，如在日本，人们则将与对方达成协议和签署合同视为正式开始了双方之间的合作关系。对达成协议的这种理解上的差异直接关系到人们对待未来合同履行过程中所出现的各种变化的态度。根据完成一项交易的解释，双方通常就不应修改合同条件。而若将签署协议视为开始合作关系，则随着条件的变化，对双方合作关系做某些调整是十分合理的。

### 7．经营风险差异

在国内商务活动中，企业面临的风险主要是因国内政治、经济、社会、技术等因素变化而可能导致的国内市场条件的变化。在国际商务活动中，企业在继续面临这种风险的同时，还要面对远比这些风险复杂得多的国际经营风险，包括：国际政治风险，如战争、国家之间的政治矛盾与外交纠纷、有关国家政局及政策的不稳定等；国际市场变化风险，如原材料市场和产品市场供求状况的急剧变化；汇率风险，如一国货币的升值或贬值等。国际商务活动中的这些风险一旦成为现实，就会对合作双方的实际利益产生巨大的影响，会对合同的顺利履行构成威胁。因此，谈判者在磋商有关的合同条件时，就应对可能存在的风险有足够的认识，并在订立合同条款时，即考虑采取某些预防性措施，如订立不可抗力条款，采用某种调整汇率和国际市场价格急剧变化风险的条款等。

### 8．谈判地点差异

在面对面的国际商务磋商中，至少有一方必须在自己相对不熟悉的环境中进行谈判，由此必然会带来一系列的问题，如长途旅行所产生的疲劳、较高的费用、难以便捷地获得自己所需要的资料等。这种差异往往要求谈判者在参与国际谈判时，给予更多的时间投入和进行更充分的准备工作。

## 四、国际谈判成功的基本要求

以上分析了国际商务谈判与国内商务谈判的异同。从这一分析中，很容易得出这样的结论，即国际商务谈判与国内商务谈判并不存在质的区别。但是，如果谈判者以对待国内谈判对手、对待国内商务活动同样的逻辑和思维去对待国际商务谈判对手、去处理国际商务谈判中的问题，则显然难以取得国际商务谈判的圆满成功。在国际商务谈判中，谈判者除了要把握谈判的一般原理和方法外，还应注意以下几个方面。

### 1．树立正确的国际商务谈判意识

国际商务谈判意识是促使谈判走向成功的灵魂。谈判者谈判意识的正确与否，将直接影响到谈判方针的确定、谈判策略的选择，影响到谈判中的行为准则。正确的国际商务谈判意识主要包括：谈判是协商，不是"竞技比赛"；谈判中既存在利益关系，又存在人际关系，良好的人际关系是实现利益的基础和保障；国际商务谈判既要着眼于当前的交易谈判，又要放眼未来，考虑今后的交易往来。

### 2. 做好开展国际商务谈判的准备

国际商务谈判的复杂性，要求谈判者在开展正式谈判之前做好充分的准备工作。一是充分地分析和了解潜在的谈判对手，明确对方企业和可能的谈判者个人的状况，分析政府介入（有时是双方政府介入）的可能性，及其介入可能带来的问题。二是研究商务活动的环境，包括国际政治、经济、法律和社会环境等，评估各种潜在的风险及其可能产生的影响，拟订各种防范风险的措施。三是合理安排谈判计划，解决好谈判中可能出现的体力疲劳、难以获得必要的信息等问题。四是反复分析论证，准备多种谈判方案，应对情况突变。

### 3. 正确认识并对待文化差异

国际商务谈判的跨文化特征要求谈判者必须正确认识和对待文化。世界上不同国家不同民族的文化差异，反映了不同国家不同民族在不同自然环境及人文环境中的发展历史，并没有高低贵贱之分。因此，谈判者对文化差异必须要有足够的敏感性，尊重对方的文化是对国际商务谈判人员起码的要求。俗话说："入乡随俗，出国问禁。"从事国际商务谈判的谈判人员要善于从对方的角度看问题，善于理解对方看问题的思维方式和逻辑判断方式。国际商务谈判的一大禁忌就是，以自己熟悉的文化的"优点"去评判对方文化的"缺点"。切记，当自己跨出国门与他人谈判时，自己就成为别人眼中的外国人。

### 4. 熟悉国家政策、国际法律和国际惯例

国际商务谈判的政策性特点要求谈判者必须熟悉国家的政策，尤其是外交政策和对外贸易政策，把国家和民族的利益置于崇高的地位。除此之外，还要了解国际经济法、国际商法，遵循国际商务惯例。

### 5. 善于运用国际商务谈判的基本原则

在国际商务谈判中，要善于运用国际商务谈判的一些基本原则来解决实际问题，取得谈判效果。在国际商务谈判中，要运用技巧，尽量扩大总体利益，使双方都多受益；善于营造公开、公平和公正的竞争局面，防止暗箱操作；一定要明确谈判目标，学会妥协，争取实质利益。

### 6. 具备良好的外语技能

语言是交流磋商必不可少的工具，良好的外语技能有利于双方进行良好的沟通，提高交流协商的效率，避免沟通过程中的障碍和误解。而且，语言本身也是文化的重要组成部分，学好有关外语也能更好地了解对方文化，能够使谈判者在国际商务谈判中准确表达自己的观点和意见，完整地了解对方的观点和意见，不失时机地抓住机会，实现谈判目标。

## 第二节　国际商务谈判文化差异

### 一、文化差异的含义

文化是人类在社会历史发展过程中所创造的物质财富和精神财富的总和，是历史的积淀，同时也是不同地域、不同国家和不同民族特质的一种载体。它包含了一定的思想和理论，是人们对伦理、道德和秩序的认定与遵循，是人们生活的方式方法与准则。虽然在历史的进程中不同文化相互影响和渗透，但是不同国家和民族的文化却依然保持了各自独特的一面。

所谓文化差异，是指不同国家、不同民族间文化的差别，如语言文字、价值观念、风俗习惯、宗教信仰、道德观念、行为准则等方面的差异。不但不同民族、国家之间存在文化差异，即使一个国家之内不同地域之间也会存在文化差异。它既会给贸易谈判带来矛盾和冲突，也会给贸易谈判带来竞争优势。在跨文化谈判中，谈判双方应互相尊重彼此的文化习惯。

商务谈判者要了解文化差异，注意与来自不同背景的人在讨价还价、介绍情况、观点争执和方式方法上所表现出来的文化特征和反映出来的文化风格。

### 二、文化差异的主要表现

中西方由于文化传统与文化观念的不同，谈判过程中在对问题的看法上往往容易产生对立或误解。

#### 1. 国民性差异

不同的文化特性往往集中地体现在一个国家的国民性上。所谓国民性，是指一个国家和民族所共有的建立在共同文化观念、价值判断和行为方式上，有别于其他民族的特性。中国的国民性中有一个很突出的现象，那就是人情意识浓厚，对谈判结果是否能为脸上增光看得十分重要。以致有的西方谈判家们在他们的著作中告诫：在和中国人谈判时，一定要注意利用中国的这种国民性。而西方人则具有强烈的利益意识，重视利益机制的作用，在谈判过程中关注的是能否获得利益。中国谈判者在关注利益的同时，还存在一种与西方谈判者截然不同的人情意识，尤其是"面子"观念。由于儒家文化的影响根深蒂固，自古以来，中国人在人际交往中讲究礼节，重人情面子，讲关系，在"体面"和"利益"的选择上，中国人往往选择体面，而西方人则会毫不犹豫地选择利益。谈判过程中，西方人着装整洁、举止得体、谈吐文雅、礼尚往来，也非常重视谈判者之间的人际沟通，但这一切都是围绕着利益而展开的，他们绝不会因为人情而牺牲利益。在国际商务谈判中，建立良好的人际关系和相互信任是谈判成功的重要因素，但人情意识过强，看重面子则会妨碍我们客观地认识和处理问题。

很显然,只有正确地认识并妥善地把握中西方存在的国民性的差异,大胆地借鉴西方谈判者的谈判观念和谈判方式,正确处理利益与人情的关系,努力克服思想和行为上的偏见,才能以健康的心态参与竞争,争取谈判的主动权。

**2. 思维方式差异**

中西方思维方式的差异主要体现在辩证思维与逻辑思维上。西方文化的思维模式注重逻辑思维和分析思维,尤其是欧美人的思维方式。而东方文化的思维模式则注重辩证思维,尤其是中国人的思维方式。在他们看来,中国人的辩证思维包含着三个原理:变化论、矛盾论及中和论。变化论认为世界永远处于变化之中,没有永恒的对与错;矛盾论则认为万事万物都是由对立面构成的矛盾统一体,没有矛盾就没有事物本身;中和论则体现在中庸之道上,认为任何事物都存在着适度的合理性。对中国人来说,"中庸之道"经过数千年的历史积淀,甚至内化成了中华民族的性格特征。

与中国人的辩证思维不同,西方人的思维是一种逻辑思维。这种思维强调世界的同一性、非矛盾性和排中性。同一性认为事物的本质不会发生变化,一个事物永远是它自己;非矛盾性相信一个命题不可能同时对或错;排中性强调一个事物要么对,要么错,无中间性。西方人的思维方式也叫分析思维,他们在考虑问题的时候不像中国人那样追求折中与和谐,而是喜欢从一个整体中把事物分离出来,对事物的本质特性进行逻辑分析。

正是因为思维方式取向的不同,在不少情况下,东方人和西方人在对人的行为归因上往往正好相反:美国人强调个人的作用,而中国人强调环境和他人的作用。

东西方人在思维方式上存在的差异,其根源是什么呢?美国著名文化心理学家尼斯比特认为,东西方文化的发展有着各自的轨迹:西方文明建立在古希腊的传统之上,在思维方式上以亚里士多德的逻辑和分析思维为特征;而以中国为代表的东方文化则建立在深受儒教和道教影响的东方传统之上,在思维方式上以辩证和整体思维为主要特征。尼斯比特从古希腊和古代中国入手,系统地阐述了东西方思维方式的产生渊源和特性。

**3. 伦理和法制观念差异**

在调节人的行为和处理纠纷方面,中西方有着更大的差异,其主要表现在以下两个方面。

一方面,中国文化着重于从伦理道德上考虑问题;而大多数西方人却恰恰相反,他们更多的是从法律上考虑问题。在中国,"伦理至上"的观念始终占据着人们思想的重要地位,一旦发生纠纷,首先想到的是如何赢得周围舆论的支持,崇尚"得道多助,失道寡助",这在中国人看来有着极其特殊的内涵和意义。于是,很多应该利用法律来解决的问题,中国人感到不习惯,而是习惯于通过"组织"、通过舆论来发挥道德规范化的作用。西方人则与此不同,他们对于纠纷的处置,惯用法律的手段,而不是靠良心和道德的作用。西方很多个人和公司都聘请有法律顾问和律师,遇到纠纷时则由律师出面去处理。一些在中国人看来非得通过复杂的人际关系网去解决的纠纷,在西方人看来却未必如此。

另一方面,中国人在数千年的封建文化孕育下建立在社会等级观念上的平均主义倾向,在社会生活的各个领域中发挥着特殊的作用。其中"官本位"的思想又显得十分突出,它使一些人崇拜官吏而藐视制度、藐视法律,习惯于依靠当官的"后台"来做交易。美国学者帕伊感慨地在其著作中写道:"许多我们会见过的美国工商业者告诉我们:他们已经学会在中国人中间,只需用口头约定,点一点头或者握一下手,来决定协议或协议生效的可能。"

### 4. 决策方式差异

在涉外经济活动中,中国与西方的谈判者在决策意识上的反差主要表现在:一是自主意识。中国谈判者与西方谈判者一样都认为自己有较为充分的决策权,但中国谈判者的决策权一般由企业集体领导赋予,西方谈判者的决策权往往由企业经营者直接赋予。在出现合同纠纷时,中国谈判者缺乏自主意识,独立自决能力较差。而西方谈判者具有较强的自主意识,享有较大的自决权,更能显示其创造性。二是主体意识。在主体意识方面,由于中国较注重群体的力量,而西方人则更喜欢以个人为中心。三是谈判的态度。西方谈判者显然比中国谈判者更积极,更关心谈判的成败。在市场经济条件下,人们都受到利益的驱动,强调对个人利益的追求。对于中国谈判者而言,在进行商务洽谈时较多关心上级、领导和同事对自己谈判结果的评价,在谈判决策时往往较谨慎、保守,不太急于求成。而西方则不同,其谈判结果的好坏直接影响企业对自己能力和业绩的评价,并且与个人奖酬密切相关。所以,西方谈判者承担责任的能力较强,比中国人更希望谈判成功。

### 5. 人际关系方面的差异

美国学者温克勒指出:"谈判过程是一种社会交往的过程,与所有其他社会事务一样,当事人在谈判过程中的行为举止、为人处世,对于谈判的成败至关重要,其意义不亚于一条高妙的谈判策略。"在人际关系方面的表现是:中国人害怕冲突,希望一团和气,甚至是无原则的中和;而西方人则勇于直面矛盾,不怕冲突,甚至认为冲突除有负面效应之外还具有正面效应,冲突可以充当安全阀,具有建设性作用。

### 6. 宗教信仰方面的差异

宗教是一种社会现象和社会行为,它包括指导思想、组织、行动、文化等方面的内容。宗教是一种对社群所认知的主宰的崇拜和文化风俗的教化,是一种社会历史现象。自从人类成为一种群体活动的生物,成为具有社会性的群体以来,宗教就是作为具有培养和加强人的社会性作用的一种重要的社会行为而成为社会的必需,作为意识形态层面的宗教,对国际商务的运行也产生影响。不同国家、不同地区和不同民族有着不同的宗教信仰。商务谈判过程中,要将对方的宗教信仰作为重要因素来考虑。不同的宗教信仰,有不同的图腾崇拜和文化禁忌,如果触犯这些,往往会给谈判带来不利的影响。

以上所述的只是中西方文化差异的主要方面。文化差异本身具有两面性,它可以是积极的、建设性的,也可以是消极的、破坏性的。这种消极的、破坏性的文化差异就是问题,应该提前防范,及时发现,迅速解决。在认识和理解文化差异时,一方面要承认其客观性,要看到文化差异对于交往和谈判带来的影响是深刻而复杂的;同时要注意其相对性和可变性,特别是随着国际交往的增多以及不同文化的相互融合所带来的变化。

## 三、文化差异对商务谈判的影响及对策

文化差异对国际商务谈判而言,存在许多变量。主要是由于不同国家的文化价值观不同,对合同或协议的看法、对合作伙伴选择标准以及谈判风格等都不尽相同。这对各国或不同地区的商务人员进行商务谈判会产生一定影响。对此,美国西北大学洛格管理学院研究生院、争端解决研究中心主任珍妮·M.布莱特(Jeanne M. Brett)在她的新著《全球谈判:跨文化交易谈判、争端解决和决策制定》中曾做过系统阐述。

### (一)文化差异对商务谈判的影响

布莱特在《全球谈判:跨文化交易谈判、争端解决和决策制定》一书中着重分析了利益、权利和权力三对文化范畴对谈判(尤其是争端解决谈判)的影响。

#### 1. 利益对商务谈判的影响

利益(interests),是构成商务谈判人立场基础的需要或原因。布莱特建议当考虑利益和文化时,务必牢记以下观念:文化影响了自身利益对于集体利益的相对重要性,而且这两种不同的利益的相对重要性导致了不同的结果;当与来自集体主义文化的争端方谈判时不要低估了集体利益的重要性,当与来自个人主义文化的争端方谈判时不要低估了自身利益的重要性;来自高语境文化的谈判者可能会对直接问他感觉不适,你提出建议来发现利益之所在会好些;当了解了利益,除了放弃低优先级利益来得到高优先级利益外,还可以达成许多类型的一致。

#### 2. 权利对商务谈判的影响

权利(rights),是公正、合约、法律或先例的标准。布莱特建议在考虑权利与文化时,要记住下列观念:文化影响了争端方对权利标准的依靠的强烈程度,以及他们更愿意采用的权利标准;由于有许多不同的权利标准,也因为文化中不同的方面支持不同的标准,所以,很难知道哪个标准会被争端另一方接受;由于争端的一方不太可能提出对自己无利可言的权利标准,所以权利标准不可信;使用权利标准解决争端的成功的关键是,要么提出争端另一方同意认为公平的标准,要么提供新的可靠的信息使提出的标准看上去公平。

#### 3. 权力对商务谈判的影响

权力(power),指的是影响他人接受自己愿望的能力。布莱特建议考虑权力和文化时,应牢记下述观念:争端中的权力与交易中的权力在一个重要方面有所区别:与争端

方的 BATNA 有所联系。所谓 BATNA(best alternative to a negotiated agreement),是指谈判协议的最佳替代方案。如果不能达成整合性协议,非常重要的是要考虑另一方可能对你做什么,考虑你的 WATNA(最坏替代方案),而不是 BATNA。文化影响着地位被用作权力的基础的程度,第三方可能被召来解决问题。

### (二)正视文化差异采取的相应对策

承包和包容文化差异及其影响,才能在国际商务谈判过程中采取相应对策,包括在谈判前了解可能出现的文化差异,谈判中正确处理文化差异,谈判后针对文化差异搞好后续交流。

#### 1. 谈判前:了解可能出现的文化差异

谈判的文化差异准备必不可少。谈判准备工作包括:谈判前景、对人和形势的评估、谈判过程中需要核实的事实、议事日程、最佳备选方案和让步策略。其中谈判背景又包含谈判地点、场地布置、谈判单位、参加谈判人数、听众、交流渠道和谈判时限。所有这些准备必须考虑到可能的文化差异。例如,场地布置方面的文化差异对合作可能会有微妙的影响。在等级观念较重的文化中,如果房间安排不当、较随便,可能会引起对方的不安甚至恼怒。

另外,谈判方式也因文化而异。美国文化倾向于众人一起来"敲定一个协议";而日本文化喜欢先与每个人单独谈,如果每个人都同意的话,再安排范围更广的会谈;俄罗斯人喜欢累计的方法,和一方先谈,达成一项协议,然后前面的两方再邀请第三方,如此进行下去。

谈判时限的控制也很重要。不同文化具有不同的时间观念。如北美文化的时间观念很强,对美国人来说时间就是金钱。而中东和拉丁美洲文化的时间观念则较弱,在他们看来,时间应当是被享用的。

#### 2. 谈判中:正确处理文化差异

国际商务谈判过程中,文化差异主要表现在寒暄、交流与工作相关的信息、说服、做出让步并最终达成协议等各个阶段中。由于来自不同文化的谈判者在语言及非语言行为、价值观和思维决策方面存在差异性,使得他们所持有的预期也不尽相同,而不同的预期又会引起这些谈判者在谈判各阶段所花费的时间和精力上的差异。

在寒暄阶段,就美、日文化差异而言,美国文化强调"把人和事区分开来",感兴趣的主要为实质性问题。因此,美国商人花在与工作不相干的交谈或了解外国对手上的时间很少,而与工作相关的信息交流则来得很快。美国人在谈判桌上会讨论一些与生意无关的话题,如天气、家庭、体育、政治等,但他们这样做更多的是出于友好或礼貌而已,通常在五六分钟以后就会进入下一个阶段。与此相反,在看重相互关系的日本文化中,却常常在这一阶段投入大量的时间和费用,着力于先建立舒适的私人关系,然后再谈业务。

在交流工作信息阶段，国际商务谈判中的信息交流往往呈现种种不完全性特征。

一是非语言交流技巧差异所产生的信息不对称。有时为了从谈判对手那里搜集信息，会采用"单向型"谈判策略，即让外国对手提供信息。由于不同文化间客观存在交流技巧的差异，如沉默时段、插话次数和凝视时间差异。特别是当这种差异较为明显时，信息不对称就自然产生了。比较日、法文化，不难发现，日本式的交流技巧中凝视和插话出现的频率较低，但沉默时段较长，而法国谈判者似乎不甘寂寞，往往会在对方沉默时填补这些沉默时段。

二是价值观差异所引起的信息反馈速度及内容不对称。一方面，不同文化具有不同的时间利用方式：单一时间利用方式或多种时间利用方式。单一时间利用方式强调"专时专用"和"速度"，北美人、瑞士人、德国人等具有这种特点。而多种时间利用方式强调"一时多用"，如中东和拉丁美洲文化则具有这种特点。在多种时间利用方式下，一方面，人们有宽松的时刻表，淡薄的准时和迟到的概念均在意料之中；另一方面，不同文化具有不同类型的买方和卖方关系：垂直型和水平型。垂直型买方和卖方关系注重含蓄和面子，而水平型买方和卖方关系依赖于买方的信誉，注重直率和讲心里话。例如，在墨西哥和日本等注重等级的文化中，说话人唯恐破坏非常重要的个人关系，不情愿反馈负面消息。与此相反，德国人负面的反馈信息可能又似乎坦率得让人难以接受。再比如，报盘中的价格"虚头"因文化而异，美国商人希望事情迅速地完结，所以他们的初次报盘往往与他们的实际要价比较接近。但在巴西文化中，巴西商人希望谈判时间相对长一些，他们的初次报盘往往会过分大胆。

文化差异表现在谈判中的说服环节，就是处理"反对意见"，去改变和影响他人的观点。但是人们对说服的认识、说服方式的选用往往因文化不同而存在差异。在注重垂直型地位关系的文化中，人们往往趋向于将较多的时间和精力花在寒暄以及与工作相关的信息交流上，说服阶段要"争论"的内容就很少。即便进行说服，出于保全面子的心理，往往会选择含蓄或幕后的方式，而且说服的方式和结果还与地位关系有关。如在日本文化中，因为比较放肆或强硬的谈判战略可能会导致丢面子并破坏重要的个人关系，所以较少被使用，但有时在非正式场合也会被买方使用。

相反，在注重水平型地位关系的文化中，人们信奉坦率、竞争和平等的价值观，认为说服是最重要的，谈判的目的就是迅速地表达不同意见以便加以处理。例如，美国商人喜欢在谈判桌摊牌，急于从信息交流阶段进入到说服阶段。此外，谈判时也易于改变思想，使用较其他文化相对多的威慑性说服战术，并且常常会流露出一种易激动、在其他文化看来可能是比较"幼稚"的情绪。

基于客观存在的思维差异，不同文化的谈判者呈现出决策上的差异，形成顺序决策方法和通盘决策方法间的冲突。当面临一项复杂的谈判任务时，采用顺序决策方法的西方文化特别是英美人常常将大任务分解为一系列的小任务，将价格、交货、担保和服务合同等问题分次解决,每次解决一个问题,从头至尾都有让步和承诺,最后的协议就是一连串小协议的总和。然而采用通盘决策方法的东方文化则要在谈判的最后才会在所有的问题上做出让步和承诺,达成一揽子协议。

### 3. 谈判后:针对文化差异搞好后续交流

谈判后的管理涉及合同管理及后续交流行为。不同文化对合同的内容、合同的作用存在不同的理解。美国文化强调客观性,注重平等观念,因此,往往依赖界定严密的合同来保障权利和规定义务。结果,美国企业之间的合同常常长达百页以上,包含有关协议各个方面的措辞严密的条款,其目的是借此来保障公司不受各种争端和意外事故的伤害。此外,不拘礼节的美国文化一般将合同签订仪式视做既浪费时间又浪费金钱的举动,所以合同常常是通过寄发邮件来签订的。

那些注重关系的文化,其争端的解决往往不完全依赖法律体制,常常依赖双方间的关系。所以在这些文化中,书面合同很短,主要用来描述商业伙伴各自的责任,有时甚至写得不严密,仅仅包含处理相互关系的原则的说明而已。即便是针对复杂的业务关系而制定的详细合同,其目的也与美国人所理解的并不相同。此外,注重关系文化的管理者常常希望举行一个由各自执行总裁参加的正式签字仪式。

就后续交流而言,美国文化强调"把人和事区分开来",感兴趣的主要为实质性问题,所以往往不太注重后续交流。但是在注重个人关系的文化中,保持与大多数外国客户的后续交流被视做国际商务谈判的重要部分。在合同签订很久以后,仍然会进行信件、图片和互访等交流。

## 四、霍夫施泰德的文化维度

海尔特·霍夫施泰德是荷兰管理学专家和荷兰文化协作研究所所长。在霍夫施泰德的研究中,他把文化定义为一个群体的成员所共同拥有的价值观和信念。他的研究被认为是在国际商务领域中有关文化维度最深入和最广泛的研究项目。霍夫施泰德考察了从世界各地10万余名 IBM 公司员工收集的数据。至今,他的研究对象包括来自超过53种不同文化和国家的人们。分析数据表明,有四种维度可以被用来描述文化间的重要区别。

### (一)权力距离

权力距离维度描述的是"组织和机构(比如家庭)中权力较弱的成员接受和期望权力分配不均的程度"。按照霍夫施泰德的理论,拥有较高权力距离的文化将更有可能进行上层决策,而且,所有重大决策均通过领导者实现。拥有较低权力距离的文化更趋向于把决策权分配到组织中,虽然领导者是最受尊敬的人,但是他们的决策同样可能受到质疑。拥有较高权力距离的国家有日本、马来西亚、危地马拉、巴拿马等。拥有较低权力距离的国家有美国、挪威、瑞士和英国等。国际谈判的结果是,来自于较高权力距离国家的谈判者可能需要更加频繁地从领导者那里寻求支持,也会导致更多问题的出现,从而使谈判进程缓慢。另外,杜根、彼得森与梁(1998)发现,"外部小组"的意见不同在低权力距离国家比在高权力距离国家更容易出现。

### (二)不确定性规避

不确定性规避维度是指表明一种文化使它的成员在无组织状态中能否感到舒服的程度。无组织的情况具有快速变化、新颖等特征,而有组织的情况具有稳定和安全的特征。具有较高避免不确定性特征的国家有希腊、葡萄牙和危地马拉等。具有较低避免不确定性特征的国家和地区有瑞士、中国香港和爱尔兰等。来自避免不确定性特征国家的谈判者对模棱两可的形势会感到不舒服,他们很可能会在谈判中寻找稳定的规则和程序。来自对无组织情况感到比较舒服的谈判者很可能迅速适应变化形式,当谈判规则不清楚或者容易变更时也不会感到不舒服。

### (三)个人主义/集体主义

个人主义/集体主义(individualism/collectivism)描述了社会中个体与集体的组织程度。个人主义是指一种结合松散的社会组织结构,其社会鼓励年轻人重视自身的价值与需要,依靠个人的努力来为自己谋取利益。集体主义则指一种结合紧密的社会组织,即个人融入集体中,集体为每个成员的利益负责。个人主义的国家包括美国、英国和澳大利亚等,而集体主义的国家包括印度尼西亚、巴基斯坦、日本、中国等。霍夫施泰德认为,在个人主义社会中,强调个性自由及个人的成就,因而开展员工之间的个人竞争,并对个人表现进行奖励,是有效的人本主义激励政策。在集体主义社会中,员工对组织有一种感情依赖,更容易构建员工和管理者之间的和谐关系。

### (四)男性/女性

霍夫施泰德研究发现,文化的差异还表现在男性或女性按传统习惯洞察到的价值程度上。男性文化以"自信武断、进取好胜,对于金钱的索取、执著而坦然"为特征;女性文化以"注重亲友关系、追求生活质量、关心他人和养育儿女"为特征。男性文化占优势的国家有日本、奥地利和委内瑞拉等,女性文化占优势的国家有智利、芬兰、中国等。根据霍夫施泰德的理论,当谈判者来自男性文化国家时,这一维度会通过增加谈判中的竞争性来影响谈判,来自女性文化国家的谈判者则更容易对对方产生同情而寻求折中的办法。

通过对上述文化四维度调查数据的分析,霍夫施泰德证实了在不同民族的文化之间确实存在着很大的差异性,而且这种差异性是根植在人们的头脑中的,很难轻易改变。从文化维度指标值中,可得出东西方的文化差异是十分明显的,就是在同为东方文化圈的中国内地、日本、中国香港、新加坡等也是较明显的。就如中国与日本两国文化都是一种集体主义导向,但两种集体主义却有较大的不同,此外,除了民族、地域文化差异之外,不可否认,还有投资合作伙伴公司文化的风格差异。可以说,公司的文化差距越大,产生文化冲突与困惑的可能性与强度就会越大。

# 第三节　欧美主要国家的谈判风格

## 一、美国人的谈判风格

美国是个年轻的多民族的国家,也是一个新移民到处流动的国家。同时,美国还是一个开放程度很高而且充满现代意识的国家。由于移民们的社会等级变化无常,东方的专制君主制缺乏生存的社会基础,更没有世袭贵族的存在。所以在这块土地上生存的人崇尚自由,不受权威与传统观念的支配。这种社会文化历史背景培养了美国人强烈的创新意识、竞争意识与进取精神。

### (一)美国人谈判的主要特点

有人曾将美国人的性格特点归纳为:外露、坦率、真挚、热情、自信、滔滔不绝、追求物质上的实际利益。这些特点在商务谈判中,也得到了不同程度的印证。

**1. 注重利益,决策快捷**

美国人从不掩饰自己对物质利益的追求,在商务谈判中也表现出“快人快语”,甚至直奔物质利益这一实质性问题。他们善于长谈,锋芒毕露,并且不断地发表自己的见解,追求物质上的实际利益。由于自信而善于施展策略,同时又十分欣赏那些精于讨价还价,为取得经济利益而施展手段的人,尤其是当“棋逢对手”时,反而易于洽谈。由于美国的经济实力以及谈判方式的特点,美国人对于“一揽子交易”兴趣十足,并且在气势上咄咄逼人。美国人在谈判中分工具体、职责明确,一旦条件符合即能迅速拍板,因此决策的速度很快。美国人工作节奏快,在商务谈判过程中常常在短时间内做好一笔大生意,有时甚至会从口袋里拿出一份早已拟好的交易合同让你签约成交。美国人在商务谈判中往往期望值很高,但耐心不足。

**2. 重视合同,法律至上**

美国是一个法治国家,人们在交往中的法律意识根深蒂固。从文明形态来说,美国属于工商业文明形态,其特点是人口不断流动,不大注重建立稳固持久的人际关系。美国人认为,交易最重要的是经济利益,为了保护自己的利益,只能依靠法律和合同。他们特别看重合同,提出的条款大都由公司法律顾问草拟,讨论合同条款也十分认真,尤其是合同违约的索赔条款,一旦双方在执行合同条款中出现意外,就按事先商定的责任条款处理。美国人重合同、重法律,还表现在他们认为合同是合同,朋友归朋友,两者之间不能混淆起来。因此,美国人对中国人的传统观念:既然是老朋友,就可以理所当然地要对方提供比别人优惠的待遇,出让更大的利益,表示难以理解。

### 3．干脆利落,不兜圈子

美国人不喜欢浪费时间或拐弯抹角,谈判时喜欢直来直去。他们总是兴致勃勃地开始谈判,在磋商阶段他们精力充沛,能迅速把谈判引导实质阶段。如果对方提出的建议他们不能接受,也毫不隐讳地直言相告。对中国人在谈判中用微妙的暗示来提出实质性要求,美国人感到不习惯。但你得当心,如果你们之间会谈的语言是英语,美国人会说得很快,这可能会有些陷阱。必须看清合同上的所有条款,因为虽然他们看上去开诚布公又信任你,但你一旦在合同上签了字,若有违反,他们会毫不犹豫地起诉你。

### 4．自信心强,自我感觉良好

美国是世界上经济技术最发达的国家之一,国民经济实力也最为雄厚,不论是美国人所讲的语言,还是美国人所使用的货币,都在世界经济中占有重要的地位。英语几乎是国际谈判的通用语言,世界贸易有 50% 左右用美元结算。所有这些,都使美国人对自己的国家深感自豪,对自己的民族具有强烈的自尊感与荣誉感。这种心理在他们的贸易活动中充分表现出来。他们在谈判中,自信心和自尊感都比较强,加之他们所信奉的自我奋斗的信条,常使与他们打交道的外国谈判者感到美国人有自我优越感。

美国人的自信还表现在他们坚持公平合理的原则上。他们认为两方进行交易,双方都要有利可图。在这一原则下,他们会提出一个"合理"方案,并认为是十分公平合理的。他们的谈判方式是喜欢在双方接触的初始就阐明自己的立场、观点,推出自己的方案,以争取主动。在双方的洽谈中充满自信,语言明确肯定,计算也科学准确。如果双方出现分歧,他们只会怀疑对方的分析、计算,而坚持自己的看法。

美国人的自信,还表现在对本国产品的品质优越、技术先进性毫不掩饰的称赞上。他们认为,如果你有十分能力,就要表现出十分来,千万不要遮掩、谦虚,否则很可能被看做是无能。如果你的产品质量过硬、性能优越,就要让购买你产品的人认识到,那种到实践中才检验的想法,美国人认为是不妥的。

美国人的自信与傲慢还表现在他们喜欢批评别人,指责别人。当谈判不能按照他们的意愿进展时,他们常常直率地批评或抱怨。这是因为,他们往往认为自己做的一切都是合理的,缺少对别人的宽容与理解。

美国人的谈判方式往往让人觉得美国人傲慢、自信。他们说话声音大、频率快,办事讲究效率,而且很少讲对不起。他们喜欢别人按他们的意愿行事,喜欢以自我为中心。"想让美国人显得谦卑、暴露自己的不足、承认自己的无知实在太困难了。"总之,美国人的自信让他们赢得了许多生意,但是也让东方人觉得他们咄咄逼人、傲慢、自大或粗鲁。

需要说明的是,由于美国移民种族混杂,所以其谈判风格也常常迥然不同,有时美国人谈判风格也很幽默,所以,不能一概而论。

**【趣味阅读】**

曾有这样的故事流传。在餐厅盛满啤酒的杯中发现了苍蝇,英国人会以绅士风度吩咐侍者换一杯啤酒来;法国人会将杯中啤酒倾倒一空;西班牙人不去喝它,只留下钞票,不声不响地离开餐厅;日本人会令侍者把餐厅经理找来,训斥一番;沙特阿拉伯人会把侍者叫来,把啤酒杯递给他,说"我请你喝";美国人则会对侍者说:"以后请将啤酒和苍蝇分别放置,由喜欢苍蝇的客人自行将苍蝇放进啤酒,你觉得怎样?"

**【启示】**

在谈判过程中,美国人也喜欢用轻松幽默的语言表达信息,或讲讲笑话。

### (二) 与美国人谈判的应对技巧

与美国人做生意,最基本的一条原则,即"是"和"非"必须清楚,不要兜圈子。当无法接受对方提出的条款时,要明白地告诉对方不能接受。如果发生纠纷,更要注意谈判的态度,必须诚恳、认真,绝对不要笑。具体的应对技巧如下。

**1. 是非分明,干脆利索**

在与美国人打交道时,你最好表现得很直接、诚实,但同样也得坚决。他们尊重你的随机应变、敢于说"不",你不必含蓄和绕圈子。

美国人喜欢一切井然有序,不喜欢事先没有联系,以及与突然闯进来的"不速之客"去洽谈生意,美国人或谈判代表总是注重预约晤谈。何时何地、谈多长时间,都是预先约定。双方见面之后,稍作寒暄,便开门见山,直接进入谈判正题。

美国人认为货好不降价,认为如果我的商品好、质量高,就是要出高价;但他们也不是等待顾客上门,而是积极地采用各种方式进行宣传,使客户和消费者知道他们的商品好在什么地方,而且心甘情愿地以高价买下来。此外,美国人也是讨价还价的高手。他们经常玩弄一些手法,让谈判对手也同他们一样注重利益,做出合理让步。他们十分赞赏那些精于讨价还价、为取得经济利益而施展手法的人。他们自己就很精于使用策略去谋得利益,同时希望别人也具有这样的才能。因此谈判时,应利用其对物质利益的追求,放手而有策略地与之讨价还价。

**2. 严守合同,重视律师**

美国人非常重视律师和合同的作用。在谈判时,他们尽可能让称职的律师参加谈判。他们注重合同,严守信用,不依靠人际关系,只承认白纸黑字、有法律保障的合同契约。因此,同美国人谈判时,也要带上自己的律师,而且是称职的律师。签订合同时也应当小心谨慎,考虑周全。美国的法律纷繁复杂,法律的执行也极为严格。因此,参加谈判的律师一定要熟悉美国法律。签订合同时,一定要把合同条款仔细推敲,使其既符合中国法律,又不与美国法律相抵触。重视律师的作用和小心签订合同是同美国人谈判的要诀,这既可以保障谈判的成功,又可以防止争议的发生。

## 二、德国人的谈判风格

德国人以他们独特的方式代表了现代欧洲人的谈判风格。许多人都承认他们是欧洲最老练的商人。他们纪律性强、谨慎、守时、讲究效率、注意细枝末节、说话简单明了。

### (一) 德国人谈判的主要特点

德国人无论是在谈判风格方面,还是在谈判技巧方面,都堪称一流。优秀的谈判手的成功之路,离不开与一流谈判高手的反复"过招"。德国人谈判的主要特点如下。

#### 1. 准备充分,严密计划

德国人的思维很有系统性和逻辑性,因此,他们对谈判前的准备极其重视。通常在谈判前要通过咨询机构做出详尽的市场调查,悉心研究哪一笔生意会是他们期望的,哪些问题将会在谈判中遇到。在此基础上,他们才会提出适度的报价,以及对整个交易的各个环节的要求。在谈判过程中对谈判对手的资信情况审查很严,德国人喜欢明确表示他希望做成的交易,完全确定交易的形式,详细规定谈判中的议题,然后准备一份涉及所有议题以及相关事项的详尽的计划表,准确安排谈判论题和日程,对有关的情况和己方的要求陈述得比较清楚和果断。

#### 2. 注重合同,慎于让步

德国人对于书面形式签署的合同看得很重,对合同条款研究得比较仔细,对合同的执行也相当严格。因此,在签订合同之后,任何关于要求交货日期或付款日期的稍微延缓、变更或另加解释都是不会被理会的。德国人性格倔强、自负、缺乏灵活性和妥协性,因此,报价一旦宣布,便不会轻易做太大的让步。但是德国人却精于讨价还价,他们往往在签订合同之前的最后时刻想尽办法逼迫对方做出最后的让步。与德国人打交道,最好在他们报价之前就进行试探,并做出自己的开场陈述,这样可以表明自己的立场。但所有这些行动,要做得快速。因为德国人已经做了充分的思想准备,他们会非常自然、迅速地把谈判引入最终阶段。

---

**【趣味阅读】**

德国工业极其发达,企业标准十分精确具体,产品质量堪称一流,德国人也以此为豪。对于购买的产品质量也自觉不自觉地以本国产品为标准,强调自己的报价或方案可行,不大会向对方让步,即使让步,幅度一般也在 20% 以内,余地比较小。但德国人自己却很善于讨价还价,一旦决定购买某件商品,就千方百计地迫使对方让步,而且极有耐性,常在合同签订前的最后时刻还在争取对手让步。德国人的谈判风格给人以固执己见、缺乏灵活性的印象。

**【启示】**

一个国际谈判者是否有能力,只要看一看他经手的事是否很快而有效地处理就知道了。

### 3.讲究效率,非常准时

在国际商务谈判中,德国人以讲究效率而著称,以准时而有口皆碑。他们勤劳、实干,经商节奏感相对比较慢,但比较仔细。他们做事按部就班、小心谨慎,不太愿意冒风险,但是办事扎实,讲究效率。在商务活动中也是如此,一旦谈定的事宜,双方就确实按谈定的来实行,合同的履约率高。

同时,在商务谈判中,德国人非常准时,这里包括发货时间的准时、会谈的准时或出席活动的准时。他们厌恶且鄙视不准时的行为,甚至冷淡之情溢于言表。

## (二)与德国人谈判的应对技巧

应对德国人的谈判技巧,总体思路是要紧紧扣住德国人的特点。因此,与德国人谈判时,应注意以下方面。

### 1.注重形式,拘于礼节

德国谈判者的个人关系是很严肃的,因此,不要和他们称兄道弟,最好称呼"先生"、"夫人"或"小姐",而称呼有博士学位的人或教授时,应为"某博士先生"、"某教授先生"。进行商务拜访时,务必留下自己的名片,即使对方不在或没空接待,也应留下名片。

在商务活动中,德国人喜欢穿三件套礼服,并且喜欢戴上呢帽,他们也希望对方一样穿戴。

在商务活动中,德国人喜欢对方送上一点小礼品,例如中国的茶叶、酒、小吃或一本画册等,这些都会使对方高兴,但花费不要太多。德国人对礼品的包装很讲究,但忌讳白色、黑色或咖啡色包装纸,也不用彩带系扎礼品。当然,不是所有场合都需要送上上述礼品。

德国人虽然不忌讳对实质性问题展开争执,但是他们很在意礼仪周全,包括穿戴、拜访、说话方式等。例如,德国人习惯于对方明确地、毫无婉转地说明他的意图。如果拒绝对方的要求或邀请,也非常干脆。这种直截了当的做法,他们不会认为不礼貌,相反会对你加以赞赏。

德国人把准时视为对对方的尊重,是一种礼貌。因此,如果你在商业谈判中迟到,那么德国人对你的不信任感就会溢于言表。

### 2.实质问题,据理力争

鉴于德国人精于讨价还价的特点,他们非常擅长商业谈判。他们一旦决定购买就会想尽办法使你让步,德国谈判者经常在签订合同前的最后时刻让你降低价格。因此,你要有所提防,对争端性问题也要毫不隐讳地直抒己见、据理力争,甚至不必担心说话音调的高低(因为德国人往往也是提高声音与你争辩)。对一个有争执的问题直抒己见,这正是德国人解决问题的一个方法。当然,你要首先适应与德国人谈判的气氛,尽可能保持从容不迫、开诚布公的神态,尤其是不要为对方的气势所震慑,你可以做出必要的回应,但要把握分寸。在不得不让步的时候,你也要设定好让步条件,以便封杀对方再次压价的要求。

### 3. 严格履约,注重信誉

德国人讲究合同条款,包括按交货日期准时交货、严格的索赔条款、担保产品使用期,还要求提供某种信贷,以便在对方违反担保时他们可以得到补偿。但是只要你的产品符合合同上的条款,就不必担心付款问题。德国人对商业事务极其小心谨慎,井井有条,是可以信赖的合作者。

## 三、法国人的谈判风格

法国是一个工业发达的老牌资本主义国家。在近代史上,法国在社会科学、文学、科技等方面有着卓越的成就,法国人具有浓厚的国家意识和强烈的民族文化自豪感。具体表现在大多数的谈判中,法国人往往会坚持使用法语。他们认为法语是世界上最高贵的语言,尽管他们英语讲得很好。

### (一)法国人谈判的主要特点

法国人性格开朗、热情,对事物比较敏感,为人友善,工作态度认真,十分勤劳,善于享受。在法国人看来,商务谈判是进行辩论和阐述哲理的场合,他们总是喜欢围绕某个问题从不同角度进行辩论,其特点如下。

### 1. 天性开朗,注重人性

法国人天性比较开朗,非常珍惜交易过程中的人际关系。因为他们有着注重人情味的传统。有人说,法国人际关系是用信赖的链条牢固地互相连接着的。通常在尚未互相成为朋友之前,法国人是不会与你做大笔生意的。因此,在和法国人洽谈时,如果只顾谈生意则会被认为"此人太枯燥无味了"。除了最后做决定的阶段可以一本正经地谈生意以外,在这之前的洽谈中,应该多谈一些关于社会新闻和文化艺术方面的话题,以制造出富于情感的气氛,为双方的交易奠定基础。

还有人说,在法国就连杂货店的女老板也会滔滔不绝地谈论政治、文化和艺术。法国人在谈判过程中喜欢先为协议勾画一个轮廓,然后再达成原则协议,最后才确定协议上的各个方面。因此在谈判中喜欢搞各种书面的"纪要"或"备忘录"一类的文件。需要指出的是,这些"纪要"或"备忘录"绝非无用之物。在法国人的习惯中,这些文件实际上是"准谈判"的成果,它为后面的谈判和签署正式的协议奠定了基调和基础。因此,不能对它等闲视之。

### 2. 作风善变，政经关联

法国人的商业交易作风比较松垮，但又富有顽强精神。在协议的制定与具体的执行过程中常常有一些变更，而这些变更有的是出于习惯，有的则是讨价还价，擅长使用争取到最后一点利益的手段。与法国人的交易谈判常常因政府的介入而使贸易与外交关系连接在一起。政府从外交方面介入企业之间的交易谈判，一方面使问题复杂化，增加了谈判的难度；另一方面又能促使问题的解决。因此要注意外交与经济的配合协调。

法国人大部分着重于依赖自己的力量和资金来从事经营，因此，办事不勉强，不逾越自己所拥有的财力范围。由于不是利用他人的资金从事经营活动，所以在收入支付金钱时，利息观念比较淡薄。

### 3. 效率弹性，讲究品味

法国人的时间观念不是很强。在公共场合中，如正式宴会，有一种非正式的习俗：那就是主客的身份越高，他就来得越迟。在社会交往中，法国人比较顾全对方的面子。例如，有一次法国某公司的经理招待日本商人到自己家做客。在宴席上，这个日本商人一时疏忽把洗手用的碗中水喝掉了。主人看到这个情形，马上就向同座的孩子们递了一个眼神。两个孩子也就一声不响地跟着喝下了洗手碗中的水，顾全了对方的面子。法国人在宴会招待时是比较忌讳谈生意的。因此，不能把法国人宴请或招待你的过程认为是交易延伸。假如对方发现你有利用这种场合来促使交易能够更为顺利的意图时，他们会马上予以拒绝。

法国的时装领导着世界的潮流。一般法国人很注意衣着。在他们看来，衣着代表着一个人的修养、身份与地位。因此在与法国人交往时必须注意自己的服饰。另外，每年8月份大部分法国人都放下手中的工作去旅游度假。因此，与法国人做生意时要注意避开其假期。

### （二）与法国人谈判的应对技巧

### 1. 以礼相待，培养感情

与法国人谈判时，应当热情大方，以礼相待，注重感情的培养，形成良好的谈判气氛，获得对方的信任与好感，这样谈判会顺利得多。一旦成为朋友，甚至深交，大宗的贸易就会到来。

对于法国人在价格、质量问题上的严谨苛刻，只要我方商品在市场上有实力，也不要轻易被双方的严重分歧和对方立场的强硬所吓到而过早放弃我方的要求，而应在介绍商品的特点、效能、质量上多摆事实、讲道理。事实上，法国人一开始往往会提出的"××指标应为多少"、"××价格在什么范围内"之类的备忘录，只是作为谈判要达到的成果，在谈判中还是有其灵活一面的。

### 2．掌握节奏，注意细节

对于大多数法国人来讲，谈判是进行辩论和阐述哲理的机会，往往只是为了争论而不能自拔。因此，既要尊重他们的这种癖好，又要小心提醒其讨论正题。鉴于法国人在主要问题上急于求成而在细节问题上又不轻易放过，所以，与其谈判时对重要条款应详细讨论，逐一明确并体现于书面材料上；重点问题在意见统一后也不要因其催促而急于签约，务求把大小问题乃至细节都确认后才签字。必须十分注意所订的合同，不要为了做成生意而接受法国人所要加进的一些索赔条款。一旦情况有变，需要履行索赔条款时，法国人是不会手软的。因为只要对他们有利，他们就会要求严格遵守合同；相反，如果合同对其不利，他们可能会要求对合同进行重大修改，甚至会一意孤行地撕毁合同。因此订立合同时，必须慎之又慎。

### 3．因势利导，化解僵局

对于对方把贸易与外交相连的做法也要因势利导。例如，当双方的利害冲突使谈判陷入僵局时，法国外交官的介入会使法国人有台阶可下，重新思考问题，为分歧的解决带来转机。当然，我方谈判者应当显得格外礼貌友善，通情达理，使外交官们乐于干预。有时还可以请我方更高一级的领导出面与其外交官见面，显出我方的诚意与重视，从而使对方感觉受到尊重而转变立场，体面地做出适当让步。

法国人对于在谈判中坚持使用法文这一点很少让步。但是如果他们在国外，而且在经贸合作方面对你有所求，那么也会有所例外。因此，如果一个法国谈判者对你说英语，那么这可能表示你会得到对方更大的让步。

## 四、英国人的谈判风格

英国和欧洲其他国家的风土人情有很大的不同。作为往日世界的霸主，其总表现出一副悠然自得的样子。但英国人仍有岛国的民族特性而显得保守，对新鲜的事物不积极。英国人的绅士风度使得英国人善于交往，讲究礼仪，对人友善，容易相处，但平时绝不介入他人的生活。英国人有一种最基本的想法，就是除非受人之托，否则就不干涉他人之事。

### （一）英国人谈判的主要特点

英国人在任何时候都彬彬有礼、举止得当。在人际关系方面，他们开始时总要保持一段距离，而后慢慢接触，但他们为人友好、和善。不过英国人的孤芳自赏是比较典型的，用他们自己的话说："我是英国人，你离我远点。"

### 1．彬彬有礼，作风诚实

英国人自己讲究绅士风度，对谈判对手的修养与风度也很注重。如果能在交易中显示出自己很有教养和风度，则很快就会赢得对方的尊重。

大多数英国人谈判不喜欢讨价还价，尤其是伦敦商人，他们一般都是说一不二，但是对建设性的意见反映积极。在交易中即使形势对他们不利，他们仍会保持诚实的态度。

### 2. 等级严格，注重传统

英国人的等级观念是非常严格而深厚的。因此，在选择与英国人谈生意的人员时，除了在修养、风度方面有所要求以外，在级别上也要注意对等，以示平等与尊重。英国人还比较注重传统，办事喜欢按程序进行。

英国人在谈判过程中往往比较松松垮垮，事先准备不够充分。与英国人打交道的人普遍都有这么一个感觉：英国的产品经常延迟交货。这就使得英国人在谈判中很被动，并且经常不得不接受一些苛刻的交易条款。许多谈判者常常会在一份英国合同上就交货订立索赔条款，因为只有这样他们才感到可靠。也许这是因为，英国是19世纪初第一个进入工业化的国家，那时英国的企业在技术上占据世界领先地位，并在旧殖民帝国体系中取得了垄断的地位。这种情况可能使他们养成了不遵守交货时间的习惯。

英国是由若干个民族组成的。由于历史原因，有时在民族感情、民族关系上有些微妙之处。英国又是一个君主制的国家，还保留着女王制度。英国在第二次世界大战以后，经济发展相对于美国、日本、德国等国家要迟缓，国力相对较弱，患上了"英国经济病"。这些问题在一般英国人的感情中是不愿多谈或者涉及的。因此，在和英国人交谈时应该注意不涉及爱尔兰的前途、共和制优于君主制的理由、治理英国经济的方法，以及大英帝国崩溃的原因等。

另外，英国谈判者有一个弱点，即除了说英语以外不会讲其他语言。因为他们设想世界上其他人都会讲英语或者想学讲英语。由于世界上有不少国家都把英语作为第二语言，这自然就会使英国人有些傲慢。

---

**【趣味阅读】**

行驶在地中海上的一艘西班牙豪华游轮上，一位英国贵妇抱怨为什么身边的人不讲英语。有人向她指出，这是一艘西班牙船，她是个外国人。

贵妇顿时勃然大怒，厉声说道："告诉他们，我可不是什么外国人，我是英国人！"

**【启示】**

英国人有着一颗自大的心，那是因为人家有过称霸世界的辉煌历史，曾经被称为"日不落帝国"，因此高人一等。这种自大心态，是让人对他有好感或有所敬畏。

---

### （二）与英国人谈判的应对技巧

#### 1. 以礼相待，不卑不亢

在与英国人交谈时比较安全保险的话题包括天气、旅游、英国的继承制度和皇室贵族。在涉及女王时要注意不要说"英格兰的女王",而要说"女王"或正规地讲"大不列颠及北爱尔兰联合国女王"。与英国人交易时只要保持礼貌相待,适当直率从事,便可以使其松松垮垮的态度得到改善。

与英国人洽谈,要注意不卑不亢;以礼相待,遵守礼节;注意言谈举止的风度;因情制宜,灵活反应。这样,就可以逐渐缩短双方的距离。在谈判桌上,英国人对于建立人际关系的方式比较独特,开始时往往保持一定距离,而后才慢慢接近融洽。因此,谈判不能操之过急。

### 2. 语言简洁,严格合同

在与英国人谈判时,注意不要滔滔不绝。因为按他们的文化习俗,打断别人的讲话是不礼貌的。当他们被迫听下去时,往往会感到局促不安。此外,英国人素有绅士风度,在谈判中即使形势对他们不利,仍然彬彬有礼。因此不能只看其表面上的风度而做出错误的估计,他们完全有可能和其他国家的谈判者一样工于心计。在英国谈生意时,不要拒绝同主人一起去打高尔夫球,因为很多合同往往是在打高尔夫球期间签订的。

英国人也有明显的弱点:众所周知,他们几乎对出口的所有产品经常延迟交货。英国人对此也有很多论述,并做了很大努力去改正,但收效不大。因此,在英国谈进口贸易时,一定要考虑这一点,在合同中加上延期交货的罚款条例,以免日后扯皮或蒙受损失。

### 3. 保持耐心,留有余地

英国人在进行谈判时,往往事先准备工作做得不够充分。在谈判的关键阶段又非常固执,坚持己见,也不愿花费很大力气。英国一些有成就、有能力的企业家往往并非在英国出生。第二次世界大战后不少外国人移居英国,许多人成了商店老板和小企业家,成绩显著,成功地取代了当地的企业家。这一现象也说明了英国人经营管理能力的不足。

从英国谈判者的顽固态度中,可以看出他们缺少商业管理素质,他们往往采取一种非此即彼的态度,因此,和英国人谈判时,一定要有耐心,急躁或指责对方是不可行的,也不要热衷于讨价还价。为了取得谈判进展,你应该给自己留有余地,但不必做出太大的牺牲。英国人常常会提出温和的要求。

## 五、俄罗斯人的谈判风格

俄罗斯自从统一的中央集权的制度分解出来后,社会生活发生了极大的变化,特别是最近几年,俄罗斯经济一直保持高速发展,经济实力迅速增强。据有关资料显示,近两年,俄罗斯外汇储备已超过 2 000 多亿美元。伴随着中俄两国经济的持续发展,加之中俄两国的地域关系,中俄两国企业商务谈判越来越多,也越来越重要。

### （一）俄罗斯人谈判的主要特点

俄罗斯人感情外露、性格豪爽、热情好客等，这些特点因地域的原因，与我国东北地区和新疆地区的人的性格有许多相似之处。因此，对我国人来说，比较容易把握俄罗斯人谈判的特点。

#### 1. 重视关系，直接交流

人际关系在对俄贸易中具有关键的作用。就像世界上其他重视关系的国家一样，想要办事的话，你必须具有一些私人的关系，尤其要和那些重要人物保持良好的私人关系。对于俄罗斯人来说，注重关系的含义可能与其他同样重视关系的国家有一些不同，其中最为主要的一点是语言交流。

在俄罗斯，大部分业务都是面对面开展的。经常进行业务上的访问，并且经常打电话进行联系是十分必要的。在亚洲、中东、非洲、拉丁美洲和东欧的一些国家都是这样。俄罗斯的谈判代表习惯于使用较为直接的语言来表达自己的意思，甚至有时候会有些生硬。这一点与许多重视关系的国家不同，其他国家的人们习惯于使用一些间接的、带有丰富内涵的语言。而俄罗斯人既重视关系，又习惯于那些直接的、意义不是非常丰富的语言，这在世界各国当中是非常少见的。在具有其他特点的商业文化的国家当中，法国、西班牙的加泰罗尼亚地区、智利的一部分、委内瑞拉、墨西哥北部以及欧洲中东部地区的一些国家也具有和俄罗斯一样的特点。伏特加酒似乎更有利于建立和谐的关系。对于访问者来说，一个功能良好的肝脏就和聪明的大脑一样重要。

---

**【趣味阅读】**

俄罗斯人热衷于社会活动，拜访、生日晚会、参观、聊天等都是增进友谊的好机会。俄罗斯民族性格豪爽大方，不像东方人那样掩饰内心的感情。天性质朴、热情、乐于社交的俄罗斯人往往是非常大方的主人，晚宴丰富精美，并且长时间、不停地敬酒干杯，直率豪迈。他们比美国人有更近的人际距离，有大量的身体接触，如见面和离开时都要有力地握手或拥抱。应注意的是，在交往时不可太随便，要注重礼节，尊重双方的民族习惯，对当地风土人情表示感兴趣等行为方式尤其能得到俄罗斯人的好感，这样最终可以在谈判中取得信任和诚意。

**【启示】**

俄罗斯人热情好客，非常看重人际关系，愿意与熟识的人谈生意，依赖无所不在的关系网办事情。

---

#### 2. 注重礼节，等级严格

重视礼节和注重等级的行为并存。俄罗斯人属于欧洲人当中较为重视礼节的，与德国和法国较为类似,而与北欧地区的斯堪的纳维亚人不太一样。重视礼节的国家通常等级制度比较明显,例如日本和法国。而一些不拘礼节的国家则遵从平等主义,例如澳大利亚和斯堪的纳维亚。但是在俄罗斯平等主义的价值观与重视礼节和注重等级的行为并存,而且这种存在矛盾的文化体系在现实世界中却十分普遍。如在美国的一些大公司和组织中,同样是平等思想与等级观念并存的。

俄罗斯人的礼节表现在人们的穿着、会见以及问候礼仪方面。在那些组织管理严密的公司当中,等级观念十分明显。同时,在高层人士当中,女性相对缺乏。访问者们在衣着和公众面前的行为等方面都需要遵守特定的礼仪。尤其是后者,在与俄罗斯谈判代表首次会面的时候尤为重要。

等级观念对于商业访问者们的影响主要有两个方面。首先,如果来访的是女性管理人员的时候,她们将会受到特殊的礼遇。由于在俄罗斯很少有女性能够担任组织的重要职位,因此,男士们还不太习惯在平等的基础上与女士们交往。其次,不论来访的是男士还是女士,都需要注意,所有重要的决策都是由组织当中最高层的男性领导者做出的。在这个等级观念很强的社会当中,这个特点会减缓谈判进程。因此,在俄罗斯进行谈判的时候,需要明确,你的谈判对象是否是真正的决策者。

### 3. 办事拖拉,变数较多

俄罗斯的管理者们承认他们虽然常常忽视时间观念,但是"我们在与外国人进行谈判的时候,我们会尽可能地准时!"大多数来自于时间观念较强的国家的访问者都会说,尽管俄罗斯人已经尽力了,但是仍然很少准时。会议常常在预定时间之后一个小时甚至更晚的时候开始,结束的时间也比预定的时间要拖后,并且常常被打断。俄罗斯的高层管理者似乎认为,同时进行三个或四个不同内容的谈话是十分正常的。其中有些谈话是面对面进行,而另一些则是通过一个或更多的电话来进行。

在当今世界上任何一个国家,签订书面合同都是非常重要的,你需要做好准备,俄罗斯的谈判代表很可能在合同签署不久以后就要求就其中的某些条款进行再次谈判。

### 4. 重视技术细节,善于讨价还价

俄罗斯人特别重视谈判项目中的技术内容,这是因为引进技术要具有先进性、实用性,由于技术引进项目通常都比较复杂,对方在报价中又可能会有较大的水分,为了尽可能以较低的价格购买最有用的技术,他们特别重视技术的具体细节,索要的东西也包罗万象,如详细的车间设计图纸、零部件清单、设备装配图纸、原材料证明书、化学药品和各种试剂、各种产品的技术说明书、维修指南等。

俄罗斯人十分善于与外国人做生意,如果想引进某个项目,首先要对外招标,引来数家竞争者,随后不慌不忙地进行选择,并采取各种手段让争取合同的对手之间竞相压价,相互残杀,最后坐收渔利。

俄罗斯人在讨价还价上堪称行家里手,不论你的报价多么公平合理、计算怎么精确,

他们都不会相信,总是千方百计地要挤出其中的水分,达到他们认为理想的结果。

---

**【趣味阅读】**

在一次设备引进项目谈判中,俄方认为对方在报价中有较大的水分,为了尽可能以较低的价格购买最有用的技术,俄方开始就技术的具体细节、索要的东西等方面展开技术谈判攻势。

俄方索要的东西包罗万象,包括详细的车间设计图纸、零部件清单、设备装配图纸、原材料证明书、化学药品和各种试剂、各种产品的技术说明书、维修指南等。

买方觉得这些东西迟早会交给对方,因此没有过多地注意把关,把可给可不给的资料或实物都交给了对方。

通过索要到的这些细节文件和物品,俄罗斯人找到了对方的不少破绽,然后一个"回马枪",重新启动商务谈判,最后迫使对方在价格上做出了大幅度的让步。

**【启示】**

俄罗斯人十分重视技术细节的磋商和讨价还价。所以,在谈判过程中,谈判人员的用词要精确,不能随便承诺做不到的事情;该给的给,可不给的就不要给;对合同中的索赔条款也要十分慎重。

---

### (二) 与俄罗斯人谈判的应对技巧

#### 1. 尊重习俗,重视交往

在会面的时候,要握手并且介绍你自己的名字。别人介绍的时候,要在名字的第二个字之前而不是第一个字之前加上头衔。以后,你可以用名字的第一个字加上父姓来称呼,但是要等到你的谈判对象暗示你可以的时候再用。

要随身带着足够数量的名片,名片上说明你在组织当中的职务,以及其他较高地位的头衔。如果俄罗斯的谈判代表没有名片的话,你不要感到惊讶。

对于某些俄罗斯人来说,外国人用拇指和食指做出的"OK"的手势是没有礼貌的。同时,站立的时候,不要把双手放在口袋里,因为在俄罗斯人看来这也是无礼的行为。在俄罗斯人中,"您"与"你"分得非常清楚,不可任意乱用。对不熟悉的人或长辈、上司、女士、师长一律用"您"。上级对下级用"您",则表示亲切友善,长辈对晚辈用"您",则表示不客气和愠怒,具有讽刺意味。

俄罗斯人很注重交往,被邀请到俄罗斯人家里做客是一件非常荣幸的事情。因此,如果有俄罗斯人邀请你去家里做客,一定要接受邀请。但是一般的商务招待是在饭店里进行的。

俄罗斯人似乎对酒精有很强的耐受力。其他国家的人在这一方面很难与俄罗斯人相比。为了不至于喝多,只在别人敬酒的时候喝就可以了。如果敬酒的人太多,那么每次只稍微吸呃一点就好。做好准备,至少也要喝上一两瓶小瓶的伏特加酒。

**2. 态度明确,保持耐心**

在首次会面的时候,进行陈述介绍时不要以玩笑的口吻开始。要向对方表明,你对待谈判的态度是十分严肃的。在陈述的过程当中,要加上一定的事实和技术数据。

尽量不要说"我们准备开展积极进取的进攻型市场销售策略",在俄罗斯人看来,进攻型一词具有一些负面的含义。在谈判中也不要提出"妥协方案",许多俄罗斯人认为很多妥协方案在道义上是有问题的。如果有问题争执不下,可以建议双方再次进行协商,或是使你的提议建立在对方做出同样让步的基础上。

通常,在初次会面的时候,大家的行为都比较约束,在接下来的会面当中,就会出现一些情绪化的行为。谈判的过程会是比较困难的,有时候会遇到双方对峙的情况,甚至还会因为对方拍案而起、生气、过于激动、大声疾呼或走出会议室而使谈判暂时中断。对于某些俄罗斯谈判代表来说,他们仍然保留着苏联的这些谈判风格。他们对待这些情况的策略就是保持冷静。俄罗斯的谈判代表采取上述行为常常是为了使你变得不耐烦,在这种情况下,你就需要有足够的耐心。如果对某些条款争执不下,应该求助于第三国进行仲裁,通常各个国家都选择瑞典来进行裁定。

# 第四节　亚洲主要国家的谈判风格

## 一、日本人的谈判风格

日本是个岛国,资源缺乏,人口密集。日本人是东方民族经商的代表之一,其商业经营作风具有典型的东方色彩。日本人的文化受中国文化的影响很深,儒家思想文化、道德意识已深深地积淀于日本人的内心深处,并且在行为方式中也处处体现出来,不过日本人又在中国文化的基础上创造了其独特的文化。

### (一)日本人谈判的主要特点

日本属于内向型凝聚力很强的民族,办事慢条斯理,注重团队精神,讲究面子,重视人际关系等,其主要特点如下。

**1. 准备充分,团队作战**

日本人的事业心、进取精神都很强。工作勤奋刻苦,态度认真而且一丝不苟。在处理事务时计划性特别强,事前的准备工作也很充分。对会谈的时间和内容,日本人往往都会列出详尽的计划表。日本人的团体主义精神或集团意识是世人皆知的。单个的日本人与其他民族的人相比,无论是在思维、能力、创新精神还是心理素质等方面并不是出类拔萃的,但日本人一旦组成了团体,这个团体的力量就非常坚强。"团结就是力量"这句话,日本人不仅是这样说,而且在实际工作中也常常是这样做的。例如,日本企业采取家族式的经营管理方式就足以说明这一点。这种管理方式使个人、家庭与企业紧密地联系在一起,使个人对集体产生强烈的依赖性、归属感、忠诚与责任心,从而使企业组织内部的统一性和协调性达到很高的水平。

### 2. 集体决策,幕后协商

日本企业实行自下而上的集体决策,决策过程与时间较长。在许多欧美企业中,决策权往往保留在最高领导层的一个或少数几个领导者手中。因此,能否与之建立起交易关系,某一项交易能否成交取决于这几个决策人的态度,他们可以当场拍板决定。与欧美企业相比,日本企业并未实行高层集权。当企业面临某一项事务需要决策时,企业内部的有关人员都有发言权。实际上,日本企业内部做出决策的方法,是吸收中层领导和基层管理者的意见,常常通过"禀议书",实际上就是一种意见征询书。当企业有某项事务需要决策时,将其情况写成书面材料在企业内有关人员(主要是中层领导者和基层管理者)中传阅,征询意见。传阅后,再由有关负责人集中各方面的意见做出决策。这种内部沟通与决策的程序特点在于:包括各级员工在内的大集体做出了决定之后,付诸实施极为迅速。因为与该事项有关的人员都已了解了事情的经过,并发表了自己的意见,许多执行中的障碍已经消除。此外,集体参与做决定,有利于准确地确定大方向,避免只由少数人决策时容易犯的错误。因此,在日本企业中一开始就犯错误的项目比较少。

由于实行自下而上的集体决策,决策的过程与时间就比较长。这常常导致谈判过程中出现这样的情况:一旦遇到某些问题,日本人除非是事前已有准备或内部已经协商过,一般很少有某人当场明确表态,拍板定论。如果不了解这一点,就容易闹误会。

在日本企业中,部长、科长一类的中层领导干部都是企业的中坚。他们直接参与企业决策,其态度如何对企业的最终决策影响很大。因此,在与日本企业打交道时,仅接近居于领导地位的人,并不能取得足以确立交易关系的充分保证。建立和培养与担任中层领导干部的人员以及其他有权参与决定的员工之间的良好关系,往往对开展交易很有帮助。

### 3. 重视份额,意在长远

日本人在商业交易中比较注重交易的长远影响,并着眼于建立长期的交易关系,而不十分讲究眼前的利益。这些与他们的企业在发展目标上不怎么看重当前利润率的高低,而更看重企业的新产品的开发和市场占有份额的增加的观念是一致的。

### 4. 讲究礼仪,注重面子

待人接物非常讲究礼仪是日本文化的特征之一,这体现在日本语言中有关敬语的使用非常复杂上。这对想学好日语的人来讲是一桩头疼的事。同时日本人等级观念非常强,很讲究自己的身份、地位,以及与有关当事人的关系。失礼对日本人来讲可不是一件小事情,尤其在交易过程中,失礼往往会使日本人内心不安、不愉快,最终可能会影响双方的感情交流和合作关系,并导致谈判进展的困难。因此,在与日本人进行交易谈判时,一定要注意自己的身份、地位,以及对方的身份与地位。对不同身份、地位的人,要给予不同程度的礼遇。

日本人与中国人一样是非常讲究面子的。例如,日本人在谈判过程中即使对对方的某方面的提议或方案有不同意的想法,在一般情况下也很少直接地拒绝或反驳,而是通过迂回的方式来陈述他的观点,或支支吾吾、打哈哈以示为难。日本人给别人面子的同时,毫无疑问,他们更尊重自己的面子。日本人在赞扬别人与接受礼物时往往与欧美国家的人有较大的不同。例如,欧美人通常直接当面称赞对方,而在日本则较多采取间接的方式来表达。日本人对别人的爱好或造诣不做直接称赞,而是采取婉转的表达方法。例如,房屋的修建、装饰等反映主人的情趣和造诣。因此,把建筑物等提出来大加赞赏,称赞办公室干净、舒适、装饰得体常常被解释为称赞办公室主人的造诣和情趣高雅。在欧美国家,对客人送的礼物往往当着客人的面打开看,并表示感谢。而日本人一般是不当着送礼人的面打开礼物的,否则送礼人会感到很不自在。

## (二)与日本人谈判的应对技巧

虽然日本人的许多风格、习俗都可以从中国找到根,但日本人往往是在精研中国文化的基础上,形成了独具特色的谈判风格。因此,与日本人谈判也要注意以下应对技巧。

### 1. 直接商谈,注意礼节

日本的厂商在同外国厂商进行初次商务往来时,比较喜欢先进行个人的直接面谈接触,而不喜欢通过书信来进行交往,特别是许多日本中小企业习惯于直接与顾客见面进行商谈。与自己找上门的客商相比,日本厂商对经过熟人关系介绍来的客商往往更乐于接触。因为介绍人已把你想与他见面的目的、你公司的情况以及你在公司中的地位向他进行了说明。通过这种介绍说明,他已对你的情况有了初步的了解,从而可以在思想和心理上做好准备。

由于进行交易而同初次见面的人接触时,一定要使用名片。在与日本人交换名片时,不能倒置,应该双手递上。同样,对方递交来的名片也要双手去接。并且注意对交换来的名片应予以妥善收集保管。

在与日本人进行谈判时,如果对方出场的人数较多,无须当场一一记住他们的姓名、职务,只要把交换来的对方名片对应地排放在桌上,必要时看一眼即可。日本人待人接物总是彬彬有礼,日本人参加各种谈判,男士一般西服革履,女士必须穿和服。

### 2. 建立关系,注重文化

建立和谐的人际关系,注重文化交流,有助于商务谈判的进行。日本人很注重在交易谈判中建立和谐的人际关系。在商务谈判过程中,有相当一部分时间和精力是花在人际关系方面。假如你与日本人曾有过交往,那么在谈判之前就应该尽力地回忆一下过去双方的交往与友谊,这对后面将要进行的谈判很有好处。他们不赞成也不习惯直接、纯粹的商务活动。如果有人想开门见山地进入商务问题谈判而不愿开展人际交往,那么他就会处处碰壁,反而欲速则不达。有人认为:参加与日本人的交易谈判就等于参加一场文化交流活动。如果初次同日本企业建立交易关系,或者商谈的内容十分重要,那么在谈判开始的时候,本方地位较高的负责人拜访对方日本企业中同等地位的负责人是十分重要的,它会促使日本企业重视与你之间的交易关系。在拜会时,一般不谈重要的事情,也不涉及具体的实质性问题。在日本企业家中,有些人对中国历史、中国古代哲学,特别是儒家文化有很深的研究,有的人还达到了专家的水平。他们往往在谈判之前很喜欢谈论有关这方面的话题。如果中方谈判人员在这方面有所研究,就会使对方肃然起敬,有助于后面的交易谈判。反之,如果中方人员在这方面一无所知,或者知之甚微,那么就会给对方有数典忘祖之感。

日本人的心理是比较封闭的,不轻信于人。因此在交易过程中往往通过各种方式去调查对方的底细和情况,而对自己的情况却很少透露,除非是必须透露的信息。日本人的思维比较暧昧、散乱,常给人模糊不清的感觉。因此,在谈判中要设法捕捉和理解日本人讲话的真实含义。

## 二、泰国人的谈判风格

泰国的风俗习惯、文化传统以及商业行为等很多方面都受中国和印度的影响。"泰国"一词的意思是"自由之地",反映出这个国家独一无二的地位。泰国是东南亚国家中唯一没有经历过殖民统治的国家,仅有少数的泰国人会说欧洲的语言。因此,一些讲英语的谈判代表在印度、斯里兰卡、新加坡和马来西亚等英国原来的殖民地谈判时,并不需要专门的翻译人员,但是在泰国却不是这样。

### (一)泰国人谈判的主要特点

在泰国,很多人都信奉佛教,所以在与泰国人的谈判中,佛教文化的影响不可忽视。

#### 1. 注重气氛,心态平和

泰国人的一个核心的价值观念是注重关心和考虑他人的需要和感受。西方的访问者由于注意力完全集中在生意方面,所以有时候会采用过于直接的言行或是采取过于强硬的销售策略,这样就在无意当中冒犯了泰国人。还有一个相关的价值观念就是保持心态平和。当讨论十分活跃的时候,不要提高自己的音量,不要表现出你的愤怒或是公开批评你的本地搭档。也许这也是泰国人常常保持微笑的一个原因。他们快乐的时候微笑,忧愁的时候微笑,甚至在生气的时候也会微笑。微笑和温和的话语有助于保持融洽的气氛,而怒目而视和说话声音过大则会破坏气氛。

### 2．重视关系，间接接触

泰国人非常重视私人关系。大多数的泰国人不愿意与他们不了解的人进行商业来往，较好的解决方法是采用贸易展览或者贸易代表团的形式来达到预期目标。否则，就要通过一个对双方都比较熟悉的高层组织或个人的介绍和引见，也可求助于本国驻泰国的使馆、商业组织或是银行，还可以求助于正在进行贸易的公司、法律机构或咨询公司。需要注意的关键的一点是，意外访问的方式在泰国不大会奏效。在泰国，与本地搭档建立并保持良好的私人关系是生意成功的关键。

不同的文化价值观所带来的另一个重要问题就是需要保持谈判代表之间的相互协调和友好相处。直接对话有时候会破坏会晤的融洽气氛，所以大多数泰国人都倾向于选择通过翻译来进行交谈的方式。

### 3．讲究面子，等级森严

泰国人同时也很重视个人面子。在重视人与人之间的关系、重视个人面子的社会中避免相互误解，为此，必须注意以下几点。

（1）尽可能避免冲突或公开对峙。

（2）避免使用可能使别人难堪或者是给别人造成羞辱的语言和行为。例如，不要在别人面前责备或是批评你的泰国搭档。记住，许多泰国人甚至在他们单独受到赞扬的时候也觉得不舒服。

泰国人不喜欢告诉别人坏消息，如果你的当地商业伙伴发现了问题而没有及时告诉你，你不要心烦意乱。泰国人似乎认为他们对你隐瞒不好的消息是对你的尊敬。减少交流上的障碍的方法是与你的当地搭档之间建立起相互信任的良好氛围。

在泰国这样一个重视地位的文化氛围里，社会地位较高的人从来不会向地位较低的人道歉。仆人或是手工业者如果受到地位较高的人的正式的道歉会觉得非常局促不安。一个友好的微笑或是糖果之类的小礼物会达到同样好的效果，而且不会让接受者不安。

如果你在无意当中冒犯了和你社会地位相当的人，例如你的商业伙伴，一定要表现得谦恭一些。微笑着询问他或她是否能原谅你的过错，并且从那以后要多微笑，尽可能地多花一些时间和对方相处，建立起良好的个人关系，是避免冒犯别人以及防止丢面子的最好的方式。

泰国人认为年长的人具有较高的社会地位，尤其是年长的男士。对社会地位较高的人表现出适当的尊敬是十分重要的，尤其当他们是你的顾客或是政府官员时更要如此。

### 4．态度松懈，效率不高

泰国人对待时间和计划的态度非常松懈。热带的气候、相对较低的工业化程度以及交通现状这几种因素集中在一起，使得那些习惯于遵守时间的访问者感到非常沮丧。一些访问者甚至每天晚上都在曼谷换一个旅店，就是想要离第二天开会的地点近一些。

　　就像其他南亚和东南亚的邻国一样,泰国人认为和时间表以及最后期限等相比,人本身才是最为重要的。你的谈判伙伴可能因为堵车,或是之前的会议比预期时间延长了一个小时而让你等他,这样你也需要耐心等待。在泰国的商业文化中,为了准时参加下一个会议而中断一个正在进行的会议是不可思议的。

### (二)与泰国人谈判的应对技巧

#### 1. 充分准备,张弛有度

　　在开始陈述之前需要花一些时间来了解你的听众的英语水平。多用一些图画和印刷宣传材料,做到人手一份。不要使用过于主动的"强硬销售"的方法。

　　会议时间不要过长,将过于冗长的讨论用一些社会活动分割开来。泰国人讨厌只是工作而没有休闲,因此适当的一些小插曲可以使困难的工作很容易完成。

#### 2. 留有余地,保持耐心

　　在你公开出价的时候注意要给日后关于价格或是其他条款所做出的战略上的让步留有一定的余地。与一些以生意为核心的文化体系相比,在泰国决定价格的过程需要花费更多的时间。要记住,在谈判桌上,你需要有足够的耐心。

#### 3. 尊重习俗,礼貌交往

　　泰国人认为左手是不干净的,因此在交换名片的时候只用右手。如果想表达特殊的敬意的话,也可以用左手托着右手肘,用右手交换名片。在赠送礼物的时候,也可以采取同样的方式。需要注意的是,泰国人不习惯于接收商业上的礼物。

　　泰国人的名字通常比较长,音节很多,对于外国人来说发音较为困难。而比较幸运的是,泰国人通常以姓来称呼。同样地,访问者也被称为"Jim 先生"或是"Linda 女士"。

　　与大多数日本人相比,泰国人更愿意使用眼神来进行沟通。例如,热情的眼神在中东或是拉丁美洲可能比较合适,但是泰国人会认为你在注视他,会让他们感觉不舒服。

　　在泰国人看来,脚比左手还要不干净。谈判人员千万不要在坐着的时候露出自己的脚底或是鞋底,也不要用脚或者鞋指着某物或是碰到任何物体。

　　用食指指着别人也是非常不礼貌的行为。如果确实需要指着别人,要用右手的大拇指指着所说的方向,或者只是冲着那个方向抬抬下巴。同样,用食指叫别人过来也是不礼貌的行为。

## 三、越南人的谈判风格

　　越南是东盟的成员国,与我国比邻。伴随着改革开放,越南的进步引起了世界的关注。其发展速度在东南亚及整个亚洲都属于较快之列,加之人口较多,拥有较广阔的市场,因此了解越南人的谈判风格是非常必要的。

### （一）越南人谈判的主要特点

尽管经历了殖民统治和现在的改革开放，但从根本上说，越南人还是受东方文化的影响更深刻。因此，他们在谈判中会表现出如下特点。

**1. 注重面子，避免冲突**

越南人把公开表示愤怒、急躁等情绪视为粗鲁的行为，他们认为在压力下不能保持平静的人不值得被尊重。冲突会破坏融洽的气氛，并导致丢面子。如果你大发脾气，让你的越南合作伙伴感到尴尬；当众批评他们或者表达强烈的不满，这些都会使你的伙伴丢面子。使对手失去面子，可以彻底地破坏一个本来很有希望的商业谈判；另一方面，为你的商业伙伴保留面子则有助于谈判成功。例如，如果你需要纠正越南谈判伙伴的错误，你可以要求休息一下，在喝茶的时候指出错误。在你与越南人建立牢固关系的过程中，你对面子的敏感将对你大有帮助。越南人经常使用间接的、含糊的和"礼貌的"语言。对大多数越南人来说，避免冲突和保持良好的关系，远比阐明意愿重要得多。

**2. 注重关系，直接接触**

如同在其他亚洲国家一样，建立关系是整个谈判过程中的一个关键方面。一旦你和自己的商业伙伴建立了良好的个人关系，交易就会容易得多。

在与越南人建立双方关系的初期，要尽可能地采取面对面的会见，而不要通过信件、传真和电话方式进行。在越南取得商业成功的一个必要的先决条件，就是经常性地前往越南进行访问。在越南与商业伙伴第一次接触，最好通过一个受人尊敬的中介来介绍，除非你代表的是一个大型的、很知名的公司或者你们已经在贸易展览会上或者贸易代表团中见过面。建立有效关系的一个重要方法是请客和参加宴请。

**3. 注重地位，讲究礼节**

年轻的、职位低的人应该服从年长者和具有较高职位的人，尤其是要服从高级政府官员。高级官员和私人部门的执行官都非常忙，所以做决定总要花费很多的时间。大的私人部门的公司通常都由已"退休"的军官们担任领导。

虽然在关系进展的过程中，越南人一般比较随便，但是在商务会议上还是应该注重礼节。双方接过对方递过来的名片，应先仔细地看看名片，然后把名片收到皮制名片夹中或者放在你面前的桌子上。用右手或者双手递上你自己的名片。越南人的姓名和中国人的模式一样。例如你遇到名字为 Nguyen Van Tuan 的人，那么 Nguyen 就是姓，而其他的就是名。访问者称呼越南人时应该用他们的姓和头衔，如果有头衔的话。

越南人开会通常会迟到，但是他们希望访问者准时，迟到意味着对当地人的不尊敬，这可谓"宽以待己，严以待人"。在越南人看来，发出大笑声经常意味着尴尬或者遭受的压力过大，所以在会见中如果你不明白到底发生了什么事情，不要跟着大家笑。在议价桌边要避免大声说话，因为大声说话表示生气或者幼稚的行为。

轻轻地握手并进行一个间接的眼神接触。强烈的、直接的眼神接触或许会被误认为是种不友好的表露。特别用力地握手被认为是无礼的和具有进攻性的。

越南的身体语言很有限，他们很少使用手势。他们会对变化很多的手势和胳膊的挥舞感到惊讶和产生混淆。

### （二）与越南人谈判的应对技巧

尽管我们对越南的文化有着更多的了解，但在谈判的过程中，还是要做好充分的准备，不能掉以轻心，应做到如下方面。

#### 1. 材料充分，克己谨慎

不要过于夸耀你自己的产品或者公司，最好让你的简介材料和证明书为你说明。同样地，不要说你的竞争对手的坏话，而是递给他们关于竞争者的已经出版了的批评性文件。

记住要提前分发你的陈述的复印件或者大纲。如果需要的话，可以借助视图的帮助，尤其是涉及数字的时候。要不时地看看你的合作者是否跟得上你的陈述。

#### 2. 留有余地，谨慎让步

越南谈判者通常讨价还价时很模糊，并且经常希望他们的合作者同意对价格和条件做出重大的让步。有时候，越南人用他们使你从开价中偏离的程度来衡量他们自己在谈判桌前的成功度。对应这条策略，你可以在最初出价时留足余地。通常给你自己留出机动的空间，留有一些讨价还价的筹码在最后时使用。

要为讨价还价和市场争论做好准备，在做出任何的让步之前都要谨慎，通常需要相同价值的一些条件作为交换。只有在犹豫了很长一段时间之后，才能很不情愿地做出让步。直到谈判快要结束，越南谈判者都不会做出一些大的让步，可是同时，他们会不断地让你一点一点地做出让步。你只需要保持微笑，并且否定任何不能接受的要求。同样地，当你给对方提出他们不可接受的要求时，也要保持微笑。要有耐心，保持清醒，并保持微笑。

如果你的越南伙伴在合同签订仪式结束的几周以后，与你联系要求重新谈判合同的主要部分（例如价格等），你不要惊讶。越南人认为，因为你们的关系密切，所以条件发生变化时，你会在任何时候同意对合同进行修改。

#### 3. 人际交往，礼尚往来

越南是个有送礼文化的国家，要用双手递上精心包装的礼物。在你离开之前，接收者或许会把礼物搁在一边，不会打开。如果别人送你礼物，那么请用双手接过礼物并微笑，但是要等对方离开以后再打开。

## 四、韩国人的谈判风格

韩国是一个自然资源匮乏、人口密度很大的国家。韩国以"贸易立国"，近几十年经济发展较快。韩国人在长期的贸易实践中积累了丰富的经验,常在不利于己的贸易谈判中占上风,被西方国家称为"谈判强手"。

### (一)韩国人谈判的特点

韩国人与日本人一样,也受到儒家文化的影响,但同时受美国文化的影响也比较大,所以韩国人有点西方文化味道。在与韩国人打交道时,应注意两种文化的融合。

#### 1. 重视谈判前的准备

任何谈判者都重视谈判前的准备,但韩国人似乎更加突出,尤其非常重视咨询。韩国人谈判之前,通常都要通过海外咨询机构了解对方底细,以及对方的经营项目、资金、规模、经营作风等有关商品行情,做好准备后才会与对方坐到谈判桌前。

#### 2. 善于营造谈判气氛

谈判地点的选择是很重要的,韩国人尤其重视这一点,他们比较喜欢将谈判地点安排在有名气的酒店、饭店。如果是他们选择的地方,他们会按时到达,在一般情况下,主谈即"拍板者"总是走在最前面。在初谈阶段,他们做的第一件事就是获得对方的好感,彼此信任,创造一个和谐信赖的气氛,然后才开始谈判。

#### 3. 注重谈判技巧

韩国人逻辑性较强,做事喜欢条理化,谈判也不例外,尤其是较大的谈判,往往是直奔主题,开门见山,谈判的方法很多,而韩国人则喜欢采用下面两种方法:一是横向协商法,即进入实质性谈判后,先列出需要讨论的条款,然后逐条逐项磋商;二是纵向协商法,即对共同推出的条款逐条协商,取得一致后再转入下一条。

此外,韩国人有时也把这两种方法结合起来使用,总之,一切以自己的需要为主。同时,在谈判中,韩国人较爽快,非常善于讨价还价,即使被要挟也是进取性的妥协,以退为进。这充分反映了韩国人在谈判中的顽强精神。

此外,韩国人还会针对不同的谈判对象,使用"声东击西"、"先甜后苦"、"疲劳战术"等策略。在完成谈判签约时,喜欢使用合作对象国家的语言、英语、朝鲜语三种文字签订合同,三种文字具有同等效力。

### (二)与韩国人谈判的应对技巧

#### 1. 尊重对方

韩国曾受过多次外来侵略,这使他们有一种民族自卑感与自豪感交叉的感觉,所以韩国人对自己的国际形象很敏感。韩国人忌讳高声大笑和过分的姿态,他们珍视一种"内在"的气质。

#### 2. 准备充分

由于韩国人喜欢谈判内容条理化,谈判开始后,他们往往先与对方谈判主要议题。所以,在与韩国人谈判之前要做好充分准备,包括如何应对对方施展的各种讨价还价的技巧、如何注意营造良好的谈判氛围等。

## 阅读拓展

### 世界文化的三大"线型"分类

一种对文化的分类是按照"线型"来进行的,"线型"是一个时间概念,认为时间包括过去、现在、将来等不相重复的时段,每天都在变化。因此,可将世界各国和各地区的几百种文化大致分成三种:以工作为中心,进行精心计划的为单线活动型;以人为中心,能言善辩的为多线活动型;内向、以尊重人为中心,倾听他人说话的为反应型或倾听型。

单线活动型的特点是:比较安静、内向,有耐心,做事规矩、严谨,留心自己的事情,喜欢独自活动;以工作为本,不情绪化,坚持事实,时间固定,方法上计划在先,在某一时段做一件事,依照日程做事,坚持计划;喜欢从数字、资料获得信息,遵循正确的程序;不愿意接受照顾,会委派有能力的同事完成活动的各个环节;喜欢固定的议程,不愿丢面子,不在逻辑上发生冲突,肢体语言有限,很少中断别人的谈话,把社会问题和专业问题分开。

多线活动型的特点是:比较外向,没有耐心,不安静,留心别人的事情,喜欢集体活动,健谈,喜欢热闹;计划只是个大概,同时做几件事,任何时间都在工作;工作时间不固定,不守时,不依照日程做事,改变计划;情绪化,不遵循正确的程序,喜好被照顾,不喜欢固定的议程,不尊重官员,在感情上容易发生冲突,肢体语言多,经常中断别人谈话。

反应型的特点是:习惯先听后行,是最好的倾听者,集中精力听发言者在说什么,不会让自己的思想走神,几乎不打断发言者;内向,有耐心,诚实,沉默,表示尊重,会倾听,注意基本原则,工作时间灵活,守时,依照对方日程做事,照顾全局;重允诺,维护他人的面子也绝不丢自己的面子,根据对方做出反应,考虑周到。中国、日本、新加坡、韩国、土耳其和芬兰的文化多属于这类文化。

三种不同的时间线型类型,说明了不同地域的人对时间的利用观念。当今最富裕最发达的西方人,其时间观和金钱观是联系在一起的,时间就是金钱的观念根深蒂固,在时间上都有精心的安排和计划,并养成了按时赴约的好习惯。在西方,要拜访某人,必须事先通知或约定,并说明拜访的目的、时间和地点,经商定后方可进行。而中国人则属于多向时间习惯的国家,即时间多向制,时间被看成是分散的,是可以随意支配的,常常在同一时间与几个人谈话或办几件不同的事情,在时间的使用上具有很大的随意性,一般不会像西方人那样采用单向制,把时间看成可以分隔但不可重复的有始有终的一条线,严格地按照计划进行,西方人对此往往感到不适应。

以下用等级列表来表示不同国家(地区)在时间线型上的偏好,最上端的和最下端的是两个极端,越往最上或越往最下,偏好越明显。

单线活动与多线活动等级排列表(列表 1～17 为从单线活动向多线活动递进)。

1. 德国人、瑞士人

2. 美国人

3. 奥地利人

4. 加拿大人、新西兰人

5. 澳大利亚人、南非人

6. 日本人

7. 荷兰人、比利时人

8. 美国亚文化的人(如犹太人、意大利人、波兰人)

9. 法国人

10. 捷克人、斯洛伐克人、克罗地亚人、匈牙利人

11. 北部意大利人(米兰、都灵、热那亚)

12. 智利人

13. 葡萄牙人

14. 波利尼西亚人

15. 西班牙人、南部意大利人、地中海沿岸各国的人

16. 印度人、巴基斯坦人等

17. 拉丁美洲人、阿拉伯人、非洲人

资料来源:方其.商务谈判[M].北京:中国人民大学出版社,2011.

# 【本章小结】

1. 国际商务谈判(international business negotiation)是指在国际商务活动中,处于不同国家或不同地区的商务活动当事人为了达成某笔交易,彼此通过信息交流,就交易的各项要件协商的行为过程。其特点有:国际性、跨文化性、政策性、复杂性、困难性和风险性六个特点。

2. 国际商务谈判的原则有:平等性原则、互利性原则、灵活性原则、友好性原则和合法性原则五个方面。

3. 国际谈判与国内谈判的关系。国际谈判与国内谈判的共性特征有:为特定目的与特定对手进行的磋商;谈判的基本模式是一致的;国内、国际市场经营活动的协调。国际谈判与国内谈判的区别主要有:语言差异、沟通方式差异、时间和空间概念的差异、决策结构差异、法律制度差异、谈判认识差异、经营风险差异、谈判地点差异八个方面。

4. 国际谈判成功的基本要求：树立正确的国际商务谈判意识；做好开展国际商务谈判的准备；正确认识并对待文化差异；熟悉国家政策、国际法律和国际惯例；善于运用国际商务谈判的基本原则和具备良好的外语技能六个方面。

5. 所谓文化差异，是指不同国家、不同民族间文化的差别，如语言文字、价值观念、风俗习惯、宗教信仰、道德观念、行为准则等方面的差异。文化差异的四个维度包括：权力距离、不确定性规避、个人主义/集体主义和男性度/女性度。

6. 中西方由于文化传统与文化观念的不同，谈判过程中在对问题的看法上往往容易产生对立或误解。主要产生的原因是：国民性差异、思维方式差异、伦理和法制观念差异、人际关系方面的差异和宗教信仰方面的差异。

7. 文化差异对商务谈判的影响：利益对商务谈判的影响、权利对商务谈判的影响、权力对商务谈判的影响。正视文化差异采取的相应对策：①谈判前了解可能出现的文化差异；②谈判中正确处理外汇差异；③谈判后针对文化差异搞好后续交流。

8. 欧美主要国家的谈判特点：①美国人谈判的主要特点：注重利益，决策快捷；重视合同，法律至上；干脆利落，不兜圈子。②德国人谈判的主要特点：准备充分，严密计划；注重合同，慎于让步；讲究效率，非常准时。③法国人谈判的主要特点：天性开朗，注重人性；作风善变，政经关联；效率弹性，讲究品味。④英国人谈判的主要特点：彬彬有礼，作风诚实；等级严格，注重传统。⑤俄罗斯人谈判的主要特点：重视关系，直接交流；注重礼节，等级严格；办事拖拉，变数较多。

9. 亚洲主要国家谈判的主要特点。①日本人谈判的主要特点：准备充分，团队作战；集体决策，幕后协商；重视份额，意在长远；讲究礼仪，注重面子。②泰国人谈判的主要特点：注重气氛，心态平和；重视关系，间接接触；讲究面子，等级森严；态度松懈，效率不高。③越南人谈判的主要特点：注重面子，避免冲突；注重关系，直接接触；注重地位，讲究礼节。④韩国人谈判的主要特点：重视谈判前的准备、善于营造谈判气氛、注重谈判技巧。

## 【思　考　题】

1. 国际商务谈判的含义与特点各是什么？
2. 国际商务谈判的原则有哪些？
3. 试述国际谈判与国内谈判的关系。
4. 国际谈判成功的基本要求有哪些？
5. 中西方文化差异产生的主要原因是什么？
6. 试述文化差异对商务谈判的影响与对策。
7. 试述霍夫施泰德的文化维度。

# 【案例分析】

## 美、日航空事宜谈判

三位日本商人代表日本航空公司和美国一家航空公司谈判。会谈从早上8点开始，进行了两个半小时。美国代表以压倒性的准备资料淹没了日方代表，他们用图表解说、电脑计算、屏幕显示、各种数据资料来回答日方提出的报价。而在整个过程中，日方代表只是静静地坐在一旁，一句话也没说。终于，美方的负责人关掉了机器，重新扭亮了灯光，充满信心地问日方代表："意下如何？"一位日方代表斯文有礼，面带微笑地说："我看不懂。"

美方代表的脸色忽然变得特别惨白："你说看不懂是什么意思？什么地方不懂？"

另一位日方代表也斯文有礼，面带微笑地说："都不懂。"第三位日方代表以同样的方式慢慢答道。将会议室的灯关了之后，美方代表松开了领带，斜倚在墙边，喘着气问："你们希望怎么做？"日方代表同声回答："请你再重复一遍。"美方代表彻底丧失了信心。谁有可能将秩序混乱而又长达两个半小时的介绍重新讲述？美国公司终于不惜代价，只求达成协议。

资料来源：李爽.商务谈判[M].北京：清华大学出版社，2008.

【讨论题】

1. 日本商人是如何赢得胜利的？
2. 美国、日本商人的谈判风格有何不同？

# 参 考 文 献

[1]　赵莉.商务谈判[M].北京：电子工业出版社,2013.

[2]　李力刚.谈判说服力[M].北京：北京联合出版社,2013.

[3]　林伟贤.中国人的优势谈判[M].北京：北京大学出版社,2012.

[4]　石永恒.商务谈判实务与案例[M].北京：机械工业出版社,2012.

[5]　樊建廷,干勤.商务谈判[M].大连：东北财经大学出版社,2012.

[6]　蔡彦敏,祝聪,刘晶晶.谈判学与谈判实务[M].北京：清华大学出版社,2011.

[7]　姚风云,范成存,朱光.商务谈判与管理沟通[M].北京：清华大学出版社,2011.

[8]　方其.商务谈判[M].北京：中国人民大学出版社,2011.

[9]　张佩星.高手谈判技巧[M].北京：机械工业出版社,2011.

[10]　刘必荣.中国式商务谈判[M].北京：北京大学出版社,2011.

[11]　邢桂平.谈判就这么简单[M].北京：北京工业大学出版社,2010.

[12]　张强.商务谈判学理论与实务[M].北京：中国人民大学出版社,2010.

[13]　陈玉章.商务谈判实务[M].北京：北京理工大学出版社,2010.

[14]　毛晶莹.商务谈判[M].北京：北京大学出版社,2010.

[15]　陈岩.国际商务谈判学[M].北京：中国纺织出版社,2010.

[16]　姜百臣.商务谈判[M].北京：中国人民大学出版社,2010.

[17]　张立强.经典谈判谋略[M].北京：地震出版社,2009.

[18]　王景山.商务谈判[M].西安：西北工业大学出版社,2009.

[19]　徐卫星.商务谈判[M].北京：经济科学出版社,2009.

[20]　王绍军,刘增田.商务谈判[M].北京：北京大学出版社,2009.

[21]　刘园.国际商务谈判[M].北京：中国人民大学出版社,2009.

[22]　憨氏.轻松商务谈判[M].呼和浩特：内蒙古文化出版社,2009.

[23]　王剑飞.赢在谈判[M].广州：广东经济出版社,2008.

[24]　白远.国际商务谈判[M].北京：中国人民大学出版社,2008.

[25]　贯越.谈判的艺术[M].北京：京华出版社,2008.

[26]　李品媛.现代商务谈判[M].大连：东北财经大学出版社,2008.

[27]　汤秀莲.国际商务谈判[M].天津：南开大学出版社,2008.

[28]　张翠英.商务谈判理论与实训[M].北京：首都经济贸易大学出版社,2008.

[29]　丁建忠.商务谈判[M].北京：中国人民大学出版社,2007.

[30]　[美]罗伊·J.列维奇等.谈判学[M].北京：中国人民大学出版社,2007.

[31]　刘必荣.完美谈判[M].北京：北京大学出版社,2007.

[32]　宋贤卓.商务谈判[M].北京：科学出版社,2007.

[33]　孙平.当代商务谈判[M].武汉：武汉大学出版社,2007.

[34]　李昆益.商务谈判技巧[M].北京：对外经济贸易大学出版社,2007.

［35］ 贾蔚,栾秀云.商务谈判理论与实务［M］.北京：中国经济出版社,2007

［36］ 高建军.商务谈判实务［M］.北京：北京航空航天大学出版社,2007.

［37］ 刘向丽.国际商务谈判［M］.北京：机械工业出版社,2007.

［38］ 刘志超.商务谈判［M］.广州：广东高等教育出版社,2006.

［39］ 张煜.商务谈判［M］.成都：四川大学出版社,2005.

［40］ 刘园.国际商务谈判理论实务案例［M］.北京：中国商务出版社,2006.

［41］ 方明亮,刘华.商务谈判与礼仪［M］.北京：科学出版社,2006.

［42］ 龚荒.商务谈判与推销技巧［M］.北京：清华大学出版社,2006.

# 教学支持说明

▶▶ 课件申请

尊敬的老师：

您好！感谢您选用清华大学出版社的教材！为更好地服务教学，我们为采用本书作为教材的老师提供教学辅助资源。鉴于部分资源仅提供给授课教师使用，请您直接手机扫描下方二维码实时申请教学资源。

任课教师扫描二维码
可获取教学辅助资源

▶▶ 样书申请

为方便教师选用教材，我们为您提供免费赠送样书服务。授课教师扫描下方二维码即可获取清华大学出版社教材电子书目。在线填写个人信息，经审核认证后即可获取所选教材。我们会第一时间为您寄送样书。

任课教师扫描二维码
可获取教材电子书目

清华大学出版社

| E-mail: tupfuwu@163.com | 网址：http://www.tup.com.cn/ |
|---|---|
| 电话：8610-62770175-4506/4340 | 传真：8610-62775511 |
| 地址：北京市海淀区双清路学研大厦B座509室 | 邮编：100084 |